担保法
前沿问题与判解研究

（第四卷）

——最新担保法司法政策精神阐解

高圣平·著

会议纪要条文·条文要义·深度阐释

人民法院出版社

图书在版编目（CIP）数据

担保法前沿问题与判解研究．第四卷，最新担保法司法政策精神阐解／高圣平著．--北京：人民法院出版社，2019.12
ISBN 978－7－5109－2723－2

Ⅰ.①担…　Ⅱ.①高…　Ⅲ.①担保法－研究－中国
Ⅳ.①D923.24

中国版本图书馆 CIP 数据核字（2019）第 264530 号

担保法前沿问题与判解研究（第四卷）
——最新担保法司法政策精神阐解
高圣平　著

责任编辑　王　婷
执行编辑　高　晖　田　夏　陈　思　尹立霞　杨钦云
出版发行　人民法院出版社
地　　址　北京市东城区东交民巷 27 号（100745）
电　　话　（010）67550673（责任编辑）　67550558（发行部查询）
　　　　　65223677（读者服务部）
客服 QQ　2092078039
网　　址　http://www.courtbook.com.cn
E－mail　courtpress@sohu.com
印　　刷　保定市中画美凯印刷有限公司
经　　销　新华书店

开　　本　787 毫米×1092 毫米　1/16
字　　数　635 千字
印　　张　32.5
版　　次　2019 年 12 月第 1 版　2020 年 1 月第 4 次印刷
书　　号　ISBN 978－7－5109－2723－2
定　　价　98.00 元

缩略语表

序列号	简　称	全　称
一、会议记要		
1	《会议纪要》	《全国法院民商事审判工作会议会议纪要》（法〔2019〕254 号　2019 年 11 月 8 日最高人民法院发布）
2	《会议纪要（稿）》	《全国法院民商事审判工作会议会议纪要（稿）》（2019 年 6 月 18 日至 19 日最高人民法院民事审判第二庭向部分专家征求意见的稿）
3	《会议纪要（哈尔滨征求意见稿）》	《全国法院民商事审判工作会议会议纪要（征求意见稿）》（2019 年 7 月 3 日至 4 日最高人民法院在黑龙江省哈尔滨市召开的全国法院民商事审判工作会议上的征求意见稿）
4	《会议纪要（公开征求意见稿）》	《全国法院民商事审判工作会议会议纪要（征求意见稿）》（2019 年 8 月 6 日最高人民法院民事审判第二庭向全社会公开征求意见的征求意见稿）
二、法律法规		
1	《民法通则》	《中华人民共和国民法通则》（1986 年 4 月 12 日第六届全国人民代表大会第四次会议通过，根据 2009 年 8 月 27 日第十一届全国人民代表大会常务委员会第十次会议《全国人民代表大会常务委员会关于修改部分法律的决定》修正）
2	《民法总则》	《中华人民共和国民法总则》（2017 年 3 月 15 日第十二届全国人民代表大会第五次会议通过）

序列号	简　称	全　称
3	《公司法》	《中华人民共和国公司法》（1993年12月29日第八届全国人民代表大会常务委员会第五次会议通过，根据1999年12月25日第九届全国人民代表大会常务委员会第十三次会议《关于修改〈中华人民共和国公司法〉的决定》第一次修正，根据2004年8月28日第十届全国人民代表大会常务委员会第十一次会议《关于修改〈中华人民共和国公司法〉的决定》第二次修正，2005年10月27日第十届全国人民代表大会常务委员会第十八次会议修订，根据2013年12月28日第十二届全国人民代表大会常务委员会第六次会议《关于修改〈中华人民共和国海洋环境保护法〉等七部法律的决定》第三次修正，根据2018年10月26日第十三届全国人民代表大会常务委员会第六次会议《关于修改〈中华人民共和国公司法〉的决定》第四次修正）
4	《担保法》	《中华人民共和国担保法》（1995年6月30日第八届全国人民代表大会常务委员会第十四次会议通过）
5	《合同法》	《中华人民共和国合同法》（1999年3月15日第九届全国人民代表大会第二次会议通过）
6	《立法法》	《中华人民共和国立法法》（2000年3月15日第九届全国人民代表大会第三次会议通过，根据2015年3月15日第十二届全国人民代表大会第三次会议《关于修改〈中华人民共和国立法法〉的决定》修正）
7	《企业破产法》	《中华人民共和国企业破产法》（2006年8月27日第十届全国人民代表大会第二十三次会议通过）
8	《物权法》	《中华人民共和国物权法》（2007年3月16日第十届全国人民代表大会第五次会议通过）
三、司法解释及文件		
1	《担保法解释》	《最高人民法院关于适用〈中华人民共和国担保法〉若干问题的解释》（法释〔2000〕44号）
2	《工程款优先受偿批复》	《最高人民法院关于建设工程价款优先受偿权问题的批复》（法释〔2002〕16号）

序列号	简　称	全　称
3	《查封、扣押、冻结财产规定》	《最高人民法院关于人民法院民事执行中查封、扣押、冻结财产的规定》(法释〔2004〕15号)
4	《合同法解释(二)》	《最高人民法院关于适用〈中华人民共和国合同法〉若干问题的解释(二)》(法释〔2009〕5号)
5	《买卖合同解释》	《最高人民法院关于审理买卖合同纠纷案件适用法律问题的解释》(法释〔2012〕8号)
6	《融资租赁解释》	《最高人民法院关于审理融资租赁合同纠纷案件适用法律问题的解释》(法释〔2014〕3号)
7	《执行异议和复议规定》	《最高人民法院关于人民法院办理执行异议和复议案件若干问题的规定》(法释〔2015〕10号)
8	《民间借贷解释》	《最高人民法院关于审理民间借贷案件适用法律若干问题的规定》(法释〔2015〕18号)
9	《物权法解释(一)》	《最高人民法院关于适用〈中华人民共和国物权法〉若干问题的解释(一)》(法释〔2016〕5号)
10	《独立保函规定》	《最高人民法院关于审理独立保函纠纷案件若干问题的规定》(法释〔2016〕24号)
11	《企业破产法规定(三)》	《最高人民法院关于适用〈中华人民共和国企业破产法〉若干问题的规定(三)》(法释〔2019〕3号)

目 录

绪论 审理担保纠纷案件的基本原则

第一章 担保的一般规则

第三章 动产担保物权

第四章　非典型担保

第六章 案外人救济案件中的权利冲突及其处理

第七章 其他争议问题

绪论　审理担保纠纷案件的基本原则

【会议纪要条文】

会议认为，要注意担保法及其司法解释与物权法对独立担保、混合担保、担保期间等有关制度的不同规定，根据新的规定优于旧的规定的法律适用规则，优先适用物权法的规定。从属性是担保的基本属性，要慎重认定独立担保行为的效力，将其严格限定在法律或者司法解释明确规定的情形。要根据区分原则，准确认定担保合同效力。要坚持物权法定、公示公信原则，区分不动产与动产担保物权在物权变动、效力规则等方面的异同，准确适用法律。要充分发挥担保对缓解融资难融资贵问题的积极作用，不轻易否定新类型担保、非典型担保的合同效力及担保功能。

【条文要义】

本段开篇表明审理担保纠纷案件的基本原则。这些基本原则是起草《全国法院民商事审判工作会议纪要》（以下简称《会议纪要》）的基本遵循，对于《会议纪要》条文没有明确提及的担保纠纷案件也具有指导意义。

一、新的规定优于旧的规定的法律适用原则

《中华人民共和国物权法》（以下简称《物权法》）第四编“担保物权”是在《中华人民共和国担保法》（以下简称《担保法》）第三章“抵押”、第四章“质押”、第五章“留置”的基础上修改、完善而成的，《物权法》施行后并未完全废止《担保法》，由此而出现了《物权法》与《担保法》之间的法律冲突。裁判实践本应反映这一制度变迁，但不少法院并没有很好地处理两者之间的关系。例如，有的裁判中不顾《物权法》与《担保法》的区别规定，同时适用《物权法》和《担保法》；有的裁判中仅适用《担保法》，漠视当事人关于适用《物权法》的主张。

《中华人民共和国立法法》（以下简称《立法法》）第九十二条规定：“同一机关制定的法律、行政法规、地方性法规、自治条例和单行条例、规章，特别规定与一般规定不一致的，适用特别规定；新的规定与旧的规定不一致的，适用新的规定。”由此可见，“新法优于旧法”规则是指同一位阶的新旧法律之间，针对同一事项之规定，在新法颁布实施之日起，旧法应当废止，而相应社会关系只能受新法规定的调整。①《物权法》第一百七十八条规定：“担保法与本法的规定不一致的，适用本法。”这一规定解决了《担保法》与《物权法》相冲突时的处理规则，大抵体现了“新法优于旧法”的法适用规则。

实际上，就担保物权而言，除了《担保法》第四十二条至第四十四条关于抵押登记部门和程序的规定之外，《物权法》已经全部替代了《担保法》第三章“抵押”、第四章“质押”、第五章“留置”的规定；② 在《不动产登记暂行条例》及其实施细则实施之后，上述《担保法》第四十二条至第四十四条也几无适用空间。③ 此外，《最高人民法院关于适用〈中华人民共和国担保法〉若干问题的解释》（以下简称《担保法解释》）也就施行《担保法》中的具体问题作了部分规定，在《物权法》实施之后，其中担保物权规则与《物权法》不冲突的，仍然具有适用空间。

《会议纪要》于本段专门列举了独立担保、混合担保、担保期间等三项存在不同规定之处。

1. 独立担保。《担保法》第五条第一款允许当事人之间就担保合同效力上的从属性作出例外安排，为独立担保实践的发展留下了发展空间，但《物权法》第一百七十二条第一款只承认了法律上就担保合同效力上从属性的例外规定，否定了当事人之间排除担保合同效力上从属性例外约定的效力。《物权法》即改变了《担保法》的立法态度，自应优先适用。值得注意的是，在解释上，《担保法》第五条位于其第一章“总则”，一体调整人的担保和物的担保关系，而《物权法》仅调整物的担保关系。也就是说，《物权法》仅改变了独立物上担保的立法态度，《担保法》第五条第一款对于独立保证仍然具有适用可能性。不过，民法典草案已经统一了对独立担保的法政策，只承认法律对担保合同效力上从属性的例外

① 参见陈龙业：《试论物权法实施后担保法相关条文的效力——由物权法第178条的规定而展开》，载杨立新、刘德权主编：《物权法实施疑难问题司法对策》，人民法院出版社2008年版，第548页。

② 参见孙宪忠：《中国物权法总论》，法律出版社2014年版，第163页以下。

③ 唯一的一个例外是，《担保法》第43条关于以其他财产抵押的，登记部门为抵押人所在地的公证部门的规定。在解释上，由于《动产抵押登记办法》仅调整企业、个体工商户、农业生产经营者为抵押人的动产抵押登记，其他民事主体的动产抵押登记应在公证部门办理。

规定。[①]

为反映这一立法趋势，《会议纪要》坚持了最高人民法院既有的司法态度。(1) 承认国际商事交易中的独立担保约定，以与国际商事惯例相一致；(2) 承认金融机构出具的独立保函效力，以与《最高人民法院关于审理独立保函纠纷案件若干问题的规定》(以下简称《独立保函规定》)第二十三条相一致；(3) 否定其他情形之下的独立担保约定的效力，依从属担保判断当事人的权利和义务。“本院的审判实务已明确表明：考虑到独立担保责任的异常严厉性，以及该使用该制度可能产生欺诈和滥用权利的弊端，尤其是为了避免严重影响或动摇我国担保法律制度体系的基础，独立担保只能在国际商事交易中使用，不能在国内市场交易中运用。”[②]

2. 混合担保。就《担保法》第二十八条关于保证人和物上保证人为同一债务提供担保时的权利行使和风险分配规则，[③]《担保法解释》做了限制性解释，[④] 将“物的担保优先于人的担保”规则仅仅解释适用于债务人自己提供物上担保的情形，同时明确了保证人和物上保证人相互之间的求偿关系。[⑤]《物权法》尊重了司法实践的发展，明确规定了数担保人在涉及债权人时的外部关系，但并未提及担保人之间的内部求偿关系。虽然参与物权立法的专家认为，《物权法》不承认这

---

① 《民法典合同编(草案)》(二次审议稿)第四百七十二条规定：“保证合同是主债权债务合同的从合同。主债权债务合同无效，保证合同无效，但是法律另有规定的除外。”

② “中国光大银行长沙华顺支行与湖南洞庭水殖股份有限公司、湖南嘉瑞新材料集团股份有限公司、长沙新振升集团有限公司借款担保合同纠纷上诉案”，最高人民法院(2007)民二终字第117号民事判决书。相同处理的还可参见“天津市长芦盐业集团有限公司与北京中铁建物资贸易有限公司等确认合同无效纠纷再审案”，最高人民法院(2018)最高法民申6281号民事裁定书；“舟山中昊贸易有限公司与中信舟山代表处、中国中信集团公司等借款合同纠纷上诉案”，浙江省高级人民法院(2008)浙民二终字第70号民事判决书，等等。

③ 《担保法》第二十八条规定：“同一债权既有保证又有物的担保的，保证人对物的担保以外的债权承担保证责任。”(第一款)“债权人放弃物的担保的，保证人在债权人放弃权利的范围内免除保证责任。”(第二款)

④ 《担保法解释》第三十八条规定：“同一债权既有保证又有第三人提供物的担保的，债权人可以请求保证人或者物的担保人承担担保责任。当事人对保证担保的范围或者物的担保的范围没有约定或者约定不明的，承担了担保责任的担保人，可以向债务人追偿，也可以要求其他担保人清偿其应当分担的份额。”(第一款)“同一债权既有保证又有物的担保的，物的担保合同被确认无效或者被撤销，或者担保物因不可抗力的原因灭失而没有代位物的，保证人仍应当按合同的约定或者法律的规定承担保证责任。”(第二款)“债权人在主合同履行期届满后怠于行使担保物权，致使担保物的价值减少或者毁损、灭失的，视为债权人放弃部分或者全部物的担保。保证人在债权人放弃权利的范围内减轻或者免除保证责任。”(第三款)

⑤ 参见李国光等：《最高人民法院〈关于适用中华人民共和国担保法若干问题的解释〉理解与适用》，吉林人民出版社2000年版，第160～161页。

种内部求偿关系，[①] 但司法实践中的理解并不一致。

就《会议纪要》看来，《物权法》与《担保法》及其司法解释之间就混合共同担保中担保人之间是否存在内部追偿关系的规定不同。依“新法优于旧法”的法适用规则，应严格适用《物权法》的规定。《物权法》上没有承认混合共同担保中担保人之间的内部追偿关系。虽然《物权法》第一百七十六条就此未作规定，结合全国人大常委会法工委主编的《中华人民共和国物权法释义》所揭示的立法过程，《物权法》就此并不构成法律漏洞，无须借助《担保法司法解释》的规定予以填补。从体系解释的视角，《物权法》第一百九十四条第二款关于“债务人以自己的财产设定抵押，抵押权人放弃该抵押权、抵押权顺位或者变更抵押权的，其他担保人在抵押权人丧失优先受偿权益的范围内免除担保责任，但其他担保人承诺仍然提供担保的除外”的规定，以及第二百一十八条关于“质权人可以放弃质权。债务人以自己的财产出质，质权人放弃该质权的，其他担保人在质权人丧失优先受偿权益的范围内免除担保责任，但其他担保人承诺仍然提供担保的除外”的规定，均仅强调只有在债务人自己提供的物的担保情形下，债权人放弃该担保物权时，其他担保人才可以基于其顺序利益享有免责抗辩权。在第三人提供物的担保的情形，债权人放弃该担保物权对其他担保人的担保责任不发生影响。这些规定是以不承认保证人与物上保证人之间的内部追偿关系为前提的。

承担了担保责任的担保人只能向债务人追偿，不能向其他担保人追偿，但担保人在担保合同中约定可以相互追偿的除外。这里，强调各担保人在提供担保之时存在意思联络，并在共同签署的担保合同中明确约定彼此之间可以相互追偿。某一担保人与债权人单独签订的担保合同中约定可向其他担保人追偿的，对其他担保人不发生效力；但如各担保人与债权人单独签订的各担保合同中均约定可向其他担保人追偿的，可以认定担保人之间可以相互追偿。

3. 担保期间。《担保法解释》第十二条第二款规定：“担保物权所担保的债权的诉讼时效结束后，担保权人在诉讼时效结束后的二年内行使担保物权的，人民法院应当予以支持。”《物权法》第二百零二条则规定：“抵押权人应当在主债权诉讼时效期间行使抵押权；未行使的，人民法院不予保护。”因此，《物权法》第二百零二条改变了《担保法解释》第十二条的规则，自《物权法》实施之日起，《担保法解释》第十二条不再适用。

抵押权属于物权，原则上不适用诉讼时效。《物权法》第二百零二条仅表明主债权诉讼时效对于抵押权的影响，这是抵押权从属性的体现。主债权因诉讼时效期间的经过而效力减弱，必将影响到抵押权的行使。如绝对化地理解抵押权的从属性，在主债权诉讼时效期间经过后，主债权并不消灭，只是使主债务人取得

---

① 参见胡康生主编：《中华人民共和国物权法释义》，法律出版社 2007 年版，第 381～382 页。

时效经过抗辩权，那么抵押权也不消灭，也仅是效力减弱，抵押人可以行使本属于主债务人的时效经过抗辩权，无法达到《物权法》第二百零二条的规范目的。在抵押权人怠于行使权利时，如果允许抵押权一直存续，抵押物将长期处于被限制的状态，这将不利于物的交易价值和担保秩序的稳定，也不利于抵押财产效能的发挥，同时亦可能损害其他债权人的利益。此外，如果允许抵押权人在任何时候均可行使抵押权，则意味着在主债权罹于诉讼时效且债务人因此取得抗辩权之后，债权人依然可从抵押人处获得利益，进而将抵押人和债务人之间的追偿和抗辩置于困境，换言之，也意味着抵押人将长期处于一种不利益的状态，其义务也具有不确定性，若如此，对于抵押人来说未免过于苛刻亦有失公允。在主权利已经丧失国家强制力保护的状态下，抵押物上所负担的抵押权也应消灭方能更好地发挥物的效用，亦符合《物权法》之担保物权体系的内在逻辑。

抵押权人在主债权诉讼时效届满后仍未行使抵押权的，抵押人可以请求注销抵押权登记。这一规则可以准用于以登记作为公示方法的权利质权。就以登记作为公示方法的权利质权而言，同样存在着质权登记对于入质权利流转的影响问题。根据《物权法》第二百二十六条至第二百二十八条的规定，就以登记作为公示方法的基金份额质权、股权质权、知识产权质权和应收账款质权，标的权利出质后即不得转让，但经出质人与质权人协商同意的除外。基于同样的法理，权利质权人在主债权诉讼时效届满后仍未行使权利质权的，权利质权消灭。出质人可以请求确认注销权利质权登记。

值得注意的是，《担保法》与《物权法》的规定相一致之时，如何适用法律？有的法院在审理《物权法》实施后受理的担保物权纠纷中，同时适用《物权法》和《担保法》。其理由是，《物权法》第一百七十八条仅仅解决了《担保法》与《物权法》不一致时的法律适用问题，并未表明《担保法》与《物权法》规定相一致的法律适用问题，因此，两部法律均应予以适用。① 本书作者认为，这种做法值得商榷。《担保法》就担保物权所作规定并不是关于担保物权的特别规定，也无"特别法优于一般法"适用的可能。有学者认为，《担保法》关于担保物权的规定，相对于《物权法》总则及担保物权编的一般规定，应属特别规定。②"一般规定是适用于一般情况的法律规定，特别规定是法律对特殊地区、特殊人员、特殊事项作出的专门的规定。"③ 就担保物权的规定而言，《担保法》的规定并非"对特殊地区、特殊人员、特殊事项"的专门规定，因此，不能理解为特别规定，"特

---

① 审判实践中这种认识并不少见，甚至《最高人民法院公报》上刊登的案例中也有同时适用《担保法》和《物权法》的。

② 刘贵祥：《〈物权法〉关于担保物权的创新及其审判实务面临的问题（上）》，载《法律适用》2007年第8期。

③ 曹康泰主编：《立法法释义》，中国法制出版社2000年版，第202页。

别法优于一般法”的法适用规则自无适用可能。

二、担保合同的从属性原则

担保合同以担保主债务之履行为目的，是具有从属性的担保。①“从属性不可依当事人双方之意思而除去，因保证如不具有从属性，则丧失保证为从契约之本质。”② 担保合同从属性的实定法基础是，《担保法》第五条第一款前句“担保合同是主合同的从合同”以及《物权法》第一百七十二条第一款中句“担保合同是主债权债务合同的从合同”。这一担保合同目的上的从属性，又进一步被解读为发生（成立）的从属性、范围及强度的从属性、处分（移转）之从属性及消灭之从属性，③ 更有学者主张还包括抗辩上的从属性在内。④

1. 发生（成立）上的从属性。担保合同是主合同的从合同，其成立以主合同的存在为前提。一般情况下先有主合同的存在，而后有担保合同，在具体表现上可以是二者同时订立，或主合同在先，担保合同嗣后订立。尽管如此，当事人可以约定就附条件的债务或将来发生的债务提供担保，⑤ 最高额担保即为著例。此为担保合同发生上从属性的例外。《会议纪要》明确指出，借新还旧之时，旧贷因清偿而消灭，为旧贷设立的担保物权也随之消灭。当事人约定继续为新贷提供担保的除外，亦属发生上从属性的例外。

2. 范围和强度上的从属性。担保合同是主合同的从合同，由此而决定，担保人承担担保责任的范围和强度不得大于或重于主债务。在体系解释上，《担保法》第二十一条关于保证范围的但书规定“保证合同另有约定的，按照约定”，以及《物权法》第一百七十三条关于担保物权的担保范围的但书规定“当事人另有约定的，按照约定”，应结合《担保法》第五条第一款前句以及《物权法》第一百七十二条第一款中句的从属性规定进行限缩解释：当事人在担保合同中就担保范围的例外约定，应仅限于担保责任的范围或数额小于主债务，或担保责任之强度低于主债务的情形。基于此，《会议纪要》明确指出，当事人约定的担保责任的范

---

① 参见史尚宽：《债法各论》，中国政法大学出版社 2000 年版，第 878 页。

② 杜怡静：《保证》，载黄立主编：《民法债编各论》，中国政法大学出版社 2003 年版，第 861 页。

③ 参见史尚宽：《债法各论》，中国政法大学出版社 2000 年版，第 878 页；刘春堂：《民法债编各论》（下），2012 年修订版，第 345～346 页；郭明瑞：《担保法》，法律出版社 2010 年版，第 27～28 页；邹海林、常敏：《债权担保的理论与实务》，社会科学文献出版社 2005 年版，第 30 页；刘保玉、吕文江主编：《债权担保制度研究》，中国民主法制出版社 2000 年版，第 84～85 页；程啸：《保证合同研究》，法律出版社 2006 年版，第 212 页以下。

④ 参见黄茂荣：《债法各论》（第一册增订版），2006 年作者自版，第 746 页以下；程啸：《保证合同研究》，法律出版社 2006 年版，第 22 页。

⑤ 参见程啸：《保证合同研究》，法律出版社 2006 年版，第 223 页。

围大于主债务的，均应当认定大于主债务部分的约定无效，从而使担保责任缩减至主债务的范围。

3. 效力上的从属性。主合同不成立、无效或被撤销之时，担保合同也无由发生。因此，主合同无效，则担保合同绝对无效；担保合同无效，则不影响主合同的效力。但《担保法》第五条第一款规定："担保合同是主合同的从合同，主合同无效，担保合同无效。担保合同另有约定的，按照约定。"此所谓"另有约定，按照约定"，是指当事人可依其明示的意思表示排除从属性的适用，如无约定，仍得依从属性特征决定担保合同的效力。在解释上，在主合同无效，担保合同有效的情况下，担保人系就主合同无效所产生的民事责任负担保责任。① 但是《物权法》第一百七十二条第一款中规定："主债权债务合同无效，担保合同无效，但法律另有规定的除外。"排除了当事人另作约定的可能性。这里的"法律另有规定的除外"，是指《物权法》中最高额抵押权中关于最高额抵押合同的相对独立性的规定。② 如此看来，《担保法》第五条第一款的但书规定应进行限缩解释，仅限于"国际贸易中通行的见索即付、见单即付的保证合同"。③ 基于此，《会议纪要》明确限定了独立担保约定的效力。

4. 处分上的从属性。主合同权利、义务的转移，原则上应导致担保合同所生权利、义务的转移，但保证债务和担保物权不能与主债权相分离而单独转让或者作为其他债权的担保，④ 在主债务的转让未经保证人同意时，保证债务并不随主债务一同移转，而是归于消灭。同时，在债权转让时，当事人亦可特别约定保证债务并不随同移转（《担保法解释》第二十八条参照）。⑤《会议纪要》基于金融不良资产处置的裁判实践，就其中存在争议的债权转让对于抵押权行使的影响作了规定。根据《中华人民共和国合同法》（以下简称《合同法》）第八十一条的规定，"债权人转让权利的，受让人取得与债权有关的从权利，但该从权利专属于债权人自身的除外。"抵押权自是"与债权有关的从权利"，其随同债权一起移转于受让人，属于法定移转。与基于法律行为所导致的物权变动不同，受让人取得抵押

---

① 高圣平：《独立保证的典型化与类型化》，载《武汉大学学报（哲学社会科学版）》2016 年第 1 期。

② 参见全国人大常委会法制工作委员会民法室：《〈中华人民共和国物权法〉条文说明、立法理由及相关规定》（第二版），北京大学出版社 2017 年版，第 346 页。

③ 全国人大常委会法制工作委员会民法室：《〈中华人民共和国物权法〉条文说明、立法理由及相关规定》（第二版），北京大学出版社 2017 年版，第 346 页。另见全国人大常委会法制工作委员会民法室：《中华人民共和国担保法释义》，法律出版社 1995 年版，第 6 页。

④ 参见程啸：《保证合同研究》，法律出版社 2006 年版，第 213 条。

⑤ 参见刘保玉、吕文江主编：《债权担保制度研究》，中国民主法制出版社 2000 年版，第 86 页。

权不以办理抵押权变更登记为前提。[①]《会议纪要》由此规定，受让人向抵押人主张行使抵押权，抵押人以受让人不是抵押合同的当事人、未办理变更登记等为由提出抗辩的，法院不予支持。

5. 消灭上的从属性。主合同如因清偿、提存、抵销、免除等原因而全部消灭的，担保合同随之消灭。基于物权担保合同所为的担保物权登记，虽未注销，但因担保物权的消灭而仅为形式上的存在，实体上已无登记的效力。担保人此际自可基于担保合同的消灭请求注销担保物权登记。针对信贷实践中的“借新还旧”，即贷款到期后，借款人与贷款人签订新的借款合同，将新贷出的款项用于归还旧贷的情形，司法实践中较为一致的观点是认为，新的借款合同不因旨在归还“旧贷”而无效，担保人亦不得以贷款用途的“改变”损及其利益而提出抗辩。[②] 此际，“旧贷”因清偿而消灭，[③] 担保“旧贷”的从权利也随之消灭。《担保法解释》第三十九条针对“借新还旧”情形之下，担保“新贷”偿还的保证人是否承担保证责任作了规定：（1）该保证人同时也是“旧贷”的保证人的，应承担保证责任；（2）该保证人不是“旧贷”的保证人，但其知道或者应当知道主合同系“借新还旧”的，应承担保证责任；（3）该保证人不是“旧贷”的保证人，也不知道或者不应当知道主合同系“借新还旧”的，“显系主合同双方当事人恶意串通欺骗保证人”，[④] 根据《担保法》第三十条第（一）项“主合同当事人双方串通，骗取保证人提供保证的”“保证人不承担民事责任”的规定，保证人不应承担任何责任。

就《担保法解释》第三十九条是否准用于物权担保的情形，尤其是以登记为公示方法的物权担保，不无疑问。在解释上，抵押合同和质押合同与保证合同一样，均属担保合同，同样存在着主合同当事人双方串通而骗取第三人提供抵押、质押，或者主合同债权人采取欺诈、胁迫等手段使第三人在违背真实意思的情况下提供抵押、质押的情形。《担保法》第三十条关于保证合同的规定和《担保法解释》第三十九条关于“借新还旧”下的解释方案，自有准用于抵押合同、质押合同的空间。就此，上述“其二”“其三”准用于抵押人、出质人，应无歧义，但“其一”关于“新贷”和“旧贷”的保证人为同一人之时的解释方案，是否仍得准

---

① 为避免解释分歧，《民法典合同编（草案）》（二次审议稿）第三百三十七条第二款增设规定：“受让人取得从权利不因该从权利未履行转移登记手续或者未转移占有而受到影响。”

② 参见李国光等：《最高人民法院〈关于适用中华人民共和国担保法若干问题的解释〉理解与适用》，吉林人民出版社 2000 年版，第 152 页。

③ 裁判实践中也有观点认为，“借新还旧”在本质上是对“旧贷”的一种特殊形式的展期，即延长了旧贷款的还款期限，原债权债务关系继续存续。参见“中国长城资产管理公司北京办事处与上海中油天宝钢管有限公司、上海中油天宝巴圣钢管有限公司等金融借款合同纠纷案”，上海市高级人民法院（2016）沪民初 7 号民事判决书。这一观点属于少数说。

④ 李国光等：《最高人民法院〈关于适用中华人民共和国担保法若干问题的解释〉理解与适用》，吉林人民出版社 2000 年版，第 166 页。

用，不无疑问。在保证的情形，“旧贷”因清偿而消灭，担保“旧贷”的保证合同也消灭，同一保证人为“新贷”再次提供保证，无意思表示上的瑕疵，自应承担保证责任。但在抵押、质押的情形，“旧贷”因清偿而消灭，担保“旧贷”的抵押权或质权也消灭，此时，基于原担保合同已经办理的担保物权登记，即使未注销，也无实体法上的登记效力；虽然同一担保人就“新贷”和同一债权人签订了抵押合同或质押合同，但未就重新设立的抵押权或质权办理登记，对于采行登记生效主义的抵押权或质权而言，即为抵押权或质权未设定，债权人就担保财产并不取得优先受偿权。此时，即使抵押人或出质人就“新贷”和“旧贷”都提供了物上保证，但就“新贷”因未办理设立登记而无法起到物上担保的作用，上述“其一”的解释结论也就无法准用于抵押、质押的情形。《会议纪要》因此指出，“旧贷”因清偿而消灭，其上的担保物权也随之消灭；债权人以担保人尚未进行注销登记为由，主张担保人仍应承担相应的担保责任的，人民法院不予支持。

三、物权变动的原因和结果相区分的原则

《物权法》第十五条明确了物权变动的原因和结果相区分的原则，这一原则在涉及基于法律行为所引起的物权变动纠纷中被广泛使用。基于该条，就物权变动的原因行为所引起的纠纷，定为合同纠纷案由，主要适用《合同法》；就物权变动的结果所引起的纠纷，定为物权纠纷案由，适用《物权法》。依《物权法》第十五条的文义，未登记不影响物权变动合同的效力，解释论的发展进一步扩张了本条的适用。（1）交付也不影响动产质权合同的效力判断，仅仅只是影响动产质权是否设定；（2）对于标的物无权处分，也不影响买卖合同的效力，也仅仅只是影响到买受人是否取得标的物所有权。《最高人民法院关于审理买卖合同纠纷案件适用法律问题的解释》（以下简称《买卖合同解释》）对此定有明文。该解释第三条规定：“当事人一方以出卖人在缔约时对标的物没有所有权或者处分权为由主张合同无效的，人民法院不予支持。”（第一款）“出卖人因未取得所有权或者处分权致使标的物所有权不能转移，买受人要求出卖人承担违约责任或者要求解除合同并主张损害赔偿的，人民法院应予支持。”（第二款）

《会议纪要》就未登记的不动产抵押合同的效力和非典型担保的规定，就体现了物权变动的原因和结果相区分的原则。

1. 不动产抵押合同不因未办理抵押登记而无效，在无其他令抵押合同无效的情形之下，抵押合同自应有效。此时，未办理抵押登记是否构成违约，尚须在违约责任构成的一般条款之下加以判断。《合同法》第一百零七条规定：“当事人一方不履行合同义务或者履行合同义务不符合约定的，应当承担继续履行、采取补救措施或者赔偿损失等违约责任。”办理不动产抵押权设立登记，是当事人之间实现不动产抵押合同目的的主要方法。抵押合同的生效在债权人与抵押人之间产

生了约束力——抵押人负有办理登记并最终使抵押权得以设立的义务，由此可见，办理不动产抵押权设立登记，在解释上当属“合同义务”，且不以当事人之间有明确约定为前提。在不动产抵押合同关系中，办理不动产抵押权设立登记是抵押人的主给付义务。未办理不动产抵押权设立登记，抵押人构成违约。

抵押人承担违约责任的方式之一是“继续履行”，即“办理抵押登记手续”，此为《合同法》第一百零七条所明确。债权人提出的“办理抵押登记手续”的诉讼请求是否得到支持，还必须不存在《合同法》第一百一十条中的“但书”情形。“抵押物转让他人”属于法律上不能履行的情形，“抵押物灭失”属于事实上不能履行的情形，在《合同法》第一百一十条第一项之下，抵押人自无法办理抵押登记手续。抵押人承担违约责任的方式之二是“赔偿损失”，此为《合同法》第一百零七条所明确。抵押人违反合同义务，不办理抵押登记手续，债权人就抵押财产丧失优先受偿权，债权人的损失体现为“债务人不能清偿”的部分。就此部分损失，应由抵押人承担赔偿责任。在可预见规则的限制之下，抵押人的赔偿责任应以抵押物的价值为限。抵押人的损害赔偿责任对于债务人而言具有补充性，抵押人仅在债务人不能清偿的范围内承担补充责任。虽然在不动产抵押权有效设立的情形之下，抵押人对债务人并不具有补充性，在主债务履行期届满债务人不履行债务之时，债权人即可请求债务人类型主债务，亦可向抵押人行使抵押权，但在不动产抵押权未有效设立的情形之下，抵押权人自无法取得这一“优越地位”。基于抵押合同的从属性，同时基于未办理抵押登记时债权人损失的解释论，抵押人仅在债务人不能清偿的范围内承担补充责任。不过，这一推论允许当事人依特约予以排除适用。如当事人在抵押合同中明确约定，“非因抵押权人的原因导致未办理抵押登记的，抵押人就主债务承担连带清偿责任”，此时，抵押人与债务人之间的连带责任基于当事人的约定而产生，在《中华人民共和国民法总则》（以下简称《民法总则》）第一百七十八条第三款之下，自应得到尊重。

2. 非典型物的担保合同不因违反物权法定原则而无效，但在物权公示原则之下，如未采取适当的公示手段将标的财产之上的担保负担向不特定的第三人周知，即未满足赋予其物权效力所应具备的公示要求，此际，债权人就标的财产尚未取得物权。未以适当的公示方法就非典型担保权予以公示的，该非典型担保不具有物权效力。但债权人可以基于非典型担保合同的约定请求担保人承担责任，主要体现为债权人可以请求按照担保合同的约定就担保财产折价、变卖或者拍卖所得价款等方式清偿债务。就变价款，债权人并无优先受偿的权利。

四、物权法定原则和物权公示公信原则

物权以排他效力与优先效力为其根本特征，其设定与行使对第三人权益影响甚大，故而物权法以物权法定与公示公信为基本原则，在限定物权之种类与内容

的基础上，通过公示制度降低第三人的调查成本，增进社会的交易效率与交易安全。[①] 作为物权的类型之一，担保物权同样应受物权法定原则与公示公信原则之限制。在当下，小微企业融资需求增加，而金融行业内部竞争加剧，金融实践中出现了多种新类型担保方式，以此促进小微企业的融资发展。根据调研，目前属于物保的新型担保模式主要有商铺租赁权担保、出租车经营权质押、银行理财产品质押、寿险保单质押、排污权质押、保证金账户质押、收费权质押等类型。[②] 然而，前述新型担保均欠缺法律的明文规定，故而是否肯定其物权效力即成为司法实践中的争议问题。

新类型担保方式的出现，同时包含了资本增值的冲动和金融创新的风险，裁判者所应秉持的司法政策是，在顺应社会经济发展的客观需求时，也应注意防范金融风险的积累，保障金融债权的安全性。[③] 一方面，对于担保权利的客体，《物权法》第一百八十条采取了反面排除的立法模式，除明确列举的财产类型外，"法律、行政法规未禁止抵押的其他财产"可以抵押，而第二百二十三条却采取了封闭式的兜底条款，于第七项中规定"法律、行政法规规定可以出质的其他财产权利"可以出质，一定程度上滞碍了金融担保的创新。对于以财产权利为客体的新类型担保，应当首先通过解释方式使其纳入现行法的体系内——或将其客体归入法律、行政法规规定可以出质的财产权利中，或将该担保方式定性为抵押权，以此兼顾对物权法定原则的遵守与对金融担保创新的支持。另一方面，公示为物权优先效力的前提，担保物权也只有在完成公示后才具有优先受偿性与对抗性。换言之，若因现行法无明确规定的公示方式与公示机构，当事人创设的新类型担保未完成公示时，该新类型担保本身并不具有物权效力。

不过，在新类型担保案件中，应注意区分不动产与动产担保物权在物权变动、效力规则等方面的异同，以求妥善准确地适用法律。以抵押权为例，动产抵押权与不动产抵押权虽均存在公示制度，但公示的意义并不相同：公示为不动产抵押权的设立及对抗要件，但对动产抵押权而言，公示仅是其对抗要件，权利自当事人间的担保合同生效时就已设立。为充分尊重当事人的意思自治，新类型担保的物权变动模式应采公示对抗主义，担保物权自当事人间的担保合同生效时设立，即使未经公示，在不涉及权益冲突的第三人时，担保权人仍然可以向人民法

---

① 参见谢在全：《民法物权论》，中国政法大学出版社 2011 年版，第 32～33 页。

② 最高人民法院民二庭新类型担保调研小组：《关于新类型担保的调研：现象·问题·思考》，载最高人民法院民事审判第二庭编：《商事审判指导》2012 年第 4 辑（总第 32 辑），人民法院出版社 2013 年版，第 93～100 页。

③ 最高人民法院民二庭新类型担保调研小组：《关于新类型担保的调研：现象·问题·思考》，载最高人民法院民事审判第二庭编：《商事审判指导》2012 年第 4 辑（总第 32 辑），人民法院出版社 2013 年版，第 108 页。

院请求按照担保合同的约定就担保财产折价、变卖或者拍卖所得价款等方式实现债权。在完成公示后，担保权利即具有对抗善意第三人的效力。

《会议纪要》就担保债权的范围、流动质押、非典型担保、动产担保物权竞存时的顺位规则等规定，就体现了物权法定原则和物权公示公信原则。

1. 在区分合同效力和物权变动的情形之下，仅仅抵押合同的约定并不当然产生物权效力。虽然《物权法》上规定了当事人之间就担保范围未作约定时的缺省规则，但并不表明这些附属债权可无须登记即为抵押权效力之所及。我国实定法坚持了不动产登记的公示公信力，不动产登记的公示公信最终通过不动产登记簿而得以彰显。由于不动产登记簿记载的债权数额为主债权（原债权、本金）数额，不包括违约金、利息、损害赔偿金以及实现抵押权费用等附属债权，其公示出来的数额必然会使后顺位物权人或无担保的一般债权人形成信赖。法院最终判决抵押权人优先受偿范围以合同约定为准，超出了登记记载的主债权数额，显然有损后顺位物权人或一般债权人债权的实现。基于此，《会议纪要》指出，以登记作为公示方式的不动产担保物权的担保范围，一般应当以登记的范围为准。

在我国目前不动产抵押登记实践中，不同地区的系统设置及登记规则并不一致，法院在审理案件时应当充分注意制度设计上的差别，作出符合实际的判断：(1) 多数省区市的登记系统未设置“担保范围”栏目，仅有“被担保主债权数额(最高债权数额)”的表述，且只能填写固定数字。而当事人在合同中又往往约定担保物权的担保范围包括主债权及其利息、违约金等附属债权，致使合同约定的担保范围与登记不一致。显然，这种不一致是由于该地区登记系统设置及登记规则造成的该地区的普遍现象。人民法院以合同约定认定担保物权的担保范围，是符合实际的妥当选择。(2) 一些省区市不动产登记系统设置与登记规则比较规范，担保物权登记范围与合同约定一致在该地区是常态或者普遍现象，人民法院在审理案件时，应当以登记的担保范围为准。

2. 流动质押是金融创新实践中出现的一类新的贸易融资品种，在我国《物权法》已经承认就存货可以设定浮动抵押的情形之下，自无禁止流动质押之理。在物权法定主义渐趋缓和的大背景之下，不宜以违反物权法定原则为由否定流动质押的效力。在法学方法上，可以类推适用浮动抵押的相关规则。例如，流动质押的效力不及于已经出卖的动产，但自动及于质押人新取得的动产。流动质押仅仅只表明了标的财产的特殊性，其设立仍应符合质权设立的生效要件，这是物权公示原则的基本要求。就标的财产——存货而言，实践中因债权人（通常是银行等金融机构）储存条件的限制，多由第三方仓储企业存管，由此出现《物权法》上观念交付的相关规则的适用问题。《物权法》第二百一十二条规定：“质权自出质人交付质押财产时设立。”在解释上，这里的“交付”并不仅限于现实交付，简易交付和指示交付亦无不可，但不得采取占有改定的方法。就指示交付而言，质权人就标的财产的占有在性质上属于间接占有，义务人对于标的财产是为质权人抑或出质人而占有，对于流动质权的设立具有实质上的影响。在第三方监管模式之下，如监管人系受质权人的委托监管质物，则构成质权人对质物的间接占有，应当认定完成了质物的交付，质权有效设立。如监管人系受出质人委托监管质物的，表明质物并未交付质权人，应当认定质权未有效设立。监管人违反监管协议约定，违规向出质人放货、因保管不善导致质物毁损灭失的，按照三方监管协议的约定承担违约责任。

3.《担保法》《物权法》规定的担保类型并不具有封闭性，当事人自可在这些典型担保类型之外创设新的非典型担保类型。只要不存在《民法总则》《合同法》上规定的法律行为无效事由，非典型担保合同均为有效。如当事人之间在抵押权和质权之外就物上担保签订担保合同，该合同不因违反物权法定原则而无效，至于债权人是否可以取得物权，就标的财产的变价款优先受偿，取决于是否采取了适当的公示手段将标的财产之上的担保负担向不特定的第三人周知，即是否满足赋予其物权效力所应具备的公示要求。

债务人或者第三人通过将动产、不动产或者股权等财产在形式上转让至债权人名下的方式，为主合同的履行提供担保，属于学说上所称让与担保。让与担保合同是当事人之间的真实意思表示，如无其他令其无效的事由出现，应属有效；但其中约定在主债务届期未获清偿时由债权人取得标的财产所有权的，该条款因违反流质契约禁止的规定而无效，该条款的无效不影响让与担保合同的效力。在让与担保交易中，虽然所移转的所有权仅具担保作用，并不具有其他权能，但在物权法定主义缓和论之下，让与担保经长期的惯行以使相关领域的交易当事人形成了法的确信，已然成为习惯法上的物权。就让与担保权的公示、效力和实现，自可准用动产质权、不动产抵押权以及股权质权的相关规定。在物权公示原则之下，让与担保权仅得在满足公示要件的基础上，才具有物权效力。具体的公示方法为：作为担保财产的动产已经交付债权人，作为担保财产的登记动产、不动产、股权等已经进行变更登记。在债务人不履行到期债务或者出现当事人约定的其他实现让与担保权的情形时，债权人可以实现让与担保权。在担保权构造之下，债权人就标的财产仅取得优先受偿权，但让与担保权的实现有归属清算和处分清算两种，通常认为，在标的财产属于公开交易市场上交易的财产之时，归属清算有利于节约实现成本。但《会议纪要》仅承认处分清算，债权人主张享有动产、不动产所有权或者股权的，人民法院不予支持，这与《物权法》上禁止流质契约的规定有关。债权人与债务人在让与担保权实现条件成就之后，就动产、不动产或者股权达成折价或者回购协议的，属于让与担保权的协议实现，并不构成流质契约，自应有效。

4. 动产担保物权竞存时的优先顺位。《物权法》第一百九十九条可以作为担保物权竞存之时优先顺位的一般规则。企业将其生产设备、原材料、半成品及产品等财产设定动产浮动抵押后，又将其中的部分财产设定了动产固定抵押权的，两个抵押权均自各自的抵押合同生效之日起设立，并自各自登记之日起取得对抗第三人的效力。就同一财产上竞存的抵押权之间的优先顺位，《物权法》第一百九十九条已经确立相应的规则，动产浮动抵押权和动产固定抵押权竞存之时优先顺位的确定亦应适用该规定，动产浮动抵押权和动产固定抵押权竞存之时，先登记者优先；登记的优先于未登记的；均未登记的，按比例平等受偿。

同一财产上竞存的动产抵押权和动产质权之间，亦应参照《物权法》第一百九十九条，以动产担保物权取得对抗第三人效力的先后顺序作为判断竞存权利之间的优先顺位。动产质权自出质人交付质押财产时设立，未交付则动产质权不设立。在解释上，动产质权自交付时才取得对抗第三人的效力。如此，确定动产抵押权和动产质权之间的顺位关系，尚须就两者取得对抗第三人效力的时间之间进行对比，亦即对比动产抵押权登记的时间和动产质物交付的时间。此时，也无须考虑担保权人在设定担保物权的善意或恶意。准此，质权有效设立、抵押权办理了抵押登记的，按照公示先后确定清偿顺序；顺序相同的，按照债权比例清偿；质权有效设立，抵押权未办理抵押登记的，质权优先于抵押权；质权未有效设立，抵押权未办理抵押登记的，因此时抵押权已经有效设立，故抵押权优先受偿。

《担保法解释》第七十九条第一款规定："同一财产法定登记的抵押权与质权并存时，抵押权人优先于质权人受偿。"由于《担保法》就动产抵押权分别采取登记生效和登记对抗两种模式，动产抵押权也就有了"法定登记的抵押权"和"自愿登记的抵押权"之分。该款中"法定登记的抵押权"是指在企业动产上设定的抵押权，登记不仅是动产抵押权的生效要件，而且是动产抵押合同的生效要件。但是，《物权法》上就动产抵押权统一改采登记对抗主义，是否办理抵押登记全由当事人自行选择，已经不存在所谓"法定登记的抵押权"，《担保法解释》第七十九条第一款也就没有了适用前提。考虑到物权公示方法之间的价值中立性，《会议纪要》明确指出："担保法司法解释第七十九条不再适用。"该条第二款涉及动产抵押权、动产质权与留置权之间的关系，就此，《物权法》已经定有明文。同时废止该条第一款和第二款，亦不会发生法律适用上的困难。

《会议纪要》就房地分别抵押和抵押权随主债权转让体现了物权公示原则的例外。物权公示对物权变动的影响，仅仅在基于法律行为的物权变动中才有意义。

1. 以建筑物设定抵押权、未以建设用地使用权设定抵押权的，根据《物权法》第一百八十二条第二款的规定，未抵押的建设用地使用权视为一并抵押，建筑物抵押权就未抵押的建设用地使用权成立法定抵押权，不属于基于法律行为的物权变动。此时，不以抵押合同中是否明确约定建筑物和建设用地使用权一并抵押为前提；当事人在抵押合同中约定仅以建筑物设定抵押权的，就未约定抵押的建设用地使用权亦构成法定抵押权；当事人在抵押合同中排除建设用地使用权抵押的，亦无不然。以建设用地使用权设定抵押权、未以既存的建筑物设定抵押权的，根据《物权法》第一百八十二条第二款的规定，未抵押的既存建筑物视为一并抵押，建设用地使用权抵押权就未抵押的既存建筑物成立法定抵押权，亦不属于基于法律行为的物权变动。此时，不以抵押合同中是否明确约定建筑物和建设用地使用权一并抵押为前提；当事人在抵押合同中约定仅以建设用地使用权设定抵押权的，就未约定抵押的既存建筑物亦构成法定抵押权；当事人在抵押合同中排除既存建筑物抵押的，亦无不然。

建筑物或者建设用地使用权分别抵押给两个不同的债权人的，两个抵押权均属合法有效，其效力均及于建筑物和建设用地使用权之全部。两个效力均及于建筑物和建设用地使用权的抵押权，构成抵押权的既存，根据《物权法》第一百九十九条第一项的规定，依登记的先后确定两个抵押权之间的优先顺位。就此而言，基于公示的时间确定竞存权利之间的优先顺位的一般规则得以适用，增加了交易的确定性。

2. 抵押权是主债权的从权利，抵押权随主债权的转让而移转，在性质上属于抵押权的法定移转，不属于基于法律行为的物权变动，不以办理抵押权变更登记为前提。《城市房地产抵押管理办法》第三十七条第一款规定：“抵押权可以随债权转让。抵押权转让时，应当签订抵押权转让合同，并办理抵押权变更登记。抵押权转让后，原抵押权人应当告知抵押人。”但该规定应属倡导性规定，鼓励当事人之间在抵押权转让之时办理抵押权变更登记，以明晰标的财产之上的权利归属，并通知抵押人，以使抵押人知悉抵押权人。即使认为该规定属于强制性规定，亦非属效力性强制性规定。抵押权随主债权的转让而移转的，受让人所取得的抵押权的顺位同于原抵押权人。即使其后办理了抵押权的变更登记，受让人的抵押权亦自原抵押权登记之日取得相应的优先顺位，而不应依变更登记的时点确定抵押权的顺位。

第一章　担保的一般规则

第一节　独立担保约定的效力

【会议纪要条文】

54.【独立担保】从属性是担保的基本属性，但由银行或者非银行金融机构开立的独立保函除外。独立保函纠纷案件依据《最高人民法院关于审理独立保函纠纷案件若干问题的规定》处理。需要进一步明确的是：凡是由银行或者非银行金融机构开立的符合该司法解释第1条、第3条规定情形的保函，无论是用于国际商事交易还是用于国内商事交易，均不影响保函的效力。银行或者非银行金融机构之外的当事人开立的独立保函，以及当事人有关排除担保从属性的约定，应当认定无效。但是，根据“无效法律行为的转换”原理，在否定其独立担保效力的同时，应当将其认定为从属性担保。此时，如果主合同有效，则担保合同有效，担保人与主债务人承担连带保证责任。[①] 主合同无效，则该所谓的独立担保也随之无效，担保人无过错的，不承担责任；担保人有过错的，其承担民事责任的部分，不应超过债务人不能清偿部分的三分之一。

【条文要义】

本条结合《物权法》第一百七十二条第一款，对《担保法》第五条第一款作了限缩解释。

---

① 这里的“连带保证责任”，应为“连带责任保证责任”。就保证方式，我国实定法上规定为“一般保证”和“连带责任保证”。“连带保证责任”在实定法上与“按份保证责任”相并而称，是就共同保证中保证人之间关系的分类。

1. 国际商事交易中的独立担保约定有效，以与国际商事惯例相一致。在国际公约和国际惯例的发展演进过程中，国际商会《合同保证统一规则》（URCG325）该规则将合同保证（银行保函）的法律性质定性为从属保证。虽然该规则允许当事人约定排除该规则的适用，以达到选择独立保证的目的，[①] 但过分强调保证交易各方当事人之间的利益平衡，甚至将保证责任的承担与基础交易关系相联系（要求提交主债务人违约证明前提条件）。因该规则忽略了商事交易中债权人期待借助合同保证快速、切实地实现债权的诉求，最终被实践淘汰。[②] 有鉴于此，国际商会《见索即付保函统一规则》（URDG458）第二条第二款规定："保函从性质上是独立于其可能基于之合同或投标条件的交易，即使保函中包含对合同或投标条件的援引，担保人与这类合同或投标条件亦无任何关系，也不受其约束。"这里明确了见索即付保函的独立性。这一惯例在《见索即付保函统一规则》（URDG758）得到了进一步地强化。而联合国国际贸易法委员会制定的《联合国独立担保和备用信用证公约》则试图统一调整独立保函和备用信用证，统合大陆法系和英美法系的独立担保制度。[③]

2. 承认金融机构出具的独立保函的效力，以与《独立保函规定》第二十三条相一致。在性质上，独立保函不属于《担保法》上所规定的典型担保形式——保证。"独立保函的性质是付款承诺，开立人的义务在于依条件付款，而非在债务人不履行债务时代负履行责任。开立人付款义务的独立性和单据性特点，使得独立保函在效力、履行、付款金额、有效期、转让等方面均排除了对基础交易的从属性，具有依文本自足自治的特点。因此，独立保函虽然客观上具有担保债权实现的功能，但与担保法规定的保证有本质区别，与信用证性质相同。"[④] 因独立保函的提示付款单据简单、付款责任严厉，司法实践中一直对国内交易中独立保函的效力问题缺乏定论。近年来为国内交易开具独立保函已经成为我国金融机构的一项重要业务，基于平等保护原则，《独立保函规定》第二十三条规定，当事人约定在国内交易中适用独立保函的，人民法院不能以独立保函不具有涉外因素为由，否定保函独立性约定的效力。[⑤]

---

① 参见陈立虎：《独立担保国际惯例的新规则：URDG758》，载《法治研究》2014 年第 1 期。

② 参见李燕：《独立保函单据化的逻辑解释与我国立法之选择》，载《政法论坛》2013 年第 4 期。

③ 有关国际公约的详细介绍参见笪恺：《国际贸易中银行担保法律问题研究》，法律出版社 2000 年版，第 235 页以下；郭德香：《国际银行独立担保法律问题研究》，法律出版社 2013 年版，第 82 页以下。

④ 张勇健、沈红雨：《〈关于审理独立保函纠纷案件若干问题的规定〉的理解和适用》，载《人民司法·应用》2017 年第 1 期。

⑤ 参见 2016 年 11 月 22 日最高人民法院民事审判第四庭庭长张勇健在最高人民法院举办的《独立保函规定》新闻发布会上的情况介绍。

3. 否定其他情形之下的独立担保约定的效力，依从属担保判断当事人的权利和义务。最高人民法院一直以来的审判实务倾向于坚持担保合同的从属性，将其例外限制在特定的情形，其理由是："考虑到独立担保责任的异常严厉性，以及该使用该制度可能产生欺诈和滥用权利的弊端，尤其是为了避免严重影响或动摇我国担保法律制度体系的基础，独立担保只能在国际商事交易中使用，不能在国内市场交易中运用。"① 银行或者非银行金融机构之外的当事人开立的独立保函，以及当事人有关排除担保从属性的约定，应当认定无效。但是，根据"无效法律行为的转换"原理，在否定其独立担保效力的同时，应当将其认定为从属性担保。《会议纪要（公开征求意见稿）》在推定从属性担保时，采取的方法论是：独立担保约定因不符合担保的从属性而被认定无效的，该约定无效不影响整个担保合同的效力。这是基于《合同法》第五十六条后句"合同部分无效，不影响其他部分效力的，其他部分仍然有效"得出的解释结论。与此相比，《会议纪要》改采"无效法律行为的转换"原理。

4. 独立性约定无效情形之下的责任分担。独立性约定无效之时，应区分主合同的效力形态在《担保法解释》的既有选择之下判定各方当事人的责任。在主合同有效的前提之下，担保合同不因独立担保约定的无效而无效，如担保合同有效，担保人仍应根据担保合同的约定承担从属性的担保责任，如担保合同无效，担保人基于其过错形态的不同承担不同的损害赔偿责任；在主合同无效的情形之下，基于从属性，担保合同因主合同无效而无效，应视担保人有无过错来确定其应否承担损害赔偿责任以及在多大范围内承担损害赔偿责任。

《会议纪要》第54条指出："如果主合同有效，则担保合同有效，担保人与主债务人承担连带保证责任。"这一解释结论尚存可议之处。（1）主合同有效，并不当然表明担保合同有效。"如果主合同有效，则担保合同有效"，类型化不足。如地方人民政府所签订的担保合同中存在独立性约定，独立性约定无效，但担保合同因保证人不适格而无效。此际，即使主合同有效，担保合同也无效，但担保合同无效并不是因为独立性约定无效而整体无效。此时，自应适用《担保法解释》第七条："主合同有效而担保合同无效，债权人无过错的，担保人与债务人对主合同债权人的经济损失，承担连带赔偿责任；债权人、担保人有过错的，担保人承担民事责任的部分，不应超过债务人不能清偿部分的二分之一。"（2）这里的

① "中国光大银行长沙华顺支行与湖南洞庭水殖股份有限公司、湖南嘉瑞新材料集团股份有限公司、长沙新振升集团有限公司借款担保合同纠纷上诉案"［最高人民法院（2007）民二终字第117号民事判决书］。相同处理的还可参见"天津市长芦盐业集团有限公司与北京中铁建物资贸易有限公司等确认合同无效纠纷再审案"［最高人民法院（2018）最高法民申6281号民事裁定书］、"舟山中昊贸易有限公司与中信舟山代表处、中国中信集团公司等借款合同纠纷上诉案"［浙江省高级人民法院（2008）浙民二终字第70号民事判决书］，等等。

“连带保证责任”，应为“连带责任保证责任”。就保证方式，我国实定法上规定为“一般保证”和“连带责任保证”。“连带保证责任”在实定法上与“按份保证责任”相并而称，是就共同保证中保证人之间关系的分类。(3) 独立担保约定无效，依从属性判断当事人之间的权利和义务，仅解决担保合同不随主合同无效而无效，并不涉及保证人承担保证责任的方式。在解释上，如当事人之间就保证人承担保证责任的方式有明确约定，应尊重当事人的约定；如当事人之间就保证人承担保证责任的方式没有约定，应适用《担保法》的推定规则——连带责任保证，在《民法典》如期通过之后，则适用《民法典》的推定规则——一般保证。[①]

《会议纪要》指出：“主合同无效，则该所谓的独立担保也随之无效，担保人无过错的，不承担责任；担保人有过错的，其承担民事责任的部分，不应超过债务人不能清偿部分的三分之一。”这一解释结论与《担保法解释》第八条如出一辙，该条规定：“主合同无效而导致担保合同无效，担保人无过错的，担保人不承担民事责任；担保人有过错的，担保人承担民事责任的部分，不应超过债务人不能清偿部分的三分之一。”

【深度阐释】

一、我国法上的独立保证规则及其解释歧见

《担保法》第五条第一款“但书”的规定，是我国法上独立担保的规范。《担保法》第五条第一款“但书”的规定，正是考虑到传统意义上的保全担保法理和担保发展趋势——独立价值权性质这两方面的因素，[②] 既体现了担保法律行为意思自治的原则，又考虑到现代担保制度的发展趋向，立法技术颇为科学。但就本款但书的理解，学说上并不一致。

第一种观点认为，第五条第一款“但书”允许当事人就担保合同从属性作出例外安排，[③] 亦即“担保合同另有约定的，按照约定”，针对的是同款第一句前段“担保合同是主合同的从合同”。“若对担保法第五条做严格的文义解释，则独立担保的适用范围相当广泛，只要当事人对担保行为的从属性作出另行约定，则独

---

① 《民法典合同编（草案）》（二次审议稿）第四百七十六条第二款规定：“当事人在保证合同中对方式没有约定或者不明确当事人在保证合同中对方式没有约定或者不明确的，按照一般保证承担保证责任。”

② 参见汪贻祥主编：《中华人民共和国担保法理论与实务》，中国政法大学出版社 1995 年版，第 175 页。

③ 参见仲相：《论独立担保的适用范围和法律效力》，载《人民司法》2011 年第 11 期。

立担保不仅得适用于国际商事贸易行为中，也可适用于国内法律行为中。”① 担保合同的“附属性得依当事人的意思被排除。”② “该条从文义上看，明确肯定了当事人有权对担保合同是否具有从属性进行意思自治，允许当事人通过意思自治进行选择，为独立担保的存在提供了法律依据。”③

第二种观点认为，第五条第一款“但书”仅承认了担保合同效力从属性上的例外约定，并不及于独立担保的其他方面，亦即“担保合同另有约定的，按照约定”针对的只是同款第一句后段“主合同无效，担保合同无效”。“如果当事人在担保合同中约定，‘主合同无效，担保合同的效力不受影响’，那么，在并不违反法律的强制性规定情况下，主合同虽无效，担保合同仍为有效，担保人仍应承担担保责任。”④ “所谓‘另有约定的，按照约定’，是指当事人可依其明示的意思表示排除效力从属性的适用，如无约定，仍可依从属性特征决定担保合同的效力。”⑤

第三种观点认为，第五条第一款“但书”允许的是对主合同无效时担保人承担担保责任的例外约定。主合同无效，担保合同无效，担保人自不应依担保合同承担担保责任。“担保合同另有约定的，按照约定”，“是指当事人约定担保人对主债务人因主合同无效而应承担的责任承担担保责任的，担保人应依担保合同的约定对此承担责任，并不是指担保合同约定担保合同有效的，担保合同可以有效。”⑥ “主合同无效，作为从合同的担保合同当然无效，但如当事人约定担保人对无效合同的后果负担保责任的，则担保人应依其约定对主债务人应承担的主合同无效的法律责任负担保责任。如担保合同中无此约定，则担保人对主债务人因主合同无效而且担保人对主合同的有效性并无审查义务。”⑦ “在这种情况下，该担保合同可以看作是两个担保合同：一个是对主合同主债务人履行债务的担保；一个是对主合同无效时主债务人承担的责任的担保。在主合同无效时，前一个担保合同内容无效，后一个担保合同内容有效。”⑧

本书作者坚持第二种观点，理由如下：

1. 虽然保证合同亦属独立的合同，在债法上自是产生独立的保证债务，但因法律的例外规定，使保证合同从属于主合同，保证债务亦就具有了从属性，从属

① 仲相：《论独立担保的适用范围和法律效力》，载《人民司法》2011 年第 11 期。

② 邹海林、常敏：《债权担保的理论与实务》，社会科学文献出版社 2005 年版，第 8 页。

③ 曹士兵：《中国担保制度与担保方法——根据物权法修订》，中国法制出版社 2008 年版，第 40 页。

④ 武靖人、袁祝杰主编：《中国担保法律与实务》，中信出版社 1997 年版，第 23～24 页。

⑤ 高圣平：《担保法新问题与判解研究》，人民法院出版社 2001 年版，第 44 页。

⑥ 郭明瑞、杨立新：《担保法新论》，吉林人民出版社 1996 年版，第 24～25 页。

⑦ 郭明瑞、杨立新：《担保法新论》，吉林人民出版社 1996 年版，第 25 页。

⑧ 郭明瑞、杨立新：《担保法新论》，吉林人民出版社 1996 年版，第 25 页。

性并被界定为保证债务的特质,[①] 保证债务的独立性亦多被称为“相对独立性”。[②] 如此，否定保证合同的从属性，在同一部法律中，更应明文规定。但《担保法》第五条第一款中语焉不详的文义，实不能解释为对担保合同所有从属性的例外规定。《物权法》第一百七十二条的规定，将但书修改为“法律另有规定的除外”，排除当事人的约定，间接地证明了这一点。“至此，对于独立担保的适用范围，立法和司法态度已经非常明朗：独立人保在国内不能使用，禁止当事人通过合同约定独立物保。”[③]

2.《担保法》第五条第一款“但书”是单独一句，但前句有两段，分别是“担保合同是主合同的从合同”，“主合同无效，担保合同无效”，两段之间以逗号隔开，那但书“担保合同另有约定的，按照约定”，究竟是针对前段的但书，还是针对后段的但书？在《担保法》第五条第一款基础上修改的《物权法》第一百七十二条第一款[④]在一定程度上澄清了这一争议。第一百七十二条的表述是：“担保合同是主债权债务合同的从合同。”“主债权债务合同无效，担保合同无效，但法律另有规定的除外。”至此，“但书”所针对的对象即至为明显，即仅是“担保合同不因主债权债务合同的无效而归于无效”，而不及于“担保合同不是主债权债务合同的从合同”。由此可推知，《担保法》第五条第一款“但书”，仅仅只是针对后段，即只允许效力上从属性的例外约定。

3.《担保法》的制定主要是为了减少资金融通和商品流通中的信用风险，通过保障债权的实现，来发展社会主义市场经济（《担保法》第一条参照）。其时，市场主体之间“三角债”比较严重，金融机构贷款得不到及时清偿，社会信用状

---

① 参见王利明：《保证制度若干问题探讨》，载王利明：《民商法研究》第3辑，法律出版社2013年版，第453页；崔建远：《合同法》，北京大学出版社2013年版，第191页；郭明瑞：《担保法》，法律出版社2010年版，第26页以下；邹海林、常敏：《债权担保的理论与实务》，社会科学文献出版社2005年版，第29页以下；徐武生：《担保法理论与实践》，工商出版社1999年版，第63页以下；曹士兵：《中国担保制度与担保方法——根据物权法修订》，中国法制出版社2008年版，第35页以下；刘保玉、吕文江主编：《债权担保制度研究》，中国民主法制出版社2000年版，第84页以下；孙鹏、肖厚国：《担保法律制度研究》，法律出版社1998年版，第60页；程啸：《保证合同研究》，法律出版社2006年版，第212页等。

② 参见郭明瑞：《担保法》，法律出版社2010年版，第29页；孙鹏、肖厚国：《担保法律制度研究》，法律出版社1998年版，第60页；高圣平：《担保法论》，法律出版社2009年版，第87页。

③ 王闯：《冲突与创新——以物权法与担保法及其解释的比较为中心而展开》，载最高人民法院民事审判第二庭编：《民商事审判指导》2007年第2辑（总第12辑），人民法院出版社2008年版，第72页。

④ 通说认为，《物权法》第一百七十二条第一款来源于《担保法》第五条第一款。参见全国人大常委会法制工作委员会民法室：《〈中华人民共和国物权法〉条文说明、立法理由及相关规定》，北京大学出版社2017年版，第346页；最高人民法院物权法研究小组：《〈中华人民共和国物权法〉条文理解与适用》，人民法院出版社2007年版，第506页。

况不甚理想。[①]《担保法》的解释适用应在这一立法背景下展开。对担保合同从属性的例外约定应从严解释，仅限于对效力从属性的例外。《物权法》制定时，社会信用状况已经有所改善，但立法者还是禁止当事人哪怕是对效力上的从属性作出例外约定。其理由在于："担保物权依附于主债权债务而存在，没有主债权债务，就没有担保物权。法律如果允许当事人作出主债权债务合同无效，担保合同仍有效的约定，那么，即使不存在主债权债务，担保人也要承担担保责任。这不但对担保人不公平，而且可能导致欺诈和权利滥用，还可能损害其他债权人的利益。"[②] 由此，《担保法》第五条第一款但书解释为仅针对效力上的从属性，更为妥当。

4. 在主合同无效，担保合同有效的情况下，担保人系就主合同无效所产生的民事责任负担保责任。此时，主合同无效，自无约定的主债务之发生，所谓保证债务从属于主债务即无余地。学说上认为，保证债务此时为一独立债务，由保证人独立就该债务自负履行之责，并非代负履行责任，[③] 在解释上，仅在担保合同有效的情形下，担保人才得依担保合同之约定承担履行之责。第三种观点在坚守担保合同从属性的前提下，认为主合同、担保合同均无效时，担保人仍得负担保责任，缺乏说服力。同时，将一份担保合同分解为两种担保合同，并分别视担保合同有效、无效情形确定为某种担保责任，徒增了说理上的困难。按立法技术和逻辑，如先在法律中规定"债务人应该承担因主合同无效而产生的责任"，并辅之遵从约定的自然过渡条款——"当事人约定担保人对无效合同的后果负担保责任，即对主债务人因主合同无效而产生的责任承担担保责任的，按照约定"，但《担保法》第五条并没有规定这一过渡性条款。[④]

综上，《担保法》第五条第一款虽然允许担保合同作为例外约定，但这一例外针对的仅是担保合同效力上的从属性，而不及于其他。准此，《担保法》第五条第一款"但书"并不能作为裁判上承认见索即付保函适法性的规范基础。虽然全国人大常委会法工委民法室的释义书中列举的凭要求即付担保（即"见索即付

---

① 参见孙礼海主编、全国人大常委会法制工作委员会民法室：《中华人民共和国担保法释义》，法律出版社 1995 年版，第 2 页。

② 全国人大常委会法制工作委员会民法室：《〈中华人民共和国物权法〉条文说明、立法理由及相关规定》，北京大学出版社 2017 年版，第 346 页。

③ 参见刘春堂：《民法债编各论》（下），2012 年修订版，第 347 页；邱聪智：《新订债法各论》（下），姚志明校订，中国人民大学出版社 2006 年版，第 364 页；林诚二：《民法债编各论》（下），中国人民大学出版社 2007 年版，第 228 页。

④ 参见陈立虎：《独立担保国际惯例的新规则：URDG758》，载《法治研究》2014 年第 1 期。

保函”）作为第五条第一款“但书”的例证，[①] 但尚存疑问的是，仅效力从属性上的例外约定并不足以构成见索即付保函，后者还需担保合同中约定保证人放弃主债务人的抗辩权等等要素（效力从属性上的例外约定可以解释为保证人放弃了主债务人主张主合同无效的抗辩权），这就又回到第五条第一款“但书”所针对的对象的老路上了。同样参加立法的工作人员的释义书上中却是另外一种观点。[②] 由此可见，在我国尚无官方立法理由书的情况下，参加立法的工作人员的解释并不具有立法目的解释的效力，而仅仅只能供在解释相关法条的立法原意时参考。

尤应注意的是，虽然《担保法》第五条第一款“但书”在解释上仅及于担保合同效力从属性的例外，但并不排除当事人之间在契约自由之下，作出破除担保合同从属性的例外安排，只不过，此时的所谓“担保合同”或“保证合同”就不是《担保法》上所说的（具有从属性的）担保合同或保证合同了。

二、我国审判实践中独立保证的效力分歧

学说上就当事人约定的独立保证的效力，一直有两种不同的意见：第一种意见认为，独立担保的约定仅在国际商事交易中予以承认，不能适用于国内经济活动。独立担保的实质是否定担保合同从属性，不再适用担保法律中为担保人提供的各种保护措施，诸如未经担保人同意而变更担保合同场合下担保人的免责，担保人因主债权债务合同无效、被撤销、诉讼时效或强制执行期限完成而产生的抗辩权，以及一般保证人独有的先诉抗辩权等，因此独立担保是一种担保责任非常严厉的担保。“考虑到独立担保责任的异常严格性，以及该制度在使用过程中容易滋生欺诈和滥用权利等弊端，尤其是为避免严重影响或动摇我国担保法律制度体系之基础，全国人大法工委和最高人民法院在《担保法解释》论证过程中的态

① “主合同无效，其约定的权利义务等于不存在，担保合同自然归于无效。但是有些担保合同，特别是在涉外经济贸易中的担保合同，经双方当事人约定担保合同独立于主合同的，不可撤销的担保合同，如凭要求即付担保。这已成为国际贸易中的惯例。这种独立的担保合同，在主合同无效后，仍应当对债务人承担无效后的法律责任担保。为了适应实际需要，本条规定，担保合同另有约定的，按照约定。”孙礼海主编、全国人大常委会法制工作委员会民法室：《担保法释义》，法律出版社 1995 年版，第 6 页。

② 肖峋、皇甫景山认为，《担保法》第五条第一款仅允许担保合同效力从属性上的例外约定，并未承认“见索即付”的担保方式。在国际经济贸易中，根据需要和有关规定，这种方式可以继续使用。但在国内贸易方面，则不采用这种方式。因为我国正在向市场经济过渡，债权债务关系的运转缺乏秩序，如果对合同一方当事人的是否履约不进行严格的检查和监督，“见索即付”，不会有助于经济活动的安全。“在市场经济相当发达的国家，立法上尚未最终确认这种担保方式，那么，我国在立法上似乎也无需过于急迫了。”肖峋、皇甫景山：《担保法讲话》，中国社会出版社 1995 年版，第 49 页。

度非常明确：独立担保只能在国际商事交易中使用。”[①] 第二种意见认为，“应当承担独立担保约定的效力。独立担保已为大陆和英美两大法系的判例和学理所承认，并与从属性担保制度并列成为现代担保制度的两大支柱”，[②]《担保法》第五条第一款已经承认了独立担保，并未明确将其界定为仅适用于国际商事交易，基于契约自由原则，在国内经济活动中亦应承认其效力。[③]

《担保法解释（送审稿）》采纳了上述第一种意见，将独立担保限制在国际商事贸易中。[④] 但最终通过的司法解释文本中并未就独立担保的适用范围作出规定，大抵是源于金融界的不同意见。参与起草者认为：“通过在司法解释稿中对独立担保不予规定的方式来体现如下态度：独立担保只能适用于涉外经济、贸易、金融等国际性的商事交易活动中。”[⑤] 在《担保法解释》关于主合同和担保合同无效的法律后果的规则设计中，有意遗漏了“主合同无效，担保合同仍有效”“主合同无效，担保合同（非因主合同无效但）也无效”时的责任承担问题。[⑥] 这一理解得到了最高人民法院的肯定。[⑦]“最高人民法院倾向于承认独立担保在对外担保和外国银行、机构对国内机构担保上具有法律效力，但对于国内企业、银行之间的独立担保采取保守态度。”[⑧] 这一观点在最高人民法院审判的案例中也得到体现，如“湖南机械进出口公司、海南国际租赁公司与宁波东方投资公司代理进口合同纠纷案”[⑨]、“湖南洞庭水殖股份有限公司与中国光大银行长沙华顺支行等借款担保纠纷上诉案。”[⑩] 原则上，最高人民法院判决对各级法院审判实践具有指导作用，但在我国，案例并未取得法源地位，地方法院对此的把握也就出现了分

① 王闯：《冲突与创新——以物权法与担保法及其解释的比较为中心而展开》，载最高人民法院民事审判第二庭编：《民商事审判指导》2007 年第 2 辑（总第 12 辑），人民法院出版社 2008 年版，第 71 页。

② 李国光等：《最高人民法院〈关于适用中华人民共和国担保法若干问题的解释〉理解与适用》，吉林人民出版社 2000 年版，第 29～30 页。

③ 参见王闯：《冲突与创新——以物权法与担保法及其解释的比较为中心而展开》，载最高人民法院民事审判第二庭编：《民商事审判指导》2007 年第 2 辑（总第 12 辑），人民法院出版社 2008 年版，第 71 页。

④ 参见李国光等：《最高人民法院〈关于适用中华人民共和国担保法若干问题的解释〉理解与适用》，吉林人民出版社 2000 年版，第 30 页。

⑤ 王闯：《理论争鸣与制度创新——关于最高法院担保法司法解释的若干问题》，载梁慧星主编：《民商法论丛》（总第 19 卷），金桥文化出版（香港）有限公司 2001 年版，第 412 页。

⑥ 参见周翔：《独立保证法律制度研究》，中国人民大学 2007 年度博士学位论文。

⑦ 最高人民法院相关案例的梳理，参见高祥：《论国内独立保函与备用信用证在我国的法律地位——兼评最高人民法院独立保函司法解释征求意见稿》，载《比较法研究》2014 年第 6 期。

⑧ 曹士兵：《中国担保制度与担保方法——根据物权法修订》，中国法制出版社 2008 年版，第 40 页。

⑨ 最高人民法院（1998）经终字第 184 号民事判决书。

⑩ 最高人民法院（2007）民二终字第 117 号民事判决书。

歧。有的地方法院认定独立担保约定无效，但还有很多地方法院认定独立担保约定有效，由此形成了裁判实践中两种截然不同的观点。

第一种观点认为，独立担保条款应为无效。裁判理由主要有以下几种：

1. 维护担保的从属性，否认独立担保在国内交易中的适用。在“中国光大银行长沙华顺支行与湖南洞庭水殖股份有限公司、湖南嘉瑞新材料集团股份有限公司、长沙新振升集团有限公司借款担保合同纠纷上诉案”① 中，最高人民法院认为：

光大华顺支行与洞庭水殖签订的两份《保证合同》的第十四条均明确约定“本合同的效力独立于主合同，不因主合同的无效而无效”，根据《担保法》第五条之规定，上述条款明显属于独立担保条款。本院的审判实务已明确表明：考虑到独立担保责任的异常严厉性，以及该使用该制度可能产生欺诈和滥用权利的弊端，尤其是为了避免严重影响或动摇我国担保法律制度体系的基础，独立担保只能在国际商事交易中使用，不能在国内市场交易中运用。因此，洞庭水殖关于本案所涉保证合同中独立担保条款无效的主张有理，本院予以支持。但应当看到，本院否定独立担保在国内交易市场中的运用之目的，在于维护担保法第五条第一条所规定的我国担保制度的从属性规则，因此，不能在否定担保的独立性的同时，也否定了担保的从属性。尽管洞庭水殖可以因本案所涉保证合同中的独立担保条款无效而免除独立担保责任，但由于本案主合同即借款合同为有效合同，所以保证人仍应承担依约有效的从属性担保责任即连带保证责任。

最高人民法院并将这一规则扩及到独立的物上担保领域。在“天津市长芦盐业集团有限公司与北京中铁建物资贸易有限公司等确认合同无效纠纷再审案”②中，最高人民法院认为：

《物权法》第一百七十二条第一款规定：“设立担保物权，应当依照本法和其他法律的规定订立担保合同。担保合同是主债权债务合同的从合同。主债权债务合同无效，担保合同无效，但法律另有规定的除外。”该条规定，在法律对独立物保有特别规定的情形下，才能认定独立物保有效，否则，独立物保无效。该条排除了当事人约定独立物保的有效性。由于该条是对担保人提供独立物保的规定，而本案规定的是提供独立保证的情形，物保与人保并不相同，故本案不能直

① 最高人民法院（2007）民二终字第 117 号民事判决书。相同处理的还可参见“舟山中昊贸易有限公司与中信舟山代表处、中国中信集团公司等借款合同纠纷上诉案”［浙江省高级人民法院（2008）浙民二终字第 70 号民事判决书］、“江苏昆山农村商业银行股份有限公司海安支行与江苏鲁神建筑工程有限公司等金融借款合同纠纷案”［江苏省南通市中级人民法院（2014）通中商初字第 0004 号民事判决书］、“王国民与井亚平、章旭东保证合同纠纷上诉案”［浙江省金华市中级人民法院（2014）浙金商终字第 565 号民事裁定书］。

② 最高人民法院（2018）最高法民申 6281 号民事裁定书。

接援引《物权法》的该条规定进行裁判。《担保法》第五条第一款规定："担保合同是主合同的从合同，主合同无效，担保合同无效。担保合同另有约定的，按照约定。"根据该条规定，当事人对独立担保有约定的，可以从约定。但基于法理，对该条规定应做限缩解释，即：考虑到独立担保责任的异常严厉性，以及使用该制度可能产生欺诈和滥用权利的弊端，尤其是为了避免严重影响或动摇我国担保法律制度体系的基础，在司法实践中独立担保只能在国际商事交易中使用，不能在国内市场交易中运用。基于上述分析，原审判决认定案涉《担保合同》中当事人关于独立担保的约定无效，并无不当。

除此之外，有些法院直接依据最高人民法院案例中所体现的司法态度，从而认定独立担保条款无效。如在"宁夏银行股份有限公司西塔支行与银川市聚鸿鑫工贸有限公司、银川市大山商贸有限公司合同纠纷上诉案"① 中，宁夏回族自治区高级人民法院认为：

通过最高人民法院（1998）经终字第 184 号"湖南机械进出口公司、海南国际租赁公司与宁波东方投资公司代理进口合同纠纷案"的终审判决，第一次表明最高人民法院否定独立担保在国内适用的立场，其后最高人民法院屡次以判决的形式进一步表明了该立场，除国际贸易中常见的保证担保合同效力独立于主合同效力的情形之外，其他情况下担保合同的效力都附属于主合同的效力。

2. 在时间效力上，《物权法》第一百七十二条修正了《担保法》第五条第一款的立法态度。如"台州建筑安装工程公司与浙江万邦置业有限公司、浙江九鼎实业有限公司等企业借贷纠纷上诉案"② 中，浙江省高级人民法院认为：

虽然《担保法》第五条规定，"担保合同是主合同的从合同，主合同无效，担保合同无效。担保合同另有约定的，按照约定"，该规定肯定了主合同无效时当事人另行约定独立担保的效力。但其后实施的《物权法》第一百七十二条规定，"主债权债务合同无效，担保合同无效，但法律另有规定的除外。担保合同被确认无效后，债务人、担保人、债权人有过错的，应当根据其过错各自承担相应的民事责任。"该规定排除了主合同无效时当事人自行约定担保有效的效力，故一审法院在认定本案借贷合同无效后进一步认定担保合同无效并无不当。

第二种观点认为，独立担保条款符合法律规定，若保证合同约定了独立担保条款，则保证合同效力不受主合同效力的影响。裁判理由主要有以下几种：

---

① 宁夏回族自治区高级人民法院（2009）宁民商终字第 27 号民事判决书。相同处理的还可参见"沃尔沃汽车金融（中国）有限公司与刘卫东等金融合同纠纷再审案"［山东省高级人民法院（2015）鲁民提字第 325 号民事判决书］。

② 浙江省高级人民法院（2016）浙民终字第 484 号民事判决书。相同处理的可参见"浙江稠州商业银行股份有限公司杭州分行与绍兴汇金金属制品有限公司等金融借款合同纠纷案"［浙江省杭州市中级人民法院（2015）浙杭商外初字第 12 号民事判决书］。

1. 依据《担保法》第五条第一款之规定。如“刘育红与福建省中科智担保投资有限公司等企业借贷纠纷再审案”① 中，福建省高级人民法院认为：

《担保法》第五条第一款规定，“担保合同是主合同的从合同，主合同无效，担保合同无效。担保合同另有约定的，按照约定。”因中科智公司已在涉讼《担保合同》中与王滕、刘育红约定“本合同是独立的保证合同，在借款合同无效的情况下，中科智公司承诺按合同约定承担保证责任。担保人对债务人因主合同无效而产生的责任承担担保责任”，据此可以认定该《担保合同》的效力不受《借款合同》即主合同的影响。

2. 依据意思自治。如在“沧州市健发蛋白氨基酸公司与中国建设银行沧州署西街办事处借款担保纠纷上诉案”② 中，河北省高级人民法院认为：

因矿山建材场在签订本案借款合同时已被注销，已丧失民事法律主体资格，本案借款合同应属无效，但当事人在本案保证合同中明确约定，该保证合同的效力独立于主合同，不受主合同的影响。该约定符合有关法律规定，应予支持。原审认定保证合同有效并无不当，应予维持。又根据当事人保证合同的约定，氨基酸公司应承担连带责任保证。在借款人矿山建材场已不存在的情况下，依据有关法律规定，债权人可以要求保证人在其保证范围内承担保证责任。氨基酸公司应直接偿还署西街办事处的贷款及利息。

3. 依据担保责任的指向对象。如在“西安正诺影视有限公司与海南电广传媒投资控股有限公司等合作合同保证纠纷上诉案”③ 中，海南省高级人民法院认为：

我国《担保法》第五条第一款规定：担保合同是主合同的从合同，主合同无效，担保合同无效。担保合同另有约定的，按照约定。其中‘担保合同另有约定的，按照约定’的规定是对担保合同与主合同的从属性的但书，由此可见，我国担保法是承认独立担保合同的。所谓独立担保合同，是指与主合同之间没有从属关系的担保合同，主合同的效力对担保合同不发生影响。当事人在担保合同中如果约定担保合同与主合同没有从属关系，主合同无效、被撤销对担保合同不产生影响的，该担保合同为独立担保合同。对独立担保合同，由于担保合同不受主合同效力的影响，主合同无效的，担保合同仍应作为有效处理。担保人承担的民事责任为有效担保合同产生担保责任，即担保合同中约定的债务担保范围，而不是民事赔偿责任，也不是债务人不能清偿的部分。本案中，虽然电广传媒公司与新

---

① 福建省高级人民法院（2014）闽民申字第2067号民事裁定书。相同处理的可参见“浙江XX有限公司与张甲等建设工程施工合同纠纷再审案”［浙江省高级人民法院（2010）浙民提字第56号民事判决书］、“中国农业发展银行汉川市支行与湖北帝豪融资担保有限公司保证合同纠纷上诉案”［湖北省孝感市中级人民法院（2016）鄂09民终字第731号民事判决书］。

② 河北省高级人民法院（2000）冀经一终字第50号民事判决书。

③ 海南省高级人民法院（2008）琼民二终字第71号民事判决书。

纪元公司签订的合作协议为无效合同，但由于电广传媒公司与新纪元公司、正诺公司签订的保证合同明确约定：正诺公司对新纪元公司在上述合作协议中的义务承担无限连带责任；保证人的保证责任不因主合同的无效或解除而免除。

三、独立保函的典型化

学说上认为，保证债务系因保证合同所生的个别、独立的债务。保证债务虽从属于主债务，但并不构成主债务的一部分，仍具有独立性。但保证债务只是在附从于主债务的前提下有独立性，因而是相对的，[①] 仅仅只是对保证债务从属性的限制。保证债务的相对独立性并被认为是其区别于并存的债务承担的重要标志。[②] 保证合同是典型的单务合同，其中，保证人仅负担债务，但并不享有对应的债权。为平衡债权人、主债务人和保证人之间的利益，保证人不仅享有基于保证合同本身的抗辩权，还可以主张主债务人基于主合同所享有的抗辩权。债权人实现保证债权，就不得不卷入保证法律关系和基础交易关系的复杂诉讼，保证人对于债权人的履行请求，可以主张基础交易关系和保证交易关系中的抗辩权，以求减轻或免除保证责任。这一制度安排对于利益失衡的保证人来说，保护可谓周延。

但从债权人的视角，保证债务的从属性以及保证人因此而享有的广泛的抗辩权，无疑增加了实现担保权益的困难。在商事交易中，为了既保障交易的效率，又安全地实现债权，破除从属性成了某些交易的实践需求。[③] 债权人将其基于保证交易与其基于基础交易的法律地位相分离，并阻断了基础交易对保证交易的影响，使得保证人与主债务人的地位相互独立，债权人既可向主债务人主张主债权（此时，主债务人仅得主张其基于主合同的抗辩权），又可向保证人主张保证债权（此时保证人仅得主张其基于保证合同的抗辩权，不得主张主债务人基于主合同的抗辩权，有些情况下，保证人还不得主张基于保证合同的抗辩权）。债权由此而得到了切实、迅速地保障，保证人也无须了解基础交易关系并进而主张主债务人的抗辩权，保证人只需在承担保证责任之后对主债务人行使求偿权即可，“先付款，再争执”，[④] 在一定程度上促使了交易的发展。于是，就产生了独立保证（或曰独立担保）这种特殊的交易类型，并经由交易的发展逐渐定型化，形成了交易惯例。“诸如独立保函这种已经形成普遍的、适当的时间段和该交易领域自

---

① 参见孙鹏、肖厚国：《担保法律制度研究》，法律出版社 1998 年版，第 60 页；刘保玉、吕文江主编：《债权担保制度研究》，中国民主法制出版社 2000 年版，第 86 页。

② 参见郭明瑞：《担保法》，法律出版社 2010 年版，第 28 页。

③ 参见朱凡：《人的担保基本制度研究》，中国检察出版社 2006 年版，第 228 页。

④ 许忠信：《国际贸易法上银行担保状的法律概念》，载《黄宗乐教授六秩祝贺论文集——财产法学篇（二）》，学林文化出版公司 2002 年版，第 247 页。

愿承认的商业工具，已满足了商业习惯的构成要件。”[①]

基于贸易实践的发展，本书作者认为，将《担保法》第五条第一款“但书”限缩解释为仅适用于“国际商事交易”，正当性不足，理由如下：

1. “国内经济活动”和“国际商事交易”在行为性质和法律适用上并不存在本质区别。[②]“随着我国加入 WTO 和国内经济与世界经济一体化，继续对独立担保采取区别对待的态度已经渐趋保守，不符合经济社会发展的需要。”[③] 独立保证的交易风险在国内经济活动和国际商事交易之间并无实质区别，独立保证交易中可能存在的欺诈或权利滥用，不仅存在于国内经济活动，国际商事交易中也不一定比国内经济活动中少。“据银行从业专家介绍，在独立担保实践中，国际独立担保的索赔率高于国内独立担保的索赔率。”[④] 目前，独立保函业务是银行的重要中间业务之一，不承认国内经济活动中的独立担保，会极大地压缩我国商业银行的相关业务范围，降低我国商业银行的国际竞争力。[⑤]“于单纯之内域交往，若亦能承认不具有从属性之担保契约，使担保制度多元化，满足信用授予担保之需求，谁曰不宜。”[⑥]

2. 不承认独立保证在国内经济活动中的适用，会严重限制当事人在商事活动中的契约自由。[⑦] 从属性并不当然构成保证合同的本质属性，承认国际商事交易中的独立保证即表明，从属性只是在当事人没有相反约定时的补充规范，不具有强行法属性。“从属性对于担保行为而言，不需要当事人在合同中进行约定，该种关系因法律的规定而当然成为合同的组成部分。”[⑧] 独立保证已经“成为国际贸易和金融领域内的一种典型合同”。[⑨]“立法者对人保制度仅承认具有从属性之保证契约，从属性之规定系人保制度之强行法，因而欠缺从属性之担保契约，系属

---

① ［德］C. W. 卡纳里斯：《德国商法》，法律出版社 2006 年版，杨继译，第 548 页。

② 参见陈立虎：《独立担保国际惯例的新规则：URDG758》，载《法治研究》2014 年第 1 期。

③ 曹士兵：《中国担保制度与担保方法——根据物权法修订》，中国法制出版社 2008 年版，第 12 页。

④ 高祥：《论国内独立保函与备用信用证在我国的法律地位——兼评最高人民法院独立保函司法解释征求意见稿》，载《比较法研究》2014 年第 6 期。

⑤ 参见高祥：《论国内独立保函与备用信用证在我国的法律地位——兼评最高人民法院独立保函司法解释征求意见稿》，载《比较法研究》2014 年第 6 期

⑥ 陈自强：《无因债权契约论》，中国政法大学出版社 2001 年版，第 52 页。

⑦ 应当注意的是，保证活动中的契约自由亦受限制，对于消费者保证人、非以提供保证为营利目的的自然人保证人等实质上处于弱势地位的保证人而言，契约自由徒有其表，因此《欧洲示范民法典草案》排除了此类人作为独立保证人的可能。

⑧ 曹士兵：《中国担保制度与担保方法——根据物权法修订》，中国法制出版社 2008 年版，第 35 页。

⑨ ［德］罗伯特·霍恩：《银行担保》，载徐杰、［德］罗伯特·霍恩主编：《中国与德国：银行法律制度》，中国政法大学出版社 1998 年版，第 185 页。

无效。此种形式上之推论，不啻使民法之债权契约之法定有名契约类型，具有物权法定主义之下之类型强制之功能，其有违契约自由原则之内容自由，不言可喻。”[①] 以独立保证异常严厉以及保护保证人为由，否定独立保证的效力“恰恰违背了担保人的愿意”。[②] 当事人之间基于理性判断而共同接受“异常严厉”的独立保证，与公益无涉，自应得到法律的尊重。否则，当事人必将付出额外的交易成本，或者以牺牲交易效率为代价来保障债权的实现，或者使得保证人不得不极其繁复地审查基础交易违约情形，直接影响到相应担保交易和基础交易的达成，不利于鼓励交易。

3.“国际商事交易”和“国内经济活动”在有些情况下难以界定，尤其是在世界经济一体化的背景下。根据《最高人民法院关于适用〈中华人民共和国涉外民事关系法律适用法〉若干问题的解释（一）》的规定，当事人一方或双方是外国人或无国籍人，或者当事人一方或双方的经常居住地、标的物、引起民事关系变动的法律事实发生地在国外的，可以认定为涉外民事关系。但这一规则适用于“国际”或“国内”独立保证的认定时会遇到困难。按照《境内机构对外担保管理办法》的规定，境内机构（境内外资金融机构除外）向境外机构或者境内的外资金融机构提供的担保均属对外担保，但境内的外资金融机构除了外国金融机构在境内设立的分支机构之外，均为中国法人（外商独资金融机构或中外合资金融机构）。此时，境内机构为境内机构提供担保也是对外担保，两者均无涉外因素。再如，外国金融机构在境内设立的分支机构，为境内金融机构向中外合资企业提供的贷款所出具的担保，是“国内”还是“国际”经济活动？

此外，保证人应（国内）主债务人对外国债权人提供见索即付独立保证（这一交易属于“国际商事交易”），保证人同时与（国内）主债务人之间签订独立反担保合同，或与国内反担保人签订独立反保证合同（这两者反担保均为担保国内保证人向国内主债务人的求偿权而设立，应属“国内经济活动”）。在保证人对外承担保证责任之后，如不承认独立反担保合同的效力，保证人在对国内主债务人或反担保人行使求偿权及其担保权时，将可能面临反担保人的各种抗辩（包括基于基础交易关系的抗辩权）。[③]

总之，独立保证的产生有其特定的交易背景，如债权人需要高效、快速的付款保障、保证人不愿介入基础交易之中。在国内经济活动中，这种交易背景和经济现实同样存在，因此，不能以商事交易是否具有涉外因素，简单地判断是否承

---

① 陈自强：《无因债权契约论》，中国政法大学出版社2001年版，第50页。

② 参见高祥：《论国内独立保函与备用信用证在我国的法律地位———兼评最高人民法院独立保函司法解释征求意见稿》，载《比较法研究》2014年第6期。

③ 参见董翠香：《金融债权司法保护的问题与对策——以抵押权的实现和独立担保的认可为视角》，载《烟台大学学报（哲学社会科学版）》2012年第1期。

认独立保证的约定。

基于保证法的债法性质，私法自治或意思自由当属解释相关论题的基本思路。[①] 保证法作为平衡当事人之间利益的补充性规定，在当事人之间作出例外安排的情况下，实际上是对这种平衡机制的否定。[②] 独立保函的出现从侧面也说明了当事人对这种法律预设的利益平衡机制的不满，债权人希望得到更为确实和更有保障的保证。[③]

“合同作为交易的法律形式，它总是随着交易的不断发展而产生新的类型。”[④] 独立保函无疑是其中适例。独立保函交易的发展，已经脱逸出了传统法上已经类型化了的从属保证的范畴，相关交易规则的形成更加显示出其独特的契约内容，已无法为从属保证所能涵盖。“当抽象——一般概念及其逻辑体系不足以掌握某生活现象或意义脉络的多样表现形态时，大家首先会想到的补助思考的形式是‘类型’。”[⑤]保证方式的类型化是为适例。保证债务本具从属性和补充性，前者涉及保证人承担责任的内容，后者关注保证人承担责任的顺序，但交易实践的发展广泛认可了补充性可以明示放弃，债权人无须先就主债务人的财产强制执行，即可径向保证人主张权利，如此，补充性不再是“保证合同”这一概念的必要要素，[⑥] 一般保证和连带责任保证的类型化区分就解决了这一问题。同此，在从属保证之外，将独立保证这一经由实践发展的交易，类型化为新的典型合同，也就成了我们的选择。“为了寻求规则的统一性，这些特殊的、新的交易类型需要由法律予以调整。”[⑦]至于承认独立保证之后所可能带来的当事人间的权利失衡问题，自可由新的强行法规范予以控制。独立保证交易一旦典型化为新一类有名合同，就有了对其统一进行特别规制的正当性。由此可见，将独立保函有名化，承认独立保证的有效性，也就不会“严重影响或动摇我国担保法律制度体系之基础”。[⑧]

《独立保函规定》采纳了这一观点，将独立保函作为不同于从属保证的一种典型的交易形态加以规定。该规定第一条第一款规定：“本规定所称的独立保函是银行或非银行金融机构作为开立人，以书面形式向受益人出具的，同意在受益

---

① See Ulrich Drobnig, *Present and Future of Real and Personal Security*, 2003（5）European Review of Private Law, 2003, p. 625.

② 参见沈达明：《法国、德国担保法》，中国法制出版社2000年版，第9页。

③ 参见刘斌：《论我国独立担保制度的理论基础和规则构建》，载《研究生法学》2010年第6期。

④ 王利明：《典型合同立法的发展趋势》，载《法制与社会发展》2014年第2期。

⑤ ［德］卡尔·拉伦茨：《法学方法论》，陈爱娥译，商务印书馆2003年版，第337页。

⑥ See Ulrich Drobnig, *Present and Future of Real and Personal Security*, 2003（5）European Review of Private Law, 2003, p. 629.

⑦ 王利明：《典型合同立法的发展趋势》，载《法制与社会发展》2014年第2期。

⑧ 参见高圣平：《论独立保证的典型化与类型化》，载《武汉大学学报（哲学社会科学版）》2016年第1期。

人请求付款并提交符合保函要求的单据时，向其支付特定款项或在保函最高金额内付款的承诺。”这里，强调开立人的付款义务具有独立性和单据性，且开立人并不享有基础交易债务人的抗辩权，这些规定都使之与从属保证相区分。就国内交易中独立保函的效力，《独立保函规定》第二十三条规定：“当事人约定在国内交易中适用独立保函，一方当事人以独立保函不具有涉外因素为由，主张保函独立性的约定无效的，人民法院不予支持。”其理由主要体现为：（1）因应我国经济发展、完善信用保障制度的现实需要，反映金融机构国内独立保函业务的制度需求。（2）遵循当事人意思自治和市场主体平等保护原则，以独立保函不具有涉外因素为由主张保函无效，缺乏法律依据；在国际和国内交易的界限模糊的背景之下，同一基础交易同时涉及国内独立保函和涉外独立保函的情况大量存在，如分别采行不同的效力模式，将直接导致当事人权利义务失衡。为防止独立保函可能存在的欺诈及滥用付款请求权风险，《独立保函规定》一方面将开立人的范围限于对独立保函风险有成熟认知的金融机构，另一方面通过抗辩权制度和止付程序遏制欺诈风险，为独立保函在国内的运行提供了较为完善的法律框架。①

独立保函独立于基础交易关系，是对传统从属性担保的重大突破和创新。只要债权人达到独立保函约定的条件，除现有证据证明债权人的请求明显存在滥用或欺诈之外，开立人即应承担责任，从而使得债权人快速地实现债权，提高了交易的效率，同时，开立人也无须像从属保证人那样负有审慎审查基础交易关系中违约情事的义务，只需就债权人提供的文件进行形式审查。开立人向债权人承担责任之后，自可向债务人求偿或向反担保人主张担保权利。这一特殊的担保模式满足了特定交易的需要，在金融实践和国际贸易中得到了越来越广泛的应用，已然成为相关领域的交易惯例。民事立法和司法实践不能漠视商事实践的发展，更不能以违反从属担保的法理为由而轻易否定这一金融创新。

在《会议纪要》看来，独立保函不属于《担保法》上所规定的“保证”，自不适用《担保法》第五条。由于《独立保函规定》严格限定了独立保函的内涵和外延，银行或者非银行金融机构之外的当事人开立的独立保函自属无效。由此可见，认定开立人是否属于银行或者非银行金融机构就显得尤为重要。根据《银行业监督管理法》第二条的规定，“本法所称银行业金融机构，是指在中华人民共和国境内设立的商业银行、城市信用合作社、农村信用合作社等吸收公众存款的金融机构以及政策性银行。”（第二款）“对在中华人民共和国境内设立的金融资产管理公司、信托投资公司、财务公司、金融租赁公司以及经国务院银行业监督管理机构批准设立的其他金融机构的监督管理，适用本法对银行业金融机构监督

① 参见张勇健、沈红雨：《〈关于审理独立保函纠纷案件若干问题的规定〉的理解和适用》，载《人民司法·应用》2017年第1期。

管理的规定。”（第三款）“国务院银行业监督管理机构依照本法有关规定，对经其批准在境外设立的金融机构以及前二款金融机构在境外的业务活动实施监督管理。”（第四款）《金融许可证管理办法》第三条第二款规定：“金融机构包括政策性银行、商业银行、农村合作银行、城市信用社、农村信用社、村镇银行、贷款公司、农村资金互助社、金融资产管理公司、信托公司、企业集团财务公司、金融租赁公司、汽车金融公司、货币经纪公司等。”由此可见，金融机构在外观表象上是持有“金融许可证”的机构。但凡不持有“金融许可证”的机构所开立的独立保函，均应认定为无效。

四、独立保函之外独立担保约定的效力

《独立保函规定》仅调整银行和非银行金融机构开立的独立保函。在起草者看来，金融机构对于独立保函的风险认知与防范能力较强，在一定程度上可以防免欺诈及滥用付款请求权风险。但非金融企业、其他组织以及个人出具的保函类型复杂，既有以营利为目的的商事担保，也有无偿的民事担保，其开立具有独立保函性质的担保是否可以参照《独立保函规定》处理，还是按照从属性保证处理，有待今后审判实践出现相关案例后再予考虑。[①]

在《会议纪要》的起草过程中，结合我国目前经济下行的背景，担保的保全功能被置重，还不宜贸然承认独立担保约定的效力。独立担保约定因不符合担保的从属性而被认定无效的，根据“无效法律行为的转换”原理，应当将其认定为从属性担保。独立性约定无效之时，应区分主合同的效力形态在《担保法司法解释》的既有选择之下判定各方当事人的责任。在主合同有效的前提之下，担保合同不因独立担保约定的无效而无效，如担保合同有效，担保人仍应根据担保合同的约定承担从属性的担保责任，如担保合同无效，担保人基于其过错形态的不同承担不同的损害赔偿责任；在主合同无效的情形之下，基于从属性，担保合同因主合同无效而无效，应视担保人有无过错来确定其应否承担损害赔偿责任以及在多大范围内承担损害赔偿责任。

《会议纪要》指出：“如果主合同有效，则担保合同有效，担保人与主债务人承担连带保证责任。”基于前述理由，这里的准确表述应为，如果主合同有效，担保合同不因独立性约定而无效。担保合同有效的，担保人根据担保合同的约定承担从属性的担保责任；至于保证方式，自应依担保合同的约定而判断，担保合同未作约定或者约定不明确的，依法定保证方式予以推定。担保合同因自身原因而被认定无效的，应适用《担保法解释》第七条：“主合同有效而担保合同无效，

---

① 参见张勇健、沈红雨：《〈关于审理独立保函纠纷案件若干问题的规定〉的理解和适用》，载《人民司法·应用》2017年第1期。

债权人无过错的，担保人与债务人对主合同债权人的经济损失，承担连带赔偿责任；债权人、担保人有过错的，担保人承担民事责任的部分，不应超过债务人不能清偿部分的二分之一。”

如果主合同无效导致担保也随之无效，则应适用《担保法解释》第八条，即担保人无过错的，不承担责任；担保人有过错的，其承担民事责任的部分，不应超过债务人不能清偿部分的三分之一。在“湖南机械进出口公司、海南国际租赁公司与宁波东方投资公司代理进口合同纠纷案”① 中，最高人民法院认为：

湖南公司与东方公司签订的代理进口协议并没有真实的交易背景，成为韩路骗取巨额外汇的工具，因此，本案争议的代理进口协议无效。海南公司的担保合同中虽然有“本担保函不因委托人的原因导致代理进口协议书无效而失去担保责任”的约定，但在国内民事活动中不应采取此种独立担保方式，因此该约定无效，对此应当按照担保法第五条第一款的规定，认定该担保合同因主合同无效而无效。虽然海南公司对本案的损失并无直接过错，但其提供的担保函却为东方公司对外开证付款起到了一定的作用，因此应当承担相应的赔偿责任，该责任应为湖南公司不能偿还欠款部分的50%。

以后的类似案例自应依《会议纪要》的解释论改变这一责任分担比例。

【附：起草过程中的争议】

《会议纪要（稿）》

1.【独立担保】从属性是担保的基本属性，除由《最高人民法院关于审理独立保函纠纷案件若干问题的规定》调整的由银行和非银行金融机构出具的独立保函除外，其他主体出具的独立保函一律无效。判断独立保函的效力主要看其开立人是否为银行和非银行金融机构，不问其适用领域是国内交易还是涉外商事交易。当事人在国内交易中适用独立保函，一方当事人以独立保函不具有涉外因素为由主张独立保函无效的，人民法院不予支持。

当事人在担保合同中约定，其提供的担保不因主合同无效而无效的，此类约定因不符合担保的从属性而无效。该约定无效不影响整个担保合同的效力，担保人仍应根据担保合同的约定承担担保责任。

《会议纪要（哈尔滨征求意见稿）》

57.【独立担保】从属性是担保的基本属性，除由《最高人民法院关于审理独立保函纠纷案件若干问题的规定》调整的由银行和非银行金融机构出具的独立保

① 最高人民法院（1998）经终字第184号民事判决书。

函外，其他主体出具的独立保函一律无效。判断独立保函的效力主要看其开立人是否为银行或者非银行金融机构，不问其适用领域是国内交易还是涉外商事交易。当事人在国内交易中适用独立保函，一方当事人以独立保函不具有涉外因素为由主张独立保函无效的，人民法院不予支持。

当事人在担保合同中约定，其提供的担保不因主合同无效而无效的，此类约定因不符合担保的从属性而无效。该约定无效不影响整个担保合同的效力：主合同有效的，担保人仍应根据担保合同的约定承担担保责任；主合同无效导致担保合同无效的，应视担保人有无过错来确定其应否承担民事责任。

《会议纪要（公开征求意见稿）》

54.【独立担保】从属性是担保的基本属性，除由《最高人民法院关于审理独立保函纠纷案件若干问题的规定》调整的由银行和非银行金融机构出具的独立保函外，其他主体出具的独立保函一律无效。判断独立保函的效力主要看其开立人是否为银行或者非银行金融机构，不问其适用领域是国内交易还是涉外商事交易。当事人在国内交易中适用独立保函，一方当事人以独立保函不具有涉外因素为由主张独立保函无效的，人民法院不予支持。

当事人在担保合同中约定，其提供的担保不因主合同无效而无效的，此类约定因不符合担保的从属性而无效。该约定无效不影响整个担保合同的效力：主合同有效的，担保人仍应根据担保合同的约定承担担保责任；主合同无效导致担保合同无效的，应视担保人有无过错来确定其应否承担民事责任。

第二节　担保责任的范围

【会议纪要条文】

55.【担保责任的范围】担保人承担的担保责任范围不应当大于主债务，是担保从属性的必然要求。当事人约定的担保责任的范围大于主债务的，如针对担保责任约定专门的违约责任、担保责任的数额高于主债务、担保责任约定的利息高于主债务利息、担保责任的履行期先于主债务履行期届满，等等，均应当认定大于主债务部分的约定无效，从而使担保责任缩减至主债务的范围。

【条文要义】

本条系结合《担保法》第五条第一款、《物权法》第一百七十二条第一款，对

《担保法》第二十一条、《物权法》第一百七十三条作出的基于从属性的解释方案。

1. 担保合同是主合同的从合同，由此而决定，担保人承担担保责任的范围和强度不得大于或重于主债务。在体系解释上，《担保法》第二十一条关于保证范围的但书规定“保证合同另有约定的，按照约定”，以及《物权法》第一百七十三条关于担保物权的担保范围的但书规定“当事人另有约定的，按照约定”，应结合《担保法》第五条第一款前句“担保合同是主合同的从合同”以及《物权法》第一百七十二条第一款中句“担保合同是主债权债务合同的从合同”的从属性规定进行限缩解释：当事人在担保合同中就担保范围的例外约定，应仅限于担保责任的范围或数额小于主债务，或担保责任之强度低于主债务的情形。

2. 当事人约定的担保责任的范围大于主债务的，大于主债务部分的约定无效，从而使担保责任缩减至主债务的范围。如此，保证合同中就保证债务约定单独的违约金，使得保证人承担保证责任的范围和强度大于主债务，应为无效。

3. 在债务人破产时，债权人通过破产程序未能实现的债权，保证人仍然承担清偿责任［《中华人民共和国企业破产法》（以下简称《企业破产法》）第一百二十四条参照］；债权人对保证人享有的权利不受重整计划或和解协议的影响（《企业破产法》第九十二条第三款、第一百零一条参照）。《最高人民法院关于适用〈中华人民共和国企业破产法〉若干问题的规定（三）》（以下简称《企业破产法规定（三）》，法释〔2019〕3号）第五条第二款规定：“债权人向债务人、保证人均申报全部债权的，从一方破产程序中获得清偿后，其对另一方的债权额不作调整，但债权人的受偿额不得超出其债权总额。”这些都说明在债务人企业破产、重整、和解程序中，保证债务的范围或数额甚至大于主债务。不过，这些都是例外情形。

【深度阐释】

一、确定担保责任范围的一般规则

担保责任的范围，又称担保范围，是指在主债务人不履行债务或者发生当事人约定的实现担保权的其他情形之时，担保人向债权人承担担保责任的限度。[①]《担保法》第二十一条规定：“保证担保的范围包括主债权及利息、违约金、损害赔偿金和实现债权的费用。保证合同另有约定的，按照约定。”（第一款）“当事人对保证担保的范围没有约定或者约定不明确的，保证人应当对全部债务承担责任。”（第二款）《物权法》第一百七十三条规定：“担保物权的担保范围包括主债权及其利息、违约金、损害赔偿金、保管担保财产和实现担保物权的费用。当事

① 参见高圣平：《担保法论》，法律出版社2009年版，第164页。

人另有约定的，按照约定。”这就意味着，《担保法》第二十一条和《物权法》第一百七十三条关于担保范围的规定，属于任意性规定，当事人可就担保范围作出约定，明确排除或者确认相关费用是否属于担保责任的范围。如当事人就此未作约定，则保证担保的范围包括“主债权及利息、违约金、损害赔偿金和实现债权的费用”。虽然《物权法》第一百七十三条没有类似于《担保法》第二十一条第二款的规定，但在解释上，如当事人在抵押合同或质押合同中就此未作约定，抵押权或质权的担保范围即包括“主债权及其利息、违约金、损害赔偿金、保管担保财产和实现担保物权的费用”。

由此可见，我国《担保法》和《物权法》上就担保责任的范围，采取了约定担保范围和法定担保范围的区分，且以约定担保范围优先。但这是否意味着约定担保范围可以脱逸出法定担保范围自由约定，如债权人和担保人是否可以在担保合同中约定大于主债务的担保范围？担保具有从属性，其实定法基础是《担保法》第五条第一款前句“担保合同是主合同的从合同”，以及《物权法》第一百七十二条第一款中句“担保合同是主债权债务合同的从合同”。在解释上，担保合同的从属性即包括担保范围的从属性。担保范围的从属性，是指担保责任的范围取决于主合同债务，并应当从属于主债务的范围，[①] 担保人承担的担保范围超过了主合同债务的范围，应当将担保责任的范围缩减至主合同债务的范围。[②] 如此，债权人与担保人之间就担保范围的意思形成自由即受限制，亦即，虽然《担保法》第二十一条关于保证范围的但书规定“保证合同另有约定的，按照约定”，以及《物权法》第一百七十三条关于担保物权的担保范围的但书规定“当事人另有约定的，按照约定”允许当事人之间就担保范围作出例外安排，但当事人在担保合同中就担保范围的例外约定，应仅限于担保责任的范围或数额小于主债务，或担保责任之强度低于主债务的情形。例如，当事人约定的保证债务的利率不得高于主债务的利率；主债务不必支付利息的，当事人不得约定保证债务支付利息；主债务附有条件的，当事人不得约定保证债务为无条件；当事人约定的保证债务的履行期不得先于主债务的履行期；债务人仅就重大过失负责的，当事人不得约定保证人就抽象过失或具体过失负责等。[③]

如此解释符合体系解释的要求。担保人承担担保责任之后，自得向主债务人追偿，该追偿权以担保人代偿金额为限，但同时受到主债务的限制。担保人承担担保责任，属于代负履行责任或代为承担债务不履行的赔偿责任，因此，担保人

---

① 参见田土城、宁金成主编：《担保制度法律研究》，河南大学出版社 2001 年版，第 84 页。

② 参见王利明：《合同法分则研究》（下卷），中国人民大学出版社 2013 年版，第 258 页。

③ 参见邱聪智：《新订债法各论（下）》，台湾地区元照出版公司 2003 年版，第 517 页。

的代偿金额自不得超过主债务。[①] 债权人向担保人的请求数额超过主债务人应予承担的数额的，担保人自应主张本属于主债务人的抗辩权，以对抗债权人的请求。担保人怠于主张该抗辩权，导致其所承担的责任超过主债务的，自不得向主债务人追偿。

二、就保证债务单独约定的违约金条款的效力

在目前的交易和司法实践中，债权人与保证人签订的保证合同中，就保证债务的履行单独约定了违约金条款，如在保证合同中约定："保证人为债务人的债务提供连带责任保证，保证人不承担保证责任或违反合同约定的其他义务的，保证人应按主合同项下主债务本金（或按照逾期代偿额、未清偿数额）的15％（或特定的数额）向债权人另外支付违约金。"

保证合同为保证人的保证责任设置了违约责任，间接达到的效果是保证人承担的责任范围（仅指债务数额）超出了主债务的范围。那么，由此导致的问题是，上述保证合同中的违约责任条款是否有效？是否有违保证合同从属性特征？对于前述保证合同违约责任条款的效力，司法实践中存在三种裁判观点：

第一种观点认为，此条款有效。理由在于保证责任的范围属于债权人与保证人意思自治的范畴，只要不违反法律的禁止性规定，则合法有效。如在"北京京城国际融资租赁有限公司与被告陈晨、李娟保证合同纠纷案"[②]中，法院指出：

关于违约金，《不可撤销保证书》是京城国际公司与陈晨、李娟之间签订的独立合同，具备合同的要件，依法成立的合同应受法律保护。根据《合同法》第一百一十四条的规定："当事人可以约定一方违约时应当根据违约情况向对方支付一定数额的违约金，也可以约定因违约产生的损失赔偿额的计算方法。"故《不可撤销担保书》中关于保证人未按期代为清偿债务时应承担违约责任的约定符合法律规定。现陈晨、李娟未按期履行担保义务，京城国际公司有权要求其二人承担违约责任，因此本院对京城国际公司要求陈晨、李娟按照《不可撤销担保书》中的约定支付违约金的诉讼请求予以支持。

第二种观点认为，此条款违反保证的从属性，为无效条款，对于债权人请求担保人承担保证违约责任的请求不应予以支持。如在"彭静与刘军、邓建华民间

---

① 值得注意的是，就物上保证人的代偿金额而言，因《物权法》第一百七十三条所定担保范围中包括"保管担保财产和实现担保物权的费用"，必然超过主债务。此部分代偿金额为保全和实现担保物权所必须，虽超过主债务，但亦属追偿范围。

② 北京市朝阳区人民法院（2016）京0105民初65061号民事判决书。

借贷纠纷上诉案”[①]中，法院认为：

本案二审争议焦点为保证人彭静应否在主债务之外依据保证合同的约定另行向债权人刘军给付违约金，即保证人承担保证责任的范围能否超过主债务。首先，根据《担保法》第二十一条“保证担保的范围包括主债权及利息、违约金、损害赔偿金和实现债权的费用。保证合同另有约定的，按照约定。当事人对保证担保的范围没有约定或者约定不明确的，保证人应当对全部债务承担责任”之规定，保证人承担保证责任的范围优先适用保证合同的约定，未约定或约定不明则对被保证人的全部债务承担责任。保证合同对保证责任范围的约定，虽实行意思自治，但因保证合同是主合同的从合同，保证责任是主债务的从债务，基于从属性原则，保证责任的范围及强度不能超过主债务的范围及强度；其次，如果允许保证责任超过主债务的范围，将违反保证责任的从属性规则，可能产生滥用权利的后果；第三，保证责任超过主债务的部分，使债权人获得从主债务人处不能获得的利益，保证人对该部分承担后无法对主债务人追偿，对保证人产生不公平的结果。

第三种观点认为，该条款有效，但是可以适用违约金酌减规则。如最高人民法院在“中国建设银行股份有限公司广州荔湾支行与广东蓝粤能源发展有限公司、惠来粤东电力燃料有限公司等信用证开证纠纷再审案”[②]中指出：

粤东电力、蓝海海运分别与建行荔湾支行签订的最高额保证合同约定的担保范围为主合同项下全部债务，包括但不限于全部本金、利息（包括复利和罚息）、违约金、赔偿金、债务人应向建行荔湾支行支付的其他款项、实现债权与担保权利而发生的费用。原一审判决将利息、逾期付款违约金合并在一起按每日万分之五计算，各方当事人均无异议，可资作为本院分析担保范围内违约金计算标准的依据。每日万分之五的利息、逾期付款违约金计算标准相当于年利率18.25%，而近十年金融机构人民币贷款中，五年以上档次最高利率仅为7.83%。即便以该最高年利率计算建行荔湾支行实际利息损失，每日万分之五的利息、逾期付款违约金计算标准中，违约金计算标准相当于年利率10.42%（18.25%～7.83%），无疑已远远超过实际利息损失的30%。在建行荔湾支行未主张且亦未举证证明逾期付款利息损失之外存在其他损失的情况下，保证人仅以担保范围为限所承担的逾期付款违约金就已超过其实际损失的30%。在此情况下，最高额保证合同又约定保证人在担保范围之外另行承担每日万分之五的迟延付款违约金，显然属于《合同法》第一百一十四条所规定的约定违约金过分高于损失的情形，根据该条

① 四川省成都市中级人民法院（2014）成民终字第5894号民事判决书。关于此案的详细分析详见胡建萍、王长军：《保证人承担保证责任的范围应以主债务为限》，载《人民司法·案例》2015年第24期。

② 最高人民法院（2015）民提字第126号民事判决书。

及《最高人民法院关于适用〈中华人民共和国合同法〉若干问题的解释（二）》（以下简称《合同法解释（二）》）第二十九条之规定，人民法院可以基于债务人的主张对违约金进行酌减。

该案的主审法官也认为：“针对保证人约定专门的迟延履行责任，实际上使保证人承担了超过主债务人所应承担的责任，既不符合保证合同的约定，也违反了担保法有关保证人在担保范围内承担责任的规定，违反了保证合同从属性的特征，该约定无效。问题是，违约责任的补偿性以及保证合同的从属性均无对应的法律条文，认定专门针对保证人约定的迟延履行责任条款无效缺乏明确的法律规定。且专门针对保证人约定迟延履行责任并未违反社会公共利益，属于当事人之间利益调整的范畴，而合同无效一般涉及违反社会公共利益问题。尤其是我国合同法规定了违约金调整制度，如果真的存在约定违约金过高问题的，完全可以通过调整违约金来解决。故合议庭最终没有采纳违约金条款无效的观点，而是通过违约金调整制度来解决相关问题。”[①]

利用违约金酌减规则也在地方法院的判决中使用，如在“沛县农村信用合作联社与江苏鑫皇铝业发展有限公司、江苏鑫皇集团有限公司、马昭洲、孔彬、袁庆生、贾鸿升金融机构借款合同纠纷案”[②] 中，法院认为：

双方在《保证合同》另约定了保证人的单独违约责任，即“未按前述款项承担保证责任的，除继续履行保证责任外，还应承担借款合同项下贷款金额5%的违约金”。原告据此要求五保证人被告给付人民币150万元违约金，但本院认为不宜支持该诉讼请求：首先，该约定不符合设置担保法律制度的目的。根据《担保法》第五条“担保合同是主合同的从合同……”，第六条“本法所称保证，是指保证人和债权人约定，当债务人不履行债务时，保证人按照约定履行债务或者承担责任的行为”等规定可知，保证合同是从合同，是依附于主合同而存在的，该从属性决定了保证人的责任不应超过主债务的范围。但是，本案中保证人的单独违约责任却超越了主债务的范围。其次，该违约责任还将导致原告获得损失之外的利益，过分加重了保证人的责任。根据我国合同法的规定，违约金的性质是补偿性的，即弥补守约方的损失。本案中，原告的损失实际就是其垫付款的利息损失，但此利息损失足以通过五名保证人与主债务人鑫皇公司承担连带责任的方式予以弥补。若令保证人再另行承担违约金，则原告因一份损失获得了双份补偿，获得额外利益，有违法律精神、有损公平原则。根据《合同法》第一百一十四条的规定：“……约定的违约金低于造成的损失的，当事人可以请求人民法院或者

① 刘贵祥主编：《最高人民法院第一巡回法庭精选案例与裁判思路解析（一）》，法律出版社2016年版，第47页。

② 江苏省徐州经济技术开发区人民法院（2012）开商初字第5号民事判决书。

仲裁机构予以增加；约定的违约金过分高于造成的损失的，当事人可以请求人民法院或者仲裁机构予以适当减少”，因此本院应对保证合同中的违约金条款进行调整。

本书作者认为，一方面，对于债权人而言，该条款使得保证债权的担保得以加强，其债权清偿的可能性提高，“违约金和定金对于督促履行、确保债权实现具有独特作用，不能轻易予以否定”；[①] 对于保证人而言，该违约责任对保证人形成压迫，使其在符合清偿条件时立即清偿主合同债务，以免违约责任条款的生效致其不利，因为该项违约责任的承担并没有保证人追偿权的保障；对于债务人而言，由于保证人违约责任的承诺与增信，提高了债务人融资的能力，融资交易达成概率更高。此市场需求与订约情势是保证合同中保证人违约责任条款产生的内在机理。但是，本书作者认为，该条款对保证人不发生效力。

1. 就保证责任而言，虽然《担保法》上规定了“履行债务或者承担责任”两种形式，但在解释上，如主债务属于金钱债务，保证人的保证责任仅为代主债务人履行债务。在此前提之下，只要保证人没有代为履行主债务，主债务不履行的违约责任就一直在计算和累积之中，且属于保证范围。如承认保证合同中单独约定的违约责任条款的效力，保证人就将承担主债务和保证债务不履行的双重违约责任。

2. 基于保护保证人的法政策，保证人的责任不宜过重。《担保法》上就保证人权利保护体系的设计在一定程度上体现了这一政策考量。保证的从属性在这一法政策之下就应作严格解释。在保证人不及时应债权人的请求代为履行主债务的情形之下，主债权债务合同的违约责任条款已经起着惩戒保证人的作用。

3. 保证人代为履行债务之后，自得向主债务人追偿。如承认保证合同中单独的违约责任条款的效力，且不能就此向主债务人追偿，明显加重了保证人的责任。实定法上否定保证人追偿权的情形并不多见，主要体现在保证人本可主张的主债务人的抗辩权却不主张。以主债务时效经过抗辩权为例，保证人怠于主张，就丧失对主债务人的追偿权，否则主债务人本来享有的时效利益旋即丧失殆尽。对追偿权的放弃或剥夺，以当事人明确约定和法律直接规定为前提。

三、担保范围是否包括律师费用

这里尚存疑问的是，律师费用是否属于《担保法》第二十一条所称的“实现债权的费用”？就此，裁判实践中存在两种观点：

第一种观点认为，如担保合同中没有明确约定律师费用属于保证担保的债权

① 韩强：《违约金担保功能的异化与回归——以对违约金类型的考察为中心》，载《法学研究》2015年第3期。

范围，且主合同中亦无主债务人负担律师费用的约定，律师费用则不属于保证担保的范围。如在“江苏银行股份有限公司南京城东支行与南京福地房地产开发有限公司、南京阅江商贸有限公司等金融借款合同纠纷案”[①] 中，法院认为：

关于江苏银行城东支行主张的律师费。本院认为，担保合同是主债权债务合同的从合同，担保范围应以主债务为限。本案中，《南京市六合区房地产抵押合同》《保证担保合同》及《个人连带责任保证书》虽约定担保范围包括实现债权的费用，但主合同《法人委托贷款借款合同》对律师费未作约定，故江苏银行城东支行主张福地公司支付律师费无合同及法律依据，应不予支持，进而该支行要求阅江公司、张某对律师费承担连带清偿责任亦不应予以支持。

第二种观点认为，在主合同和保证合同明确约定律师费用的情形之下，律师费用应属保证担保的债权范围。在“盐城经济开发区祥欣农村小额贷款有限公司与盐城金隆化纤机械有限公司、盐城市盐州实业总公司等借款合同纠纷上诉案”[②] 中，江苏省高级人民法院认为：

祥欣公司要求金隆公司承担律师费有相应依据。(1) 金隆公司关于祥欣公司主张的律师费未实际发生的上诉理由，不能成立。案涉《借款合同》明确约定，因借款人违约致贷款人采取诉讼方式实现债权的，借款人应当承担贷款人为此支付的费用（包括但不限于诉讼费、律师费等）及实现债权的其他一切费用。诉讼中，祥欣公司提交了律师费发票、法律服务委托合同、汇款凭证。金隆公司、盐州公司对法律服务委托合同、汇款凭证的真实性提出异议，但明确表示对合同上的印章等不申请鉴定，也未提供其他反驳证据。因此，金隆公司关于律师费发票所载金额并非案涉业务费用、并未实际发生的上诉理由，本院不予采信。(2)《借款合同》合法有效，对双方均具有约束力。合同中明确约定因金隆公司违约致祥欣公司采取诉讼方式实现债权的，金隆公司应当承担律师费等实现债权的费用，且该约定明确、无歧义。金隆公司仅以合同系格式合同为由，要求不承担约定的义务，缺乏依据，亦有违诚信。

……根据上述法条（《担保法》第十五条）可见，“主债权的种类及数额”与“保证担保的范围”系不同的概念，无论主债权种类中有无列明实现债权的费用，除非合同特别约定将该部分费用从保证担保范围内剔除，实现债权的费用均属于保证担保的范围。本案中，保证合同并无除外的特别约定，相反，还再次列明了包括律师费在内的实现债权的费用属于保证担保范围。故盐州公司应对祥欣公司实际支付的律师费承担保证责任。盐州公司以《保证合同》载明的主债权种类中未列明律师费为由，要求仅对本金及利息承担保证责任，与法律规定不符，本院

① 江苏省南京市中级人民法院（2013）宁商初字第137号民事判决书。

② 江苏省高级人民法院（2015）苏商终字第00148号民事判决书。

不予支持。

第三种观点认为，借款合同约定赔偿其他一切损失，保证合同将损失具体化时，应遵循“直接且必要”原则，区分损失产生是否主合同违约行为导致的合理损失。在“华澳国际信托有限公司与赤峰鹿源工贸有限责任公司、中企联合融资担保有限公司金融借款合同纠纷案”[①] 中，江苏省高级人民法院认为：

关于律师费、诉讼担保费及其他费用，原告要求两被告连带承担。对此，本院认为，对于律师费，《保证合同》虽明确约定律师费由保证人即被告中企公司承担，但《保证合同》为保障主债权实现之目的而订立，其约定的保证范围不应超过主合同即《信托贷款合同》所涵盖之债权范围，而《信托贷款合同》并未明确该费用由债务人即被告赤峰公司承担；对于诉讼担保费，系争合同均未明确约定由被告赤峰公司承担；对于其他费用两万元部分，原告未提供相应证据予以证实。同时，根据《信托贷款合同》《保证合同》的约定，原告可通过申请强债权文书制执行等方式实现对债务人及保证人之权利，故本案律师费、诉讼担保费等之发生亦非必需，原告要求两被告连带承担，缺乏事实和法律依据，本院不予支持。

本书作者认为，在认定律师费用是否属于保证担保的债权范围时，应考虑两个方面的因素：(1) 保证合同中是否有明确约定，仅有保证担保范围包括“实现债权的费用”的表述，或对保证担保的范围未作约定而直接适用法定保证担保范围的规定，并不足以判定律师费用属于保证担保的债权范围；(2) 主合同中关于主债务人违约责任范围的约定，如其中未约定律师费用，即使保证合同中明确约定了律师费用，也不足以认定律师费用属于保证担保的债权范围。这是保证责任的从属性使然，保证人承担保证责任的强度和范围不得超过主债务。

【附：起草过程中的争议】

《会议纪要（稿）》

2.【担保责任的范围】担保人承担的担保责任的范围不能大于主债务，是担保从属性的重要内容。当事人约定的担保责任的范围大于主债务的，如担保责任的数额高于主债务，担保责任约定的利息高于主债务利息，担保责任的履行期先于主债务履行期届满，等等，应当认定大于主债务部分的约定无效，从而使其范围减至主债务的程度。

《会议纪要（哈尔滨征求意见稿）》

58.【担保责任的范围】担保人承担的担保责任范围不能大于主债务，是担保

① 上海市浦东新区人民法院（2015）浦民六（商）初字第9294号民事判决书。

从属性的必然要求。当事人约定的担保责任的范围大于主债务的，如针对担保责任约定专门的违约责任、担保责任的数额高于主债务、担保责任约定的利息高于主债务利息、担保责任的履行期先于主债务履行期届满，等等，均应当认定大于主债务部分的约定无效，从而使担保责任缩减至主债务的范围。

《会议纪要（公开征求意见稿）》

55.【担保责任的范围】担保人承担的担保责任范围不能大于主债务，是担保从属性的必然要求。当事人约定的担保责任的范围大于主债务的，如针对担保责任约定专门的违约责任、担保责任的数额高于主债务、担保责任约定的利息高于主债务利息、担保责任的履行期先于主债务履行期届满，等等，均应当认定大于主债务部分的约定无效，从而使担保责任缩减至主债务的范围。

第三节　混合担保的处理

【会议纪要条文】

56.【混合担保中担保人之间的追偿问题】被担保的债权既有保证又有第三人提供的物的担保的，担保法司法解释第38条明确规定，承担了担保责任的担保人可以要求其他担保人清偿其应当分担的份额。但《物权法》第176条并未作出类似规定，根据《物权法》第178条关于“担保法与本法的规定不一致的，适用本法”的规定，承担了担保责任的担保人向其他担保人追偿的，人民法院不予支持，但担保人在担保合同中约定可以相互追偿的除外。

【条文要义】

本条系对《物权法》第一百七十六条的解释。

1. 就混合共同担保中担保人之间是否存在内部追偿关系，《物权法》与《担保法》及其司法解释的规定不同。依“新法优于旧法”的法适用规则，应严格适用《物权法》的规定。

2.《物权法》上没有承认混合共同担保中担保人之间的内部追偿关系。虽然《物权法》第一百七十六条就此未作规定，结合全国人大常委会法工委主编的《中华人民共和国物权法释义》所揭示的立法过程，《物权法》就此并不构成法律漏洞，无须借助《担保法解释》的规定予以填补。从体系解释的视角，《物权法》

第一百九十四条第二款关于“债务人以自己的财产设定抵押，抵押权人放弃该抵押权、抵押权顺位或者变更抵押权的，其他担保人在抵押权人丧失优先受偿权益的范围内免除担保责任，但其他担保人承诺仍然提供担保的除外”的规定，以及第二百一十八条关于“质权人可以放弃质权。债务人以自己的财产出质，质权人放弃该质权的，其他担保人在质权人丧失优先受偿权益的范围内免除担保责任，但其他担保人承诺仍然提供担保的除外”的规定，均仅强调只有在债务人自己提供的物的担保情形下，债权人放弃该担保物权时，其他担保人才可以基于其顺序利益享有免责抗辩权。在第三人提供物的担保的情形，债权人放弃该担保物权对其他担保人的担保责任不发生影响。这些规定是以不承认保证人与物上保证人之间的内部追偿关系为前提的。

3. 承担了担保责任的担保人只能向债务人追偿，不能向其他担保人追偿，但担保人在担保合同中约定可以相互追偿的除外。这里，强调各担保人在提供担保之时存在意思联络，并在共同签署的担保合同中明确约定彼此之间可以相互追偿。某一担保人与债权人单独签订的担保合同中约定可向其他担保人追偿的，对其他担保人不发生效力；但如各担保人与债权人单独签订的各担保合同中均约定可向其他担保人追偿的，可以认可担保人之间可以相互追偿。

【深度阐释】

担保实践中，债权人为充分保障其债权的实现而设定多重担保的情形较为常见，其中，有既要求主债务人（或第三人）提供物的担保，又要求第三人提供保证担保的。这种共同担保中各担保方式的性质不一，一为物的担保，一为人的担保，与共同担保中的共同保证、共同抵押不同，理论上称之为“混合共同担保”。[①] 混合共同担保中，人的担保是主债务人以外的第三人以其全部责任财产为主债务的履行提供的担保，以保证担保为其基本形式。保证关系中，“主债务人以外的第三人”又称保证人。物的担保是主债务人或第三人以其特定的动产、不动产或其他财产权利为主债务的履行提供的担保，包括抵押担保、质押担保和留置担保三种，但在解释上，物的担保不以上述三种方式为限，凡民法规定的具有优先受偿性质的物的担保，如船舶优先权、民用航空器优先权，均在其列。[②] 物的担保关系中，以其特定的动产、不动产或其他财产权利为主债务的履行提供担保的第三人，又称物上保证人。如当事人之间就担保权之间的关系未作明确约定

---

① 但学者间也有认为混合共同担保是同一债权上设有两个或两个以上性质不同的担保方式的共同担保，既包括了物的担保与人的担保的共同担保，也包括抵押权和质权（或留置权）的共同担保。本文所称之“混合共同担保”仅指前者。

② 参见邹海林、常敏：《债权担保的方式和应用》，法律出版社 1998 年版，第 69 页。

的情况下，如何在实定法之下妥适裁判，即成司法实践中的难点问题。其中，同一债权并存人的担保和物的担保（混合共同担保）之时，当事人之间的法律关系更为复杂。就此，《担保法》《担保法解释》《物权法》虽然先后做了规定，但相关规则所基于的法理基础不同，彼此之间的矛盾和冲突较为明显。司法裁判中广泛存在同时援引上述规则的情形，使得裁判结果存在较大的差异。即使是最高人民法院的裁判，相关解释论也颇不一致。

一、混合共同担保中的责任顺序：《担保法》与《物权法》的比较

对于混合共同担保中人的担保责任与物的担保责任何者优先问题，学说上有三种主张：

1．“物的担保责任绝对优先说”。此说认为，债权人应先向物上保证人主张权利，在其不受清偿的范围内，再向保证人主张权利，保证人仅对物的担保以外的债权额承担保证责任。在立法例上，我国《担保法》第二十八条第一款采此说。其理由是：物的担保相对于保证而言，具有物权的追及效力、物权行使的不可分性、物上代位性以及优先受偿性等功能。基于物的担保，债权人可以直接支配担保人供作担保的特定财产，债务人不履行债务时，债权人可以变价担保财产以优先于其他债权人受偿。物的担保不仅增强了债权实现的程度，还弥补了债权对债务人的财产没有追及力的缺陷，使得债权物权化。物的担保以其特有的物权优先品质确保债权受偿，成为优于保证担保的债权担保方式。①

2．“物的担保责任相对优先说”。此说认为，债权人可以选择行使担保权利，但保证人在承担保证责任之后可向债务人求偿，并代位行使债权人享有的担保物权，债权人致使保证人可代位行使的担保物权消灭的，保证责任相应消灭。其理由是：物上保证人仅以特定物的价值为限承担有限的责任，而保证人以其全部财产负无限责任。人的担保责任对保证人形成的压力更大，人的担保责任的追究对保证人生存产生影响的可能性更大，赋予保证人优越地位，并无不当。在立法技术上，让保证人与物上保证人共同分担责任，会使法律规则过于繁杂。诸如分担比例标准如何确定、是否考虑担保设定时间之先后、是否应考虑担保数额约定之有无、是否应考虑责任顺序约定之有无、是否应考虑是一般保证还是连带责任保证、到底应为当事人的意思自由留下多大的空间等等问题无法合理地解决并最终融入规则之中。此外，我国《担保法》实施以来，物的担保责任优先已植入国民的法律意识之中，成为当事人的潜在意思。②

---

① 参见邹海林、常敏：《债权担保的方式和应用》，法律出版社1998年版，第69～70页。

② 参见叶金强：《担保法原理》，科学出版社2002年版，第25～26页。

3. “物的担保责任与人的担保责任平等说”。此说认为，债权人可以选择行使担保权利，已承担担保责任的担保人可向其他担保人追偿其应承担的份额。其理由是：保证对于主债务具有补充性，但对担保物权并不具有补充性，因此，保证人对物上保证人无法主张先诉抗辩权。[①] 此外，基于公平理念，债权人究竟先就担保物实行其担保物权或向保证人请求清偿，有其选择的自由，物上保证人与保证人的地位并无差别。[②]

本书作者以为，物的担保责任与人的担保责任之间的关系，主要涉及债权人与保证人、物上保证人之间以及保证人与物上保证人之间的关系，与公益无涉，因此，宜由当事人自由约定。如当事人约定物的担保责任或人的担保责任优先，抑或物的担保责任与人的担保责任平等，则均无不可。如当事人没有相反约定，宜采“物的担保责任与人的担保责任平等说”。理由如下：

1. 以物权优于债权，物的担保系属担保物权，人的担保系属债权，而主张物的担保责任优先于人的担保责任，有失妥当。(1) 物权与债权只有在效力竞存时才有可能发生孰优孰劣的问题，即“在同一标的物之上同时存在物权和债权时，物权优先”。[③] 物的担保所指向者为特定的动产、不动产或其他财产权利，而人的担保所指向者乃保证人的所有责任财产，两者在标的物上非为同一。(2) 物权优于债权，发生于义务主体同一而权利主体不同一的情形，但在同一债权既有人的担保又有物的担保之时，其权利主体均为同一债权人，其义务主体为保证人和物上保证人，多不同一。(3) 担保物权的优先性是担保物权就担保物相对于无物上担保的债权而言的，不是相对于保证债权而言的。对担保物享有优先受偿权旨在保护有物上担保的债权人，在担保物权与同一担保物上设定的债权发生冲突时，有物上担保的债权人可以对抗其他一般债权人而在担保物上行使权利，并非指不同债务人对同一债权人的债务偿还时间与偿还顺序的优先。也就是说，当人的担保与物的担保并存时，对于不同债务人（即保证人与物上保证人）不发生偿还时间与偿还顺序上的优先问题。[④] 由此可见，“物的担保责任绝对优先说”不足可采。

2. “物的担保责任相对优先说”虽主张债权人可选择行使担保权利，但保证人在承担保证责任之后仍可代位行使担保物权，实际上仍坚持物权优于债权之法理，自不足采。从法律规范目的的角度而考察，人的担保虽属债权债务关系，但其与物的担保（物权法律关系），在解释上均为债权人担保其债权实现的手段，保证人与物上保证人的法律地位相当，如当事人无特别约定，似不宜仅依其形式

---

① 参见史尚宽：《债法各论》，1974年作者自版，第840页。

② 参见郑玉波：《民法债编各论》，1981年作者自版，第845页。

③ 王利明：《物权法论》（修订本），中国政法大学出版社2003年版，第23页。

④ 参见郑学青：《保证担保与抵押担保并存时的责任承担》，载《法律适用》2003年第1期。

而区分其优劣顺位。本书作者认为，保证人与物上保证人的关系，与共同保证人之间的关系类似，可类推适用共同保证的相关规定。而关于共同保证，数保证人之间原则上成立连带责任，例外地依特约认同按份责任。规定物上保证人优先承担担保责任，一则与共同保证人的连带责任之间构成体系违反，二则对物上保证人过于严苛，与公平理念相悖。此外，以立法技术的困难为由来否定“物的担保责任与人的担保责任平等说”，其理由尚不充分。

3. 在当事人之间对物的担保责任或人的担保责任之顺位未做约定时，自应探求债权人的真意。债权人就同一债权同时设定有人的担保和物的担保，其本意无非是为了实现债权的便利和增加债权的保障。在主债务人不履行债务时，债权人自得选择其认为更便捷、更安全的方式行使权利，法律上无限制的必要。因此，保证人与物上保证人之间不发生责任顺位问题。

对于混合共同担保中人的担保责任与物的担保责任的顺序问题，我国《担保法》第二十八条第一款规定：“同一债权既有保证又有物的担保的，保证人对物的担保以外的债权承担保证责任。”该款规定确立了“物的担保责任绝对优先”规则。《担保法解释》第三十八条第一款规定：“同一债权既有保证又有第三人提供物的担保的，债权人可以请求保证人或者物的担保人承担担保责任。”该款规定又确立了“物的担保责任与人的担保责任平等”规则，将“物的担保责任绝对优先”的适用范围局限于债务人提供的物的担保与人的担保并存的情形。

我国《物权法》第一百七十六条中规定：“被担保的债权既有物的担保又有人的担保的，债务人不履行到期债务或者发生当事人约定的实现担保物权的情形，债权人应当按照约定实现债权；没有约定或者约定不明确，债务人自己提供物的担保的，债权人应当先就该物的担保实现债权；第三人提供物的担保的，债权人可以就物的担保实现债权，也可以要求保证人承担保证责任。”这一规则除了明定当事人可就混合共同担保中物的担保责任和人的担保责任的优先问题作为约定之外，与《担保法解释》的规则相当。由此，对我国《物权法》的规定可作如下整理：

1. 同一债权既有人的担保又有债务人提供的物的担保时，如果担保人之间就担保责任的承担顺序或分担比例未作约定或者约定不明确的，物的担保责任绝对优先，保证人享有先诉抗辩权。其理由是：“债务人是本位上的债务承担者，保证人仅是代替其承担责任，在承担了担保责任后，仍然对债务人享有求偿权。在债务人自己提供物的担保的情况下，首先处理该物清偿债务，可以避免日后再行使追偿权。”[①]“而且，在债务人自己提供物的担保的情况下，要求保证人先承担

① 曹士兵：《中国担保诸问题的解决与展望》，中国法制出版社 2001 年版，第 83 页。

保证责任，对保证人也是不公平的。”[①] 这一规定实际上限制了主债务人充当物上担保人时债权人的选择权。

2. 同一债权既有人的担保又有第三人提供的物的担保时，如果担保人之间就担保责任的承担顺序或分担比例未作约定或者约定不明的，保证人和物上保证人处于同一清偿顺序，债权人既可以要求保证人承担保证责任，又可以要求物上保证人承担担保责任，债权人有权选择。其理由是，此时物上保证人与保证人处于平等地位，都不是最终的债务承担者（亦即准债务人），债权人无论是先实现物的担保还是先实现人的担保，物上保证人或者保证人都存在向债务人求偿的问题。为保障债权人的债权得以充分实现，法律应当尊重债权人的意愿，允许债权人在这种情况下享有选择权。[②]

二、混合共同担保中担保人之间的内部求偿权

（一）担保人之间是否存在内部求偿权关系的裁判分歧

在债权人行使实现债权的选择权，保证人或物上保证人应债权人的请求承担担保责任之后，承担担保责任的担保人除向债务人行使求偿权之外，是否可向其他担保人求偿，《物权法》第一百七十六条对此未置明文。在担保法的规则体系内，《担保法》第二十八条对此同样未作规定，《担保法解释》第三十八条第一款[③]则肯定了担保人之间的内部求偿权。由于规则的不明确及相互之间的差别，裁判和学说就担保人之间是否有内部求偿权产生了巨大争议。

否定说的主要理由在于：从立法原意来看，此处并未形成法律漏洞，是立法者有意排除了混合共同担保中担保人之间的求偿关系。[④] 虽然《担保法解释》第三十八条规定了担保人之间的内部求偿关系，且《物权法》实施之后，最高人民法院并未明确废止《担保法解释》，但《物权法》第一百七十八条关于“担保法与本法的规定不一致的，适用本法”的规定，使得《担保法》第二十八条因与《物权法》第一百七十六条相冲突而失去效力，《担保法解释》第三十八条系对《担保法》第二十八条所作解释，自应失效。[⑤] 从体系解释的视角，《物权法》第一百

---

① 胡康生：《中华人民共和国物权法释义》，法律出版社 2007 年版，第 380 页。

② 参见胡康生：《中华人民共和国物权法释义》，法律出版社 2007 年版，第 380～381 页。

③ 《担保法解释》第三十八条第一款规定：“同一债权既有保证又有第三人提供物的担保的，债权人可以请求保证人或者物的担保人承担担保责任。当事人对保证担保的范围或者物的担保的范围没有约定或者约定不明的，承担了担保责任的担保人，可以向债务人追偿，也可以要求其他担保人清偿其应当分担的份额。”

④ 参见胡康生主编：《中华人民共和国物权法释义》，法律出版社 2007 年版，第 381～382 页；曹士兵：《中国担保制度与担保方法》，中国法制出版社 2015 年版，第 65 页。

⑤ 参见黄喆：《保证与物的担保并存时法律规则之探讨——以〈物权法〉第 176 条的规定为中心》，载《南京大学学报（哲学·人文科学·社会科学）》2010 年第 3 期。

九十四条第二款和第二百一十八条规定，仅在债务人以自己的财产设定物的担保时，债权人放弃该物的担保，其他担保人才在债权人丧失优先受偿权益的范围内免除担保责任。这些规定显系以混合共同担保中担保人之间没有内部求偿权为前提。[①] 这里，仅在债务人自己提供物的担保时，其他担保人对于债务人才可能享有顺序利益，债权人本应先就债务人提供的物的担保实现债权，其他担保人仅对不能通过物的担保满足债权的部分承担补充责任，债权人放弃该物的担保，势必加大其他担保人的责任，其他担保人自应在债权人因放弃该物的担保而丧失优先受偿权益的范围内免除担保责任。也就是说，“在这种情形下，保证人是就债权人行使抵押权优先受偿而仍不能受偿的债权余额承担保证责任。”[②] 但在物上保证人提供物的担保的情形，如无相反约定，保证人与物上保证人彼此之间均无顺序利益，应债权人请求承担担保责任之后，均仅得向债务人行使求偿权，且均不得向其他担保人求偿。此际，不管债权人是否放弃对某一担保人的担保权，债权人向其他担保人主张权利均不受影响，[③] 该担保人即应满足债权人的请求承担约定的担保责任，并仅得向债务人求偿，无权主张其他担保人分担损失，自不发生其他担保人在相应范围内免除担保责任的问题。这一观点得到了一些学者的支持[④]和部分法院的承认。例如，福建省高级人民法院民二庭《担保物权纠纷案件若干问题研究》一文认为，相较《担保法解释》第三十八条，《物权法》第一百七十六条否定了担保人之间的求偿权，“《担保法解释》第三十八条第一款由于与《物权法》第一百七十六条规定不一致，因此不能再继续引用作为审判依据。”“如果允许担保人之间互相追偿，则意味着没有履行担保义务的担保人除了为债务人提供担保外，还必须被强制为其他担保人提供担保，这实际上部分违背担保人仅对债

① 参见程啸：《混合共同担保中担保人的追偿权与代位权》，载《政治与法律》2014 年第 6 期。不过，新近也有学者认为，是否承认求偿权“显然属于价值判断问题，与体系解释无关”。参见贺剑：《走出共同担保人内部追偿的“公平”误区——〈物权法〉第 176 条的解释论》，载《法学》2017 年第 3 期。

② 全国人大常委会法制工作委员会民法室：《〈中华人民共和国物权法〉条文说明、立法理由及相关规定》（第二版），北京大学出版社 2017 年版，第 402 页。

③ 参见曹士兵：《中国担保制度与担保方法》，中国法制出版社 2015 年版，第 304 页；黄喆：《保证与物的担保并存时法律规则之探讨——以〈物权法〉第 176 条的规定为中心》，载《南京大学学报（哲学·人文科学·社会科学）》2010 年第 3 期。

④ 《物权法》通过之后的文献，参见杨明刚：《新物权法——担保物权适用解说与典型案例评析》，法律出版社 2007 年版，第 41 页；黄喆：《保证与物的担保并存时法律规则之探讨——以〈物权法〉第 176 条的规定为中心》，载《南京大学学报（哲学·人文科学·社会科学）》2010 年第 3 期；崔建远：《物权：规范与学说——以中国物权法的解释论为中心》，清华大学出版社 2011 年版，第 753 页；江海、石冠彬：《论共同担保人内部追偿规则的构建——兼评〈物权法〉第 176 条》，载《法学评论》2013 年第 6 期；李红建、雷新勇：《人保与第三人物保的相互追偿及担保物权未设立的责任问题探讨》，载《法律适用》2014 年第 8 期。

务人提供担保的初衷。”典型案例如在“南京东部路桥工程有限公司与王军、杨捷、施彦平、王京、江苏瑞桓建设有限公司担保合同追偿纠纷上诉案”[①] 中，二审法院认为：

虽然《担保法解释》规定承担了担保责任的担保人可以向债务人追偿，也可以要求其他担保人清偿其应当分担的份额。但《物权法》第一百七十六条只规定了提供担保的第三人在承担担保责任后有权向债务人追偿，未再规定提供物权担保的第三人与保证人之间的追偿权。根据上述法律规定的变化，一审法院从立法本意角度考量，认定东部路桥公司在本案中无权向王军、杨捷、施彦平、王京行使追偿权，该认定并无不当之处。具体理由如下：首先，担保法理论以担保发生的原因为标准，将担保分为法定担保和约定担保，根据现行法律规定，除留置权属于法定担保外，其他担保方式均为约定担保。可见担保关系的设立应以当事人意思自治为基础，在人保与物保并存的情形下，除担保人之间有特别约定或保证人与物上担保人共同与债权人设定担保关系外，各担保人之间并无共同担保的意思表示，担保人之间追偿缺乏法律基础。且现行法律已为分散担保人的风险设计了反担保制度，没有必要再以牺牲私法自治为代价对人保、物保并存情形下的相互追偿权提供特别优待。从本案来看，东部路桥公司与王军、杨捷、施彦平、王京之间并无关于相互追偿权的协议，亦未共同向债权人设定担保关系，故东部路桥公司关于追偿权的诉请无合同和法律依据。其次，《中华人民共和国民法通则》第八十七条规定：“债权人或者债务人一方人数为二人以上的，依照法律的规定或者当事人的约定，享有连带权利的每个债权人，都有权要求债务人履行义务；负有连带义务的每个债务人，都负有清偿全部债务的义务，履行了义务的人，有权要求其他负有连带义务的人偿付他应当承担的份额。”因此，除法律规定或当事人特别约定外，不得适用连带之债。担保之债属于约定之债，在人保与物保并存时，由于各担保人并无共同担保的意思表示，相互之间并非当然的共同担保关系，故不能推定担保人之间存在连带担保责任。再次，物权法将保证人和提供物保的第三人的担保责任置于平等地位，是为了充分保证债权人的选择权和放弃权，并不表示其他担保人必须实际平等分担已承担了担保责任的担保人的损失。如认可二者之间存在追偿权，不仅强行改变了担保人担保责任的性质，也必将在事实上限制或剥夺债权人的选择权。最后，《物权法》第一百七十六条明确了该规范的任意性属性，将当事人的约定置于优先地位。因此，在人保和第三人提供的物保并存时，承担了担保责任的担保能否向其他担保人追偿，应当首先取决于当事人的约定。如没有约定或约定不明，则只能向债务人追偿。

肯定说的主要理由在于：（1）就混合共同担保中担保人之间的内部求偿问

① 江苏省南京市中级人民法院（2016）苏01民终3182号民事判决书。

题，《物权法》第一百七十六条虽未作明文规定，但并不表明立法者否定已承担担保责任的担保人向其他担保人求偿。① 自解释论立场，新颁布的法律对既有规则的“沉默”并不必然意味着是对原有规则的否定，《担保法解释》第三十八条仍有适用空间。② 在解释上，可运用目的性限缩的方法，将《担保法》第二十八条“物的担保”限定为债务人自己提供物的担保的情形，即在物的担保由债务人自己提供的情形下，仍适用“保证人对物的担保以外的债权承担保证责任”，保证人享有顺序利益，而在物的担保由第三人提供的情形下，保证人与物上保证人地位平等，彼此之间不产生顺序利益。这样不仅理顺了《担保法》第二十八条与《担保法司法解释》第三十八条的关系，也同时消解了《担保法》第二十八条与《物权法》第一百七十六条之间的冲突。③ （2）“如果保证人和物上保证人没有就承担担保责任后如何分担进行约定，则其权利义务的事后平衡应当适用公平原则予以实现。担保人承担担保责任后，其他担保人担保责任随之免除，就其所订立担保合同面临的风险而言，获得了实际的法律利益，如禁止承担担保责任的担保人请求分担清偿则会显失公平。”④ （3）“如果禁止担保人之间的追偿，则会鼓励债权人与某一担保人串通、恶意选择其他担保人承担责任从而免除其应负担保责任的滥用选择权情形发生，明显有违诚实信用原则。”⑤ （4）“法理通说认为担保人承担担保责任后，继受了债权人地位，因此对债务人的追偿以及对其他担保人的清偿请求，均源自于债权的效力，所发生的法律关系也属于债法范畴，不属于物权法调整范围。”⑥ 担保人承担担保责任后，其取代原债权人的地位，享有原债权的效力，自可承受原债权的担保权。基于此种债权地位的法定移转，亦可得出担保人之间存在内部求偿关系的结论。⑦ 由此可见，“正确的态度还是应回到法理

---

① 参见王利明：《物权法研究（下卷）》（第四版），中国人民大学出版社 2016 年版，第 1114 页；“湖北汇城置业有限公司与十堰荣华东风汽车专营有限公司、顾正康等追偿权纠纷上诉案”［湖北省高级人民法院（2014）鄂民二终字第 00078 号民事判决书］等。

② 参见黄忠：《混合共同担保之内部追偿权的证立及其展开——〈物权法〉第 176 条的解释论》，载《中外法学》2015 年第 4 期。

③ 参见关倩：《论审理混合担保内部求偿权案件的裁判规则——以碰撞漏洞填补方法为研究视角》，载《人大法律评论》2013 年卷第 1 辑，中国人民大学出版社 2013 年版，第 120～121 页。

④ “湖北汇城置业有限公司与十堰荣华东风汽车专营有限公司、顾正康等追偿权纠纷上诉案”［湖北省高级人民法院（2014）鄂民二终字第 00078 号民事判决书］。

⑤ “湖北汇城置业有限公司与十堰荣华东风汽车专营有限公司、顾正康等追偿权纠纷上诉案”［湖北省高级人民法院（2014）鄂民二终字第 00078 号民事判决书］。

⑥ “湖北汇城置业有限公司与十堰荣华东风汽车专营有限公司、顾正康等追偿权纠纷上诉案”［湖北省高级人民法院（2014）鄂民二终字第 00078 号民事判决书］。

⑦ 参见程啸：《混合共同担保中担保人的追偿权与代位权——对〈物权法〉第 176 条的理解》，载《政治与法律》2014 年第 6 期；张尧：《混合共同担保中担保人内部求偿的解释论》，载《法学家》2017 年第 3 期。

基础上去探讨追偿的合理性，再从外部关系的明确规定上推论出内部关系的法律漏洞，并予以目的补充。当然结论也是肯定的，即肯定内部追偿存在。”① 典型案例如在“湖北汇城置业有限公司与十堰荣华东风汽车专营有限公司、顾正康等追偿权纠纷上诉案”② 中，二审法院认为：

关于各担保人之间是否享有追偿权的问题。《担保法解释》第三十八条第一款赋予承担担保责任的担保人可以向其他担保人主张应当清偿的份额，而《物权法》第一百七十六条并未明确上述权利，因而引发关于法律渊源的争议。对此，本院认为：(1) 从法律特征来看。法理通说认为担保人承担担保责任后，继受了债权人地位，因此对债务人的追偿以及对其他担保人的清偿请求，均源自于债权的效力，所发生的法律关系也属于债法范畴，不属于物权法调整范围。(2) 从法律功能来看。《担保法》在于规范包括人的保证和物的担保在内的担保行为，因此，该法律及其司法解释应当对涉及混合担保的情形作出规定。而《物权法》则主要规范基于物上权利所发生的物的担保的行为，人的保证不在其调整范围之内，因此《担保法》对混合担保仅做衔接性规定即赋予担保人向债务人追偿权利而对担保责任消灭后各担保人之间是否具有追偿权不做进一步的明确规定，应属受其立法目的和法律功能的限制，并非对《担保法》及其司法解释关于混合担保的担保人互有追偿权条款的否定。(3) 从公平原则来看。如果保证人和物上保证人没有就承担担保责任后如何分担进行约定，则其权利义务的事后平衡应当适用公平原则予以实现。担保人承担担保责任后，其他担保人担保责任随之免除，就其所订立担保合同面临的风险而言，获得了实际的法律利益，如禁止承担担保责任的担保人请求分担清偿则会显失公平。(4) 从恶意危险防范来看。保证人和物上担保人在实现担保权程序中均为维护同一债权人利益，两者权利之间并不产生冲突。另因并未在同一物上产生物权与债权的堆叠冲突、物权优先于债权原则排除适用，故而应当允许债权人可以选择通过履行人的保证或物的担保来实现债权。这从《担保法》第二十八条所采保证人绝对优待主义到该法司法解释第三十八条第一款所采平等主义的变迁足以看出。但如果禁止担保人之间的追偿，则会鼓励债权人与某一担保人串通、恶意选择其他担保人承担责任从而免除其应负担保责任的滥用选择权情形发生，明显有违诚实信用原则。综上所述，法律尤其是《物权法》并无关于禁止承担担保责任的担保人请求其他担保人承担清偿责任的规定，混合担保的担保人之间可互有清偿请求权的制度设置更符合公平原则和诚实信用原则等债法基本规则。故汇城公司在承担担保责任后，向包括顾正康在内的其他保证人追偿，并不违反上述法律和司法解释的相关规定和立法宗旨，本院

---

① 参见耿林：《比较法视野下的混合共同担保》，载《江汉论坛》2017 年第 6 期。

② 湖北省高级人民法院（2014）鄂民二终字第 00078 号民事判决书。

依法予以支持。

司法实践中大多数裁判采纳了肯定说的观点，承认了混合共同担保情形下各担保人之间的内部求偿权，当事人也未以一审判决违反《物权法》第一百七十六条而提出上诉，二审法院也未以此为由而改判。[①] 更有地方高级人民法院在司法文件中明确了这一司法态度。例如，《湖北省高级人民法院民二庭当前商事审判疑难问题裁判指引》（2016年11月）之二十二“担保人承担担保责任后行使追偿权的对象和范围”中指出：“同一债权既有保证又有第三人提供物的担保的，债权人可以请求保证人或者物的担保人承担担保责任。当事人对保证担保的范围或者物的担保的范围没有约定或者约定不明的，承担了担保责任的担保人，可以向债务人追偿，也可以要求其他担保人清偿其应当分担的份额。”

（二）担保人之间是否存在内部求偿权关系的学说分歧

在人保与第三人提供的物保并存的情形下，如被选定的担保人承担了担保责任，主债务消灭，其他担保法律关系也随之消灭，其他担保人的担保责任也就得以免除。接下来的问题是，被选定的担保人承担了担保责任之后，其权利如何保护？被选定的担保人承担担保责任后，是否可以要求其他担保人来分担损失？这是目前争议的最主要的焦点。

《担保法解释》第三十八条第一款明确规定了担保人之间的内部求偿关系，但是《物权法》一百七十六条仅提及“提供担保的第三人承担担保责任后，有权向债务人追偿”，并未承认担保人之间的求偿权。本书作者曾经撰文就担保人之间的求偿权进行论证。[②]

1. 反对的主要理由在于，认为承认担保人之间的求偿关系欠缺法理基础。[③] 论者认为，“由于各担保人没有共同担保的意思表示，相互之间并非当然的共同

---

① 详细的案例整理参见黄忠：《混合共同担保之内部追偿权的证立及其展开——〈物权法〉第176条的解释论》，载《中外法学》2015年第4期。

② 参见高圣平：《混合共同担保之研究》，载《法律科学》2008年第2期；高圣平：《担保物权司法解释起草中的重大争议问题》，载《中国法学》2016年第1期；高圣平：《混合共同担保的法律规则：裁判分歧与制度完善》，载《清华法学》2017年第5期。新近的文献中赞同混合共同担保中担保人之间的内部求偿权的，主要有：程啸：《混合共同担保中担保人的追偿权与代位权》，载《政治与法律》2014年第6期；黄忠：《混合共同担保之内部追偿权的证立及其展开——〈物权法〉第176条的解释论》，载《中外法学》2015年第4期；张尧：《混合共同担保中担保人内部求偿的解释论》，载《法学家》2017年第3期；耿林：《比较法视野下的混合共同担保》，载《江汉论坛》2017年第6期；谢鸿飞：《共同担保一般规则的建构及其限度》，载《四川大学学报（哲学社会科学版）》2019年第4期；王利明：《民法典物权编应规定混合共同担保追偿权》，载《东方法学》2019年第5期；温世扬、梅维佳：《混合共同担保之内部追偿权研究》，载《学习与实践》2019年第6期。

③ 参见胡康生主编：《中华人民共和国物权法释义》，法律出版社2007年版，第381～382页。

担保关系，更不能将各自的担保责任因担保人的复数而简单推定为连带担保责任”,[①] 不宜将并存的人保与物保看作是连带共同债务,[②] 也不能依不真正连带责任理论来合理地解释保证人与物上保证人之间的求偿关系。[③]

本书作者认为，在论证担保人之间的求偿关系时，学者间多以连带债务或不真正连带债务为其理论基础。[④] 人保和物保并存时，各担保人之间如无约定，在表面上看来确实不存在任何法律关系，但“为同一债务担保”的共同目标实际上已经使他们之间建立了联系。在解释上，债权人对于物上保证人所享有的是就担保物优先受偿的物上请求权，并不是债务履行请求权。由此，物上保证人对于债权人也就并不负有债务，自不会与保证人负同一债务，从而并无成立连带债务的可能。保证人与物上保证人之间并非连带债务人，亦非不真正连带债务人。但是，因为同一债务提供担保的事实而使各担保人与债权人之间构成担保之连带或竞合,[⑤] 这也是债权人在主张担保权利时可以就保证人和物上保证人之间享有选择权的逻辑前提。这一“担保之连带”并无须当事人作出约定，也并不意味着各担保人之间构成相互担保或者反担保。在大多数国家，通说认为，数个从属保证人在不存在特别协议且为同一债务提供担保的情况下，一般要像连带债务人那样负担内部责任,[⑥] 多数连带债务人之间的求偿规则也适用于多数保证人之间，因为所有保证人的处境是一样的。[⑦] 多数保证人之间的内部求偿规则同样适用或类

---

① 王昌颖：《人保与物保并存时担保人之间追偿权初探——对物权法第一百七十六条的比较分析》，载《人民法院报》2013 年 4 月 3 日。

② 参见李红建、雷新勇：《人保与第三人物保的相互追偿及担保物权未设立的责任问题探讨》，载《法律适用》2014 年第 8 期。

③ 参见李红建、雷新勇：《人保与第三人物保的相互追偿及担保物权未设立的责任问题探讨》，载《法律适用》2014 年第 8 期。

④ 程啸：《混合共同担保中担保人的追偿权与代位权——对〈物权法〉第 176 条的理解》，载《政治与法律》2014 年第 6 期。

⑤ 参见郑冠宇：《再论担保之竞合》，载《山东科技大学学报（社会科学版）》2010 年第 5 期。

⑥ Study Group on a European Civil Code，Research Group on EC Private Law（Acquis Group），*Principles，Definitions and Model Rules of European Private Law：Draft Common Frame of Reference*（*DCFR*），*Full Edition*，*Volume* 3. Munich：sellier. european law publishers GmbH，2009，p. 2563.

⑦ Study Group on a European Civil Code，Research Group on EC Private Law（Acquis Group），*Principles，Definitions and Model Rules of European Private Law：Draft Common Frame of Reference*（*DCFR*），*Full Edition*，*Volume* 3. Munich：sellier. european law publishers GmbH，2009，p. 2558.

推适用于物上保证人。[①]《欧洲示范民法典草案》也因此而明定了保证人与物上保证人对于债权人的担保连带关系以及相互之间的求偿关系。[②]

在法理上，还有另外一个论证路径。满足了债权人权利主张请求的担保人，可以代位行使债权人对债务人的权利，包括该债务人为该债务所设定的担保权利。此即所谓担保人的代位权。[③] 求偿权人在求偿范围内才代位承受债权人的权利，求偿权人对于其他担保人在求偿范围内，成立多数各别之债，求偿权人不得因其承受债权人的权利而对其他担保人主张全部给付请求权。

2. 反对的第二个理由在于，认为承认担保人之间的求偿关系有违当事人的真实意思。各自独立的担保人之本意在于承担全部担保责任，彼此之间并无连带负责及向其他担保人求偿的意思，硬性地令每位担保人连带负责，实际承担担保责任后再向其他担保人追偿，不符合意思自治的原则。[④] 承认保证人与物上保证人之间的求偿关系"是以毫无理论根据侵犯其余担保人权益为前提的利益平衡，法律强行地在各个担保人为债权人提供担保时在担保人之间也设立了互相担保"。[⑤] 担保人在提供担保时就明知其承担担保责任后对债务人的求偿权存在风险，令全体担保人共同分担这种风险并无根据。[⑥]

本书作者以为，在各自独立提供担保的情形之下，每个担保人根据各自的约定分别承担全部的担保责任，但在担保人得知还有其他担保人时，其真实意思又是什么？难道还是自己完全独自承担担保责任，别的担保人不承担担保责任吗？

---

① Study Group on a European Civil Code，Research Group on EC Private Law（Acquis Group），*Principles，Definitions and Model Rules of European Private Law：Draft Common Frame of Reference*（*DCFR*），*Full Edition*，*Volume* 3. Munich：sellier. european law publishers GmbH，2009，p. 2565.

② 《欧洲示范民法典草案》第9－7：108条（多数担保人的连带责任）规定："（1）数个担保物权担保同一债务或某一债务中的相同部分的，担保权人可以选择行使任一、数个或所有担保物权以满足其债权。相应地适用第4.7－1：105条（多数保证人：对债权人的连带责任）的规定。（2）除一个或多个担保物权之外，还有一人或多人提供了保证的，准用本条第（1）款的规定。"第9－7：109条（物上保证人的求偿权）规定："担保债务已通过对担保人的财产实现担保物权得以清偿的，数个物上保证人之间或物上保证人与保证人之间的求偿权，以及担保人对债务人的求偿权，准用第4.7－2：113条（保证人履行保证义务之后的权利）、第4.7－1：106条（多数保证人：内部求偿权）及第4.7－1：107条（多数保证人：对债务人的求偿权）的规定。"

③ 就我国《担保法》和《物权法》上是否承认担保人的代位权，尚存争议。参见程啸、王静：《论保证人追偿权与代位权之区分及其意义》，载《法学家》2007年第2期。

④ 参见崔建远：《物权：规范与学说——以中国物权法的解释论为中心》，清华大学出版社2011年版，第753页；

⑤ 江海、石冠彬：《论混合共同担保——兼评〈物权法〉第176条》，载《海南大学学报人文社会科学版》2012年第3期。

⑥ 参见胡康生主编：《中华人民共和国物权法释义》，法律出版社2007年版，第381页；尹田：《物权法》，北京大学出版社2013年版，第509页。

难道不是："因为还存在其他担保人，我肯定不会承担全部的担保责任"？此时，承担担保人之间的求偿关系，让他们共同分担风险，并没有超出各担保人提供担保时的预期，因为每个担保人所承担的担保责任均小于其在提供担保时所意欲承担的担保责任。此际，又何来"侵犯其他担保人权益"一说？那是不是说只有其他担保人一点责任没有，把自己是否承担责任完全取决于债权人的选择，才是符合所有当事人的意愿？正如《欧洲示范民法典草案》的起草者所言："'一切'责任均由最先履行的保证人承担，而其他保证人并不负担任何责任，是专断的、不公正的。"[①] 在债权人需要向担保人主张权利的时候，债务人的清偿能力实值怀疑，某一担保人承担了担保责任之后，在向债务人求偿之前，可能希望向其他担保人求偿，因为他们的财务状况可能比债务人更好一些。[②] 债权人的自由选择和担保人之间的风险分担，是有内在关联性的制度构成要素，不可任意取舍。既然我国《物权法》允许债权人任意选择向保证人或物上保证人主张权利，又不规定担保人间可透过求偿权分担风险，是规则上的不协调。[③] 基于保证人与物上保证人的平等地位，由二者合理分担风险才符合公平原则。[④]

在比较法上，各自独立的担保人之间是否存在"担保之连带"，各国的处理并不一致。[⑤] 例如，在英国，各自独立的担保行为，各自独立承担担保责任。[⑥] 在意大利，各自独立的保证人无意实现共同利益时，多数保证人的责任是可分的，

---

① Study Group on a European Civil Code, Research Group on EC Private Law (Acquis Group), *Principles, Definitions and Model Rules of European Private Law: Draft Common Frame of Reference (DCFR)*, *Full Edition*, *Volume* 3. Munich: sellier. european law publishers GmbH, 2009, pp. 2565—2566.

② Study Group on a European Civil Code, Research Group on EC Private Law (Acquis Group), *Principles, Definitions and Model Rules of European Private Law: Draft Common Frame of Reference (DCFR)*, *Full Edition*, *Volume* 3. Munich: sellier. european law publishers GmbH, 2009, p. 2682.

③ 参见孙毅：《混合共同担保法律问题之思考》，载《月旦民商法》2009年第24期。

④ 孙鹏：《论保证与物的担保并存时之责任——兼析债权人担保维持义务之确立》，载《月旦民商法》2007年第16期。

⑤ Study Group on a European Civil Code, Research Group on EC Private Law (Acquis Group), *Principles, Definitions and Model Rules of European Private Law: Draft Common Frame of Reference (DCFR)*, *Full Edition*, *Volume* 3. Munich: sellier. european law publishers GmbH, 2009, p. 2550.

⑥ Geraldine Mary Andrews and Richard Millet, Law of Guarantees, 4th edition, London: Sweet & Maxwell, 2005, 4—011.

然而，承担了责任的保证人可以代位行使债权人对其他保证人的权利。① 有些国家无视缔约情形，推定各自独立的保证人之间承担连带责任，无论保证人是否共同行动，也无论他们是否知道其他保证人是否存在，均应适用连带责任的一般规则，② 类似的推定也存在于法国、比利时和卢森堡等罗曼语系国家。③ 在《欧洲示范民法典草案》起草过程中，学者们大多认为，各个担保合同订立的场合或时间的差异，对担保人之间的内部关系的确定没有影响。实际上，所有担保人的处境是一样的：他们都是主债务履行的担保人，应当分担同样的风险。④ 该草案第4.7—1：105条（多数保证人：对债权人的连带责任）第（1）款因此规定“这一规定也适用数个保证人分别独立地提供担保的情形。”该条规定因第4.7—1：106条而适用于保证人与物上保证人之间，亦即：即使保证人与物上保证人分别独立地提供担保的，亦应对债权人连带负责，彼此之间也存在求偿关系。

3. 反对的第三个理由在于，认为担保人之间的求偿关系不能类推适用共同保证的相关规则。在共同保证的情形，如各保证人之间没有约定保证份额，则各保证人之间存在连带关系，应担保权人的请求承担了保证责任的保证人，有权要求

---

① Study Group on a European Civil Code，Research Group on EC Private Law（Acquis Group），*Principles，Definitions and Model Rules of European Private Law：Draft Common Frame of Reference*（*DCFR*），*Full Edition*，*Volume* 3. Munich：sellier. european law publishers GmbH，2009，p. 2550.

② 参见《德国民法典》第769条、《荷兰民法典》第7：850条第3项、第6：6条第2项、《奥地利民法典》第1359条、《瑞士商法典》第10章第11条。Study Group on a European Civil Code，Research Group on EC Private Law（Acquis Group），*Principles，Definitions and Model Rules of European Private Law：Draft Common Frame of Reference*（*DCFR*），*Full Edition*，*Volume* 3. Munich：sellier. european law publishers GmbH，2009，p. 2554.

③ 参见《法国民法典》第2302条。Study Group on a European Civil Code，Research Group on EC Private Law（Acquis Group），*Principles，Definitions and Model Rules of European Private Law：Draft Common Frame of Reference*（*DCFR*），*Full Edition*，*Volume* 3. Munich：sellier. european law publishers GmbH，2009，p. 2554.

④ Study Group on a European Civil Code，Research Group on EC Private Law（Acquis Group），*Principles，Definitions and Model Rules of European Private Law：Draft Common Frame of Reference*（*DCFR*），*Full Edition*，*Volume* 3. Munich：sellier. european law publishers GmbH，2009，p. 2550.

其他保证人清偿其应当承担的份额。[①] 论者认为，人保与物保性质完全不同，两者之间不宜通约。物保将担保责任限定于特定物，意在"将债权人的追索止步于特定物，从而阻断在自身之外"。担保权人对保证人享有的是（保证）债权，对第三人享有的是担保物权，两者之间权利性质不同，而"在义务内容上，保证人是直接履行给付义务，物上保证人是协助债权人实现担保物权的义务"。[②] 将两者等同起来，使保证人与物上保证人互负债务，"物保对物上保证人而言将失去屏障作用"，物保与人保就没有区别，物保就是人保。[③] 更有论者指出："这样的制度设计本身就是缺乏法学理论根据的，因为在多个保证人共存的情形下，如果没有额外约定，每个保证人各自都对全部债务承担保证责任，但仅凭各个保证人对同一债务的债务承担担保责任而推定保证人之间连带，从法律逻辑上显然是说不过去的。"并进而认为："《担保法》第十二条共同保证制度中当事人无约定则推定保证人内部连带关系、肯定追偿这两个与《物权法》第一百七十六条立法精神相冲突的法律规则从实质解释的立场出发，应当作失效的理解。"[④]

本书作者以为，就担保债权实现而言，人保与物保并无实质上的区别，保证人与物上保证人均系以自己的责任财产为债权提供担保，只不过前者提供一般担保，后者提供特别担保而已；债权人均是就担保人的责任财产主张权利，只不过就物上保证人的特定责任财产可以主张优先受偿而已，债权人向保证人主张保证债权，并非就保证人自身主张权利，满足债权的也只能是保证人责任财产的变价款。更何况，信贷实践中多以担保财产能足额清偿债务为前提，保证人与物上保证人的担保范围并无区别，所谓"物保对物上保证人而言将失去屏障作用"仅出

---

① 《担保法》第十二条规定："同一债务有两个以上保证人的，保证人应当按照保证合同约定的保证份额，承担保证责任。没有约定保证份额的，保证人承担连带责任，债权人可以要求任何一个保证人承担全部保证责任，保证人都负有担保全部债权实现的义务。已经承担保证责任的保证人，有权向债务人追偿，或者要求承担连带责任的其他保证人清偿其应当承担的份额。"《担保法解释》第十九条规定："两个以上保证人对同一债务同时或者分别提供保证时，各保证人与债权人没有约定保证份额的，应当认定为连带共同保证。"（第一款）"连带共同保证的保证人以其相互之间约定各自承担的份额对抗债权人的，人民法院不予支持。"（第二款）第二十条规定："连带共同保证的债务人在主合同规定的债务履行期届满没有履行债务的，债权人可以要求债务人履行债务，也可以要求任何一个保证人承担全部保证责任。"（第一款）"连带共同保证的保证人承担保证责任后，向债务人不能追偿的部分，由各连带保证人按其内部约定的比例分担。没有约定的，平均分担。"

② 李红建、雷新勇：《人保与第三人物保的相互追偿及担保物权未设立的责任问题探讨》，载《法律适用》2014 年第 8 期。

③ 参见李红建、雷新勇：《人保与第三人物保的相互追偿及担保物权未设立的责任问题探讨》，载《法律适用》2014 年第 8 期。

④ 江海、石冠彬：《论混合共同担保——兼评〈物权法〉第 176 条》，载《海南大学学报人文社会科学版》2012 年第 3 期。作者并专门探讨以《物权法》第 176 条的规则修改《担保法》上共同保证人之间的求偿规则。参见石冠彬、江海：《论共同保证法律规则的重构——兼评〈物权法〉第 176 条》，载陈小君主编：《私法研究》（第 16 卷），法律出版社 2014 年版，第 44 页以下。

现于物上保证人提供不足额担保而言，实无普遍价值。“在实现担保的功能上，物的担保与人的担保并不存在优劣之分，它们被认为是等效的。”[①] 准此，在法律上对人保、物保并存时的担保人求偿关系未作规定的情况下，类推适用共同保证的相关规则并无障碍。在欧洲，大多数学者认为物上保证人和保证人应作同等对待。[②] 在法国、英格兰、芬兰、比利时法上，物上保证人和保证人地位相当，应负担连带责任；在德国和西班牙法上，由于债务或权利内容不同，保证人和物上保证人之间在技术上不认为是连带债务人，但法院将其认定为不真正连带债务，也达到了同样的效果。[③] 《欧洲示范民法典草案》第4.7—1：105条（多数保证人：对债权人的连带责任）第（2）款明确规定，保证人与物上保证人并存时准用多数保证人时的规则。

人保、物保并存时的制度构成必须具有内部协调性，包括规则本身的协调性和相关制度之间的协调性，如与共同保证、共同抵押、连带债务等之间应保持协调。“这些制度中的一些规则可以相互援用。”[④] 欧洲统一法上的发展无疑证明了这一点。《欧洲示范民法典草案》上就多数担保人之间的内外部关系做了一体处理，规定保证人之间、保证人与物上保证人之间的求偿关系的第4.7—1：106条[⑤]、规定物上保证人之间求偿关系第9—7：109条[⑥]，与规定连带债务人之间求偿关系的第3—4：107条做到了体系上的一致。现在的关键是，是均承认担保人

① 薛军：《论“提供担保”义务的履行规则》，载《法学》2006年第4期。

② Study Group on a European Civil Code，Research Group on EC Private Law（Acquis Group），*Principles，Definitions and Model Rules of European Private Law：Draft Common Frame of Reference*（*DCFR*），*Full Edition*，*Volume* 3. Munich：sellier. european law publishers GmbH，2009，p. 2553.

③ Study Group on a European Civil Code，Research Group on EC Private Law（Acquis Group），*Principles，Definitions and Model Rules of European Private Law：Draft Common Frame of Reference*（*DCFR*），*Full Edition*，*Volume* 3. Munich：sellier. european law publishers GmbH，2009，pp. 2555—2556.

④ 孙毅：《混合共同担保法律问题之思考》，载《月旦民商法》2009年第24期。

⑤ 《欧洲示范民法典草案》第4.7—1：106条（多数保证人：内部追偿权）第一款规定：“保证人之间或保证人与物上保证人之间的追偿权，适用第3—4：107条（连带债务人之间的追偿）的规定。”

⑥ 《欧洲示范民法典草案》第9—7：109条（物上保证人的追偿权）规定：“担保债务已通过对担保人的财产实现担保物权得以清偿的，数个物上保证人之间或物上保证人与保证人之间的追偿权，以及担保人对债务人的追偿权，准用第4.7—2：113条（保证人履行保证义务之后的权利）、第4.7—1：106条（多数担保人：内部追偿权）及第4.7—1：107条（多数担保人：对债务人的追偿权）的规定。”

之间的求偿关系，还是均不承认担保人之间的求偿关系。[①] 本书作者认为，在承认保证人与物上保证人的担保连带关系之下，在体系贯通之下，相关规则更应与连带债务相一致，保证人与物上保证人之间的求偿关系自然迎刃而解。

综上，保证人与物上保证人之间法律地位平等，即双方应平等（绝非数量上平等）地承担责任。[②] 如果不承认物上保证人或保证人之间的求偿权，则最容易导致道德风险，这显然是违反制度设计初衷的。因而，应当承认物上保证人或保证人之间的求偿权。

（三）《会议纪要》的政策选择

《会议纪要》认为，就混合共同担保中担保人之间的内部追偿关系，《物权法》的规定与《担保法》《担保法解释》的规定不一致，应适用《立法法》第九十二条“新的规定优于旧的规定”的法适用规则，予以否定。《物权法》第一百七十六条就混合共同担保中担保人之间的内部追偿关系未作规定，但借由其他条文的体系解释，可以得出否定的结论。《物权法》第一百九十四条第二款规定：“债务人以自己的财产设定抵押，抵押权人放弃该抵押权、抵押权顺位或者变更抵押权的，其他担保人在抵押权人丧失优先受偿权益的范围内免除担保责任，但其他担保人承诺仍然提供担保的除外。”第二百一十八条规定：“质权人可以放弃质权。债务人以自己的财产出质，质权人放弃该质权的，其他担保人在质权人丧失优先受偿权益的范围内免除担保责任，但其他担保人承诺仍然提供担保的除外。”这里的两条规定均只涉及在其他担保人（包括保证人和物上保证人）具有顺序利益的前提之下，债权人放弃债务人自己提供的物的担保该担保物权时，其他担保人才享有免责抗辩权。[③] 就第三人提供物的担保的情形，如无相反约定，担保人之间没有顺序利益，债权人放弃该担保物权对其他担保人的担保责任不发生影响。这些规定是以不承认保证人与物上保证人之间的内部追偿关系为前提的。如承认此际担保人之间具有内部追偿权，债权人放弃某一担保权对其他担保人的担保责任必将发生影响，其他担保人在债权人所放弃的担保权应予分担的范围内享有免责抗辩权。

综上，并结合全国人大常委会法工委主编的《中华人民共和国物权法释义》所揭示的立法过程，《物权法》就此并不构成法律漏洞，无须借助《担保法解释》

① 不过，也有学者从解释论的立场出发，认为共同保证人或共同抵押人之间存在内部求偿关系，保证人与物上保证人之间不存在内部求偿关系。参见崔建远：《物权：规范与学说——以中国物权法的解释论为中心》，清华大学出版社 2011 年版，第 753～754 页。

② 参见程啸：《混合共同担保中担保人的追偿权与代位权——对〈物权法〉第 176 条的理解》，载《政治与法律》2014 年第 6 期。

③ 参见全国人大常委会法制工作委员会民法室：《〈中华人民共和国物权法〉条文说明、立法理由及相关规定》（第二版），北京大学出版社 2017 年版，第 401～402 页。

的规定予以填补。值得进一步思考的是，全国人大常委会法制工作委员会编撰的法律释义书的地位和作用究竟应当作何理解。我国立法实践中并不存在所谓立法理由书，法律条款的立法原意大多从相关法律的立法说明和审议过程中的报告中去探寻，但立法说明和审议报告文字简略，表达通俗，往往不能完全涵盖法律文本的所有条文，也无从把握相关法条的精准含义。如此，我们就转向了负责相关立法组织工作的全国人大常委会法制工作委员会编撰的法律释义书，虽然编撰者大多不是全国人大代表或全国人大常委会委员，“尽管不能与立法机关本身的解释等同，但其权威性理应高于一般学者的解读。”①

《会议纪要》认为，承担了担保责任的担保人只能向债务人追偿，不能向其他担保人追偿，但担保人在担保合同中约定可以相互追偿的除外。这里，强调各担保人在提供担保之时存在意思联络，并在共同签署的担保合同中明确约定彼此之间可以相互追偿。某一担保人与债权人单独签订的担保合同中约定可向其他担保人追偿的，对其他担保人不发生效力；但如各担保人与债权人单独签订的各担保合同中均约定可向其他担保人追偿的，可以认可担保人之间可以相互追偿。

《会议纪要》最终作出这一政策选择，将面临难以破除的体系冲突。

1. 在《民法典合同编（草案）》（二次审议稿）已经承认担保人代位权的情形之下，② 担保人承担担保责任后，在其清偿额度内，取得债权人的债权，担保权作为债权的从权利也随同移转。在解释上，超额承担了担保责任的担保人可以债权人的身份，在超过其应分担份额范围内，向其他担保人求偿。③ 多数担保人担保同一债务的履行之时，也就具有了有效分散单个担保人所承担的担保责任风险的功能。④ 此时，承认担保人之间的求偿关系，让他们共同分担风险，并没有超出各担保人提供担保时的预期，因为每个担保人所承担的担保责任均小于其在提供担保时所意欲承担的担保责任。由此，从效率的角度，“对于各担保人而言，允许追偿的规则更符合其利益与心意，更可能为最大多数担保人所采取。将其作为任意性规范，不仅可以避免前述投机行为所带来的交易成本，还可以避免各担保人（在不允许追偿的规则下）另行约定而支出的交易成本。”⑤

2. 我国现行法上承认了共同保证、共同抵押中，保证人之间和抵押人之间的

---

① 渠涛：《关于住宅建设用地使用权“自动续期”的思考》，载《法学家》2017 年第 3 期。

② 《民法典合同编（草案）》（二次审议稿）第四百九十条规定：“保证人承担保证责任后，除当事人另有约定以外，有权在其承担保证责任的范围内向债务人追偿，享有债权人对债务人的权利，但是不得损害债权人的利益。”

③ 参见程啸：《混合共同担保中担保人的追偿权与代位权》，《政治与法律》2014 年第 6 期；吕伯涛：《适用物权法重大疑难问题研究》，人民法院出版社 2008 年版，第 250 页。

④ 参见曹士兵：《中国担保法律环境评论》，载《法律适用》2004 年第 6 期。

⑤ 贺剑：《走出共同担保人内部追偿的“公平”误区——〈物权法〉第 176 条的解释论》，载《法学》2017 年第 3 期。

内部求偿关系，且不以担保人之间有意思联络（合意）为前提。《担保法》第十二条规定："同一债务有两个以上保证人的，保证人应当按照保证合同约定的保证份额，承担保证责任。没有约定保证份额的，保证人承担连带责任，债权人可以要求任何一个保证人承担全部保证责任，保证人都负有担保全部债权实现的义务。已经承担保证责任的保证人，有权向债务人追偿，或者要求承担连带责任的其他保证人清偿其应当承担的份额。"《担保法解释》第二十条第二款规定："连带共同保证的保证人承担保证责任后，向债务人不能追偿的部分，由各连带保证人按其内部约定的比例分担。没有约定的，平均分担。"第七十五条规定："同一债权有两个以上抵押人的，债权人放弃债务人提供的抵押担保的，其他抵押人可以请求人民法院减轻或者免除其应当承担的担保责任。"（第一款）"同一债权有两个以上抵押人的，当事人对其提供的抵押财产所担保的债权份额或者顺序没有约定或者约定不明的，抵押权人可以就其中任一或者各个财产行使抵押权。"（第二款）"抵押人承担担保责任后，可以向债务人追偿，也可以要求其他抵押人清偿其应当承担的份额。"（第三款）

在《民法典合同编（草案）》（二次审议稿）中，虽然第四百八十九条规定："同一债务有两个以上保证人的，保证人应当按照保证合同约定的保证份额，承担保证责任。没有约定保证份额的，债权人可以要求任何一个保证人在其保证范围内承担保证责任。"但是第四百九十条规定："保证人承担保证责任后，除当事人另有约定以外，有权在其承担保证责任的范围内向债务人追偿，享有债权人对债务人的权利，但是不得损害债权人的利益。"这里，经由解释，保证人基于其对债权人的代位权，对其他担保人取得了求偿权。如此看来，共同保证与共同抵押内部均采比例分担制计算担保人内部的应分担额，[①] 为何在混合共同担保的情形，就不承认保证人和物上保证人之间的内部求偿关系？

《会议纪要》的这一政策选择，同时将面临难以克服的道德风险。在债务人已经陷入债务危机的情形之下，将最终承担担保责任的风险完全系于债权人的自由选择，容易滋生道德风险。例如，其中某一担保人可以向债权人行贿，诱使其仅向其他担保人主张担保权利，其他担保人承担担保责任之后，既不能在担保人内部行使求偿权，又事实上不能向债务人行使追偿权，只能自行承担全部风险。再如，某一担保人借助于其关联公司受让债权人的债权，受让人同时取得债权和担保债权清偿的从权利，受让人自可仅向其他担保人主张担保权利。

在《会议纪要》看来，担保人承担了担保责任，即意味着债权人的债权已经

① 均承担无限保证责任的保证人之间系以人数为基础计算各保证人之间的内部应分担额，在解释上，也系以各保证人承担的保证债务数额为基础依比例分担制而为计算，只不过此时各保证人承担的保证债务数额相同而已，可见，表象上以人数为基础的计算实际上也是比例分担制。

实现，主债权债务关系已经消灭。基于担保在消灭上的从属性，担保该主债权债务的权利均随之消灭，承担了担保责任的担保人再向其他担保人求偿也就失去了逻辑基础。[①] 学理上认为，在承认担保人代位权的情形之下，担保人承担担保责任之后，承受债权人对债务人的债权，而对债务人行使原债权人的权利。如此，在法律效果上，仅导致主债权债务关系在债权人与债务人之间相对地消灭，原债权债务关系仍存在于担保人与债务人之间。在体系解释上，担保人代位权属于依法律规定而当然产生的债权移转，在法律效力上与基于法律行为所为的债权让与并无差异，因此，担保人不仅当然承受债权人的原本债权，而且一并移转该债权的担保，如抵押权、质权、留置权或保证债权，以及该债权的其他从属权利及瑕疵，如利息、违约金、债务人对于债权人的抗辩等。[②]

三、混合共同担保中债权人的选择权：约定优先

《物权法》第一百七十六条前句规定："被担保的债权既有物的担保又有人的担保的，债务人不履行到期债务或者发生当事人约定的实现担保物权的情形，债权人应当按照约定实现债权；没有约定或者约定不明确，债务人自己提供物的担保的，债权人应当先就该物的担保实现债权；第三人提供物的担保的，债权人可以就物的担保实现债权，也可以要求保证人承担保证责任。"据此，学界通说认为，同一债权既有人的担保又有物的担保时，依以下规则决定两者之间的先后顺序：（1）当事人对人的担保和物的担保之间的责任顺序和责任分担范围有约定的，依其约定；[③]（2）当事人对人的担保和物的担保之间的责任顺序和责任分担范围没有约定或者约定不明确的，同一债权既有人的担保又有债务人提供的物的担保时，物的担保责任优先，保证人享有类似先诉抗辩权的权利（即顺序利益）；[④]（3）当事人对人的担保和物的担保之间的责任顺序和责任分担范围没有约定或者约定不明确的，同一债权既有人的担保又有第三人提供的物的担保时，保证人和物上保证人处于同一清偿顺序，债权人既可以要求保证人承担保证责任，

---

① 参见最高人民法院民事审判第二庭：《〈全国法院民商事审判工作会议纪要〉理解与适用》，人民法院出版社 2019 年版，第 353 页。

② 参见刘春堂：《民法债编各论》（下），2012 年修订版，第 371 页；邱聪智：《新订债法各论》（下），姚志明校订，中国人民大学出版社 2006 年版，第 398 页；林诚二：《民法债编各论》（下），中国人民大学出版社 2007 年版，第 248 页。

③ 参见最高人民法院物权法研究小组：《〈中华人民共和国物权法〉条文理解与适用》，人民法院出版社 2007 年版，第 520 页；高圣平：《担保法论》，法律出版社 2009 年版，第 69 页；程啸：《担保物权研究》，中国人民大学出版社 2017 年版，第 143 页。

④ 参见曹士兵：《中国担保制度与担保方法》，中国法制出版社 2015 年版，第 63 页。

又可以要求物上保证人承担担保责任。[①]

在解释上，在同一债权既有人的担保又有物的担保之时，债权人究竟按照何种顺序实现其债权，因无关公益，宜彰显私法自治精神，由债权人与保证人、物上保证人自由约定。[②]《物权法》第一百七十六条中所谓“债权人应当按照约定实现债权”，明确了该规范的任意法属性。这里的“约定”，尚有以下问题应予明确：

（一）“约定”针对的是什么？

“债权人应当按照约定实现债权”的“约定”旨在确定或限制人的担保与物的担保并存时债权人的选择权，其内容仅限于人的担保与物的担保之间的责任顺序和责任分担范围，亦即对债权人实现债权的选择权起到确定或限制作用的约定。“所谓当事人的约定，包括当事人可以约定无论在何种情形下，债权人均可自由选择实现任何一种担保，当事人也可以约定即便物的担保是债务人提供的，债权人也必须先实现保证。”[③]

在《物权法》第一百七十六条中，还存在另外一个“约定”：“债务人不履行到期债务或者发生当事人约定的实现担保物权的情形。”这一表述指的是混合共同担保中各担保权可得行使的条件，这里“发生当事人约定的实现担保物权的情形”的“约定”，系指当事人之间在“债务人不履行到期债务”之外，其他关于实现担保物权情形的“约定”，与后句“按照约定实现债权”的“约定”意义迥异。担保合同围绕担保权的内容和行使条件而展开，但人的担保与物的担保并存时，“债权人应当按照约定实现债权”的“约定”，非指单个担保合同中就某一具体担

---

① 参见王利明：《物权法研究（下卷）》，中国人民大学出版社 2013 年版，第 1112～1113 页；全国人大常委会法制工作委员会民法室：《〈中华人民共和国物权法〉条文说明、立法理由及相关规定》，北京大学出版社 2017 年版，第 356 页；曹士兵：《中国担保制度与担保方法》，中国法制出版社 2015 年版，第 62～64 页。

② 有学者主张，此处的约定仅限于物的担保和连带责任保证保证并存的情形，其主要理由是：“依据《担保法》第 17 条的规定，就一般保证来说，只有债务人不能履行债务，而非债务人不履行到期债务时，债权人才可以要求债务人主张保证责任，也就是与物保不同，人保中的一般保证，保证人有先诉抗辩权，此时根本就不具备《物权法》第 176 条适用的前提条件。亦即整个第 176 条应该适用于，只要债务人不履行保证人就应该承担保证责任的情形，而依据《担保法》第 18 条第二款，只有连带保证人在债务人不履行债务时，才需要承担保证责任。”参见姜海峰：《物保和人保并存的法律适用——兼评（2016）最高法民终 40 号民事判决书》，载《第三届担保法理论与实践国际研讨会论文集（2017 年 5 月 20～21 日于南京）》，第 367 页。本文对此不敢苟同。即使是一般保证，也仅仅只是表明一般保证人对于主债务人存在先诉抗辩权，并不表明一般保证人与物上保证人之间存在先诉抗辩权或类似先诉抗辩权性质的权利。如当事人之间约定一般保证人先承担担保责任，物上保证人当然享有顺序利益，债权人向一般保证人主张保证债权时，一般保证人自可行使先诉抗辩权，主债务人的责任财产经强制执行仍未获清偿时，先由一般保证人承担保证责任，再由物上保证人承担担保责任。详细分析，参见高圣平：《担保物权司法解释起草中的重大争议问题》，载《中国法学》2016 年第 1 期。

③ 程啸：《混合共同担保中担保人的追偿权与代位权》，载《政治与法律》2014 年第 6 期。

保权的担保范围与行使条件的约定。准此，并不是有了“实现担保物权情形的约定”，就得先就物的担保实现债权。在“中国农业发展银行乾安县支行与江苏索普（集团）有限公司、上海儒仕实业有限公司保证合同纠纷上诉案”[①]中，最高人民法院认为：

对《物权法》第一百七十六条可作以下三种情形的具体把握：第一种情形，即对实现担保物权有明确约定的情形，在此情形下，无论是对人的担保合同还对是物的担保合同，均要审查是否存在“当事人约定的实现担保物权的情形”，即是否对实现担保物权作出明确约定，有此约定的，即应优先按照该类约定进行处理，无论该类关于实现担保物权的约定是就债务人提供的物保所作约定，还是就第三人提供的物保所作约定，均应当按照该明确约定实现债权。很显然，此等情形下，隐含着意思自治可以排除物保优先的精神，这实际是将契约自由精神摆在更加重要的法律地位。但此等情形下，依然始终要围绕实现担保物权的约定进行审查，其实质亦同样体现着物保优先的法律原则。第二种情形，即先就债务人的物保实现债权的情形，经审查人保合同与物保合同，对实现担保物权的情形没有约定或者约定不明确时，则债权人应当先就债务人提供的物保实现其债权，不得绕过债务人的物保而径行追究人保合同项下保证人的保证责任。此等情形，更是直接体现着物保优先的原则，尽管是就债务人的物保优先而言。第三种情形，即债权人对第三人提供的物保选择实现债权的情形，此等情形适用的前提与前述第二种情形应当相同，即依然是有关实现担保物权的情形没有约定或约定不明确时，因提供物保主体上存在差异，即物保系债务人以外的第三人所提供，则债权人既可选择向第三人物保实现债权，也可依据人保合同向保证人实现债权，或者同时向第三人物保以及人保提供者主张实现债权。此等情形，尽管赋予债权人以选择权，但此等情形的前提是没有关于实现担保物权的明确约定，因此依然体现着物保优先原则与意思自治原则相结合的审查要求。

这里，将《物权法》第一百七十六条“债务人不履行到期债务或者发生当事人约定的实现担保物权的情形”中“约定”直接地套入同条后段“债权人应当按照约定实现债权”，即成了“债权人应当按照实现担保物权的情形的约定实现债权”，在保证合同中不可能约定“实现担保物权的情形”的情况下，直接导致物的担保合同中如约定了“实现担保物权的情形”时物上保证人即应优先承担担保责任的结果，《物权法》第一百七十六条所确立的当事人之间就人的担保和物的担保的责任顺序和责任分担范围没有约定或者约定不明确时“人的担保与物的担保平等”的规则即失去意义，这一解释方案颇值质疑。

就“债权人应当按照约定实现债权”的“约定”内容，参与立法者的表述是

① 最高人民法院（2016）最高法民终40号民事判决书。

“物的担保和人的担保的关系”；[①] 有的学者表述为“担保人承担责任的顺序”、[②]“担保责任的承担顺序”；[③] 有的学者表述为“担保人承担责任的顺序、形式和承担担保责任的份额、范围”；[④] 有的学者表述为“权利行使的方式”，[⑤] 有的学者认为“可以是关于各类担保权行使先后顺序的约定，也可以是各类担保权各自担保的债权份额的约定”。[⑥] 从《物权法》第一百七十六条前句后段“没有约定或者约定不明确，债务人自己提供物的担保的，债权人应当先就该物的担保实现债权；第三人提供物的担保的，债权人可以就物的担保实现债权，也可以要求保证人承担保证责任”来看，这里的“约定”应指人的担保责任与物的担保责任之间的顺序。这一解释结论得到了相关司法解释的支持。如《担保法解释》第七十五条第二款规定：“同一债权有两个以上抵押人的，当事人对其提供的抵押财产所担保的债权份额或者顺序没有约定或者约定不明的，抵押权人可以就其中任一或者各个财产行使抵押权。”这里明确将约定的内容界定为“份额或者顺序”；《关于适用〈中华人民共和国民事诉讼法〉的解释》（以下简称《民事诉讼法解释》）第三百六十五条明确指出：“依照物权法第一百七十六条的规定，被担保的债权既有物的担保又有人的担保，当事人对实现担保物权的顺序有约定，实现担保物权的申请违反该约定的，人民法院裁定不予受理；没有约定或者约定不明的，人民法院应当受理。”这里明确将“债权人应当按照约定实现债权”的“约定”解释为“对实现担保物权的顺序”的“约定”。不过，虽然该条仅为就实现担保物权案件特别程序所作的解释，自不包括实现保证债权的情形，但就其所规整的内容而言，条文中的“实现担保物权的顺序”应为“实现担保权的顺序”。因为，仅在数个担保物权并存时，才有所谓实现担保物权顺序的约定，在物的担保和人的担保并存时，两者之间的顺序约定仅为实现担保权顺序的约定。

在解释上，就各项担保之间的关系，当事人之间完全可以约定各担保人仅对债权承担按份的担保责任，如此，各担保人承担按份的共同担保责任，仅在约定的分担范围内承担担保责任。[⑦] 这一按份的共同担保约定，同样限制债权人实现

---

① 全国人大常委会法制工作委员会民法室：《〈中华人民共和国物权法〉条文说明、立法理由及相关规定》，北京大学出版社 2017 年版，第 356 页。

② 最高人民法院物权法研究小组：《〈中华人民共和国物权法〉条文理解与适用》，人民法院出版社 2007 年版，第 520 页。

③ 崔建远：《物权：规范与学说——以中国物权法的解释论为中心》，清华大学出版社 2011 年版，第 751 页。

④ 王利明：《物权法研究（下卷）》，中国人民大学出版社 2016 年版，第 1112 页。

⑤ 曹士兵：《中国担保制度与担保方法》，中国法制出版社 2015 年版，第 62 页。

⑥ 程啸：《担保物权研究》，中国人民大学出版社 2017 年版，第 143 页。

⑦ 参见程啸：《保证合同研究》，法律出版社 2006 年版，第 606～607 页。

债权时选择权的行使，债权人仅享有向各担保人主张约定份额范围内的担保权利。[①] 由此可见，当事人之间约定各担保人仅承担按份的共同担保责任的，“债权人应当按照约定实现债权”。准此，“债权人应当按照约定实现债权”的“约定”，是关于人的担保与物的担保之间的责任顺序和责任分担范围的约定。如在“中国建设银行股份有限公司榆林新建南路支行与榆林聚能物流有限责任公司、榆林市隆昌建筑装饰有限公司等金融借款合同纠纷上诉案”[②] 中，最高人民法院认为：

“债权人应当按照约定实现债权”中的“约定”，其内容是什么？本院认为，该“约定”旨在确定或者限制人的担保与物的担保并存时债权人的选择权，从《物权法》第一百七十六条后句“没有约定或者约定不明确，债务人自己提供物的担保的，债权人应当先就该物的担保实现债权；第三人提供物的担保的，债权人可以就物的担保实现债权，也可以要求保证人承担保证责任”来看，这里的“约定”，应当是指人的担保责任与物的担保责任之间的顺序。此外，在解释上，当事人之间还可以约定各担保人仅对债权承担按份的担保责任。这一按份的共同担保约定，同样限制债权人实现债权时选择权的行使，债权人仅享有向各担保人主张其承担约定份额范围内的担保责任的权利。由此可见，当事人之间约定各担保人仅承担按份的共同担保责任的，“债权人应当按照约定实现债权”。准此，“债权人应当按照约定实现债权”中的“约定”，既包括关于人的担保与物的担保之间责任顺序的约定，也涵盖关于人的担保与物的担保之间责任分担范围的约定。

（二）债权人和谁的“约定”?

“债权人应当按照约定实现债权”的“约定”原则上是债权人与保证人、物上保证人之间的约定，而不能仅仅只是债权人与个别担保人之间的约定。[③] 这一约定的一方当事人是债权人，另一方当事人是全部担保人。从样本案例所揭示的担保交易实践来看，由债权人与保证人、物上保证人共同签订三方协议约定债权人实现担保权顺序的，占极小的比例。[④]

---

① 裁判实践中即存在此种情形：就 400 万元主债务，债务人就其中 160 万元提供物的担保，保证人就其中 240 万提供人的担保。参见最高人民法院中国应用法学研究所：《人民法院案例选（分类重排本）》（商事卷・4），人民法院出版社 2017 年版，第 1965～1967 页。

② 最高人民法院（2017）最高法民终 170 号民事判决书。

③ 参见王利明：《物权法研究（下卷）》，中国人民大学出版社 2016 年版，第 1112 页。

④ 样本案例中，仅有“中国民生银行股份有限公司成都分行与甘惠玲、峨眉山佛地水业有限责任公司借款合同纠纷上诉案”［四川省高级人民法院（2013）川民终字第 37 号民事判决书］和“福州运通星星航投资合伙企业（有限合伙）与福建省平潭县隆江房地产开发有限公司、周雅金等借款合同纠纷上诉案”［福建省高级人民法院（2016）闽民终 57 号民事判决书］属于三方约定的情形。

如果仅是债权人与个别担保人之间的约定，原则上不能拘束其他担保人。[①]但是，并非债权人与个别担保人之间的约定均为无效。[②]例如，在混合共同担保中，债权人与保证人约定债权人有权首先对保证人主张权利，“因这种约定对抵押人（无论抵押人是债务人或者是第三人）有利无害，故其应为有效，保证人不得拒绝首先承担其担保责任。”[③]在“段吉良与贵州省安顺市鼎城房地产开发有限公司等借款、担保合同纠纷案”[④]中，债权人与抵押人约定债权人有权首先对抵押人主张权利，对此法院则认为：

本案《抵押借款合同》约定：“如乙方不能按合同约定时间还本付息，甲方有权依法处置抵押物，若抵押物的价值不能清偿本息，甲方有权继续追索乙方及保证方。”根据《物权法》第一百七十六条“被担保的债权既有物的担保又有人的担保的，债务人不履行到期债务或者发生当事人约定的实现担保物权的情形，债权人应当按照约定实现债权；没有约定或者约定不明确，债务人自己提供物的担保的，债权人应当先就该物的担保实现债权”之规定，本案物的担保与人的担保并存应按约定做如下处理：如果鼎城公司不能履行本判决确定的责任，原告有权依法就本案抵押财产折价或者以拍卖、变卖该抵押财产的价款优先受偿，若该抵押财产价款不能足额清偿，清偿不足部分债务应由被告陈明、刘家淑、陈一菠承担连带清偿责任。被告陈明、刘家淑、陈一菠承担保证责任后，有权依法向被告鼎城公司追偿。

在解释上，人的担保与物的担保之间顺序的约定，主要体现为谁先承担担保责任或谁后承担担保责任。换而言之，无论抵押合同中约定不管是否存在其他担保债权人均可首先行使抵押权，还是保证合同中约定仅在债权人就抵押权实现其债权之后才承担保证责任，这些虽然是债权人与个别担保人之间的约定，但却具有限制或赋予债权人选择权行使的作用，均应为有效的约定。

（三）“约定”明确到什么程度？

在《物权法》第一百七十六条前句的文义之下，只有在就人的担保与物的担保之间的责任顺序或责任分担范围约定明确的情形之下，债权人才能依该约定实现债权。裁判实践中即有当事人认为，这里的“约定”，只有在排定债权人实现

---

① 裁判实践中即有当事人主张，担保权利实现顺序的约定仅在债权人、债务人和物上保证人三方达成合意的情况之下才能生效。参见“怀化市中小企业信用担保有限公司与新晃侗族自治县前锋工业园投资开发有限公司追偿权纠纷上诉案”[湖南省高级人民法院（2015）湘高法民二终字第134号民事判决书]。

② 参见崔建远：《物权：规范与学说——以中国物权法的解释论为中心》，清华大学出版社2011年版，第751页；尹田：《物权法》，北京大学出版社2013年版，第507页。

③ 尹田：《物权法》，北京大学出版社2013年版，第507页。

④ 贵州省高级人民法院（2014）黔高民初字第1号民事判决书。

债权时各担保权之间的顺位的情况下，才属于明确的约定，亦即“有第一顺位、第二顺位及最后顺位等明确的排序”,[①] 由此引发了当事人意思表示解释上的争议。

在金融机构的借款（反）担保合同文本中，较为普遍地存在以下条款：“无论债权人对主合同项下的债权是否拥有其他担保（包括但不限于保证、抵押、质押、保函、备用信用证等担保方式），不论上述其他担保何时成立、是否有效，债权人是否向其他担保人提出权利主张，或放弃、部分放弃任何担保债权，也不论是否有第三人同意承担主合同项下的全部或部分债务，也不论其他担保是否由债务人自己所提供；担保人在本合同项下的担保责任均不因此减免，债权人均可直接要求担保人依照本合同约定在其担保范围内承担担保责任，担保人将不提出任何异议。”就此类条款是否构成债权人实现债权顺序的明确约定，裁判实践中存在较大争议。

第一种观点认为，该约定确定了本案债权在人的担保和物的担保并存情况下，担保权实现的规则,[②] 理由如下：

一方面，无论物上保证人或保证人是否因约定或法定而享有顺位上的利益，凭借上述约定的内容，足以明确物上保证人或保证人已经自愿放弃了对债权人在实现担保时先后顺序的抗辩，债权人可以自由选择是首先向物上保证人还是保证人主张权利。例如在“中国长城资产管理公司广州办事处与广州云山大酒店有限公司、兰燕等合同纠纷上诉案”[③] 中，最高人民法院认为：

涉案《连带保证合同》的甲方为长城公司，乙方为百特公司、兰燕、廖振新、潘国山、王慧；涉案《股权质押合同》的甲方为长城公司，乙方为百特公司、兰燕。以上合同当事人在《连带保证合同》第7.2.4条、《股权质押合同》第5.3条就担保顺位均作了下列约定，“无论甲方对主合同项下的债权是否拥有其他担保（包括但不限于保证、抵押、质押、保函、备用信用证等担保方式），不论上述其他担保何时成立、是否有效、甲方是否向其他担保人提出权利主张，或放弃、部分放弃任何担保债权，也不论是否有第三方同意承担主合同项下的全部或部分债务，也不论其他担保是否由乙方自己所提供，乙方在本合同项下的担保责任均不因此减免，甲方均可直接要求乙方依照本合同约定在其担保范围内承担担保责

---

① 广东珠海市中级人民法院（2015）珠中法民二终字第314号民事判决书。

② “哈尔滨银行股份有限公司安发支行与北大荒电子商务集团有限公司、龙江县丰裕粮食有限责任公司等借款合同纠纷上诉案”［黑龙江省高级人民法院（2016）黑民终543号民事判决书］。

③ 最高人民法院（2016）最高法民终554号民事判决书。相同观点可参见“中国华融资产管理股份有限公司江苏省分公司与如皋绿源置业有限公司、浙江暨阳房地产开发有限公司等债务重组协议纠纷案”［江苏省高级人民法院（2014）苏商初字第00026号民事判决书］、湖北银行股份有限公司宜昌东门支行与湖北星宇服装有限责任公司、湖北依思雅服饰有限公司等合同纠纷上诉案”［湖北省高级人民法院（2016）鄂民终495号民事判决书］。

任，乙方将不提出任何异议”。根据《物权法》第一百七十六条……《连带保证合同》《股权质押合同》已明确约定该两合同所涉担保在实现债权的顺位上不受主合同项下其他担保的影响，即提供担保的一方放弃了在实现债权时位于债务人自己提供物的担保的顺位之后等相关权利，因此长城公司可以要求抵押人云山公司，质押人百特公司、兰燕，以及保证人百特公司、兰燕、廖振新、潘国山、王慧对涉案债务直接承担担保责任，而无担保责任顺位的限制。故原审判决关于长城公司先行使抵押权实现涉案债权，行使抵押权后仍不能实现的部分由质押人百特公司、兰燕及保证人百特公司、兰燕、廖振新、潘国山、王慧承担担保责任的认定不当，本院予以纠正。对长城公司关于质押人百特公司、兰燕及保证人百特公司、兰燕、廖振新、潘国山、王慧已在涉案担保合同中约定放弃在后担保顺位权利的上诉请求，本院予以支持。

另一方面，从约定的效力来看，此项关于债权人如何选择实现债权的约定，不违反法律、行政法规的禁止性规定，与公序良俗、诚实信用原则亦不违背，基于对当事人意思自治的尊重，债权人有权依据约定选择主张担保权利的对象。例如在“中国建设银行股份有限公司榆林新建南路支行与榆林聚能物流有限责任公司、榆林市隆昌建筑装饰有限公司等金融借款合同纠纷上诉案”[①] 中，最高人民法院认为：

“债权人应当按照约定实现债权”中的“约定”，到了什么程度，才能认定为约定明确？如前所述，根据《物权法》第一百七十六条前句的规定，只有在就人的担保与物的担保之间的责任顺序或者责任分担范围约定明确的情形之下，债权人才能依该约定实现债权。审判实践中有当事人认为，这里的“约定”，只有在排定债权人实现债权时各担保权之间的顺位的情况下，才属于约定明确，典型的表述是“有第一顺位、第二顺位及最后顺位等明确的排序”才是约定明确，否则就是约定不明确，由此引发了当事人意思表示解释上的争议。本院认为，“债权人应当按照约定实现债权”中的“约定”的目的在于确定或者限制人的担保与物的担保并存时债权人的选择权（因本案不涉及按份共同担保，故此部分论述忽略该内容），只要当事人之间的约定内容达到了这一程度，即应认定为当事人之间就债权人实现其债权有了明确约定。这里，既包括限制债权人选择权行使的约定，也包括确定或者赋予债权人选择权的约定。所谓就债权人实现债权顺序的约定明确，既包括对实现债权的顺序约定为物的担保在先，人的担保在后；人的担保在先，物的担保在后；物的担保与人的担保同时承担担保责任等三种社会上普通人根据逻辑通常可以想象出来的约定明确的情形，当然也包括约定在任何情形下担保人都应当承担担保责任的情形。本院认为，被担保的债权既有物的担保又

---

① 最高人民法院（2017）最高法民终 170 号民事判决书。

有人的担保的，当事人约定在任何情形下担保人都应当承担担保责任，属于《物权法》第一百七十六条第一句规定的约定明确的情形，这样理解该规定的含义，符合社会上普通人的正常认知，属于常识，应无疑问。

本案中，建行新建南路支行（乙方）与泰发祥公司（甲方）、隆昌公司（甲方）分别签订了《保证合同》。建行新建南路支行（乙方）与泰发祥公司（甲方）签订的《保证合同》约定，保证方式为连带责任保证。“无论乙方对主合同项下的债权是否拥有其他担保（包括但不限于保证、抵押、质押、保函、备用信用证等担保方式），不论上述其他担保何时成立、是否有效、乙方是否向其他担保人提出权利主张，也不论是否有第三方同意承担主合同项下的全部或部分债务，也不论其他担保是否由债务人自己所提供，甲方在本合同项下的保证责任均不因此减免，乙方均可直接要求甲方依照本合同约定在其保证范围内承担保证责任，甲方将不提出任何异议。”建行新建南路支行（乙方）与隆昌公司（甲方）签订的《保证合同》约定的内容与上述合同的内容完全相同。本院认为，根据上文对《物权法》第一百七十六条第一句中“债权人应当按照约定实现债权”中的“约定”的立法原意的分析，结合新建南路支行与聚能物流签订的《抵押合同》，案涉三合同关于担保条款的真实意思表示为，泰发祥公司、隆昌公司单独或者共同对聚能物流欠建行新建南路支行的款项承担连带保证责任，且建行新建南路支行有权向泰发祥公司、隆昌公司、聚能物流之一或任意组合提起诉讼要求承担担保责任（聚能物流承担的责任应当是还款责任，在聚能物流不能还款的情况下，建行新建南路支行有权就聚能物流提供的抵押物要求拍卖，并就拍卖价款优先受偿），即有权在不要求聚能物流承担物的担保责任的前提下，单独向泰发祥公司和隆昌公司或者之一提起诉讼，要求其承担人的担保责任，或者要求聚能物流承担物的担保责任的同时，要求泰发祥公司和隆昌公司或者之一承担人的担保责任。因此，应当认定案涉两《保证合同》对于如何实现担保物权的约定明确，该约定属于《物权法》第一百七十六条第一句规定的“债权人应当按照约定实现债权”中的“约定”。

第二种观点认为，裁判者不能经由该约定明确是物的担保优先还是人的担保优先，故案件事实仍属于法律规定的约定不明确的情形。例如在“贵州银行股份有限公司六盘水钟山支行与贵州万海隆矿业集团股份有限公司、楚俊林等金融借款合同纠纷案”[①] 中，法院认为：

---

① 贵州省高级人民法院（2016）黔民初 73 号民事判决书。类似观点参见“中国华融资产管理股份有限公司贵州省分公司与黄山汇鑫房地产集团有限公司、浙江汇鑫控股集团有限公司等债权转让合同欠款纠纷案”[贵州省高级人民法院（2014）黔高民商初字第 33 号民事判决书]、“上海浦东发展银行股份有限公司贵阳分行与贵阳华中房地产开发有限责任公司、罗丹等借款合同纠纷上诉案”[贵州省高级人民法院（2016）黔民终 272 号民事判决书]。

根据《物权法》第一百七十六条“被担保的债权既有物的担保又有人的担保的，债务人不履行到期债务或者发生当事人约定的实现担保物权的情形，债权人应当按照约定实现债权；没有约定或者约定不明确，债务人自己提供物的担保的，债权人应当先就该物的担保实现债权；第三人提供物的担保的，债权人可以就物的担保实现债权，也可以要求保证人承担保证责任。提供担保的第三人承担担保责任后，有权向债务人追偿。”之规定，本案涉及债务人自己提供物的担保和保证人提供的人的担保，需要区分人的担保和物的担保的先后顺序。在保证合同中双方约定：本合同所担保的债权同时存在物的担保（含债务人提供）和保证担保的，债权人可以就物的担保实现债权，也可以要求保证人承担保证责任。债权人已经选择某一担保来实现债权的，也可同时主张通过其他担保来实现全部或部分债权。在最高额采矿权抵押担保合同中双方约定：本合同所担保的债权同时存在物的担保（含债务人提供）和保证担保的，抵押权人可以就物的担保实现债权，也可以要求保证人承担保证责任。所担保的债权同时存在两个以上物的担保人的（含债务人提供），抵押权人有权就其中任一或者各个担保物行使担保物权。抵押权人已经选择某一担保来实现债权的，也可同时主张通过其他担保来实现全部或部分债权。从两份合同的约定来看，对于物的担保和人的担保顺序表述均为”可以就物的担保实现债权，也可以要求保证人承担保证责任”，这个约定没有明确表明是物的担保优先还是人的担保优先，故属于法律规定的约定不明确情形，债权人应当先就该物的担保实现债权，在物的担保不足以清偿全部债权时，担保人再承担补充清偿责任。因担保合同约定各担保人的保证方式为连带责任保证，故各保证人在承担补充清偿责任时也应是连带清偿责任，各保证人在承担担保责任后，有权向债务人万海隆公司追偿。

甚至有观点认为，该约定不能被认定为是对债权人担保权利实现顺序的约定，无法推导出债权人对担保权的实现顺序享有选择权。例如在“中国长城资产管理公司贵阳办事处诉六枝特区佳顺焦化有限公司、贵州路鑫喜义工矿股份有限公司等债权转让及担保合同纠纷上诉案”① 中，最高人民法院认为：

在贵阳长城公司与本案各抵押人、出质人、连带责任保证人签订的相关合同中均约定：“无论甲方对主合同项下的债权是否拥有其他担保（包括但不限于保证、抵押、质押、保函、备用信用证等担保方式），不论上述其他担保何时成立、是否有效，甲方是否向其他担保人提出权利主张，或放弃、部分放弃任何担保债权，也不论是否有第三方同意承担主合同项下的全部或部分债务，也不论其他担保是否由乙方自己所提供；乙方在本合同项下的担保责任均不因此减免，甲方均可直接要求乙方依照本合同约定在其担保范围内承担担保责任，乙方将不提出任

① 最高人民法院（2015）民二终字第280号民事判决书。

何异议”。依此条款，贵阳长城公司认为其对第三人提供的物上担保和保证人担保的债权实现享有选择权。本院认为，合同中上述条款所约定的关于“乙方在本合同项下的担保责任均不因此减免，贵阳长城公司可直接要求债务人及各担保人依照本合同约定在其担保范围内承担担保责任的约定”不能认定为是对本案担保债权实现顺序的约定，无法推导出贵阳长城公司对此担保债权的实现顺序享有选择权。

正如前述，“债权人应当按照约定实现债权”的“约定”目的在于确定或限制人的担保与物的担保并存时债权人的选择权，只要当事人之间的约定内容达到了这一程度，即应认定为当事人之间就债权人实现其债权有了明确约定。这里，既包括限制债权人选择权的约定，也包括确定或赋予债权人选择权的约定。所谓就债权人实现债权顺序的明确约定，并不仅限于“是物的担保优先还是人的担保优先”，还包括债权人在担保权可得行使之时，可以自由选择主张何种担保权的情形。如担保合同中约定：“当债务人未履行债务时，无论债务人对主合同项下的债权是否拥有其他担保，债权人均有权直接要求担保人承担担保责任。”这里，当事人之间的意思至为明确，在债务人不履行债务时，债权人既可以直接要求保证人承担保证责任，又可以直接就物的担保实现债权，而不管这些担保是以什么形式由谁提供的。准此，此类约定即为债权人实现债权顺序的明确约定。[①] 再如保证合同中约定：“如有主合同债务人为主合同项下债务履行提供物的担保，债权人有权选择实现担保权的顺序，可以先行要求保证人承担连带责任保证责任，保证人放弃债务人自身物保的先诉抗辩权。”这里，保证人明确放弃了其本可享有的债权人应先就债务人自己提供的物的担保实现债权的抗辩，赋予债权人以自由选择权，亦应属于债权人实现其债权顺序的明确约定。前引信贷实践中普遍存在的条款亦应作相同解释。

债权人在与各担保人签订的数份担保合同中均有“可以（或有权）直接要求担保人承担担保责任”的约定，相互之间是否存在冲突，并进而构成“约定不明确”？这里，“可以”“有权”等文句仅是赋予了债权人选择的权利，其并未改变其他担保合同中有关债权人有权直接要求相应担保人承担担保责任的约定，相互之间不存在冲突，经由债权人的选择，担保人承担担保责任的顺序得以明确，因而

---

① 有裁判认为：“如借款人在担保阶段内未能依照本合同约定按时偿还贷款本息及相关费用的，在保证期间内，贷款人有权直接要求保证人承担保证责任，并有权从保证人账户中直接扣划。”“从该约定的内容看，仅是对连带保证责任所作的解释性约定，并非系对人的担保与物的担保两者的清偿顺位所作的约定。”参见“杭州联合农村商业银行股份有限公司蒋村支行与黄虹、浙江报业绿城房地产开发有限公司等金融借款合同纠纷再审案”，浙江省高级人民法院（2016）浙民再142号民事判决书。这一解释并未考虑到当事人在合同中所使用的“贷款人有权直接要求保证人承担保证责任”这一文句的意义，值得商榷。

也不属于“约定不明确”的情形。此类约定正好表明了，在主合同债权有复数担保时，债权人可以（有权）直接就人的担保或物的担保实现债权，并不是必须直接就物的担保实现债权。准此，此类约定并未限制混合共同担保中债权人的选择权，相反，抵押权人“有权直接要求担保人承担担保责任”赋予了债权人的任意选择权，而不管该担保人是债务人、保证人还是物上保证人。例如在“哈尔滨银行股份有限公司安发支行与北大荒电子商务集团有限公司、龙江县丰裕粮食有限责任公司等借款合同纠纷上诉案”[①] 中，二审法院认为：

根据《物权法》第一百七十六条的规定，被担保的债权既有物的担保又有人的担保时，债务人不履行到期债务时，债权人应当按照约定实现债权。故哈尔滨银行安发支行有权按照上述约定直接要求北大荒公司承担连带保证责任。虽然《最高额权利质押合同》约定，“哈尔滨银行安发支行可以不先行使对债务人的其他担保权利而直接行使该合同项下的权利。”但该约定仅是赋予了哈尔滨银行安发支行选择的权利，其并未改变《最高额保证合同》中有关哈尔滨银行安发支行有权直接要求北大荒公司承担连带保证责任的约定。同时，丰裕粮食公司单方出具《拍卖承诺书》中关于“如未能及时偿还，还将由北大荒公司代哈尔滨银行安发支行处置仓单项下相应质物”的约定，亦未改变《最高额保证合同》的上述约定，故北大荒公司关于依据《最高额权利质押合同》《拍卖承诺书》的约定，哈尔滨银行安发支行应先行使案涉质押权之后，再由保证人承担保证责任，现哈尔滨银行放弃质押权，北大荒公司据此不应承担连带保证责任的上诉主张，缺乏事实及法律依据。

（四）是否存在格式条款控制规则的适用空间？

在针对此类条款的诉讼中，有当事人提出，“该约定内容，（债权人）没有根据合同法第三十九条规定，对我方予以提示，因此，该约定条款依法不能适用。”[②] “本案所涉保证合同中关于保证人放弃‘物保优先’的约定属于格式条款，（债权人）未尽到特别提示和说明的义务，该条款无效。”[③] 该条款“属于银行单方面出具的格式合同中的格式条款，银行处于强势地位完全保护了自己作为债权人的利益而无视保证人的利益。该条款变相免除了自己的责任，加重了保证人的

① 黑龙江省高级人民法院（2016）黑民终 543 号民事判决书。

② “新华（山东）房地产交易中心有限公司与济宁玉翰房地产开发有限公司、上海玉翰房地产开发经营有限公司等借款合同纠纷上诉案”［山东省高级人民法院（2015）鲁商终字第 374 号民事判决书］。

③ “何如玉与汤谢俊、上海京博金属材料有限公司等追偿权纠纷上诉案”［重庆市高级人民法院（2016）渝民终 524 号民事判决书］。

责任，违反了《合同法》及《担保法》等相关法律规定，应属无效。”① “保证反担保合同是企业担保公司提供的格式合同，其第二条加重了保证反担保人的责任，排除了保证反担保人的权利，根据《合同法》第三十九条、第四十条的规定，是无效条款。”② 对于当事人的此类主张，裁判实践有两种观点。

一种观点认为应予支持。这一观点属于少数说。如在“中国建设银行股份有限公司大庆分行与曲凤海、曲凤辉、施丽静等借款合同纠纷上诉案”③ 中，最高人民法院认为：

虽然建行大庆分行与施丽静等保证人分别签订的《自然人保证合同》第六条保证责任第二款约定“无论建行大庆分行对案涉《固定资产贷款合同》项下的债权是否拥有其他担保，不论上述其他担保何时成立、是否有效、建行大庆分行是否向其他担保人提出权利主张，也无论是否有第三方同意承担案涉《固定资产贷款合同》项下的全部或部分债务，也不论其他担保是否由益海公司自己所提供”，施丽静等保证人在案涉《自然人保证合同》项下的保证责任均不因此减免，建行大庆分行均可直接要求保证人依照《自然人保证合同》约定在其保证范围内承担担保责任，保证人将不提出任何异议，但案涉（2013）01号《抵押合同》中亦有类似条款约定。本案诉讼中，建行大庆分行认可该合同条款系建行大庆分行使用的格式条款，主张该条款意思表示明确，不需要进行特别释明。但是，纵观该条文内容，其“无论”“不论”项下文义表示主要体现在无论案涉借款是否有其他有效担保，建行大庆分行是否向其他担保人主张权利，均不因此减免该保证合同项下保证人的责任，建行大庆分行均可直接要求保证人依据合同约定承担担保责任，并没有对本案所涉的特殊情形，即以抵押的房产售房款偿还贷款与保证责任承担之间的关系作出明确约定。而施丽静等保证人系在明知益海公司以前述在建房产作抵押，且贷款合同中对贷款的使用及还款来源、还款计划、资金监管等作出的安排体现的抵押物与贷款偿还之间存在特殊关联关系的情形下签订保证合同，在没有特别约定或释明的情形下，并不能够排除各保证人在签订保证合同时存在以处置案涉抵押的房产售房款不能偿还贷款时其方才需要承担保证责任的理解的可能。故在建行大庆分行签约时没有向保证人释明的情形下，本案并不足以认定施丽静等保证人在签订保证合同时对该争议条款的理解与建行大庆分行诉讼中主张的意思表示一致。一审法院认定本案不能得出双方当事人已就担保物权的实现顺序与方式等作出了明确约定，符合本案实际情况。且案涉《自然人保证合

---

① “浙江省浙商资产管理有限公司与何光桂金融不良债权追偿纠纷再审案”［浙江省高级人民法院（2016）浙民申2234号民事裁定书］。

② “怀化市中小企业信用担保有限公司与麻阳新代锰业有限责任公司、向玉斌等追偿权纠纷上诉案”［湖南省高级人民法院（2015）湘高法民二终字第137号民事判决书］。

③ 最高人民法院（2018）最高法民终966号民事判决书。

同》第六条第二款中没有约定建行大庆分行放弃已设立的抵押权时，各保证人仍承诺继续承担保证责任。而建行大庆分行陆续对案涉（2013）01号《抵押合同》项下的A区8号楼至25号楼1256户抵押房产解除了抵押登记。益海公司对该部分房产进行了销售，销售房款未按照约定存入指定存款账户，建行大庆分行亦未取得该部分售房款受偿其贷款。物权法第九条第一款规定："不动产物权的设立、变更、转让和消灭，经依法登记，发生效力；未经登记，不发生效力，但法律另有规定的除外。"第十四条规定："不动产物权的设立、变更、转让和消灭，依照法律规定应当登记的，自记载于不动产登记簿时发生效力。"建行大庆分行对案涉1256户抵押房产办理了抵押登记注销手续，其对该部分房产享有的抵押权自该抵押登记被注销时即发生消灭的法律效力，建行大庆分行已不再享有对案涉1256户抵押房产的抵押权，对解除抵押的房产售房款亦不再享有优先受偿的权益。建行大庆分行虽然在此后分别于2014年6月10日及7月11日与益海公司签订了两份《抵押合同》，并办理了抵押登记，但抵押的在建工程与解除的抵押房产并不相同。建行大庆分行诉讼中称上述两份抵押合同所涉在建工程现处于停工状态，不具备销售条件，其财产价值低于（2013）01号合同项下抵押物价值。因在同一债权既有债务人以自己的财产提供抵押担保又有其他保证人提供保证的情形中，债务人是本位上的债务承担者，保证人仅是代替其承担责任，借贷关系双方在借款中是否有抵押物以及借款偿还资金来源的约定等是保证人提供担保时判断其责任风险所考虑的重要因素。建行大庆分行与益海公司在解除案涉抵押房产后新设的抵押权，不仅涉及抵押物的变化，还涉及贷款合同约定的还款来源的变化。案涉《自然人保证合同》第五条合同变更中也没有明确约定变更还款来源时无须征得保证人同意。故，建行大庆分行在案涉1256号房产抵押权有效设立后，未对益海公司该部分销售房款进行有效控制，即解除了该房产的抵押，其行为不符合案涉贷款合同约定，也改变了施丽静等保证人作出保证时贷款合同项下抵押物及约定的偿还贷款的款项来源项目情况，建行大庆分行与益海公司新设抵押权的在建工程在销售条件及财产价值等方面均不同于原抵押房产，客观上加大了各保证人承担责任的风险。根据物权法第一百九十四条"债务人以自己的财产设定抵押，抵押权人放弃该抵押权、抵押权顺位或者变更抵押权的，其他担保人在抵押权人丧失优先受偿权益的范围内免除担保责任，但其他担保人承诺仍然提供担保的除外"的规定，在建行大庆分行并无证据也没有主张在其解除抵押时施丽静等保证人承诺继续承担保证责任的情形下，施丽静等保证人在建行大庆分行丧失案涉1256户抵押房产优先受偿权益范围内的保证责任应当免除。

另一种观点认为应不予支持。法院的裁判理由主要可分为两种路径：（1）该约定并非格式条款。"本案所涉保证合同中关于保证人放弃'物保优先'的约定系《物权法》第一百七十六条规定的可以由当事人自行约定的被担保债权的实现顺序，不属于格式条款。”① 就该条款，“双方可以结合担保与反担保义务来协商确定，并不属于格式合同的范畴。”②（2）即使认定该约定为格式条款，该条款也是各方当事人正常的意思表达，不存在免除或者限制提供格式合同一方责任的情形。如在“新华（山东）房地产交易中心有限公司与济宁玉翰房地产开发有限公司、上海玉翰房地产开发经营有限公司等借款合同纠纷上诉案”③ 中，山东省高级人民法院认为：

关于各保证人的责任问题。2014 年 1 月 22 日渤海银行济南分行分别与上海玉翰公司、郑一南、李鸾晓、郑可玉、万邦公司、邵为军签订的《最高额保证协议》第 5.2 条约定，本协议设立的担保独立于债权人就被担保债务所取得的任何其他担保，债权人行使本协议项下的权利前无需首先执行其持有的任何其他担保（无论是物的担保还是人的担保），也无需首先向债务人或其他任何第三人采取任何其他救济措施。上诉人主张，渤海银行济南分行没有针对该约定条款向各保证人进行提示注意，故应当根据《合同法》第三十九条规定，确认《最高额保证协议》第 5.2 条在本案中不能适用。本院认为，《物权法》第一百七十六条规定，被担保的债权既有物的担保又有人的担保的，债务人不履行到期债务或者发生当事人约定的实现担保物权的情形，债权人应当按照约定实现债权。该规定内容表明，物权法允许当事人对此进行约定，只有在没有约定和约定不明的情况下，才适用法定，明确表达了约定优先于法定的适用法律原则。本案《最高额保证协议》第 5.2 条的约定，是各方当事人正常的意思表达，不存在免除或者限制提供格式合同一方即渤海银行济南分行或新华公司责任的情形。涉案《最高额保证协议》第 5.2 条约定合法有效，应当适用。

本书作者认为，基于风险控制和节约交易成本的考量，目前各金融机构广泛采用示范文本制度。如此规格化、定型化的交易，明显会落入格式条款控制规则的规制范畴。上述条款大多属于“为了重复使用而预先拟定”，关键是如何认定“在订立合同时未与对方协商”？主张该条款构成格式条款并受特别规则规制的一方，应负担举证责任。④ 已在担保合同文本上签章的担保人，较易证明该条款是“为了重复使用而预先拟定”，但很难证明条款提供方在订立合同时未与其协商。

---

① “何如玉与汤谢俊、上海京博金属材料有限公司等追偿权纠纷上诉案”［重庆市高级人民法院（2016）渝民终 524 号民事判决书］。

② “怀化市中小企业信用担保有限公司与麻阳新代锰业有限责任公司、向玉斌等追偿权纠纷上诉案”［湖南省高级人民法院（2015）湘高法民二终字第 137 号民事判决书］。

③ 山东省高级人民法院（2015）鲁商终字第 374 号民事判决书。

④ 虽然《合同法解释（二）》第六条第二款规定：“提供格式条款一方对已尽合理提示及说明义务承担举证责任”，但如对方当事人已在合同上签字，即应视为条款提供方已尽提请注意义务。参见王利明：《合同法研究（第一卷）》，中国人民大学出版社 2015 年版，第 416 页。此时，对方当事人可依反证推翻上述推定。

在“何如玉与汤谢俊、上海京博金属材料有限公司等追偿权纠纷上诉案”[①] 中，法院即认为：“即使该约定系格式条款，（保证人）在该条款处签名捺印的行为亦足以认定（债权人）对该条款进行了特别的提示，对（保证人）认为其放弃‘物保优先’的约定应为无效的上诉理由，本院不予采纳。”

即使认定该条款构成格式条款，我国实定法上的司法规制路径包括：首先，判断该条款是否属于“免除或者限制（债权人）责任的条款”，并进而判定债权人是否采取合理的方式提请了担保人注意该条款，且按照担保人的要求，对该条款作了说明，否则担保人可以申请撤销该条款。[②] 在具有无偿性的担保交易中，债权人仅享有权利，基本没有享有的义务和责任，上述条款也没有免除或者限制债权人的责任，自无提请担保人注意和就该条款予以说明的必要。其次，判断该条款是否存在绝对无效事由，主要集中于判断债权人是否借由该条款“免除其责任、加重对方责任、排除对方主要权利”。在混合共同担保之中，保证人对于提供物的担保的债务人在未作约定或约定不明确的情形下享有顺序利益，允许当事人依约定予以排除适用。保证人与债权人签订担保合同，即应承担约定的保证责任，在担保交易中并无对待给付的权利。该顺序利益并不构成保证人的主要权利，排除其适用也没有加重保证人的责任。最后，比较法上尚有依诚实信用原则或公平原则就格式条款的效力采取相对无效的成例，认为格式条款如与其所排除不予适用的任意规定之立法意旨显相矛盾的，推定该条款显示公平，允许相对人予以撤销或主张其无效，[③] 但我国法上并无此规定，且《物权法》第一百七十六条的立法意旨明显允许当事人作出例外安排，排除保证人的顺位利益，[④] 只是改变了各担保人承担担保责任的顺序，与该任意性规范的立法意旨并不矛盾，无须借助显示公平制度加以调整。例如在“哈尔滨银行股份有限公司安发支行与北大荒电子商务集团有限公司、龙江县丰裕粮食有限责任公司等借款合同纠纷上诉案”[⑤] 中，二审法院认为：

北大荒公司应否对案涉借款承担连带保证责任。本案《最高额保证合同》约定，“北大荒公司确认，当债务人未按主合同约定履行其债务时，无论哈尔滨银行安发支行对主合同项下的债权是否拥有其他担保权利，哈尔滨银行安发支行均有权要求北大荒公司在其合同约定的保证范围内承担保证责任，而无需先要求其他担保人履行担保责任。北大荒公司在此明确放弃要求先履行债务人提供的物的担保的抗辩”，该约定确定了本案债权在人的担保和物的担保并存情况下，担保

---

① 重庆市高级人民法院（2016）渝民终 524 号民事判决书。

② 《合同法解释（二）》第九条。

③ 我国台湾地区“消费者保护法”第十二条；《德国民法典》第三百零七条第二款第一项。

④ 这一顺序利益的正当性也值质疑，容后详述。

⑤ 黑龙江省高级人民法院（2016）黑民终 543 号民事判决书。

权实现的规则。北大荒公司上诉主张该条款为格式条款，应认定为无效。根据《合同法》第四十条规定："提供格式条款的一方免除其责任，加重对方责任，排除对方主要权利的，该条款无效。"本案北大荒公司对案涉借款提供连带责任保证，上述条款并未加重北大荒公司责任，北大荒公司该上诉主张不成立。

综上，在人的担保和物的担保并存时，债权人实现其权利的顺序、份额等自可由当事人之间进行约定。只有在当事人间就此没有约定或约定不明确的情况下，才适用《物权法》第一百七十六条所定缺省规则。

四、混合共同担保中保证人的抗辩：顺序利益

（一）保证人针对提供物的担保的债务人的顺序利益

依据《物权法》第一百七十六条的规定，保证人仅在当事人间就债权人实现债权的顺序、分担范围未作约定或约定不明确的情形之下，针对提供物的担保的债务人才享有顺序利益。如当事人间约定保证人针对提供物的担保的债务人享有顺序利益的，亦属当然。在"四川金佳贸易有限公司与熊刚等买卖合同纠纷再审案"①中，四川省高级人民法院再审认为：

《物权法》第一百七十六条规定，被担保的债权既有物的担保又有人的担保的，债务人不履行到期债务或者发生当事人约定的实现担保物权的情形，债务人应当按照约定实现债权；没有约定或者约定不明的，债务人自己提供担保的，债权人应当先就该物的担保实现债权。《物权法》第一百九十四条第二款规定，债务人以自己的财产设定抵押，抵押权人放弃该抵押权、抵押权顺位或者变更抵押权的，其他担保人在抵押权人丧失优先受偿权益的范围内免除担保责任，但其他担保人承诺仍然提供担保的除外。本案中，债务人世成公司提供了营业用房作为物的担保，金佳公司应先就该物的担保实现债权。金佳公司如果放弃债务人世成公司提供的物的担保，熊刚、张艳只对该营业用房抵押担保价值不足以抵偿货款部分承担保证责任。即应当在金佳公司丧失优先受偿权益的范围内免除熊刚、张艳的保证责任。熊刚、张艳享有先诉抗辩权，金佳公司只有在对债务人世成公司不履行债务的行为提起诉讼或者申请仲裁，并就债务人财产依法强制执行仍不能履行债务时，才能要求保证人熊刚、张艳履行债务。换言之，保证人熊刚、张艳

---

① 四川省高级人民法院（2019）川民再233号民事判决书。类似观点可参见"重庆鑫地嵘房地产开发有限公司与游建华、张凤琼、曹光礼、张秀借款合同纠纷上诉案"［重庆市高级人民法院（2016）渝民终20号民事判决书］、"陈益红诉淮安市同发贸易有限公司、涟水县中泽锦华房地产开发有限公司民间借贷纠纷上诉案"［江苏省高级人民法院（2015）苏民终字第00281号民事判决书］、"王继生与临沂澳佳木业有限公司、傅秀华等民间借贷纠纷再审案"［山东省高级人民法院（2015）鲁民提字第232号民事判决书］、"河南恒丰钢缆有限公司与河南鑫鹏金属制品有限公司、曹新升追偿权纠纷上诉案"［河南省高级人民法院（2013）豫法民二终字第156号民事判决书］。

仅在债务人世成公司的财产不足以完全清偿债权的情况下，才负保证责任。案涉915.63平方米的营业用房评估价值远高于案涉贷款的金额，在金佳公司未对该抵押财产申请强制执行前，熊刚、张艳可以拒绝承担保证责任。

在融资租赁交易实践中，为担保租金债权的清偿，融资租赁公司往往会在租赁物上设定动产抵押权，同时要求第三人提供连带责任保证。如此，在表象上出现了就同一租金债权同时存在人的担保和债务人提供的物的担保。保证人在当事人间未就该租金债权的实现作出约定的情况下，是否可以主张其顺序利益？在“长城国兴金融租赁有限公司与山东滨州豪盛巾被有限公司、山东亚圣集团有限公司等融资租赁合同纠纷案”[①] 中，新疆维吾尔自治区高级人民法院认为：

国兴金融租赁公司与豪盛公司虽然签订了长金租抵担字（2012）第0513—3号《抵押担保合同》为国兴金融租赁公司设立了抵押权，但抵押财产的所有权属于国兴金融租赁公司而不是豪盛公司，不属于“债务人自己提供物的担保”的情形，故不应当适用《物权法》第一百七十六条“被担保的债权既有物的担保又有人的担保的，债务人不履行到期债务或者发生当事人约定的实现担保物权的情形，债权人应当按照约定实现债权；没有约定或者约定不明确，债务人自己提供物的担保的，债权人应当先就该物的担保实现债权；第三人提供物的担保的，债权人可以就物的担保实现债权，也可以要求保证人承担保证责任。提供担保的第三人承担担保责任后，有权向债务人追偿”中“债权人应当先就该物的担保实现债权”的规定。该抵押权的存在并不影响亚圣公司、王建中、张素芳对保证责任的承担。因此，亚圣公司、王建中、张素芳应当在保证担保的范围内承担保证责任。国兴金融租赁公司要求亚圣公司、王建中、张素芳承担保证责任的理由成立，本院对其该项诉讼请求予以支持。

针对融资租赁交易中出租人的所有权仅依占有的公示外观无法保护出租人权益的问题，《最高人民法院关于审理融资租赁合同纠纷案件适用法律问题的解释》（以下简称《融资租赁解释》）在尊重实践中变通做法的基础上，[②] 在第九条第二项规定：“出租人授权承租人将租赁物抵押给出租人并在登记机关依法办理抵押权登记的”，第三人不得依据《物权法》第一百零六条的规定取得租赁物的所有权或者其他物权。这一规则的功用并不在于在租金未获清偿时出租人主张动产抵押权，而是经由动产抵押登记使得第三人无法善意取得租赁物上的所有权或者其他物权，以有效保护出租人就租赁物的所有权。动产交易的第三人为控制交易风险，自应查询动产抵押登记簿。第三人如查询动产抵押登记簿，发现了租赁物上

---

① 新疆维吾尔自治区高级人民法院（2014）新民二初字第21号民事判决书。

② 参见最高人民法院民事审判第二庭：《最高人民法院关于融资租赁合同司法解释的理解与适用》，人民法院出版社2014年版，第155页。

的“抵押权”负担，第三人如仍从事交易，即受该抵押权的约束；如未查询动产抵押登记簿，没有发现租赁物的“抵押权”负担，自不得依善意取得规则取得不受该抵押权约束的权利。如此，在租金债权未获清偿之时，出租人仍然是主张其就租赁物的所有权，并可同时主张其担保权，两者之间并不发生混合共同担保的竞存关系，自无《物权法》第一百七十六条的适用空间。

只是在当事人就人的担保和物的担保的关系未作约定的情况之下，债务人自己提供物的担保的，债权人应当先就该物的担保实现债权。这一规则的立法原意在于，“债务人是最终的债务承担者，保证人在承担了担保责任后，对债务人享有追偿权。”① 在债务人自己提供物的担保的情况下，债权人首先就该物的担保实现债权，可以避免保证人和其他物上保证人日后再向债务人求偿，减少权利实现的成本和费用，②“而且，在债务人自己提供物的担保的情况下，要求保证人先承担保证责任，对保证人也是不公平的。”③

本书作者认为这一规则并不合理。(1) 债权人设置复数担保的目的除了尽可能地保障债权的安全之外，还在于在担保权可得实现之时能够参酌具体情势确保债权最经济有效地实现其债权，无论从哪个视角，其出发点均在保护债权人的利益。④ 如债权人经向保证人主张保证债权即可实现其权利，自无不许之理。此时法律限制债权人的选择权，强行介入本不涉及公益的事项，违背了债权人设置复数担保的目的。(2) 信贷实践中保证方式绝大多数为连带责任保证，在此之下，保证人与债务人几乎处于同一地位，保证人对于债务人并不得主张先诉抗辩权，此结论并不因债务人提供了物的担保而发生改变。否则，将会压缩连带责任保证的制度空间，⑤ 造成保证规则内部的评价冲突。至于保证方式为一般保证的情形，并不需要通过限制债权人的选择权来达到保证人对于债权人的顺序利益，因为，如债权人选择先向保证人主张保证债权，保证人自可主张其本可行使的先诉抗辩权，要求债权人先向债务人主张债权。此际，一般保证之下的保证人的顺序利益仅仅指向债务人，而非其他担保人。(3) 连带责任保证的制度安排“本就抛弃了必须先从负担终局责任的债务人处实现债权的道德感情”，⑥ 其本身就意味着日后追偿带来的成本和费用的增加。同时，在担保财产的价值低于担保债权数额、保

---

① 曹士兵：《中国担保制度与担保方法》，中国法制出版社 2015 年版，第 63 页。

② 参见全国人大常委会法制工作委员会民法室：《〈中华人民共和国物权法〉条文说明、立法理由及相关规定》（第二版），北京大学出版社 2017 年版，第 356 页。

③ 全国人大常委会法制工作委员会民法室：《中华人民共和国物权法释义》，法律出版社 2007 年版，第 380 页。

④ 参见耿林：《比较法视野下的混合共同担保》，载《江汉论坛》2017 年第 6 期。

⑤ 参见孙鹏、王勤劳、范雪飞：《担保物权法原理》，中国人民大学出版社 2009 年版，第 75 页。

⑥ 参见孙鹏、王勤劳、范雪飞：《担保物权法原理》，中国人民大学出版社 2009 年版，第 75 页。

证人责任财产充盈的情形之下，如不限制债权人的选择权，债权人直接向保证人行使保证债权，保证人此后再向债务人求偿，比起限制债权人的选择权，债权人先向债务人行使担保物权，再向保证人行使保证债权，保证人此后再向债务人求偿，权利实现的成本和费用显以前者为低。由此可见，从成本考量的角度，尚不足以得出限制债权人选择权的结论。[①] 由此，本书作者主张，对同一债权既有人的担保又有物的担保时，保证人与物上保证人之间不存在顺序利益，除非当事人另有约定。

本书作者认为，我国《物权法》区分上述两种情形并进而主张第一种情形下应限制债权人的选择权，其合理性值得怀疑。（1）就连带保证而言，保证人与主债务人几乎处于同一地位，此际，保证并不具有补充性，在保证债务清偿问题上，法律无特别惠顾保证人的必要。同一债权既有保证又有债务人提供的物的担保，债务人不履行主债务时，债权人可基于其判断，选择向保证人或物上保证人主张权利，此时法律限制债权人的选择权，强行介入本不涉及公益的事项，其制度设计值得检讨。（2）就成本考量而言，债权人如选择向保证人主张权利，保证人承担责任后再向债务人追偿，是否一定会增加社会成本？如债权人选择向保证人主张保证债权能完全满足其债权，选择向物上保证人（债务人）主张担保物权并不能完全满足其债权，此时，如限制债权人的选择权，则债权人只能先向物上保证人主张担保物权，其不足部分再向保证人主张保证债权，保证人承担责任后再向债务人求偿；如不限制债权人的选择权，则债权人可选择向保证人主张保证债权，保证人承担责任后，再向债务人求偿。就两者之间的成本比较，显以后者为低。由此可见，从成本考量的角度，尚不足以得出限制债权人选择权的结论。

由此，本书作者主张，对同一债权既有人的担保又有物的担保时，不区分具体情形，统一采取“物的担保责任与人的担保责任平等说”。

（二）保证人对于物上保证人是否享有顺序利益

《担保法》第二十八条第一款规定：“同一债权既有保证又有物的担保的，保证人对物的担保以外的债权承担保证责任。”依据此规定，保证人对提供物的担保的债务人及物上保证人均享有顺序利益，债权人应首先就物的担保主张权利。在《物权法》第一百七十六条的文义之下，除非另有约定，保证人对于物上保证人并无顺序利益。

因此，就保证人与物上保证人之间的顺序关系，担保法与物权法之间的规定不尽相同，裁判实践对《担保法》第二十八条第一款与《物权法》第一百七十六条之间存在不同的适用路径：

---

① 参见高圣平：《混合共同担保之研究——以我国〈物权法〉第176条为分析对象》，载《法律科学》2008年第2期。

第一种路径是直接适用《担保法》第二十八条第一款，所得出的结论是债权人应首先向物上保证人主张权利，保证人只在担保物不能清偿的债权余额范围内承担保证责任。例如在“四川泰森融资担保有限公司与四川慧能有色金属股份有限公司、李世全等追偿权纠纷上诉案”① 中，一审法院认为：

本案中，既有物的担保又有人的担保，为此，依照《担保法》第二十八条第一款“同一债权既有保证又有物的担保的，保证人对物的担保以外的债权承担保证责任”之规定，泰森公司在慧能公司未清偿或未完全清偿本金、利息的情况下，首先对李世全持有慧能公司22%的股权转让金享有优先受偿的权利。其次，质押的股权转让金不能清偿或不足以清偿其债权时，沙明军对债务人慧能公司所负债务承担连带清偿责任。

第二种路径是同时适用《担保法》第二十八条第一款及《物权法》第一百七十六条，法院认为后者与前者同样采取了保证人绝对优待主义，其相应裁判结果是保证人对物上保证人享有顺序利益，例如在“河南鑫鹏金属制品有限公司、曹新升与河南恒丰钢缆有限公司追偿权纠纷上诉案”② 中，二审法院认为：

本案中对同一债权保证担保与物的担保并存。本案各方当事人在“借款协议”中对物的担保与人的保证实现债权时的顺序未进行约定。而《担保法》第二十八条第一款规定“同一债权既有保证又有物的担保的，保证人对物的担保以外的债权承担保证责任”；《物权法》第一百七十六条规定了在保证和物的担保并存情形下担保权实现规则，该条规定对合同中约定了担保人承担责任的顺序时，采取尊重当事人的意思自治原则；对合同中担保人承担责任的顺序没有约定或约定不明时，采取保证人绝对优待主义，绝对限制债权人的选择权，债权人只能先行使担保物权以受偿债权，而后在不能完全受偿的余额范围内再向保证人主张，即保证人仅对物的担保以外的债权额承担保证责任。

在“中国农业发展银行乾安县支行与江苏索普（集团）有限公司、上海儒仕实业有限公司保证合同纠纷上诉案”③ 中，最高人民法院为保证人相对于物上保证人的顺序利益所作的进一步解释为：

《物权法》第一百七十六条之规定：“被担保的债权既有物的担保又有人的担保的，债务人不履行到期债务或者发生当事人约定的实现担保物权的情形，债权人应当按照约定实现债权；没有约定或者约定不明确，债务人自己提供物的担保的，债权人应当先就该物的担保实现债权；第三人提供物的担保的，债权人可以就物的担保实现债权，也可以要求保证人承担保证责任。提供担保的第三人承担

① 四川省高级人民法院（2015）川民终字第972号民事判决书。

② 河南省高级人民法院（2013）豫法民二终字第156号民事判决书。

③ 最高人民法院（2016）最高法民终40号民事判决书。

担保责任后，有权向债务人追偿。”《担保法》第二十八条规定：“同一债权既有保证又有物的担保的。保证人对物的担保以外的债权承担保证责任。债权人放弃物的担保的，保证人在债权人放弃权利的范围内免除保证责任。”比照《物权法》与《担保法》以上条文的规定，《物权法》显然对《担保法》物保绝对优先的原则进行了修正，但这并不意味着《物权法》即抛弃了物保相对优先的基本精神。正确理解该条文，显然是就同一债权并存物保与人保时如何实现担保权利所作的规定，显然在《担保法》物权绝对优先原则的基础上，融合了意思自治的法律权衡，以满足更加丰富的现实需求。

第三种适用路径是直接以《物权法》第一百七十六条为依据，但裁判者仍认为《物权法》第一百七十六条赋予了保证人相对于物上保证人的顺序利益。在“中国长城资产管理公司贵阳办事处与六枝特区佳顺焦化有限公司、贵州路鑫喜义工矿股份有限公司等债权转让合同纠纷、保证合同纠纷上诉案”[①] 中，债权人的债权即有债务人所提供的的物保，又有物上保证人提供的物保及第三人提供的保证，就债权人主张权利的顺序，二审法院认为：

本院认为，合同中上述条款所约定的关于“乙方在本合同项下的担保责任均不因此减免，贵阳长城公司可直接要求债务人及各担保人依照本合同约定在其担保范围内承担担保责任的约定”不能认定为是对本案担保债权实现顺序的约定，无法推导出贵阳长城公司对此担保债权的实现顺序享有选择权。根据《物权法》第一百七十六条“被担保的债权既有物的担保又有人的担保的，债务人不履行到期债务或者发生当事人约定的实现担保物权的情形，债权人应当按照约定实现债权；没有约定或者约定不明确，债务人自己提供物的担保的，债权人应当先就该物的担保实现债权；第三人提供物的担保的，债权人可以就物的担保实现债权，也可以要求保证人承担保证责任。提供担保的第三人承担担保责任后，有权向债务人追偿”之规定，应认定本案当事人签订的《抵押合同》《质押合同》《连带保证合同》未明确约定实现担保权的顺序的情况下，根据《物权法》的上述规定，债权人贵阳长城公司应以六枝佳顺公司（债务人）提供的抵押物在拍卖、变卖后所得价款实现债权并优先受偿；不足部分再以源鑫洗煤公司、溢鑫科技公司、路鑫矿业公司（物上保证人）提供的抵押物以及山西路鑫公司、张泽斌（物上保证人）提供的质押物在拍卖、变卖后所得价款继续实现债权且优先受偿；如仍不足以完全实现债权时，山西路鑫公司、张泽斌、郑一群、朱其诚、王荣荣才对不足部分承担连带保证责任。源鑫洗煤公司、溢鑫科技公司、路鑫矿业公司、山西路鑫公司、张泽斌、郑一群、朱其诚、王荣荣在承担保证责任后，有权向债务人六枝佳顺公司、贵州路鑫公司、贵州长城酒店追偿。

---

① 最高人民法院（2015）民二终字第 280 号民事判决书。

这一判决承认了保证人对于物上保证人的顺序利益，较为明显地受到了物权法释义书的影响。就同一债权并存债务人自己提供的物的担保、第三人提供的物的担保、第三人提供的人的担保（保证）时，债权人实现债权的顺序，全国人大常委会法制工作委员会民法室编著的《中华人民共和国物权法释义》写道："实践中，对同一债权，还可能出现债务人和第三人均提供了物的担保，还有第三人提供人的担保的情形。在此种情况下，是否要求债权人先行使债务人的物的担保？经研究，我们认为，无论是从公平角度，还是从日后追索权的繁琐，节约成本的角度，债权人应当先行使债务人提供的物的担保，否则保证人可以有抗辩权。"① 这里并未以当事人之间没有约定或约定不明确为前提。就上引物权法释义书的表述而言，虽然该段的表述并未以当事人之间未就债权实现的顺序作出约定为前提，但结合《物权法》第一百七十六条前段的文义及释义书的上下文，可以认为：如当事人之间已就债权人实现债权的顺序作出约定的情形下，物权法释义书该段自无参考价值。

第四种适用路径是目前的裁判实践中的主流路径，法院直接以《物权法》第一百七十六条为依据，而其裁判观点是在没有约定或约定不明时，保证人只对提供物保的债务人享有顺序利益，但其与物上保证人之间居于平等地位，债权人可自由选择是首先向保证人还是物上保证人主张顺序利益。例如在"重庆银行股份有限公司贵阳分行与贵州鑫贵成矿业有限公司、李杰等金融借款合同纠纷上诉案"② 中，最高人民法院认为：

关于担保权的实现顺位问题。根据《物权法》第一百七十六条"被担保的债权既有物的担保又有人的担保的，债务人不履行到期债务或者发生当事人约定的实现担保物权的情形，债权人应当按照约定实现债权；没有约定或者约定不明确，债务人自己提供物的担保的，债权人应当先就该物的担保实现债权；第三人提供物的担保的，债权人可以就物的担保实现债权，也可以要求保证人承担保证责任。提供担保的第三人承担担保责任后，有权向债务人追偿"的规定，当债务人提供物的担保和保证人保证并存时，债权人应当首先就该物的担保实现债权，当第三人提供物的担保和保证人保证并存时，则没有实现顺位的限制。本案中，

---

① 胡康生主编：《中华人民共和国物权法释义》，法律出版社 2007 年版，第 381 页。

② 最高人民法院（2015）民二终字第 306 号民事判决书。类似观点可参见"成都银行股份有限公司锦江支行与四川师大锦程教育投资有限公司、四川锦瑞鸿程投资管理有限公司等金融借款、担保合同纠纷案"［四川省高级人民法院（2015）川民初字第 44 号民事判决书］、"湖北仙桃农村商业银行股份有限公司与湖北天韵置业有限公司等金融借款合同纠纷上诉案"［湖北省高级人民法院（2016）鄂民终 1368 号民事判决书］、"北京银行股份有限公司南昌分行与施志诚、景德镇市人杰经贸有限公司等借款合同纠纷上诉案"［江西省高级人民法院（2015）赣民二终字第 78 号民事判决书］、"重庆银行股份有限公司贵阳分行与贵州鑫贵成矿业有限公司、贵州天泰能源开发有限公司威宁县锅泥沟煤矿等金融借款合同纠纷案"［贵州省高级人民法院（2013）黔高民商初字第 5 号民事判决书］。

既有保证人提供的连带责任保证，又有第三人提供的股权质权担保，重庆银行贵阳分行既可以要求保证人承担保证责任，也可以要求对质权行使优先受偿权。

本书作者认为，上述裁判中就保证人和物上保证人之间顺序利益上的分歧，涉及对《担保法》第二十八条和《物权法》第一百七十六条之间关系的把握。《物权法》第一百七十八条就《担保法》和《物权法》之间的关系已经做了安排，《担保法》中担保物权的规定几乎全部废止。[①] 解释论上的通说认为，《物权法》第一百七十六条已经彻底摒弃了《担保法》第二十八条关于物的担保绝对优先的安排，改采人的担保责任与物的担保责任平等说。[②] 依《物权法》第一百七十八条之规定，在《物权法》实施之后，《担保法》第二十八条自无适用空间。准此，在就债权的实现未作约定或约定不明确的情形之下，债权人应先就债务人自己提供的物的担保实现债权，就其未受清偿的部分，债权人既可以向物上保证人主张权利，也可以向保证人主张权利。此时物上保证人与保证人处于平等地位，都不是最终的债务承担者，债权人无论是先实现物的担保还是先实现人的担保，物上保证人或者保证人都存在向债务人求偿的问题。为保障债权人的债权得以充分实现，法律应当尊重债权人的意愿，允许债权人在这种情况下享有选择权。[③]

（三）保证方式在人保与物保并存时责任承担中的意义

我国《担保法》将保证方式区分为一般保证和连带责任保证，其中，一般保证人享有先诉抗辩权（或称检索抗辩权），担保权人非就主债务人的责任财产强制执行，不得向一般保证人主张保证债权。[④] 在人保与第三人提供的物保并存的情形下，我国《物权法》第一百七十六条规定，在当事人之间没有特别约定时，担保权人有选择向保证人和物上保证人主张担保权利的自由。有学者认为，这一规则“非常粗略地忽视了一般保证下保证人的先诉抗辩权，违背了保证责任的补充性与独立性立法原理”，“应体现一般保证人的先诉抗辩权及担保债务的补充性”，[⑤] “若人的担保属于一般保证，且保证人行使先诉抗辩权，则其结果仍然是

---

① 参见孙宪忠：《中国物权法总论》，法律出版社2014年版，第163页以下；高圣平：《动产抵押登记的法理——以〈动产抵押登记办法〉的修改为中心》，载《法学》2016年第2期。

② 参见王利明：《物权法研究（下卷）》，中国人民大学出版社2016年版，第1112页；崔建远：《物权：规范与学说——以中国物权法的解释论为中心》，清华大学出版社2011年版，第750页；孙鹏、王勤劳、范雪飞：《担保物权法原理》，中国人民大学出版社2009年版，第74页；程啸：《混合共同担保中担保人的追偿权与代位权》，载《政治与法律》2014年第6期；高圣平：《担保法论》，法律出版社2009年版，第74页。

③ 参见胡康生主编：《中华人民共和国物权法释义》，法律出版社2007年版，第380～381页。

④ 参见《担保法》第十七条。

⑤ 徐磊：《同一债权上保证与物的担保并存之法律分析——兼评〈担保法〉第二十八条与〈担保法解释〉第38条及〈物权法〉第176条》，载《法学杂志》2008年第3期。

物的担保优先”，[①] 并建议增加一般保证与物上保证并存时债权人同时主张保证责任和物上保证责任的前提条件，即“保证人承担一般保证责任的，债权人未先行向债务人请求实现债权，在主合同纠纷未经审判或者仲裁，并就债务人财产依法强制执行仍不能履行债务前，债权人不得同时要求就物的担保实现债权和要求保证人承担保证责任。”[②]

本书作者以为，债权人的选择权与保证人的先诉抗辩权是不同层次的两个问题。债权人选择权所欲解决的是，在人保与第三人提供的物保并存时，债权人向谁主张担保责任的问题，反映的是保证人与物上保证人之间的关系；而保证人的先诉抗辩权是出现于债权人向一般保证人主张保证责任时保证人行使其请求债权人先向主债务人主张权利的情形，反映的是保证人与主债务人之间的关系。保证债务仅对于主债务具有补充性，对物上保证并不存在所谓补充性，[③] 因此，在债权人主张保证债权时，保证人仅得主张债权人先就主债务人的责任财产主张权利，而不得主张债权人先就第三人所提供的物上保证行使其担保物权。准此，在人保与第三人提供的物保并存时，规则的设计无须考虑保证人承担保证责任的方式，债权人的选择权与保证人的抗辩权之间不生抵牾。在第三人提供的一般保证和第三人提供的物保并存的情况之下，如无特别约定，债权人自得选择向保证人或物上保证人主张权利，当其向保证人主张保证债权时，先诉抗辩权并未抛弃或消灭的，保证人自得行使先诉抗辩权，要求债权人先就主债务人的责任财产主张权利。但此时仅构成主债务人的责任财产优先，并不构成物的担保优先。

但应注意的是，在第三人提供的一般保证和第三人提供的物保并存时，债权人选择权虽然不能对抗保证人的先诉抗辩权，但基于保证人行使先诉抗辩权对债权人权利实现的影响，债权人不得不先向没有先诉抗辩权的物上保证人主张权利。[④] 但是，这并不足以使得人保与物保并存时的责任承担规则就此作出强行安排，干预当事人之间的行为自由。更何况，从我国各商业银行公布的示范借款担保合同文本来看，几无约定保证人承担一般保证责任的情形，此际，不考虑保证人承担保证责任的方式，不会造成对一般保证人权利保护的失衡。因此，在无相反安排的情况下，保证人与物上保证人对担保债务负连带负责，债权人的选择权并不因保证方式之不同而受到限制。就此而言，《物权法》第一百七十六条对“人的担保”不加区分，不考虑一般保证的特殊情形，并无不妥。

---

① 王保民：《〈物权法〉第一百七十六条适用中的三个重要问题》，载《社科纵横》2009 年第 6 期。

② 郭振兰：《物之担保和人之担保并存时责任效力规则的反思与重构》，载《南京社会科学》2013 年第 6 期。

③ 参见史尚宽：《债法各论》，中国政法大学出版社 2000 年版，第 911 页。

④ 参见孙毅：《混合共同担保法律问题之思考》，载《月旦民商法》2009 年第 24 期。

五、混合共同担保中担保人的免责：债权人放弃其他担保权

依《物权法》第一百九十四条第二款和第二百一十八条之规定，其他担保人的免责条件是："债务人以自己的财产设定抵押或出质"；"抵押权人放弃该抵押权、抵押权顺位或者变更抵押权"或"质权人放弃该质权"。但这一规则如何解释适用仍存疑问。

（一）《物权法》相关规定的体系解释

相较《担保法》第二十八条第二款"债权人放弃物的担保的，保证人在债权人放弃权利的范围内免除保证责任"的规定，《物权法》第一百九十四条第二款和第二百一十八条增加了"债务人以自己的财产设定抵押""债务人以自己的财产出质"等限定条件。其主要原因在于，《物权法》第一百七十六条改变了《担保法》第二十八条第一款"同一债权既有保证又有物的担保的，保证人对物的担保以外的债权承担保证责任"的理论基础，主张人的担保与物的担保平等，同时不承认保证人与物上保证人之间的内部求偿关系，债权人放弃对某一担保人的担保权，对其他担保人不发生影响。但在债务人自己提供的物的担保时，如当事人之间没有相反约定，债权人应先就该物的担保实现债权，其他担保人享有顺序利益，仅对不能通过该物的担保获得清偿的债权承担担保责任。由此，《物权法》第一百九十四条第二款和第二百一十八条明确，只有在债务人以自己的财产设定物的担保，债权人放弃该物的担保的，其他担保人在债权人丧失优先受偿权益的范围内免除担保责任。至于以第三人的财产设定物的担保，即使债权人放弃该物的担保，对其他担保人承担担保责任亦不产生影响，不管债权人是否放弃该物的担保，其他担保权人均应依债权人的请求承担约定的担保责任。

由《物权法》第一百七十六条与第一百九十四条第二款、第二百一十八条的体系解释可知，仅有在债权人先应就债务人提供的物的担保实现债权的情形下，债权人放弃该物的担保才会引发第一百九十四条第二款的适用，因为此时其他担保人享有顺序利益。准此，即使有债务人自己提供的物的担保，但当事人之间已就人的担保与物的担保之间的关系另有约定，保证人已经放弃其顺序利益的，也无该款适用的空间。"上述有关抵押权人放弃抵押权使得其他担保人相应免除责任的规定，仅在抵押权人和其他担保人之间没有相反约定的情形下，才具有适用价值。"① 裁判实践中即有观点认为，在各担保人之间不存在顺序利益的情形下，"债权人对（抵押人）提供的房产抵押物45%份额的放弃不影响（保证人）在本

① 邹海林：《抵押权》，载王利明主编：《物权法名家讲坛》，中国人民大学出版社2008年版，第297页。

案中应承担的保证责任。”[①]

值得注意的是，《担保法解释》第三十八条第三款规定：“债权人在主合同履行期届满后怠于行使担保物权，致使担保物的价值减少或者毁损、灭失的，视为债权人放弃部分或者全部物的担保。保证人在债权人放弃权利的范围内减轻或者免除保证责任。”该款是对《担保法》第二十八条第二款关于“债权人放弃物的担保的，保证人在债权人放弃权利的范围内免除保证责任”规定的解释。[②]《担保法司法解释》第三十八条规定的是人的担保与物的担保并存时的相关规则，该条承认保证人与物上保证人地位平等，同时承认保证人与物上保证人内部存在求偿关系。债权人放弃部分或者全部物的担保，会危及其他担保人求偿权的行使。[③]基于此，其他担保人在债权人放弃权利的范围内可以减轻或者免除保证责任。但《物权法》已经改变了相应的法理基础，《担保法解释》第三十八条第三款自无适用空间，该款的规定“需要目的性限缩，将第三人提供物的担保排除在外”。[④]《物权法》在此没有形成立法漏洞，无须借助《担保法司法解释》的规定加以补充。[⑤]

由此可见，如否定担保人之间的内部求偿权，在《物权法》第一百九十四条

---

① “浙江省浙商资产管理有限公司与何光桂金融不良债权追偿纠纷再审案”［浙江省高级人民法院（2016）浙民申2234号民事裁定书］。

② 《担保法解释》第三十八条对于同一债权既有人的担保又有第三人提供的物的担保的，改采“物的担保责任与人的担保责任平等说”，其第一款规定，保证人与物上保证人应分担担保责任，但其第三款中规定：“保证人在债权人放弃权利的范围内减轻或者免除保证责任”，与第一款相互矛盾。该条第三款的规定实际上是对《担保法》第二十八条第二款的补充解释，而《担保法》第二十八条第二款的前提是“物的担保责任绝对优先说”，亦即物的担保责任优先，人的担保责任仅具有补充性，债权人放弃多少物的担保，保证人即免责多少。《担保法解释》“第一款确定的比例责任，在第三款中又变成了非比例责任，即保证责任在等额范围内消灭，而不是在相应比例额度内消灭，前后矛盾显而易见。”《担保法解释》第三十八条改变（或限缩解释）了《担保法》第二十八条第一款，但却保留其第二款，彼此之间的矛盾无法在条文内化解，不能不说是一种遗憾。参见高圣平：《担保法论》，法律出版社2009年版，第74页；黄喆：《保证与物的担保并存时法律规则之探讨——以〈物权法〉第176条的规定为中心》，载《南京大学学报（哲学·人文科学·社会科学）》2010年第3期。

③ 也有学者从保证人清偿代位的法理出发，认为，债权人放弃物的担保时，无论该物的担保由债务人或者 物上保证人设立，都必将使保证人的代位权受到妨害，因为保证人所代位取得的，将是无物的担保的债权或者担保力被削弱的债权。参见孙鹏、王勤劳、范雪飞：《担保物权法原理》，中国人民大学出版社2009年版，第76页。相同观点参见程啸：《保证与担保物权并存之研究》，载《法学家》2005年第6期。这些讨论均以保证人与物上保证人之间存在内部求偿关系为前提。

④ 崔建远：《物权：规范与学说——以中国物权法的解释论为中心》，清华大学出版社2011年版，第752页。有判决对此已采目的性限缩解释：“该担保法解释第38条的适用前提是同一债权既有第三人的保证又有第三人提供物的担保的。”河南省洛阳市栾川县人民法院（2012）栾城民初字第243号民事判决书。

⑤ 参见黄喆：《保证与物的担保并存时法律规则之探讨——以〈物权法〉第176条的规定为中心》，载《南京大学学报（哲学·人文科学·社会科学）》2010年第3期。

第二款仅承认其他担保人具有顺序利益的前提下，债权人放弃先顺位担保权的，其他担保人在该债权人丧失优先受偿权益的范围内免除担保责任，该款不得被扩大适用于债权人放弃所有担保权的情形。裁判实践中即有观点认为，在担保人之间没有顺序利益的情况下，债权人放弃对抵押人的抵押权，并已办理抵押权注销登记，“（债权人）依据其与（保证人）签署的《保证反担保合同》要求（保证人）承担担保责任符合法律规定。”① “债权人对案外人（物上保证人）提供的房产抵押物45%份额的放弃不影响（保证人）在本案中应承担的保证责任。”② “因（保证人）已承诺在债权人放弃其他担保物权或变更其他担保物权的顺位或内容时仍然提供担保，故（债权人）虽在本案中撤回了对（债务人）的起诉，（保证人）的担保责任并不因此免除或者减轻。”③ 但《物权法》第一百七十六条既已采取人的担保责任与物的担保责任平等的立法模式，如否定保证人与物上保证人之间的内部求偿权，又将债权人放弃物的担保所生其他担保人免责后果限缩于债务人提供的物的担保，使得该条前后自相矛盾，破坏了理论整体统一性。④

在保证人与物上保证人之间存在求偿关系的情况之下，如债权人放弃物的担保，物上保证人此时已非该同一债务的担保人，保证人的求偿权自不得向其行使，如此将最终影响到各担保人承担担保责任份额的分担；在承认担保人代位权的情形下，保证人承担保证责任之后代位取得的，将是“无物的担保的债权或者担保力被削弱的债权”，保证人的利益状态大大恶化，其求偿权甚至可能化为泡影。⑤ 此际，保证人在物上保证人应分担责任的限度内免除担保责任，因为保证人只在该限度内才因债权人放弃物的担保的行为而受有损害，如保证人因债权人的放弃行为而可免除超过该限度的担保责任，则其显然受有超额的利益。如债权人放弃人的担保，物上保证人在保证人应分担责任的限度内也免除担保责任，理由同上。在债务人自己提供的物的担保的情形，如当事人没有相反约定，保证人享有顺序利益，债权人应先就该物的担保实现债权，如债权人放弃该物的担保，保证人的顺序利益即受侵犯，自得在债权人丧失优先受偿权益的范围内免除保证责任。由此可见，《物权法》第一百九十四条第二款关于“债务人以自己的财产设定抵押，抵押权人放弃该抵押权……的，其他担保人在抵押权人丧失优先受偿

---

① “云南兴融股权投资基金管理有限公司与昆明宝树飞腾汽车贸易有限公司、曾琦被上诉人追偿权纠纷上诉案”［云南省高级人民法院（2016）云民终520号民事判决书］。

② “浙江省浙商资产管理有限公司与何光桂金融不良债权追偿纠纷再审案”［浙江省高级人民法院（2016）浙民申2235号民事裁定书］。

③ “中国民生银行股份有限公司武汉分行与武汉市金石物资有限责任公司、湖北宏鑫工贸有限公司等金融借款合同纠纷上诉案”［湖北省高级人民法院（2016）鄂民终978号民事判决书］。

④ 参见孙毅：《混合共同担保法律问题之思考》，载《月旦民商法》2009年第6期。

⑤ 参见孙鹏、王勤劳、范雪飞：《担保物权法原理》，中国人民大学出版社2009年版，第76页。

权益的范围内免除担保责任”的规定，以不承认担保人之间的求偿关系为前提，应作目的性扩张，将物上保证人提供的担保也包括在内。同时，债权权人放弃物上保证人提供的物的担保时，其他担保人仅在该物上保证人应分担的份额范围内免除其保证责任。

综上，在人的担保责任与物的担保责任平等说之下，担保人的责任顺序是否相同，其他担保人在债权人放弃某一担保时的免责范围也不相同。担保人的责任顺序相同时，如其中一人或数人承担担保责任，致其他人的担保责任亦因而消灭时，承担担保责任的担保人可以向其他担保人请求偿还其应分担的部分，如债权人放弃其中某一担保，其他担保人则在“债权人放弃的担保权利所应分担的数额”范围内免责。担保人的责任顺序不同时，责任顺序在后的担保人可以主张类似先诉抗辩权的权利，仅得在责任顺序在先的担保人承担担保责任之后才承担补充的担保责任。如此，责任顺序在先的担保人承担担保责任之后对责任顺序在后者并不享有求偿权。如债权人放弃责任顺序在先的担保，责任顺序在后的担保人则在“债权人放弃的担保权利的限度”范围内免责。

（二）放弃物的担保的认定

就债权人放弃人的担保，只需以意思表示向保证人为之，即生效力。我国法上所谓“债权人放弃担保物权”，是担保物权的消灭原因之一。[①] 既然债权人放弃担保物权有使担保物权消灭的法律效果，即涉及物权变动。依我国《物权法》第九条第一款关于“不动产物权的设立、变更、转让和消灭，经依法登记，发生效力；未经登记，不发生效力，但法律另有规定的除外”的规定，放弃不动产抵押权，不仅需要以意思表示向抵押人为之，尚须办理注销登记，始生消灭抵押权的效力。[②] 而经登记而取得对抗效力的动产抵押权的放弃，亦须登记，始生对抗第三人的效力。“抵押权人的放弃而导致的消灭，如果不登记就无法对抗第三人。”[③] 参与物权立法的专家同时认为：“抵押权人不行使抵押权或者怠于行使抵押权的，不得推定抵押权人放弃抵押权。”[④] 如在“徐州联兴担保有限公司与徐州市铜山区刘集镇棉布村村民委员会执行异议之诉纠纷上诉案”[⑤] 中，二审法院认为：

本案之所以出现目前的争议，在于执行法院未严格依据判决内容以抵押物优

---

① 《物权法》第一百七十七条第三项。

② 参见高圣平：《担保法论》，法律出版社 2009 年版，第 75 页。

③ ［日］我妻荣：《新订担保物权法》，申政武、封涛、郑芙蓉译，中国法制出版社 2008 年版，第 383 页。本论断基于日本法上就基于法律行为的物权变动采取登记（公示）对抗主义而展开，对于我国采行登记对抗主义的动产抵押权亦具说明价值。

④ 全国人大常委会法制工作委员会民法室编：《〈中华人民共和国物权法〉条文说明、立法理由及相关规定》（第二版），北京大学出版社 2017 年版，第 355 页。

⑤ 江苏省高级人民法院（2015）苏商终字第 00668 号民事判决书。

先偿还主债权，而是直接扣划担保人联兴公司的钱款以优先实现债权，致联兴公司的权利处于危险状态。但由于联兴公司认为其追偿权仍当然有抵押权保障，故对该执行行为未提异议也在情理之中，但从其主张来看，其并真正放弃抵押权和优先抵押权。虽然联兴公司在一定的条件下有放弃抵押权的意思表示，但其放弃后并未办理抵押权登记注销手续，因此，该放弃仅在相对人之间具有合同效力，物权效力尚未发生，作为棉布村委会而言，其在申请查封时，是知晓该查封标的上有丰县信用社、联兴公司的抵押权存在，故该标的用于实现联兴公司的债权，并未超出棉布村委会申请查封时的心理预期，对其利益也并未造成新的损害。

抵押权已办理注销登记，发生消灭抵押权的效力，应认定债权人放弃抵押权。如在“刘正根与中国银行股份有限公司溧水支行、南京市溧水区房地产管理所财产损害赔偿纠纷上诉案”① 中，二审法院认为：

徐忠将其购买的案涉房产抵押给中行溧水支行后，在贷款未还清的情况下，房地产抵押合同及房屋他项权证于 2005 年 6 月 3 日被注销，该注销行为是引起系列纠纷的根本原因。在该注销行为中，徐忠作为抵押人，其持他项权证和伪造的注销申请表办理注销手续，应当承担主要责任。溧水房管所及中行溧水支行作为办证单位和权利人，其行为亦存在过错。理由如下：首先，溧水房管所作为办证单位，应当将他项权证向权利人中行溧水支行交付。溧水房管所未能举证证明其已向中行溧水支行交付他项权证，应推定其行为存在过错。关于刘正根提出溧水房管所在徐忠申请注销过程中未尽审查义务，故而存在过错的主张，本院认为，溧水房管所作为行政机关，其在办理相关手续时仅能尽形式审查的义务。徐忠所伪造的印章及签字与中行溧水支行的印章并无显著差异，故刘正根据此称溧水房管所存在过错缺乏依据。其次，中行溧水支行作为抵押权人，应当及时主张权利并正确行使权利。中行溧水支行虽称溧水房管所未向其交付房屋他项权证，但其也未能举证证明从贷款合同签订至抵押合同和房屋他项权证被注销一年余的时间内，曾向溧水房管所要求交付他项权证。作为抵押权人，中行溧水支行放任房屋他项权证的流失，且其放任权利的行为客观上给徐忠的恶意注销提供了可能，故而也存在过错。综上，本院认为，案涉抵押合同与房屋他项权证被徐忠注销，中行溧水支行与溧水房管所均存在过错。

两个以上保证人对同一债务同时或者分别提供保证时，各保证人与债权人没有约定份额的，应当认定为连带共同保证。债权人可以要求任何一个保证人承担全部保证责任。连带共同保证的保证人承担保证责任后，向债务人不能追偿的部分，由各连带保证人按其内部约定的比例分担。没有约定的，平均分担。本案中，绿园公司、刘正根、刘宣军均对徐忠的债务提供了保证，且未约定保证的份

① 江苏省南京市中级人民法院（2013）宁商终字第 774 号民事判决书。

额，故构成连带共同保证。绿园公司作为保证人之一，在承担了保证责任后，向债务人徐忠不能追偿的部分，因各保证人未约定比例，应由绿园公司、刘正根、刘宣军平均分担。在绿园公司诉徐忠、刘正根、刘宣军担保追偿权纠纷的361号案件中，各方虽最终达成调解协议，但该调解协议所约定的刘正根的义务系其应承担的分担责任，并未扩大刘正根的损失，故中行溧水支行、溧水房管所关于刘正根的损失系其与绿园公司调解所造成的抗辩意见不能成立。根据法律规定，保证人在承担保证责任后，有权向债务人追偿。刘正根作为保证人，其承担保证责任后，有权向主债务人徐忠追偿。但案涉抵押权在中行溧水支行的债权尚未得到清偿时已被注销，该财产被再次抵押，并历经执行程序，目前已无财产可供追偿，导致刘正根已无法实现其追偿权，损失已经实际发生，该损失与中行溧水支行及溧水房管所的侵权行为之间存在因果关系。中行溧水支行、溧水房管所关于刘正根仍可向徐忠追偿、其损失与注销行为之间没有因果关系的抗辩意见不能成立，本院不予采纳。

若担保物权人直接注销担保物权登记或返还担保财产，此种情形自可视为担保物权人放弃担保。保证金质权作为一种特殊的动产质权，以占有为公示方法。如债权人在承兑汇票未到期前，同意出质人提前支取保证金，应认为其主动放弃了质押担保。如在“中国农业银行乌鲁木齐市青年路支行与新疆大湾房产（集团）有限公司、乌鲁木齐高频钢管厂借款担保合同纠纷再审案”① 中，最高人民法院认为：

虽然《银行承兑汇票契约》中约定高频钢管厂未付清票款前，保证金不得挪用，但农行青年路支行根据高频钢管厂的申请，将300万元保证金提前退还，仅是双方在履行承兑汇票契约时达成的一种合意行为，并不能得出承兑汇票已经履行完毕的结论，更不能否定高频钢管厂此后偿还1000万元承兑汇票款的事实，故二审判决的上述认定没有事实和法律依据。本院《担保法解释》第八十五条规定：“债务人或者第三人将其金钱以特户、封金、保证金等形式特定化后，移交债权人占有作为债权的担保，债务人不履行债务时，债权人可以以该金钱优先受偿”，保证金、封金等可以成立金钱质押，故本案承兑汇票保证金的性质是金钱质押。农行青年路支行在承兑汇票未到期前，同意高频钢管厂提前支取保证金，该行为应认为是其主动放弃了质押担保，根据《担保法》第二十八条第二款“债权人放弃物的担保的，保证人在债权人放弃权利的范围内免除保证责任”的规定，大湾房产公司应当在农行青年路支行放弃物的担保范围内免除保证责任。本院《担保法解释》第三十九条规定：“主合同当事人双方协议以新贷偿还旧贷，除保证人知道或者应当知道的外，保证人不承担民事责任。新贷与旧贷系同一保

① 最高人民法院（2009）民提字第97号民事判决书。

证人的，不适用前款的规定”，大湾房产公司为高频钢管厂的新旧贷款提供了担保，其对本案所涉债务应当承担担保责任。但是，由于前述大湾房产公司存在300万元部分免责情形，故其应当对高频钢管厂本案所涉债务承担700万元本金及利息的担保责任。

提单质权作为一种权利质权，以占有提单为公示方法。如债权人提单交还出质人，由其行使提货权，应认为债权人主动放弃了质押担保。如在“广西信托投资公司清算组北海办事处与中国东方资产管理公司南宁办事处、广西达诚北海公司信用证垫付货款纠纷再审案”① 中，最高人民法院认为：

达诚公司向北海中行申请《开立信用证申请书》与1995年11月21日的《进口押汇申请书》，不违反有关法律和金融法规规定，是有效的。达诚公司处理所质押的财产后，没有依押汇申请书确认的押汇期限归还北海中行垫付款，已构成违约，应承担违约责任。北海办事处为达诚公司进口钢材总价款美元384万元和美元137万元扣除保证金人民币500万元后的差额提供资金担保，除约定北海中行有权从北海办事处在中国人民银行账号中调拨资金，违反了人民银行有关单位不能划拨金融机构在人民银行的准备金和备用金的规定，该条款无效，其余条款有效。1995年11月21日的进口押汇申请，由达诚公司提供提单和进仓单质押，根据我国《担保法》第七十五条第一款第（一）项规定，仓单和提单可以质押。达诚公司将提单交付给北海中行作为对外垫付货款的质押担保，北海中行收存了提单，双方的质押合同即生效。但在达诚公司押汇期满未能还款时，北海中行未行使质权人的权利提货或拍卖、变卖质押物，而是将提单交还达诚公司，由该公司行使提货权。根据《担保法》第七十六条的规定，权利质押质权人必须占有出质人的权利凭证，北海中行将权利凭证交出质人自行行使权利，已实际放弃了质押权。《担保法》第二十八条规定“同一债权既有保证又有物的担保的，保证人对物的担保以外的债权承担保证责任。债权人放弃物的担保的，保证人在债务人放弃权利的范围内免除保证责任。”所以，北海办事处应在北海中行放弃提单质押权的范围内免除保证责任。而本案进仓单不具有仓单权利凭证的法律特征，北海中行也没有将进仓单退回给达诚公司，因而也不存在放弃或者怠于行使质押权的问题。北海中行放弃行使提单质押权的数额为美元2067932.3元，而北海办事处的担保范围是为进口钢材总价款美元384万元和美元137万元扣除保证金人民币500万元后的差额即美元4609485.96元提供资金担保，两项冲抵，北海办事处还应在美元2541553.66元范围内承担保证责任。担保书没有约定保证责任期限，

① 最高人民法院（2001）民二监字第467号民事判决书。湛雄辉：《广西信托投资公司清算组北海办事处与中国东方资产管理公司南宁办事处、广西达诚北海公司信用证垫付货款纠纷申请再审案》，载最高人民法院立案庭编：《立案工作指导》2005年第1辑（总第10辑），人民法院出版社2005年版，第98页。

也没有约定哪个付款日期内的对外付款提供保证，保证人北海办事处应在达诚公司承担责任的期限内，在美元2541553.66元保证责任范围内，对达诚公司未偿还垫付款美元1890000元及利息承担赔偿责任。原再审判决认定北海中行未放弃提单的质押权以及判决认定北海办事处承诺的保证金额美元3239485.96元有误。遂判决：达诚公司应付给北海中行款项USD1890000及该款利息；北海办事处在其承诺的保证金美元2541553.66元范围内，对达诚公司未偿还北海中行垫付款USD1890000及利息承担赔偿责任。

存单质权作为一种权利质权，以占有存单为公示方法。如债权人在其债权实现之前，将存单交还予出质人，应认为其主动放弃了质押担保。如在“中国建设银行西安市新城支行与陕西省建筑校办企业公司、交通银行西安分行城北支行借款等担保合同纠纷案”① 中，法院认为：

建行新城支行与交行城北支行订立保证合同并未经其各自上级法人单位授权；建行新城支行承认借款展期协议订立后，其已将质押的存单还给了出质人。

本案所涉及的借款合同、质押合同及借款展期合同皆有效。建行新城支行与交行城北支行皆为商业银行分支机构，不具备独立企业法人资格，其从事对外担保业务需得到上级法人单位授权，现于明知未经授权情形下订立之保证合同应属无效，双方过错均等。陕西建校公司逾期未偿还借款本息属违约行为，依法应承担违约责任。建行新城支行放弃对存单的质押权，致合同履行风险形成，此后再要求交行城北支行承担保证责任，不应支持。

《担保法解释》第三十八条第三款的前引规定将债权人怠于行使担保物权致使担保物的价值减少或者毁损、灭失的，也视为债权人放弃部分或全部物的担保。② 据此，学者间有观点认为，债权人放弃物的担保，不宜僵化地理解为将已经设定的担保物权加以抛弃，也包括因债权人的故意或懈怠导致担保物价值减损的情形。③ 就“怠于行使”的表述，可以看出此项放弃物的担保之“视为”，隐含着债权人须具有“过错”之要件。准此，只有根据一般常识足以认定债权人的行为显著失当，或者违反诚实信用原则以减损其他担保人求偿权之行使效果时，才

① 张海荣：《建行新城支行诉陕西建校公司偿还借款保证人交行城北支行以债权人放弃质权要求免除其保证责任案》，载《人民法院案例选》2003年第3辑，人民法院出版社2003年版，第271页以下。

② 虽然《担保法解释》第三十八条第三款关于“保证人在债权人放弃权利的范围内减轻或者免除保证责任”的规定已无适用价值，但该款前段关于“债权人在主合同履行期届满后怠于行使担保物权，致使担保物的价值减少或者毁损、灭失的，视为债权人放弃部分或者全部物的担保”的规定仍有参考价值。

③ 参见程啸：《保证与担保物权并存之研究》，载《法学家》2005年第6期。

可将其认定为放弃物的担保。[①] 如此看来，放弃物的担保应作广义解释。债权人使担保物权价值减少的故意或过失行为、因故意或过失造成担保物部分或全部毁损灭失、担保物权顺位的放弃或变更，应根据其价值减损情况，视为物的担保的全部或部分放弃。[②] 这一观点也与德国、法国、日本和我国台湾地区的学说判例相一致，[③] 我国审判实践也对此予以认可。如在“中国长城资产管理公司与黑龙江粮油集团有限公司金融债权追偿纠纷案”[④] 中，二审法院认为：

本案中，油脂公司虽系为案涉全部17300万元借款提供连带责任保证，但其中10800万元借款又有债务人粮油集团自行提供抵押物进行物的担保，故根据前述法律规定，油脂公司应在物的担保以外承担保证责任。此外，案涉物的担保行为发生于2002年，担保物系粮食作物，难以久存，而长城公司哈办于2012年才提起诉讼行使抵押权，而此时抵押物已被处分，且难以确定受让人及代位物，应属债权人怠于行使担保物权，根据前述司法解释的规定，保证人油脂公司亦应免除相应的保证责任。因此，油脂公司应在10800万元借款以外即对6500万元借款承担保证责任。鉴于该部分借款中，粮油集团已偿还61万元本金，故油脂公司承担保证责任的范围应为6439万元。

值得注意的是，仅有抵押权人不行使抵押权或怠于行使抵押权的事实，没有已经因此造成抵押物价值减少或者毁损、灭失的证据，并不能认定为抵押权人放弃抵押权。即使对《担保法司法解释》第三十八条第三款做扩大解释，也不应扩大到仅基于抵押权人不起诉、不追加抵押人的事实，即认定其对抵押权的放弃。“因（保证人）（物上保证人）已承诺在债权人放弃其他担保物权或变更其他担保物权的顺位或内容时仍然提供担保，故（债权人）虽在本案中撤回了对（抵押人）的起诉，（保证人）（物上保证人）的担保责任并不因此免除或者减轻。”[⑤]

实践中较为普遍地存在着因物的担保的设定条件未成就导致物的担保未成立的情形。一种观点认为，担保物权未成立并不能被解释为债权人放弃物的担保，其他担保人并不能因此免责。例如在“徐会军与江苏沪武建设集团有限公司民间

---

① 参见孙鹏、王勤劳、范雪飞：《担保物权法原理》，中国人民大学出版社2009年版，第78～79页。

② 参见史尚宽：《债法各论》，中国政法大学出版社2000年版，第935页；邱聪智：《新订债法各论（下）》，中国人民大学出版社2006年版，第406页；刘春堂：《民法债编各论（下）》，作者2012年自版，第378页。

③ 参见叶名怡：《混合担保中债权人过错对保证责任之影响》，载《法商研究》2016年第4期。

④ 黑龙江省高级人民法院（2012）黑高商初字第8号民事判决书。

⑤ “中国民生银行股份有限公司武汉分行与武汉市金石物资有限责任公司、湖北宏鑫工贸有限公司等金融借款合同纠纷上诉案”，湖北省高级人民法院（2016）鄂民终978号民事判决书。

借贷纠纷上诉案”[1] 中，二审法院认为：

根据《物权法》第一百九十四条的规定，债权人以自己的财产设定抵押，抵押权人放弃该抵押权、抵押权顺位或者变更抵押权的，其他担保人在抵押权丧失优先受偿权益的范围内免除担保责任，但其他担保人承诺仍然提供担保的除外。本案中，由于当事人未对嘉联公司提供担保的地块办理抵押登记手续导致抵押权未设立，故也不存在抵押权人放弃抵押的情形，因为适用此条的前提是存在抵押。

另一种观点则认为，若债权人对担保物权未成立是明知的，且债权人与债务人均对此向保证人隐瞒，导致保证人在提供保证时对交易条件的错误信赖。例如在“河南竹林安特制药有限公司与中国建设银行郑州铁路专业分行营业部等借款担保合同纠纷上诉案”[2] 中，最高人民法院认为：

皮埃特罗公司自始至终对租赁而来的土地未交纳征用费，未享有该土地的使用权。建行郑铁分行营业部对该土地的使用权尚不属皮埃特罗公司、不可能办理抵押登记是明知的。建行郑铁分行营业部与皮埃特罗公司未将这一真实情况告知竹林安特公司，致使竹林安特公司在作出保证时合理信赖该抵押担保的存在。虽然借款及保证合同中未明确约定土地、房产抵押是保证人提供保证的条件，但抵押担保具有法定的优先权，建行郑铁分行营业部应当知道竹林安特公司依法应是在抵押担保范围以外承担责任。建行郑铁分行营业部接受皮埃特罗公司提供的土地抵押，却又消极地不作为，致使该抵押担保无效，改变了保证人作出保证的条件，加重了保证人的责任负担。

学说上以为，本着相同事务应作同一处理的基本法理，因债权人的故意或懈怠导致担保物价值的减损，视为债权人放弃物的担保，同样，因债权人的故意或懈怠导致本能设立的担保物权未能设立，亦应视为债权人放弃物的担保。[3] 如此，探究担保物权未能设立的原因是否应债权人的故意或过失所致，就显得至关重要。

实践中还存在着物的担保合同被认定无效或被撤销的情形。就此，《担保法解释》第三十八条第二款规定：“同一债权既有保证又有物的担保的，物的担保合同被确认无效或者被撤销，或者担保物因不可抗力的原因灭失而没有代位物的，保证人仍应当按合同的约定或者法律的规定承担保证责任。”实践中即有判决认为，物的担保合同被认定无效或撤销不构成保证人免责的事由。例如在“班

① 江苏省高级人民法院（2015）苏民终字第00455号民事判决书。类似案例还有“中国信达资产管理公司与九江化学纤维总厂、九江化工厂等借款担保纠纷上诉案”，最高人民法院（2003）民二终字第195号民事判决书。

② 最高人民法院（1999）经终字第351号民事判决书。

③ 参见程啸：《担保物权研究》，中国人民大学出版社2017年版，第149页。

班公司与东方集团上海荣恒公司保证合同纠纷上诉案”[①] 中，二审法院认为：

上诉人称其提供连带责任保证是基于荣昌公司提供了物的抵押，其真实意思是仅就荣昌公司提供的抵押物不足以实现债权的部分承担保证责任。对此本院认为，由于各方签订的还款协议并无上诉人仅就抵押物不足清偿债权部分承担保证责任的约定，上诉人亦未提供其他证据证明各方对其应承担的保证责任范围另有约定，故上诉人承担保证责任的范围仍应以还款协议的约定为准。被上诉人对天听公司和天听亚伦公司的债权，既有上诉人作为连带责任保证人提供的保证又有荣昌公司提供的物的担保，根据法律规定，被上诉人可请求保证人或者物的担保人承担担保责任。现被上诉人选择请求上诉人承担保证责任符合法律规定，上诉人应对天听公司、天听亚伦公司的全部债务承担连带保证责任，而非仅对物的担保以外的债务承担保证责任。被上诉人对荣昌公司的债权同样既有物的担保又有保证存在，但由于物的担保系债务人荣昌公司提供，在抵押权有效的情况下，上诉人仅对物的担保以外的债权承担保证责任。现抵押合同已被生效判决撤销，抵押权已不复存在，而被上诉人对抵押合同被撤销并无过错，故上诉人应对荣昌公司的全部债务承担连带保证责任。

与此不同的是，在“中国建设银行常州分行与中国华通物产集团公司、常州长城建设发展有限公司、江苏武进钢铁集团公司借款担保合同纠纷上诉案”[②] 中，最高人民法院认为：

在一般情况下，适用《担保法解释》第三十八条第二款应当审查“物保无效或被撤销”是否对“保证人的保证意思”产生了误导。如果有“误导”因素存在，应具体衡量“误导”的程度及保证人自身的过错程度，减少保证人承担的保证责任。如保证人的保证意思表示并未受到“物保”有效与否的影响，而是保证人独立作出的决定，即对保证人而言，“人保”不是以“物保”为前提条件，则可以直接适用上述条款的规定，判令保证人按照“合同的约定或者法律的规定承担保证责任”。此外，适用该条款的前提是在认定保证合同有效的情况下，考虑是否减轻保证人的责任。如果认定保证合同无效，则应按照《担保法解释》第七、八条的规定，根据保证人的过错程度，确定其责任。

本书作者认为，《担保法解释》第三十八条第二款同于第三款，均为对《担保法》第二十八条第二款的解释，在《物权法》已改采“人的担保与物的担保平

---

① 上海市高级人民法院（2010）沪高民二（商）终字第60号民事判决书。

② 最高人民法院（2002）民二终字第200号民事判决书。王宪森：《关于企业法人的分支机构签订借款合同的效力问题及适用担保法司法解释第三十八条第二款的另一种情形——中国建设银行常州分行与中国华通物产集团公司、常州长城建设发展有限公司、江苏武进钢铁集团公司借款担保合同纠纷上诉案》，载最高人民法院民事审判第二庭编：《民商审判指导与参考》2003年第1卷，人民法院出版社2003年版，第331页以下。

等说”之下，其法效果部分亦无适用价值。如在体系上将债权人的过错责任贯穿始终，即应认为，债权人对于物的担保合同被确认无效或者被撤销存在过错的，在债权人的过错程度内，保证人可准用债权人放弃物的担保的规定在相应范围内免责。

值得注意的是，无论是债权人放弃其物的担保，还是视为债权人放弃其物的担保，债权人均系与有过错，其法律后果均系其请求权的扣减。[①] 扣减的具体数额尚需综合考虑债权人的过错程度、债权人的行为危及的是其他担保人的顺序利益抑或求偿利益等要素。

【附：起草过程中的争议】

《会议纪要（稿）》

3.【混合担保的处理】被担保的债权既有保证又有第三人提供的物的担保的，在确定承担了担保责任的担保人能否向其他担保人追偿时，要注意担保法及其司法解释与物权法在该问题上有不同规定，并严格根据物权法的规定，认定承担了担保责任的担保人只能向债务人追偿，不能向其他担保人追偿，但担保人在担保合同中约定可以相互追偿的除外。

《会议纪要（哈尔滨征求意见稿）》

59.【混合担保的处理】被担保的债权既有保证又有第三人提供的物的担保的，在确定承担了担保责任的担保人能否向其他担保人追偿时，要注意《担保法》及其司法解释与《物权法》在该问题上的不同规定，严格适用《物权法》的规定。根据《物权法》第一百七十六条之规定，承担了担保责任的担保人只能向债务人追偿，不能向其他担保人追偿，除非担保人在担保合同中约定可以相互追偿。

《会议纪要（公开征求意见稿）》

56.【混合担保的处理】被担保的债权既有保证又有第三人提供的物的担保的，担保法司法解释第三十八条明确规定，承担了担保责任的担保人可以要求其他担保人清偿其应当分担的份额。《物权法》第一百七十六条对此并未作明确规定，但全国人大法工委主编的《中华人民共和国物权法释义》明确表示，担保人之间不能相互追偿。据此，承担了担保责任的担保人只能向债务人追偿，不能向其他担保人追偿，除非担保人在担保合同中约定可以相互追偿。

---

① 参见叶名怡：《混合担保中债权人过错对保证责任之影响》，载《法商研究》2016 年第 4 期。

第四节　“借新还旧”的担保责任

【会议纪要条文】

57.**【借新还旧的担保物权】贷款到期后，借款人与贷款人订立新的借款合同，将新贷用于归还旧贷，旧贷因清偿而消灭，为旧贷设立的担保物权也随之消灭。贷款人以旧贷上的担保物权尚未进行涂销登记为由，主张对新贷行使担保物权的，人民法院不予支持，但当事人约定继续为新贷提供担保的除外。**

【条文要义】

本条系《担保法解释》第三十九条准用于物上担保时的解释方案。

第一，针对信贷实践中的“借新还旧”，即贷款到期后，借款人与贷款人签订新的借款合同，将新贷出的款项用于归还旧贷的情形，新的借款合同不因旨在归还“旧贷”而无效，担保人亦不得以贷款用途的“改变”损及其利益而提出抗辩。此际，“旧贷”因清偿而消灭，担保“旧贷”的从权利也随之消灭。

第二，《担保法解释》第三十九条针对“借新还旧”情形之下，担保“新贷”偿还的保证人是否承担保证责任作了规定：其一，该保证人同时也是“旧贷”的保证人的，应承担保证责任；其二，该保证人不是“旧贷”的保证人，但其知道或者应当知道主合同系“借新还旧”的，应承担保证责任；其三，该保证人不是“旧贷”的保证人，也不知道或者不应当知道主合同系“借新还旧”的，“显系主合同双方当事人恶意串通欺骗保证人”，根据《担保法》第三十条第一项“主合同当事人双方串通，骗取保证人提供保证的”“保证人不承担民事责任”的规定，保证人不应承担任何责任。在解释上，抵押合同和质押合同与保证合同一样，均属担保合同，同样存在着主合同当事人双方串通而骗取第三人提供抵押、质押，或者主合同债权人采取欺诈、胁迫等手段使第三人在违背真实意思的情况下提供抵押、质押的情形。《担保法》第三十条关于保证合同的规定和《担保法解释》第三十九条关于“借新还旧”下的解释方案，自有准用于抵押合同、质押合同的空间。就此，上述“其二”“其三”准用于抵押人、出质人，应无歧义。

第三，在“新贷”和“旧贷”的保证人为同一人之时，“旧贷”因清偿而消灭，担保“旧贷”的保证合同也消灭，同一保证人为“新贷”再次提供保证，无意思表示上的瑕疵，自应承担保证责任。但在抵押、质押的情形，“旧贷”因清偿而消灭，担保"旧贷"的抵押权或质权也消灭，此时，基于原担保合同已经办理的担保物权登记，即使未注销，也无实体法上的登记效力；虽然同一担保人就"新贷"和同一债权人签订了抵押合同或质押合同，但未就重新设立的抵押权或质权办理登记，对于采行登记生效主义的抵押权或质权而言，即为抵押权或质权未设定，债权人就担保财产并不取得优先受偿权。此时，即使抵押人或出质人就"新贷"和"旧贷"都提供了物上保证，但就"新贷"因未办理设立登记而无法起到物上担保的作用，上述"其一"的解释结论也就无法准用于抵押、质押的情形。因此，《会议纪要》指出，"旧贷"因清偿而消灭，为旧贷设立的担保物权也随之消灭。贷款人以旧贷上的担保物权尚未进行涂销登记为由，主张对新贷行使担保物权的，人民法院不予支持，但当事人约定继续为新贷提供担保的除外。

第四，当事人约定继续为新贷提供担保的，未注销登记的抵押权或质权仍然可以担保"新贷"。标的物上担保登记的持续存在，足以公示标的物上的权利负担，不会危及到与担保人就标的物进行交易的其他第三人的利益。

【深度阐释】

一、"借新还旧"的性质和认定

"借新还旧"，又称"以贷还贷"，是指债权人与债务人在旧的贷款尚未清偿的情况下，再次签订贷款合同，以新贷出的款项清偿部分或者全部旧的贷款的行为。信贷实践中的通常做法是，贷款到期之后，在借款人没有偿还能力时，借款人与贷款人相互协商，再另外签订一份借款合同，再次设定担保，通过这种方式在形式上还清了原贷款，而且，借款人和贷款人在新借款合同中通常并不写明借款目的为还旧贷。就此，《担保法解释》第三十九条第二款规定："主合同当事人双方协议以新贷偿还旧贷，除保证人知道或者应当知道外，保证人不承担民事责任。"（第一款）"新贷与旧贷系同一保证人的，不适用前款的规定。"对于"借新还旧"的性质及其对担保责任的影响，在实践中存在较大争议。

（一）"借新还旧"的性质

对于借新还旧的性质，司法实践存在分歧。在"中国工商银行股份有限公司三门峡车站支行与三门峡天元铝业股份有限公司、三门峡天元铝业集团有限公司等借款担保合同纠纷上诉案"[①] 中，最高人民法院认为：

根据本案查明的事实，从本案合同约定的贷款目的及贷款、还款的操作方式，可以认定：本案车站工行所诉天元集团公司的三笔贷款即（2004）第37号、

① 最高人民法院（2008）民二终字第81号民事判决书。

38号、39号借款合同均系借新还旧借款合同。(2004) 第37号1590万元借款合同是经数次借新还旧后对双方2000年之前1700万元借款的借新还旧，而 (2004) 第38号1480万元借款合同、第39号700万元借款合同系经数次借新还旧后对双方2000年之前1647万元借款合同的借新还旧。原审判决认定本案贷款是2000年的旧贷款经多次以贷还贷逐步演化而来是正确的。借新还旧系贷款到期不能按时收回，金融机构又向原贷款人发放贷款用于归还原贷款的行为。借新还旧与贷款人用自有资金归还贷款，从而消灭原债权债务的行为有着本质的区别。虽然新贷代替了旧贷，但贷款人与借款人之间的债权债务关系并未消除，客观上只是以新贷的形式延长了旧贷的还款期限，故借新还旧的贷款本质上是旧贷的一种特殊形式的展期。本案天元集团公司的相关旧贷实际并未得到清偿，天元股份公司对天元集团公司的上述三笔贷款仍应依其承诺，承担民事责任。

而在“青岛利群投资有限公司、青岛利群集团担保投资有限公司与齐商银行股份有限公司申请执行淄博晟欣房地产开发有限公司案”① 中，最高人民法院则认为：

贷新还旧是在旧贷款尚未清偿的情况下，借贷双方再次签订贷款合同，以新贷出的款项清偿旧的贷款。对这种安排下的法律后果，应当认为原贷款合同已经履行完毕，即新贷款合同签订并履行后，其所涵盖的先期四份贷款合同已经履行完毕。

对于上述两种对“借新还旧”的认识，尽管本质上存在不同，但是对于原担保人的影响上，结果并无差异，原保证人对“新贷”均不再承担保证责任。按照第一种观点，依照《担保法解释》第三十条第二款，债权人与债务人对主合同履行期限作了变动，未经保证人面同意的，保证期间为原合同约定的或者法律规定的期间；而依照第二种观点，依据保证合同的从属性，主债权消灭保证责任消灭。但是上述两种认识均未建立在前后是否有保证人以及保证人是否同一、是否明知或者应知存在“借新还旧”的事实，因而，是否影响保证人保证责任还应具体判断。

(二)“借新还旧”的具体认定

适用《担保法解释》第三十九条的前提是，存在债权人与债务人“借新还旧”的事实。如不属于“借新还旧”，保证人就不能依《担保法解释》第三十九条的规定而免责。如在“风神轮胎股份有限公司与中信银行股份有限公司天津分行、河北宝硕股份有限公司借款担保合同纠纷上诉案”② 中，最高人民法院认为：

在2005年10月21日，先后有两笔2170万元款项进入宝硕公司账户，难以

① 最高人民法院 (2013) 执监字第67号执行裁定书。

② 最高人民法院 (2007) 民二终字第36号民事判决书。

认定本案贷款2170万元即是用于归还HC0333号银行承兑汇票下的保证金，不排除宝硕公司以天津众立达科贸有限公司开出的银行本票交付了HC0333号银行承兑汇票项下保证金的可能。即使该贷款实际被宝硕公司用作以贷还贷，适用《担保法解释》第三十九条“主合同当事人双方协议以新贷偿还旧贷，除保证人知道或者应当知道的外，保证人不承担民事责任”之规定的前提是，风神公司应举证证明中信银行与宝硕公司协议以贷还贷，即中信银行与宝硕公司有以贷还贷的意思联络；HD0071号《人民币借款合同》约定借款目的为“短期流动资金周转”而非以贷还贷，表明在双方之间的约定并非以贷还贷，且风神公司也未举证证明中信银行明知或参与宝硕公司以贷还贷，因此风神公司提出2170万元贷款为以贷还贷，其保证责任应予免除的主张不能成立，本院不予支持。

第一，“借新还旧”的事实往往需要法院查明事实并作出相应的判断。如在“交通银行股份有限公司沈阳南湖支行与沈阳市建设投资有限公司、沈阳和光集团股份有限公司借款合同纠纷上诉案”[①] 中，最高人民法院指出，银行仅是更换贷款凭证，新贷款并未实际贷出，其真实用途为“借新还旧”：

虽然交通银行南湖支行在诉讼中主张该笔借款为“还旧借新”，并提供了加盖银行转讫章的2004年3月19日《还款凭证（回单）》和2004年3月22日《（临时贷款）借款凭证》，但因其未能提供沈交银2004年公司贷字032号《借款合同》项下1500万元借款划至和光集团账户后资金去向的相关证据，故应当认定该借款合同项下的资金没有实际贷出，交通银行沈阳分行制作的相关凭证仅是更换了贷款凭证，该笔借款的真实用途为以贷还贷，系为了归还沈交银2003年公司贷字008号《借款合同》项下和光集团的还款义务。……由于沈阳建投亦是沈交银2003年公司贷字008号《借款合同》的保证人，根据《最高人民法院关于适用〈中华人民共和国担保法〉若干问题的解释》第三十九条的规定，主合同当事人协议借新还旧，新贷和旧贷系同一保证人的，保证人仍应承担民事责任。故沈阳建投关于交通银行沈阳分行与和光集团恶意串通，其不应承担保证责任的上诉理由不能成立，本院不予支持。

在“九江银行股份有限公司洪城支行与江西四能实业有限公司金融借款合同纠纷再审案”[②] 中，最高人民法院指出，借款人收到贷款后将贷款在不同的民事主体的不同账户之间多次转账，且从银行发放新贷款到收回旧贷款前后不到两个小时，基本可以认定案涉贷款属于“借新还旧”：

首先，从本案中蓝海公司1100万元新贷使用的客观情况来看，根据原审判决查明的事实，2014年6月30日16时42分，九江银行洪城支行向蓝海公司账户发

① 最高人民法院（2012）民二终字第71号民事判决书。
② 最高人民法院（2017）最高法民申2177号民事裁定书。

放1100万元贷款。17时06分，蓝海公司账户向天鼎公司账户转账1100万元。随后，天鼎公司账户向王艳云、周文强、罗玲玲三位自然人账户共转款1100万元。17时38分，王艳云、周文强、罗玲玲账户向蓝海公司账户共转款1100万元。18时30分至18时38分，九江银行洪城支行从蓝海公司账户分三笔扣款共计1100万元，并备注为贷款回收。其次，从九江银行洪城支行和蓝海公司的主观认识来看，蓝海公司作为借款人对其账户资金使用的实际情况当属知情，而九江银行洪城支行不仅在贷款发放当日即在扣款凭证上记载"贷款回收"，且其代理人也在原审中认可案涉贷款属于"借新还旧"。故原审判决根据九江银行洪城支行发放新贷至收回旧贷前后不到两个小时的基本事实，结合九江银行洪城支行的记账凭证和代理人在庭审中的陈述，认定案涉1100万元贷款属于以发放给蓝海公司的新贷偿还蓝海公司所欠的旧贷，并非日常合同贸易资金结算的认定，事实依据充分。

第二，以贷还贷必然需要有一个"旧贷"和一个"新贷"，因此认定存在两个借款行为才有可能认定为"借新还旧"。在"中国银行股份有限公司烟台分行与烟台开发区房地产有限公司、烟台经济技术开发区物资再生综合利用公司借款担保合同纠纷再审案"[①] 中，最高人民法院即认为：

此案实际上并无所谓第一份贷款合同，而是对外申请开具信用证并支付后形成的欠款。因此，1994年9月19日烟台中行与再生公司签订的借款合同，不能简单地理解为是一份新的借款合同，而是借贷双方当事人通过1994年9月19日的借款合同将1994年6月28日信用证对外付款之后所形成的欠款以借款合同形式予以体现，从当事人行为的连续性及其性质上看不能将当事人一次完整的借贷行为，划分为分别具有独立性质的两次不同的借贷行为且借新还旧。本案再生公司与烟台中行之间实际就本案争议的钢材进口贸易只是发生一次借贷事实，并不存在借新还旧两次借贷情形，不存在后一笔借贷行为覆盖和取代了前一笔债务，不需要房地产公司对再生公司与烟台中行1994年9月19日借款合同重新表示确认其才继续承担担保责任的情形。[②]

第三，以贷还贷需要"新贷"与"旧贷"的当事人具有同一性。即借款人是同一人，贷款人是同一家金融机构。如同一借款人从第三人处拆解资金偿还所欠

① 最高人民法院（2008）民提字第16号民事判决书。

② 但在"中国农业银行股份有限公司博尔塔拉分行与新疆新诚基饮服培训商贸有限责任公司、阿拉山口天任贸易有限公司金融借款合同纠纷再审案"[最高人民法院（2014）民提字第136号民事判决书]中，最高人民法院认为："在2005年7月29日，天任公司分别向农行阿拉山口支行借款500万元和284万元。天任公司借款的用途表述为'解付信用证'，实质上是天任公司通过借新贷用以偿付在信用证法律关系中所欠农行的融资垫款。从形式上看，为解付信用证而贷款与为偿还旧贷而借新贷略有不同，但从法律关系的性质上看，二者均属于以新债偿还旧债，且新债中的款项均不实际支付给借款人，而是直接用以冲抵旧债，故二者在本质上并无差异，均属于借新还旧的范畴，可以适用同一法律规则。"

旧贷，则不属于“借新还旧”；如新旧借款人不同，即使存在新贷款还旧贷款的情形，也不构成“借新还旧”。因为从债的确定性原则出发，如果前后债务的主体不同，尽管发生代偿关系，也不能认为是该债务的简单延续，而是在有关当事人之间建立了新的不同的债权债务关系。① 如在“江苏宜兴农村商业银行股份有限公司川埠支行与宜兴市腾飞陶粒制造有限公司、黄锡明等金融借款合同纠纷案”② 中，法院指出：

“借新还旧”是指贷款到期后不能按时收回，又重新发放贷款用于归还原贷款的行为。本案中，乙公司陈述其先向第三方借款用于归还原贷款，甲银行再向其发放新贷款，其将甲银行发放的新贷款用于归还第三方，数天内其再向第三方借款用于归还甲银行又一笔到期旧贷款，再将新发放的贷款归还给第三方，如此反复。因金钱是种类物，无法区分该资金就是之前甲银行发放的新贷款，且乙公司还款行为的本质属于先归还旧贷款，再发放新贷款，甲银行对此并不知情，并不符合借新还旧的情形，故保证人应按保证合同约定承担连带保证责任。

但是，也有裁判持相反意见，在“南通辉煌彩色钢板有限公司、刘允华与江苏如东农村商业银行股份有限公司饮泉支行，南通红蚁王鞋业有限公司借款合同纠纷申请再审案”③ 中，江苏省高级人民法院认为：

借新还旧借款合同成立的必要条件为：第一，借款人客观上有将新贷偿还旧贷的行为；第二，金融机构与借款人之间主观上有以贷还贷的共同意思表示或者意思联络。

1. 综观案涉资金流向，本案客观上存在以贷还贷的行为。2009 年 4 月 30 日，红蚁王公司向饮泉信用社贷款 700 万元，于 2009 年 10 月 25 日到期。为了偿还该笔贷款，红蚁王公司向如东县中小企业互助协会短期借款 700 万元。2009 年 11 月 12 日，如东县中小企业互助协会依据《资金短期周转拆借协议》的约定，将 700 万元借款转入红蚁王公司指定的其在饮泉信用社开立的账户。当日，红蚁王公司用该账户中的 700 万元借款归还了饮泉信用社的到期贷款。第二日，饮泉信用社又向上述账户发放 700 万元贷款，红蚁王公司将其中的 200 万元汇入诚运公司，将剩余的 500 万元汇入东吴公司，而后由诚运公司、东吴公司分别将上述 200 万元、500 万元汇至如东县中小企业互助协会。上述借款、还贷以及再次贷款

① 朱海年：《新贷和旧贷为同一保证人的，保证人承担保证责任的法律适用——中国信达资产管理公司与中国第二十二冶金建设公司、唐山钢铁集团有限责任公司借款担保合同纠纷上诉案》，载最高人民法院民二庭：《民商事审判指导与参考》2003 年第 1 辑（总第 3 辑），人民法院出版社 2003 年版，第 232 页。

② 江苏省宜兴市人民法院（2016）苏 0282 民初 4525 号民事判决书。——2017 年宜兴法院金融审判十大案例之一。

③ 江苏省高级人民法院（2013）苏商申字第 243 号民事裁定书。

用于归还借款系一个完整的过程，每个环节的时间紧密衔接，前后两笔贷款亦均发生在红蚁王公司与饮泉信用社之间，其中虽有如东县中小企业互助协会的参与，但并未改变红蚁王公司用新贷还旧贷的实质。

2. 饮泉信用社与红蚁王公司主观上存在以贷还贷的共同意思表示。根据《履约合同》的约定以及《如东县中小企业应急互助基金申请使用审批表》的内容，饮泉信用社及红蚁王公司均明知并协商一致同意：如东县中小企业互助协会700万元的短期贷款专项用于归还红蚁王公司在饮泉信用社的到期贷款，而饮泉信用社亦承诺在归还旧贷后立即发放新贷700万元专项用于归还如东县中小企业互助协会的借款。上述证据及三方的实际履行过程均表明红蚁王公司与饮泉信用社均清楚新贷实为旧贷的展期，双方就以贷还贷形成了一致的意思表示。

司法实践中是否需要对所谓“新旧借款人”实质上的相同与不同进行审查？在“湖州市八里店镇资产经营公司与中国长城资产管理公司杭州办事处、湖州市升山建筑工程有限公司等借款合同纠纷再审案”[①] 中，最高人民法院认为金融机构作为债权人与新贷款人约定以新贷偿还新贷款人关联公司的旧贷，其性质仍然是“借新还旧”：

金融机构作为债权人与新贷款人约定以新贷偿还新贷款人关联公司的旧贷，其性质仍然是以贷还贷。旧贷和新贷系同一保证人的，保证人仍应承担保证责任；旧贷和新贷不是同一保证人的，除新贷的保证人知道或者应当知道的外，保证人不承担民事责任，证明保证人知道或者应当知道以贷还贷的举证责任，应由债权人和债务人承担。

湖州农行与光耀公司之间的贷款行为，其行为性质是“以贷还贷”。根据本案查清的事实，湖州农行以另贷200万元人民币给光耀公司作为条件，由光耀公司向湖州农行贷款309万美元无偿划转给制品公司，再由制品公司偿还其原来所借湖州农行已经到期的贷款。这一行为是由湖州农行策划、光耀公司和制品公司配合共同实施的，其目的是使制品公司已经无法偿还的到期债务通过“以贷还贷”行为，由新贷的担保人偿还，最终变成可以实现的债权。但光耀公司无偿划款给制品公司由其还债的行为不是单纯和独立的民事关系而是湖州农行、光耀公司、制品公司为了完成“以贷还贷”目的的整个行为过程中的一个环节。

第四，“新贷”与“旧贷”之间应具有关联性。“新贷”与“旧贷”在贷款金额、贷款用途、还款时间等方面需存在关联性。如“新贷”的金额与“旧贷”本

① 最高人民法院（2006）民二提字第20号民事判决书。更多分析详见：何抒：《债权人与形式上独立的不同债务人签订以新贷偿还旧贷的协议能否适用司法解释关于“以贷还贷”的相关规定——湖州市八里店镇资产经营公司与中国长城资产管理公司杭州办事处、湖州市升山建筑工程有限公司等借款合同纠纷提审案》，载最高人民法院审判监督庭编：《审判监督指导》2008年第2辑（总第24辑），人民法院出版社2008年版，第134页。

金或本息之和基本一致，或者“新贷”的金额恰好与“旧贷”本息减去借款人已归还数额之后的余额，即说明“新贷”与“旧贷”之间存在关联性。若不具有关联性，则不能认定为“借新还旧”。如在“天津迎宾广场有限公司与天津市万力钢结构工程有限公司、天津祥和投资发展有限公司等借款合同纠纷上诉案”[①] 中，最高人民法院指出：

迎宾公司提出本案借款系借新还旧，事实是万力公司2003年12月25日向农行河北支行借款人民币4000万元。2004年1月8日已还款人民币4000万元，系另一笔贷款。所谓“借新还旧”，应当是债权人与债务人在旧的贷款尚未清偿的情况下，再次签订贷款合同，以新贷出的款项清偿部分或者全部旧的贷款。本案借款发生在2004年1月13日，不属借新还旧。

上述案件中即两个借款合同之间没有关联性，这也是“借新还旧”与“还旧借新”的区别。如在“沈阳市建设投资有限公司与交通银行股份有限公司沈阳南湖支行、沈阳和光集团股份有限公司借款合同纠纷上诉案”[②] 中，最高人民法院指出：

“新贷还旧贷”，是指债权人与债务人在旧的贷款尚未清偿的情况下，再次签订贷款合同，以新贷出的款项清偿部分或者全部旧的贷款。而“还旧借新”，应是先行将原借款清偿完毕，再贷出新的借款。还旧借新因为先行偿还了原借款合同的债权，因此使原借款合同项下的债权消灭，相应的原借款合同的保证债权也随之消灭。同时证明借款人在新贷款到账前是有偿还能力的，因此不适用《最高人民法院关于适用〈中华人民共和国担保法〉若干问题的解释》第三十九条的规定。本案中第2笔、第5笔、第8笔借款合同，虽然借款合同的签订日与还款日相同，借款数额与还款数额也相同，但加盖有交通银行沈阳分行转讫章的《（临时贷款）借款凭证》说明，和光集团所借的款项是在借款合同签订日之后划入到和光集团账户的。而和光集团偿还的款项是借款合同签订的当天偿还的，即和光集团是在偿还了原借款以后才取得的银行借款，是先还款后借款，符合交通银行主张的所谓“还旧借新”借款方式。第7笔、第9笔、第10笔、第11笔借款合同，合同的签订时间在还款时间之后，因此，借款到账的时间必然是在还款时间之后，更是交通银行所主张的“还旧借新”的借款方式。另外，这些款项划人到和光集团的账户后，部分或全部划转到和光集团在其他银行开立的账户或其他企业的账户上，并未用于清偿旧的贷款。因此，上述7笔借款合同都不是“借新还旧”。

---

① 最高人民法院（2005）民二终字第162号民事判决书。

② 最高人民法院（2012）民二终字第71号民事判决书。

二、《担保法解释》第三十九条对于物上担保的准用规则

信贷实践中的“借新还旧”，即贷款到期后，借款人与贷款人签订新的借款合同，将新贷出的款项用于归还旧贷的情形，是贷款的发放和收回过程中经常采用的一种贷款重组手段。就这一种贷款安排，法律上并无禁止性规定，应属当事人意思自治范畴。相关监管部门基于创新贷款服务模式的需要，还明确了“借新还旧”的操作程序。如《中国银行业监督管理委员会关于完善和创新小微企业贷款服务提高小微企业金融服务水平的通知》明确指出：“对流动资金周转贷款到期后仍有融资需求，又临时存在资金困难的小微企业，经其主动申请，银行业金融机构可以提前按新发放贷款的要求开展贷款调查和评审。”“银行业金融机构同意续贷的，应当在原流动资金周转贷款到期前与小微企业签订新的借款合同，需要担保的签订新的担保合同，落实借款条件，通过新发放贷款结清已有贷款等形式，允许小微企业继续使用贷款资金。”

司法实践中较为一致的观点是认为，新的借款合同不因旨在归还“旧贷”而无效，担保人亦不得以贷款用途的“改变”损及其利益而提出抗辩。[①] 此际，“旧贷”因清偿而消灭，[②] 担保“旧贷”的从权利也随之消灭。《担保法解释》第三十九条针对“借新还旧”情形之下，担保“新贷”偿还的保证人是否承担保证责任作了规定：其一，该保证人同时也是“旧贷”的保证人的，应承担保证责任；其二，该保证人不是“旧贷”的保证人，但其知道或者应当知道主合同系“借新还旧”的，应承担保证责任；其三，该保证人不是“旧贷”的保证人，也不知道或者不应当知道主合同系“借新还旧”的，“显系主合同双方当事人恶意串通欺骗保证人”，[③] 根据《担保法》第三十条第一项“主合同当事人双方串通，骗取保证人提供保证的”“保证人不承担民事责任”的规定，保证人不应承担任何责任。

《担保法解释》第三十九条就原借款合同所设立的抵押权并无规定，其他规范性文件中也未明确。该条是否准用于物权担保的情形，尤其是以登记为公示方法的物权担保，不无疑问。最高人民法院不同裁判中体现的方法论并不相同。

一种观点认为，在抵押担保的情形，“借新还旧”同样会改变担保人在提供

---

① 参见李国光等：《最高人民法院〈关于适用中华人民共和国担保法若干问题的解释〉理解与适用》，吉林人民出版社2000年版，第152页。

② 裁判实践中也有观点认为，“借新还旧”在本质上是对“旧贷”的一种特殊形式的展期，即延长了旧贷款的还款期限，原债权债务关系继续存续。参见“中国工商银行股份有限公司三门峡车站支行与三门峡天元铝业股份有限公司、三门峡天元铝业集团有限公司等借款担保合同纠纷上诉案”，最高人民法院〔2008〕民二终字第81号民事判决书。这一观点属于少数说。

③ 李国光等：《最高人民法院〈关于适用中华人民共和国担保法若干问题的解释〉理解与适用》，吉林人民出版社2000年版，第166页。

担保时对担保风险的预期，加重其担保责任，同样会导致对担保人不公平的结果，可以准用《担保法解释》第三十九条关于保证担保的相关规定。如在“中国农业银行股份有限公司博尔塔拉分行与新疆新诚基饮服培训商贸有限责任公司、阿拉山口天任贸易有限公司金融借款合同纠纷再审案”①中，最高人民法院认为：

《担保法解释》第三十九条规定：“主合同当事人双方协议以新贷偿还旧贷，除保证人知道或者应当知道的外，保证人不承担民事责任。”单纯从文义上看，该条规定是对保证担保所设，但在以第三人财产设定抵押的情形下，抵押担保法律关系在主体、内容、目的、效果等方面与保证担保的特征相近似，在司法解释未对借新还旧中抵押人的责任承担问题作出明确规定的情形下，《担保法解释》关于保证的相关规定可比照适用于抵押。……农行阿拉山口支行与新诚基公司签订《最高额抵押合同》时，并未告知新诚基公司关于天任公司借新还旧的事实，农行博州分行亦没有证据证明新诚基公司系在知道或应当知道天任公司借新还旧的情形下自愿提供抵押，这无疑会影响新诚基公司在提供抵押时对担保风险的预期判断，加重其担保责任，进而导致不公平的结果，根据《担保法解释》第三十九条的规定，新诚基公司应免于承担担保责任。

另一种观点认为，《担保法解释》第三十九条的规定仅适用于担保人承担保证责任的情形。不动产抵押权经依法登记即发生效力，无论抵押人是否知道所抵押担保的借款改变了用途，均不影响抵押权的效力。如在“十堰利华丰商贸有限公司、中国农业银行股份有限公司十堰市张湾支行与中国农业银行股份有限公司十堰市张湾支行、十堰环都工贸有限公司等金融借款合同纠纷再审案”②中，最高人民法院认为：

虽然利华丰公司与农行张湾支行签订《最高额抵押合同》时不知道环都公司改变贷款用途的情形，但本院《关于适用〈中华人民共和国担保法〉若干问题的解释》第三十九条的规定，只适用于担保人承担保证责任的情形。本案中，《最高额抵押合同》是当事人依法设立的有关不动产物权的合同行为。不动产物权的设立，经依法登记即发生效力。因此，无论利华丰公司是否知道所抵押担保的借款改变了用途，不影响抵押权的效力。农行张湾支行与环都公司于2007年12月6日签订的借款合同属于《最高额抵押合同》约定的担保范围。农行张湾支行与环都公司于2008年6月20日签订《借款合同》，在百隆公司对该借款合同依法不

① 最高人民法院（2014）民提字第136号民事判决书。相类似的案例还包括“中国长城资产管理公司哈尔滨办事处与黑龙江华夏造纸有限公司、佳木斯金地造纸股份有限公司借款担保合同纠纷上诉案”[最高人民法院（2010）民二终字第72号民事判决书]；“中国农业银行股份有限公司永州冷水滩支行与湖南南华大酒店有限公司金融借款合同纠纷再审案”[最高人民法院（2015）民提字第178号民事判决书]。

② 最高人民法院（2015）民申字第2592号民事裁定书。

承担保证责任的情况下，该借款合同也属《最高额抵押合同》约定的担保范围。此外，农行张湾支行与利华丰公司在《最高额抵押合同》中，并未对利华丰公司免除抵押担保责任的情形加以明确约定，也未约定借款人改变借款用途《最高额抵押合同》无效。故利华丰公司关于其不应承担上述抵押担保责任的再审申请理由也不能成立。

在解释上，抵押合同和质押合同与保证合同一样，均属担保合同，同样存在着主合同当事人双方串通而骗取第三人提供抵押、质押，或者主合同债权人采取欺诈、胁迫等手段使第三人在违背真实意思的情况下提供抵押、质押的情形。《担保法》第三十条关于保证合同的规定和《担保法解释》第三十九条关于“借新还旧”的解释方案，自有准用于抵押合同、质押合同的空间。就此，上述“其二”“其三”准用于抵押人、出质人，应无歧义。《吉林省高级人民法院民事审判第二庭关于商事审判若干疑难问题的解答（一）》就“主合同当事人双方协议以新贷偿还旧贷，抵押人应否承担抵押担保责任？”认为：“《最高人民法院关于适用〈中华人民共和国担保法〉若干问题的解释》第三十九条规定：‘主合同当事人双方协议以新贷偿还旧贷，除保证人知道或者应当知道的外，保证人不承担民事责任。新贷与旧贷系同一保证人的，不适用前款的规定。’以贷还贷情形下抵押人的责任承担，可以参照前述司法解释的规定进行认定。”

三、“新贷”和“旧贷”的物上保证人系同一人时的处理

在从属性之下，抵押权是担保原借款合同履行，在未经抵押人同意的情形之下，抵押权是否担保新借款合同的履行？在解释上，“新贷”和“旧贷”的抵押人（物上保证人）系同一人，是否可准用《担保法解释》第三十九条第二款的规定？此时，不动产抵押权是否应办理变更登记？就此，裁判实践中存在两种观点：

第一种观点认为，“借新还旧”后，原借款合同得以履行，原债权债务关系消灭，原抵押权消灭，当事人之间形成新的借贷关系。如在“遵义县农村信用合作联社与遵义县双龙水泥厂破产债权确认纠纷再审案”[①] 中，贵州省高级人民法院认为：

遵义县信用社在主合同即借款合同到期前一日与双龙水泥厂签订借款展期协议，该展期协议对借款期限作出相应变更，该变更应视为是对原借款合同实质性的变更，双龙水泥厂与遵义县信用社之间形成新的债权债务法律关系，原债权债务关系消灭，而抵押合同是依附于主合同的从合同，主合同消灭，则从合同也消灭，依据《担保法》五十二条的规定，抵押权与其担保的债权同时存在，债权消灭，抵押权也消灭。后遵义县信用社与双龙水泥厂重新签订社团最高额抵押合

① 贵州省高级人民法院（2015）黔高民申字第100号民事裁定书。

同，该抵押为依附于新的借贷关系而形成的抵押关系，依据《物权法》第一百八十七条之规定，遵义县信用社应当重新办理上述四宗土地的抵押登记，该抵押权方能成立。但经原审查明，遵义县信用社并未重新办理抵押登记，其虽提供了要求国土资源局办理抵押变更登记的函以及国土资源局的签注用以证明其办理了变更登记，但依据《物权法》第十四条“不动产物权的设立、变更、转让和消灭，依照法律规定应当登记的，自记载于不动产登记簿时发生效力”的规定，该抵押变更登记应记载于登记簿上才产生公示效力，而本案所涉四宗土地使用权的抵押变更登记均未记载于上不动产登记簿，因此，遵义县信用社对上述四宗土地使用权不享有抵押权，原审未确认其优先受偿权符合法律规定，并无不当。

《吉林省高级人民法院民事审判第二庭关于商事审判若干疑难问题的解答(一)》就“主合同当事人双方协议以新贷偿还旧贷，新贷与旧贷系同一抵押人以依法应当办理抵押登记的同一财产设定抵押，旧贷抵押已办理抵押登记，新贷未办理抵押登记，债权人是否享有抵押权?”，认为：“在此情形下，债权人不享有抵押权。根据物权法第一百七十七条第一项的规定，主债权消灭，担保物权消灭。旧贷主债权因被新贷借款偿还而消灭，旧贷设定的抵押权亦消灭。新贷的抵押因未办理抵押登记，根据物权法第一百八十七条‘以本法第一百八十条第一款第一项至第三项规定的财产或者第五项规定的正在建造的建筑物抵押的，应当办理抵押登记。抵押权自登记时设立’的规定，抵押权未设立。”

第二种观点认为，“借新还旧”在本质上是对旧贷款的一种特殊形式的展期，即延长了旧贷款的还款期限，原债权债务关系继续存续。在将“借新还旧”解释为贷款展期的前提之下，根据《不动产登记暂行条例实施细则》第六十八条的规定，贷款展期属于主债务履行期限发生变更，当事人应当持不动产权属证书、不动产登记证明、抵押权变更等必要材料，申请抵押权变更登记。就贷款展期未办理不动产抵押权变更登记的，多数判决认为，贷款展期并未产生新的债权债务关系，并不是抵押权消灭的法定事由，贷款展期后，即使未办理抵押权变更登记，也不影响抵押权效力。在“兴业银行股份有限公司南昌分行、江西银行股份有限公司南昌铁路支行与江西海翔钙业有限公司、江西省华昊实业有限公司等金融借款合同纠纷再审案”[①] 中，兴业南昌分行申请再审时主张：“在借款展期后，铁路支行与华昊公司没有办理抵押登记手续，依法不享有抵押权。原判中没有关于铁路支行办理抵押展期的相关证据，即在借款展期后铁路支行与华昊公司未办理抵押展期登记手续。在主合同变更的情况下，铁路支行没有办理抵押展期登记，不能对抗第三人。”就此，最高人民法院认为：

铁路支行对36042608200064采矿权证办理抵押登记时间在兴业南昌分行之

① 最高人民法院（2016）最高法民申3393号民事裁定书。

前，根据《物权法》第一百九十九条“抵押权已登记的，按照登记的先后顺序清偿”的规定，兴业南昌分行主张铁路支行对C360400201304613 0129596采矿权证不享有抵押权，缺乏法律和事实依据。

在“中国长城资产管理公司北京办事处与上海中油天宝钢管有限公司、上海中油天宝巴圣钢管有限公司等金融借款合同纠纷案”① 中，上海市高级人民法院更是明确指出：

8002199114000002号《盛京银行最高额抵押合同》项下的闵201412028040号《抵押权登记（房地产抵押）》证书载明了所担保债权的发生期间，涉案借款展期后的到期日虽超过上述期间，但因《人民币借款展期合同》系对《盛京银行流动资金借款合同》的部分条款变更，展期后的借款本金、利息等债权和展期前之债权为同一债权，而非独立之债权，故借款展期未办理不动产抵押权变更登记手续，不影响抵押权效力。

本书作者认为，“新贷”和“旧贷”的保证人为同一人时“旧贷”因清偿而消灭，担保“旧贷”的保证合同也消灭，同一保证人为“新贷”再次提供保证，无意思表示上的瑕疵，自应承担保证责任。但在抵押、质押的情形，“旧贷”因清偿而消灭，担保“旧贷”的抵押权或质权也消灭，此时，基于原担保合同已经办理的担保物权登记，即使未注销，也无实定法上的登记效力；虽然同一担保人就“新贷”和同一债权人签订了抵押合同或质押合同，但未就重新设立的抵押权或质权办理登记，对于采行登记生效主义的抵押权或质权而言，即为抵押权或质权未设定，债权人就担保财产并不取得优先受偿权。此时，即使抵押人或出质人就“新贷”和“旧贷”都提供了物上保证，但就“新贷”因未办理设立登记而无法起到物上担保的作用，上述“其一”的解释结论也就无法准用于抵押、质押的情形。

四、当事人约定原已登记的担保物权继续担保“新贷”的处理

就此，一种裁判观点认为，抵押人和银行约定将借款已清偿但未办理注销登记的不动产抵押权用以担保新发生的借款，因双方未重新办理抵押权设立登记，应认定该抵押权未有效设立，未注销的抵押权不具有担保新发生借款的法律效果，抵押人不应承担抵押担保责任。此时，可以基于各方当事人真实的意思表示，运用法律行为转换理论，将抵押人的责任界定为为借款承担保证担保责任。在“新疆石河子农村合作银行与刘峻瑞、步春华借款合同纠纷再审案”② 中，最高人民法院认为：

《担保法》关于不动产担保物权的设定必须履行登记手续的规定，系为贯彻

① 上海市高级人民法院（2016）沪民初7号民事判决书。

② 最高人民法院（2015）民申字第2354号民事裁定书。

公示原则以保护善意第三人的利益和交易安全，对公示原则的违反尚不构成为法律秩序和法律的基本价值所不容的行为，故对于未履行登记手续的抵押合同，其法律效力并非确定无效。为救济其法律效力的瑕疵，除可以通过补办登记手续这种方式加以补正使其发生法律效力外，还可以通过解释上的转换这一方式，将其转换为有效的担保行为，以节约交易成本，促进交易发展。根据民法基本原理，法律行为的转换是指原有行为如果具备替代行为的要件，并且可以认为当事人如果知道原有行为不生效力或无效将希望替代行为生效的，可以将原有行为转换为替代行为而生效。其制度趣旨在于不拘泥于法律行为的外观，而是在尊重当事人的真实意思的基础上，对交易作出新的评价，用一种适当的行为去替换当事人所选择的不适当的行为，以平衡当事人之间的利益。就本案而言，以此前的抵押登记继续为案涉20万元贷款提供担保，是刘峻瑞和合作银行缔约时的真实意思表示，且在案涉贷款的催收环节和本案诉讼的初期阶段，刘峻瑞亦未以其提供的房产担保不生效力为由进行过抗辩。由此不难得出结论，如果合作银行和刘峻瑞在案涉20万元借款合同和担保合同签订之时，就知道这种以在先的抵押登记担保在后发生的另一笔债权并不能产生法律效力，在不办理登记以节约抵押登记费用的情况下，双方会选择由刘峻瑞提供保证这一合法有效的担保方式，以保证贷款合同的顺利履行。相反，若仅机械适用法律认定本案房产抵押因未登记就不发生任何法律效力，则刘峻瑞不承担担保责任的结果将会明显背离一般社会大众的公平认知，亦显然有违诚实信用原则。因此，根据本案的实际情况，本院将案涉20万元的抵押担保合同转换为连带责任保证合同。

但也有另一种观点认为，原借款合同项下主债权已因受偿归于消灭，但当事人并未在主债权受偿后在登记机构申请注销抵押登记并缴销他项权利证书，因此，在其所担保的主债权消灭后并不必然发生抵押权也随之消灭的法律后果，抵押登记仍然发生法律效力。抵押人与抵押权人约定将此未注销的抵押权用于担保后发生的新借款并不违反法律的禁止性规定。在“中信银行股份有限公司兰州分行与甘肃华宁东方贸易有限公司等金融借款合同纠纷上诉案”[①] 中，最高人民法院认为：

对华宁公司与中信银行的案涉8000万元贷款合同，张国光、乔红霞、薛明签订有2015年4月28日《最高额抵押合同》予以担保，抵押财产为张国光所有登记在兰房他证（七里河）字第××号他项权证项下房产、乔红霞所有登记在兰房他证（七里河）字第××号他项权证项下房产和薛明所有登记在兰房他证（七里河）字第××号他项权证项下房产，与2014年4月22日《最高额抵押合同》项下抵押房产相同，于2014年4月23日已办理了他项权利登记，且在登记后未办

① 最高人民法院（2017）最高法民终210号民事判决书。

理涂销登记并缴销他项权利证书。因此，依据《物权法》第十四条之规定，对案涉房产设立的抵押权并未消灭，抵押登记仍然有效。虽然在2014年4月23日抵押权设立后，华宁公司与中信银行签订有相应的《综合授信合同》，约定由2014年4月22日《最高额抵押合同》项下抵押财产予以担保，且该合同项下综合授信额度内所发生的主债权已因受偿归于消灭，但因抵押人和抵押权人在主债权受偿后均没有在抵押登记机关申请涂销抵押登记并缴销他项权利证书，因此在所担保的主债权消灭后并不必然发生抵押权也随之消灭的法律后果，抵押登记仍然发生法律效力。……本案中，张国光、乔红霞、薛明于2015年5月28日与中信银行签订新的《最高额抵押合同》时，在合同所附抵押物清单中签字确认了以2014年4月23日设立抵押权的抵押房产为该合同项下抵押物，并将已取得的他项权利证书作为合同附件，因此对于抵押合同三项基本构成要素抵押人、抵押权人、抵押物而言，张国光、乔红霞、薛明三人先后与中信银行签订的《最高额抵押合同》的约定是相同的。按照法律规定和办理抵押登记的一般操作流程，抵押人和抵押权人在就抵押财产再次订立抵押担保协议后，本应到登记机关先申请办理涂销原抵押权登记，然后再申请办理新的抵押权登记，对抵押物新设立抵押权。但根据张国光、乔红霞、薛明与中信银行2015年5月28日签订的《最高额抵押合同》中有关抵押物的约定及其附件为2014年4月23日办理的抵押房产他项权证的事实，可以认定，双方当事人采取了变通的方式，于订立新的最高额抵押合同之后，留用原先办理的他项权利证书，并将该他项权利证书作为合同的附件继续使用。该变通做法虽与常规做法有所不同，但并不违反《物权法》第十四条之规定，同时在一定程度上也简化了当事人先办理涂销登记然后又办理设立登记之繁琐的程序。因此，根据案涉抵押人与抵押权人先后签订《最高额抵押合同》和履行合同及办理抵押登记的情况，本案实际是当事人先办理了抵押登记，然后又签订了新的抵押合同，且由于签订的是最高额抵押合同，故抵押权设立在先，所担保债权发生在后，并不违反相关法律的禁止性规定。由此，作为抵押人的张国光、乔红霞、薛明应按照所签《最高额抵押合同》的约定，以其各自所有的抵押房产，为华宁公司的案涉8000万元债务承担抵押担保责任。

《会议纪要》认为，当事人约定继续为新贷提供担保的，旧贷上未涂销登记的担保物权仍然可以担保“新贷”。即标的物上担保登记的持续存在，足以公示标的物上的权利负担，不会危及到与担保人就标的物进行交易的其他第三人的利益。但就“旧贷”和“前贷”之间已就抵押物取得物权利益和租赁权的第三人而言，这一解释方案直接影响到了其权利顺位。同时，这一解释结论可能会影响到抵押权顺位升进和固定的学说选择。

五、“借新还旧”和多重抵押的特殊情形

以上所及的仅为简单的一次抵押的情况，实践中往往不会这么模式化，实践

中主要出现了三种比较复杂的抵押权结构。

第一种是“借新还旧”，当事人之间在还完先前附有抵押权的贷款之后又借款并且设立抵押，这种情况特殊在原先借款偿还完毕是否意味着旧抵押权的消灭，后设抵押权设立时间是否与先设抵押权同一。对此情形的处理结果，司法实践中存在争议。

一种观点认为，先设定的抵押权因“借新还旧”而得以存续，其顺位由最先设定抵押权的时间加以确定。如在“青岛利群投资有限公司、青岛利群集团担保投资有限公司与齐商银行股份有限公司等执行异议复议案”[①] 中，山东省高级人民法院认为：

借款种类、借款用途的调整，只要不违反法律的强制性规定，为该借款所设定的抵押权，就是合法有效的，只要抵押关系在时间上不间断，抵押权的效力就不间断，也只有这样才能保证金融机构贷款的安全。2002 年 12 月 26 日、2002 年 12 月 27 日、2003 年 3 月 12 日三笔贷款设立抵押权的时间均为贷款的当日，均早于 2004 年 11 月 6 日租赁合同签订的时间，2004 年 12 月 24 日上述三笔贷款均展期至 2006 年 11 月 23 日。2005 年 11 月 24 日，抵押房产在取得房产证，重新办理他项权证时，将上述三笔贷款 6000 万元及 2004 年 5 月 19 日办理的 1000 万元无抵押贷款，共 7000 万元合并到一贷款合同之中，其贷款期限仍为 2006 年 11 月 23 日止，抵押期间从未中断。

另一种观点认为，“借新还旧”导致旧的主债务因履行而消灭，相应的抵押权也随之一并消灭，如重新办理了抵押登记，抵押权的顺位应依新登记的时间而确定。如在“青岛利群投资有限公司、青岛利群集团担保投资有限公司与齐商银行股份有限公司等执行异议申诉案”[②] 中，最高人民法院认为：

贷新还旧是在旧贷款尚未清偿的情况下，借贷双方再次签订贷款合同，以新贷出的款项清偿旧的贷款。对这种安排下的法律后果，应当认为原贷款合同已经履行完毕，即 7000 万元新贷款合同签订并履行后，其所涵盖的先期四份贷款合同已经履行完毕。《担保法》第五十二条规定：“抵押权与其担保的债权同时存在，债权消灭的，抵押权也消灭。”故随着原四份贷款合同的主债务履行完毕，相应的抵押权也一并消灭。此时，齐商银行对涉案房屋的抵押权，应当视为自 2005 年 11 月 28 日起重新成立，晚于利群担保公司租赁权的设立时间，即租赁在先，抵押在后。

本案中，在在建工程抵押权转为房地产抵押权，最高人民法院改变了山东省高级人民法院“重新办理抵押登记系对在建工程抵押权的完善与进一步确认，并

① 山东省高级人民法院（2013）鲁执复议字第 5 号执行裁定书。

② 最高人民法院（2013）执监字第 67 号执行裁定书。

非是重新设定的新的抵押”的观点，以重新办理的房地产抵押权登记时间来确定在建工程抵押权与租赁权之间的先后关系。在建工程（正在建造中的建筑物）抵押权是一种不同于建筑物抵押权的类型，其与建成后的建筑物抵押权之间的关系如何认定不无疑问。在解释上，在建工程抵押权属于本登记，其在效力上至少要强于不动产抵押权预告登记。仅就不动产抵押权预告登记转为本登记而言，基于预告登记的顺位保全效力，不动产抵押权的效力应溯及至预告登记之时。

第二种是当事人之间连续设立抵押，中间无还款行为，后设抵押是否与先设抵押性质同一。在“刘玉书与胡平等房屋租赁合同纠纷再审案”[①]中，案涉租赁房屋曾设定有三次抵押登记，其中第一次设定时间为2004年4月1日，抵押权人为重庆农资化肥，抵押于2006年6月29日注销；第二次抵押登记设定时间为2006年6月27日、第三次为2007年6月29日，第二、三次抵押登记的抵押权人均为重庆长寿区农信社。重庆市高级人民法院认为：

> 从三次抵押登记情况可见，第一次抵押登记的抵押权人与第二、三次的抵押权人不相同，第一次抵押登记与第二、三次抵押登记并非法律意义上的连续设定的抵押。原一审判决将三次抵押事实视为同一抵押，进而认定2005年6月28日《租房合同》系在抵押权设立后进行的出租而不得对抗已登记的抵押权，系认定事实错误。

第三种是抵押人连续为不同的抵押权人设定抵押。对此情形的处理为：“一旦数个抵押权与租赁共存于同一标的物，并有先抵押后租赁的情形时，要视具体情况进行法律适用，以A把房屋先后设定抵押权给B、C，并出租给D为例：(1)在先抵押给B、后出租给D、再抵押给C的情形，B、D的关系由190条2句调整，可适用本书作者的上述结论；D、C的关系由《物权法》第一百九十条第1句调整，优先保护D；B、C的关系由《物权法》第一百九十九条（第一项）调整，优先保护B。(2)在先抵押给B、后抵押给C、再出租给D的情形，B、C的关系由《物权法》第一百九十九条（第一项）调整，优先保护B；在此基础上，B、D或C、D的关系由190条2句调整。”[②]

六、《担保法解释》第三十九条的适用范围

关于《担保法解释》第三十九条是否只适用于金融借款而不适用于民间借贷合同的问题，司法实践中存在争议。如在“谢守富、徐州海天石化有限公司与卞松祥、刘正等民间借贷纠纷再审案”[③]中，二审法院认为：

---

① 重庆市高级人民法院（2015）渝高法民提字第00052号民事裁定书。

② 常鹏翱：《先抵押后租赁的法律规制——以〈物权法〉第一百九十条第2句为基点的分析》，载《清华法学》2015年第2期。

③ 江苏省高级人民法院（2018）苏民再291号民事判决书。

从法律解释的角度来看，《担保法解释》三十九条是对《担保法》三十条规范的解释和补充，并明确将在保证人不知情“以新贷偿还旧贷”导致保证人不承担保证责任这一情形法定化。从最高人民法院解释的原意来看，《担保法解释》三十九条中“以新贷偿还旧贷”指向的是金融机构与借款人约定以新贷款偿还旧贷款的行为。也就是说该三十九条系针对金融借款合同纠纷的特定规则，其不能适用于民间借贷纠纷。

江苏省高级人民法院再审认为：

该规定（《担保法解释》第三十九条）可适用于民间借贷合同。首先，从该规定的文意上来看，该规定并未将适用范围限定为金融借款合同，而排除在民间借贷合同中适用，且将该规定仅适用于金融借款合同也违反民法平等保护原则。其次，该规定系对《担保法》第三十条的解释，《担保法》第三十条规定，主合同当事人双方串通，骗取保证人提供保证的，保证人不承担民事责任。借款合同当事人如果事先不将旧贷款尚未偿还，并且将以新贷款偿还旧贷款的情况告知后一保证人，则属于债务人向保证人隐瞒其不能清偿到期债务的事实，与债权人恶意串通通过发放新贷偿还旧贷，骗取保证人对该变相延长了贷款期限的贷款提供保证的行为。……该恶意串通行为不因出借人身份而区别，保证人不应对此承担保证责任。最后，《担保法解释》第三十九条的规定作为《担保法》第三十条在具体情形的解释，表明只要符合该规定的要件事实即属于恶意串通的情形，借新还旧范围内的担保合同无效，对该解释不能再继续作出限缩解释。借款当事人是否以偿还旧贷作为新贷的主要目的，不影响该规定的适用。

在“淄博金海岸电子科技有限公司与卢翠丽、齐建军民间借贷纠纷申请再审案”[①] 中，当事人均不是金融机构，其中保证人申请再审认为债权人与债务人“借新还旧”，因而保证人应免除保证责任。最高人民法院认为：

因现有证据不能证明担保人淄博金海岸电子科技有限公司、山东金苹果实业有限公司、王正明、孙海燕对该以新贷还旧贷的事实是明知或应当知道，故再审申请人要求依据《最高人民法院关于适用〈中华人民共和国担保法〉若干问题的解释》第三十九条关于“主合同当事人双方协议以新贷偿还旧贷，除保证人知道或者应当知道的外，保证人不承担民事责任”的规定，免除其担保责任，理由成立，对再审申请人是否明知或应当知道的问题应当予以查清。

本案中，在非金融机构的情形下，法院亦应适用《担保法解释》第三十九条，明确认可在民间借贷中可以适用《担保法解释》第三十九条。

---

① 最高人民法院（2014）民申字第1711号民事裁定书。

【附：起草过程中的争议】

《会议纪要（稿）》

4.【借新还旧的担保责任】贷款到期后，借款人与贷款人签订新的借款合同，将新贷出的款项用于归还旧贷，旧贷因清偿而消灭的，其上的担保也随之消灭。贷款人以担保人尚未进行涂销登记为由，主张担保人仍应承担相应的担保责任的，人民法院不予支持。担保人同意继续为新贷提供担保的，为重新设定的担保，应重新计算担保期限。

《会议纪要（哈尔滨征求意见稿）》

60.【借新还旧的担保责任】贷款到期后，借款人与贷款人签订新的借款合同，将新贷出的款项用于归还旧贷，旧贷因清偿而消灭的，其上的担保也随之消灭。贷款人以担保人尚未进行涂销登记为由，主张担保人仍应承担相应的担保责任的，人民法院不予支持。

《会议纪要（公开征求意见稿）》

57.【借新还旧的担保责任】贷款到期后，借款人与贷款人签订新的借款合同，将新贷出的款项用于归还旧贷，旧贷因清偿而消灭的，其上的担保物权也随之消灭。贷款人以担保人尚未进行涂销登记为由，主张担保人仍应承担相应的担保责任的，人民法院不予支持，但当事人约定原担保继续有效的除外。

第五节 担保债权的范围

【会议纪要条文】

58.【担保债权的范围】以登记作为公示方式的不动产担保物权的担保范围，一般应当以登记的范围为准。但是，我国目前不动产担保物权登记，不同地区的系统设置及登记规则并不一致，人民法院在审理案件时应当充分注意制度设计上的差别，作出符合实际的判断：一是多数省区市的登记系统未设置“担保范围”栏目，仅有“被担保主债权数额（最高债权数额）”的表述，且只能填写固定数字。而当事人在合同中又往往约定担保物权的担保范围包括主债权及其利息、违约金等附属债权，致使合同约定的担保范围与登记不一致。显然，这种不一致是

由于该地区登记系统设置及登记规则造成的该地区的普遍现象。人民法院以合同约定认定担保物权的担保范围，是符合实际的妥当选择。二是一些省区市不动产登记系统设置与登记规则比较规范，担保物权登记范围与合同约定一致在该地区是常态或者普遍现象，人民法院在审理案件时，应当以登记的担保范围为准。

【条文要义】

本条系结合《物权法》第九条、第十六条、第一百八十七条，对第一百七十三条的解释。

第一，在我国物权法明确区分合同效力和物权变动的情形之下，仅仅抵押合同的约定并不当然产生物权效力。也就是，虽然法律上规定了当事人之间就担保范围未作约定时的缺省规则，但并不表明这些附属债权可无须登记即为抵押权效力之所及。我国实定法坚持了不动产登记的公示公信力，不动产登记的公示公信最终通过不动产登记簿而得以彰显。由于不动产登记簿记载的债权数额为主债权（原债权、本金）数额，不包括违约金、利息、损害赔偿金以及实现抵押权费用等附属债权，其公示出来的数额必然会使后顺位物权人或无担保的一般债权人形成信赖。法院最终判决抵押权人优先受偿范围以合同约定为准，超出了登记记载的主债权数额，显然有损后顺位物权人或一般债权人债权的实现。基于此，《会议纪要》指出，以登记作为公示方式的不动产担保物权的担保范围，一般应当以登记的范围为准。

第二，在我国目前不动产抵押登记实践中，不同地区的系统设置及登记规则并不一致，法院在审理案件时应当充分注意制度设计上的差别，作出符合实际的判断：一是多数省区市的登记系统未设置“担保范围”栏目，仅有“被担保主债权数额（最高债权数额）”的表述，且只能填写固定数字。而当事人在合同中又往往约定担保物权的担保范围包括主债权及其利息、违约金等附属债权，致使合同约定的担保范围与登记不一致。显然，这种不一致是由于该地区登记系统设置及登记规则造成的该地区的普遍现象。人民法院以合同约定认定担保物权的担保范围，是符合实际的妥当选择。二是一些省区市不动产登记系统设置与登记规则比较规范，担保物权登记范围与合同约定一致在该地区是常态或者普遍现象，人民法院在审理案件时，应当以登记的担保范围为准。

第三，本条所持解释论不宜扩及至最高债权额的认定。最高额抵押权、最高额质权中的最高债权额的解释，涉及物权法定原则之下就“最高额”的具体理解，登记实践中就此也没有作出不符合《物权法》规定的安排，不宜以合同约定确定“最高额”。

【深度阐释】

不动产抵押权是就抵押财产的变价款优先受偿的权利，在性质上属于变价权。[①] 不动产抵押权为担保抵押权人（债权人）的债权而设定，其优先受偿范围也就自然是其所担保的特定债权。《物权法》第一百七十三条规定："担保物权的担保范围包括主债权及其利息、违约金、损害赔偿金、保管担保财产和实现担保物权的费用。当事人另有约定的，按照约定。"这里，明确将不动产抵押权优先受偿的范围界定为"主债权及其利息、违约金、损害赔偿金、保管担保财产和实现担保物权的费用"，但又允许当事人之间就此作出例外安排。如此，《物权法》第一百八十五条第二款将"担保的范围"作为抵押合同的一般条款，倡导当事人在书面形式的抵押合同中作出明确约定，在解释上，就此未作约定者，依同法第一百七十三条所定缺省规则（法定担保范围）来确定。

一、不动产抵押权担保债权范围的解释论

在物权法定原则之下，不动产抵押权属于《物权法》所定"担保物权"（上位阶物权种类）中"抵押权"（中位阶物权种类）的"一般抵押权"（下位阶物权种类）的亚类型（其他包括动产抵押权、浮动抵押权等），[②] 符合种类法定（类型强制）的要求；不动产抵押权的内容体现为就特定财产的变价款在特定范围内优先受偿，就此，《物权法》第一百七十九、一百九十五条定有明文。由于不动产抵押权作为一种物权，具有绝对性，其支配对象及范围都应当相对明确，以使物权法律关系更为确定。[③] 依不动产物权登记公示法理，不动产抵押权的优先受偿范围当属抵押权的内容，依法应经登记，才能取得物权效力。不动产抵押权人仅能依登记的内容行使其权利，"为使此项约定（即当事人间关于担保范围的约定）构成抵押权的内容，自应于抵押权设定登记时一并登记，始生物权之效力。"[④] 应当注意的是，不能仅因《物权法》第一百七十三条就担保范围做了规定，就认为抵押权人可就抵押财产的变价款在该范围内享有优先受偿权。该条规定实际上是抵押合同中的一个条款，在我国物权法明确区分合同效力和物权变动的情形之下，仅仅抵押合同的约定并不当然产生物权效力。也就是，虽然法律上规定了当事人

---

① 在实定法上，我国《物权法》第一百九十五条"抵押权人……以抵押财产折价或者以拍卖、变卖该抵押财产所得的价款优先受偿"的文义清晰地表达了这一点。

② 本处的分析采纳了常鹏翱教授关于物权种类层级的观点，参见常鹏翱：《物权法定原则的适用对象》，载《法学》2014 年第 3 期。

③ 参见郑冠宇：《民法物权》，台湾地区新学林出版股份有限公司 2014 年版，第 17 页。

④ 谢在全：《民法物权论（中册）》，中国政法大学出版社 2011 年版，第 660 页。

之间就担保范围未作约定时的缺省规则，但并不表明这些附属债权可无须登记即为抵押权效力之所及。[①] 无论法定的担保范围，还是约定的担保范围，欲使后顺位物权人以及无担保债权人可得知晓，皆应通过登记的办法对不动产抵押权的优先受偿范围予以明确公示。在主债权（原债权、本金）的登记公示上，学术界与实务界并无异议，争论的焦点集中于利息、违约金、损害赔偿金、实现抵押权的费用、保管抵押财产的费用等附属债权是否都需要进行登记以及如何登记。

（一）法定担保范围

一般认为，《物权法》第一百七十三条确立了法定担保范围（缺省规则），当事人在抵押合同中未就担保范围作出特别约定时，默认为法定的担保范围。[②] 当事人可以在抵押合同中约定抵押权担保的债权范围为全额担保或部分担保，“没有明确约定为部分担保的，推定为全额担保。全额担保的范围为债权实际清偿时所存在的范围，包括主债权及利息、违约金、损害赔偿金和实现抵押权的费用。”[③]

如此看来，在当事人之间就担保范围已作约定的情况下，排除法定担保范围的适用，《物权法》第一百七十三条所定法定担保范围也就并不具有当然适用的效力。问题在于，法定担保范围是否无需登记，当事人依然可以主张优先受偿？在允许当事人就担保范围作出例外约定的情况之下，法定担保范围的存在并不能使第三人就担保范围形成预期和认知，如登记簿上未作记载，并不当然表明就应依法定担保范围确定不动产抵押权的优先受偿范围，此际，尚需进一步探知抵押合同的内容，只有在抵押合同中对担保范围未作约定的情况下，才能依法定的担保范围确定当事人之间的权利和义务，但仅此并不能当然得出法定的担保范围未经登记即具有优先受偿效力的结论。事实上，法定担保范围中利息、违约金等附属债权的具体确定仍然端赖于当事人的约定。基于不动产登记簿公示公信力，当事人未对担保范围进行约定时，按法定担保债权范围进行处理，也需登记。因此，“当事人未就抵押权担保范围作任何约定的，也应在登记簿注明‘未约定担保范围’”，[④] 这一处理便于第三人知晓，同时有利于简化登记。但“未约定担保范围”属于从反面来表明担保范围，由此可能使第三人误解为担保范围不包括附属债权。

---

① 参见谢在全：《民法物权论（中册）》，中国政法大学出版社 2011 年版，第 662 页。

② 参见郭明瑞：《担保法》，法律出版社 2010 年版，第 106 页；高圣平、申晨：《不动产抵押登记若干问题探讨——从不动产统一登记条例出发》，载《社会科学》2014 年第 5 期。

③ 刘云生：《物权法》，华中科技大学出版社 2014 年版，第 229 页。

④ 高圣平、申晨：《不动产抵押登记若干问题探讨——从不动产统一登记条例出发》，载《社会科学》2014 年第 5 期。《房屋登记簿管理试行办法》和《房屋登记簿记载内容说明》也采取了类似处理方法。

由此可见，法定担保范围也应当进行登记，在登记簿上未作记载的，也无优先受偿效力，抵押权人仅能就登记的主债权数额优先受偿。此外，对于附属债权的登记，应正面注明为“法定担保范围”或者在登记簿上直接全部勾选各附属债权。这一方案有利于简化登记，相较于从反面进行注明，还能够避免不必要的误解，从而更符合不动产登记“准确、完整、清晰”的要求。[①]此外，法定担保范围属于对当事人可得主张的主债权与附属债权大致范围的预设，是否主张权利还应遵循抵押权人的个人意志，但具体数额除了根据当事人意思确定外，还应受到相关强制性规定的限制。

（二）约定担保范围

基于风险控制的考量，当事人在抵押合同中约定担保范围已成常态。信贷实践中，当事人大都约定“抵押担保的范围为抵押权人在主合同及各具体合同项下的所有债权，包括但不限于借款本金、利息、复利、罚息、违约金、损害赔偿金、实现债权及担保权的费用等。”当事人约定的担保范围未经登记，第三人无从知晓，以该约定拘束第三人即失去正当性。在约定的担保范围中，就主债权（原债权、本金）的约定和登记并无争议，本文以下主要讨论利息、违约金、损害赔偿金、实现抵押权的费用以及保全抵押财产的费用。

1. 利息

利息包括法定利息与约定利息。“法定利息是以国家法律规定为标准而支付的利息，银行贷款的利息即为法定利息。”[②] 有学者认为，法定利息的法定性使其即使不经登记，也当然成为法定担保范围，属于抵押权效力所及范围。[③] 本书作者对此不敢苟同。所谓法定利息，指的是利率（即计算利息的标准）的法定。利息系因当事人约定而生，而非因原本债权而当然存在，当事人在设定不动产抵押权之时，应先就利息一并登记，始生物权效力，未经登记的利息，不应成为不动产抵押权的内容。[④] 在允许约定利率的情形下，法定利率也并不具有当然适用的效力。登记簿上仅有“利息”的登记，未进一步记载利率的，依法定利率。“约定利息是借贷双方当事人约定的借款人支付给出借人的利息”，[⑤] 约定利息欲纳入抵押担保范围，应经登记。在约定利息具体事项登记上，登记内容可以包括起息日

① 《不动产登记暂行条例》第 10 条：“不动产登记机构应当依法将各类登记事项准确、完整、清晰地记载于不动产登记簿。任何人不得损毁不动产登记簿，除依法予以更正外不得修改登记事项。”

② 高圣平：《担保法论》，法律出版社 2009 年版，第 253 页。

③ 参见吴庆宝主编：《物权担保裁判原理与实务》，人民法院出版社 2007 年版，第 316～317 页。

④ 参见郑冠宇：《抵押权担保债权之效力范围》，载《台湾法学杂志》2010 年第 2 期。

⑤ 高圣平：《担保法论》，法律出版社 2009 年版，第 253 页。

期、付息日期以及利息计算方法即利率。[①] 在利息数额限制上，《民间借贷解释》第二十六条第二款前句规定，借贷双方约定的利率超过年利率36%，超过部分的利息约定无效。学界有观点认为，当事人约定的利息超过国家规定的最高利率，超过部分无效，不予保护，不能纳入抵押担保范围。[②] 在民间借贷交易中，当事人约定的利息超过36%的，亦应准予登记，但是在债权实现时，对于超过36%的部分无效，债权人就此部分并不享有债权请求权，也就更无从主张优先受偿权。如此处理即不违背不动产登记以形式审查为主、实质审查为辅的原则。

2. 违约金

违约金具有补偿性，不能完全等同于预定的损害赔偿，我国《合同法》没有确认违约金为预定的损害赔偿。[③] 因此，违约金和损害赔偿金两者之间不相冲突，可以同时被纳入担保范围，并可以同时主张。也有学者不赞成将违约金和损害赔偿金同时登记、并可同时享有优先受偿权的观点。[④] 本书作者认为，基于《物权法》第一百七十三条对违约金和损害赔偿金的并列规定，抵押权人就违约金和损害赔偿金均可主张优先受偿，主张的前提是登记簿的记载，但在具体受偿数额上，适用相关规定的限制。违约金一般分为惩罚性违约金和补偿性违约金，两者均属于抵押权的担保范围。[⑤] 在数额限制上，当事人约定违约金的，按约定支付违约金，但存在过高于损失需要适当减少或过低于损失需要适当增加时，计入担保范围的违约金应当以人民法院或仲裁机构最终确定的数额为准。[⑥]

在登记问题上，有学者认为违约金取决于当事人的约定，无论是否登记，都应属于担保范围；[⑦] 持相反观点的学者认为，正因违约金本由当事人之间的约定，故需要登记。[⑧] 此外，还有学者认为，不仅违约金欲纳入担保范围必须进行登记，

---

① 参见郭明瑞：《担保法》，法律出版社2010年版，第106页；马俊驹、陈本寒主编：《物权法》（第二版），复旦大学出版社2014年版，第305页；徐海燕、李莉：《物权担保前沿理论与实务探讨》，中国法制出版社2012年版，第168页。

② 参见郭明瑞：《担保法》，法律出版社2010年版，第106页；梅夏英、高圣平：《物权法教程》（第三版），中国人民大学出版社2015年版，第276页。

③ 参见王利明：《合同法研究（第二卷）》，中国人民大学出版社2015年版，第707页。

④ 何小勇、余蓉：《不动产抵押担保范围登记及其法律效力问题探讨——以银行房地产抵押担保债权的实现为例》，载《金融法制》2015年第3期。

⑤ 参见陈华彬：《民法物权论》，中国法制出版社2010年版，第415页。

⑥ 参见胡康生主编：《中华人民共和国物权法释义》，法律出版社2007年版，第373～374页；郭明瑞：《担保法》，法律出版社2010年版，第106～107页。

⑦ 参见王仰光：《动产浮动抵押权制度研究》，法律出版社2012年版，第169页；吴庆宝主编：《物权担保裁判原理与实务》，人民法院出版社2007年版，第317页。

⑧ 参见徐海燕、李莉：《物权担保前沿理论与实务探讨》，中国法制出版社2012年版，第168页。

并且需要“写明违约金的准确数额或计算方法”,[①] 否则虽然存在请求权，但不得就抵押物拍卖变卖的价款优先受偿。[②] 本书作者坚持认为，当事人之间的违约金约定存在数额或计算方法上的差异，仅在登记簿上勾选违约金，无法使第三人对主债务的违约金部分形成确切的认知，因此应进一步记载违约金的准确数额或计算方法，未经登记，债权人只享有一般的债权请求权，不享有优先受偿权；对于登记的违约金过分高于债权人所受损失的，就超过部分，债权人不仅不享有优先受偿权，而且不享有债权请求权。

3. 损害赔偿金

损害赔偿金是一种“法定性债务”,[③] 是因主债权未受清偿而发生的债权，与主债权具有同一性。“违约金与损害赔偿都具有代替给付的性质。如果不将它们纳入担保物权的担保范围，就有可能纵容债务人不履行债务，对债权人的保护是不够的。”[④] 因此，损害赔偿金属于抵押权的担保范围。

不同于违约金，损害赔偿金是事后根据实际损失来确定,[⑤] 事先不具有确定性，在不动产登记簿上的记载也就具有了不同于违约金的特点，只需在“担保范围”栏勾选“损害赔偿金”即可，无须进一步记载其具体金额。本书作者曾经主张，损害赔偿金具有事后确定性，其具体数额只有在仲裁或者诉讼中才能确定，因此损害赔偿金虽然不能进行登记，但仍应将其纳入担保范围，赋予其优先受偿效力。[⑥] 正如前述，损害赔偿金虽为法定性债务，但仅表明抵押权所担保的主债务中此部分在发生上具有法定性，仍可因当事人的约定将其排除于担保范围之外，如未在登记簿担保范围中加以记载，第三人即可认为抵押权所担保的债权因主债当事人的特别约定予以排除，因此，损害赔偿金亦须经登记才取得优先受偿效力。在赔偿数额上，“在法律没有特别规定或者当事人没有约定的情况下，应按照完全赔偿原则确定具体赔偿数额。赔偿全部损失，既包括赔偿现实损失，也

---

① 参见高圣平、申晨：《不动产抵押登记若干问题探讨——从不动产统一登记条例出发》，载《社会科学》2014 年第 5 期。

② 参见高圣平：《担保法论》，法律出版社 2009 年版，第 254 页；何小勇、余蓉：《不动产抵押担保范围登记及其法律效力问题探讨——以银行房地产抵押担保债权的实现为例》，载《金融法制》2015 年第 3 期。

③ 参见高圣平、申晨：《不动产抵押登记若干问题探讨——从不动产统一登记条例出发》，载《社会科学》2014 年第 5 期。

④ 全国人大常委会法制工作委员会民法室编：《〈中华人民共和国物权法〉条文说明、立法理由及相关规定》，北京大学出版社 2017 年版，第 349 页。

⑤ 参见高圣平：《担保法论》，法律出版社 2009 年版，第 254 页。

⑥ 参见杨立新：《物权法》，法律出版社 2013 年版，第 374 页；梅夏英、高圣平：《物权法教程》（第三版），中国人民大学出版社 2015 年版，第 278 页。

包括赔偿可得利益损失。”① 但是，可得利益损失的范围纳入担保范围时，应当受到可预见规则、减损规则、损益相抵规则以及过失相抵规则等的限制。②

4. 实现抵押权的费用

实现抵押权的费用，是指抵押权人因行使抵押权所支付的一切费用，包括抵押财产的估价鉴定费、拍卖、变卖费用和诉讼费用等。“实现担保物权的费用是由于债务人不及时履行债务导致，这些费用理应由债务人承担，否则不利于保护担保物权人的利益。”③ 因此，实现担保物权的费用自属担保范围。④ 此外，与前述损害赔偿金等法定性债务不同的是，实现担保物权的费用是为参与担保物权实现的所有债权人的利益支出的费用，具有共益性。在没有相反约定的情形下，虽然该费用多由实现抵押权的债权人预付，但最终应由债务人承担，因此，赋予抵押权人对其所支付的实现抵押权费用就抵押物依法定实现方式所得价款优先受偿的权利，更加符合公平原则。实现抵押权的费用与损害赔偿金不同，无需登记，当然地纳入不动产抵押权优先受偿的范围。

实现抵押权的费用也应受费用必要性的限制。当实现抵押权的费用是必要费用，即抵押权人为实现抵押权而不得不支付的费用时，不对抵押权人此种利益进行保护，法律制度设计的保护债权人目的就无法实现。⑤ 这意味着，“担保物权人应本着诚实信用的原则实现担保物权，所花的费用也应当合理，对不合理的费用不应当纳入担保的范围。”⑥

5. 保管抵押财产的费用

在抵押关系中，抵押财产由抵押人自己保管，保管抵押财产的费用已由抵押人自行承担，自不应纳入担保范围，⑦《物权法》第一百七十三条所定“保管担保财产的费用”也就不应确定为不动产抵押权优先受偿的范围。但是，在实务中不能排除例外情形，比如抵押权人支付的房屋修缮费等保全抵押财产的费用。是否有必要将保全抵押财产的费用纳入抵押担保范围？

本书作者对此持肯定观点。我国《物权法》第一百九十三条规定，抵押人的行为足以使抵押财产价值减少的，抵押权人有权要求抵押人停止使抵押财产价值减少的行为。抵押财产价值减少的，有权要求恢复抵押财产的价值，或者提供与

---

① 全国人大常委会法制工作委员会民法室编：《〈中华人民共和国物权法〉条文说明、立法理由及相关规定》，北京大学出版社2007年版，第306页。

② 参见胡康生主编：《中华人民共和国物权法释义》，法律出版社2007年版，第374页。

③ 全国人大常委会法制工作委员会民法室编：《〈中华人民共和国物权法〉条文说明、立法理由及相关规定》，北京大学出版社2007年版，第306页。

④ 参见高圣平：《担保法论》，法律出版社2009年版，第255页。

⑤ 参见费安玲、刘智慧、高富平：《物权法》，高等教育出版社2011年版，第441页。

⑥ 胡康生主编：《中华人民共和国物权法释义》，法律出版社2007年版，第375页。

⑦ 胡康生主编：《中华人民共和国物权法释义》，法律出版社2007年版，第375页。

减少的价值相应的担保；抵押人不恢复抵押财产的价值也不提供担保的，抵押权人有权要求债务人提前清偿债务。但是，在抵押人对于抵押物实施价值减损的行为从而危及抵押权人优先受偿权的具体实现范围之时，存在抵押权人采取第一百九十三条规定的救济措施仍得不到救济或者情事紧迫时不能及时采取第一百九十三条规定的救济措施情形。此际，抵押权人为保全抵押财产或请求抵押人防止抵押物价值减少、恢复抵押物价值所支付的必要费用，因可归责于抵押人的事由而发生，应由抵押人负担，当属抵押权所担保债权的范围，即抵押权人支付的该费用可优先受偿。①

保全抵押财产的费用无论其性质为垫付或无因管理费用，在发生之初系由抵押权人负担，但最终都应由抵押人承担。因此，无论当事人是否约定，以及即使由于事先无法确定而未进行登记，该费用都应当纳入不动产抵押权优先受偿的范围。在比较法上，《瑞士民法典》第八百零八条第三项和我国台湾地区明确规定，保全抵押权的费用无需记载于登记簿册，当然属于担保范围。其法理基础在于：此项费用不仅保全了抵押权人的抵押权，还保全了抵押人的财产，对双方均为有利。② 当然，保全抵押财产的费用也应受到限制，即应符合以下条件：第一，为防止抵押财产因抵押人的作为或不作为而减损所支出的费用；第二，该费用必须是合理、必要的，即确属保全抵押权而不得不支付的费用。③

二、确定不动产抵押权担保债权范围的裁判分歧

基于不动产抵押权的物权属性，在我国《物权法》就因法律行为的物权变动采行债权形式主义模式之下，不动产抵押权自应以登记作为公示方法，且登记是其生效（设立）要件（《物权法》第一百八十七条对此定有明文）。准此，不动产抵押权的优先受偿范围作为抵押权的主要效力内容，应在不动产登记簿上予以记载，以公示特定抵押财产之上的权利负担，第三人可以基于不动产登记簿上的记载，判断抵押财产的剩余价值，预估交易风险，并进而作出理性的商事判断。此为不动产登记簿公示公信力的体现。至于不动产权利证书的记载与不动产登记簿不一致的，《江苏省高级人民法院民事审判第二庭关于当前商事审判若干问题的解答》指出："我们认为，应当以登记机关登记簿的记载为准。《物权法》第十七条规定：不动产权属证书是权利人享有该不动产物权的证明。不动产权属证书记载的事项，应当与不动产登记簿一致；记载不一致的，除有证据证明不动产登记簿确有错误外，以不动产登记簿为准。因此，他项权证上关于房地产抵押价值的

① 参见王泽鉴：《民法物权》，北京大学出版社 2010 年版，第 375 页；谢在全：《民法物权论（中册）》，中国政法大学出版社 2011 年版，第 724 页。

② 参见陈华彬：《民法物权论》，中国法制出版社 2010 年版，第 416 页。

③ 杨立新：《物权法》，法律出版社 2013 年版，第 374～375 页。

记载，不能作为对抵押权人权利范围的限制。在实现抵押权时，其他权利人主张抵押权的范围仅限于他项权证记载的价值，抵押权人对超出部分不享有优先受偿权的，人民法院不应予以支持。”

如此看来，不动产抵押权的优先受偿范围的确定，不仅取决于当事人的约定（未约定即依法定），更端赖于不动产登记簿的记载。我国目前登记实践中所使用的不动产登记簿是国土资源部发布的《不动产登记簿样式（试行）》，其中“抵押权登记信息”中仅设计了“被担保主债权数额”，而没有其他担保范围的登记栏目。这样，不动产抵押权的优先受偿范围是当事人在抵押合同中约定的担保范围，还是不动产登记簿登记的主债权的具体数额，即生疑问。司法实践就此问题的处理存在两种完全不同的解释方案。

一种解释方案认为，应依登记数额确定不动产抵押权优先受偿范围。不动产抵押权优先受偿范围限于不动产登记簿记载的主债权数额，不能扩及至抵押合同已作约定但登记簿未作记载的担保范围。其主要理由在于：

其一，《担保法解释》可直接作为裁判依据。根据《担保法解释》第六十一条规定，抵押物登记记载的内容与抵押合同约定的内容不一致的，以登记记载的内容为准。如在“金萍与李拥军、李玫蓉民间借贷纠纷上诉案”[①] 中，一审法院认为：

金萍与李拥军、李玫蓉签订借款合同后，依法办理了抵押登记手续，故抵押权已依法设定。金萍与李拥军在抵押权设立后虽然另行订了补充协议，对借款利率、借款期限等进行了变更，但我国现行法律并未规定此为抵押权无效的事由。参照《最高人民法院关于适用〈中华人民共和国担保法〉若干问题的解释》第三十条有关“保证期间，债权人与债务人对主合同数量、价款、币种、利率等内容作了变动，未经保证人同意的，如果减轻债务人的债务的，保证人仍应当对变更后的合同承担保证责任；如果加重债务人的债务的，保证人对加重的部分不承担保证责任。债权人与债务人对主合同履行期限作了变动，未经保证人书面同意的，保证期间为原合同约定的或者法律规定的期间。债权人与债务人协议变动主合同内容，但并未实际履行的，保证人仍应当承担保证责任”的规定及本案情况，补充协议签订后对抵押权的影响为：（1）变更后的利率高于原约定，李玫蓉不应对超出原主合同约定利率部分承担抵押责任；（2）变更后的借款期限短于原主合同约定的借款期限，李玫蓉在原主合同约定的借款期限届满前有权拒绝金萍实现抵押权的请求。现因借款合同约定的还款日期 2016 年 11 月 2 日已经过去，

① 江苏省南京市中级人民法院（2017）苏 01 民终 3984 号民事判决书。类似案例参见“安岳县欣通建设投资有限公司、重庆进出口信用担保有限公司追偿权纠纷案”［重庆市高级人民法院（2015）渝高法民初字第 00083 号民事判决书］。

而李拥军、李玫蓉仍未还款付息，故一审法院对金萍要求李玫蓉承担抵押担保责任的诉讼请求予以支持。至于抵押担保的范围，因《物权法》第十六条规定：“不动产登记簿是物权归属和内容的根据。不动产登记簿由登记机构管理。”《最高人民法院关于适用〈中华人民共和国担保法〉若干问题的解释》第六十一条规定：“抵押物登记记载的内容与抵押合同约定的内容不一致的，以登记记载的内容为准。”而登记记载内容为“担保范围为主债权及其利息，被担保主债权数额为200万元”，而该200万元显然仅指借款本金，而未包括利息。有鉴于此及根据金萍履行借款合同的情况，李玫蓉承担抵押担保责任的范围应仅限于96万元本金，而不包括利息、违约金或其他费用。

二审法院认为：

不动产登记簿是有效的表明权利人就不动产所享有的权利的证明文件，具有公信力。《最高人民法院关于适用〈中华人民共和国担保法〉若干问题的解释》第六十一条规定：“抵押物登记记载的内容与抵押合同约定的内容不一致的，以登记记载的内容为准。”《物权法》第一百七十三条规定：“担保物权的担保范围包括主债权及其利息、违约金、损害赔偿金、保管担保财产和实现担保物权的费用。当事人另有约定的，按照约定。”担保范围，是指担保物权人在实现担保物权时就担保标的物的价值而能优先受偿的范围，而本案中的主债权即出借人的出借款项，属于借款合同法律关系中的标的物。担保范围与主债权分别属于两个不同的法律关系，因此对主债权（即被担保主债权）与担保范围不能等同视之。本案中，李玫蓉与金萍在案涉借款合同中约定李玫蓉承担抵押责任的担保范围为本金、利息、违约金及为实现债权支出的费用等，但案涉房屋登记簿中记载李玫蓉对金萍抵押权的担保范围为“主债权及其利息”，根据上述司法解释的规定，抵押人李玫蓉的担保范围应以房屋登记簿记载为准，即为主债权及利息。金萍对案涉房屋享有的抵押权被担保主债权数额登记为200万元，并不能否定当事人之间有关担保范围的约定，现金萍向李拥军实际出借96万元，亦未超过房屋登记簿中记载的主债权数额，因此金萍对李玫蓉名下案涉房产享有抵押权的担保范围应当为96万元本金及其利息，故金萍关于其对案涉房屋优先受偿的范围包括借款利息的上诉意见，具有事实和法律依据，本院予以支持。一审法院对金萍抵押权的担保范围认定有误，本院予以纠正。金萍关于李玫蓉的担保范围包括违约金的上诉意见，与案涉房屋登记簿记载内容不符，本院不予支持。关于李玫蓉承担抵押担保责任的借款利息计算标准，因案涉2016年5月12日补充协议系李拥军与金萍签订，李玫蓉并未在该补充协议中签名确认或者事后予以追认，该补充协议约定的利息标准3个月4%高于2016年5月3日借款合同原约定月息1%，故李玫蓉承担抵押担保责任的借款利息仍然应当依据案涉借款合同确定，李玫蓉应当对96万元借款利息承担抵押担保责任的标准应为月息1%，自2016年5月12日起计算至实际付清之日止。金萍主张李玫蓉承担抵押担保责任的借款利息按3个月4%计算，于法无据，本院不予支持。

还有法院认为，抵押合同与抵押物登记记载的抵押权的担保范围应一致，如果出现不一致，鉴于权证登记的公示效力，应以他项权证登记的内容确定具体数额。如在“中国建设银行股份有限公司上海黄浦支行、崔永新等执行执行分配方案异议纠纷上诉案”[①]中，法院认为：

抵押权登记是导致抵押权获取公信力的必要途径，并具有公示效力。《最高人民法院关于适用〈中华人民共和国担保法〉若干问题的解释》第六十一条规定：“抵押物登记记载的内容与抵押合同约定的内容不一致的，以抵押登记的内容为准。”故抵押合同与抵押物登记记载的抵押权的担保范围应一致，如果出现不一致，鉴于权证登记的公示效力，应以他项权证登记的内容确定具体数额。本案中，建行黄浦支行虽与张云祥签订的抵押合同中约定的抵押债权范围为20万元本金及相应利息、违约金和实现抵押权的费用等，但因建行黄浦支行设立抵押权时登记的债权数额为20万元，鉴于抵押权登记的公示效力，故应以登记的内容确定具体数额，即建行黄浦支行对抵押房屋优先受偿的范围以20万元为限。

其二，不动产登记簿具有公信力，不动产权证书也具有证明作用。根据《物权法》第十七条规定，不动产权属证书是权利人享有该不动产物权的证明，以及《担保法解释》第六十一条规定，抵押登记中他项权证所记载的债权数额明确为主债权数额，在两者不一致的情况下，案涉抵押担保的范围应以登记记载的内容为准。如在“交通银行股份有限公司徐州分行与江苏跃进正宇汽车有限公司金融借款合同纠纷上诉案”[②]中，江苏省高级人民法院认为：

案涉抵押担保的范围如何认定。《物权法》第十七条规定，不动产权属证书是权利人享有该不动产物权的证明。《最高人民法院关于适用〈中华人民共和国担保法〉若干问题的解释》第六十一条规定，抵押物登记记载的内容与抵押合同约定的内容不一致的，以登记记载的内容为准。本案中，交通银行徐州分行享有抵押权的依据是铜房他证铜山镇字第23567号房屋他项权证以及铜他项（2013）第150号土地他项权证。虽然，抵押合同约定的担保范围为包括主合同项下的债务本金、利息、逾期利息、罚息、复利、手续费、违约金、损害赔偿金、实现债权的费用（包括但不限于诉讼费、执行费、保全费、鉴定费、律师代理费、差旅费等）和实现债权的其他一切费用，但是，前述他项权证所记载的债权数额明确为1500万元、1000万元。在两者不一致的情况下，案涉抵押担保的范围应以登

① 江苏省泰州市中级人民法院（2016）苏12民终1298号民事判决书。类似判决还有“李爱清与被告江苏汇康贸易集团有限公司、唐云芳民间借贷纠纷案”[江苏省南京市中级人民法院（2014）宁商初字第132号民事判决书]。

② 江苏省高级人民法院（2014）苏商终字第00530号民事判决书。

记记载的内容为准。故原审法院认定交通银行徐州分行有权就案涉抵押房屋与土地使用权的拍卖、变卖所得价款，分别在1500万元、1000万元范围内优先受偿正确。上诉人交通银行徐州分行主张抵押担保的范围不应限于他项权证记载的金额，缺乏依据，本院不予支持。

根据《物权法》第十七条的规定，当事人签订抵押合同后，进行了相应的登记手续并办理了相应的权利证书，故抵押权应依据他项权证书所登记的数额为限享有优先受偿权，而非对整个债权享有优先受偿权。如在“中国农业银行股份有限公司南京雨花台支行与刘完养、吴爱玲金融借款合同纠纷上诉案”① 中，法院认为：

《物权法》第十六条规定，不动产登记簿是物权归属和内容的根据。不动产登记簿由登记机关管理。第十七条规定，不动产权属证书是权利人享有该不动产物权的证明。不动产权属证书记载的事项，应当与不动产登记簿一致；记载不一致的，除有证据证明不动产登记簿确有错误外，以不动产登记簿为准。本案中，虽然农行雨花台支行与刘完养签订的《南京市房地产抵押合同》约定的抵押担保范围包含借款本金、利息、违约金、赔偿金及实现抵押权的费用，但其持有的他项权证明确记载债权数额为303万元。房屋他项权证作为房屋产权登记机关颁发给抵押权人的法定凭证，其记载的债权数额与不动产登记簿记载的债权数额一致。鉴于权证登记的公示效力，当出现抵押合同与抵押权登记簿、他项权证上记载的抵押权的担保范围不一致的情形，应当以登记记载的内容确定具体数额。因此案涉抵押权的担保范围为303万元。农行雨花台支行在无证据证明不动产登记簿与他项权证记载的债权数额不一致的情况下，其就抵押物价值超过他项权证登记的债权数额303万元的部分优先受偿的上诉主张，缺乏事实和法律依据，本院不予支持。

不动产抵押登记制度旨在以客观上可识别的外观形式，向社会公众揭示特定不动产上设立的抵押权情况，使物权在当事人之间生效的同时，对第三人发生公示效力，以实现物权法律关系的明晰和交易秩序的稳定，登记作为不动产物权的公示方法，具有权利正确性的推定效力；担保范围作为抵押权的内容之一，也应当以不动产登记簿的记载为准，后顺位抵押权人依据不动产登记簿的记载知晓先顺位抵押权的担保债权数额，由此判断抵押物的抵押余额，继而对其债权受偿的可能性作合理预期，应受法律的保护，以符合抵押登记制度的本旨，维护交易安

① 江苏省南京市中级人民法院（2015）宁商终字第1819号民事判决书。类似案例还有“交通银行股份有限公司盐城分行与江苏春燕集团有限公司、林进兵等金融借款合同纠纷上诉案”［江苏省高级人民法院（2015）苏商终字第00689号民事判决书］、“南京高科科技小额贷款有限公司与南京顺保网络科技有限公司、殷涛借款合同纠纷再审案”［江苏省南京市中级人民法院（2016）苏01民再3号民事裁定书］。

全。在"瞿银林、潘光河与平安银行股份有限公司上海分行执行分配方案异议之诉上诉案"[①] 中，法院认为：

本案争议焦点在于：在执行分配中，同一执行标的物抵押给数个债权人的，如何确定各抵押权人的优先受偿范围。两上诉人瞿银林、潘光河主张以抵押登记的债权数额为限，被上诉人平安银行上海分行则认为应以生效判决确认的优先受偿范围为依据。

首先，关于生效判决确认的平安银行上海分行抵押权优先受偿范围的问题。(2012）静民二（商）初字第579号民事判决处理的是平安银行上海分行与陈某、竺闻雷之间的金融借款纠纷。陈某、竺闻雷系债务人，其作为《抵押合同》的当事人，受该合同条款的约束，不得援引物权登记的公示公信原则对抗平安银行上海分行，故静安法院依据《抵押合同》约定的担保范围判决抵押权优先受偿的范围包括债权本金、利息、复利、罚息等，并无不当。而本案处理的系数个抵押权人之间的纠纷，后顺位的抵押权人瞿银林、潘光河系平安银行上海分行和陈某、竺闻雷所订《抵押合同》以外的第三人。依据合同相对性原则，该抵押合同关于担保范围的约定对第三人不产生效力。故平安银行上海分行以此判决得出在执行款分配中，其优先受偿的范围包括债权本金、利息、复利、罚息等的结论，本院不予认可。

其次，关于《抵押合同》约定的担保范围与抵押登记不一致的问题。不动产抵押登记制度旨在以客观上可识别的外观形式，向社会公众揭示特定不动产上设立的抵押权情况，使物权在当事人之间生效的同时，对第三人发生公示效力，以实现物权法律关系的明晰和交易秩序的稳定。登记作为不动产物权的公示方法，具有权利正确性的推定效力。《物权法》第十六条第一款已明确规定，不动产登记簿是物权归属和内容的依据。担保范围作为抵押权的内容之一，也应当以不动产登记簿的记载为准。后顺位抵押权人依据不动产登记簿的记载知晓先顺位抵押权的担保债权数额，由此判断抵押物的抵押余额，继而对其债权受偿的可能性作合理预期，应受法律的保护，以符合抵押登记制度的本旨，维护交易安全。而且，《担保法解释》第六十一条明确规定，抵押物登记记载的内容与抵押合同约定的内容不一致的，以登记记载的内容为准。故平安银行上海分行依据《抵押合同》约定的担保范围对抗抵押登记的内容，则突破了不动产登记簿记载的范围，不仅有悖于物权公示、公信原则，而且会损害顺位在后的抵押权人登记的抵押债权的实现，本院不予采信。

再次，关于登记抵押担保范围的可行性问题。抵押担保范围的确定不等同于具体数额上的确定，抵押权人可以在向登记机关提交抵押登记申请书时写明具体

① 上海市第二中级人民法院（2016）沪02民终6902号民事判决书。

的担保范围，也可以依据抵押合同的约定估算利息范围后一并写入担保债权数额之中。故平安银行上海分行提出的由于抵押设立之初，除本金数额可以明确外，利息、逾期利息等是否会发生以及发生的实际金额均尚不可知，抵押担保范围无法登记的主张，不能成立。平安银行上海分行在办理抵押物登记时，若认为不动产登记簿的记载与抵押合同约定的担保范围不一致，其作为抵押权人，也可以依据法律规定向登记机关提出更正的申请，以消除公示的权利表征与合同约定不符的情况。因未登记担保范围产生的风险不应当转嫁给后顺位的抵押权人，而应由平安银行上海分行自行承担。

本案中，涉案房产先后设定了三个抵押债权：第一顺位抵押权人为平安银行上海分行，登记的债权数额为185万元，登记日为2008年4月29日；第二顺位抵押权人为瞿银林，登记的债权数额为80万元，登记日为2009年11月1日；第三顺位抵押权人为潘光河，登记的债权数额为120万元，登记日为2010年5月6日。房地产登记部门在办理涉案房产的抵押登记时，在《上海市房地产登记簿房地产抵押状况信息》及《上海市房地产登记证明他项权利（抵押）》中均仅记载主债权数额，未明确记载担保范围。故涉案房产抵押登记的债权数额均为各抵押权人的债权本金部分，并不包括利息及其他费用。根据法律规定，同一抵押物向两个以上债权人抵押的，拍卖、变卖抵押财产所得的价款，抵押权已登记的，按照登记的先后顺序清偿。因此，静安法院在执行中依据债权本金优先受偿的原则，并根据抵押登记的先后顺位确定各抵押权人分配受偿的范围和顺序，并无不当。

在金融借款纠纷中，银行与债务人、担保人在以房地产作为抵押物的抵押合同中约定的担保范围包括本金、利息、实现债权的费用等，但是在办理房地产抵押登记时，登记机关在登记薄上记载的主债权范围仅为本金部分，或者登记机关发放的他项权证记载的主债权范围仅为本金部分，与当事人之间的抵押合同约定不一致，当抵押权人要求就抵押物超出本金部分的价值优先受偿，或者当后顺位的抵押权人要求就超出部分优先受偿，或者债务人的其他债权人要求就超出部分共同受偿时，就会发生权利受偿范围和顺位的冲突，应当如何处理？《江苏省高级人民法院民事审判第二庭关于当前商事审判若干问题的解答》指出："房地产抵押权属于物权，房地产抵押登记属于不动产物权登记。《物权法》第十六条规定，不动产登记薄是物权归属和内容的根据。不动产登记簿由登记机构管理。因此，抵押担保的范围应以登记机关不动产登记簿的记载内容为准，除非有证据表明登记簿的记载错误。对抵押权人主张就抵押物价值超出登记价值的部分优先受偿的，不应予以支持。"

另一种解释方案认为，应依合同约定确定不动产抵押权优先受偿范围。不动产抵押权优先受偿范围依抵押合同的约定，并不限于登记簿记载的主债权数额。

《上海市高级人民法院关于行使担保物权所得价款优先受偿范围的统一裁判和执行尺度的操作意见指引》（2018 年 7 月 25 日）指出，在担保物权优先受偿范围登记不明确或者形式上仅登记债权本金数额的情形下，如当事人在登记机关已经登记了明确的担保物权担保范围的，行使担保物权所得价款优先受偿的范围以登记范围为准。根据《物权法》第一百七十三条的规定，债权人行使担保物权所得价款优先受偿的范围应以当事人约定为准，当事人未约定的，担保物权的担保范围包括主债权及其利息、违约金、损害赔偿金、保管担保财产和实现担保物权的费用。根据民事诉讼不告不理原则，法院在裁判和执行中以债权人起诉主张的物权担保范围（该主张应依据当事人约定或法定）为准，不能任意扩大至当事人约定或法定担保范围中债权人未主张的部分。在审判、执行中要加强对当事人约定担保物权及其优先受偿范围合法性、合理性审查，结合案件具体情况，仔细甄别虚假诉讼、恶意设定担保物权及其担保范围以逃废债务等情形，以保护交易安全和他人合法权益。

司法实践采纳这一观点的主要理由在于：

其一，尊重当事人意思自治。因抵押登记是设立房产抵押权的要件，仅产生设立抵押权的效力，他项权证载明的债权数额仅指担保的本金数额，而担保范围的确定应尊重当事人的意思自治，抵押合同是当事人协商一致的结果，体现了当事人的真实意思表示，故担保范围应以该合同约定为准，抵押权人在全部债务范围内对案涉抵押物享有优先受偿权。如在“董芳与陈衍红、尹燕玲民间借贷纠纷上诉案”[①] 中，法院认为：

原审法院认定被上诉人尹燕玲用其房产提供抵押担保，且办理了房产抵押登记手续，是双方真实意思表示，上诉人要求行使抵押权符合法律规定，本院予以支持。根据上诉人董芳与被上诉人陈衍红、尹燕玲 2012 年 3 月 20 日所签订的借款合同第五条规定的担保范围包括借款本金、利息、律师代理费、诉讼费等费用，2012 年 3 月 23 日签订的房地产抵押合同第六章第九条规定的“本合同经甲、乙双方签字盖章，并到房地产管理部门办理完毕抵押登记手续之日起生效，至主合同项下借款本金、利息、实现债权的费用和其他应付费用全部清偿完毕之日终止”的约定，依照《担保法》第四十六条“抵押担保的范围包括主债权及利息、违约金、损害赔偿金和实现抵押权的费用。抵押合同另有约定的，按照约定”的法律规定，本案当事人签订的抵押合同抵押范围应当包括本金及利息和实现债权的费用（律师代理费、诉讼费）。本案当事人持上述抵押借款合同和房屋产权证

① 山东省泰安市中级人民法院（2014）泰民一终字第 1056 号民事判决书。类似案例还有“安徽省信用担保集团有限公司与李兵、合肥雪龙工贸有限公司等追偿权纠纷上诉案”［安徽省高级人民法院（2015）皖民二终字第 00291 号民事判决书］。

书等到房产登记机关办理了抵押登记，故该抵押借款合同成立且有效，其抵押登记的保证范围应当以当事人之间的合同约定为准。虽然在抵押登记证上载明有“债权数额”为10万元的记载，但不能构成对当事人抵押合同所约定的保证范围的协议改变。根据民法的诚实信用原则，该抵押借款合同已经登记生效，抵押人应当在该范围内承担责任。

因抵押登记是不动产抵押权设立的生效要件，仅产生设立抵押权的效力，他项权证载明的债权数额仅指抵押人担保的借款合同的本金数额，担保范围的确定应尊重当事人的意思自治，《反担保抵押合同》是抵押人和抵押权人协商一致的结果，体现了当事人的真实意思表示，担保范围应以该合同约定为准。①

根据《物权法》第一百七十三条和《担保法》第四十六条的规定，担保物权的担保范围是可以由当事人约定的，那么抵押权人优先受偿的范围就应根据约定的抵押担保范围来确定。如在“横县农村信用合作联社与陈志光、钟世珍金融借款合同纠纷上诉案”② 中，广西壮族自治区高级人民法院认为：

本案的焦点问题是确定横县信用社对案涉抵押船舶和房屋折价或以拍卖、变卖该财产所得价款优先受偿的范围。根据《物权法》第一百七十三条“担保物权的担保范围包括主债权及其利息、违约金、损害赔偿金、保管担保财产和实现担保物权的费用。当事人另有约定的，按照约定”和《担保法》第四十六条“抵押担保的范围包括主债权及利息、违约金、损害赔偿金和实现抵押权的费用，抵押合同另有规定的，按照约定”的规定，担保物权的担保范围是可以由当事人约定的，那么抵押权人优先受偿的范围就应根据约定的抵押担保范围来确定。本案中，横县信用社的下属机构校椅信用社与陈志光、刘柳签订的《个人抵押借款合同》中已经明确约定了“海顺988”号船抵押担保借款74万元、横县工商局宿舍1栋302房抵押担保借款6万元，上述抵押物的抵押担保范围是合同项下到期的贷款本金及利息、违约金、损害赔偿金和实现债权费用以及所有其他应付费用，因此，横县信用社对案涉抵押船舶和房屋优先受偿的范围应该根据该合同约定的抵押担保范围来确定。根据《最高人民法院关于适用〈中华人民共和国担保法〉若干问题的解释》第六十一条“抵押物登记记载的内容与抵押合同约定的内容不一致的，以登记记载的内容为准”的规定，虽然本案案涉船舶和房屋在办理抵押登记时记载的债权数额分别为74万元和6万元，但此记载的内容应为抵押合同中约定的被担保主债权数额，而非抵押物的抵押担保范围。因为在设立抵押及办理

---

① 参见“安徽省信用担保集团有限公司与李兵、合肥雪龙工贸有限公司等追偿权纠纷上诉案”［安徽省高级人民法院（2015）皖民二终字第00291号民事判决书］。

② 广西壮族自治区高级人民法院（2015）桂民四终字第61号民事判决书。类似案例还有“陈韶宁、陈伟时民间借贷纠纷上诉案”［广东省中山市中级人民法院（2017）粤20民终736号民事判决书］。

登记时，主债权及附随债权尚未能确定，但当事人对抵押物的抵押担保范围是有预期和认知，并在《个人抵押借款合同》中已作约定，所以登记机关登记记载的是被担保的主债权数额，而非抵押担保范围，且这与合同约定的内容也并非不一致。因此，一审判决横县信用社的债权分别在74万元和6万元范围内享受优先受偿不当，本院予以纠正。根据合同约定，案涉船舶和房屋实际是对80万借款的按份担保，分别为74万和6万，即各自担保债权的份额为92.5%和7.5%，因此对截止2013年10月15日尚欠借款本金699997.86元、利息12097.28元及律师费28000元，亦应分别按照各自担保债权的份额来承担担保责任。经核算，船舶负担的担保责任为本金647498.02元、利息11189.98元、律师代理费25900元，房屋负担的担保责任为52499.84元、利息907.3元、律师代理费2100元。对于2013年10月16日起至判决确定的清偿之日止未偿还的本金、利息、违约金、损害赔偿金和实现债权费用以及所有其他应付费用，亦均应按照船舶和房屋各自担保债权的份额，且以船舶和房屋折价或以拍卖、变卖该财产所得价款为限来承担担保责任。

其二，抵押担保债权范围无法提前计算。如在“十堰力威特减速器有限公司与十堰新鑫座实业有限公司、十堰武当山特区天尊置业有限公司金融借款合同纠纷执行复议案”[①] 中，湖北省高级人民法院认为：

关于抵押担保范围的问题。《物权法》第一百七十三条和《担保法》第四十六条均明确了抵押担保的范围包括主债权及其利息和实现抵押权的费用等，作为执行依据的（2014）鄂民二终字第00050号民事调解书中亦明确天尊置业对该案借款本金3000万元、利息、律师费57.3万元和案件受理费等承担抵押担保责任，在上述生效法律文书未被依法撤销的情况下，天尊公司的担保责任范围应依照该民事调解书来确定。本案中，虽然他项权证上登记的债权数额为3000万元，但房管部门通用的他项权证中记载的“债权数额”应理解为被担保的债权本金，而不是抵押担保的范围。且从常理分析，在设定抵押之时亦不可能确定担保债权的本息等数额。十堰中院将他项权证上登记的债权数额理解为抵押担保范围，既未尊重生效民事调解书，也不符合上述相关法律法规的立法本意。故，力威特公司认为十堰中院适用法律错误的复议理由成立。

其三，登记记载为被担保的主债权数额，而非应认定的抵押担保债权范围。根据《物权法》第一百七十三条和《担保法》第四十六条的规定，抵押权人对案涉抵押房屋优先受偿的范围应该根据该合同约定的抵押担保范围来确定，再根据

① 湖北省高级人民法院（2016）鄂执复76号执行裁定书。类似的判决有“广发银行股份有限公司中山分行与郑亮标、李妙英金融借款合同纠纷上诉案”［广东省中山市中级人民法院（2015）中中法民二终字第114号民事判决书］。

《担保法解释》第六十一条的规定，虽然房屋在办理抵押登记时记载的债权数额应为抵押合同中约定的被担保主债权数额，而非抵押物的抵押担保范围，因为在设立抵押及办理登记时，主债权及附随债权尚未能确定，但当事人对抵押物的抵押担保范围是有预期和认知，并在主债权合同中已作约定，所以登记机关登记记载的是被担保的主债权数额，而非抵押担保范围，且这与合同约定的内容也并非不一致。[①] 如在“东莞市联胜非融资性担保有限公司与贺秀龙等追偿权纠纷案”[②]中，法院认为：

本案二审的争议焦点为：上诉人联胜公司对抵押物优先受偿的范围。首先，《担保法》第四十六条规定：“抵押担保的范围包括主债权及利息、违约金、损害赔偿金和实现抵押权的费用。抵押合同另有约定的，按照约定。”本案中，保证人联胜公司与债权人李宏伟签订的《保证合同》约定，联胜公司的保证担保的范围包括但不限于借款本金、利息、逾期利息和有关费用、债务人应支付的违约金、赔偿金和实现借款债权的费用等。联胜公司与贺秀龙、郭炎珍签订的《反担保（抵押）合同》中也约定，抵押人贺秀龙、郭炎珍以其涉案房产提供抵押担保的范围包括联胜公司因承担担保责任、赔偿责任而支出的费用及利息、前述联胜公司为实现追偿权而支出的费用。因此，联胜公司对涉案抵押物所享有的优先受偿权的范围，应当包括其代贺秀龙、郭炎珍清偿欠款后取得的追偿债权本金、利息、违约金以及为实现追偿权而支出的有关费用，不排除累计超过贺秀龙、郭炎珍元借款本金840000元。其次，2016年5月9日案涉房产办理联胜公司为抵押权人的《不动产登记证明》中，注明该不动产抵押方式：一般抵押；抵押范围：全部（二次抵押）；债权数额：840000元。该抵押事项发生在贺秀龙、郭炎珍向李宏伟借款后几天内，联胜公司主张其中“债权数额：840000元”的注释指的是借款本金，其是按照相关职能部门的《房屋权属证书、登记证明填写说明》《广州市城镇房地产登记技术规范》的指引填注被担保的主债权数额，符合常理，本院予以采信。第三，《最高人民法院关于适用〈中华人民共和国担保法〉若干问题的解释》第六十一条规定：“抵押物登记记载的内容与抵押合同约定的内容不一致的，以登记记载的内容为准。”但债权数额与抵押担保范围是两个不同的概念范畴，并不属于该条款规定的同一事项内容不一致的情形，一审法院判令涉案优先受偿范围以登记的债权数额840000元为限不当，应予纠正。

---

① 参见广西壮族自治区高级人民法院（2015）桂民四终字第61号民事判决书。

② 广东省广州市中级人民法院（2017）粤01民终11403号民事判决书。类似的判决有“重庆进出口信用担保有限公司与河北兴弘嘉纺织服装有限公司、郭建勇等追偿权纠纷案”[重庆市高级人民法院（2014）渝高法民初字第00064号民事判决书]、“重庆进出口信用担保有限公司与河北兴弘嘉纺织服装有限公司、郭建勇、孔爽合同纠纷案”[重庆市高级人民法院（2015）渝高法民初字第00078号民事判决书]。

根据《物权法》第一百七十三条的规定，当事人的抵押合同对抵押担保范围已作约定，抵押登记权利证书上记载的“抵押物担保主债权数额”并非双方在合同中约定的抵押债权的全部，仅是设定抵押时担保的债权本金数额，与抵押担保范围是两个不同的条款，抵押权人可以依照抵押合同约定就代偿款本息及违约金、利息、担保费范围享有优先受偿权。如在“江西省信用担保股份有限公司与江西永盛矿冶股份有限公司、钦州永盛锰业有限公司追偿权纠纷案”[①] 中，法院认为：

关于信用担保公司对邹泉珠、张菊连提供的抵押物享有优先受偿权的问题。《反担保抵押合同》约定邹泉珠、张菊连以其所有的位于上××室的房屋（权证号：沪房地浦字［2000］第017778号）为永盛矿冶公司向农业银行新余分行申请流动资金贷款人民币4000万元提供担保，反担保的范围为因信用担保公司承担保证责任而代偿的债务人借款本金及利息等，并办理了抵押登记。虽然抵押权登记载明该抵押物担保主债权数额中的330万元，但是根据《物权法》第一百七十三条规定：“担保物权的担保范围包括主债权及其利息、违约金、损害赔偿金、保管担保财产和实现担保物权的费用。当事人另有约定的，按照约定。”本案《反担保抵押合同》对抵押担保范围已作约定，抵押登记权利证书上记载的“该抵押物担保主债权数额中的330万元”并非双方在合同中约定的抵押债权的全部，仅是设定抵押时担保的债权本金数额，与抵押担保范围是两个不同的条款。故对信用担保公司主张按《反担保合同》约定在上述代偿款本息及违约金、利息、担保费范围内享有优先受偿权的诉请予以支持。

根据《物权法》第一百八十五条规定的“被担保债权的种类和数额”和“担保的范围”，说明债权数额和担保范围并非同一概念，他项权利证所登记的内容为“债权数额”并非对于担保范围的约定。债权数额与抵押担保范围是两个不同的概念范畴，并不属于《担保法解释》第六十一条规定的同一事项内容不一致的情形。[②] 在“中国东方资产管理股份有限公司江苏省分公司与江苏大成房地产开发有限公司、张家港市大成纺机有限公司等合同纠纷再审案”[③] 中，最高人民法院认为：

本案的争议焦点是东方资产江苏分公司对案涉抵押物享有优先受偿权的范围

---

① 江西省新余市中级人民法院（2015）余民二初字第122号民事判决书。

② 参见“东莞市联胜非融资性担保有限公司与贺秀龙等追偿权纠纷上诉案”［广东省广州市中级人民法院（2017）粤01民终11403号民事判决书］。

③ 最高人民法院（2019）最高法民再69号民事判决书。类似的判决有“中国银行股份有限公司农安支行与长春新安药业有限公司金融借款合同纠纷案”［吉林省长春市中级人民法院（2017）吉01民初155号民事判决书］、“招商银行股份有限公司贵阳分行与吴勇、马玲金融借款合同纠纷上诉案”［贵州省贵阳市中级人民法院（2016）黔01民终3598号民事判决书］。

如何确定。首先，东方资产江苏分公司与江苏大成公司签订的《抵押合同》第四条约定，江苏大成公司所担保的主债权为《债务重组协议》项下债务重组本金12462.67万元、利息及其他费用，具体担保范围包括《债务重组协议》项下的债务本金、利息、罚息、复利、违约金、损害赔偿金、财务顾问费、实现债权的费用和其他所有应付费用。该合同系双方当事人真实意思表示，内容不违反法律和行政法规规定，应属有效合同。据此，就案涉抵押物的担保范围，从双方当事人的真实意思表示看，应该是包括本金、利息、罚息、违约金等费用。其次，东方资产江苏分公司与江苏大成公司签订《抵押合同》后，就合同约定的抵押物办理了抵押登记，正常而言，双方当事人办理抵押登记时的担保范围应该与《抵押合同》约定的担保范围一致。但是，本案中，案涉他项权利证书中，仅在"债权数额"栏目中记载了《债务重组协议》中确认的债权本金，该权利证书中并无"担保范围"的记载。而根据《物权法》第一百八十五条"设立抵押权，当事人应当采取书面形式订立抵押合同。抵押合同一般包括下列条款：（一）被担保债权的种类和数额；（二）债务人履行债务的期限；（三）抵押财产的名称、数量、质量、状况、所在地、所有权归属或者使用权归属；（四）担保的范围"的规定，"债权数额"与"担保范围"分属他项权利证书中应当登记的两项内容，二者并非同一概念。原审判决将案涉他项权利证书中记载的"债权数额"理解为"担保范围"的记载，并据此认定抵押物登记记载的内容与抵押合同约定的内容不一致，以及本案优先受偿权的范围为上述他项权利证书中记载的"债权数额"，适用法律不当。再次，《物权法》第一百七十三条规定："担保物权的担保范围包括主债权及其利息、违约金、损害赔偿金、保管担保财产和实现担保物权的费用。当事人另有约定的，按照约定。"由此，本案抵押物的担保范围依照《抵押合同》的约定进行确定，既符合双方当事人的真实意思表示，也符合法律规定。最后，江苏大成公司作为本案《借款合同》的主债务人及抵押人，不属于不动产物权公示制度的保护对象，不动产登记制度设立的目的在于保护以该不动产为交易客体的第三人的合理信赖利益和交易安全。江苏大成公司以无论《抵押合同》对债权数额如何约定，其超过他项权利证书记载的债权数额部分因未登记不具有优先受偿效力为由，主张应以案涉他项权利证书中载明的债权数额为限确定本案抵押权受偿范围，有违诚信原则。综上，东方资产江苏分公司主张应以《抵押合同》的约定确定本案抵押担保范围理由成立，本院予以支持；原审判决根据案涉他项权利证书上记载的债权本金数额确定优先受偿权范围不当，本院予以纠正。

其四，他项权证中没有担保范围内容记载时，应根据抵押合同的约定，作有利于抵押权人的解释。虽然他项权证上载明的抵押金额仅为借款本金，但当事人在申请抵押登记时已提交了备案合同，登记机关对备案合同中载明的借款利息、复利、实现债权的费用等部分未予登记非当事人的过错，以登记遗漏来限制抵押权人对于约定抵押范围的优先受偿有所不妥。如在“中国农业发展银行绍兴市分行与绍兴柯桥恒昌茶业有限公司及尉国良、干彩娟金融借款合同纠纷上诉案”①中，法院认为：

上诉人还主张其对本案抵押物应在抵押合同范围内而非一审判决确定的抵押登记范围内享有优先受偿权。本院认为，《物权法》第一百七十三条规定：“担保物权的担保范围包括主债权及其利息、违约金、损害赔偿金、保管担保财产和实现担保物权的费用。当事人另有约定的，按照约定。”同时当事人有权就担保范围依法予以约定。当事人进行抵押登记时对抵押合同进行了备案，备案合同明确载明抵押担保范围包括主合同项下的债权本金、利息、复利、罚息、实现债权的费用等，该抵押范围的约定属于双方真实意思表示，也不违反法律规定，应予支持。虽则他项权证上载明的抵押金额仅为借款本金，但当事人在申请抵押登记时已提交了备案合同，登记机关对备案合同中载明的借款利息、复利、实现债权的费用等部分未予登记非当事人的过错，以登记遗漏来限制抵押权人对于约定抵押范围的优先受偿有所不妥。且不动产抵押登记旨在向社会公众揭示特定不动产上设立的抵押权情况，后顺位抵押权人以此信赖不动产登记簿的记载而判断抵押物的抵押余额，依据上诉人一审时提交的证据可以表明本案抵押物上无其他抵押权人存在，因此依据当事人登记时备案的抵押合同确定担保范围并不导致抵押权实现的冲突。在合同各方意思表示真实、一致且内容合法的情形下，抵押权人实体权益应予保护，上诉人可在据以登记的抵押合同约定的范围内依法享有优先受偿权。

司法实践中还存在极少说明担保债权范围认定的案例。有法院直接依据《物权法》第一百七十三条“当事人另有约定的，按照约定”的规定，认定担保物权人优先受偿的范围不以主债权为限，而应根据抵押合同对担保范围约定来确定。如在“中国工商银行股份有限公司嵊州支行与吴秀锋、施爱明等金融借款合同纠纷上诉案”② 中，法院认为：

本案主要争议是原审法院将房屋抵押权预告登记的上述内容确定为抵押担保范围是否正确。根据《物权法》第一百七十三条之规定，担保物权的担保范围包括主债权及其利息、违约金、损害赔偿金、保管担保财产和实现担保物权的费

① 浙江省绍兴市中级人民法院（2017）浙06民终438号民事判决书。

② 浙江省绍兴市中级人民法院〔2016〕浙06民终3032号民事判决书。类似的案例还有“王××与杭州江干区××小额贷款股份有限公司执行分配方案异议之诉上诉案”［浙江省杭州市中级人民法院（2012）浙杭执异终字第4号民事判决书］、“中国工商银行股份有限公司嵊州支行与张芳、施益锋等金融借款合同纠纷上诉案”［浙江省绍兴市中级人民法院（2016）浙06民终3022号民事判决书］、“中山市万利典当有限公司、陈华权典当纠纷上诉案”［广东省中山市中级人民法院（2017）粤20民终784号民事判决书］。

用。当事人另有约定的，按照约定。而个人购房借款/担保合同第十九条约定，抵押担保范围包括：本合同项下全部贷款本金、利息、罚息、复利、违约金、补偿金、贷款人实现债权的费用和借款人所有其他应付费用。本案应当依照上述约定确定抵押担保范围，同时抵押权预告登记权证中记载内容应认定为被担保主债权金额，原审法院将该内容确定为抵押担保范围，并据此判令优先受偿，有误，本院予以纠正。

三、《会议纪要》的司法态度

《物权法》实施之后，2008年《房屋登记簿管理试行办法》第九条规定登记簿应当记载主债权数额和担保范围。《房屋登记簿记载内容说明》对于担保范围也做了解释，即“担保范围：记载抵押合同中约定的担保范围，可以是主债权及利息、违约金、损害赔偿金、保管担保财产和实现抵押权的费用等；抵押合同未约定的，记载未约定事实。”但统一不动产登记之后，《国土资源部关于启用不动产登记簿证样式（试行）的通知》（国土资发〔2015〕25号）中，“抵押权登记信息”并无独立的“担保范围”栏目，只登记被担保主债权数额，直接导致抵押合同的约定和不动产登记簿的记载不一致，但各地采取了不同的做法。

（一）不动产抵押登记的现状

不动产抵押登记实践中，存在两种不同的做法。一是多数省区市的登记系统直接使用原国土资源部发布的《不动产登记簿证样式（试行）》，未设置“担保范围”栏目，仅有“被担保主债权数额（最高债权数额）”的表述，且只能填写固定数字。在当事人约定担保物权了担保范围包括主债权及其利息、违约金等附属债权的情形之下，合同约定的担保范围与登记不一致。二是部分省区市不动产登记系统设置与登记规则比较规范，担保物权登记范围与合同约定一致在该地区是常态或者普遍现象。针对这一实际情况，《会议纪要》指出，人民法院在审理案件时应当充分注意制度设计上的差别，作出符合实际的判断：就第一种情形，法院应以合同约定认定担保物权的担保范围；就第二种情形，法院应以登记的担保范围为准。

不动产抵押登记实践中，抵押权人不登记记载“利息、违约金、损害赔偿金”等附属债权，主要是因为不动产登记簿的设计造成的。《不动产登记暂行条例》及其实施细则就不动产抵押权设立登记时登记簿的记载事项并未作出明文规定。但从《不动产登记暂行条例实施细则》第六十八条第二款“因被担保债权主债权的种类及数额、担保范围、债务履行期限、抵押权顺位发生变更申请抵押权变更登记时，如果该抵押权的变更将对其他抵押权人产生不利影响的，还应当提交其他抵押权人书面同意的材料与身份证或者户口簿等材料”的规定可以看出，担保范围应属不动产抵押权设立登记时的登记事项，否则无从变更登记。[①] 但随后发布的《国土资源部关于启用不动产登记簿证样式（试行）的通知》（国土资发〔2015〕25号）中指出，不管是以“土地”单独抵押，还是以“土地和房屋”“林地和林木”或“土地和在建建筑物”一体抵押，均应在不动产登记簿中的“抵押权登记信息”中记载“被担保主债权数额（最高债权数额）（万元）”。在体系解释上，这里的“主债权”即为《不动产登记暂行条例实施细则》第六十八条所称的与“担保范围”相并而称的“主债权”（即原债权、本金），非指抵押权所担保的全部债权。作为该通知附件同时发布的“不动产登记簿使用和填写说明”中指出：“[被担保主债权数额（最高债权数额）] 填写被担保的主债权金额”。这样，登记簿上的登记信息中只有“被担保主债权数额”，没有其他担保范围的记载空间。

不动产登记簿对于需要进行登记的利息、违约金、损害赔偿金等附属债权没有设计登记栏目。登记实践中不动产登记簿的这一设计缺陷，产生以下问题：第一，不符合不动产登记的精确性原则，从而影响不动产登记簿的公信力。《不动产登记暂行条例》第十条第一句明确规定：“不动产登记机构应当依法将各类登记事项准确、完整、清晰地记载于不动产登记簿。”对涉及的登记事项必须使用确切的文字表述，比如不动产抵押交易中确定的金额必须清晰、明确、肯定。[②] 当登记簿的设计影响权利登记，导致登记簿记载与权利状态不一致时，登记簿作为证据的客观性即受质疑。第二，有不当干预当事人意思自治之嫌。“不动产登记机关对抵押担保范围登记的规定违反抵押人与抵押权人对抵押物担保范围的约定，属行政行为对民事主体合法行使民事权利自由的不当干预，并对抵押权人的利益保护造成不利后果。”[③]

准此，不动产登记簿上对于不动产抵押登记进行更为精细的设计。统一不动产登记后，相关规范性文件以及不动产登记实务中并未给出解决办法。从根本上看，“统一不动产登记制度中应当细化规定不动产抵押权担保范围的登记，并科学设计不动产登记簿相应的登记栏目。”[④] 相比之下，其他国家或地区的设计更为

---

① 《国土资源部关于印发〈不动产登记操作规范（试行）〉的通知》（国土资规〔2016〕6号）之“14.2.3 申请材料”中进一步指出：“担保范围、抵押权顺位、被担保债权种类或者数额、债务履行期限、最高债权额、债权确定期间等发生变更的，提交抵押人与抵押权人约定相关变更内容的协议”；“因抵押权顺位、被担保债权数额、最高债权额、担保范围、债务履行期限发生变更等，对其他抵押权人产生不利影响的，还应当提交其他抵押权人的书面同意文件和身份证明文件”。

② 参见孙宪忠：《中国物权法总论》，法律出版社2014年版，第376页。

③ 何小勇、余蓉：《抵押担保范围登记的规定及司法适用的评判》，载《山西省政法管理干部学院学报》2015年第1期。

④ 高圣平、申晨：《不动产抵押登记若干问题探讨——从不动产统一登记条例出发》，载《社会科学》2014年第5期。

细致。我国台湾地区“土地登记规则”（2014 年 12 月 25 日修正）第一百一十一条之一（抵押权设定登记事项）规定：“申请普通抵押权设定登记时，登记机关应于登记簿记明担保债权之金额、种类及范围；契约书订有利息、迟延利息之利率、违约金或其他担保范围之约定者，登记机关亦应于登记簿记明之。”未登记者，不生物权效力。[①] 德国土地登记簿样本中，除了“金额（被担保之债权数额）”一栏外，还有“抵押权、土地债务与定期金债务”一栏可用于对权利具体状况进行记载，其中包括对利率等的细致记载。[②] 日本不动产登记簿中，也有“权利人及其他事项”一栏，可用于对“债权额”“利息”“损害金”等进行具体记载。[③] 这些设计将附属债权纳入不动产登记簿之中，尽可能地明确抵押权人优先受偿的范围，值得借鉴。

在重新设计不动产登记簿的登记事项之时，“抵押登记信息”中，除了“被担保主债权数额”外，应当增加一个“附属债权范围”栏目，依次设计“利息”“逾期利息”“违约金”“损害赔偿金”“实现抵押权的费用”“保全抵押财产的费用”“其他费用”这几个可勾选的选项，同时在“利息”“逾期利息”“违约金”“其他费用”字后留有横线，便于记载利率、具体数额或计算方式等。“实现抵押权的费用”“保全抵押财产的费用”，属于不予登记依然可予优先受偿的范围，在不动产登记簿中记载，主要在于提醒后顺位权利人以及起到证据证明作用。如此，当事人对于附属债权的具体约定可以在不动产登记簿上进行正确反映。对于法定担保范围，只需要将各可选选项全部勾选即可，或者设置单独可勾选的“法定的担保债权范围”选项。

（二）坚持不动产登记簿的公示公信力

《会议纪要》指出，以登记作为公示方式的不动产担保物权的担保范围，一般应当以登记的范围为准。依据登记簿的记载来确定优先受偿范围的正当性，来源于物权公示公信原则以及不动产登记簿的公示公信效力。发生物权变动时，须将物权变动的事实通过一定的公示方法向不特定的多数人公开，即使依公示方法表现出来的物权不存在或有瑕疵，对于信赖该表征并已从事了物权交易的人，法

① 参见郑冠宇：《民法物权》，新学林出版股份有限公司 2014 年版，第 490～491 页。值得注意的是，我国台湾地区多数学者认为，利息和违约金经登记始生物权效力，以彰显公示效力，保障交易安全，但同时认为，迟延利息属于法定利息，即使当事人之间未作约定，亦当然发生，第三人可得预测。因此，迟延利息无须登记即为抵押权担保效力所及。但在大陆地区，迟延利息的性质与此不同，尚不能作同一解释。

② 参见程啸：《不动产登记法研究》，法律出版社 2011 年版，第 158 页；常昱、常宪亚：《不动产登记与物权法》，中国社会科学出版社 2009 年版，第 508 页。

③ 参见程啸：《不动产登记法研究》，法律出版社 2011 年版，第 161 页。

律也仍然承认其与存在真实的物权具有相同的法律效果，以保护交易安全。[①] 我国《物权法》第一百八十七条确立了不动产抵押权的登记生效模式，即登记也是确立不动产抵押权人优先受偿范围的生效条件。因此，无论法定的担保范围、约定的担保范围，原则上都应当进行登记，否则不动产抵押权人不能享有优先受偿权。准以此解，当事人之间的抵押合同仅在彼此之间发生效力（债权的对人性），欲发生对抗合同以外第三人的效力（物权的对世性），必须以一种可靠的公示方法使第三人知晓。通过对当事人抵押合同内容予以登记，使得抵押合同内容由债权效力上升为物权效力，抵押权人从而获得优先于后顺位物权人和无担保的一般债权人而受偿的权利。

我国实定法坚持了不动产登记簿的公信力，《物权法》第十六、十七条均为法律上对不动产登记簿公信力的肯定，不动产登记的公示公信最终通过不动产登记簿而得以彰显。[②] 就此，《担保法解释》第六十一条规定："抵押物登记记载的内容与抵押合同约定的内容不一致的，以登记记载的内容为准。"此一规定基于不动产登记簿的公示公信法理，[③] 虽然是解释《担保法》，但《担保法》与《物权法》就此问题的规定并不冲突，仍应适用。《物权法解释（一）》第二条虽从反面进行规定"当事人有证据证明不动产登记簿的记载与真实权利状态不符、其为该不动产物权的真实权利人，请求确认其享有物权的，应予支持"，但其立论基础也是不动产登记簿的公信力。由于不动产登记簿记载的债权数额为主债权（原债权、本金）数额，不包括违约金、利息、损害赔偿金以及实现抵押权费用等附属债权，其公示出来的数额必然会使后顺位物权人或无担保的一般债权人形成信赖。法院最终判决抵押权人优先受偿范围以合同约定为准，超出了登记记载的主债权数额，显然有损后顺位物权人或一般债权人债权的实现。

实际上，《物权法解释（一）》第二条不仅进一步认可了不动产登记簿的公信力，还为解决不动产抵押权优先受偿范围的问题提供一个解决思路。在现有登记操作实践中，不动产登记簿所记载的担保范围缩小了不动产抵押权的优先受偿权范围，附属债权未予登记，与约定的事实不符时，应允许抵押权人通过异议登记、更正登记以及《最高人民法院关于适用〈中华人民共和国物权法〉若干问题的解释（一）》（以下简称《物权法解释（一）》）第二条规定的起诉方式对其真实

① 参见王利明：《物权法研究（上卷）》，中国人民大学出版社 2013 年版，第 168～173 页；崔建远：《物权法》，中国人民大学出版社 2014 年版，第 50～53 页；谢在全：《民法物权论（上册）》，中国政法大学出版社 2011 年版，第 46～49 页。

② 参见杜万华主编：《最高人民法院物权法司法解释（一）理解与适用》，人民法院出版社 2016 年版，第 60 页。

③ 参见李国光等：《最高人民法院关于适用〈中华人民共和国担保法〉若干问题的解释理解与适用》，吉林人民出版社 2000 年版，第 240～242 页。

权利进行救济。相应地，法院应依据有效的抵押合同关于担保范围的约定，释明抵押权人可以依据合同约定至登记机关办理变更登记手续，如抵押人拒绝，应判决抵押人协助抵押权人至登记机关办理抵押变更登记手续。[①] 但是，该救济途径至少存在两个难题：一是未从根本上解决不动产抵押登记问题，一定程度上将后顺位物权人以及无担保的一般债权人利益置于不顾。在有后顺位物权人的情形下，依不动产登记簿公信法理，还需征求后顺位物权人的同意（《物权法》第一百九十四条第一款）；二是在抵押合同中就附属债权未作约定时，抵押权人尽管依据《物权法》第一百七十三条确立法定的担保范围，但由于抵押合同中未作明确约定，从而引发举证困难，最终导致权利主张不成立。

以抵押合同约定的担保范围来确定不动产抵押权的优先受偿范围，实际上是采纳了债权意思主义国家的观点，使得我国物权法所确立的不动产抵押权登记生效模式名存实亡，击破了物权与债权区分的法律逻辑。物权与债权的区分在于公示（登记、占有）使仅有相对性的债权产生对抗第三人效力，赋予未经登记的抵押权内容以物权效力（优先受偿效力），与此有违。同时，抵押合同的约定优于登记簿的公示公信效力，使得当事人之间有机会恶意串通更改抵押合同内容，损害后顺位抵押权人的利益，[②] 容易滋生道德风险。

有学者认为，《房屋登记办法》第四十四条中的“被担保债权数额”包括了《房屋登记簿管理试行办法》第九条第三款中的“被担保主债权的数额”和“担保范围”，应依其文义解释为包括主债权本金部分之外的利息、违约金、损害赔偿金和实现抵押权的费用等在登记时未能确定的债权。[③] 前引第一种处理方式的裁判中，相反观点认为，《物权法》第一百八十五条第二款规定了抵押合同一般应当包括的条款，其中第一项为“被担保债权的种类和数额”，第四项为“担保的范围”，由此可见，抵押合同中的“被担保债权的数额”与“担保的范围”是作为两个不同的条款内容分别规定的，不能彼此产生替代关系。因此，“被担保债权的数额”与“担保范围”并非相同概念，那么不动产登记簿所记载的“债权数额”，并不等同于“担保范围”。本书作者认为这一论理尚不充分。抵押权的担保范围指的是《物权法》第一百七十三条所称“主债权及其利息、违约金、损害赔偿金、保管担保财产和实现担保物权的费用”，这里明确写的是“主债权”，在体系解释之下，自然指的是同法第一百八十五条所说的“被担保债权的……数额”，那么，被担保债权的数额就属于担保范围，“被担保债权的数额”与“担保范围”

① 参见孙天、彭晓莉：《不动产抵押担保范围的登记司法适用》，载董学立主编：《担保法理论与实践》，中国法制出版社2015年版，第312页。

② 参见马俊驹、陈本寒主编：《物权法》（第二版），复旦大学出版社2014年版，第306页。

③ 参见何小勇、余蓉：《不动产抵押担保范围登记及其法律效力问题探讨——以银行房地产抵押担保债权的实现为例》，载《金融法制》2015年第3期。

之间并不存在非此即彼的关系。即使认为两者是不同的概念，在允许当事人之间就担保范围作出例外约定的情况下，登记簿上不作相应记载，相对人就得进一步查阅当事人之间的担保合同去探知担保范围，并进而作出商事判断。但如此即违背了不动产登记公示之本意，增加了交易的成本，影响了交易的便捷。①

这里，还涉及对《物权法》第一百七十三条所定“主债权”的理解。就立法史上看，本条来源于《担保法》第四十六、六十七、八十三条关于抵押权、质权和留置权等担保范围的规定。《担保法》第二十一条第一款关于保证担保范围的表述大致相同。在解释上，为区分保证债务与保证人所担保履行的债务，多将前者称之为“从债务”；后者称之为“主债务”，与之相对的权利即分别为“从债权”和“主债权”。由此可见，主债权应当是保证人所担保的全部债权。但从《担保法》第二十一条第一款和第二款所使用的语句②来看，第一款所称“主债权”明显是指保证所担保的原本的债权，即“原债权”，非指与保证债权相对的“主债权”；第二款所称“全部债务”即为第一款所称“主债权及利息、违约金、损害赔偿金和实现债权的费用”之全部，也就是与保证债务相对的“主债务”。《物权法》第一百七十三条亦应做相同理解，即其中“主债权”仅指担保物权所担保的原本的债权，即“原债权”，③ 在主债权债务关系属于借贷的情形下，亦即“本金”。相关登记规范尊重了这一解释方案。④

完善不动产抵押登记制度，是解决不动产抵押权优先受偿范围的唯一路径。正在起草的《不动产登记法草案》明确将担保范围作为不动产抵押权的登记事项和登记内容，果若如此，上述解释冲突即可迎刃而解。在登记制度得以完备的前提下，就不动产抵押交易而言，当事人之间约定的担保范围仅产生债法上的效力，司法实践中仅以《物权法》第一百七十三条和/或《担保法》第四十六条为依据判定不动产抵押权的优先受偿范围，有失偏颇。不动产抵押权的优先受偿范围端赖于不动产登记簿的记载，但又不局限于不动产登记簿的记载。可以说，不动产抵押权优先受偿范围必然与登记范围不一致，但后者影响甚至决定前者的范围。一方面，法定的担保范围和约定的担保范围均须登记，未在登记簿上记载

① 就此，信贷实践已经探索出了一些解决方法。如有的专业银行将即使只发放一次贷款的交易也设计成最高额抵押担保交易，将主债权数额确定为包括原定主债权及其附属债权在内，多数比这更高，同时对主合同进行相应修改。这样一来，无论裁判中最终如何认定，对专业银行没有什么损失，但因制度设计的原因造成大量的“虚假”交易，对整个交易秩序、诚信环境并没有起到规范和指引作用。

② 《担保法》第二十一条第一款规定：“保证担保的范围包括主债权及利息、违约金、损害赔偿金和实现债权的费用。保证合同另有约定的，按照约定。”第二款规定：“当事人对保证担保的范围没有约定或者约定不明确的，保证人应当对全部债务承担责任。”

③ 参见程啸：《担保物权研究》，中国人民大学出版社 2017 年版，第 84 页。

④ 参见《不动产登记暂行条例实施细则》第六十八条第二款。

的，视为就附属债权并无优先受偿权，抵押权人仅能就登记的主债权数额优先受偿；利息、逾期利息、违约金、损害赔偿金均应登载于登记簿，但就其中超过规定限制的部分，债权人不仅不享有债权请求权，更无优先受偿权。另一方面，符合条件的实现抵押权费用、保全抵押财产费用，具有共益性，无需登记，当然属于不动产抵押权优先受偿范围。应当注意的是，不宜因附属债权事先不能确定就否认其登记可能性。不动产抵押权优先受偿范围的登记并不是具体数额的登记，可能只是计算方法的登记（如利率、违约金的具体计算方法），也可能只是具体事项的登记［如只是（勾选）登记“损害赔偿金”栏目］。

四、未约定或约定无效时担保债权范围的确定

当事人在抵押合同中未约定抵押担保债权范围时，是否支持从债权？有法院认为，抵押权的担保范围应仅限于借款本金。如在“张宗辉与天津九洲方圆投资发展有限公司、天津市鸿捷正旺商贸有限公司等民间借贷纠纷上诉案”[①] 中，一审法院认为：

就抵押担保一节，被告天津九洲方圆投资发展有限公司为原告张宗辉与被告天津市鸿捷正旺商贸有限公司之间的借款提供了抵押担保，并办理了抵押权登记手续。原告已经取得了抵押权。故天津九洲方圆投资发展有限公司应在担保范围内承担担保责任。办理抵押登记时备案的借款合同中并无利息约定，抵押合同中关于担保范围的约定中也未包含利息。担保范围中综合费用的表述，从其概念外延上看也不应包含利息。在此情况下，抵押权的担保范围应仅限于借款本金。原告关于综合费用应包含利息的主张，不予采信。

二审法院认为：

天津九洲方圆投资发展有限公司与张宗辉签订了抵押合同，该抵押合同及与其对应的借款合同均在天津市国土资源和房屋管理局进行了备案登记，并办理了抵押权登记手续，张宗辉已经取得了抵押权。虽然一审法院没有按照备案的借款合同确定张宗辉与天津市鸿捷正旺商贸有限公司之间的债权债务数额，但备案的借款合同与张宗辉和天津市鸿捷正旺商贸有限公司签订的另一份借款合同在同一天形成，且借款本金一致，而天津九洲方圆投资发展有限公司提供抵押担保的只针对借款本金，其担保的债务确实存在，担保范围清楚，担保对象明确，应属有效。至于另一份张宗辉与天津市鸿捷正旺商贸有限公司签订的包含借款利息的借款合同，约束的是张宗辉和津市鸿捷正旺商贸有限公司，并不影响抵押合同的效力，更不因此而无效。据此，天津九洲方圆投资发展有限公司应当对天津市鸿捷正旺商贸有限公司的债务向张宗辉承担抵押担保责任。天津九洲方圆投资发展有

① 天津市第二中级人民法院（2017）津02民终784号民事判决书。

限公司提出，案涉抵押合同未经过其公司股东会表决同意，而是董事个人超越权限行为，该担保合同无效。对此，本院认为，公司股东未经公司股东会同意，超越权限向公司外部提供担保的行为，对公司内部及其他股东的效力问题不能对抗公司外部债权人，该理由本院不予采纳。天津九洲方圆投资发展有限公司还提出案涉抵押担保合同系受天津市鸿捷正旺商贸有限公司、高之庆欺诈的情况下提供，应归于无效，但不能就此主张提供相应证据予以证实，本院不予采信。

也有法院认为，当事人之间的抵押合同虽然并未约定抵押担保的范围，但依第一百七十三条的规定，抵押担保范围应包括本金及附属债权。如在"江苏融众投资担保有限公司与赵欣元、潘林生等追偿权纠纷上诉案"① 中，江苏省高级人民法院认为：

赵欣元、潘林生、薛亚敏上诉称，《房地产抵押协议》并未约定抵押的担保范围，因此不应就利息、律师费用等承担担保责任。对此本院认为，根据《物权法》第一百七十三条的规定："担保物权的担保范围包括主债权及其利息、违约金、损害赔偿金、保管担保财产和实现担保物权的费用。当事人另有约定的，按照约定。"本案中，《房地产抵押协议》并未约定抵押的担保范围，依据上述规定，涉案抵押的担保范围应包括融众公司已经代德马公司向浦发银行偿还的代偿款本金及其利息、融众公司支付的律师费。赵欣元等人的上述主张没有法律依据，本院不予支持。

但在部分案例中，就当事人在抵押合同中的意思表示的解释值得商榷。如在"李清利与孙建华等民间借贷纠纷再审案"② 中，山东省高级人民法院认为：

本案的焦点问题是孙建华房屋抵押担保的债权范围如何认定。本案中《抵押借款合同》第十条违约责任第四项对抵押权实现约定："甲方违约致合同不能履行，抵押人同意以本合同抵押偿还抵付借款本金，以借款本金额将抵押房产转让抵押权人或履约担保人。"本院认为，上述约定是一个完整的合同条款，其仅是约定抵押权实现方式，该约定内容因违反了《物权法》第一百八十六条的规定，应为无效条款。《物权法》第一百七十三条规定："担保物权的担保范围包括主债权及其利息、违约金、损害赔偿金、保管担保财产和实现担保物权的费用。当事

① 江苏省高级人民法院（2015）苏商外终字第 00023 号民事判决书；相同裁判理由的民事判决书还有"向军与綦江区鑫鸿齿轮配件厂、重庆綦丰房地产开发有限公司民间借贷纠纷上诉案"[重庆市高级人民法院（2015）渝高法民终字第 00204 号民事判决书]、"蔡素兰与谷业雨、薛松民间借贷纠纷执行复议案"[江苏省南京市中级人民法院（2016）苏 01 执复 86 号执行裁定书]、"重庆两江新区融资担保有限公司与梁平县富国资源利用回收有限公司、重庆铁鑫汽车服务俱乐部等追偿权纠纷上诉案"[重庆市高级人民法院（2015）渝高法民终字第 00452 号民事判决书]、"丁克建、重庆宣图商贸有限公司与重庆川宇彩钢建筑新技术有限公司民间借贷纠纷上诉案"[重庆市第五中级人民法院（2016）渝 05 民终 02183 号民事判决书] 等等。

② 山东省高级人民法院（2014）鲁民提字第 194 号民事判决书。

人另有约定的，按照约定。”由于涉案《抵押借款合同》对抵押担保范围没有特别约定，故原二审法院根据法律规定，认定李清利行使抵押权优先受偿的范围应包括主债权、利息、损害赔偿金及其他实现抵押权的费用正确，依法予以确认。

本案《抵押借款合同》第十条违约责任第四项约定中，“以借款本金额将抵押房产转让抵押权人或履约担保人”的约定应违反禁止流抵契约的规定而无效，但“抵押人同意以本合同抵押偿还抵付借款本金”应属关于抵押担保范围的明确约定，前者的无效并不当然影响后者。

五、律师费用是否属于不动产抵押权优先受偿范围

当事人在合同中约定了包括律师费在内的从债权，且该律师费符合相关收费标准规定，根据《物权法》第一百七十三条的规定，法院则会选择支持当事人的支付律师费用请求。[①] 如在“云南铜业股份有限公司与江门市江磁电工企业有限公司买卖合同纠纷上诉案”[②] 中，最高人民法院认为：

云南铜业公司与江磁电工公司 2013 年 1 月 18 日签订的《股份质押合同》是双方当事人的真实意思表示，亦不违反法律行政法规的强制性规定，是合法有效的合同。根据该合同第一条有关“本合同所担保的债权为：乙方（江磁电工公司）基于《阴极铜买卖合同》和《电工用铜线坯买卖合同》和《债权确认书》而对甲方（云南铜业公司）的全部欠款本金、利息、违约金、损害赔偿金及实现债权、质权的费用”的约定，江磁电工公司逾期仍未付款，云南铜业公司通过诉讼途径向江磁电工公司主张权益，其委托律师代理诉讼所支付的费用系为实现该债权而支付的合理费用。云南铜业公司为本案支付的律师代理费 63 万元亦未超过《云南省律师服务收费暂行标准》所规定的收费限额，故云南铜业公司以案涉《股份质押合同》为据，诉请江磁电工公司承担本案律师代理费 63 万元有事实依据。根据《物权法》第一百七十三条有关“担保物权的担保范围包括主债权及其利息、违约金、损害赔偿金、保管担保财产和实现担保物权的费用”的规定，云南铜业公司诉请江磁电工公司承担本案律师代理费 63 万元有法律依据。

二、云南铜业公司与北京大成（昆明）律师事务所 2013 年 4 月 8 日签订的

① 参见“白凡凡与中国农业银行股份有限公司重庆两江分行、重庆滨海医药有限公司金融借款合同纠纷上诉案”[重庆市第一中级人民法院（2016）渝 01 民终 6028 号民事判决书]、“谷芜萍与徐敏抵押合同纠纷上诉案”[山东省青岛市中级人民法院（2016）鲁 02 民终 2583 号民事判决书]、“中信银行股份有限公司南京分行与董磊金融借款合同纠纷上诉案”[江苏省南京市中级人民法院（2015）宁商终字第 1366 号民事判决书]。

② 最高人民法院（2015）民二终字第 74 号民事判决书。类似的裁判还有“香港上海汇丰银行有限公司上海分行与景轩大酒店（深圳）有限公司、万轩置业有限公司金融借款合同纠纷上诉案”[最高人民法院（2010）民四终字第 12 号民事判决书]，载《最高人民法院公报》2014 年第 6 期。

《委托律师协议》第四条约定：云南铜业公司向该律师事务所支付律师费63万元，于该合同签订之日起五日内一次性支付，北京大成（昆明）律师事务所收到云南铜业公司支付的律师服务费后，应当向云南铜业公司出具有效发票。根据该约定，云南铜业公司应当在4月12日前支付63万元律师代理费，后开发票。云南铜业公司提供的证据表明，其已于2013年5月7日向北京大成（昆明）律师事务所支付了律师代理费63万元，北京大成（昆明）律师事务于2013年4月8日向云南铜业公司开具了律师代理费63万元的发票。付款及开具发票的合同义务实际履行顺序虽与《委托律师协议》的约定不尽一致，但《合同法》并未禁止合同当事人就相关义务的履行顺序作出变更，《委托律师协议》的合同双方对此亦无异议。故江磁电工公司以案涉63万元律师代理费支付时间及发票开具时间的先后顺序与《委托律师协议》的约定不符为由，否认63万元律师代理费未实际支付的主张，与本院查明的63万元律师代理费已经实际支付的事实不符，本院不予支持。

也有持反对意见的法院认为，尽管当事人约定实现债权费用包括律师费，依照《物权法》第一百七十三条的规定，实现担保物权的费用一般指诉讼费、申请法院强制执行费、拍卖费等，实现代偿债权而支出的律师费用属于当事人选择的有偿法律服务所支出的费用，不属于《物权法》第一百七十三条规定的实现担保物权的费用的范围，当事人的诉讼请求不应支持。如在“南宁市金通小额贷款有限公司与广西田林富民糖业有限公司、曹立秦、山海关开发区长城糖业有限公司追偿权纠纷追偿权纠纷上诉案”① 中，一审法院认为：

对于律师费问题，原告与广西中名律师事务所签订《委托代理协议》属实，原告已向广西中名律师事务所支付律师代理费用570000元。原告与被告签订《授信合同》及多个《企业借款合同》《个人借款合同》；被告富民公司、曹立秦、牛敬及长城公司分别与原告签订《最高额抵押合同》及《担保合同》的约定，原告实现债权的费用包括律师代理费、保全费、差旅费等提供连带责任反担保，并约定如发生代偿，实现债权的费用由各被告承担。上述合同是各方真实意思表示，是有效合同协议，各方当事人均应适当履行。因此，原告请求富民公司承担原告实现代偿债权而支出的律师费用570000元，被告曹立秦、牛敬、长城公司承担连带清偿责任有事实与法律依据，予以支持。

二审法院认为：

依照《物权法》第一百七十三条：“担保物权的担保范围包括主债权及其利息、违约金、损害赔偿金、保管担保财产和实现担保物权的费用。当事人另有约

① 广西壮族自治区百色市（地区）中级人民法院（2017）桂10民终883号民事判决书。同样处理的案例有“牛敬、广西中小企业信用担保有限公司追偿权纠纷案”［广西壮族自治区田林县人民法院（2016）桂1029民初200号民事判决书］。

定的，按照约定。”的规定，实现担保物权的费用一般指诉讼费、申请法院强制执行费、拍卖费等。被上诉人请求富民公司及上诉人承担实现代偿债权而支出的律师费用570000元属于上诉人自己选择的有偿法律服务所支出的费用，不属于《物权法》第一百七十三条规定的实现担保物权的费用的范围，被上诉人的诉讼请求于法无据。

还有法院认为，担保合同是主债权债务合同的从合同，主合同对律师费未作约定，抵押权人应无权主张支付律师费。如在“安徽肥东农村合作银行与合肥康宝衣帽有限公司借款合同纠纷上诉案”① 中，安徽省高级人民法院认为：

本案《承兑协议》并未对律师代理费的承担作出明确约定。虽然《最高额抵押合同》中担保范围包括律师代理费，但鉴于《最高额抵押合同》是依附于主合同《承兑协议》的从合同，是为主合同债务提供担保，而主合同的债务并不包括律师代理费，故原审判决未支持肥东农合行律师代理费的请求并无不当，肥东农合行此节上诉理由不能成立，本院不予支持。

但当事人未明确约定律师代理费属于担保债权范围时，且律师代理费并非实现担保债权的直接、必要费用，则法院不会支持。在“王旭君与杨远见、李红梅民间借贷纠纷案上诉案”② 中，法院认为：

本案争议的是上诉人原审的律师代理费是否应由两被上诉人负担。双方并未明确约定律师代理费属于抵押担保范围，且律师代理费并非实现担保债权的直接、必要费用，上诉人要求两被上诉人承担原审的律师代理费并无法律依据。原审判决正确，实体处理恰当。

六、迟延利息是否属于不动产抵押权优先受偿范围

就此，司法实践中的观点不一。否定论的观点认为，迟延利息是债务人没有履行生效判决确定的义务而产生的法律后果，旨在最大限度地保护权利人的合法权益，具有惩罚的性质，不动产抵押权优先受偿范围中的利息不应理解为包括迟延履行期间的利息。如在“上海浦东新区长江鼎立小额贷款有限公司与中国民生银行股份有限公司上海分行、上海徐汇大众小额贷款股份有限公司等执行分配方

---

① 安徽省高级人民法院（2014）皖民二终字第00655号民事判决书。“江苏银行股份有限公司南京城东支行与南京福地房地产开发有限公司、南京阅江商贸有限公司、张从春、徐瑾金融借款合同纠纷案”［江苏省南京市中级人民法院（2013）宁商初字第137号民事判决书］。

② 浙江省台州市中级人民法院（2013）浙台商终字第578号民事判决书。

案异议之诉案”① 中，最高人民法院认为：

本案中，原告认为不应当既计算逾期利息又计算迟延履行期间的加倍债务利息，且认为利息、逾期利息均应计算至拍卖成交之日止，之后不可再计算逾期利息等。被告中国民生银行股份有限公司上海分行的债权申报方案中申报的利息和逾期利息计算至2016年8月31日、迟延履行期间的加倍债务利息自2014年1月15日计算至2016年6月17日。本院于2016年10月14日作出的（2013）浦执字第13512号执行款分配方案中明确利息、逾期利息及迟延履行期间的债务利息均计算至拍卖成交日（即2016年6月17日），并予以优先受偿。对此本院认为，首先，迟延履行期间的加倍债务利息是法定的，其产生的基础是债务人不履行生效法律文书确定的金钱给付义务。作为法院主动实施的一种执行措施，具有惩戒和赔偿的性质，其目的在于督促被执行人及时履行义务，而不是弥补优先受偿权人的损失。故迟延履行期间的加倍债务利息不应当在抵押担保债权所确定的优先受偿的范围内。第二，根据2014年8月1日起施行的《最高人民法院关于执行程序中计算迟延履行期间的债务利息适用法律若干问题的解释》的规定，迟延履行期间的债务利息包括迟延履行期间的一般债务利息和加倍部分债务利息。迟延履行期间的一般债务利息，根据生效法律文书确定的方法计算。人民法院对被执行人财产拍卖、变卖或者以物抵债的，加倍部分债务利息计算至成交裁定或者抵债裁定生效之日。本解释施行前的迟延履行期间债务利息按照之前的规定计算，施行后的迟延履行期间债务利息按照本解释计算。故就本案中涉及的迟延履行期间的债务利息，其中2014年1月16日起至2014年7月31日，应按《民事诉讼法》关于迟延履行期间的债务利息的规定计算；2014年8月1日之后的一般债务利息，根据生效民事调解书计算，2014年8月1日起至成交裁定生效日止的加倍部分债务利息应按《最高人民法院关于执行程序中计算迟延履行期间的债务利息适用法律若干问题的解释》的规定计算。

有观点认为，应区分迟延利息的组成而具体判断。迟延履行期间的债务利息包括迟延履行期间的一般债务利息和加倍部分债务利息，同时具有补偿性和惩罚性，其中迟延履行期间的一般债务利息是根据生效法律文书确定的方法计算的，以补偿性为主，应属逾期利息，根据额抵押合同的约定，属于抵押担保的范围。如在“温州光大房地产开发有限公司、浙江省浙商资产管理有限公司普通破产债权确认纠纷案”② 中，法院认为：

---

① 上海市浦东新区人民法院（2016）沪0115民初83390号民事判决书。本案经上海市第一中级人民法院二审，维持原判。“上海浦东新区长江鼎立小额贷款有限公司与中国民生银行股份有限公司上海分行、上海徐汇大众小额贷款股份有限公司等执行分配方案异议之诉上诉案”［上海市第一中级人民法院（2018）沪01民终344号民事判决书］。

② 浙江省温州市中级人民法院（2017）浙03民终80号民事判决书。

第四，关于2014年8月1日前发生的迟延履行期间的债务利息8556453.28元的债权性质认定问题。《最高人民法院关于在执行工作中如何计算迟延履行期间的债务利息等问题的批复》规定："清偿的迟延履行期间的债务利息＝清偿的法律文书确定的金钱债务×同期贷款基准利率×2×迟延履行期间。"该规定虽未明确规定迟延履行期间的债务利息与一般债务利息的关系，但是在涉案判决已经对利息作出认定的情况下，迟延履行期间的债务利息包含一般债务利息在内是其应有之义。一般债务利息以补偿性为主，原判认定2014年8月1日前迟延履行期间的债务利息8556453.28元减半具有优先权并无不当，上诉人以此为由主张原判不当的上诉理由缺乏法律依据，本院不予支持。

第五，关于2014年8月1日后发生的迟延履行期间的一般债务利息的债权性质认定问题。《最高人民法院关于执行程序中计算迟延履行期间的债务利息适用法律若干问题的解释》明确规定，迟延履行期间的债务利息包括迟延履行期间的一般债务利息和加倍部分债务利息，可见该规定已经对迟延履行期间的债务利息明确区分补偿性和惩罚性。其中迟延履行期间的一般债务利息是根据生效法律文书确定的方法计算的，若生效法律文书未确定给付该利息的则不予计算，可见其以补偿性为主。本案所涉迟延履行期间的一般债务利息应属逾期利息，根据涉案最高额抵押合同的约定，属于抵押担保的范围。故原判认定2014年8月1日后发生的迟延履行期间的一般债务利息为优先债权并无不当。上诉人主张应认定迟延履行期间的一般债务利息为普通债权的上诉理由缺乏法律依据，本院不予支持。

学说上就逾期利息是否属于担保范围存在争议。第一种观点认为迟延利息不属于担保范围，比如"逾期利息，即债务人履行金钱债务迟延时，应当向债权人给付的利息，不属于担保的范围。"① 第二种观点认为逾期利息属于法定违约金，不应包括在法条规定的利息范围内。② 第三种观点，认为迟延利息属于法定利息，即"债务人不履行金钱债务而应支付的法定利息"，也是违约责任的一种方式。③ 本书作者认为，《合同法》第二百零七条规定："借款人未按照约定的期限返还借款的，应当按照约定或者国家有关规定支付逾期利息。"据此，不履行借款返还义务即发生逾期利息，在性质上具有法定性，亦属借贷之债的特殊为责任承担方式，因此属于抵押担保的债权范围。只不过，逾期利息的计算标准可以由当事人约定，也可以依国家有关规定，依公示公信的法理，逾期利息应当进行登记。应当注意的是，逾期利率同样应受到限制。"通常按约定的本金利率执行，在无约

---

① 陈华彬：《民法物权论》，中国法制出版社2010年版，第415页。

② 参见崔建远：《物权法》，中国人民大学出版社2014年版，第432页。

③ 参见高圣平：《担保法论》，法律出版社2009年版，第253页；吴庆宝主编：《物权担保裁判原理与实务》，人民法院出版社2007年版，第317页；郭明瑞：《担保法》，法律出版社2010年版，第106页。

定时，按法律规定的利息率及迟延期计算”。[①] 值得注意的是，《物权法》第一百七十三条将“利息”与“违约金”“损害赔偿金”相并而称，这里的“利息”应仅指作为原债权的本金所产生的孳息，并不包括因债务人迟延履行债务（返还本息）所产生的“逾期利息”。[②]“逾期利息”实际上属于《物权法》第一百七十三条所称的“违约金”或者“损害赔偿金”。基于担保交易主要发生于借贷法律关系之中，“逾期利息”又是全部债务的重要组成部分，为防免登记实践中定性为“违约金”或者“损害赔偿金”的困难，不动产登记簿中关于抵押权的登记事项可以专列“逾期利息”一项。[③] 就民间借贷交易中逾期利息的计算而言，可以适用《最高人民法院关于审理民间借贷案件适用法律若干问题的规定》（以下简称《民间借贷解释》）第二十九条的规定：有约定，按约定，但不得超过年利率24%；无约定或约定不明时，有约定借款利率，按借款利率，但也不得超过24%；无约定或约定不明时，且未约定借款利率，按6%计算。在登记操作上，当事人有约定逾期利息利率时，应当对约定的利率进行登记；当事人之间无约定时，勾选“逾期利息”栏目即可。

【附：起草过程中的争议】

《会议纪要（稿）》《会议纪要（哈尔滨征求意见稿）》《会议纪要（公开征求意见稿）》均未涉及此问题。

第六节　主债权诉讼时效届满的法律后果

【会议纪要条文】

59.**【主债权诉讼时效届满的法律后果】抵押权人应当在主债权的诉讼时效期间内行使抵押权。抵押权人在主债权诉讼时效届满前未行使抵押权，抵押人在**

---

① 蔡永民：《比较担保法》，北京大学出版社2004年版，第100～101页。

② 参见崔建远：《物权法》，中国人民大学出版社2014年版，第432页；程啸：《担保物权研究》，中国人民大学出版社2017年版，第86～87页。

③ 与此相似，“利息”并非所有被担保债务的当然内容，一般只出现在金钱之债中，但《物权法》第一百七十三条仍然将其作为一种独立的担保范围加以规定。“逾期利息”也只出现在借贷交易中，将之单列，亦有必要。我国台湾地区登记实践中，即将“利息”“迟延利息之利率”“违约金”“其他担保范围”作为相互独立的抵押权设定登记事项。

主债权诉讼时效届满后请求涂销抵押权登记的，人民法院依法予以支持。

以登记作为公示方法的权利质权，参照适用前款规定。

【条文要义】

本条系对《物权法》第二百零二条法律效果的解释。

第一，《担保法解释》第十二条第二款规定："担保物权所担保的债权的诉讼时效结束后，担保权人在诉讼时效结束后的二年内行使担保物权的，人民法院应当予以支持。"《物权法》第二百零二条则规定："抵押权人应当在主债权诉讼时效期间行使抵押权；未行使的，人民法院不予保护。"因此，《物权法》第二百零二条改变了《担保法解释》第十二条的规则，自《物权法》实施之日起，《担保法解释》第十二条不再适用。

第二，抵押权属于物权，原则上不适用诉讼时效。《物权法》第二百零二条仅表明主债权诉讼时效对于抵押权的影响，这是抵押权从属性的体现。主债权因诉讼时效期间的经过而效力减弱，必将影响到抵押权的行使。如绝对化地理解抵押权的从属性，在主债权诉讼时效期间经过后，主债权并不消灭，只是使主债务人取得时效经过抗辩权，那么抵押权也不消灭，也仅是效力减弱，抵押人可以行使本属于主债务人的时效经过抗辩权，无法达到《物权法》第二百零二条的规范目的。在抵押权人怠于行使权利时，如果允许抵押权一直存续，抵押物将长期处于被限制的状态，这将不利于物的交易价值和担保秩序的稳定，也不利于抵押财产效能的发挥，同时亦可能损害其他债权人的利益。此外，如果允许抵押权人在任何时候均可行使抵押权，则意味着在主债权罹于诉讼时效且债务人因此取得抗辩权之后，债权人依然可从抵押人处获得利益，进而将抵押人和债务人之间的追偿和抗辩置于困境，换言之，也意味着抵押人将长期处于一种不利益的状态，其义务也具有不确定性，若如此，对于抵押人来说未免过于苛刻亦有失公允。在主权利已经丧失国家强制力保护的状态下，抵押物上所负担的抵押权也应消灭方能更好地发挥物的效用，亦符合《物权法》之担保物权体系的内在逻辑。

第三，抵押权人在主债权诉讼时效届满后仍未行使抵押权的，抵押人可以请求涂销抵押权登记。此以抵押权消灭为前提。这一规则可以准用于以登记作为公示方法的权利质权。就以登记作为公示方法的权利质权而言，同样存在着质权登记对于人质权利流转的影响问题。根据《物权法》第二百二十六条至第二百二十八条的规定，就以登记作为公示方法的基金份额质权、股权质权、知识产权质权和应收账款质权，标的权利出质后即不得转让，但经出质人与质权人协商同意的除外。基于同样的法理，权利质权人未在主债权诉讼时效届满后仍未行使权利质权的，出质人可以请求涂销权利质权登记。

第四，主债权诉讼时效期间并未固定期间，仍得因特定事由的出现而发生中止、中断。

【深度阐释】

担保物权人行使担保物权是否有期间限制？当事人是否可以自行约定行使期间？一直是学术界和实务界争论不休的问题。[①] 虽然《担保法解释》第十二条的规定在一定程度上平息了这些争议，但其中法理仍可辨析。《物权法》第二百零二条规定："抵押权人应当在主债权诉讼时效期间行使抵押权；未行使的，人民法院不予保护。"这一规定所界定的期间是抵押权的诉讼时效，还是除斥期间，抑或其他？超过这一期间对抵押权有何影响？这一规定是否表明质权、留置权等其他担保物权没有期间限制？如此等等，不无检讨的必要。

一、《物权法》第二百零二条规定的期间性质的学说分歧

（一）《物权法》第二百零二条规则的形成

我国《担保法》上并无担保物权行使期间的规定。考虑到担保物权对担保物产生权能上的限制，对担保物的使用和转让均发生影响，为便于担保物的流转和体现价值，《担保法解释》从实践需要出发，在立法出现漏洞时进行漏洞补充式的解释，[②] 于其第十二条规定："当事人约定的或者登记部门要求登记的担保期间，对担保物权的存续不具有法律约束力。"（第一款）"担保物权所担保的债权的诉讼时效结束后，担保权人在诉讼时效结束后的二年内行使担保物权的，人民法院应当予以支持。"（第二款）

在《物权法》起草过程中，比较一致的意见是应当规定抵押权的存续期间。但就如何规定抵押权的行使期间问题，存在不同意见：第一种意见认为，抵押权所担保的债权的诉讼时效期间届满后，抵押权人在2年内不行使抵押权的，抵押权应当消灭。其理由是：如果抵押权一直存在，可能会由于抵押权人长期怠于行使抵押权，而不利于发挥抵押财产的经济效用，阻碍经济的发展。第二种意见认为，担保物权因其担保的主债权履行期间届满后4年内不行使而消灭。其理由是：将抵押权的存续期间与主债权的诉讼时效挂钩，由于诉讼时效有中止、中断的情

---

① 对约束担保物权的期间的名称，学界并未取得一致意见，有称"担保物权的存续期间"的，有称"担保物权的时效"的，有称"担保物权的实行期间"的，有称"担保物权的司法保护期"的，也有直接称"担保物权的期间"的。本书基于《物权法》第二百零二条的规定，直接称之为"担保物权的行使期间""抵押权的行使期间"，暂时搁置相关学说争议，以一个相对中性的词汇来指称该制度，便于对争议的评析。

② 参见曹士兵：《中国担保诸问题的解决与展望》，中国法制出版社2001年版，第260页。

形，可能会使担保物权长期存在，加重了抵押人的负担，也不利于法律关系的稳定和市场交易。第三种意见认为，抵押权人应当在主债权诉讼时效期间行使抵押权；未行使的，人民法院不予保护。①

《物权法》采纳了上述第三种意见。“这样规定的主要考虑是，随着市场经济的快速运转，如果允许抵押权一直存续，可能会使抵押权人怠于行使抵押权，不利于发挥抵押财产的经济效用，制约经济的发展。因此，规定抵押权的存续期间，能够促使抵押权人积极行使权利，促进经济的发展。由于抵押权是主债权的从权利，因此，一些国家民法和我国台湾地区‘民法’将抵押权的存续期间与主债权的消灭时效或者诉讼时效挂钩的做法，值得借鉴。”②

（二）诉讼时效、除斥期间，抑或其他？

就《物权法》第二百零二条规定的期间性质，学界存在不同认识。

第一种观点认为，此期间（视）为诉讼时效，③ 该期间届满后，“抵押权人丧失的是抵押权受人民法院保护的权利即胜诉权，而抵押权本身并没有消灭”。④ 该条“人民法院不予保护”的表述类似于《民法通则》关于诉讼时效届满后的法律后果的表述。“从法律效果考量，物权法规定的抵押权司法保护期近似于抵押权的‘诉讼时效’，因为与诉讼时效的法律效果一样，该司法保护期届满后抵押权并不消灭，‘抵押权人丧失的是抵押权受人民法院保护的权利即胜诉权’，而且司法保护期的期间长短取决于主债权诉讼时效，主债权诉讼时效中断、中止、延长的，司法保护期也一样中断、中止、延长。主债权经法院裁判后不再计算诉讼时效，抵押权的司法保护期也不再继续计算，抵押权将一直受法律保护。”⑤

第二种观点认为，此期间为除斥期间或存续期间，该期间经过将导致抵押权的消灭。⑥ 通说认为，在性质上，抵押权属于支配权，而不是请求权，依民法法理，抵押权不受诉讼时效之限制。抵押权不宜适用与其担保的债权相同的诉讼时效制度。⑦ 持本观点的学者认为“诉讼时效说”突破了民法通说。此外，将第二

---

① 参见全国人大常委会法制工作委员会民法室：《〈中华人民共和国物权法〉条文说明、立法理由及相关规定》（第二版），北京大学出版社 2017 年版，第 414 页。

② 胡康生主编：《中华人民共和国物权法释义》，法律出版社 2007 年版，第 439～440 页。

③ 参见胡康生主编：《中华人民共和国物权法释义》，法律出版社 2007 年版，第 441 页；屈茂辉主编：《物权法原理精要与实务指南》，人民法院出版社 2008 年版，第 676 页。

④ 胡康生主编：《中华人民共和国物权法释义》，法律出版社 2007 年版，第 441 页。

⑤ 曹士兵：《中国担保制度与担保方法》，中国法制出版社 2007 年版，第 275 页。

⑥ 参见《中华人民共和国物权法条文理解与适用》，人民法院出版社 2007 年版，第 601 页；刘贵祥：《〈物权法〉关于担保物权的创新及审判实务面临的问题》（下），载《法律适用》2007 年第 9 期；吕伯涛主编：《适用物权法重大疑难问题研究》，人民法院出版社 2007 年版，第 292 页。

⑦ 参见梁慧星主编：《中国民法典草案建议稿及理由（物权编）》，法律出版社 2004 年版，第 343 页。

百零二条解释为抵押权适用于诉讼时效，将面临一个严重问题：在主债权诉讼时效完成后，质权和留置权是否适用于诉讼时效？若作肯定解释，则将因《物权法》没有明确规定而违反物权法定原则；若作否定解释，则“抵押权适用于诉讼时效，质权和留置权不适用诉讼时效”的解释结果必将构成对《物权法》第四编内部体系的违反。[①]

本书作者认为，将期间作“诉讼时效”与“除斥期间”非此即彼的区分，在逻辑上并不周延。在我国民法上，确实存在着既不具有“诉讼时效”性质，又不具有“除斥期间”性质的期间，如《民法总则》第一百八十八条第二款规定的最长保护期、《担保法》规定的保证期间。学界对这些期间的性质一直争议不断，其主要原因在于上述非此即彼的解释论。我们大可脱逸这两种区分，依规范本身定其性质，而不是生硬地套入这两者之一，造成解释论上的困难。准此，本书作者认为，《物权法》第二百零二条实际上规定的是主债权诉讼时效对抵押权行使的影响，是抵押权从属性的体现，并不是抵押权的诉讼时效，也不是抵押权的除斥期间。

（三）主债权诉讼时效对抵押权行使的影响

关于主债权诉讼时效届满是否以及如何影响抵押权，存在四种学说和立法例。第一种观点认为，主债权诉讼时效届满并不影响抵押权的行使，也就是说，以抵押权、质权或留置权担保的债权，虽经时效消灭，债权人仍然可以就其抵押物、质物或留置物取偿。德国民法即其著例。[②] 第二种观点认为，主债权诉讼时效届满后一定期间内，债权人仍可行使抵押权，该期间届满，抵押权消灭。《担保法解释》、我国台湾地区“民法”系采此说。第三种观点认为，担保物权随主债权诉讼时效届满而消灭。该模式为法国法所采。[③] 第四种观点认为，主债权诉讼时效届满后，抵押权不消灭，但抵押人能依债务人之时效抗辩，对抗抵押权人。[④]

本书作者以为，就第一种观点而言，尚有以下需要证成和说明之处：第一，主债权因诉讼时效的完成沦为自然债权，丧失强制执行力，为何作为其从属性权利的抵押权还具有强制执行力？这一观点在德国尚可理解，因为在德国抵押权中，使用最广的土地债务即独立于主债权，[⑤] 但在我国，抵押权的保全功能被过

---

① 参见王闯：《规则冲突与制度创新——以物权法与担保法及其解释的比较为中心而展开》，载梁慧星主编：《民商法论丛》（第40卷），法律出版社2008年版，第296页。

② 《德国民法典》第二百二十三条。

③ 参见尹田：《法国物权法》，法律出版社1998年版，第513页；全国人大常委会法制工作委员会民法室编：《物权法（草案）参考》，中国民主法制出版社2005年版，第453页。

④ 参见叶金强：《担保法原理》，科学出版社2002年版，第161页。

⑤ 在德国实务上，约有19%的债权系由抵押权所担保，而有81%的债权系利用土地债务制度加以担保。参见陈荣隆：《台湾地区最高额抵押权法制之借鉴与省思》（未刊稿），第2页注8。

分置重，几乎否定抵押权的独立性和投资功能，此观点即无存在空间。第二，主债权诉讼时效完成后，主债务人可主张时效抗辩权以拒绝债权人的履行请求，为何此时，抵押人却不能主张时效抗辩权，仍须承担担保责任？果若如此，抵押人所承担的责任比主债务人还要重。在债务人自己提供抵押时，此观点更是值得商榷。主债权诉讼时效届满后，债务人可以就主债权债务关系向债权人主张时效抗辩，但却就担保关系不能向债权人主张时效抗辩，在解释上难以自圆其说。第三，抵押人承担担保责任之后，即取得对主债务人之求偿权，因为主债务人才是最终意义上的债务人。但在主债权诉讼时效届满后，无论是否承认抵押人的求偿权，均会得出不合逻辑的结论。如果承认抵押人的求偿权，主债务人虽然享有对债权人的时效利益，但不得对抵押人主张，主债务人仍得满足抵押人的求偿权，法律上赋予主债务人时效利益即无意义；如果不承认抵押人的求偿权，主债务人对于债权人的时效利益亦可向抵押人主张，此时，抵押人即沦为第一顺位的责任人，与抵押权的基本原理相悖。

第二种观点虽然为主债权诉讼时效届满后的抵押权另外设定了一个相对固定的期间，有利于督促债权人及时行使抵押权，避免抵押权长期不行使而给法律秩序所造成的破坏，但是，这种观点仍然无法对第一种观点存在的问题作出合理的解释。

第三种观点基于“主权利消灭，从权利亦消灭”的基本法理，认为抵押权为主债权之从权利，主债权消灭，抵押权亦消灭。对此，《物权法》亦有明定。但依我国学界通说，诉讼时效届满并不消灭实体权利，亦即虽然诉讼时效届满，主债权仍然存在，只是使主债务人取得时效经过抗辩权，从抵押权的从属性出发，尚无法推出抵押权消灭的结论。

就第四种观点而言，抵押权不因主债权诉讼时效届满而消灭，满足了抵押权支配性的要求，符合我国诉讼时效的后果安排，同时，抵押人享有抗辩权，避免了抵押人的求偿困境，保障了抵押人的合理利益。抵押权因其支配性能排除主债权诉讼时效的适用，却不能当然推出不受主债权诉讼时效的影响。因为，逻辑上，“不适用”和“受影响”并非是矛盾的、不可并存的；内容上，抵押权不仅有支配性，也有从属性，不能取其所需而不见其他。[①] 本书作者以为，担保物权既不能强制执行，又永久存在，在《物权法》第一百九十一条未经抵押权人同意不得转让抵押财产的情形之下，对担保财产的流转不利。在已登记的担保物权的情形，虽主债权诉讼时效已经完成，担保人也享有时效抗辩利益，但因担保物权仍然存在，担保物权的登记自不得涂销。不能涂销，又不能强制执行，徒生担保交

① 参见周中举、王明成：《主债权诉讼时效届满，担保物权消灭吗?》，载刘云生主编：《中国不动产法研究》，法律出版社 2006 年版，第 334 页。

易的负担，实务中也难以操作。[①]

由此可见，上述四种观点均有不当之处，应作出相应的政策选择。《会议纪要》采取了消灭说的观点，“抵押权人在主债权诉讼时效届满前未行使抵押权，抵押人在主债权诉讼时效届满后请求涂销抵押权登记的，人民法院依法予以支持。”这主要是因为，抵押权的存在限制了抵押财产的流转。《物权法》第一百九十一条第二款规定：“抵押期间，抵押人未经抵押权人同意，不得转让抵押财产，但受让人代为清偿债务消灭抵押权的除外。”而《物权法》第二百零二条的规范目的在于，“如果允许抵押权一直存续，可能会使抵押权人怠于行使抵押权，不利于发挥抵押财产的经济效用，制约经济的发展。”[②] 只有令抵押权人怠于行使的抵押权消灭，才能达到规范目的。

但是，《民法典物权编（草案）》（二次审议稿）修改了《物权法》第一百九十一条第二款的规则，明确承认了抵押权的追及效力。其第一百九十七条规定：“抵押期间，抵押人转让抵押财产的，应当通知抵押权人。当事人另有约定的，按照其约定。”（第一款）“抵押财产转让的，抵押权不受影响。抵押权人能够证明抵押财产转让可能损害抵押权的，可以请求抵押人将转让所得的价款向抵押权人提前清偿债务或者提存。转让的价款超过债权数额的部分归抵押人所有，不足部分由债务人清偿。”（第二款）在此规定之下，抵押登记的存在对于抵押财产的流转并不形成障碍，抵押权人也不能仅以抵押财产发生转让就认为损害了其抵押权。此际，解释论上是否应重新考量，不无疑问。

二、对《物权法》第二百零二条“人民法院不予保护”的裁判分歧

《物权法》第二百零二条就抵押权人未在主债权诉讼时效期间行使抵押权所导致的法律后果，规定为“人民法院不予保护”。这一语焉不详的表述，增加了司法实践就抵押权行使期间效力的解释分歧。具体而言，法院就“人民法院不予保护”存在“不予保护说”“胜诉权消灭说”“抵押权消灭说”三种理解。

（一）“不予保护说”

在具体的案件裁判中，“人民法院不予保护”意味着当事人的诉讼请求无法得到支持，而若当事人的诉讼请求是实现抵押权利或者主张对抵押物享有优先受偿权，而裁判者对之持否定意见，法院对《物权法》第二百零二条的说理也止步于字面含义——“人民法院不予保护”。例如在“达州市商业银行达川区支行与

① 参见周中举、王明成：《主债权诉讼时效届满，担保物权消灭吗?》，载刘云生主编：《中国不动产法研究》，法律出版社2006年版，第339页。

② 胡康生主编：《中华人民共和国物权法释义》，法律出版社2007年版，第439～440页。

易思全、高德俊金融借款合同纠纷再审案”[①] 中，法院分析如下：

原审原告未在主债权诉讼时效期间行使担保物权，人民法院不予保护。原审被告易思全虽在诉讼时效结束后在原审原告发出的催收通知上签字，对原债务重新进行了确认，但未告知原审被告高德俊，原审被告高德俊也未签字认可，故原审被告易思全对原债务重新确认的行为对原审被告高德俊没有法律约束力，原审原告也没有证据证明其在主债权到期后至提起诉讼前向原审被告高德俊主张过权利，其要求原审被告高德俊承担抵押担保责任的诉讼请求，本院不予支持。

（二）“胜诉权消灭说”

持“胜诉权消灭说”的法院认为，《物权法》第二百零二条的立法本意在于督促抵押权人积极行使抵押权，因此，即便抵押权人在主债权诉讼时效期间内未行使抵押权，法院不予保护的也只是抵押权人的胜诉权，抵押权仍然存续，其具体理由如下：

第一，诉讼时效经过的结果是债务人产生抗辩权，而抵押权是具有支配性的他物权，抵押权不因主债权诉讼时效届满而消灭，抵押权行使期限只是抵押权的司法保护期。例如在“泸溪县农村信用合作联社与米先平抵押合同纠纷上诉案”[②] 中，法院认为：

所谓诉讼时效，是指权利人请求人民法院以强制程序保护其合法权益而提起诉讼的法定有效期限。诉讼时效制度是一种抗辩制度，抵押权是他物权，而非请求权，抵押权不因主债权诉讼时效届满而消灭，满足了抵押权支配性的要求，《物权法》第二百零二条规定……以人民法院的保护为落脚点，对抵押权人行使抵押权的期限作了明确规定，该条规定的是抵押权的行使期间，或者说是抵押权的司法保护期，因为该期间届满后，抵押权人丧失的是抵押权受人民法院保护的权利，即胜诉权。抵押权人只是不能通过人民法院请求拍卖或变卖抵押财产，但仍可以通过与抵押人协议等方式就抵押财产优先受偿，而抵押权本身并没有消灭，只是成为自然权利即相对于抵押人为自然债务，但自然债务并不因丧失国家强制力保护而当然解除，如果抵押人自愿履行担保义务的，抵押权人仍可以行使抵押权。依据我国现行的法律规定，并没有规定在抵押权成为自然权利的情况下，抵押人就可以随意支配抵押物，更无法律规定抵押人诉讼消除抵押物之上权利的障碍请求就应受到人民法院保护。所以，抵押权在主债权诉讼时效期间届满未行使的和在此情况下抵押人请求消除抵押物之上权利障碍的，人民法院不予保护，是法律公平的内在要求。

第二，在主债权诉讼时效经过后，债务人仅是取得时效抗辩权，但主债权本

① 四川省达州市通川区人民法院（2014）通川民再字第3号民事判决书。

② 湖南省湘西土家族苗族自治州中级人民法院（2013）州民二终字第57号民事判决书。

身并不消灭，依据抵押权的从属性，抵押权也相应并不消灭。例如在“岳阳海力实业有限公司与岳阳市岳阳楼区农村信用合作联社抵押权纠纷上诉案”① 中，法院认为：

债权在超过诉讼时效后，债权人丧失的只是胜诉权，债权本身并不消灭，债务人仍可以自愿履行债务，这是法学理论与实务界的共识。《担保法》第五十二条规定：“抵押权与其担保的债权同时存在，债权消灭的，抵押权也消灭。”而债权未消灭的，抵押权当然未消灭。《物权法》颁布后，担保法中与物权法规定相抵触的，从物权法的规定。但在此问题上，《担保法》第五十二条规定与《物权法》第二百零二条“抵押权人应当在主债权诉讼时效期间行使抵押权；未行使的，人民法院不予保护”的规定并不矛盾，二者相结合可知，超过主债权诉讼时效期间后，抵押权人丧失的是抵押权受人民法院保护的权利，即胜诉权，而抵押权本身并没有消灭，如果抵押人自愿履行担保义务的，抵押权人仍可以行使抵押权。……楼区信用联社虽怠于行使抵押权，但抵押权并未消灭，海力公司请求法院判令楼区信用联社返还国有土地使用权证和他项权证，并协助其办理他项权证注销手续的诉讼请求，不符合法律的规定，应予驳回。

第三，《物权法》第一百七十七条明确规定了担保物权消灭的情形，而抵押权行使期间经过并不包括在内，依据物权法定原则，“人民法院不予保护”不能解释为抵押权消灭。例如在“唐亚洲与中国建设银行股份有限公司涟水支行抵押合同纠纷案”② 中，法院认为：

原告主张本案的抵押权已经消灭，依据不足。理由如下：1. 从担保法律关系上说，债权是主权利，抵押权是从权利，抵押权从属于主债权。《担保法》第五十二条规定：“抵押权与其担保的债权同时存在，债权消灭的，抵押权也消灭。”现本案中的债权并未消灭，故抵押权也没有消灭。……3.《物权法》第一百七十七条规定：“有下列情形之一的，担保物权消灭：（一）主债权消灭；（二）担保物权实现；（三）债权人放弃担保物权；（四）法律规定担保物权消灭的其他情形”。本案并无上述几种情形所表述的事实。4.《物权法》第二百零二条规定：“抵押权人应当在主债权诉讼时效期间行使抵押权；未行使的，人民法院不予保护。”该条款也只是说明了抵押权超过主债权诉讼时效行使的，人民法院对其抵押权不予保护而已，并未说明抵押权这一实体权利就消灭。

（三）“抵押权消灭说”

持“抵押权消灭说”的法院认为，主债权诉讼时效期间为抵押权的存续期限，若抵押人未在主债权诉讼时效期间行使抵押权，所导致的结果是抵押权消

① 湖南省岳阳市中级人民法院（2014）岳中民二终字第96号民事判决书。

② 江苏省涟水县人民法院（2014）涟商初字第458号民事判决书。

灭，具体理由如下：

第一，虽然抵押权行使期间与主债权诉讼时效期间在时间上等同，但诉讼时效制度和抵押物权法律制度分别属于民事法律中不同的法律制度，主债权诉讼时效期间经过的法律效果不能当然适用于抵押权行使期间。“就诉讼时效而言，其以请求权人怠于行使权利持续至法定期间的状态为规制对象，目的在于让罹于时效的请求权人承受不利益，以起到促其及时行使权利之作用，依民法理论通说，其适用范围限于债权请求权。而就抵押权而言，其属于支配权，并非请求权的范围，更非债权请求权的范围，如将抵押权纳入诉讼时效的规制范围，无疑有违民法原理。”① 例如在“王福海与内丘县农村信用合作联社、王风立借款合同纠纷上诉案”② 中，法院认为：

《担保法》和《物权法》中有关抵押权行使期间的规定虽然均与主债权的诉讼时效期间相牵连，但抵押权行使期间又不能等同于诉讼时效期间。已超过抵押权行使期间的抵押物权，不能因主债务诉讼时效重新计算而重新设立。重新设立抵押物权须当事人之间重新成立新的抵押合同，成立新的合同是权利设立的前提和要件。诉讼时效制度和抵押物权法律制度分别属于民事法律中不同的法律制度，被上诉人主张抵押权应适用诉讼时效抗辩制度的诉讼主张无法律依据；超过诉讼时效期间权利人丧失的仅是公权力的司法保护胜诉权，其债权债务并不因此消灭，而权利人超过抵押权行使期间所丧失的不仅是人民法院的公权力保护，而且还直接导致抵押权归于消灭。

第二，从利益衡量上看，抵押权的存在将对抵押物产生权能上的限制，从而影响物的使用与流转，如果允许抵押权人任何时候都可行使抵押权，将会使抵押人长期处于不利益状态。在主债权诉讼时效经过后，令抵押物上的抵押权消灭更有利于物尽其用，促进社会经济秩序运转。例如在“李睿上与王军抵押合同纠纷上诉案”③ 中，法院认为：

就抵押权而言，其目的在于担保债务的履行，以确保抵押权人对抵押物的价值享有优先受偿的权利。为实现上述目的，抵押权对物之本身必将产生权能上的限制，对物的使用和转让均会发生影响。故，若对抵押权人行使抵押权的期限不

---

① “李睿上与王军抵押合同纠纷上诉案”［北京市第三中级人民法院（2016）京 03 民终 8680 号民事判决书］，载《最高人民法院公报》2017 年第 7 期。

② 河北省邢台市中级人民法院（2015）邢民三终字第 41 号民事判决书。

③ 北京市第三中级人民法院（2016）京 03 民终 8680 号民事判决书，载《最高人民法院公报》2017 年第 7 期。类似观点参见“宝丰县农村信用合作联社与梁五妮、梁红钦、柳建旭抵押合同纠纷上诉案”［河南省平顶山市中级人民法院（2015）平民三终字第 751 号民事判决书］、“中国农业银行股份有限公司仙桃市支行与左盛抵押权纠纷案”［湖北省汉江中级人民法院（2015）鄂汉江中民二终字第 00059 号民事判决书］。

进行限制，将使抵押财产的归属长期处于不稳定状态，不仅不利于保护当事人的合法权益，亦不利于物之使用和流通效能的发挥。此外，如果允许抵押权人在任何时候均可行使抵押权，则意味着在主债权经过诉讼时效且债务人因此取得抗辩权之后，债权人依然可从抵押人处获得利益，进而将抵押人和债务人之间的追偿和抗辩置于困境，换言之，也意味着抵押人将长期处于一种不利益的状态，其义务也具有不确定性，若如此，对于抵押人来说未免过于苛刻亦有失公允。从权利分类角度分析，在数项权利并存时，依据权利的相互依赖关系，有主权利与从权利之分，凡可以独立存在、不依赖于其他权利者，为主权利；必须依附于其他权利、不能独立存在的则为从权利。举例而言，在债权与为担保债的履行的抵押权并存时，债权是主权利，抵押权为从权利。在主权利已经丧失国家强制力保护的状态下，抵押物上所负担的抵押权也应消灭方能更好地发挥物的效用，亦符合《物权法》之担保物权体系的内在逻辑。故《物权法》第二百零二条规定抵押权行使期间的重要目的之一当在于促使抵押权人积极地行使抵押权，迅速了结债权债务关系，维系社会经济秩序的稳定。综合上述分析，应当认定在法律已设定行使期限后，抵押权人仍长期怠于行使权利时，法律对之也无特别加以保护的必要，应使抵押权消灭。具体到本案中，因李睿上在主债权诉讼时效期间并未向王军主张行使抵押权，故对李睿上的抵押权，人民法院不予保护，该抵押权消灭，王军请求解除抵押登记的请求应予支持。

第三，对于商事实践而言，若将“人民法院不予保护”解释为抵押权消灭，最为重要的价值是为抵押权登记的涂销提供正当性依据，从而促进抵押物财产价值的发挥。如“中国农业银行股份有限公司仙桃市支行与左盛抵押权纠纷上诉案”①，法院认为：

涉案抵押权设立后，抵押权人仙桃农行一直没有行使权利，而抵押权因其对抵押财产具有权能上的限制，应当设定存续期间。若抵押权的行使没有期限的限制，在抵押权人怠于行使权利时，抵押物将长期处于被限制的状态，这将不利于物的交易价值和担保秩序的稳定，也不利于抵押财产效能的发挥，同时亦可能损害其他债权人的利益。对此，《物权法》第二百零二条亦作了相应的规定。本案仙桃农行向仙桃市人民法院起诉杜佐祥主张权利，该院作出的判决生效后，仙桃农行未在法定期限内申请执行，其已丧失了请求人民法院强制执行保护其涉案债权的权利。仙桃农行在其主债权不受公权力保护的情况下，至本案诉讼时亦未向抵押人左盛主张权利，左盛以起诉的方式明确表示其不愿承担担保责任，仙桃农

---

① 湖北省汉江市中级人民法院（2015）鄂汉江中民二终字第00059号民事判决书。类似观点参见“吴新年与晋州市农村信用联社股份有限公司抵押合同纠纷案”［河北省晋州市人民法院（2014）晋商初字第00233号民事判决书］。

行所享有的担保物权已不再受到法律保护，左盛要求仙桃农行协助其到房屋产权登记机关办理房屋他项权证（证号：仙房抵字9600243号）注销手续的诉讼请求，应予支持。

第四，《物权法》第一百七十七条存在兜底条款，故担保物权消灭的条件除主债权消灭、担保物权实现及债权人放弃担保物权外，还包括“法律规定担保物权消灭的其他情形”，故而认定抵押权行使期间经过导致抵押权消灭并不违反物权法定原则。例如在“江苏江南农村商业银行股份有限公司与常州市港鑫化工有限公司抵押权纠纷上诉案”[①] 中，法院认为：

案涉房屋及土地的抵押权因未在主债权诉讼时效期间行使而归于消灭。理由如下：1. 诉讼时效适用于请求权。而抵押权属于担保物权，性质上为支配权，因而不宜适用诉讼时效制度。2.《物权法》第一百七十七条规定了担保物权消灭的四种情形，其中第四项规定为“法律规定担保物权消灭的其他情形”。故该法第二百零二条的规定“抵押权人应当在主债权诉讼时效期间行使抵押权；未行使的，人民法院不予保护”与该法体系的内在逻辑并不相悖。3. 担保法律关系中涉及到担保物权人、担保人、第三人等多方主体的利益，诚然担保设立的目的主要在于保障债权的实现，但物尽其用、提高担保物的使用效率以及维护交易秩序的稳定同样也是法律的价值追求之一，因此不能忽视其他主体尤其是担保人的利益。本案所涉抵押自1999年12月13日即已设立，至一审起诉已逾15年，即便自主债权诉讼时效届满日起算，至一审起诉也已逾11年。由于江南银行并无证据证明其在借款诉讼时效期间内向港鑫公司行使抵押权，法律已明确对其抵押权不予保护，且抵押人明确拒绝抵押权行使，抵押权人已经无法实际行使抵押权。在此情形下，若继续维持抵押登记，则将使权利状态永不确定，对抵押人而言，势必影响抵押物的正常使用和流转，妨害抵押人所有权的行使，产生“一次抵押、终身受限”的后果，对抵押人而言过于苛刻。本院认为，溯其根源，乃在于债权人未在诉讼时效期间内积极主张债权和抵押权所至，故本院认定案涉房屋及土地上的抵押权已经消灭。

在司法实践中，主债权诉讼时效（抵押权行使期间）经过导致抵押权的消灭，即主债权诉讼时效为抵押权的存续期限为目前的主流观点。本书作者亦支持抵押权行使期间经过，抵押权消灭：第一，诉讼时效制度的适用对象为债权请求权，而抵押权的性质为支配权，若将抵押权行使期间等同于抵押权的诉讼时效有违民法原理。第二，所谓担保物权的从属性，是指担保物权的设立、移转及消灭均从属于债权，即担保物权的设立以债权成立为前提，并随债权的移转而移转，因债权的消灭而消灭，但并不包括主债权存续，抵押权也不得消灭。第三，所谓

① 江苏省常州市中级人民法院（2015）常商终字第0404号民事判决书。

物权法定原则，是指物权的种类及内容由法律规定，但并不包括物权的消灭必须由法律明确规定。更何况，《物权法》第一百七十七条第四项的规定已为抵押权因主债权诉讼时效经过而消灭留下空间，在解释上并未有障碍。第四，若主债权诉讼时效经过，抵押权仍然存续，则在第三人提供抵押且承担抵押责任后，抵押人即面临无法向债务人求偿的困境；而若允许抵押人向债务人求偿，则债务人的时效利益即被架空。第五，主债权诉讼时效期间经过之后，如令担保该债权清偿的担保物权仍然存在，不管采取诉讼时效说，还是主债权诉讼时效影响说，均面临担保物交换价值沉淀的困境，不利于担保物的流通。此时不如基于物尽其用的基本原则，将“人民法院不予保护”解释为抵押权消灭，使抵押人取得涂销登记请求权，从而使受让人的商业判断不被抵押登记的存在而影响，并进而促进抵押物交换价值的发挥。

值得注意的是，主债权诉讼时效期间并未固定期间，仍得因特定事由的出现而发生中止、中断。裁判实践中，部分法院将主债权诉讼时效期间理解为固定的两年期间，颇值商榷。如在“张衍斌与临商银行股份有限公司李官支行、胡发光等担保物权确认纠纷上诉案”① 中，法院认为：

本案中抵押权的行使期限应当适用《物权法》第二百零二条规定。被告胡发光抵押财产担保主债务的期限自2006年2月24日起至2007年1月24日止，该债务的诉讼时效期间至2009年1月23日止，被告李官支行作为抵押权人应当在2009年1月23日前行使抵押权。对于该笔贷款35万元，被告李官支行已于2007年6月11日将被告胡发光诉至本院，本院作出了（2007）临兰民二初字第1520号民事调解书，就债权的偿还期限作出了约定，但被告李官支行未有证据证实其已在2009年1月23日前就抵押财产所享有的抵押权与被告胡发光、杨佃云达成以抵押物折价或者以拍卖、变卖该抵押物所得的价款受偿的协议，或者已请求人民法院拍卖、变卖抵押财产，故不能认定被告李官支行在主债权诉讼时效期间行使了抵押权，因此被告李官支行对被告胡发光、杨佃云共有的产权证号为15××96、15122246的房产设定的抵押权已超出法律保护的期限，不应再受到法律保护，不能对抗他人对该财产享有的权利。

本案中，在主债权诉讼时效进行过程中，2007年6月11日债权人已就主债权提起诉讼，导致诉讼时效中断，自民事调解书生效之日起重新计算诉讼时效。债权人应在重新计算的主债权诉讼时效期间内向主债务人主张权利或者向抵押人行使抵押权。

三、当事人约定或登记部门登记的抵押期间的效力

虽然《物权法》第二百零二条规定了抵押权的行使期间为主债权诉讼时效，

① 山东省临沂市中级人民法院（2013）临民一终字第1875号民事判决书。

但实践中不乏当事人自行约定抵押权期间或者登记部门要求登记抵押期间的情形。在当事人约定的抵押期限经过，而主债权诉讼时效尚未经过时，抵押人是否有权主张抵押权消灭即成争议。对此，《担保法解释》第十二条第一款已作出规定："当事人约定的或者登记部门要求登记的担保期间，对担保物权的存续不具有法律约束力。"在司法实践中，法院的共识是当事人约定的抵押权行使期限不具有效力。例如在"衡阳立达房地产开发有限公司与被上诉人衡阳市商业银行衡州支行、原审被告衡阳市中信实业发展有限公司等借款合同纠纷上诉案"① 中，湖南省高级人民法院二审认为：

根据《担保法》第五十二条"抵押权与其担保的债权同时存在，债权消灭的，抵押权也消灭"之规定，因本案立达公司1998年所借60万元、355万元一直没有实际清偿，旧的债权债务关系并没有消灭，因此建立在其上的抵押权也没有消灭。本案490万元款项所涉及的借款合同中以立达公司西城大厦的二层、四层的房产设立的抵押担保是有效担保。根据《最高人民法院关于适用〈中华人民共和国担保法〉若干问题的解释》第十二条"当事人约定或登记部门要求登记的担保期间，对担保物权的存续不具有法律约束力"之规定，本案抵押物所登记的担保期限对抵押权的存续不具有法律约束力。

《物权法》第一百七十八条规定："担保法与本法的规定不一致的，适用本法。"既然《物权法》并未规定当事人约定抵押期限的效力，《担保法解释》第十二条第一款仍存在适用空间。例如在"陈仕蓉，冉全儒与杨伟，重庆农村商业银行股份有限公司酉阳支行借款合同纠纷再审案"② 中，再审法院认为：

《重庆市房地产权证（抵押专用）》……载明抵押权设定日期自2009年8月26日至2012年8月26日。冉全儒、陈仕蓉申请再审称农商行酉阳支行提起本案诉讼时涉案抵押权的行使期间已过，其不应承担抵押担保责任。本案中，农商行酉阳支行的起诉时间为2013年5月，虽然该时间不在上述《重庆市房地产权证（抵押专用）》载明的抵押权设定期间内，但《物权法》第二百零二条规定："抵押权人应当在主债权诉讼时效期间行使抵押权；未行使的，人民法院不予保护。"《最高人民法院关于适用〈中华人民共和国担保法〉若干问题的解释》第十二条第一款规定："当事人约定的或者登记部门要求登记的担保期间，对担保物权的存续不具有法律约束力。"根据上述规定，农商行酉阳支行行使抵押权的时间不受当事人约定的或登记部门要求登记的担保期间的约束，其在主债权的诉讼时效期间行使抵押权的主张应予以支持。

---

① 湖南省高级人民法院（2010）湘高法民二终字第19号民事判决书。类似观点可参见"上海新启投资有限公司与浪都实业国际贸易（上海）有限公司抵押合同纠纷上诉案"［上海市高级人民法院（2009）沪高民一（民）终字第49号民事判决书］。

② 重庆市高级人民法院（2015）渝高法民申字第00696号民事裁定书。

对于当事人约定的担保物权行使期间的效力，学说上争论很大。

第一种观点认为，抵押合同中约定有抵押权存续期间的，其约定无效。抵押权为物权的一种，而物权原则上不受当事人所约定的期间的限制。若允许当事人约定抵押权的存续期间，直接与抵押权的物权性质发生冲突。再者，抵押当事人约定抵押权的存续期间，与抵押权担保债权受偿的目的亦不完全吻合。抵押权以抵押财产的交换价值担保债权的实现，从属于被担保的债权而存在，债权不消灭，抵押权没有单独归于消灭的理由；惟有债权消灭，抵押权始归于消灭。在现实生活中，抵押人或债务人利用抵押合同所约定的抵押权的存续期间，对抗抵押权人对抵押财产行使权利，将极大地损害抵押制度的功能。在保证担保的场合，保证人仅在保证责任期间内承担保证责任，因为保证为人的担保；而抵押担保并非人的担保，是以抵押财产的交换价值的持续存在和维持担保债权受偿，抵押担保的信用取决于抵押财产的价值维系，若允许以存续期间限制抵押权的效力，将直接降低抵押担保的信用，这是健全抵押担保制度所应当避免的现象。因此，凡抵押人和抵押权人对抵押权的存续期间有约定的，不论其约定存续期间的原因、长短，一律无效。抵押权属于不受抵押人和抵押权人所约定的期间限制的担保物权。① 对于当事人可否约定抵押期限的问题，《担保法》立法过程中即有争论。《担保法》草案中，对抵押合同应包括的内容即规定了“抵押的期限”一项。有专家指出，抵押权属于担保物权，只要债权存在，抵押权也应同时存在，不应当规定抵押期限。《担保法》采纳了这一意见，在草案修改稿中删去了“抵押的期限”，支持了此种观点。②《担保法解释》第十二条第一款更是对此作了明文规定。

第二种观点认为，抵押人和抵押权人可以约定抵押期间，其主要理由有：第一，物权并非均具无期限性。物权中，除所有权、永佃权无存续期外，其他用益与担保物权均有存续期。约定的存续期届满即为物权消灭的原因之一。以所谓物权的无期限性作为拒绝承认抵押期限的理由是不成立的。第二，抵押权之从属性不能作僵化理解。从属性理论已由过去之“抵押权与债权之并存”理论，转称为“债权之可得发生”之理论。债权之消灭，决定着抵押权之消灭，固为其从属性之基本体现。但抵押权消灭并不导致债权消灭，当然亦属其从属性的体现。自此角度论之，债权与抵押权各有其相对独立性，无必要固守“只要债权存在，抵押权、质权也应同时存在”的观念。③ 第三，法律没有禁止性规定，根据意思自治原则，应当允许当事人对抵押期间予以约定。《担保法》第三十九条规定：“当事

① 参见中国物权法研究课题组：《中国物权法草案建议稿》，社会科学文献出版社 2000 年版，第 614～615 页。

② 参见《全国人大法律委员会关于〈中华人民共和国担保法（草案）〉审议结果的报告》，载汪贻祥主编：《中华人民共和国担保法理论与实务》，中国政法大学出版社 1995 年版，第 404 页。

③ 参见翟云岭：《论抵押期限》，载《政法论坛》1999 年第 2 期。

人认为需要约定的其他事项”，解释上认为应当允许当事人约定抵押期间，部门规章中亦把抵押期间列为抵押合同的一项内容。① 第四，约定抵押权存续期限是附期限的民事法律行为，而附期限的民事法律行为已为《中华人民共和国民法通则》和《合同法》所确认。②

《物权法》公布实施后，学界对当事人约定的担保物权行使期间的效力仍存争议。第一种观点认为：“司法解释第十二条第一款的规定系对物权法定原则的具体化，与物权法不相抵触，在物权法生效后仍得继续适用，应无疑问。”③ 亦即，当事人约定的或登记机构登记的担保期间，对担保物权的存续没有约束力。《物权法》第二百零二条是强制性规定，当事人不能通过约定的方式排出其适用。④ 第二种观点认为，当事人可以约定担保物权的行使期间，不过，如果当事人约定的担保物权的终止日与主债务履行期相同或早于主债务履行期间届满的，其约定无效；如果当事人约定的担保物权期间事实上长于主债权的诉讼时效，则视为当事人没有约定担保物权期间。⑤ 当事人也不得约定永久存续的抵押权。⑥

本书作者不赞同由当事人自行约定担保物权的行使期间。

第一，在我国，担保物权被赋予了严格的保全性和从属性，并在《物权法》第七十七条明定“主债权消灭”，担保物权消灭，第二百零二条明定抵押权与其担保的主债权同其命运，由此坚守了担保物权在消灭上的从属性。同时，正如本书作者前述，包括抵押权在内的担保物权自身并不独立地适用期间制度，第二百零二条所规定者乃主债权诉讼时效对抵押权的影响，因此，担保物权并无期间限制，当事人也就没有必要约定担保物权的实行期间。准此以解，当事人关于担保物权行使期间的约定自是无效。

第二，在物权法定主义之下，物权的种类和内容必须由法律直接规定，此已为《物权法》第五条所明定，有学者从物权法定缓和的视角阐释当事人约定担保物权期间的有效性。⑦ 但依本书作者愚见，虽物权法定缓和乃学界通说，且物权法定本身究竟包括哪些内容仍可讨论，⑧ 但物权的种类和内容必须法定，实为物权法定主义的真谛，否则，物权法定将荡然无存，而走向物权法定的反面——物

---

① 参见何志、王士教、单浩森主编：《担保法判解研究与适用》，中国政法大学出版社 1999 年版，第 308 页。

② 参见王克先：《抵押权可以约定存续期限》，载《律师与法制》1999 年第 3 期。

③ 曹士兵：《中国担保制度与担保方法》，中国法制出版社 2007 年版，第 276 页。

④ 参见马新彦主编：《中华人民共和国物权法法条精义与案例解析》，中国法制出版社 2007 年版，第 448 页。

⑤ 参见孙鹏：《论担保权的实行期间》，载《现代法学》2007 年第 6 期。

⑥ 参见王利明：《物权法研究》（下卷），中国人民大学出版社 2016 年版，第 460 页。

⑦ 参见孙鹏：《论担保权的实行期间》，载《现代法学》2007 年第 6 期。

⑧ 参见高圣平：《物权法定主义及其当代命运》，载《社会科学研究》2008 年第 3 期。

权自由。就担保物权的行使期间而言，在《物权法》置重于担保物权的从属性之下，担保物权法定地从属于主债权，此已为《物权法》的相关条文所明定，也为交易当事人或潜在当事人所合理期许，如认可当事人约定的担保物权行使期间的效力，则认可物权法定的内容可由当事人约定，这就等于否定了物权法定主义，因为担保物权的行使期间自是物权法定的内容之一。

第三，以同样具有从属性的保证债务，当事人可以约定保证期间的规定，类推地认定担保物权当事人亦可以约定行使期间，欠缺合理性。保证债务在性质上属于债的关系，自是当事人可以自由约定的范畴，在解释上，当事人对保证债务的范围、期间等的约定仅在当事人之间发生效力，并不会影响到第三人利益或社会公共利益，法律上自无干涉之必要。但担保物权在性质上属于物权之一种，虽对其性质上尚存争议，但我国在《物权法》中专编规定担保物权，自是从立法上认可了其物权性。在物权法定主义之下，担保物权的种类和内容属于法律规定的范畴，已不属于当事人可以约定的事项。以保证（人保）和担保物权（物保）均属担保方式之一，保证人与物上保证人的地位并无本质区别，并进而认为如不认可当事人约定的担保物权行使期间的效力则对物上保证人太过严苛，则丧失了基本的权利划分和效力差异的基础。

第四，以担保物权可以抛弃，当事人约定担保物权行使期间的约定即为抛弃担保物权的一种形式（附期限的抛弃担保物权行为），来论证法律既然允许担保物权抛弃，自无限制当事人约定担保物权行使期间的必要，实际上是没有厘清两者的区别。担保物权的抛弃属于担保物权人行使处分权的方式之一，自属物权人可以自由行使的范畴，但当事人约定担保物权行使期间在性质上属于对担保物权从属性的变更，属于担保物权内容的变更，与担保物权的抛弃性质迥异，自无类推适用的前提。

综上所述，本书作者认为，当事人关于担保物权行使期间的约定，无论长短，均属无效。同理，登记机构登记的担保物权（行使）期间亦属无效。但我们遗憾地看到，就在相关登记机构修改行政规章以删除“抵押期间”等类登记事项[①]之时，中国人民银行发布的《应收账款质押登记办法》（2007）第十二条却明文规定：“质权人自行确定登记期限，登记期限以年计算，最长不得超过5年。登记期限界满，质押登记失效。”不能不引起人们的深思。《应收账款质押登记办法》（2017）第十二条规定：“质权人应根据主债权履行期限合理确定登记期限。登记期限最短6个月，超过6个月的，按年计算，最长不超过30年。”第十三条规定：“在登记期限届满前90日内，质权人可以申请展期。质权人可以多次展期，

① 例如，修正前的《城市房地产抵押管理办法》第二十六条明定“抵押期间”为房地产抵押合同条款之一，修正后即改为：“债务人履行债务的期限”。

展期期限按年计算，每次不得超过30年。”这些规定虽然删除了“登记期限界满，质押登记失效”的规定，但登记期限的法律意义究竟为何，是否应将《物权法》第二百零二条限缩适用于不动产抵押权，不无疑问。

四、《物权法》第二百零二条中“行使抵押权”的理解

《物权法》第二百零二条所规定的“在主债权诉讼时效期间行使抵押权”应当如何理解？是向法院提起诉讼或申请执行，还是仅向抵押人主张抵押权即可？本书作者认为，《物权法》第二百零二条所规定的“行使抵押权”自应依《物权法》的体系解释得以解决，而不能随意解释。对此，有学者认为：“如果抵押权人在司法保护期内与抵押人有过协商，在司法保护期届满后才请求法院启动司法程序，法院不因抵押权人在司法保护期内向抵押人主张过权利而放宽限制，抵押权仍然不受法律保护。”[①] 本书作者对此表示赞同。《物权法》第二百零二条所规定的“行使抵押权”自应依《物权法》的体系解释得以解决。依《物权法》第一百九十五条的规定，抵押权人行使抵押权有两种方式：第一，“与抵押人协议以抵押财产折价或者以拍卖、变卖该抵押财产所得价款优先受偿”；第二，“请求人民法院拍卖、变卖抵押财产”。由此可见，抵押权人在诉讼之外向抵押人主张抵押权并无积极意义（除非达成实现抵押权的协议），抵押人承认抵押权的存在，对抵押权的行使也无实际价值（同样除非达成实现抵押权的协议）。从解释上，《物权法》第二百零二条“行使抵押权”受到如下限制：第一，必须是在“债务人不履行到期债务或者发生当事人约定的实现抵押权的情形”之后至“主债权诉讼时效期间”届满之前行使抵押权；第二，行使抵押权的方式仅限于达成实现抵押权的协议以及向人民法院请求拍卖、变卖抵押财产。同时在上述期间之内，抵押权人向人民法院提起抵押权诉讼自是其行使抵押权的方式之一，[②] 并不一定以“请求人民法院拍卖、变卖抵押财产”为唯一方式。例如在“姚广庆与平安银行股份有限公司深圳华强支行抵押合同纠纷上诉案”[③] 中，法院认为：

从实体权利上看，平安银行华强支行在永兴公司未履行债务的情况下，向人民法院起诉请求行使对涉案房产的抵押权。生效民事判决也已判令平安银行华强支行对涉案房产有权折价抵偿永兴公司的借款本息或以变卖涉案房产的价款优先受偿。因此，平安银行华强支行已经在法律规定的诉讼时效内行使了抵押权，其对涉案房产的处分权利已经生效判决确认，并无姚广庆、王成秀上诉所称抵押权人未在债权诉讼时效结束两年内行使抵押权的情形。平安银行华强支行拥有的经

---

① 曹士兵：《中国担保制度与担保方法》，中国法制出版社2007年版，第276页。

② 最高人民法院2011年公布的《民事案件案由规定》已将抵押权纠纷列为独立的第三级案由。

③ 广东省深圳市中级人民法院（2014）深中法房终字第1504号民事判决书。

判决确认的抵押权本质是一种实体性的物权，无论其是否向人民法院申请强制执行，若不存在法定的抵押权消灭的情形，该权利将一直处于持续状态，而不受执行程序的影响。因此，即使姚广庆、王成秀认为执行案件已超过申请期限的主张成立，也不会因此导致债权人抵押权的消灭。姚广庆、王成秀请求确认抵押权消灭、注销抵押手续及返还房产证原件的主张，本院不予支持。

在“程莉娟与丁兰英抵押权纠纷上诉案”[①]，二审法院指出，若抵押权人只是在相关诉讼的证明程序中提交抵押权凭证，而未向法院请求实现抵押权，则抵押权人提交证据的行为不能被认定为行使抵押权：

本院认为，抵押权作为一种担保物权，其设立、变更和消灭均须由法律规定。本案争议焦点，程莉娟在抵押权存续期间有无行使抵押权。从本案查明的事实看，因沈航未能按期偿还借款，程莉娟于2007年11月2日向法院提起诉讼，要求沈航偿还欠款及利息。2007年12月21日，法院作出判决，判令沈航向程莉娟支付借款本金及逾期利息。该判决是程莉娟对沈航的债权在法律上最终确认。程莉娟应在上述判决生效之日起在相关法律规定的期限内对其债权所设定的抵押物行使抵押权。程莉娟在该案审理过程中，虽向法院提交了其与沈航签订的《南京市房地产抵押合同》及抵押登记凭证，仅以证明沈航为担保其借款将涉案房屋抵押给程莉娟，但其在该案诉讼过程中并未请求对涉案房屋实现抵押权，程莉娟在该案审理中提交相关证据的行为，不能认定其行使抵押权。2008年2月28日，程莉娟对沈航的欠款及逾期利息、诉讼费向法院申请强制执行。……执行过程中，程莉娟仅将抵押合同等作为财产线索提供给执行法院，并未明确提出行使抵押权的申请。程莉娟既未与抵押人沈航就抵押权实现方式达成协议，亦未向人民法院提起诉讼或按照法律规定，主张行使抵押权，程莉娟向执行法院提供执行线索的行为不符合抵押权的行使方式，并非行使抵押权。一审法院依据《最高人民法院关于适用〈中华人民共和国担保法〉若干问题的解释》第十二条第二款规定，认定程莉娟未在法定期限内行使抵押权，该权利已经消灭，并无不妥。

总而言之，根据《物权法》第一百九十五条，只要抵押权人通过与抵押人达成实现抵押权的协议，或者向人民法院起诉的方式行使抵押权，该行使方式即符合《物权法》第二百零二条的要求。

五、《物权法》第二百零二条是否适用于质权与留置权

尽管《物权法》第二百零二条所调整的对象仅限于抵押权，但质权、留置权与抵押权同属担保物权，由此所产生的疑问是：《物权法》第二百零二条是否准用于质权与留置权。

---

① 江苏省南京市中级人民法院（2018）苏01民终8763号民事判决书。

一种观点认为，质押权、留置权与抵押权在性质上相同，权利的行使都应受到期间限制。“中国民生银行股份有限公司杭州分行与紫荆控股有限公司、江苏凌特精密机械有限公司金融借款合同纠纷案”[①] 中，法院认为：

关于民生银行杭州分行在本案中主张应收账款优先权是否已超过行使期限问题。首先，本案中，民生银行杭州分行就其对紫荆控股公司享有的主债权提起民事诉讼在《中华人民共和国民法通则》第一百三十五条规定的二年诉讼时效期间之内。其次，《物权法》第二百零二条规定：“抵押权人应当在主债权诉讼时效期间行使抵押权；未行使的，人民法院不予保护。”本案所涉虽为应收账款质押权，但与抵押权同为担保物权。根据《物权法》第二百二十九条、第二百二十二条和第二百零七条的规定，民生银行杭州分行在本案中行使质押权的期限，适用该法第二百零二条的规定。故民生银行杭州分行提起本案诉讼，一并主张应收账款优先权，并未超过行使期限。

另一种观点则认为，通过《担保法解释》第十二条与《物权法》第二百零二条前后的变化可知，《物权法》的立法者在担保物权的行使期限上区分了移转占有型担保物权与非移转占有型担保物权，即非移转占有型担保物权的行使应受期限限制，而移转占有型担保物权则没有权利行使的期限限制。同时，质权人、留置权人对担保物的占有使其权利能得以一直存续。例如在“夏文成、梁德财与钟汝更动产质权纠纷案”[②] 中，法院认为：

首先，从有关质权行使的法律规定分析。……对比法律之间的前后变化可以看出，物权法有选择地修改、吸收了《担保法解释》关于担保物权行使期限的规定：对于不转移担保物占有的抵押权，规定由不占有担保物的抵押权人在主债权诉讼时效期间积极行使担保权利，受偿债权，使物的利用尽快趋于安全稳定；对于转移担保物占有的动产质权，则没有限定占有担保物的质权人行使质权的期限，而同样是规定由不占有担保物的出质人主动向债权人提出及时行使质权的请求。同时规定，在质权人怠于行使质权的情况下，出质人可以通过向人民法院请求拍卖变卖质押财产、向质权人请求损害赔偿的方式进行救济。通过出质人积极主张权利和寻求救济，促使物权尽快消除担保负担，充分发挥物的效用。在这种制度安排下，动产质权并不因质权人在主债权诉讼时效期间内或主债权诉讼时效届满后两年内未行使而不受人民法院保护。反之，如果认为在《物权法》第二百二十条规定了出质人救济措施的情况下，《担保法解释》第十二条第二款规定的行使期限仍适用于动产质权，则出质人只需静待期间届满，即可无偿取回质押财产，并无必要依据《物权法》第二百二十条规定去寻求救济。这显然与《物权法》

---

① 浙江省高级人民法院（2017）浙民初13号民事判决书。

② 广东省高级人民法院（2019）粤民再32号民事判决书。

规定第二百二十条内容的立法意图相悖。因此，分析条文之间的相互关系考察立法目的，系统理解法律有关质权行使的规定，应当认为，《物权法》实施以后，动产质权不宜再适用《担保法解释》第十二条第二款规定的行使期限。本案借款及设立动产质权均发生在《物权法》实施之后，应当适用《物权法》的规定与精神，认定涉案动产质权不因超过主债权诉讼时效或超过主债权诉讼时效二年未行使而消灭或不受人民法院保护。

其次，从适用法律的价值取向和社会导向分析。本案中，债务履行期届满后，债务人钟汝更未清偿债务，质权人夏文成、梁德财因而一直占有质物，其自然地认为权利实现仍处于有保障的状态。这种认识符合一般人基于诚实信用对权利保护的认知，也符合《民法总则》第五条、第六条、第七条规定的从事民事活动应当遵循的自愿、公平、诚信原则。钟汝更在案涉借款履行期限届满后既不履行债务，也不向债权人提出行使质权的请求，而在债务履行期届满九年后以债权人未及时行使质权为由，起诉要求无偿取回全部质押财产，不符合一般人对公平正义的价值判断，也有违法律规定的公平原则、诚信原则。至于其提到的借款存在高息等不公平问题，因其未提交充分的证据证明双方结算后确认的借款本金违法，而利息金额应在实现质权时依法审查认定，不足以否定质权的存续。一、二审判决支持钟汝更的诉讼请求，未能体现均衡保护双方当事人合法权益，不利于倡导诚实守信的社会风尚，也使《物权法》第二百二十条规定的立法目的落空。

与《担保法解释》第十二条第二款不同，《物权法》第二百零二条仅规定了抵押权的行使期间，该条是否准用于质权与留置权？对此，参与立法的专家认为："主债权诉讼时效届满后，担保物仍在担保权人的控制之下，担保权人可凭占有处分担保物，实现自己的权利。如果规定担保物权因主债权时效届满而消灭，与债务人不得对超时效行为之履行请求返还的民法基本原理相悖"。① 为弥补第二百零二条不适用于质权、留置权而造成的权利长期不行使的弊端，《物权法》第二百二十二条和第二百三十七条对出质人、债务人督促担保权人行使担保物权作了规定。这些条款应是对《物权法》没有关于主债权诉讼时效对质权、留置权的影响之规定可能带来的消极后果所采取的另类解决措施。②

由此可见，《物权法》对于主债权诉讼时效针对不同类型的担保物权的影响作了不同的规定，质权和留置权并不受主债权诉讼时效的影响；在主债权的诉讼时效完成后，质权人和留置权人原则上仍然有权行使质权和留置权，担保人不能依据诉讼时效进行抗辩。

---

① 全国人大常委会法制工作委员会民法室编：《物权法（草案）参考》，中国民主法制出版社2005年版，第447页。

② 参见刘贵祥：《〈物权法〉关于担保物权的创新及审判实务面临的问题》（下），载《法律适用》2007年第9期。

这一区分的根据在于：抵押权的设立不转移担保物的占有，而质权和留置权的设立则需要转移对担保物的占有。由于质权人和留置权人占有担保物，当主债权的诉讼时效完成时，如果不允许担保权人行使担保物权，而允许担保人以诉讼时效完成为由请求返还担保物，则不仅与诉讼时效制度维护现存秩序的功能相违背，而且对担保权人也有失公平。因为质权人和留置权人之所以一直没有行使债权和担保物权，可能正是考虑到自己占有着担保财产，自己的权利一直有所保障。另外，诉讼时效制度推定时效期间完成时债务人已经履行了债务，而债权人仍占有质押财产或留置财产的事实，说明了债务仍然没有得到履行，推翻了诉讼时效制度的上述推定。当然，主债权的诉讼时效完成后仍然能行使质权和留置权，意味着担保人和债务人在时效完成后实质上仍不能获得诉讼时效制度的保护。但是，这一结果在质权和留置权设立之初就是可以预知的，当事人在担保物权设立之时就应当知道这一风险。因此，由担保人和债务人承担这一结果，算不上苛刻。①

本书作者对此也不能苟同。

第一，债权人占有担保物，并不一定能处分担保物。依《物权法》第二百一十九条第二款和第二百三十六条的规定，债权人处分担保物的前提是达到实现担保物权的条件，即出现“债务人不履行到期债务或者发生当事人约定的实现质权的情形”（就质权的实现）或者“债务人逾期未履行”债务（就留置权的实现），债权人占有担保物只能保持质权和留置权的效力，仅依占有的事实，并不当然享有处分担保物的权利。如债权人对其占有的标的物并不享有担保物权，则其占有属于无本权的占有，债权人非但不能处分占有物，还负有返还占有物的责任。

第二，主债权诉讼时效届满后，债权人占有担保物并不意味着主债务人放弃时效利益向债务人清偿。虽然就诉讼时效完成后的自然债务，债务人主动清偿的，债权人有权受领并保有债务人的给付，但债权人对担保物的占有非为主债务诉讼时效届满后的清偿，而是基于合意或法定在债务履行期届满之前即已完成，其法律意义在于成立质权或留置权，以担保债务的履行。②

第三，占有（交付）和登记本是担保物权公示的两种不同方法，两者之间本无效力上的差异，不能在主债权诉讼时效届满对担保物权行使的影响上，对以登记为公示方法的抵押权与以占有（交付）为公示方法的质权和留置权之间作区别对待。

第四，主债权诉讼时效完成后，质权人、留置权人仍可行使其质权或留置权，其中所遇到的理论上的障碍与主债权诉讼时效完成后对抵押权人的行使不发

① 李永锋：《主债权诉讼时效完成后担保物权的效力》，载《人民法院报》2007年5月16日。

② 参见孙鹏：《论担保物权的实行期间》，载《法律科学》2007年第6期。

生影响的弊端相当，前已述及。

基于此，本书作者主张《物权法》第二百零二条可以适用于质权和留置权。《物权法》既然规定主债权诉讼时效对抵押权的行使存在影响，质权和留置权作为与抵押权同类的担保权利，本着同一事件作同一处理的法适用原理，应对质权和留置权作同一处理，即亦应受主债权诉讼时效的影响。在法学方法论上，这实际上涉及类推适用问题。类推适用，又称比附援引，是填补民法漏洞的基本方法之一，一般是指将法律于某案例类型A所明定的法律效果，转移使用于法律未设规定的案件类型B上。[①] 关于物权法上是否允许类推适用，学界素有不同意见。有学者指出："系争案件不属于禁止类推适用的私法领域，即不属于物权法定等基于其他优先原则的考虑而不许类推适用之情形。"[②] 有学者认为，第一，"原则不容许依类推适用的方法创设法律之未规定之物权"；第二，"关于某种物权的规定，亦可类推适用"，论者并以物权善意取得规定的类推适用为例，认为该规定的类推适用，是法律关于善意取得规定价值判断的延长，并非创设新物权，不违反物权法定原则。[③] 也有学者认为："合同自由原则在'内容设置自由'或者称之为'形成自由'原则的意义上，也只是受到物权类型的强制，而不会受到物权范围内的内容设置方面的限制"，[④] 这里也存在类推适用的可能。本书作者认为，就物权法定主义，在类型强制领域不得类推适用，但在类型固定方面可以类推适用。亦即，物权的内容只要不违反物权本身的性质及强制性规定，在没有法律规定，出现漏洞时，就可以类推适用。类型固定主要规定了一个物权类型项下的权利义务关系、构成要件、法律效果、公示程序等。[⑤] "当事人在交易中所确定的物权的内容，必须按照法律所规定的内容解释，而不能按照当事人自己的意思来解释。"[⑥] 准此以解，质权和留置权是否受主债权诉讼时效的影响，即可类推适用抵押权受主债权诉讼时效影响的规定，即质权人、留置权人应当在主债权诉讼时效期间行使质权、留置权；未行使的，质权、留置权消灭。

《会议纪要》认为，抵押权人在主债权诉讼时效届满前未行使抵押权，抵押人在主债权诉讼时效届满后可以请求涂销抵押权登记。这一规则可以准用于以登记作为公示方法的权利质权。就以登记作为公示方法的权利质权而言，同样存在

---

① 参见王泽鉴：《民法总则》，中国政法大学出版社2003年版，第67页。

② 屈茂辉：《类推适用的私法价值与司法运用》，载《法学研究》2005年第1期。

③ 参见王泽鉴：《民法物权》，中国政法大学出版社2003年版，第26～27页。

④ [德] 弗里德里希·克瓦克：《德国物权法的结构和原则》，孙宪忠译，载梁慧星主编：《民商法论丛》（第12卷），法律出版社1999年版。

⑤ 参见陈兴华、洪韬：《论物权法定原则与类推适用》，载《昆明理工大学学报（社会科学版）》2007年第3期。

⑥ 参见孙宪忠：《中国物权法原理》，法律出版社2004年版，第145页。

着质权登记对于人质权利流转的影响问题。根据《物权法》第二百二十六条至第二百二十八条的规定，就以登记作为公示方法的基金份额质权、股权质权、知识产权质权和应收账款质权，标的权利出质后即不得转让，但经出质人与质权人协商同意的除外。基于同样的法理，权利质权人未在主债权诉讼时效届满后仍未行使权利质权的，出质人可以请求涂销权利质权登记。

【附：起草过程中的争议】

《会议纪要（稿）》

6.【主债权诉讼时效届满的法律后果】抵押权、权利质权等以登记作为公示方法的担保物权，担保物权人应当在主债权的诉讼时效期间内行使担保物权，债权人在主债权诉讼时效届满后行使担保物权及相关权利的，人民法院不予支持。

《会议纪要（哈尔滨征求意见稿）》

62.【主债权诉讼时效届满的法律后果】抵押权、权利质权等以登记作为公示方法的担保物权，担保物权人应当在主债权的诉讼时效期间内行使担保物权。债权人在主债权诉讼时效届满后仍未行使担保物权及相关权利，担保人请求确认担保物权消灭、涂销担保物权登记的，人民法院应予支持。

《会议纪要（公开征求意见稿）》

59.【主债权诉讼时效届满的法律后果】抵押权、权利质权等以登记作为公示方法的担保物权，担保物权人应当在主债权的诉讼时效期间内行使担保物权。债权人在主债权诉讼时效届满后仍未行使担保物权及相关权利，担保人请求确认担保物权消灭、涂销担保物权登记的，人民法院应予支持。

第二章　不动产担保物权

第一节　未办理登记的不动产抵押合同的效力

【会议纪要条文】

60.**【未办理登记的不动产抵押合同的效力】不动产抵押合同依法成立，但未办理抵押登记手续，债权人请求抵押人办理抵押登记手续的，人民法院依法予以支持。因抵押物灭失以及抵押物转让他人等原因不能办理抵押登记，债权人请求抵押人以抵押物的价值为限承担责任的，人民法院依法予以支持，但其范围不得超过抵押权有效设立时抵押人所应当承担的责任。**

【条文要义】

本条系在《合同法》第一百零七条、第一百一十条、第一百一十三条之下，寻求未办理抵押登记之下违反抵押合同的责任形式和责任内容的解释方案。

第一，不动产抵押合同不因未办理抵押登记而无效，在无其他令抵押合同无效的情形之下，抵押合同自应有效。此时，未办理抵押登记是否构成违约，尚须在违约责任构成的一般条款之下加以判断。《合同法》第一百零七条规定："当事人一方不履行合同义务或者履行合同义务不符合约定的，应当承担继续履行、采取补救措施或者赔偿损失等违约责任。"办理不动产抵押权设立登记，是当事人之间实现不动产抵押合同目的的主要方法。抵押合同的生效在债权人与抵押人之间产生了约束力——抵押人负有办理登记并最终使抵押权得以设立的义务，由此可见，办理不动产抵押权设立登记，在解释上当属"合同义务"，且不以当事人之间有明确约定为前提。在不动产抵押合同关系中，办理不动产抵押权设立登记是抵押人的主给付义务。未办理不动产抵押权设立登记，抵押人构成违约。

第二，抵押人承担违约责任的方式之一是“继续履行”，即“办理抵押登记手续”，此为《合同法》第一百零七条所明确。但就“继续履行”，《合同法》第一百一十条规定：“当事人一方不履行非金钱债务或者履行非金钱债务不符合约定的，对方可以要求履行，但有下列情形之一的除外：（一）法律上或者事实上不能履行；（二）债务的标的不适于强制履行或者履行费用过高；（三）债权人在合理期限内未要求履行。”由此，债权人提出的“办理抵押登记手续”的诉讼请求是否得到支持，还必须不存在该条中的“但书”情形。“抵押物转让他人”属于法律上不能履行的情形，“抵押物灭失”属于事实上不能履行的情形，在《合同法》第一百一十条第一项之下，抵押人自无法办理抵押登记手续。但在主债务履行期限已经届至的情形之下，补办抵押登记手续，是否属于《合同法》第一百一十条第三项“债权人在合理期限内未要求履行”，尚存疑问。

第三，抵押人承担违约责任的方式之二是“赔偿损失”，此为《合同法》第一百零七条所明确。就“赔偿损失”，《合同法》第一百一十三条第一款规定：“当事人一方不履行合同义务或者履行合同义务不符合约定，给对方造成损失的，损失赔偿额应当相当于因违约所造成的损失，包括合同履行后可以获得的利益，但不得超过违反合同一方订立合同时预见到或者应当预见到的因违反合同可能造成的损失。”抵押人违反合同义务，不办理抵押登记手续，债权人就抵押财产丧失优先受偿权，债权人的损失体现为“债务人不能清偿”的部分。就此部分损失，应由抵押人承担赔偿责任。在可预见规则的限制之下，抵押人的赔偿责任应以抵押物的价值为限。至于是以“抵押合同成立时”抑或“权利实现时”抵押物的价值为限，应参酌具体情形具体判断：在因“抵押物灭失以及抵押物转让他人等”原因导致债权人就抵押物的变价权不得实现的情形，自是以“抵押合同成立时”抵押物的价值为限；在债权人就抵押物的变价权的实现并无障碍的情形，应以“权利实现时”抵押物的价值为限，即以抵押物的变价款受偿（不具有优先性）。

第四，抵押人的损害赔偿责任对于债务人而言具有补充性，抵押人仅在债务人不能清偿的范围内承担补充责任。虽然在不动产抵押权有效设立的情形之下，抵押人对债务人并不具有补充性，在主债务履行期届满债务人不履行债务之时，债权人即可请求债务人类型主债务，亦可向抵押人行使抵押权，但在不动产抵押权未有效设立的情形之下，抵押权人自无法取得这一“优越地位”。基于抵押合同的从属性，同时基于未办理抵押登记时债权人损失的解释论，抵押人仅在债务人不能清偿的范围内承担补充责任。不过，这一推定允许当事人依特约予以排除适用。如当事人在抵押合同中明确约定：“非因抵押权人的原因导致未办理抵押登记的，抵押人就主债务承担连带清偿责任”，此时，抵押人与债务人之间的连带责任基于当事人的约定而产生，在《民法总则》第一百七十八条第三款之下，自应得到尊重。

第五，办理抵押登记手续是抵押人基于抵押合同所产生的主给付义务。虽然《不动产登记暂行条例》第十四条第一款规定，因设定抵押权申请不动产登记的，应当由当事人双方共同申请，但这一登记程序上的规定并不影响实体法上当事人权利义务的分配。在实体法上，债权人配合办理抵押登记手续，属于受领给付，既不属于债权人的给付义务，也不属于债权人的附随义务。债权人不予配合，导致不动产抵押权最终未予设立，既不承担与给付义务相对应的违约责任，也不承担与附随义务相对应的损害赔偿责任。在法效果上，债权人不受领给付，怠于履行协助义务的，可以减轻甚至免除抵押人的责任。

【深度阐释】

一、不动产抵押合同有效之下的救济路径

就登记对于不动产抵押权的影响，我国实定法上前后发生了重大变化。依《担保法》第四十一条的规定，登记是抵押合同的生效要件，不动产抵押权未登记，不仅不发生优先受偿效力，而且抵押合同亦不生效。这一规则广受学界质疑：在物债两分的民法体系之下，抵押合同的成立和生效主要依债法规则予以判断，而抵押权是否设定则受物法上物权变动规则的影响；抵押合同是产生抵押权的前提和基础，具体体现为，抵押合同的生效使抵押人负有办理抵押登记并使抵押权得以设立的义务，本属当事人之间产生效力的权利经由登记随即取得对抗第三人的效力。既然抵押合同尚未生效，抵押人自无义务办理抵押登记，将登记作为抵押合同的生效要件自是不合法理，[①] 不仅损及担保交易的效率，而且危及当事人的行为自由。[②] 基于此，《物权法》修改了《担保法》的上述规则，在第九条明定登记是不动产物权变动生效要件的一般规则之后，于第一百八十七条规定不动产抵押权自登记时设立。同时，基于第十五条的物权变动原因和结果相区分的规则，合同仅为物权变动的基础关系，并不必然与登记发生联系；登记是物权变动的公示方式，其效力仅及于物权变动。[③] 如此，登记对不动产抵押合同的效力

---

① 参见孙宪忠：《论物权变动的原因与结果的区分原则》，载《法学研究》1999 年第 5 期；杨洁、李洁：《不动产的抵押登记与抵押合同之关系——兼评〈担保法〉第 41 条》，载《现代法学》2002 年第 6 期；崔建远：《物权：规范与学说——以中国物权法的解释论为中心》，清华大学出版社 2011 年版，第 772～773 页；程啸：《担保物权研究》，中国人民大学出版社 2019 年版，第 331～333 页。

② 参见徐蓓：《不动产抵押未经登记之“无效”转换的适用探析》，载《河北法学》2 0 1 8 年第 5 期。

③ 参见全国人大常委会法制工作委员会民法室：《〈中华人民共和国物权法〉条文说明、立法理由及相关规定》（第二版），北京大学出版社 2017 年版，第 316 页。

不发生影响，仅为不动产抵押权的生效要件，不动产抵押合同自成立时生效。

依《担保法》的规定，除了因登记部门的原因导致不动产抵押权无法办理登记之外，登记是抵押合同的生效要件。裁判中，有的认为，不动产抵押权未登记，抵押合同自是不生效力，就其法律后果而言，《担保法解释》第五十六条第二款就此作了明确，即由抵押人承担赔偿责任。该款规定："法律规定登记生效的抵押合同签订后，抵押人违背诚实信用原则拒绝办理抵押登记致使债权人受到损失的，抵押人应当承担赔偿责任。"更多的观点认为，不动产抵押权未登记，抵押合同无效，抵押权人与抵押人对抵押合同的无效均有过错，根据《担保法解释》第七条的规定，抵押人应在债务人不能清偿部分的二分之一范围内对抵押权人的经济损失承担连带赔偿责任。① 这些规则明显是基于抵押合同未生效或无效之时的缔约过失责任。

在物权法之下，物权变动的原因和结果相区分，是否登记仅涉及不动产抵押权是否设立，抵押合同的效力并不因此受到影响。如无其他令其无效的事由，抵押合同自属有效，《担保法解释》第五十六条第二款也就没有了适用可能。在不动产抵押权未设定但抵押合同却为有效的前提之下，债权人自无行使不动产抵押权并就抵押财产优先受偿的空间。债权人在向主债务人请求履行主债务之外，是否可得基于抵押合同向抵押人主张权利，主张何种权利，如何主张权利，学说和实务中均存不同观点。

第一种观点"无责任说"认为，不动产抵押权因未登记而不生效力，抵押权人就抵押财产并无优先受偿权，抵押人无须承担责任。如在"张建平与庄建等民间借贷纠纷案"② 中，法院认为：

根据《担保法》第四十一条之规定："当事人以本法第四十二条规定的财产抵押的，应当办理抵押物登记，抵押合同自登记之日起生效。"同时，《物权法》第九条规定："不动产物权的设立、变更、转让和消灭，经依法登记，发生效力；未经登记，不发生效力，但法律另有规定的除外。"我国对于不动产的抵押采取的是登记生效制度，因此，本案中的抵押房屋因未办理抵押权登记手续而导致抵押权未设立，故原告对本案所涉抵押房屋因抵押权不成立而不享有优先受偿权，

---

① 如"吴彦祥、陈淑艳、樊洪涛与马淑芬、王崴民间借贷纠纷上诉案"［吉林省松原市中级人民法院（2013）松民一终字第 725 号民事判决书］；"三亚宏祥瑞实业有限公司与海南省三亚农业生产资料公司、亚供发汽车出租公司债权纠纷上诉案"［海南省高级人民法院（2014）琼民二终字第 7 号民事判决书］、"禤少群与叶宜坚、罗慧民间借贷纠纷再审案"［广西壮族自治区高级人民法院（2016）桂民再 81 号民事判决书］等等。

② 湖南省长沙市天心区人民法院（2015）天民初字第 00253 号民事判决书。类似的裁判还有"孙甲与谈甲、谈乙、杨某某民间借贷纠纷上诉案"［上海市第二中级人民法院（2010）沪二中民一（民）终字第 730 号民事判决书］。不过，该案所涉担保行为发生在物权法实施之前。

被告庄勇、庄阳、王培不承担责任。

这一观点无法说明的是，虽然不动产抵押权未设定，但抵押合同有效，此际抵押权人和抵押人如何分配抵押合同中约定的权利和义务？在是否登记不影响抵押合同效力的情形之下，抵押人基于有效的抵押合同无须承担任何民事责任，就意味着有效的抵押合同没有任何拘束力，其效力还不若无效或未生效的抵押合同，因为在后一情形，当事人尚须承担缔约过失责任。这一观点逐渐成为司法实践中的少数说，实不足采。

有法院在抵押权人主张优先受偿权的情形之下，依不动产抵押权未登记的事实直接判令抵押权人并不享有优先受偿权，但对抵押合同有效之下抵押人的责任未作判定。如在“中国农业银行股份有限公司天水分行与天水星火机床有限责任公司、天水红山试验机有限公司、兰州星火机床有限公司金融借款合同纠纷案”①中，甘肃省高级人民法院认为：

根据《担保法》和《物权法》的规定，以上述抵押物设定抵押权，应当办理抵押登记，抵押合同自登记之日生效。因双方未办理抵押登记，该部分抵押未生效，抵押权未设立。……抵押合同项下抵押清单 62100620140002101－4 至 62100620140002101－6 中所列的天水星火公司的不动产、抵押订单 62310062014000210１－13 所列兰州星火公司不动产之抵押权未有效设立，农行天水分行对此不享有优先受偿权。

第二种观点“缔约责任说”认为，抵押合同因不动产抵押权未登记而不生效力，抵押权人与抵押人没有依照法律规定或合同约定申请办理抵押登记，属于《合同法》第四十二条第三项规定的“其他违背诚实信用原则的行为”，依据《合同法解释（二）》第八条的规定，应当承担缔约过失责任。在抵押权人与抵押人都不能举证证明自己申请办理过抵押登记的情况下，双方均存在过错，应各自承担相应的赔偿责任。如在“中国银行股份有限公司大连甘井子支行与库伦旗首宇甜菊糖有限公司等金融借款合同纠纷案”② 中，最高人民法院再审认为：

依据《最高人民法院关于适用〈中华人民共和国合同法〉若干问题的解释（二）》第八条……的规定，以及中行甘井子支行与百益源公司签订的《最高额抵押合同》第十五条缔约过失条款关于“本合同签订后，抵押人拒绝办理或拖延办理抵押登记，或因抵押人的其他原因，致使本合同不能生效，抵押权不能有效设

① 甘肃省高级人民法院（2017）甘民初 96 号民事判决书。

② “中国银行股份有限公司大连甘井子支行与库伦旗首宇甜菊糖有限公司等金融借款合同纠纷再审案”［最高人民法院（2018）最高法民申 1987 号民事裁定书］。不过，本案虽发生于物权法实施之后，但当事人在抵押合同中明确约定，抵押合同“自抵押登记手续办理完毕之日起生效”。值得讨论的是，在法律明定登记不影响抵押合同效力的情形之下，当事人是否可以作出相反约定，而且在抵押合同尚未生效的情形之下，当事人的登记义务的产生依据又是什么？

立的，构成缔约过失。由此使抵押权人受到损失的，抵押人应对抵押权人所受损失承担赔偿责任。”的约定，作为抵押权人的中行甘井子支行与作为抵押人的百益源公司均有义务按照上述法律规定和合同约定去申请办理抵押登记，否则应当承担损害赔偿责任。本案中，在中行甘井子支行与百益源公司都不能举证证明自己申请办理过抵押登记的情况下，原审判决认定双方均存在过错，违反诚实信用原则，要求中行甘井子支行及百益源公司各自承担相应的赔偿责任，有事实和法律依据。

第三种观点“担保责任说”认为，在《物权法》第十五条区分原则之下，债权人即可依据有效之抵押合同请求抵押人承担抵押合同上的担保义务。基于无效法律行为转换理论，如果当事人在订立担保合同之时就知道不办理抵押登记并不能使抵押权产生法律效力，双方会选择由抵押人提供保证这一合法有效的担保方式。相反，若仅机械适用法律认定不动产抵押权因未登记就不发生任何法律效力，则抵押人不承担担保责任的结果，将会明显背离一般社会大众的公平认知，亦显然有违诚实信用原则。因此，应将抵押合同转换为连带责任保证合同。在“新疆石河子农村合作银行与刘峻瑞、步春华借款合同纠纷再审案”[①] 中，最高人民法院认为：

《担保法》关于不动产担保物权的设定必须履行登记手续的规定，系为贯彻公示原则以保护善意第三人的利益和交易安全，对公示原则的违反尚不构成为法律秩序和法律的基本价值所不容的行为，故对于未履行登记手续的抵押合同，其法律效力并非确定无效。为救济其法律效力的瑕疵，除可以通过补办登记手续这种方式加以补正使其发生法律效力外，还可以通过解释上的转换这一方式，将其转换为有效的担保行为，以节约交易成本，促进交易发展。根据民法基本原理，法律行为的转换是指原有行为如果具备替代行为的要件，并且可以认为当事人如果知道原有行为不生效力或无效将希望替代行为生效的，可以将原有行为转换为替代行为而生效。其制度趣旨在于不拘泥于法律行为的外观，而是在尊重当事人的真实意思的基础上，对交易作出新的评价，用一种适当的行为去替换当事人所选择的不适当的行为，以平衡当事人之间的利益。就本案而言，以此前的抵押登记继续为案涉 20 万元贷款提供担保，是刘峻瑞和合作银行缔约时的真实意思表示，且在案涉贷款的催收环节和本案诉讼的初期阶段，刘峻瑞亦未以其提供的房产担保不生效力为由进行过抗辩。由此不难得出结论，如果合作银行和刘峻瑞在案涉 20 万元借款合同和担保合同签订之时，就知道这种以在先的抵押登记担保在后发生的另一笔债权并不能产生法律效力，在不办理登记以节约抵押登记费用的情况下，双方会选择由刘峻瑞提供保证这一合法有效的担保方式，以保证贷款合

① 最高人民法院（2015）民申字第 2354 号民事裁定书。

同的顺利履行。相反，若仅机械适用法律认定本案房产抵押因未登记就不发生任何法律效力，则刘峻瑞不承担担保责任的结果将会明显背离一般社会大众的公平认知，亦显然有违诚实信用原则。因此，根据本案的实际情况，本院将案涉20万元的抵押担保合同转换为连带责任保证合同。由于抵押担保是以物的价值为限承担有限责任，而保证则是以保证人的全部责任财产承担无限责任，故在理论上存在着将抵押担保转化为保证担保会增加刘峻瑞责任范围的可能性，但在本案中，该31××36、32××31号房产原先是作为1998年4月9日的25万元贷款的抵押担保，依经验法则判断，该房产的价值显然应该大于25万元，在担保方式转换后刘峻瑞所应承担的20万元本息的保证责任并未超出其所提供的担保物的价值，故本院对担保方式转换后刘峻瑞的保证责任范围不再予以限定。

有的裁判认可抵押人承担担保责任，但并未详细说明其中法理。如在“张越与李波、昌江德兴典当有限责任公司、咸宁市泰鑫房地产开发有限责任公司、李晓薇民间借贷纠纷再审案”[①] 中，最高人民法院再审认为：

《担保承诺书》主要内容载明：“本人承诺以本人名下所有的海口市××区伊甸园别墅××房产（海口市房权证海房字第××号）对应的房产权益内为李波向贵方借款人民币壹仟零贰拾伍万元债权提供一般性担保。本担保承诺在李波履行完与贵方借款合同前不主张上述房产权益，且放弃对上述债权抗辩权。”可见，李晓薇系以其名下的房屋作为抵押物为李波的债务向张越提供抵押担保，其在本案中的地位系抵押人，并非保证人。……虽然该《担保承诺书》签订后，李晓薇并未为张越办理该房产的抵押登记手续，抵押权不成立，但抵押合同成立并生效，李晓薇应按该承诺的约定，履行抵押担保义务。当债权人要求抵押人承担抵押合同上的担保义务时，抵押人应以抵押物的价值为限承担责任。况且，《担保承诺书》还明确约定了“本担保承诺在李波履行完与贵方借款合同前不主张上述房产权益，且放弃对上述债权抗辩权。”至于《担保承诺书》中约定的“一般性担保”并不能否定李晓薇实质上系提供抵押担保的性质，不能构成阻碍张越向其主张在其提供抵押担保的房产价值范围内承担责任的理由。

就抵押人承担担保责任的范围，有裁判认为以抵押财产的价值为限承担有限责任；[②] 也有裁判认为承担无限连带责任保证责任。如在“杨秀丽与贵州红星利尔置业有限公司等民间借贷纠纷上诉案”[③] 中，贵州省高级人民法院认为：

---

① 最高人民法院（2017）最高法民申1350号民事裁定书。

② 参见“新疆石河子农村合作银行与刘峻瑞、步春华借款合同纠纷再审案”［最高人民法院（2015）民申字第2354号民事裁定书］。

③ 贵州省高级人民法院（2016）黔民终430号民事判决书。不过，案涉担保合同中有“未能办理抵押备案登记，则仍需承担无限连带责任”的约定。判决中自可直接依当事人的约定为基础，而无须判令抵押人承担“连带保证责任”（实为连带责任保证责任）。

根据《协议》之约定，若未能办理抵押物备案登记手续的，红星利尔公司仍然要对该笔借款承担无限连带清偿责任，该约定并不违反法律、行政法规的强制性规定，属于有效合同，故红星利尔公司应当根据该约定承担连带保证责任。红星利尔公司上诉称因杨秀丽不享有抵押权因此不承担担保责任，忽略了双方关于若未能办理抵押备案登记，则仍需承担无限连带责任的约定，故对其上诉主张，本院不予采纳。但一审认定《协议》中的抵押条款成立并有效，因此红星利尔公司应当在提供抵押担保的房产价值范围内承担债务补充清偿责任，不符合当事人约定，也不符合杨秀丽一审诉请所主张的责任承担方式。本院认为，根据《物权法》第一百八十七条"抵押权自登记时设立"之规定，因双方约定的抵押事项并未办理相应的登记，故该抵押权并未设立。但根据双方关于若"未能办理抵押备案登记，则仍需承担无限连带责任"的约定，红星利尔公司应当根据约定承担连带保证责任。

第四种观点"违约责任说"认为，抵押合同的订立和不动产抵押权的设定是两个不同的法律事实，不动产抵押权因未登记而未设立，并不影响抵押合同的法律约束力。登记义务人未履行其义务导致抵押权人订立抵押合同的目的不能实现，构成违反抵押合同，自应承担相应的违约责任，包括继续办理抵押登记以及不能办理抵押登记情况下的损害赔偿责任。如在"中国长城资产管理股份有限公司重庆市分公司与重庆合成化工厂有限公司合同、无因管理、不当得利纠纷上诉案"① 中，最高人民法院认为：

物的担保合同生效但担保物未办理登记情形下担保人责任的承担。首先，关于担保人所应承担责任的性质。在担保物办理了登记的情况下，债权人可以以其享有的担保物权就担保物直接行使优先受偿权，在担保物未办理登记的情况下，因担保人在担保合同中已经作出提供担保物以担保案涉债权实现的明确意思表示，未办理担保物登记之事实并不导致该合同义务的消灭，担保人仍应就担保合同项下的相关义务承担合同责任，包括依约对担保物的登记予以积极协助的责任，以及因其违约行为致使债权人受到损失而应承担的赔偿责任等。长城资产公司在（2005）渝高法民初字第45号案中的诉讼请求并不涉及要求抵押人和质押人协助办理登记之事项，仅涉及合成化工公司、融海公司赔偿责任的承担，（2005）渝高法民初字第45号案判决及一审法院再审判决均直接判令合成化工公司、融海公司承担相关赔偿责任，并无不当。

本书作者赞同违约责任说，理由如下：

第一，在是否登记不影响抵押合同效力的情形之下，抵押人基于有效的抵押合同无须承担任何民事责任，"无责任说"不合法理。同时，抵押合同并不属于

① 最高人民法院（2017）最高法民终934号民事判决书。

《合同法解释（二）》第八条中所述的“依照法律、行政法规的规定经批准或者登记才能生效的合同”，自无上述规定适用之空间。① 在物权法实施之后，② “缔约过失责任说”尚属少见。既然不动产抵押合同不因抵押权未登记而发生影响，自无缔约过失责任发生的可能。

第二，无效法律行为转换理论以存在一个无效法律行为为前提，但在我国物权法之下，不动产抵押权未经登记对抵押合同的效力并不发生影响，如无令其无效的事由，抵押合同有效，自无转换成其他法律行为的必要。③ 前引最高人民法院（2015）民申字第2354号民事裁定书，系以案涉法律行为发生于《物权法》之前为基础，在《担保法》之下，不动产抵押权未经登记，抵押合同不生效或无效，才转换成另一法律行为——连带责任保证。此际借由传统民法理论得出妥适的解释结论，值得赞同。在物权法之下，这一理论的适用即值怀疑。即使认为抵押人提供担保的意思表示明确，将其转换成连带责任保证也不违反当事人的真实意思，但以连带责任保证界定抵押人的义务，明显加重了抵押人的负担，也不合该理论的适用要件。连带责任保证所及的是抵押人的全部责任财产，抵押人所承担的是无限责任，而即使办理了抵押登记，抵押人的担保责任也仅以抵押财产价值为限承担有限责任。在抵押财产的价值远超主债权数额的情形之下，因为抵押财产意外毁损灭失的风险由作为保证人的抵押人负担，也不能据此认为未加重抵押人的负担。④ 至于有学者在理论上的肯定主张，⑤ 明显系以承认债权行为和物权行为的区分为前提，不动产抵押权未经登记，物权行为无效，将其转换为有效的债权行为。姑且不论债权行为和物权行为的区分尚未成为主流学说，即使在此学说之下，不动产抵押权未经登记也仅仅只是物权行为不生效力，尚不具备法律行为转换的前提。⑥ 而在物权变动的原因和结果相区分原则之下，合同的效力不因是否登记而受到影响，在解释上更具说服力。由此可见，这一观点“不仅于法无

---

① 参见倪龙燕：《不动产抵押合同的效力探析——以实务中法律救济裁判路径为出发点》，载《法治研究》2019年第1期。

② 发生在物权法实施之前的类似纠纷，均采此种观点。如“吴彦祥、陈淑艳、樊洪涛与马淑芬、王崴民间借贷纠纷再审案”[吉林省高级人民法院（2014）吉民提字第93号民事判决书]；“广饶县同和置业有限公司与东营市立方房地产开发有限责任公司债权人撤销权纠纷上诉案”[山东省高级人民法院（2014）鲁商终字第334号民事判决书]等等。

③ 参见倪龙燕：《不动产抵押合同的效力探析——以实务中法律救济裁判路径为出发点》，载《法治研究》2019年第1期。

④ 参见杨代雄：《抵押合同作为负担行为的双重效果》，载《中外法学》2019年第3期。

⑤ 参见徐蓓：《不动产抵押未经登记之“无效”转换的适用探析》，载《河北法学》2018年第5期。

⑥ 参见杨代雄：《抵押合同作为负担行为的双重效果》，载《中外法学》2019年第3期。

据，理论上也过于迂回曲折，法官解释色彩过浓”。①

第三，在抵押合同有效的前提之下，基于违反登记义务的事实，确定当事人的违约责任，在合同法上寻找规范基础，符合物债两分的体系要求，是为妥适的解释路径。基于抵押合同的相对独立性，违反登记义务导致不动产抵押权未设立，抵押权人就抵押财产的优先受偿权已然丧失，其损失（违约后果）可得确定，自可由违约方负担。有学者认为，“违约责任说”“实际上将当事人的利益回复至合同订立之前的状态，而当事人要想实现原本意欲通过不动产抵押行为获得的利益，则需要再进行协商以重新达成新的法律行为”，进而认为，在贯彻当事人意思自治和节约交易成本方面相较“担保责任说”要逊色得多。② 这一观点仍然是以登记行为系物权行为为出发点，但此时，当事人之间的设定不动产抵押权的物权合意已经体现在有效的抵押合同之中，只需履行物权合同办理抵押登记即可，而无需进一步协商达成新的物权合意。在不承认物权行为的背景之下，不动产抵押权因未登记而不设立，并不导致“将当事人的利益回复至合同订立之前的状态”，相反，抵押权人因有效抵押合同的违反所受的损失经由违约责任请求权得以填补。因此，“违约责任说”“简洁明快，且既有合同依据又有法理依据”。③

“违约责任说”是目前学说和实务中的主流观点，在我国未就抵押合同的违约责任作出专门规定的情形下，作为一般法的合同法规则就有了规范基础上的意义。但无论是违约行为的判断、还是违约责任的承担方式，都存在重大争议，尚须结合实定法规范予以明确。当然，当事人在抵押合同中明确排除抵押登记之时，应依无效法律行为转换原理，将当事人的意见表示解释为设定保证。

二、不动产抵押权未登记时违约行为的判断

根据《合同法》第一百零七条的规定，违约责任的承担以“当事人一方不履行合同义务或者履行合同义务不符合约定”为前提。“违约责任说”首先要回答的是，办理不动产抵押登记的义务是不是合同义务？

抵押合同以设定不动产抵押权为缔约目的，而办理抵押登记是实现这一缔约目的的手段。由此，登记义务是抵押合同的当然内容，不以当事人明确约定为前提。即使当事人没有在抵押合同中约定登记义务，因其选择了“抵押合同”这一

---

① 葛洪涛：《未办理登记的不动产抵押合同的效力》，载贺小荣主编：《最高人民法院民事审判第二庭法官会议纪要：追寻裁判背后的法理》，人民法院出版社 2018 年版，第 243 页。

② 参见徐蓓：《不动产抵押未经登记之“无效”转换的适用探析》，载《河北法学》2018 年第 5 期。

③ 葛洪涛：《未办理登记的不动产抵押合同的效力》，载贺小荣主编：《最高人民法院民事审判第二庭法官会议纪要：追寻裁判背后的法理》，人民法院出版社 2018 年版，第 243 页。

有名合同，登记义务也构成抵押合同的默示内容。① 准此，不动产抵押权未登记构成了“不履行合同义务或者履行合同义务不符合约定”。尚存疑问的是，在《不动产登记暂行条例》就不动产抵押登记采行双方共同申请（第十四条第一款）的前提下，未办理抵押登记是谁在“不履行合同义务或者履行合同义务不符合约定”？

（一）不动产抵押登记义务的约定

司法实践中，在抵押合同中已经明确约定由抵押人办理登记的情形之下，较多的判决认为应由抵押人承担违约责任。如在“吉安市吉州区银丰小额贷款股份有限公司与万安县银山矿业投资咨询有限公司等小额贷款合同纠纷上诉案”② 中，江西省高级人民法院二审认为：

根据《物权法》第十五条的规定，未办理抵押物登记不影响合同的效力，该抵押合同系有效合同。但由于本案的抵押权未办理登记，债权人不能依约对抵押物依法行使抵押权，债权人可依抵押合同约定主张抵押人承担违约责任。本案中，从上诉人与被上诉人签订的《抵押合同》中的约定可见，办理抵押登记手续的主要义务应由抵押人万安银山咨询公司承担，上诉人也未提交相关证据证明其根据合同的约定履行了义务，故未及时办理抵押登记手续，导致抵押权未有效设立的责任在万安银山咨询公司。依照《合同法》第一百零七条规定“当事人一方不履行合同义务或者履行合同义务不符合约定的，应当承担继续履行、采取补救措施或者赔偿损失等违约责任”，万安银山咨询公司作为抵押人应当按照《抵押合同》的约定承担违约责任，即承担主合同债务人同等义务的赔偿责任。

但也有判决认为，在抵押合同中已经明确约定由抵押人办理登记的情形之下，因实行共同申请登记主义，抵押人亦负有催促及协助办理抵押登记的义务，应依当事人的过错程度分担抵押权人的损失。如在“四川鑫星融资担保有限公司与王亚荣等保证合同纠纷上诉案”③ 中，四川省高级人民法院认为：

根据合同第五条“抵押登记”第一款关于“由庄春文、王亚荣在合同签订之日起10个工作日内到相关抵押登记机关办理抵押登记手续，且要求在相关权利证书中注明鑫星担保公司为第一顺位抵押权人，并将抵押物的相关权利证书、抵押登记证书等的正本原件交鑫星担保公司保管”的约定，办理抵押登记的主要义务应由王亚荣、庄春文完成，而在一、二审诉讼中，王亚荣、庄春文均未举证证明

① 参见倪龙燕：《不动产抵押合同的效力探析——以实务中法律救济裁判路径为出发点》，载《法治研究》2019年第1期。

② 江西省高级人民法院（2015）赣民二终字第49号民事判决书。类似判决还有“刘安云与梅州市梅港实业有限公司等民间借贷纠纷再审案”［广东省高级人民法院（2016）粤民再32号民事判决书］等。

③ 四川省高级人民法院（2015）川民终字第129号民事判决书。

其履行了与鑫星担保公司协力办理诉争房产登记的义务，已经构成违约，理应承担损害赔偿责任。同时，根据国务院《房屋登记办法》第十二条第一款关于“申请房屋登记，应当由有关当事人双方共同申请，但本办法另有规定的除外”的规定，房屋抵押登记的办理需要有关当事人双方共同申请，鑫星担保公司亦负有催促及协助办理抵押登记的义务。另本案证据显示，庄春文、王亚荣以案涉房屋为鑫星担保公司对旺得福公司享有的另一笔债权（2010年4月15日至2011年4月14日）设定的抵押权的注销时间在诉争《抵押反担保合同》签订之后，在前笔抵押权注销时鑫星担保公司并未催促办理本案涉及债权的抵押登记，对抵押权最终未有效设立的损失存在一定过错，本院根据过错程度酌定其自担40%的责任。

（二）未约定不动产抵押登记义务时的确定

在抵押合同没有明确约定抵押登记的情形之下，裁判中有三种观点。

第一种观点认为，抵押权人和抵押人均有登记义务，就未办理抵押登记过错相当。抵押人有办理抵押登记的义务，抵押权人亦有积极请求抵押人配合办理抵押登记的义务；抵押权人和抵押人均未申请办理抵押登记，均构成违约，且责任相当，应当承担同等违约责任。如在“高扬齐与徐明华、黔西南州白铃公路建设投资有限公司等企业借贷纠纷案”① 中，贵州省高级人民法院认为：

未办理土地使用权抵押登记只影响抵押权的设定不影响该条款的效力。根据该生效条款，高扬齐对白层港务公司享有登记请求权和特殊情况下的担保义务履行请求权。当本案债务人未能到期清偿主债务，高扬齐虽不能向白层港务公司主张土地使用权抵押权，但有权向白层港务公司主张继续履行和赔偿损失的违约责任。但是需要说明的是，本案李某平未能及时采取措施要求白层港务公司办理土地使用权抵押登记，高扬齐受让债权时未通知作为从债务人即担保人白层港务公司在2013年6月4日的《债权划转协议（一）》上签字确认，也未及时要求白层港务公司配合其及时办理抵押登记，根据《合同法》第一百一十八条、第一百一十九条的规定，高扬齐也承担相应的责任。根据本案实际情况，本院确定白层港务公司以土地使用权的价值为限，对高扬齐一半的损失承担赔偿责任。

在确定抵押权人和抵押人均有登记义务的前提之下，抵押权人敦促抵押人办理抵押登记，抵押人予以拒绝的，由抵押人承担违约责任。如在“丁卫与杨志耘民间借贷纠纷再审案”② 中，云南省高级人民法院认为：

抵押合同的订立和抵押权的设定是两个不同的法律事实，抵押权未设立，不影响抵押协议的法律约束力。本案丁卫于2014年4月23日向抵押担保人杨志耘、王思元发出经公证的催促办理补签及抵押登记的书面通知，两位担保人在收到书

① 贵州省高级人民法院（2014）黔高民初字第61号民事判决书。

② 云南省高级人民法院（2017）云民再12号民事判决书。

面通知后拒绝办理抵押登记，杨志耘、王思元对于抵押权未设立存在过错，致使丁卫受到无法实现的债权的损失，杨志耘、王思元应当在抵押财产现有价值的范围内承担相应的违约赔偿责任。

第二种观点认为，抵押权人和抵押人均有登记义务，但就未办理抵押登记，抵押权人的过错更重。就未办理不动产抵押登记，当事人均存在过错，但相对而言，抵押人在办理抵押登记过程中处于被催促的地位，对未办理抵押登记应当承担次要责任。如在“中国银行股份有限公司大连甘井子支行与库伦旗首宇甜菊糖有限公司等金融借款合同纠纷案”[①] 中，最高人民法院二审认为：

《商业银行法》第三十六条规定：“商业银行贷款，借款人应当提供担保。商业银行应当对保证人的偿还能力，抵押物、质物的权属和价值以及实现抵押权、质权的可行性进行严格审查。经商业银行审查、评估，确认借款人资信良好，确能偿还贷款的，可以不提供担保。”本案中，中行甘井子支行作为大型国有商业银行，有严格的贷款审查程序和制度，在发放贷款前理应对抵押物及时办理抵押登记以减小贷款风险。在贷款过程中为抵押物办理抵押登记对于银行来说属于设权行为，中行甘井子支行为抵押物办理抵押登记较之百益源公司、盛世亚公司应更加积极主动，理应尽到更大的注意义务、催促义务，故中行甘井子支行对抵押合同二、抵押合同三约定的抵押物未办理登记所造成的损失负有主要责任。

第三种观点认为，抵押人负担登记义务。抵押合同中虽未明示约定抵押人的登记义务，但抵押人办理抵押登记以使抵押权有效设立，是其依据诚实信用原则应当履行的合同义务，抵押人未履行抵押登记义务导致抵押权未设立，构成违约，其应当承担违约责任。如在“中国长城资产管理公司重庆办事处与重庆重大高科物业发展有限公司等借款合同纠纷再审案”[②] 中，重庆市高级人民法院认为：

该协议没有对办理抵押质押手续的行为人作出明确约定。根据诚信原则和交易习惯，抵押质押人应当主动办理抵押质押相关手续，抵押质押权人予以配合。本案抵押质押协议成立但并未生效，其原因首先在于合成化工公司、融海公司怠于履行自己义务，其次是长城资产公司疏于催告。长城资产公司疏于催告，其承受直接不利后果是抵押权不产生，没有优先受偿权。按照合同正常履行，合成化工公司、融海公司本应就全部抵押质押物承担担保责任，本案担保合同成立未生效，对合成化工公司、融海公司并不产生损失；同时，从反向的角度，如果按过错划分赔偿比例，合成化工公司、融海公司实质上会因违反义务而获益，故合成化工公司、融海公司不能以长城资产公司疏于催告作为减轻自己赔偿责任的理由，其仍应就全部担保物价值承担赔偿责任。

---

① 最高人民法院（2017）最高法民终436号民事判决书。

② 重庆市高级人民法院（2016）渝民再157号民事判决书。

（三）不动产抵押登记义务归属的解释论

依申请而登记是不动产登记的基本原则。[①] 在现行登记规则之下，不动产抵押登记采行共同申请原则，这主要是因为抵押权是不动产上的权利负担，且具有限制抵押人处分抵押财产的作用，登记机构自得详加审查，确保抵押权设立登记符合当事人间的真实意思，确保登记簿的真实与准确，以免损及当事人及第三人的权利。[②] 由当事人共同提出抵押登记申请，在一定程度上可以减轻登记机构的审查负担，如允许当事人单方提出登记申请，登记机构还得审查当事人、主合同和抵押合同等是否真实，这无疑延缓了登记程序。但登记程序上的共同申请原则并不意味着当事人在实体上均有登记义务。

就不动产抵押登记而言，抵押权人和抵押人并不处于完全相同之地位。抵押权人是否依抵押合同就标的物取得抵押权，端赖于是否登记，而不动产抵押登记是抵押财产上的权利负担，作为抵押财产权利人的抵押人是否办理登记，在实现抵押合同缔约目的上起着决定性作用。因此，抵押合同的生效在抵押权人与抵押人之间产生了约束力——抵押人负有履行登记并最终使抵押权得以设立的义务，[③] 登记义务是抵押合同中作为债务人的抵押人的主给付义务，共同申请原则仅表明抵押权人在抵押登记中亦应配合，即所谓的受领给付。[④] 正如不动产买卖合同所生的移转登记，虽亦采共同申请原则，但办理移转登记并使买受人取得标的物所有权，是出卖人的主给付义务；该给付义务的履行仍然有赖于买受人的协力（配合办理移转登记），但买受人仅为受领给付，不能据此认为买受人也有登记义务；出卖人未履行移转登记义务的，买受人的缔约目的无法实现，出卖人自应承担违约责任。就不动产抵押权设立登记而言，抵押权人不配合办理登记，仅仅使得其无法取得抵押权，抵押人并无损失，也无针对抵押权人的独立诉权。因此，抵押权人的配合既不是给付义务，也不是附随义务，仅为不真正义务。[⑤] 如此看来，抵押人未积极履行义务，未向抵押权人提出履行主张，或在抵押权人请求办理登记时不予积极回应，不能共同申请抵押登记的，抵押人构成违约。当然，在确定抵押人违约损害赔偿的具体数额之时，应考虑抵押权人的受领因素。抵押人积极

---

① 参见孙宪忠：《不动产登记基本范畴解析》，载《法学家》2014 年第 6 期。

② 参见国土资源部政策法规司、国土资源部不动产登记中心：《不动产登记暂行条例释义》，中国法制出版社 2015 年版，第 120 页；程啸：《不动产登记法研究》，法律出版社 2018 年版，第 389 页。

③ 参见杨洁、李洁：《不动产的抵押登记与抵押合同之关系——兼评〈担保法〉第 41 条》，载《现代法学》2002 年第 6 期。

④ 参见倪龙燕：《不动产抵押合同的效力探析——以实务中法律救济裁判路径为出发点》，载《法治研究》2019 年第 1 期；杨代雄：《抵押合同作为负担行为的双重效果》，载《中外法学》2019 年第 3 期。

⑤ 参见倪龙燕：《不动产抵押合同的效力探析——以实务中法律救济裁判路径为出发点》，载《法治研究》2019 年第 1 期。

履行登记义务，向抵押权人提出主张，但抵押权人迟延受领，不配合申请的，适用受领迟延规则，须自己承担不利后果，[①] 亦即减轻或免除抵押人的责任。在实定法上，《担保法解释》第五十六条仅规定抵押人不办理抵押登记的赔偿责任，并未涉及抵押权人的相关责任，即属此理。因此，同为配合办理登记，但抵押权人和抵押人在性质上有根本的区别。[②]

至于当事人在抵押合同中合意不登记，[③] 这显已改变抵押合同的经典设计。虽在契约自由原则之下，这一排除抵押登记的约定自属有效，但当事人之间的关系已非属抵押合同关系。就此类纠纷，应依当事人在合同中约定的具体权利义务加以判断。如在“新疆石河子农村合作银行与刘峻瑞、步春华借款合同纠纷再审案”[④] 中，最高人民法院认为：

1998年8月19日合作银行与步春华、刘峻瑞三方签订的《贷款合同书》中约定：贷款20万元，期限6个月，步春华以房产作为借款抵押，刘峻瑞在合同中注明房产抵押证号31××36、32××31。对于该抵押未办理登记的原因，合作银行称是为了减少刘峻瑞的房产抵押登记费用，故同意刘峻瑞提出的继续以房产抵押担保、不解除该房产抵押登记的要求。刘峻瑞在申请再审理由中亦自陈其31××36、32××31号房产是为此前步春华向合作银行的贷款提供抵押并办理了抵押登记，结合本案中刘峻瑞在步春华此前贷款还清之后并未申请注销抵押登记，以及在一审诉讼的早期阶段刘峻瑞一直承认其为案涉贷款提供了房产抵押等案件事实，应当认定合作银行的陈述符合本案的实际情况。故应认定本案当事人之所以未办理抵押登记手续，是因为合作银行已经因步春华的此前贷款而成为该房产的抵押权人，双方存在此前贷款还清后不办理注销登记，以31××36、32××31号房产继续为该20万元贷款的抵押担保的口头约定。

不动产抵押权未登记时，抵押人自应承担违约责任。在法律上对此类违约责任的构成未作特别规定的情形之下，应依《合同法》的一般规则加以判断。根据《合同法》第一百零七条的规定，违约责任的构成不以当事人一方存在过错为前提，亦即，一般而言，我国《合同法》上就违约责任实行的归责原则，是无过错原则或严格责任原则。只要存在违约行为，即应承担违约责任。在裁判实践中，基于登记程序法上双方申请主义的规定，在实体法上解释为双方当事人均负登记义务，如此，未办理抵押登记手续究竟是当事人一方或双方违约，就成了判断是

① 参见杨代雄：《抵押合同作为负担行为的双重效果》，载《中外法学》2019年第3期。

② 参见倪龙燕：《不动产抵押合同的效力探析——以实务中法律救济裁判路径为出发点》，载《法治研究》2019年第1期。

③ 如“新疆石河子农村合作银行与刘峻瑞、步春华借款合同纠纷再审案”［最高人民法院（2015）民申字第2354号民事裁定书］。

④ 最高人民法院（2015）民申字第2354号民事裁定书。

否构成违约责任的基础，过错也就成了违约责任的构成要件之一。[①]

在当事人已在抵押合同中约定未办理抵押登记的违约责任的情形之下，约定优先，抵押人应依约定承担违约责任。如在“王家红与吉林森工融信投资集团有限公司等金融借款合同纠纷再审案”[②] 中，最高人民法院认为：

关于王家红应否向森工融信公司就郡兴公司债务承担连带责任问题。根据王家红与森工融信公司签订《委托贷款抵押担保合同》的约定，王家红为案涉债务提供房屋抵押担保，如因王家红的原因导致抵押权未有效设立，王家红的责任性质从担保责任转化为在本合同约定的担保范围内对案涉债务承担连带清偿责任。案涉抵押权因未办理抵押登记而未设立，但双方依据生效抵押合同的约定仍负有办理抵押登记的合同义务促成抵押权的设立，在森工融信公司表示可以为王家红履行登记义务创造条件时，王家红仍明确表示不愿继续履行合同。另吉林省长春市宽城区人民法院（2012）宽执字第1167号执行卷宗中记载的森工融信公司申请执行的理由亦是王家红拒绝办理抵押登记。因此，未办理抵押登记系因王家红的违约行为所致，其应依据《委托贷款抵押担保合同》的约定对案涉债务承担连带清偿责任。王家红所承担的连带清偿责任并非作为从合同义务的担保责任，而是约定连带清偿责任，故本案不适用保证期间的相关规定，王家红申请再审主张其承担保证责任已过保证期间，无事实及法律依据，本院不予支持。

三、不动产抵押权未登记时违约责任的具体承担之一：继续履行

在当事人未作约定的情形之下，自应在合同法之下展开具体分析。抵押权人在继续履行和赔偿损失之间是否享有选择权？如无约定，抵押人违约责任的承担方式自应依《合同法》第一百零七条后段“继续履行、采取补救措施或者赔偿损失”予以确定。其中，“采取补救措施”，在我国实定法上是“修理、更换、重作”的统称，[③] 学说上多认为系继续履行的特殊形式，[④] 自不应适用于抵押人违约责任的承担。如此，《合同法》第一百零七条在抵押人违约责任的讨论中，有意义的承担方式在于“继续履行”和“赔偿损失”。

不过，在《合同法》第一百一十条但书规定之下，“法律上或者事实上不能

---

① “曹银霞等与湖北世达房地产投资有限公司等民间借贷纠纷上诉案”［湖北省高级人民法院（2015）鄂民一终字第00272号民事判决书］。

② 最高人民法院（2017）最高法民申4503号民事裁定书。类似裁判还有“中国建设银行股份有限公司延边朝鲜族自治州分行与地球卫士（桦甸）环保新材料有限公司等金融借款合同纠纷上诉案”［最高人民法院（2015）民二终字第337号民事判决书］、“杨秀丽与贵州红星利尔置业有限公司等民间借贷纠纷上诉案”［贵州省高级人民法院（2016）黔民终430民事判决书］。

③ 参见王利明：《合同法研究（第二卷）》，中国人民大学出版社2018年版，第567～568页。

④ 参见谢鸿飞：《合同法学的新发展》，中国社会科学出版社2014年版，第467页。

履行”“债务的标的不适于强制履行或者履行费用过高”“债权人在合理期限内未要求履行”等几种情形下，排除继续履行的救济路径。例如，有判决即认为，因主债务履行期已经届至，继续履行抵押合同办理不动产抵押权设立登记，已无必要。如在“青岛天一集团樱珠山房地产开发有限公司与营口元亨曦地置业有限公司企业借贷纠纷上诉案”① 中，山东省高级人民法院认为：

本案中，《借款补充协议》签订后，元亨曦地公司与青岛天一公司都未办理土地使用权抵押登记，均构成违约，责任相当，应当承担同等违约责任。……本案中，因主合同借款合同已到期，主债务进入清偿阶段，继续履行合同，进行土地使用权抵押登记，已无必要；同时，因当事人双方均未提供可行方案，无法采取补救措施，故一审法院判决元亨曦地公司承担赔偿损失的违约责任适当。

这一观点值得商榷。虽然主债务履行期届至而未获清偿，此时抵押合同约定的条件成就，但抵押权人就抵押财产因未登记而无法取得优先受偿权。如抵押权人主张继续履行抵押合同，就抵押财产办理抵押登记，使得抵押权人的权利优先，自有其积极意义。如在“吉林森工融信投资集团有限公司与王家红、张树等借款合同纠纷上诉案”② 中，吉林省高级人民法院认为：

一审认定在森工融信公司同意创造条件以继续履行合同的情况下，该合同并未陷入法律上或事实上不能履行之境地，无论森工融信公司是否对约定的抵押财产申请法院查封，王家红均不免除继续履行合同的义务，王家红作为义务方，在可以克服合同履行的障碍的情况下，未履行合同约定的抵押登记义务。对于该未能履行原因，王家红负有举证证明义务，其未能完成其所负有的举证责任，应承担举证不能的不利后果，故认定王家红构成违约，承担违约责任。

至于抵押权人未在主债权诉讼时效期间内请求办理不动产抵押登记的，应属“债权人在合理期限内未要求履行”的情形，因为即使抵押权已经办理设立登记，此际抵押权亦不受保护。在解释上，抵押财产已经毁损灭失或被转让、被查封的，或者抵押合同因主合同消灭而消灭的，属于“法律上或者事实上不能履行”，自无法寻求继续履行的救济路径。

司法实践中，亦有裁判认为，在抵押权人诉请抵押人办理不动产抵押登记，但抵押人当庭明确表示不同意继续办理的，应驳回抵押权人的诉讼请求。如在“南京悦雅财富管理有限公司与戴玉香、吴宵楠等追偿权纠纷上诉案”③ 中，一审法院的以下观点得到了二审法院的支持：

《委托担保合同》约定双方办理抵押登记手续作为合同生效条件，但该约定

① 山东省高级人民法院（2016）鲁民终 1076 号民事判决书。

② 吉林省高级人民法院（2017）吉民终 441 号民事判决书。

③ 江苏省南京市中级人民法院（2016）苏 01 民终 9999 号民事判决书。

与法律规定相冲突，故该份《委托担保合同》成立并已生效，各方应按照合同约定履行各自的义务。……审理中，戴玉香、吴宵楠、吴嘉盈均明确表示不同意继续办理抵押登记手续，而《最高人民法院关于适用〈中华人民共和国担保法〉若干问题的解释》规定，法律规定登记生效的抵押合同，抵押人违背诚实信用原则拒绝办理抵押登记致使债权人受到损失的，抵押人应当承担赔偿责任，故对于悦雅公司要求戴玉香、吴时明、吴宵楠、吴嘉盈办理案涉四套房产抵押登记手续的诉讼请求，于法无据，一审法院不予支持。

就此，只要符合继续履行的构成要件，法院自应作出胜诉裁判，而不待抵押人同意。在抵押权人请求抵押人继续履行抵押合同、办理不动产抵押登记，并得到胜诉裁判的情形之下，如抵押人拒不执行生效裁判，抵押权人自得以胜诉裁判为依据，直接请求登记部门办理抵押登记手续。①

四、不动产抵押权未登记时违约责任的具体承担之一：赔偿损失

（一）抵押权人的损失是主债务未受清偿的部分还是不能清偿的部分

在主从关系的原理之下，抵押合同为担保主债务清偿的工具。《合同法》第一百一十三条第一款前段“当事人一方不履行合同义务或者履行合同义务不符合约定，给对方造成损失的”中的“损失”，应考虑主债务的履行情况。裁判中就此形成两种不同的观点。一种观点认为，这里的“损失”系指主债务未受清偿的部分。如在“四川鑫星融资担保有限公司与王亚荣等保证合同纠纷上诉案”② 中，四川省高级人民法院认为：

在抵押权未能有效设立系因抵押人的原因导致的情形下，债权人享有依据合同要求抵押人承担违约损害赔偿责任的权利。合同签订时，债权人能够预见到合同完全履行后可以获得的利益为在债务人不履行债务时，即可要求以抵押物折价或者以拍卖、变卖抵押物的价款优先受偿；抵押人能够预见到自己可能会替主债务人代为履行的债务系特定化的抵押物价值范围内没有清偿的部分。因此，根据合理预期原则，抵押人向债权人承担的法定损害赔偿责任的范围应界定为主债务未履行的担保范围内的债权数额并以抵押物价值为限。相对应的，债权人选择通过诉讼的方式维护自身的权利，主债务人到期不履行生效判决确定的债务时，债权人即可要求抵押人以抵押物的价值为限，在债务人未履行部分的范围内承担损害赔偿责任，并不需以人民法院对债务人的财产进行强制执行为前提。

---

① 参见尹田：《物权法》，北京大学出版社2017年版，第521页；倪龙燕：《不动产抵押合同的效力探析——以实务中法律救济裁判路径为出发点》，载《法治研究》2019年第1期；范小华：《未办理抵押登记的不动产抵押合同中抵押人责任研究》，载《法律适用》2015年第4期。

② 四川省高级人民法院（2015）川民终字第129号民事判决书。

另一种观点认为，这里的“损失”系指主债务不能清偿的部分。如在“青岛天一集团樱珠山房地产开发有限公司与营口元亨曦地置业有限公司企业借贷纠纷上诉案”[①] 中，山东省高级人民法院认为：

本案中，青岛天一公司损失的是抵押权，应当以抵押物的价值为限。由于元亨曦地公司与青岛天一公司存在同等程度的违约行为，负有同等违约责任，元亨曦地公司赔偿损失的范围应为抵押物价值的二分之一，而非抵押物价值的全部。而且，元亨曦地公司承担的是抵押权损失赔偿责任，应当以债务人信恒基公司不能清偿的部分为限。

在《合同法》第一百一十三条第一款之下，抵押人未履行登记义务，自属违约，但因此给抵押权人造成的损失，尚无法仅依抵押合同加以判断。因为，就抵押合同而言，抵押人未履行登记义务仅使抵押权人丧失就抵押财产的优先受偿权。不动产抵押权未设定时抵押权人损失的认定，可类推适用担保无效之时，担保权人的损失认定规则。就此，《担保法解释》以“债务人不能清偿部分”作为债权人的损失（第七条），抵押权人的损失也就应体现为就主债务人方便执行的责任财产强制执行仍然未受清偿的部分，亦即主债务不能清偿的部分（参照《担保法解释》第一百三十一条）。同时，基于抵押合同的从属性，抵押合同中就担保范围有特别约定的（即仅提供有限抵押的），尚须在“主债务不能清偿的部分”与抵押担保范围之间进行比较，以其中较小者作为抵押人的违约损害赔偿范围。

（二）抵押人相对于主债务而言是补充责任还是连带责任

如不动产抵押登记依约办理完毕，在抵押权实现条件成就之时，抵押权人自可选择向主债务人主张主债权，亦可选择向抵押人行使抵押权。此际，抵押人并无顺序利益，不得以抵押权人应先向主债务人主张主债权而为抗辩。在不动产抵押权因未登记而未设定、抵押合同仍然有效的情形之下，抵押人对于主债务人而言是否存在顺序利益，亦即抵押人的违约损害赔偿责任相对于主债务的履行责任而言是补充责任还是连带责任，不无疑问。

裁判中呈现出两种不同的观点。一种观点认为，抵押人应在抵押财产价值范围内对案涉债务承担连带清偿责任。如在“荣茂琪与陈柏羽、营口弘逸房地产开发有限公司、营口弘逸房地产开发有限公司老边分公司等借款合同纠纷再审案”[②] 中，最高人民法院认为：

涉案《借款协议》中陈柏羽以担保人身份签字，该《借款协议》明确约定以陈柏羽购买的玄水云山小区公园路71号甲5门市、甲6门市、甲7门市作为弘逸老边分公司向荣茂琪借款4000万元的借款抵押物。陈柏羽在原审审理时也认可其

---

① 山东省高级人民法院（2016）鲁民终1076号民事判决书。

② 最高人民法院（2018）最高法民申1189号民事裁定书。

用涉案3套房屋做抵押担保，仅是以弘逸老边分公司未按约代其偿还利息作为抗辩，故应认定《借款协议》中陈柏羽以上述房产向荣茂琪提供抵押担保是其真实意思表示。实际履行过程中，涉案3套房屋未办理抵押登记，荣茂琪的抵押权未能依法设立，陈柏羽作为抵押人，其未办理抵押登记的行为违反了合同约定，对因此导致荣茂琪的债权无法以涉案3套房屋得到优先受偿的损失，应承担相应责任。因此，原审判决判令陈柏羽在其物的担保范围内承担相应责任处理得当。

另一种观点认为，抵押人应在抵押财产价值范围内承担补充赔偿责任。如在"四川鑫星融资担保有限公司与王亚荣等保证合同纠纷上诉案"[①]中，四川省高级人民法院认为：

根据《民法通则》第八十七条关于"债权人或者债务人一方人数为二人以上的，依照法律的规定或者当事人的约定，享有连带权利的每个债权人，都有权要求债务人履行义务；负有连带义务的每个债务人，都负有清偿全部债务的义务，履行了义务的人，有权要求其他负有连带义务的人偿付他应当承担的份额"之规定，真正连带责任的构成须有明确的法律规定或当事人约定，且债权人对各债务人的债的发生原因系同一。本案中，鑫星担保公司要求旺得福公司履行还款义务与鑫星担保公司依据《抵押反担保合同》要求庄春文、王亚荣承担损害赔偿的违约责任系基于不同的请求权基础，旺得福公司对鑫星担保公司的还款责任与庄春文、王亚荣对鑫星担保公司承担的损害赔偿责任并不构成连带责任，本院对原审判决关于庄春文、王亚荣承担连带责任的认定予以纠正。

对本论题的回答与上一论题一脉相承。既然抵押权人的损失是主债务不能清偿的部分，抵押人对于主债务人而言即享有顺序利益，仅在主债务人不能清偿主债务时承担补充责任。不过，在解释上亦可认为，即使认为抵押人仅在主债务人不能清偿主债务时承担违约损害赔偿责任，也不妨认定抵押人与主债务人承担连带责任，但此时令主债务人承担连带清偿责任，已无实际意义。主张抵押人承担连带责任的主要理由在于："抵押人承担的类似于保证责任的非典型担保责任，则根据我国担保法以连带保证为原则的法理，抵押人自然应当与债务人承担连带

---

① 四川省高级人民法院（2015）川民终字第129号民事判决书。类似的裁判还有"刘安云与梅州市梅港实业有限公司等民间借贷纠纷再审案"［广东省高级人民法院（2016）粤民再32号民事判决书］、"中国建筑第七工程局有限公司与现代（邯郸）物流港开发有限公司、现代（邯郸）置业有限公司等票据追索权及合同纠纷上诉案"［最高人民法院（2017）最高法民终718号民事判决书］、"中国长城资产管理股份有限公司重庆市分公司与重庆合成化工厂有限公司合同、无因管理、不当得利纠纷上诉案"［最高人民法院（2017）最高法民终934号民事判决书］、"青岛天一集团樱珠山房地产开发有限公司与营口元亨曦地置业有限公司等企业借贷纠纷上诉案"［山东省高级人民法院（2016）鲁民终1076号民事判决书］。

责任，只不过其责任范围并不以主债务为限，而是以抵押物的价值为限罢了”。[①]依《民法总则》第一百七十八条第三款的规定，连带责任的承担以法律的直接规定或者当事人的明确约定为前提。就不动产抵押权未登记之时抵押人和主债务人之间的关系，法律上并无连带责任的直接规定，在解释上即可认为，如当事人之间并无此时抵押人与主债务人之间承担连带责任的明确约定，抵押人所承担的应是具有补充性的违约损害赔偿责任，判令抵押人承担连带责任“既超出抵押合同约定范围，也不符合违约损害赔偿责任的法理”。[②]

最高人民法院新近的司法政策表明，抵押合同是主合同的从合同，在当事人并未约定抵押人与债务人承担连带责任的情况下，抵押人仅在债务人不能清偿的范围内承担补充责任。债权人请求抵押人承担连带责任的，人民法院不予支持。

（三）抵押人承担违约损害赔偿责任的财产范围

抵押人的违约损害赔偿责任范围的判定，自应适用《合同法》第一百一十三条第一款。该款中规定：“损失赔偿额应当相当于因违约所造成的损失，包括合同履行后可以获得的利益，但不得超过违反合同一方订立合同时预见到或者应当预见到的因违反合同可能造成的损失。”抵押合同履行后，抵押权人的利益体现为就抵押财产优先受偿，抵押合同尚未履行时，抵押人可预见的给抵押权人造成的损失，也就是就抵押财产无法取得优先受偿权。如此，抵押人的违约损害赔偿责任也就应以抵押财产的价值为限，否则，如抵押人承担违约损害赔偿责任的财产范围超过抵押财产的价值，即与《合同法》第一百一十三条第一款所定可预见规则相违。如在“中国长城资产管理股份有限公司重庆市分公司与重庆合成化工厂有限公司合同、无因管理、不当得利纠纷上诉案”[③] 中，最高人民法院认为：

因抵押人和质押人所承担的是担保合同项下的合同义务，根据《合同法》第一百一十三条，当事人一方不履行合同义务或者履行合同义务不符合约定，给对方造成损失的，损失赔偿额应当相当于因违约所造成的损失，但不得超过违反合同一方订立合同时预见到或者应当预见到的因违反合同可能造成的损失。债权人与抵押人、质押人签订物的担保合同时，对于其只能在担保物价值范围内享有优先受偿权有着明确的预见，合成化工公司、融海公司未办理房产抵押登记以及股权质押登记，给长城资产所造成的损失应当限于本应抵押的房产、本应质押的股权价值范围内。至于担保物价值嗣后的变动，属于当事人在订立合同时应当预见的正常风险。

---

① 葛洪涛：《未办理登记的不动产抵押合同的效力》，载贺小荣主编：《最高人民法院民事审判第二庭法官会议纪要：追寻裁判背后的法理》，人民法院出版社 2018 年版，第 244 页。

② “中国建筑第七工程局有限公司与现代（邯郸）物流港开发有限公司、现代（邯郸）置业有限公司等票据追索权及合同纠纷上诉案”［最高人民法院（2017）最高法民终 718 号民事判决书］。

③ 最高人民法院（2017）最高法民终 934 号民事判决书。

有裁判认为，抵押人承担主合同债务人同等义务的赔偿责任。如在“吉安市吉州区银丰小额贷款股份有限公司与万安县银山矿业投资咨询有限公司等小额贷款合同纠纷上诉案”[①] 中，江西省高级人民法院认为：

本案中，从上诉人与被上诉人签订的《抵押合同》中的约定可见，办理抵押登记手续的主要义务应由抵押人万安银山咨询公司承担，上诉人也未提交相关证据证明其根据合同的约定履行了义务，故未及时办理抵押登记手续，导致抵押权未有效设立的责任在万安银山咨询公司。依照《合同法》第一百零七条规定“当事人一方不履行合同义务或者履行合同义务不符合约定的，应当承担继续履行、采取补救措施或者赔偿损失等违约责任”，万安银山咨询公司作为抵押人应当按照《抵押合同》的约定承担违约责任，即承担主合同债务人同等义务的赔偿责任。

这一观点将抵押人的违约损害赔偿责任认定或类推为保证责任，忽略了保证责任与抵押合同责任的区分。保证责任的效力及于保证人的全部责任财产，但抵押合同责任的效力仅及于抵押人的抵押财产。从这个角度上讲，抵押人的违约损害赔偿责任“类似于有限保证，本质上属于非典型担保的一种”。[②] 由此，绝大多数的裁判将抵押人的违约损害赔偿责任限定在抵押财产的价值范围内，值得赞同。

至于抵押财产价值的认定时点，在抵押财产仍然现实存在且处分权没有限制的情形之下，抵押权人自可就抵押财产请求变价，并以变价款填补其因主债务不能清偿所受损失，只不过没有优先受偿权。在解释上，抵押人承担违约损害赔偿责任的财产范围自是抵押权人权利实现之时抵押财产的价值。“至于担保物价值嗣后的变动，属于当事人在订立合同时应当预见的正常风险。”[③] 不过，在因抵押人的原因导致抵押财产毁损灭失或被转让、查封的情况下，抵押权人就抵押财产的变价款受偿的请求即不能实现，此时，应以抵押合同成立时抵押财产的价值为限就抵押人的其他责任财产求偿。

（四）债权人的诉讼请求与程序救济

作为抵押合同，不因未办理抵押登记而影响其效力，应自成立时生效，但依据抵押合同享有的请求权，不同于作为担保物权的抵押权，据此请求承担担保责任，于法无据。至于当事人是否因抵押人未及时办理抵押登记造成损害应可另行主张。如在“日照港集团物流有限公司与启东新世界进出口贸易有限公司、卞荣

① 江西省高级人民法院（2015）赣民二终字第 49 号民事判决书。

② 葛洪涛：《未办理登记的不动产抵押合同的效力》，载贺小荣主编：《最高人民法院民事审判第二庭法官会议纪要：追寻裁判背后的法理》，人民法院出版社 2018 年版，第 243 页。

③ “中国长城资产管理股份有限公司重庆市分公司与重庆合成化工厂有限公司合同、无因管理、不当得利纠纷上诉案”［最高人民法院（2017）最高法民终 934 号民事判决书］。

抵押合同纠纷上诉案”[1] 中，最高人民法院认为：

虽《商业地产份额担保责任书》作为抵押合同，不因未办理抵押登记而影响其效力，应自成立时生效。但日照港物流公司依据抵押合同享有的请求权，不同于作为担保物权的抵押权，其据此请求卞荣承担担保责任，于法无据，本院不予支持。至于日照港物流公司是否因卞荣未及时办理抵押登记造成损害，以及日照港物流公司已抵扣增值税税款如何处理的问题，双方协商不成，如有充分证据证明，可另行主张。

五、债权人未配合办理抵押登记手续的责任

在抵押人违约损害赔偿责任的归责原则上，实务中还存在着过错责任与严格责任的认识分歧。[2] 如在“青岛天一集团樱珠山房地产开发有限公司与营口元亨曦地置业有限公司企业借贷纠纷上诉案”[3] 中，山东省高级人民法院认为：

关于赔偿损失的范围。本案中，青岛天一公司损失的是抵押权，应当以抵押物的价值为限。由于元亨曦地公司与青岛天一公司存在同等程度的违约行为，负有同等违约责任，元亨曦地公司赔偿损失的范围应为抵押物价值的二分之一，而非抵押物价值的全部。

这里明确了过错（过失）在认定抵押人违约损害赔偿责任中的意义。就《合同法》第一百零七条违约责任的一般规定，多数学者认为，我国合同法上违约责任以严格责任（无过错责任）为一般归责原则；例外地也承认特殊情形之下以过错责任为特殊的归责原则。[4] 即使主张第一百零七条不是为了确立各种违约责任方式适用条件的学者，也认为违反结果性义务的违约损害赔偿责任系采严格责任，不考虑违约方的主观状态。[5] 抵押合同下的登记义务，是为了产生一个约定的结果——使不动产抵押权得以设定，而不是要求践行合理的注意与技能。由此，登记义务是结果性义务，而非方式性义务，如抵押人届期未使抵押权人获得约定的结果，除违约因不可抗力免责外，不管抵押人的主观状态如何，均应承担

---

① 最高人民法院（2016）最高法民终114号民事判决书。

② 参见葛洪涛：《未办理登记的不动产抵押合同的效力》，载贺小荣主编：《最高人民法院民事审判第二庭法官会议纪要：追寻裁判背后的法理》，人民法院出版社2018年版，第243页。

③ 山东省高级人民法院（2016）鲁民终1076号民事判决书。类似的裁判还有“渤海银行股份有限公司成都分行与筠连县诚忠矿业有限责任公司等金融借款合同纠纷上诉案”［四川省高级人民法院（2017）川民终879号民事判决书］。

④ 参见王利明：《合同法研究》，中国人民大学出版社2018年版，第435～437页；梁慧星：《从过错责任到严格责任》，载梁慧星主编：《民商法论丛》（第8卷），法律出版社1997年版，第1页以下；崔建远：《合同法学》，法律出版社2015年版，第250～251页；韩世远：《合同法总论》，法律出版社2018年版，第748页。

⑤ 参见朱广新：《合同法总则研究》（下册），中国人民大学出版社2018年版，第669～670页。

损害赔偿责任。

本书前引关于抵押人和抵押权人对于不动产抵押权未登记均有过错的裁判观点，系以《合同法》第一百二十条关于双方违约规则为规范基础，判令由抵押人和抵押权人各自承担相应的责任。但正如前述，办理不动产抵押权设立登记仅为抵押人的义务，抵押权人未协助配合办理登记在性质上属于受领迟延，并不构成抵押权人的违约，自无《合同法》第一百二十条双方违约规则的适用。为设定不动产抵押权，需要抵押权人在办理抵押登记时予以配合，抵押权人的协助与配合属于债务履行的受领。学说上认为，受领并非债权人的义务，相反，是债权人享有的权利（给付受领权），其行使与否，当属债权人的自由。[①] 在抵押人已经向抵押权人提出协助办理抵押登记的请求，而抵押权人未予以协助的，构成受领迟延。受领迟延责任不属于违约责任的范畴，不以抵押权人的主观状态为前提，其法律效果大多体现为抵押人责任的减轻或者免除。

在我国实定法上，不动产抵押权未登记在物权变动上的法律效果至为清晰，即不动产抵押权未设立，但基于不动产登记制度尚不健全的现实，在例外的情形亦承认其物权效力，只不过不能对抗抵押财产上的物权人。不动产抵押权未登记，并不影响抵押合同的效力，此为物权法上物权变动的原因与结果相区分规则的当然反映。此时，厘清登记义务的归属，把握共同申请登记原则之下抵押权人配合登记的行为性质，对于认定抵押合同的违约责任具有重大意义。与不动产转让时的移转登记相当，办理抵押登记是抵押人的义务，共同申请之下抵押权人配合登记，仅为受领给付。抵押人未尽登记义务，导致不动产抵押权未设立的，构成违约，自应依据合同法上的一般规则承担违约责任。

六、债权人在继续履行和赔偿损失之间是否享有选择权

就《会议纪要》本条的表述来看，抵押人仅在“因抵押物灭失以及抵押物转让他人等原因不能办理抵押登记”时，才承担损害赔偿责任。也就是说，债权人在抵押人未办理抵押登记的情形之下，应先主张继续履行，在继续履行请求权不能满足的情形下，才能主张损害赔偿请求权。

学说上就“继续履行”和“赔偿损失”的适用顺序，一直存在争议。有观点认为，债权人可以选择适用，不能以法律规定的先后顺序而当然认定在适用上有先后次序；[②] 也有观点认为，继续履行的规范目的在于严守合同，债权人亦应附有努力使合同存续并获得合同上所负担之给付的义务，继续履行请求权也就有必

---

① 参见朱广新：《合同法总则研究》（下册），中国人民大学出版社 2018 年版，第 764 页。

② 参见王利明：《合同法研究（第二卷）》，中国人民大学出版社 2018 年版，第 566 页；崔建远：《合同法学》，法律出版社 2015 年版，第 274 页；韩世远：《合同法总论》，法律出版社 2018 年版，第 774 页。

要取得优先顺位。①

在债权构成和合同构成之间，我国合同法上选择了后者，继续履行也就不再只是债权的效力，而是与赔偿损失等相并列的违约救济方式，不再具有优先适用的效力。② 这一观点得到了司法实践的多数支持。绝大多数裁判认为，在继续履行和赔偿损失之间，抵押权人享有选择权。抵押权人自可选择主张继续履行抵押合同，诉请抵押人履行抵押登记义务。如在“重庆同发煤炭销售有限责任公司与重庆市夔州融资担保有限公司担保合同纠纷上诉案”③ 中，法院认为：

本案反担保抵押合同约定，同发公司应在合同签订之日起十五个工作日内办理抵押登记，同发公司未按合同约定履行义务，属不诚信行为。本案诉讼中，同发公司并未对不能继续履行该合同义务作出合理解释，亦未举证证明具有《合同法》第一百一十六条规定的不能继续履行的除外情形。根据《最高人民法院关于适用〈中华人民共和国民事诉讼法〉的解释》第五百零三条、第五百零四条、第五百零五条等规定，行为义务亦可作为强制执行标的。国土资源部《矿业权出让转让管理暂行规定》第五十八条……规定表明，办理采矿权抵押登记的合同义务不属不能继续履行的情形。另，国土资源部《矿业权出让转让管理暂行规定》第五十七条规定：“矿业权设定抵押时，矿业权人应持抵押合同和矿业权许可证到原发证机关办理备案手续。”根据我国物权法对不动产抵押采用的登记要件主义，结合前述规章的规定，采矿权抵押登记通过到原发证机关办理备案手续的方式进行。换言之，通常意义上的抵押登记，在采矿权抵押过程中具体是指到原发证机关办理备案手续，即“抵押登记”和“抵押备案”在采矿权抵押中应属同一概念。综上，上诉人关于办理抵押登记是合同当事人的自愿行为，强制当事人办理登记没有法律依据的上诉理由，本院不予采纳。

抵押权人也可选择主张赔偿损失，诉请抵押人承担违约损害赔偿责任。如在“中国建筑第七工程局有限公司与现代（邯郸）物流港开发有限公司、现代（邯郸）置业有限公司等票据追索权及合同纠纷上诉案”④ 中，最高人民法院二审认为：

《担保合同》虽未明示约定现代置业公司的抵押登记义务，但现代置业公司作为抵押人办理抵押登记以使抵押权有效设立是其依据诚实信用原则应当履行的

① 参见王洪亮：《债法总论》，北京大学出版社2016年版，第265页。

② 参见谢鸿飞：《合同法学的新发展》，中国社会科学出版社2014年版，第467页。

③ 重庆市第二中级人民法院（2015）渝二中法民终第02170号民事判决书。该案虽然是针对采矿权抵押权，但其解释原理与不动产抵押权相同。

④ 最高人民法院（2017）最高法民终718号民事判决书。类似案例很多，如“中国长城资产管理股份有限公司重庆市分公司与重庆合成化工厂有限公司合同、无因管理、不当得利纠纷上诉案”[最高人民法院（2017）最高法民终934号民事判决书]。

合同义务……现代置业公司未履行抵押登记义务致使抵押权未设立，构成违约，其应当承担违约责任。中建七局未请求现代置业公司履行抵押登记义务，直接要求现代置业公司承担清偿责任，根据《合同法》第一百零七条、第一百一十三条的规定，现代置业公司应承担违约损害赔偿责任，损失赔偿额应当相当于因违约造成的损失，包括合同履行后可以获得的利益。《担保合同》如正常履行，中建七局可以获得的利益是对担保物在建工程享有抵押权。因此，现代置业公司应当在约定的担保物价值范围内承担对现代物流港公司票面金额债务的赔偿责任。

七、未登记的不动产抵押权具有物权效力的特定情形

在《物权法》第一百八十七条之下，未登记不动产抵押权的法效果至为明确，即不动产抵押权不设立，在解释上自无物权效力，债权人不得就抵押财产优先受偿。但我国登记制度尚不健全，法律上明定的登记部门并未践行其登记职责的，不在少数，将不动产抵押权因未登记所生风险全部分配给抵押权人，有失公允。“当事人有充分的证据证明进行了抵押登记，因登记部门的原因致使当事人无法办理抵押权登记的，不能据此认定抵押合同无效”，[①]《担保法解释》对此作了回应。[②] 这一规则虽然是基于登记是抵押合同的生效要件而展开，但“因登记部门的原因致使其无法办理抵押物登记”的，不仅不影响抵押合同的效力，而且不影响不动产抵押权的优先受偿效力，对于改采登记是不动产抵押权的生效要件的物权法，仍有解释说明价值。

《物权法》实施之后，《不动产登记暂行条例》及其实施细则颁行，我国登记制度渐趋健全，但因登记部门的原因导致当事人无法办理抵押权登记的，仍非鲜见。[③] 各不动产登记部门大多根据国土资发〔2012〕134号文，排除上述放贷人之外的债权人所提出的抵押权登记申请。如此，前引《担保法解释》第五十九条仍有适用空间。

（一）《担保法解释》第五十九条的适用条件

裁判实践中，较为一致的观点认为，《担保法解释》第五十九条的适用条件

---

① 李国光等：《最高人民法院〈关于适用中华人民共和国担保法若干问题的解释〉的理解与适用》，吉林人民出版社2000年版，第230页。这里的“抵押合同无效”，在物权法之下，实为“不动产抵押权未设立”。

② 《担保法解释》第五十九条规定：“当事人办理抵押物登记手续时，因登记部门的原因致使其无法办理抵押物登记，抵押人向债权人交付权利凭证的，可以认定债权人对该财产有优先受偿权。但是，未办理抵押物登记的，不得对抗第三人。”

③ 例如，根据《国土资源部关于规范土地登记的意见》（国土资发〔2012〕134号）的规定，“依据相关法律、法规规定，经中国银行业监督管理委员会批准取得《金融许可证》的金融机构、经省级人民政府主管部门批准设立的小额贷款公司等可以作为放贷人申请土地抵押登记。”

有三：一是当事人已申请过抵押登记；二是未办理抵押登记是由于登记部门的原因；三是抵押财产的权利凭证已向债权人交付。如在“张长安与祝苏爱民间借贷纠纷再审案”[①] 中，江西省高级人民法院认为：

本案中，方细萍向张长安借款时，提供了房主祝苏爱“锦房权证 2000 字第 a－××号”房屋及“余国用（2013）第 312－50 号”土地使用权为抵押担保。二审中祝苏爱陈述称上述房产证和土地证在其拿出来后，由方细萍给了张长安。上述抵押物未办理抵押登记。申请再审时，张长安提交了一份余江县房产管理局于 2017 年 9 月 27 日出具的《证明》复印件，内容为：“迄今为止，余江县房产管理局除金融组织机构外，对公民（个人）之间民间借贷没有开展抵押登记此项工作。特此证明！”据此，张长安主张根据《最高人民法院关于适用〈中华人民共和国担保法〉若干问题的解释》第五十九条，即“当事人办理抵押物登记手续时，因登记部门的原因致使其无法办理抵押物登记，抵押人向债权人交付权利凭证的，可以认定债权人对该财产有优先受偿权。但是，未办理抵押物登记的，不得对抗第三人”的规定，其有权从用于抵押的房产折价、拍卖、变卖的价款中按顺序位优先受偿。本院认为，张长安的该主张不能成立。根据《最高人民法院关于适用〈中华人民共和国担保法〉若干问题的解释》第五十九条的规定，其适用的条件有三项：一是当事人已办理过抵押登记。二是未办理抵押登记是由于登记部门的原因。三是抵押财产的权利凭证已向债权人交付。本案一审庭审时，张长安陈述称案涉抵押房屋是私有房产，不存在要去相关单位办理抵押权证。本案二审询问时，张长安虽陈述称到过房管局办理抵押登记，但并未提供证据证明。因张长安并未提供证据证明其曾向登记部门申请过办理抵押登记，故《最高人民法院关于适用〈中华人民共和国担保法〉若干问题的解释》第五十九条并不能适用于本案。原审法院根据《物权法》第一百八十七条的规定，认定张长安对案涉房屋的抵押权尚未设立，张长安并未取得抵押物的抵押权，对抵押合同约定的抵押物不享有优先受偿权，适用法律并无不当。

不具备上述三个要件，则不能适用《担保法解释》第五十九条。如在“工银金融租赁有限公司与山西离柳焦煤集团有限公司融资租赁合同纠纷上诉案”[②] 中，最高人民法院认为：

工银租赁公司主张即使采矿权抵押权自备案登记时设立，案涉采矿权抵押未备案登记亦非基于工银租赁公司原因，而是因登记部门的原因致使其无法办理抵押备案登记，根据《担保法解释》第五十九条的规定，其应对案涉两项采矿权享有抵押权，并有权就其拍卖、变卖或折价所得的价款优先受偿。本院认为，工银

① 江西省高级人民法院（2018）赣民申 206 号民事裁定书。

② 最高人民法院（2016）最高法民再 416 号民事判决书。

租赁公司主张对案涉两项采矿权享有抵押权及优先受偿权不能成立。

首先，根据案涉两份抵押合同的约定，办理抵押备案登记的义务人为离柳公司，工银租赁公司并没有证据证明离柳公司前去办理过采矿权抵押备案登记。恰恰相反，工银租赁公司在本案中诉求离柳公司承担8000万元（后变更为9528000元）违约金，即是基于离柳公司未按合同约定办理采矿权抵押备案登记构成违约的事实，而且也得到了一审法院的确认和支持。二审庭审过程中，工银租赁公司申请出庭作证的证人也只是证明其受指派前往山西省国土资源厅了解案涉采矿权的权利负担情况，亦非办理采矿权抵押备案登记。工银租赁公司、离柳公司在二审庭审中尽管均陈述办理过案涉采矿权抵押的备案登记，但无法就办理的时间、地点、经办人、提交文件等作出详细具体的说明并提供相应的证据予以证明，亦与工银租赁公司在一审的陈述和主张相悖，在工银租赁公司没有相反证据足以推翻其一审陈述和主张的情况下，根据《最高人民法院关于民事诉讼证据的若干规定》第七十四条"诉讼过程中，当事人在起诉状、答辩状、陈述及其委托代理人的代理词中承认的对己方不利的事实和认可的证据，人民法院应当予以确认，但当事人反悔并有相反证据足以推翻的除外"的规定，本院对其二审相应主张不予支持。本案现有证据难以证明离柳公司或者双方确实在抵押合同签订后前往国土资源主管部门办理过案涉采矿权抵押备案登记手续，也就难以进一步确认是否因登记部门的原因导致未能办理案涉采矿权抵押的备案登记。

其次，朱家店煤矿采矿许可证并没有交付给工银租赁公司，不具备《担保法解释》第五十九条权利凭证应交付债权人的条件。兑镇煤矿采矿许可证的原件尽管交付给了工银租赁公司保管，但工银租赁公司在2014年8月接受兑镇煤矿采矿权抵押时，已明确知悉2014年1月27日山西省国土资源厅发布的《关于进一步明确采矿权抵押备案有关事项的通知》，其经营范围内无贷款业务将无法办理采矿权抵押备案。在此情况下工银租赁公司与离柳公司签订抵押合同，应自行承担相应风险，不属于《担保法解释》第五十九条"因登记部门的原因致使其无法办理抵押物登记"的情形。

再次，基于本案已经查明的事实，朱家店煤矿采矿权已经抵押给民生银行太原分行并于2013年11月办理了备案登记手续；而兑镇煤矿采矿权，在工银租赁公司申请法院查封之前，已经有四家离柳公司的债权人在先申请了查封，工银租赁公司不享有对抗上述债权人的优先受偿权。

（二）适用《担保法解释》第五十九条的两个要件之间的关系

适用《担保法解释》第五十九条的第一个要件是当事人已提出抵押登记申请，第二个要件是由于登记部门的原因未办理抵押登记。值得讨论的是，既然登记部门尚未开展相关抵押权的登记事务，当事人的登记申请又有何意义？上述第一个要件和第二个要件之间的关系自得在个案中具体考量，以达到该条的规范目的。就这两个要件之间的关系，各法院之间把握的标准不一。

第一种观点认为，仅需债权人举证证明登记部门尚未开展相关抵押权登记事务即可，不考虑或不置重于债权人是否提出抵押登记申请。如在“李公有诉瑞丽市宝佳房地产开发经营有限公司、李明飞民间借贷纠纷案”[①] 中，法院认为：

关于原告对瑞国用（2010）第1014号土地使用权在拍卖、变卖时是否享有优先受偿权的问题，《最高人民法院关于适用〈中华人民共和国担保法〉若干问题的解释》第五十九条规定：“当事人办理抵押物登记手续时，因登记部门的原因致使其无法办理抵押物登记，抵押人向债权人交付权利凭证的，可以认定债权人对该财产有优先受偿权。但是，未办理抵押物登记的，不得对抗第三人。”原告提交的云国土资籍〔2012〕20号文件能够证明抵押物没有登记系登记部门的原因导致，被告宝佳房地产公司也将抵押物的物权凭证交付给了原告，原告至今仍然持有上述物权凭证，本院对原告关于瑞国用（2010）第1014号土地使用权在拍卖、变卖时享有优先受偿权的主张予以支持，但不得对抗善意第三人。

就债权人举证的程度，可以是提交相关登记部门的文件，如在“袁苗初与过伯贤、邢玉红、王雪尧借款合同纠纷上诉案”[②] 中，法院认为：

关于抵押担保对双方当事人是否有效及袁苗初对抵押房屋是否享有优先受偿权的问题。根据原审法院（2006）嵊民一初字第2505号和本院（2007）绍中民一终字第971号两份生效民事判决所认定的事实，应认定房屋共有权人邢玉红对于2005年2月2日的委托合同系为2005年2月5日借款提供抵押担保的事实是明知的，且邢玉红在委托合同上的签名行为也应认定系其同意将讼争房屋作借款抵押的意思表示，因此邢玉红提出其作为房屋共有权人并未同意将房屋进行抵押的上诉理由，与事实不符，本院不予采信。双方之间的房屋抵押担保虽未办理登记，但根据嵊州市人民政府（1999）第111号《关于房地产抵押登记部门的通知》的规定及嵊州市工商部门不受理个人与个人之间房屋抵押登记的实际情况，本案中抵押物未办理登记，应认定是登记部门的客观原因造成，因此，本案中应认定抵押担保对抵押权人袁苗初和抵押人过伯贤、邢玉红有效。同时，鉴于抵押人过伯贤已将抵押房屋的权利凭证交付给债权人，根据《最高人民法院关于适用〈中华人民共和国担保法〉若干问题的解释》第五十九条“当事人办理抵押物登记手续时，因登记部门的原因致使其无法办理抵押物登记，抵押人向债权人交付权利凭证的，可以认定债权人对该财产有优先受偿权。但是，未办理抵押物登记的，不得对抗第三人”的规定，袁苗初作为债权人对抵押房屋享有不对抗第三人的优先受偿权。上诉人认为本案抵押担保未生效及袁苗初不享有优先受偿权的上诉理

① 云南省瑞丽市人民法院（2016）云3102民初164号民事判决书。

② 浙江省绍兴市中级人民法院（2009）浙绍商终字第118号民事判决书。

由，于法无据，本院不予采信。

就债权人举证的程度，也可以是陈述曾向登记部门询问。如在“陈秀美与吴碧霞等执行分配方案异议之诉上诉案”① 中，一审法院认为：

在吴碧霞诉陈福盛、刘雪英民间借贷纠纷案件中，一审法院已查明存在陈福盛、刘雪英已将涉案房屋的所有权证交付吴碧霞保管，吴碧霞曾到福州市房地产管理局询问房产抵押登记相关事项，但因该局尚未开展此项业务而未登记等事实，故一审法院根据上述第五十九条规定判决吴碧霞对涉案房屋享有优先受偿权，但不得对抗第三人，是正确的。对于上述第五十九条中的“第三人”范围问题，最高人民法院在法函〔2006〕51号中作了答复。《最高人民法院关于担保法司法解释第五十九条中的“第三人”范围问题的答复》明确指出：“根据《担保法》第四十一条、第四十三第二款规定，应当办理抵押物登记而未经登记的，抵押权不成立；自愿办理抵押物登记而未办理的，抵押权不得对抗第三人。因登记部门的原因致使当事人无法办理抵押物登记是抵押未登记的特殊情形，如果抵押人向债权人交付了权利凭证，人民法院可以基于抵押当事人的真实意思认定该抵押合同对抵押权人和抵押人有效，但此种抵押对抵押当事人之外的第三人不具有法律效力。”可见，本案中的第三人是指吴碧霞、陈福盛、刘雪英之外的其他人，故吴碧霞享有的优先受偿权只对吴碧霞、陈福盛、刘雪英3人具有约束力，对于该3人之外的其他人没有约束力。

二审法院认为：

根据《最高人民法院关于适用〈中华人民共和国担保法〉若干问题的解释》第五十九条的规定：“当事人办理抵押物登记手续时，因登记部门的原因致使其无法办理抵押物登记，抵押人向债权人交付权利凭证的，可以认定债权人对该财产有优先受偿权。但是，未办理抵押物登记的，不得对抗第三人。”故一审认定本案中的第三人是指吴碧霞、陈福盛、刘雪英之外的其他人是正确的，吴碧霞享有的优先受偿权仅限于吴碧霞、陈福盛、刘雪英三人，而对于该三人之外的其他人均没有法律约束力。上诉人吴碧霞主张其享有优先受偿权以及可以抵抗其他一般债权人而优先受偿的主张，缺乏法律依据，本院不予支持。

有些法院对抵押权人提出较高的举证要求，对“因登记部门原因”的认定持相对谨慎的态度，未提供证据证明系因登记部门的原因致使其无法办理抵押登记的，《担保法解释》第五十九条即不予适用。如在“高保与张亚亮、王珺、闫昌借款合同纠纷上诉案”② 中，债权人高保认为：

本案借贷关系发生在2013年，正值民间借贷的活跃时期，由于大量的民间借

① 福建省福州市中级人民法院（2018）闽01民终第6781号民事判决书。

② 山西省太原市中级人民法院（2017）晋01民终3222号民事判决书。

贷突增，太原市房产管理部门临时停止为个人借款办理他项权利登记工作，因此抵押给高保的三套房产未能办理抵押登记。但张亚亮已将房产证号为并字第S201111962号、所有人为张亚亮，S201118808号，所有人为王珺的两处房屋的房产证原件交付给高保。根据《最高人民法院关于适用〈中华人民共和国担保法〉若干问题的解释》（法释〔2000〕44号）第五十九条规定，上诉人可以对S201111962号、S201118808号两处房产优先受偿权。

一审法院认为：

本案中，原、被告约定以房屋抵押，但未进行抵押物登记，因此其抵押权未设立。此外，根据《最高人民法院关于适用〈中华人民共和国担保法〉若干问题的解释》第五十九条的规定，“当事人办理抵押物登记手续时，因登记部门的原因致使其无法办理抵押物登记，抵押人向债权人交付权利凭证的，可以认定债权人对该财产有优先受偿权”。本案中，原、被告未提供证据证明系因登记部门的原因致使其无法办理抵押物登记，因此虽然被告张亚亮向原告高保交付了两套房屋的权利凭证，但原告仍不能适用本条对该财产享有优先受偿权，原告的相应诉讼请求本院不予支持。

二审法院认为：

上诉人张亚亮与上诉人高保约定以房屋抵押，但未进行抵押物登记，因此其抵押权未设立。同时，上诉人高保未提供证据证明系因登记部门的原因致使其无法办理抵押物登记，因此虽然张亚亮向高保交付了两套房屋的权利凭证，但上诉人高保仍不能对该财产享有优先受偿权。

再如在“闻明生与陆良丽达玲珑商贸有限公司民间借贷纠纷再审案”① 中，法院认为：

根据《物权法》第一百八十七条规定“以本法第一百八十条第一款第一项至第三项规定的财产或者第五项规定的正在建造的建筑物抵押的，应当办理抵押登记。抵押权自登记时设立。”此条法律规定是针对不动产抵押的设立与登记进行了规范。本案因同一笔债务的展期先后四次签订借款抵押担保协议，除先两次提供的抵押物一致外，后两次提供的抵押物分别是股权和不动产，最后一次协议即2015年4月2日的协议变更了先前协议时所提供的抵押物，之前的协议因最后一次协议的变更已失去效力，应以最后一次签订的借款担保协议作为三方履行借款担保合同的依据。本次协议约定的抵押物未办理抵押登记，根据《最高人民法院关于适用〈中华人民共和国担保法〉若干问题的解释》第五十九条规定“当事人办理抵押物登记手续时，因登记部门的原因致使其无法办理抵押物登记的，抵押人向债权人交付权利凭证的，可以认定债权人对财产享有优先受偿权。但是，未

① 云南省陆良县人民法院（2017）云0322民再2号民事判决书。

办理抵押物登记的，不得对抗第三人。”本案当事人未向登记部门申请办理抵押登记，不能认定是登记部门的原因，如已申请抵押登记而登记部门不予登记造成的损害，权利人也有另行的救济途径。既然不是登记部门的原因致使未办理抵押登记，抵押人将权利凭证交付债权人的，债权人也就不必然享有优先受偿权。同时本案闻明生、朱小鸭在诉讼时申请对借款担保协议中约定的抵押物进行查封，但该抵押物在本案查封前已被第三人刘丽珍申请昆明市盘龙区人民法院进行了查封，因未办理抵押物登记，不得对抗第三人刘丽珍申请查封的行为，故闻明生、朱小鸭就丽达公司提供的抵押物不享有优先受偿权。

与此不同的是，在不少案例中，登记部门尚未开展相关抵押权登记事务的事实也可由法院依职权查明。如在“林建梅与连明泉、泉州市美家装饰工程有限公司、连东龙担保物权确认纠纷案”[①] 中，法院认为：

借款时，被告连明泉提供其位于惠安县螺城镇启明商城 A302 室房屋、D1＃01 号店面（房屋所有权证号分别为房权证惠螺字第 10677 号和房权证惠螺字第 21486 号）作为抵押物，并将该《房屋所有权证》原件两份交付给原告，而惠安县住房和城乡规划建设局至今尚未开展公民之间的抵押登记业务，致使原、被告无法办理房屋抵押登记手续。根据《最高人民法院关于适用〈中华人民共和国担保法〈若干问题的解释》第五十九条：“当事人办理抵押物登记手续时，因登记部门的原因致使其无法办理抵押物登记，抵押人向债权人交付权利凭证的，可以认定债权人对该财产有优先受偿权。但是，未办理抵押物登记的，不得对抗第三人。”的规定，应当认定双方的抵押关系成立，即原告对该房产享有优先受偿权。原告请求依法判决确认原告对被告连明泉为三被告向原告借款 200 万元而提供抵押的位于惠安县螺城镇启明商城 A302 室房屋、D1＃01 号店面享有优先受偿权，即以该房产的折价、变卖、拍卖价款优先偿还原告借款 200 万元及利息，于法有据，应予支持。

第二种观点认为，登记部门办理相关抵押权登记以当事人提出登记申请为前提，如债权人不能举证证明曾经提出过登记申请，即使登记部门尚未开展相关抵押权登记事务，也不能适用《担保法解释》第五十九条。如在“张长安与祝苏爱民间借贷纠纷再审案”[②] 中，江西省高级人民法院认为：

本案二审询问时，张长安虽陈述称到过房管局办理抵押登记，但并未提供证据证明。因张长安并未提供证据证明其曾向登记部门申请过办理抵押登记，故《最高人民法院关于适用〈中华人民共和国担保法〉若干问题的解释》第五十九条并不能适用于本案。

---

① 福建省惠安县人民法院（2014）惠民初字第 993 号民事判决书。

② 江西省高级人民法院（2018）赣民申 206 号民事裁定书。

有判决甚至认为，“本案当事人未向登记部门申请办理抵押登记，不能认定是登记部门的原因，如已申请抵押登记而登记部门不予登记造成的损害，权利人也有另行的救济途径。既然不是登记部门的原因致使未办理抵押登记，抵押人将权利凭证交付债权人的，债权人也就不必然享有优先受偿权。”[①]

（三）未经登记的不动产抵押权的效力范围

在满足上述要件的情形之下，《担保法解释》第五十九条前句规定“可以认定债权人对该财产有优先受偿权”，这实际上是认可了未登记不动产抵押权的物权效力，因为就不动产抵押权而言，优先受偿权是其物权效力之核心。但该条后句规定“不得对抗第三人”，如此一来，该条的前后句之间似乎存在着矛盾，既然债权人已就抵押财产享有优先受偿权，为何又不能对抗第三人?[②] 实则不然。我国担保法和物权法上均存在采行登记对抗主义的物权形态，此类物权虽可基于当事人之间的合意而设立，但未经登记，不得对抗第三人。在解释上，这里的“第三人”仅指物权人而言，亦即，此类物权虽然未经登记，但也可以对抗转让人或抵押人的一般债权人。就此，《物权法解释（一）》已予明确。[③] 基于此，《担保法解释》第五十九条虽赋予未登记不动产抵押权以不得对抗第三人的物权效力，但此类抵押权仍得对抗抵押人的一般债权人。

裁判实践就此的把握并不一致。有的裁判仅认定未登记不动产抵押权就抵押财产具有优先受偿效力，对其是否可以对抗第三人未置明文。如在“何文忠与文山市安瑞投资有限公司、关跃民间借贷纠纷案”[④] 中，法院认为：

何文忠与关跃和牛宪坤签订《抵押协议》后，牛宪坤即将抵押物权利凭证广国用（2008）第1002—0077号国有土地使用权证交付何文忠，同时，何文忠及时到广南县国土资源局申请办理抵押登记，但广南县国土资源局没有给予办理，仅由八宝镇国土资源所作了变更告知备案，故何文忠对该抵押物广国用（2008）第1002—0077号国有土地享有优先受偿权，仅不能对第三人而已。综上，何文忠对抵押物享有优先受偿权。

大多数裁判均在主文中表明，未登记的不动产抵押权不能对抗第三人。在解释上，即使裁判中就未登记不动产抵押权的对抗范围未作判定，该抵押权不得对

① “闻明生与陆良丽达玲珑商贸有限公司民间借贷纠纷再审案”［云南省陆良县人民法院（2017）云0322民再2号民事判决书］。

② 参见杨代雄：《抵押合同作为负担行为的双重效果》，载《中外法学》2019年第3期。

③ 该解释第六条规定：“转让人转移船舶、航空器和机动车等所有权，受让人已经支付对价并取得占有，虽未经登记，但转让人的债权人主张其为物权法第二十四条所称的‘善意第三人’的，不予支持，法律另有规定的除外。”该条虽是就登记对抗主义之下特殊动产物权变动可得对抗第三人范围的规定，自可准用于物权法上其他采行登记对抗主义的物权变动。

④ 云南省广南县人民法院（2017）云2627民初449号民事判决书。

抗的第三人也可以在执行程序中借由案外人异议之诉寻求救济。就未登记不动产抵押权不得对抗的“第三人”范围，最高人民法院法函〔2006〕51号（以下简称法函〔2006〕51号）认为，系指“抵押当事人之外的第三人”，多数裁判以此为据对相关纠纷予以判定。如在“陈秀美与吴碧霞等执行分配方案异议之诉上诉案”① 中，法院认为：

根据《最高人民法院关于适用〈中华人民共和国担保法〉若干问题的解释》第五十九条的规定：“当事人办理抵押物登记手续时，因登记部门的原因致使其无法办理抵押物登记，抵押人向债权人交付权利凭证的，可以认定债权人对该财产有优先受偿权。但是，未办理抵押物登记的，不得对抗第三人”。故一审认定本案中的第三人是指吴碧霞、陈福盛、刘雪英之外的其他人是正确的，吴碧霞享有的优先受偿权仅限于吴碧霞、陈福盛、刘雪英三人，而对于该三人之外的其他人均没有法律约束力。上诉人吴碧霞主张其享有优先受偿权以及可以抵抗其他一般债权人而优先受偿的主张，缺乏法律依据，本院不予支持。

但这一解释方案显与《担保法解释》第五十九条的规范目的相违。如未登记不动产抵押权的优先受偿权，不得对抗“抵押当事人之外的第三人”，即与债权无异。在有第三人与抵押权人就标的财产发生争夺的情形，如抵押人的债权人基于胜诉裁判行使强制执行请求权，就该标的财产求偿，在法函〔2006〕51号之下，抵押权人即不得对抗该第三人，在解释上仅得与该债权人就标的财产的变价款平等受偿，此际未登记不动产抵押权仅具债权效力；在没有第三人与抵押权人就标的财产发生争夺的情形，抵押权人就标的财产的变价款取偿，是否赋予未登记不动产抵押权物权效力没有意义，抵押权人是基于物权还是债权，在行使效果上并无差异。如此，以法函〔2006〕51号解释“第三人”的范围，《担保法解释》第五十九条将沦为具文。

从不动产登记实践来看，因登记部门的原因导致无法办理不动产抵押权设立登记的，主要集中于抵押权人非为金融机构的情形。应当注意的是，物权法上并未就抵押权人作身份性的限制。在解释上，为保障自身债权的实现，任何民事主体均可作为抵押权人，举凡诸如自然人、法人或者非法人组织，均无不可。在不动产登记法上，《不动产登记暂行条例》将不动产抵押权登记的申请人规定为“当事人”（第十四条），《不动产登记暂行条例实施细则》进一步将抵押权人界定为“自然人、法人或者其他组织”（第六十六条），均未将抵押权人限定为金融机构。前述国土资发〔2012〕134号等规范性文件的限定即无上位法支撑。在现行规则之下，当事人提出不动产抵押权登记申请，登记部门不予受理登记的，应书

① 福建省福州市中级人民法院（2018）闽01民终第6781号民事判决书。

面告知申请人不予受理；申请人可以据此向人民法院提起行政诉讼以为救济。[①]如这一救济程序运转正常，应维系登记对于不动产抵押权的法律意义，未经登记者，不动产抵押权不设立，《担保法解释》第五十九条大可废止。但现有的登记实践显示，为防免行政诉讼，登记部门书面告知申请人不予受理的情形尚属少数，申请人就登记部门的不作为提起行政诉讼即缺乏表面证据，由此而引发的行政诉讼无法顺畅地展开。同时，抵押权人借由行政诉讼保护自己的权利，还面临着冗长的诉讼程序和诉讼结果不确定的风险。如在前引“北大荒物流股份有限公司与营口北方钢铁贸易有限公司等合同纠纷上诉案”［最高人民法院（2018）最高法民终252号民事判决书］中揭示，在抵押登记因国土局无登记专用章、无权办理抵押登记手续为由予以拒绝的情形之下，抵押权人提起行政诉讼并取得了胜诉裁判，但国土局在履行行政判决确定的登记职责时，仍然以上引国土资发〔2012〕134号文以及登记申请后抵押财产已被查封为由拒绝办理抵押登记。

在此背景之下，维系《担保法解释》第五十九条的规则具有正当性。不过，在该条的适用上，前述第一个要件和第二个要件宜从宽把握，在当事人就“登记部门的原因”无法自行收集证据的情形之下，法院可以基于当事人的申请依职权调查收集相关证据。在认定不动产抵押权未登记系因登记部门的原因的前提下，承认该不动产抵押权具有不得对抗第三人的物权效力，该第三人仅限于抵押当事人之外就标的财产具有物权利益的人。

【附：起草过程中的争议】

《会议纪要（稿）》

8.【未办理登记的不动产抵押合同的效力】抵押合同有效成立后，未办理抵押登记手续的，不能设立抵押权，但债权人可以请求抵押人办理抵押登记手续。抵押人因怠于履行办理登记义务、抵押物灭失以及抵押物转让他人等原因不能办理抵押登记的，应承担相应的违约责任，责任范围为抵押合同成立时抵押物的价值。债权人怠于履行协助义务的，可以减轻甚至免除抵押人的责任。抵押合同是主合同的从合同，在当事人并未约定抵押人与债务人承担连带责任的情况下，抵押人仅在债务人不能清偿的范围内承担补充责任。债权人请求抵押人承担连带责任的，人民法院不予支持。

---

① 《最高人民法院关于审理房屋登记案件若干问题的规定》第一条即规定：“公民、法人或者其他组织对房屋登记机构的房屋登记行为以及与查询、复制登记资料等事项相关的行政行为或者相应的不作为不服，提起行政诉讼的，人民法院应当依法受理。”

《会议纪要（哈尔滨征求意见稿）》

63.【未办理登记的不动产抵押合同的效力】不动产抵押合同有效成立后，未办理抵押登记手续的，抵押权未有效设立，但债权人可以请求抵押人办理抵押登记手续。抵押人因怠于履行办理登记义务、抵押物灭失以及抵押物转让他人等原因不能办理抵押登记的，应承担相应的责任，该项责任以抵押合同成立时抵押物的价值为限。债权人怠于履行协助义务的，可以减轻甚至免除抵押人的责任。抵押合同是主合同的从合同，在当事人并未约定抵押人与债务人承担连带责任的情况下，抵押人仅在债务人不能清偿的范围内承担补充责任。债权人请求抵押人承担连带责任的，人民法院不予支持。

《会议纪要（公开征求意见稿）》

60.【未办理登记的不动产抵押合同的效力】不动产抵押合同有效成立后，未办理抵押登记手续的，抵押权未有效设立，但债权人可以请求抵押人办理抵押登记手续。抵押人因怠于履行办理登记义务、抵押物灭失以及抵押物转让他人等原因不能办理抵押登记的，应承担相应的责任，该项责任以抵押合同成立时抵押物的价值为限。债权人怠于履行协助义务的，可以减轻甚至免除抵押人的责任。抵押合同是主合同的从合同，在当事人并未约定抵押人与债务人承担连带责任的情况下，抵押人仅在债务人不能清偿的范围内承担补充责任。债权人请求抵押人承担连带责任的，人民法院不予支持。

第二节　房地分离抵押时的效力与权利实现

【会议纪要条文】

61.【房地分别抵押】根据《物权法》第182条之规定，仅以建筑物设定抵押的，抵押权的效力及于占用范围内的土地；仅以建设用地使用权抵押的，抵押权的效力亦及于其上的建筑物。在房地分别抵押，即建设用地使用权抵押给一个债权人，而其上的建筑物又抵押给另一个人的情况下，可能产生两个抵押权的冲突问题。基于“房地一体”规则，此时应当将建筑物和建设用地使用权视为同一财产，从而依照《物权法》第199条的规定确定清偿顺序：登记在先的先清偿；同时登记的，按照债权比例清偿。同一天登记的，视为同时登记。应予注意的是，根据《物权法》第200条的规定，建设用地使用权抵押后，该土地上新增的建筑物不属于抵押财产。

【条文要义】

本条系在《物权法》第一百八十二条、第一百九十九条、第二百条之下，寻求房地单独抵押和分别抵押时的解释方案。

第一，以建筑物设定抵押权、未以建设用地使用权设定抵押权的，根据《物权法》第一百八十二条第二款的规定，未抵押的建设用地使用权视为一并抵押，建筑物抵押权就未抵押的建设用地使用权成立法定抵押权，且其设立时间与建筑物抵押权的设立时间相一致。此时，不以抵押合同中是否明确约定建筑物和建设用地使用权一并抵押为前提；当事人在抵押合同中约定仅以建筑物设定抵押权的，就未约定抵押的建设用地使用权亦构成法定抵押权；当事人在抵押合同中排除建设用地使用权抵押的，亦无不然。

第二，在《物权法》第一百八十二条和第二百条的体系解释之下，建设用地使用权抵押权不及于其设立后新增的建筑物，如此，《物权法》第一百八十二条第一款后段“以建设用地使用权抵押的，该土地上的建筑物一并抵押”中所述“建筑物”，仅限于建设用地使用权抵押权设立之时既存的建筑物。这里的“建筑物”，应包括在建工程在内。

第三，以建设用地使用权设定抵押权、未以既存的建筑物设定抵押权的，根据《物权法》第一百八十二条第二款的规定，未抵押的既存建筑物视为一并抵押，建设用地使用权抵押权就未抵押的既存建筑物成立法定抵押权，且其设立时间与建设用地使用权抵押权的设立时间相一致。此时，不以抵押合同中是否明确约定建筑物和建设用地使用权一并抵押为前提；当事人在抵押合同中约定仅以建设用地使用权设定抵押权的，就未约定抵押的既存建筑物亦构成法定抵押权；当事人在抵押合同中排除既存建筑物抵押的，亦无不然。

第四，建筑物或者建设用地使用权分别抵押给两个不同的债权人的，两个抵押权均属合法有效，其效力均及于建筑物和建设用地使用权之全部。两个效力均及于建筑物和建设用地使用权的抵押权，构成抵押权的既存，根据《物权法》第一百九十九条第一项的规定，依登记的先后确定两个抵押权之间的优先顺位。

【深度阐释】

在我国现行法之下，建筑物及其占用范围内的建设用地使用权各为独立的不动产（权利），但基于房与地之间的天然联系，为使建筑物取得使用土地的正当权源，并合于建设用地使用权的设立目的，我国法上明确规定：建筑物处分时，占用范围内的建设用地使用权一并处分；建设用地使用权处分时，其地上建筑物亦一并处分,[①] 此即所谓“房地一致原则”,俗称“房随地走”“地随房走”。[②]

既然建筑物与其占用范围内的建设用地使用权各为不同的财产,各有其独立的交换价值,自各有其担保融资需求;由此,在房地产信贷实践中出现了房地一体抵押、房地单独抵押(抵押人仅就建筑物或建设用地使用权设定抵押)、房地分别抵押(抵押人就建筑物、建设用地使用权分别向不同的抵押权人设定抵押)等多种情形。就房地一体抵押而言,在现行规则之下,当事人之间分别就建筑物和建设用地使用权抵押各为抵押权登记,抵押权人取得就建筑物和建设用地使用权的共同抵押权,其中权益,至为明晰。但就房地单独抵押而言,在我国目前“房地一致原则”之下,在建筑物之上设定的抵押权对于未设定抵押权的建设用地使用权有何影响?在建设用地使用权之上设定的抵押权对于未设定抵押权的地上建筑物有何作用?此外,就房地分别抵押而言,分别设立的建筑物抵押权和建设用地使用权抵押权彼此之间的效力桎梏如何解决?如此种种,已成为司法实践中的一大难题,[③]《担保法》之下是如此,《物权法》之下也不例外。

一、房地产抵押中的“地随房走”:《物权法》第一百八十二条第一款前段

《物权法》第一百八十二条第一款前段规定:“建筑物抵押的,该建筑物占用范围内的建设用地使用权一并抵押。”此即房地产抵押中的所谓“地随房走”。建筑物抵押权的效力及于未设定抵押的建设用地使用权,不以抵押合同中明确约定以建筑物及建设用地使用权一并抵押为前提。在“内蒙古奈伦集团股份有限公司与华融国际信托有限责任公司等金融借款合同纠纷上诉案”[④] 中,一审法院的如下观点得到了二审法院北京市高级人民法院的支持:

就本案抵押物之一即位于呼和浩特市新城区艺术厅南街、建筑面积1474.58平方米的房产,华融公司与奈伦房地产公司双方虽未约定上述房屋占用范围内的国有土地使用权一并抵押,亦未到国家土地管理部门办理相应的土地抵押登记,但华融公司对该房产及房产占用范围内的土地使用权一并主张享有优先受偿权,符合《物权法》第一百八十二条“以建筑物抵押的,该建筑物占用范围内的建设用地使用权一并抵押。……抵押人未依照前款规定一并抵押的,未抵押的财产视

---

① 此处的“处分”,仅指法律上的处分,包括转让、互换、出资、赠与、设定抵押权等。参见《物权法》第一百四十六条、第一百四十七条、第一百八十二条、第一百八十三条、第二百条。

② 以下为行文简洁,在相当场合均使用“房”指称“建筑物”“构筑物”;“地”指称“建设用地使用权”。但值得注意的是,“房屋”和“建筑物”并非完全等同的概念。

③ 参见宋晓明:《物权法担保物权编实施中的几个重要问题》,载最高人民法院民事审判第二庭:《民商事审判指导》2008年第2辑(总第14辑),人民法院出版社2008年版,第7页。

④ 北京市高级人民法院(2016)京民终272号民事判决书。

为一并抵押”之规定，上述抵押权的效力亦应及于房屋占用范围内的土地使用权，华融公司的该项主张，符合法律规定，合法有据，予以支持。

建筑物抵押权的效力及于未设定抵押的建设用地使用权，不以建设用地使用权抵押权登记为前提。在“中国建设银行股份有限公司分宜支行与江西江锂科技有限公司金融借款合同纠纷上诉案”[①] 中，最高人民法院认为：

《最高额抵押合同》系双方当事人真实意思表示，其中约定的抵押物明确包括案涉土地使用权在内，双方当事人对该土地使用权作为抵押财产均有明确预期。即使案涉土地使用权未办理抵押登记，根据《物权法》第一百八十二条……之规定，建行分宜支行对案涉土地使用权亦享有抵押权。一审判决以未办理抵押登记为由，判令建行分宜支行对案涉土地使用权不享有优先受偿权，认定事实和适用法律均有不当，本院予以纠正。

抵押人以自己房产做抵押，同时一并将该房屋占用范围内的他人名下的土地使用权抵押，并办理了抵押登记，从维护登记机关登记结果公信力和保护善意相对人角度出发，应确认抵押权人因抵押合同登记生效而取得抵押权。在实现抵押权时，法律要求土地使用权与房屋所有权一并拍卖，抵押权人只对有效抵押部分拍卖价款享有优先受偿权。如在“四川华通汽车集团公司与中国农业银行成都市总府支行、四川盛世集团有限责任公司借款合同纠纷上诉案”[②] 中，最高人民法院认为：

关于抵押合同所涉抵押物登记问题，盛世公司按照合同双方在该抵押合同中的约定，将其拥有的大陆桥招商城房产及其占用范围内的国有土地使用权，作为主合同下对总府农行的抵押物，在成都市双流县房地产管理所办理了抵押登记并领取了房地产他项权利证书。虽然该房地产他项权利证书只有大陆桥招商城地上建筑物建筑面积的记载，但并不影响对其占用范围内国有土地使用权抵押的效力，依据《担保法》第三十六条规定，上述房地产抵押应为有效。……华通公司与盛世公司有关联合修建大陆桥招商城中的权益，由于在颁发大陆桥招商域的房产证中，上诉人并未作为共有人，因此，华通公司与盛世公司在联建中形成的债权债务关系，仅在当事人之间有约束力，不能对抗总府农行已享有的担保物权，如果上诉人认为盛世公司对其有侵权行为或违约行为，可向该公司主张权利。

在建筑物抵押权的效力及于建设用地使用权时，就如何理解《物权法》第一百八十二条“以建筑物抵押的，该建筑物占用范围内的建设用地使用权一并抵

---

① 最高人民法院（2017）最高法民终40号民事判决书。

② 宫邦友：《房屋与土地权利主体不一致时，房地产抵押合同的效力及相关权利人的利益保护——四川华通汽车集团公司与中国农业银行成都市总府支行、四川盛世集团有限责任公司借款合同纠纷上诉案》，载《民商审判指导与参考》2003年第1辑（总第3辑），人民法院出版社2004年版，第249页以下。

押”中的“占用范围”，不无疑问。

第一种观点认为，建筑物抵押权所及之范围应限于地上建筑物的物理范围内，对于此范围之外的建设用地使用权则不享有抵押权。如在“中国长城资产管理股份有限公司湖南分公司与汪辉、魏任凭等财产损害赔偿纠纷再审案”① 中，最高人民法院再审认为：

根据原审查明的事实，原临国用（94）字第10×××003号《国有土地使用证》载明该宗地“用地面积”为1120平方米，其中“建筑占地”656平方米。魏任凭、长城公司亦均认可该宗地范围内只有两栋抵押房屋办理了产权登记手续。因此，原审法院认定两栋抵押房屋实际占用土地使用权面积为656平方米并无不当……由于长城公司的严重过错行为，致使464平方米未抵押部分土地使用权转移占有，给魏任凭造成相应损失，因此，原审判决认为长城公司构成侵权，并判令其承担相应土地使用权的损害赔偿责任，并无不妥。

第二种观点认为，建筑物抵押权所及之范围包括整宗土地之建设用地使用权，而非限于地上建筑物的物理范围所占建设用地使用权。如在“招商银行股份有限公司武汉分行与杨丛发、方伟等执行分配方案异议之诉再审案”中，二审法院湖北省高级人民法院认为：②

对于上述法律规定中“该建筑物占用范围内的建设用地使用权一并抵押”中的“占用范围”在本案中应如何理解问题，因方伟在以房屋办理抵押借款时，在原房屋所有权人方伟名下的房屋所有权证号为洪2013009642桂19—E室别墅的房屋，所对应的土地使用权证洪国用2013私第4867号土地上仅只有该房屋，而无其他建筑物或附属建筑物，本案应认定涉案房屋所占用的范围为洪国用2013私第4867号土地使用证上所载明的2020.58平方米土地。

最高人民法院再审认为：③

方伟、招商银行武汉分行在办理涉案贷款抵押手续时虽仅在房产部门办理了抵押登记手续，但根据《物权法》第一百八十二条……的规定，杨丛发等13人认为涉案土地使用权未被设立抵押权的再审申请理由不能成立。对于上述条文中所规定的“占用范围”的理解，杨丛发等13人认为应理解为建筑物的垂直投影面积，但并未提供相关法律依据。

在第二种观点之下，如宗地上有数栋建筑物，且该建筑物不属于区分所有，权利人以其中部分建筑物设定抵押的，建筑物抵押权效力所及的建设用地使用权

---

① 最高人民法院（2017）最高法民申4257号民事裁定书。

② “招商银行股份有限公司武汉分行与杨丛发、方伟等执行分配方案异议之诉上诉案”［湖北省高级人民法院（2018）鄂民终364号民事判决书］。

③ “招商银行股份有限公司武汉分行与杨丛发、方伟等执行分配方案异议之诉再审案”［最高人民法院（2019）最高法民申714号民事裁定书］。

如何确定，不无疑问。在“交通银行股份有限公司江苏省分行与南京隆茂服装有限公司别除权纠纷上诉案”中，法院认为：①

根据我国地籍管理规定，土地登记以宗地为基本单元，建设用地使用权人所持有的《国有土地使用权证》以宗地为单位进行核发，宗地可以进行分割、合并，但应当依法办理土地变更登记。建设用地使用权人在其建设用地使用权之上设定抵押权，其抵押权的效力应及于全部建设用地使用权。而《物权法》第一百八十二条第一款所称“占用范围内”主要用来界定建筑物与建设用地使用权之间的所属关系，即建设用地使用权仅指与设押建筑物相应的建设用地使用权，而非其他建设用地使用权。当宗地上有数栋建筑物，且该建筑物不属于区分所有，权利人以其中部分建筑物设定抵押的，该设押建筑物所占该宗地的应有份额一并抵押。

我国实行严格的土地利用和建设规划制度。在规划区内进行建设活动，必须遵守土地管理、自然资源和环境保护等法律、法规的规定。规划条件作为国有土地使用权出让合同的组成部分，对出让人、受让人均具有法律约束力，非经法定程序不得擅自更改。本案隆茂公司作为用地企业，以开办服装加工厂、建设生产厂房为由向相关行政管理部门申报土地利用需求，并经审核批准领取《建设用地规划许可证》，受让取得案涉宗地的国有工业用地使用权。根据《建设用地规划许可证》所附红线图记载，案涉工业项目总用地面积85219.9平方米，规划总建筑面积73900平方米。隆茂公司在被宣告破产前，实际开工完成建筑面积40059.47平方米，占规划总建筑面积的54.21%。虽然隆茂公司实际办理建设工程规划许可证面积为33355.8平方米，领取房产证的建筑面积为33323.74平方米，但并不表明案涉工业用地不能按照规划要求进行后续建设，也即案涉工业用地可以容纳的合法建筑物不仅仅只有已经建成并领取房产证的建筑物，还应包含规划总建筑面积范围内尚未建设的建筑物。在案涉工业用地的规划条件未作变更，也未进行宗地分割处理的情况下，基于公平合理的原则并兼顾抵押人和抵押权人的利益，本案应当以抵押建筑物面积占规划建设总面积的比例作为分摊案涉土地权益的基本依据。……隆茂公司主张以抵押建筑物投影面积，以及交行江苏分行主张以抵押建筑物占现有合法建筑物面积的比例分摊涉案土地权益，均缺乏事实和法律依据，本院不予支持。

以建筑物抵押的，虽未办理建设用地使用权抵押，但该建筑物占用范围内的建设用地使用权应视为一并抵押，建筑物占用范围内的建设用地使用权可依该建筑物的权属证书的记载加以判断。如在“鄂尔多斯银行股份有限公司呼和浩特分

① 江苏省南京市中级人民法院（2015）宁商终字第00847号民事判决书。

行与王银祥、王洪玉案外人执行异议之诉再审案”[①] 中，最高人民法院再审认为：

鄂尔多斯银行呼市分行虽然与润鑫公司、王银祥等人签订《还款协议书》，约定以证号为蒙房权证磴口县字第104011101487号房屋一套，及证号为磴国用（2011）第10753号国有土地使用权作为抵押担保，但鄂尔多斯银行呼市分行只办理了上述房屋的抵押登记，而未办理土地使用权的抵押登记。故二审判决认定鄂尔多斯银行呼市分行对磴国用（2011）第10753号国有土地使用权，在巴彦淖尔市房他证字第104041301047号《房屋他项权证》记载的房屋抵押权7416.45平方米占用范围内的土地使用权享有优先受偿权，符合《物权法》第一百八十二条、第一百八十七条之规定。

有学者认为，《物权法》第一百八十二条的“占用范围”仅指建筑物的坐落范围，超出坐落范围的部分不属于一并抵押的范围。“例如，土地总面积为3万平方米，其中房屋占用的土地面积为1万平方米，房屋占用之外的土地面积为2万平方米。抵押人拿房屋到银行抵押贷款时，如果房屋和房屋占用范围内的1万平方米的土地的价值超过贷款数额的一定比例时，抵押人就可以不将房屋占用范围之外的2万平方米土地进行抵押。”[②] 这一观点的主要理由在于：“一宗土地之上可能建造了多栋房屋，或者房屋占用的土地面积有限，在确定房屋抵押时哪些建设用地使用权应当抵押，必须以该房屋所占用土地的建设用地使用权为限，其他的建设用地使用权并不一并抵押。”[③]

本书作者以为，这一观点与实际操作有一定距离。土地以宗地为单位进行登记，所谓宗地，是指土地权属界线封闭的地块或者空间。[④] 这样，本来绵亘无垠的土地被“宗地”在观念上特定化，与物权特定原则相合，同时借由登记制度使“宗地”成为独立物，也就有了成为物权客体的可能。土地权利即以宗地为单位而登记、指称，[⑤] 建设用地使用权人所持有的《国有土地使用证》即以宗地为单位而核发。建设用地使用权人在其建设用地使用权之上设定抵押权，依所谓抵押权的不可分性，其抵押权的效力及于建设用地使用权之全部，[⑥] 无法使坐落范围之外的建设用地使用权具有单独交换价值。

---

① 最高人民法院（2015）民申字第3429号民事裁定书。

② 参见杨永清、曹英：《房屋和土地没有同时抵押时抵押登记的效力》，载《人民司法》2002年第3期。

③ 王利明：《物权法研究》（下卷），中国人民大学出版社2016年版，第427页。

④ 参见《土地登记办法》第五条。

⑤ 申请土地登记的材料中即有“地籍调查表、宗地图及宗地界址坐标”，参见《土地登记办法》第九条第一款第四项。

⑥ 参见王利明：《物权法研究》（下卷），中国人民大学出版社2016年版，第400页；郭明瑞：《担保法》，法律出版社2010年版，第88页；梁慧星、陈华彬：《物权法》，法律出版社2007年版，第309页；崔建远：《物权法》，中国人民大学出版社2009年版，第472页。

准此，本书作者认为，《物权法》第一百八十二条第一款所称“占用范围内的”主要系用来界定建筑物与建设用地使用权之间的所属关系，即建设用地使用权仅指与设押建筑物相应的建设用地使用权，而非其他建设用地使用权。这一“占用范围内”可分为三种不同情况：第一，该宗地上只有一栋建筑物，且该建筑物不属于区分所有，以该建筑物设定抵押的，该宗地的建设用地使用权一并抵押，而不管空地占多大比例或多大面积。第二，该宗地上有数栋建筑物，且该建筑物不属于区分所有，权利人以其中部分建筑物设定抵押的，该设押建筑物所占该宗地的应有份额一并抵押。在解释上，数建筑物对该宗地的建设用地使用权构成按份共有关系，这里对建设用地使用权的分割只是观念上的，并非物理上的。第三，该宗地上有一栋或数栋建筑物，但存在区分所有的情形，某权利人以其建筑物设定抵押的，该设押建筑物所占该宗地的应有份额一并抵押。[①] 在区分所有法理上，该宗地的建设用地使用权当属业主准共有的部分，[②] 在性质上，业主对建设用地使用权的准共有属于在按份共有和共同共有之外的第三种共有，[③] 业主并不对该宗地范围的某个具体地块享有建设用地使用权。

二、房地产抵押中的“房随地走”：《物权法》第一百八十二条第一款后段

《物权法》第一百八十二条第一款后段规定：“以建设用地使用权抵押的，该土地上的建筑物一并抵押。”此即房地产抵押中的所谓“房随地走”。这里的“建设用地使用权”自应排除“乡镇、村企业的建设用地使用权”，因为在《物权法》第一百八十三条之下，乡镇、村企业的建设用地使用权不能单独设定抵押。就乡镇、村企业的建设用地使用权与其地上建筑物一起设定抵押的，自无第一百八十二条适用的必要。本段的“土地上的建筑物”，是指以该建设用地使用权为基础而建造的建筑物。[④] 尚存疑问的是，以该建设用地使用权为基础而建造的“构筑物”“附属设施”是否一并抵押？对此，有学者以为，本条中仅规定“建筑物”，应属法律漏洞，可通过类推适用加以弥补；同时，本条第一款之规定旨在消除建筑物及其占用范围内的建设用地使用权异其权利主体所可能带来的冲突和摩擦，

① 参见全国人大常务委员会法制工作委员会民法室：《〈中华人民共和国物权法〉条文说明、立法理由及相关规定》（第二版），北京大学出版社 2017 年版，第 375 页。

② 参见王利明：《物权法研究》（上卷），中国人民大学出版社 2016 年版，第 73 页；崔建远：《物权法》，中国人民大学出版社 2009 年版，第 203 页。

③ 参见王利明：《物权法研究》（上卷），中国人民大学出版社 2016 年版，第 576 页；崔建远：《物权法》，中国人民大学出版社 2009 年版，第 202 页。

④ 王利明：《物权法研究》（下卷），中国人民大学出版社 2016 年版，第 27 页。

基于立法目的的解释，这里的“建筑物”亦应包括在建工程在内。[①]

本书作者赞同这一解释。就“房地一致原则”而言，《物权法》中相关规定前后的表述并不一致。在规定一并“转让、互换、出资或者赠与”时，条文界定的范围是“建筑物、构筑物及其附属设施”（第一百四十六条、第一百四十七条）；但在规定一并“抵押”时，条文界定的范围仅是“建筑物”（第一百八十二条）。

就建设用地使用权的设立目的——利用他人土地“建造建筑物、构筑物及其附属设施”（第一百三十五条）而言，在“房地一致原则”之下，自应追求建设用地使用权与该土地之上“建筑物、构筑物及其附属设施”的权利主体一致，在“转让、互换、出资或者赠与”时是如此，在“抵押”时亦是如此。在第一百三十五条、第一百四十六条、第一百四十七条之下，“建筑物主要是指住宅、写字楼、厂房等；构筑物主要是指不具有居住或者生产经营功能的人工建造物，比如，道路、桥梁、隧道、水池、水塔、纪念碑等；附属设施主要是指附属于建筑物、构筑物的一些设施。”[②] 只不过，就抵押财产的类型，《物权法》第一百八十条第一款第一项使用的是“建筑物和其他土地附着物”，这里的“其他土地附着物”指“附着于土地之上的除建筑物之外的不动产，包括桥梁、隧道、大坝、道路等构筑物，以及林木、庄稼等”[③]，不仅包括其土地权源是建设用地使用权的“建筑物”，而且包括其土地权源是宅基地使用权的建筑物、其土地权源是土地承包经营权的农作物等。可能是因为第一百八十条中仅正面列举了“建筑物和其他土地附着物”作为抵押财产的原因，第一百八十二条中规定“房地一致原则”时才出现了“建筑物与其占用范围内的建设用地使用权一并抵押”的情形。本于“同一事物应作相同处理”的法律解释方法，第一百八十二条第一款中所规定的“建筑物”自应包括“构筑物及其附属设施”在内。同时，第一百八十条已明定“正在建造的建筑物”亦属抵押财产的范围，以相同的规范目的，第一百八十二条第一款中的“建筑物”亦应作扩大解释而包括“正在建造的建筑物”——在建工程在内，当无疑义。

（一）抵押关系中“房随地走”规则的适用

在解释上，建设用地使用权抵押权的效力及于未设定抵押的建筑物，不以抵押合同中明确约定以建筑物及建设用地使用权一并抵押为前提，也不以建筑物抵押权登记为前提。如在“中国银行股份有限公司海口龙珠支行与海南国托科技有

① 参见王利明：《物权法研究》（下卷），中国人民大学出版社 2016 年版，第 428 页。

② 全国人大常务委员会法制工作委员会民法室：《〈中华人民共和国物权法〉条文说明、立法理由及相关规定》（第二版），北京大学出版社 2007 年版，第 254 页。

③ 全国人大常务委员会法制工作委员会民法室：《〈中华人民共和国物权法〉条文说明、立法理由及相关规定》（第二版），北京大学出版社 2007 年版，第 323 页。

限公司、海南美源房地产开发有限公司等金融借款合同纠纷上诉案”[①]中，最高人民法院认为：

该规定（《物权法》第一百八十二条）遵循了房地产交易中“房随地走”和“地随房走”的双向统一原则，其立法旨意在于重申房地一体的原则，防止引发抵押权实现时的困境，使债权人的利益受到损害。依据该规定，当事人应对土地使用权及其地上建筑物一并抵押，如果当事人未按照该条第一款规定一并抵押时，则法律直接规定“视为一并抵押”。即只要土地使用权或地上建筑物之一项办理抵押登记，即使另外一项没有办理抵押登记，亦依法推定为两者一并抵押。另外，从市场交易的风险防范角度来看，《物权法》已经确立了房地应一并抵押的原则，并明确规定土地或者地上建筑物未一并抵押的也视为一并抵押，参与或从事房地产抵押实践的市场主体应当知悉该规定。其在设立土地抵押权时，对该土地上的建筑物是否已设定抵押权负有注意义务，并应积极向登记机关进行查询，以避免出现风险，反之亦然。市场主体如果因未尽到上述注意义务而遭受风险，则该损失应由其自行负担。

不过，就建设用地使用权抵押权是否及于未设定抵押的建筑物，裁判中存在分歧。如在“中国银行股份有限公司南昌市南湖支行与江西天祥通用航空股份有限公司、江西溪远生物科技有限公司等金融借款合同纠纷上诉案”[②]中，一审法院认为：

因中行南湖支行未举证证实溪远公司有以该地上建筑物作抵押担保的意思表示，亦未对该地上建筑物办理抵押登记，故中行南湖支行要求对溪远公司该地上建筑物享有优先受偿权的诉请，于法无据，不予支持。

江西省高级人民法院二审认为：

一方面，土地是任何建筑物的基础，是土地之上建筑物的本质组成部分。建设用地使用者都是因为自己所有的或使用的房屋才利用该土地，如果对于土地没有使用的权利，则无权在该地上建房或使用房屋，因此离开土地的建筑物不具备法律上的独立性，不能独自构成抵押标的；另一方面，建筑物虽然不是土地的本质组成部分，土地本身有独立的交换价值，但若建设用地使用权单独抵押而土地上的建筑物不进行抵押，就可能出现建设用地使用权与地上建筑物所有权或使用权主体不一致的状况，从而发生权利的冲突与摩擦，不利于建设用地使用权和地上建筑物的流通或转让，也不利于物的有序利用和社会秩序的稳定。为防止二者权属不一致，有必要将建筑物与建设用地使用权视为一个整体。故在遵循以往立

---

① 最高人民法院（2015）民二终字第269号民事判决书。类似的裁判还有“戴文海等与中国工商银行股份有限公司六安分行案外人执行异议之诉再审案”[最高人民法院（2016）最高法民申3659号民事裁定书]。

② 江西省高级人民法院（2017）赣民终577号民事判决书。

法与实务经验的基础上，《物权法》第一百八十二条对此情形作出了明确规定……该规定遵循了房地产交易中的“房随地走”和“地随房走”的双向统一原则，其立法旨意在于重申房地一体的原则，防止引发抵押权实现的困境，从而导致损害债权人利益。……只要土地使用权和其附着的建筑物之一项办理了抵押登记，即使另外一项没有办理抵押登记，亦依法推定为两者一并抵押。另外，从市场交易的风险防控角度来看，《物权法》已经确立了房地应一并抵押的原则，并明确规定土地或其所附着的建筑物未一并抵押的也视为一并抵押，参与或从事房地产抵押实践的市场主体应当知悉该规定。其在设立土地抵押权时，对该土地上所附着的建筑物是否已设立抵押权负有注意义务，并应积极向登记机关进行查询，以避免出现风险，反之亦然。市场主体如果未尽到上述注意义务而遭受的风险，则该损失应由其自行承担。结合本案客观事实，中行南湖支行与溪远公司就案涉土地使用权已经办理了抵押登记手续，依法设立了抵押权，即便在土地使用权他项权利证明书中并未注明抵押物包括了地上建筑物，依据《物权法》第一百八十二条的相关规定，案涉土地所附着的建筑物也应视为一并抵押，该土地使用权之抵押权效力及于其所附着的建筑物，中行南湖支行亦应就本案享有的债权依法对案涉土地所附着的建筑物享有优先受偿权。且中行南湖支行与溪远公司在诉讼中均确认案涉土地所附着的建筑物未为其他债权设立抵押担保，案涉地上建筑物抵押权在未来实现时也不存在权利冲突之可能。故中行南湖支行上诉主张案涉土地所附着建筑物随土地使用权一并抵押，其对案涉地上建筑物亦享有优先受偿权，有事实与法律依据，应予以支持。

“房随地走，地随房走”的原则并非法律的禁止性规定，只是法律倡导的通常规则，在不存在权利冲突的情况下，以建设用地使用权抵押的，只有在地上建筑物未专门设立抵押的情况下，未抵押的建筑物才视为与建设用地使用权一并抵押。如在“定安县农村信用合作联社、三亚农村商业银行股份有限公司、琼中黎族苗族自治县农村信用合作联社股份有限公司与夏燕琴、海南兆祥置业有限公司申请执行人执行异议之诉上诉案”① 中，海南省高级人民法院认为：

《物权法》第一百八十二条关于“房随地走，地随房走”的原则并非法律的禁止性规定，只是法律倡导的通常规则，目的是为避免因分别抵押所导致的权利冲突，在不存在权利冲突的情况下，以建设用地使用权抵押的，只有在地上建筑物未专门设立抵押的情况下，未抵押的建筑物才视为与建设用地使用权一并抵押，如果就地上建筑物专门签订抵押合同设立了抵押，那么，应视为地上建筑物与建设用地使用权分别抵押。这也属于当事人意思自治的表现。本案中，2013 年 7 月 17 日，兆祥公司又与上诉人签订《社团抵押合同》，以包含涉案房屋在内的

① 海南省高级人民法院（2016）琼民终 219 号民事判决书。

公园一号A、C栋130套住宅及8套商铺在建工程进行抵押，且同年7月18日，定安县住房保障与房产管理局为上述在建工程办理了抵押登记手续。因此，上诉人既是建设用地使用权的抵押权人又是地上在建工程所有权的抵押权人，不存在权利冲突。在此情形下，上诉人与兆祥公司不仅具有将建设用地使用权和在建工程所有权分别抵押的合意，而且已通过登记的方式予以公示，因此，建设用地使用权的抵押与在建工程所有权的抵押分别成立。

（二）建设用地使用权抵押权不及于新增建筑物

《物权法》第二百条规定："建设用地使用权抵押后，该土地上新增的建筑物不属于抵押财产。该建设用地使用权实现抵押权时，应当将该土地上新增的建筑物与建设用地使用权一并处分，但新增建筑物所得的价款，抵押权人无权优先受偿。"在适用《物权法》第二百条的规定之时，尚须举证证明新增建筑物形成于建设用地使用权抵押权设立之后。如在"大连舒心门业有限公司与中信银行股份有限公司大连甘井子支行、大连国滨企业发展总公司案外人执行异议之诉案"[①]中，最高人民法院认为：

关于案涉地块上3500平方米仓库是否属于抵押财产的问题。舒心门业提交的三份租赁合同中，落款日期为2004年9月23日的国滨公司与舒心门业的租赁合同约定，租赁物范围为国滨公司拥有的案涉土地使用权及地上厂房，其中包含了仓库3500平方米。舒心门业主张其仅从国滨公司租赁了土地使用权，地上仓库系舒心建材投资建设，但就该节事实，未提供充分证据予以证明，其仅提供与舒心建材签订的房屋租赁合同，不能证明该房屋系舒心建材投资建设于案涉抵押权设定之后的事实。而且根据《担保法》第五十五条、《物权法》第二百条的规定，即使可以认定土地使用权抵押后该土地上新增建筑物不属于抵押财产的情况下，在抵押权人就该土地使用权实现抵押权时，人民法院亦应当依法将该土地上新增的建筑物与土地使用权一并处分，故舒心门业所持案涉地块上3500平方米仓库不属于抵押财产范畴的理由，不能产生阻却人民法院对该土地使用权及地上房屋采取执行措施的法律效果，该申请再审理由不能成立。

既有建设用地使用权设立之前已经存在的建筑物，又有建设用地使用权设立之后新增的建筑物的，应在事实上进行区分，并分别适用法律。如在"吴奇文与中国建设银行股份有限公司华蓥支行等撤销之诉上诉案"[②]中，法院认为：

因鑫发机械公司的厂区土地使用权已抵押给建行华蓥支行，并办理了抵押登记，而厂区道路、围墙、职工食堂，在办理土地使用权抵押登记前已经存在，故厂区道路、围墙、职工食堂一并抵押，建行华蓥支行对鑫发机械公司的厂区道

① 最高人民法院（2015）民申字第16号再审民事裁定书。

② 四川省广安市中级人民法院（2017）川16民终1018号民事判决书。

路、围墙、职工食堂，享有优先受偿权。根据《物权法》第二百条规定，建设用地使用权抵押后，该土地上新增的建筑物不属于抵押财产。该建设用地使用权实现抵押权时，应当将该土地上新增的建筑物与建设用地使用权一并处分，但新增建筑物所得的价款，抵押权人无权优先受偿。鑫发机械公司厂区的职工宿舍及靠近四川山甲机械有限公司一侧的两间配电房在鑫发机械公司厂区土地办理使用权抵押后修建，(2015) 华蓥民初字第 1126 号《民事调解书》确认吴奇文对该两项设施享有优先受偿权，未损害建行华蓥支行的利益，但鑫发机械公司的厂区土地已抵押给建行华蓥支行，故吴奇文对该两项设施的折价或拍卖的价款享有的优先受偿权，不含土地使用权折价或拍卖的价款。

至于是否属于“新增建筑物”，尚须结合建设用地使用权抵押权设立登记的时间与建筑物形成的时间进行比较。如在“成都中铁和众典当有限公司与成都明腾科技发展有限责任公司公证债权文书执行复议案”[①] 中，法院认为：

债务人明腾科技公司以案涉 20000.36 平方米的土地使用权向本案申请执行人第二次设定抵押登记的日期为 2014 年 3 月 17 日。本案中，根据已查明的事实，明腾科技公司与成都市天回建筑工程有限公司签订的施工合同，约定案涉土地上的建筑物的竣工日期为 2012 年 10 月 11 日，建筑总面积为 45228.2 平方米；建设工程规划许可证确定建设规模为“伍栋、45228.2 平方米”，建设工程施工许可证确定建设规模为“45228.2 平方米”，合同竣工日期为“2013 年 10 月 11 日”；本案执行过程中委托的估价机构作出的估价结果报告对建筑物的实物状况也载明，“1 幢建成时间为 2014 年 6 月，建筑面积 39258.9 平方米；2 幢建成时间 2012 年 7 月，建筑面积 890 平方米；3 幢、4 幢建成时间 2012 年 7 月，建筑面积均为 890 平方米，5 幢建成时间 2012 年 7 月，建筑面积 3299.3 平方米”（上述五幢建筑物建筑总面积为 45228.2 平方米）。上述事实足以表明，案涉土地使用权设定抵押登记即 2014 年 3 月 17 日之时，该土地上的建筑物已经建成或者基本建成，因此，根据《物权法》第一百八十二条“以建设用地使用权抵押的，该土地上的建筑物一并抵押。抵押人未依照前款规定一并抵押的，未抵押的财产视为一并抵押”的规定，案涉土地使用权及地上建筑物应视为一并抵押给本案申请执行人。

（三）建设用地使用权抵押权是否及于未办理登记的建筑物

值得讨论的是，在房地一体抵押的规则之下，建设用地使用权抵押权效力所及的“建筑物”的范围如何确定？是否以该建筑物已行登记为前提？是否及于抵押权设立之时正在建造的建筑物？是否要求取得建设工程规划许可？在解释上，第一百八十条已明定“正在建造的建筑物”亦属抵押财产的范围，以相同的规范目的，第一百八十二条第一款中的“建筑物”亦应作扩大解释而包括“正在建造

① 四川省成都铁路运输中级法院（2017）川 71 执复 15 号执行裁定书。

的建筑物”——在建工程在内，当无疑义；进而，建筑物是否已行登记，对于法定抵押权的发生不生影响。

就抵押的土地上存在的未办理登记的建筑物、构筑物和其他附着物是否为建设用地使用权抵押权效力之所及，裁判中存在不同认识。

一种观点认为，案涉抵押建设用地使用权上无产权证的建筑物和构筑物及其他辅助设施不属于抵押财产，抵押权人对该部分财产变价款不享有优先受偿权。如在“江苏启东农村商业银行股份有限公司滨海新城支行与江苏全益食品有限公司管理人破产债权确认纠纷案”[1] 中，法院认为：

第一，原告与全益公司对案涉抵押土地上无产权证的房屋建筑物和构筑物及其他辅助设施没有抵押的合意。……根据庭审查明的事实，在办理上述抵押登记时，案涉抵押土地上无产权证的房屋建筑物和构筑物及其他辅助设施已存在抵押土地上，但抵押清单未将案涉抵押土地上无产权证的房屋建筑物和构筑物及其他辅助设施纳入其中。

第二，根据《最高人民法院关于适用〈中华人民共和国担保法〉若干问题的解释》第四十八条规定：“以法定程序确认为违法、违章的建筑物抵押的，抵押无效”，根据上述法律规定，若设立抵押的不动产为违法、违章建筑设立抵押权，无需考虑是否应适用《物权法》第一百八十二条规定，应认定抵押无效。本案诉争的无产权证的房屋建筑物和构筑物及其他辅助设施是否属于违章建筑尚未可知，但根据庭审查明的事实可认定，案涉无产权证的房屋建筑物和构筑物及其他辅助设施在第一审法庭辩论终结前尚未取得权利证书，不动产物权尚未设立，属于无证建筑，抵押权缺乏设立的基础，抵押权属于他物权，其应当以抵押财产物权的存在为前提和基础。故案涉无产权证的房屋建筑物和构筑物及其他辅助设施不适用《物权法》第一百八十二条之规定。

第三，根据《最高人民法院关于适用〈中华人民共和国担保法〉若干问题的解释》第四十九条规定：“以尚未办理权属证书的财产抵押的，在第一审法庭辩论终结前能够提供权利证书或者补办登记手续的，可以认定抵押有效”，原告在本案法庭辩论终结前，未能提供权利证书或补办登记手续。综上，原告的诉请，缺乏事实和法律依据，本院不予支持。

另一种观点认为，案涉建设用地使用权抵押权的效力及于其上无产权证的建筑物和构筑物及其他辅助设施。如在“中国银行股份有限公司南昌市南湖支行与江西天祥通用航空股份有限公司、江西溪远生物科技有限公司等金融借款合同纠纷上诉案”[2] 中，江西省高级人民法院认为：

---

① 江苏省启东市人民法院（2017）苏 0681 民初 2812 号民事判决书。

② 江西省高级人民法院（2017）赣民终 577 号民事判决书。

中行南湖支行与溪远公司就案涉土地使用权已经办理了抵押登记手续，依法设立了抵押权，即便在土地使用权他项权利证明书中并未注明抵押物包括了地上建筑物，依据《物权法》第一百八十二条的相关规定，案涉土地所附着的建筑物也应视为一并抵押，该土地使用权之抵押权效力及于其所附着的建筑物，中行南湖支行亦应就本案享有的债权依法对案涉土地所附着的建筑物享有优先受偿权。且中行南湖支行与溪远公司在诉讼中均确认案涉土地所附着的建筑物未为其他债权设立抵押担保，案涉地上建筑物抵押权在未来实现时也不存在权利冲突之可能。故中行南湖支行上诉主张案涉土地所附着建筑物随土地使用权一并抵押，其对案涉地上建筑物亦享有优先受偿权，有事实与法律依据，应予以支持。

但就建造行为是否取得建设工程规划许可，裁判中多数观点认为，对于未取得建设工程规划许可的“违法建筑”不能适用《物权法》第一百八十二条的法定抵押权。《物权法》第三十条规定：“因合法建造、拆除房屋等事实行为设立或者消灭物权的，自事实行为成就时发生效力。”因事实行为所引起的不动产物权变动，不以登记为前提，但该条“合法建造”，在《建筑法》之下，即意味着要取得建设工程规划许可。这是多数法院的裁判逻辑。如在“招商银行股份有限公司绍兴分行与浙江康兴环保设备有限公司破产债权确认纠纷上诉案”[①] 中，法院认为：

《物权法》上述规定确立了土地使用权和地上建筑一并抵押和视为一并抵押的原则，但适用物权法上述规定是有除外条款和前提条件的，即《物权法》第一百八十四条规定所有权、使用权不明或者有争议的财产不得抵押，同时《担保法解释》第四十七条、第四十九条也规定了建筑物抵押有效的前提是在建工程依法获准、其他建筑限期办出权属证书。本案没有证据证明建筑物经过合法审批，至今该建筑物也未能领取产权证书，故本案不适用《物权法》第一百八十二条视为一并抵押原则。

不过，违法建筑在拆除之前的财产价值却得到了许多裁判的支持，诸如违法建筑的租赁合同所生“租金”给付义务等等。在破产清算程序中，虽然认定建设用地使用权抵押权的效力不及于违法建筑，但在破产财产变价之时，仍然将“建筑物”与建设用地使用权一体变价，变价款中自然包括了该违法建筑的财产价值，只不过其中违法建筑的部分不由抵押权效力之所及。如此，相关裁判中的解释论就前后矛盾。

三、房地单独抵押的效力

（一）“房地一致原则”与房地单独抵押的效力

即使在“房地一致原则”之下，房地单独抵押也不因未一并就房地合意设定

① 浙江省绍兴市中级人民法院（2017）浙06民终826号民事判决书。

抵押而无效。其理由在于：第一，在我国现行法之下，建筑物和建设用地使用权互为独立的不动产客体，并有其独立的交换价值，《物权法》更是分别规定两者均可为抵押财产之一（第一百八十条第一款第一项、第二项）。第二，《物权法》第二百条规定："建设用地使用权抵押后，该土地上新增的建筑物不属于抵押财产。该建设用地使用权实现抵押权时，应当将该土地上新增的建筑物与建设用地使用权一并处分，但新增建筑物所得的价款，抵押权人无权优先受偿。"由此可见，单独就建设用地使用权设定抵押并非无效。第三，《物权法》第一百八十二条第一款的规范性质，通说以为并非效力性强制性规定（容后详述），违之并不导致交易的无效。第四，就《物权法》第一百八十二条的规范意旨，主要系为了防杜房地权利分离，但就"房地一致原则"而言，其置重者在于建筑物所有权与建设用地使用权不得异其权利主体。仅就房地单独抵押本身，抵押权人所取得的并非是建筑物所有权或建设用地使用权，[①] 而仅是建筑物所有权或建设用地使用权之上的就其交换价值的定限物权，准此，房地单独抵押时并未导致建筑物所有权与建设用地使用权异其权利主体，其与第一百八十二条第一款的规范意旨并无不合。

（二）"视为一并抵押"的解释论

就建筑物抵押权与建筑物占用范围内的建设用地使用权抵押权的关系，我国《担保法》第三十六条规定："以依法取得的国有土地上的房屋抵押的，该房屋占用范围内的国有土地使用权同时抵押。""以出让方式取得的国有土地使用权抵押的，应当将抵押时该国有土地上的房屋同时抵押。""乡（镇）、村企业的土地使用权不得单独抵押。以乡（镇）、村企业的厂房等建筑物抵押的，其占用范围内的土地使用权同时抵押。"《物权法》在《担保法》第三十六条的基础上作了相应的修正，其第一百八十二条除了将"同时抵押"修改为"一并抵押"之外，主要的变化是增加规定了第一百八十二条第二款，即"抵押人未依前款规定一并抵押的，未抵押的财产视为一并抵押。"

尚存争议的是，第一百八十二条第二款规定的"视为一并抵押"如何理解？"视为"属于一种拟制，"乃明知该事实为甲，但因法的政策上之需要，乃以之为乙而处理之是也。"[②]"视为"意指"立法者虽然明知其所拟处理的案件与其所拟引来规范该案型之法条本来所处理之案例，其法律事实由法律上重要之点（构成要件上所指称的特征）论，并不相同，但仍将二者通过拟制赋予同一的法律效果。"[③] 制定法中的"视为"，是立法者基于特定的目的，针对微观层次的社会关

---

① 我国法上不承认让与担保的适法性，抵押权人所取得的仅为定限物权。

② 郑玉波：《法谚（一）》，法律出版社 2007 年版，第 39 页。

③ 黄茂荣：《法学方法与现代民法》，法律出版社 2007 年版，第 194 页。

系，所使用的具有特定外部标志的，有意地将明知为不同者等同视之的立法技术。[①] 民法中的“视为”，是指民事法律对当事人的某种地位或意思的认定，不容当事人依反证而推翻。[②] 准此，房地单独抵押时，就未抵押的财产取得抵押权。但就此抵押权的性质，学者间尚存争议。一种观点认为，“视为一并抵押”所产生的抵押权，非基于当事人之间的合意而生，而是基于法律直接规定而成立，在性质上属于法定抵押权。[③] 另一种观点认为，“视为一并抵押”是指依法推定抵押权人对未抵押的财产作出法律拟制的意思表示，一并设立抵押权。论者同时认为，“视为一并抵押”拟制的是“一并抵押的意思表示，既然是意思表示，就仍然属于法律行为而生之抵押权的范畴。这与法定抵押权不需要当事人约定而根据法律规定直接产生的特点具有根本区别。换言之，拟制的抵押权并非独立的抵押权形态，只不过其意思表示由法律推定产生而已。”[④]

本书作者赞成第一种观点。

首先，虽然“视为一并抵押”，也无法改变就建筑物及其占用范围内的建设用地使用权分别存在各别抵押权的事实。建筑物及其占用范围内的建设用地使用权系属不同的财产，无论是约定一并抵押，还是推定一并抵押，均系两个抵押权，只不过构成共同抵押而已，如此，在就建筑物或建设用地使用权设定了抵押权的情况下，就未抵押财产必定存在另一个独立的抵押权，否则共同抵押之说无从谈起。

第二，仅将“视为一并抵押”解释为对当事人一并抵押意思表示的推定，无法达到本款规定的立法意旨。在我国物权法上，仅依当事人之间关于设定抵押权的意思表示的合致尚不足以设立抵押权，在“合意＋公示”的物权变动模式[⑤]之下，无论是建筑物抵押权，还是建设用地使用权抵押权，在当事人的合意之外，均需践行抵押权设立登记手续。如“视为一并抵押”仅为拟制一个意思表示，又未予抵押权登记，就未抵押财产的抵押权即未设立，亦即抵押权人就未抵押财产并未取得可对抗第三人的优先受偿效力，又何谈共同抵押？

第三，“视为”作为一种立法技术，其所拟制者并非意思表示一种，学说上有所谓关于主体的拟制、关于客体的拟制和关于法律事实的拟制之分。[⑥] 第一百

---

① 刘风景：《“视为”的法理与创制》，载《中外法学》2010年第2期。

② 江平：《民法中的视为、推定与举证责任》，载《政法论坛》1987年第4期。

③ 参见崔建远：《物权法》，中国人民大学出版社2009年版，第476页。

④ 朱晓喆：《房、地分离抵押的法律效果——〈物权法〉第一百八十二条的法律教义学分析》，载《华东政法大学学报》2010年第1期。

⑤ 参见王利明：《物权法研究》（上卷），中国人民大学出版社2016年版，第248页；梁慧星、陈华彬：《物权法》（第四版），法律出版社2007年版，第85页；崔建远：《物权法》，中国人民大学出版社2009年版，第49页。

⑥ 参见刘风景：《“视为”的法理与创制》，载《中外法学》2010年第2期。

八十二条第二款完全可以解释为抵押人未依法一并抵押的，视为抵押权人就未设定抵押的财产取得抵押权，但如此解释以抵押权人就已设定抵押财产取得抵押权（践行抵押权登记和依法取得抵押权）为前提。

第四，所谓法定抵押权，是指基于法律规定而产生的抵押权，此种抵押不待登记，即生效力，与普通抵押权系因当事人合意而设定，需经登记而生效力不同，在性质上属于特殊抵押权。[①] 法定抵押权，在法律规定存在某种关系时当然发生而无须当事人设定。[②] 依第一百八十二条第二款，所拟制的抵押权无需登记而设定，具有与普通抵押权不同的特质，主张“拟制的抵押权并非独立的抵押权形态”，值得商榷。

综上，本书作者以为，在房地单独抵押时，抵押权人依第一百八十二条第二款就未抵押财产所取得的抵押权，属于非依法律行为而取得的抵押权，当属法定抵押权，无需登记即成立。[③] 不过，本书作者同时认为，称谓上的差异不是最主要的，“法定抵押权”也好，“拟制的抵押权”也罢，只要能说明其无需登记即为成立就行了。

至此，我们大抵可以得出房地单独抵押时的相关规则：抵押人以建筑物或其占用范围内的建设用地使用权单独设定抵押的，并不因违反第一百八十二条第一款“一并抵押”的规定而无效。在践行相关抵押权设立登记手续之后，抵押权人就相应的建筑物或建设用地使用权取得抵押权，就未抵押财产取得法定抵押权，建筑物抵押权和建设用地使用权抵押权构成共同抵押。抵押权实现时，抵押权人可就建筑物及其占地范围内的建设用地使用权的变价款优先受偿。

有观点认为，“《物权法》第一百八十二条允许当事人对担保财产作出特别约定，如抵押合同约定仅以建设用地使用权设定抵押，并且明确约定不包括其上建筑物的，应当认为抵押权仅及于建设用地使用权；反之，如抵押合同约定仅以建筑物设定抵押，并且明确约定不包括建设用地使用权的，应当认为抵押权仅及于建筑物。”[④] 但是，从《会议纪要》第六十一条选定的解释方案来看，这一观点尚值商榷。在《会议纪要》看来，在房地分别抵押给不同债权人的情形，“将建筑物和建设用地使用权视为同一财产”，每个债权人抵押权的效力均及于未设定抵押权的部分，各抵押权之间按照登记的先后受偿。此际，明显排除当事人的意思表

---

① 参见谢在全：《民法物权论》（中册），中国政法大学出版社 2011 年版，第 652 页。

② 郭明瑞：《担保法》，法律出版社 2010 年版，第 93～94 页。

③ 不过，由于公示不足所造成的对潜在交易相对人的威胁，已使包括法定抵押权在内的法定担保物权的制度设计颇受批评。在比较法上，即使是在传统意义上最具法定色彩的留置权，在有些国家也奉行“未经登记，不得对抗第三人”的登记对抗模式。

④ 最高人民法院民事审判第二庭：《〈全国法院民商事审判工作会议纪要〉理解与适用》，人民法院出版社 2019 年版，第 368 页。

示，将《物权法》第一百八十二条第二款解释为法定抵胛权。如此一来，上述观点中所谓“允许当事人对担保财产作出特别约定”即失去依据。存法定抵押权之下，未抵押的部分视为一并抵押，此时，不以抵押合同中是否明确约定建筑物和建设用地使用权一并抵押为前提；当事人在抵押合同中约定仅以建筑物设定抵押权的，就未约定抵押的建设用地使用权亦构成法定抵押权；当事人在抵押合同中排除建设用地使用权抵押的，亦无不然。

《会议纪要（稿）》曾经指出；“抵押权是约定担保物权，当事人以建设用地使用权及其上的房屋分别设定抵押并完成相应的抵押权登记的，分别设立的两个抵押权均属合法有效，抵押权人只能就各自的抵押物主张优先受偿权。抵押合同仅约定以房屋设定抵押，当事人主张其抵押权的范围包括建设用地使用权的，人民法院不予支持；抵押合同仅约定以建设用地使用权设定抵押，当事人主张其抵押权范围包括建筑物的，人民法院亦不予支持。”这里，就房地分别抵押和房地单独抵押的解释论是统一的，均以当事人的意思表示为前提。但《会议纪要》明显没有采纳这一方案，上述观点仅保留后者，并未注意到《会议纪要》就前者已改变解释方案的事实，没有做到解释论上的一以贯之。

在“房随地走”“地随房走”之下，《物权法》第一百八十二条第一款所规定的“一并抵押”究竟是指抵押权人就建筑物及其占用范围内的建设用地使用权形成一项抵押权，还是抵押权人就建筑物与其占用范围内的建设用地使用权分别形成两项抵押权，并共同担保债务的履行，从而形成建筑物抵押权和建设用地使用权抵押权的共同抵押？

本书作者认为，我国采分离主义模式，建筑物与其占用范围内的建设用地使用权被视为各别的物权客体，并分别被正面列举为抵押财产之一，[①] 在我国尚未承认集合抵押或财团抵押的情形之下，[②] 在建筑物与其占用范围内的建设用地使用权之上所设定的抵押权自应是两项抵押权，一项为建筑物抵押权，一项为建设用地使用权抵押权。两者之生效以分别在房屋登记机构和土地登记机构办理抵押权设立登记为前提条件，并分别核发房屋他项权利证书和土地他项权利证书。即使登记机关颁发统一的房地产权证书，其中也分别载明了建筑物与建设用地使用

① 《物权法》第一百八十条第一款第一项、第二项。

② 《物权法》第一百八十一条就动产浮动抵押的规定，有学者认为是集合抵押（参见梁慧星：《特别动产集合抵押——物权法第一百八十一条解读》，载《人民法院报》2007年9月13日第6版），本书作者对此不敢苟同。但即便如此，所谓集合抵押，也仅限于动产。

权的物权状况。[①] 建筑物抵押权与建设用地使用权抵押权之间并构成共同抵押，只不过与普通共同抵押不同之处在于，本条所定共同抵押不可由抵押权人选择就建设用地使用权还是建筑物实现抵押权，而就普通共同抵押而言，若未约定各个抵押财产所负担的金额，则为连带共同抵押，“抵押权人于实现抵押权时得就各个抵押财产同时行使权利，也可以任意就其中的某一财产行使权利”。[②]

四、房地分别抵押的效力

在“房地一致原则”之下，抵押人分别就建筑物及其占用范围内的建设用地使用权为不同的抵押权人设定抵押，并分别践行各自的抵押权设立登记，由此形成了房地分别抵押的态势。此际，抵押权（尤其是后设立的抵押权）是否有效？如果有效，两个抵押权之间如何确立其受偿顺序和范围？这既涉及第一百八十二条第一款的规范性质，又涉及第一百八十二条第二款的适用范围问题。

（一）《物权法》第一百八十二条第一款的规范性质及房地分别抵押的效力认定

就《物权法》第一百八十二条第一款的规范性质而言，多数学者主张属于倡导性规范，[③] 即提倡和诱导当事人以建筑物及其占用范围内的建设用地使用权一并设定抵押。本书作者对此不敢苟同。就交易关系背景下物权法规范的配置，有学者认为，如果仅涉及交易当事人之间的利益和冲突，则以任意性规范和倡导性规范为主；如果涉及交易当事人与交易关系以外特定第三人之间的利益和冲突，就以授权第三人规范[④]为主；如果涉及民事主体的利益与公共利益之间的关系，则主要依赖强行性规范。[⑤]《物权法》第一百八十二条第一款明显调整的是交易背景下的法律关系，同时，其调整的又不仅限于当事人之间。如果抵押人以其建筑物或其占用范围内的建设用地使用权设定抵押，这里就只涉及抵押当事人之间的关系，但如抵押人就此前未抵押的财产为另一抵押权人设定抵押，此际至少涉及特定第三人的利益。同时，物权关系所关涉者，大多与不特定多数人的利益相

---

① 《城市房地产管理法》第六十三条规定：“经省、自治区、直辖市人民政府确定，县级以上地方人民政府由一个部门统一负责房产管理和土地管理工作的，可以制作、颁发统一的房地产权证书，依照本法第六十一条的规定，将房屋的所有权和该房屋占用范围内的土地使用权的确认和变更，分别载入房地产权证书。”

② 郭明瑞：《担保法》，法律出版社2010年版，第142页。

③ 参见陈现杰：《土地使用权与地上建筑物分别抵押的效力问题》，载《人民法院报》2003年9月16日第7版。

④ 所谓授权第三人规范，系指授予交易以外的第三人一项权利，该权利可以决定影响其利益的交易行为的效力。参见王轶：《论物权法的规范配置》，载《中国法学》2007年第6期。

⑤ 参见王轶：《论物权法的规范配置》，载《中国法学》2007年第6期。

关，虽然“全部物权法规范均属于强行性规范”[①]太过绝对，但在一定程度上也反映了物权法规范不同于债权法规范的特点，很难说“房地一致原则”之下建筑物抵押权与建设用地使用权抵押权之间的关系仅涉及双方当事人。基于此，本书作者主张第一百八十二条应属强行性规范，但仅属于“管理性强行性规范”或“取缔性强行性规范”，违之并不当然导致交易关系无效。

将强行性规范[②]区分为效力性规范和管理性规范，实际上是进一步弱化民法之外的规范对私权交易效力的影响，但这一区分的标准和认定又谈何容易。自《合同法解释（二）》第十四条确立了这一类型区分之后，学者间的见解纷呈，不一而足。颇具参照价值的是，有学者认为，法律、法规虽没有明确规定违反强制性规定将导致合同无效或不成立的，但违反该规定以后若使合同继续有效将损害国家利益和社会公共利益，应当认为该规范属于效力性规范；法律、法规虽没有明确规定违反强制性规定将导致合同无效或不成立，违反该规定以后若使合同继续有效并不损害国家利益和社会公共利益，而只是损害当事人的利益，该规范就不应属于效力性规范，而是管理性规范。[③]房地分别抵押虽然违反了第一百八十二条第一款的规定，但若使两个抵押合同均为有效，而在实现抵押权时对建筑物及其占用范围内的建设用地使用权一起变价，并不损害国家利益和社会公共利益，唯一可能损害的就是抵押当事人的期限利益、变现利益等，准此，第一百八十二条第一款并非效力性规范。

由此可见，违反第一百八十二条第一款的规定房地分别抵押的，并不能仅依分别抵押而认为抵押合同无效。“将房地产分别设定抵押，是当事人签订抵押合同时真实的意思表示。因两个抵押合同均未违反物权法定原则，故法律没有理由强行干预并认定其中一个抵押权为无效。”[④]我国物权法上已承认建设用地使用权和地上新增建筑物可单独设立抵押权（第二百条），[⑤]为维系“房地一致原则”，仅在实现抵押权时对两者进行一体处分即可，有学者认为此为“拍卖抵押财产的扩张”，“将不在抵押权效力范围内的财产一并拍卖”，[⑥]不过，就新增房屋的价值，建设用地使用权抵押权人无权优先受偿。这充分体现了抵押权的价值特性和

---

① 梁慧星主编：《中国物权法研究》，法律出版社 1998 年版，第 3 页。

② 通说以为，强行性规范之下分为强制性规范和禁止性规定，禁止性规范之下分为效力性禁止性规范和管理性（取缔性）禁止性规定。参见王轶：《论物权法的规范配置》，载《中国法学》2007 年第 6 期。但也有学者质疑这一分类方法，参见许中缘：《民法强行性规范研究》，中国人民大学 2008 年度博士论文，第 21 页以下。

③ 参见王利明：《合同法研究》（第一卷），中国人民大学出版社 2015 年版，第 630～634 页。

④ 王闯：《规则冲突与制度创新（中）——以物权法与担保法及其解释的比较为中心而展开》，载《人民法院报》2007 年 6 月 27 日第 6 版。

⑤ 参见房绍坤：《物权法用益物权编》，中国人民大学出版社 2007 年版，第 194 页。

⑥ 郭明瑞：《担保法》，法律出版社 2010 年版，第 133 页。

抵押物价值可以分割的精神。建设用地使用权之上的既有房屋和新增房屋并无区别，正如新增房屋与其占用范围内的建设用地使用权可以分割一样，既有房屋与其占用范围内的建设用地使用权分别设定抵押的实质是进行抵押物的价值分割，各抵押权人仅分别就其设定抵押权的抵押财产享有优先受偿权，只是在实现抵押权时，均得对房地进行一体变现。①

在“房地一致原则”之下，抵押人分别就建筑物及其占用范围内的建设用地使用权为不同的抵押权人设定抵押权，并分别践行各自的抵押权设立登记，由此形成了房地分别抵押的态势。此际，抵押权（尤其是后设立的抵押权）是否有效？

在“江苏江都农村商业银行股份有限公司与江苏扬子江大酒店有限公司破产债权确认纠纷上诉案”②中，一审法院的以下观点得到了二审法院的支持：

我国《物权法》第一百八十二条规定，以建筑物抵押的，该建筑物占用范围内的建设用地使用权一并抵押。以建设用地使用权抵押的，该土地上的建筑物一并抵押。该条关于建设用地使用权和建筑物所有权结合的规定并不是一种强制性规定，该规定的目的主要是为了避免因为分别抵押所导致的权利冲突和摩擦，因此，即便出现房地分别抵押的情形，只要在实现抵押权利转移和处置抵押物时能够保持权利归属上的一体，则可以妥当解决上述权利冲突。实践中，当事人设定两项抵押的行为是当事人自愿协商确定的，当事人已经订立了抵押合同，且已经分别办理了登记手续，不应认定抵押无效。

由此可见，违反第一百八十二条第一款的规定房地分别抵押的，并不能仅依分别抵押而认为抵押合同无效。“将房地产分别设定抵押，是当事人签订抵押合同时真实的意思表示。因两个抵押合同均未违反物权法定原则，故法律没有理由强行干预并认定其中一个抵押权为无效。”③ 我国物权法上已承认建设用地使用权和地上新增建筑物可单独设立抵押权（第二百条），为维系“房地一致原则”，仅在实现抵押权时对两者进行一体处分即可，不过，就新增房屋的价值，建设用地使用权抵押权人无权优先受偿。这充分体现了抵押权的价值特性和抵押物价值可以分割的精神。建设用地使用权之上的既有房屋和新增房屋并无区别，正如新增房屋与其占用范围内的建设用地使用权可以分割一样，既有房屋与其占用范围内的建设用地使用权分别设定抵押的实质是进行抵押物的价值分割，各抵押权人仅分别就其设定抵押权的抵押财产享有优先受偿权，只是在实现抵押权时，均得对房地进行一体变现。但也有法院存在不同认识。如在“成都融通和投资担保有限

---

① 王闯：《规则冲突与制度创新（中）——以物权法与担保法及其解释的比较为中心而展开》，载《人民法院报》2007年6月27日第6版。

② 江苏省泰州市中级人民法院（2015）泰中商终字第00335号民事判决书。

③ 王闯：《规则冲突与制度创新（中）——以物权法与担保法及其解释的比较为中心而展开》，载《人民法院报》2007年6月27日第6版。

公司与新津县国土资源局、四川瀚华融资担保有限公司土地行政登记案”中，一审法院认为：[1]

土地登记机关在办理土地抵押登记过程中，不仅要审查申请人提交的材料的数量是否齐全，而且须在专业范围内尽可能审查材料本身的真实性、合法性，亦即被告在办理土地抵押登记时已知抵押土地上有建筑物，应当对该建筑物是否已作抵押进行查验和核实，并告知抵押权人。虽然申请人申请土地登记，应当如实向国土资源行政主管部门提交有关材料和反映真实情况，并对申请材料实质内容的真实性负责，但申请人不提交有关材料和反映真实情况的行为，不能反过来作为被告已履行审查职责的证明。故被告在办理土地使用权抵押登记过程中，未尽到合理审慎的审查义务。

二审法院进一步指出：[2]

兴平公司在申请办理本案土地抵押登记时，未如实向国土资源行政主管部门提交有关材料和反映真实情况，隐瞒了该地上房屋早已设定了抵押登记的事实，从而导致本案房地分别抵押登记的情况出现。据此，原审法院根据《物权法》《土地登记办法》《担保法》《城市房地产抵押管理办法》的相关规定判决撤销新津国土局于 2011 年 10 月 14 日作出的新津他项（2011）第 158 号国有土地使用权抵押设定登记正确。

这一行政纠纷案件实际上否定了后设立的抵押权的效力。还有些裁判中，无法得出后设立的抵押权是否有效的结论。如在“李松与刘凯执行异议复议案”[3]中，一审法院认为：

凤庆顺宁医院虽将其名下的后勤楼、保障楼的土地使用权抵押登记办理至异议人李松名下，但根据我国实行房地一体的流转制度，凤庆顺宁医院仅将土地使用权抵押给异议人的行为并不影响刘凯对房产享有的抵押权，房产应当视为与土地一并抵押。因此刘凯答辩理由成立。异议人李松认为本院对凤庆顺宁医院名下位于凤庆凤习路口的房地产即后勤楼、保障楼在淘宝网上进行的公开拍卖的执行措施已经侵害了其的抵押权担保权即优先受偿权的异议理由不成立，应当予以驳回。

云南省高级人民法院经复议认为：

刘凯于 2014 年 10 月 20 日取得了房屋抵押权，复议人李松于 2015 年 9 月 9 日取得土地抵押权，临沧市中级人民法院对凤庆顺宁医院名下位于凤庆凤习路口的房地产即后勤楼、保障楼在淘宝网上进行的公开拍卖的执行措施并未侵害复议

① 四川省成都市龙泉驿区人民法院（2013）龙泉行初字第 27 号行政判决书。
② 四川省成都市中级人民法院（2014）成行终字第 512 号行政判决书。
③ 云南省高级人民法院（2018）云执复 73 号执行裁定书。

申请人李松的抵押权担保权。因此，复议申请人李松的复议请求不能成立，应不予支持。

《会议纪要》指出，“房随地走、地随房走”是我国《物权法》及相关法律的基本规则。但实践中，建筑物和建设用地使用权分离抵押的情形也不鲜见，主要包括建筑物或者建设用地使用权仅一项财产设定抵押，以及建筑物或者建设用地使用权分别抵押给两个不同的债权人两种情形。两个抵押权均为有效。

（二）房地分别抵押时各抵押权的效力范围

抵押人分别就建筑物及其占用范围内的建设用地使用权为不同的抵押权人设定抵押，并分别践行各自的抵押权设立登记，在认可两个抵押权都有效的前提之下，两个抵押权之间如何确立其受偿顺序和范围？

第一种观点认为，房地分别抵押时建筑物抵押权和建设用地使用权抵押权的效力均及于建筑物及其占用范围的建设用地使用权，两抵押权之间依其登记先后定其顺位。抵押人将其建筑物为甲抵押权人设定抵押，经登记，甲抵押权人取得建筑物抵押权，同时就建筑物占用范围内的建设用地使用权取得拟制的抵押权（无须登记）。其后，抵押人又将其建设用地使用权为乙抵押权人设定抵押，经登记，乙抵押权人取得建设用地使用权抵押权，同时就该土地之上的建筑物取得拟制的建筑物抵押权。就建筑物及其占用范围内的建设用地使用权而言，甲抵押权人取得第一顺位抵押权，乙抵押权人取得第二顺位抵押权。[①] 此说得到了部分地方法院的支持。例如，《山东省高级人民法院关于审理以建筑物及土地使用权设定抵押如何确定合同效力问题的通知》指出：“建筑物附着于以出让、转让方式取得的国有土地使用权的土地之上，仅就建筑物或仅就建筑物占用范围内的土地使用权设定抵押，或建筑物与其占用范围内的国有土地使用权分别抵押给不同债权人，按规定办理了抵押登记的，抵押合同有效。抵押权的效力及于土地使用权及附着于其上的建筑物，不同抵押权人就同一抵押物的受偿顺序依《担保法》第五十四条确定。”在“湖北银行股份有限公司孝感开发区支行与武汉圣捷灵商贸有限公司、湖北随州永盛科贸有限公司等追偿权纠纷上诉案”[②] 中，法院认为：

按照《担保法》第五十四条第一项的规定，位于随州市曾都区经济开发区交通大道588号1幢的房产（建字第曾规工程2012字第16号、产权证号为20××42）的拍卖、变卖所得价款应按照该抵押物登记的先后顺序清偿，本案中，湖北银行开发区支行与永盛公司办理案涉抵押登记的时间为2014年1月21日；彭靖与永盛公司办理案涉抵押登记的时间为2014年10月9日，故随州市曾都区经济

① 参见朱晓喆：《房、地分离抵押的法律效果——〈物权法〉第一百八十二条的法律教义学分析》，《华东政法大学学报》2010年第1期。该文对此说的成立作了充分论证。

② 湖北省孝感市中级人民法院（2016）鄂09民终470号民事判决书。

开发区交通大道588号1幢的房产（建字第曾规工程2012字第16号、产权证号为20××42）的拍卖、变卖所得价款应优先偿还湖北银行开发区支行的债权。

第二种观点认为，房地分别抵押仅产生房、地之上的各别抵押权，各抵押权的效力及于其设定抵押权的抵押财产（房或地），并不及于其未设定抵押权的抵押财产，只不过，在抵押权实现时房、地分别计价，一并处分，确保“房地一致原则”在抵押领域里的贯彻，其实质在于对建筑物所有权和建设用地使用权进行价值分割，虽然抵押权设定时交换价值分属于不同主体，但在实现时并未最终导致房地权利主体不一致。[①] 此观点也得到了部分地方法院的支持。例如，《四川省高级人民法院关于担保合同纠纷案件若干法律问题指导意见》就“抵押人将土地使用权及其地上房屋分别抵押给不同的银行，并办理了抵押登记，其抵押是否有效”的问题，指出：“根据担保法第三十六条、第三十七条关于土地与房屋同时抵押的规定，土地使用权和该土地上的建筑物、其他附着物不能单独抵押，应当一并为抵押权的标的。因此，若土地与房屋分别抵押并办理了登记的，应优先保护对土地使用权或房屋登记在先的第一顺序抵押权人，登记在后的第二顺序抵押权人后实现抵押权；若土地使用权抵押时还未建有房屋的，抵押只对土地使用权产生效力，后建的房屋经登记另行抵押的，也应认定抵押有效，前后两种抵押权人分别享有土地与房屋的优先受偿权，抵押权的享有不存在先后顺序。”在“江苏江都农村商业银行股份有限公司与江苏扬子江大酒店有限公司破产债权确认纠纷上诉案”[②]中，法院认为：

根据我国法律规定，不动产物权变动以登记为其生效要件。本案中债权人分别在案涉房屋以及土地使用权上为相关债务设立抵押担保，且已分别办理抵押登记手续，确认各自享有的房屋及土地使用权抵押金额并领取他项权证书，此为债权人对各自享有抵押权份额的对外公示形式。同时三家银行在抵押合同中对土地抵押分配金额亦有明确约定，即合同第十三条载明“土地抵押分配：江都农商行100万元、姜堰农商行100万元、靖江农商行800万元”，此应当视为抵押权人对各自享有的抵押权份额的内部分配达成一致。结合以上两方面可以认定将房屋及土地使用权分别抵押、同时确认各自在土地使用权变现款项中应当享有的金额为当事人真实意思表示。故债权人在实现抵押权，对土地使用权变现款项进行优先受偿时，应当按照所约定并经登记公示的金额受偿。对于上诉人认为其与扬子江

---

① 参见王闯：《规则冲突与制度创新（中）——以物权法与担保法及其解释的比较为中心而展开》，载《人民法院报》2007年6月27日第6版；杨永清、曹英：《房屋和土地没有同时抵押时抵押登记的效力》，载《人民司法》2002年第3期；陈现杰：《土地使用权与地上建筑物分别抵押的效力问题》，载《人民法院报》2003年9月16日第7版；宫邦友：《房屋与土地权利主体不一致时，房地产抵押合同的效力及相关权利人的利益保护》，载《法律适用》2004年第2期。

② 江苏省泰州市中级人民法院（2015）泰中商终字第00335号民事判决书。

大酒店合意为以房屋和土地使用权为整体对借款提供抵押担保。本院认为，本案中房屋和土地使用权分别进行抵押登记，同时在实现抵押权时秉承分别估价、一并处分的原则，确保了房地产权同时转移和权属的最终一致性，并不违反物权法立法精神，因此不能就此否定其中某项抵押的效力。同时抵押权人在缔约时对此已有明确预期，无论是对分别抵押的形式还是对抵押权份额的确定，抵押权人在领取他项权证书时均未提出异议，故对其上诉主张本院不予采信，抵押权人应当按照所约定并经登记公示的金额优先受偿。

本书作者倾向于第二种观点，理由如下：

第一，虽然《物权法》第一百八十二条第二款规定了拟制的抵押权或法定抵押权，但这一拟制的前提是“如果当事人本应就某些事项为明确的意思表示而未为表示，则法律为结束不确定的关系状态、稳定法律秩序，推定当事人作出某种意思表示，赋予其确定的法律效果”；[①] “行为人没有作出任何积极的意思表示（口头、书面、作为），即不作为、不行为，但法律又要求行为人在某些特定情况下必须作出意思表示。所以，法律把行为人的不行为视为某种意思表示”。[②] 在房地分别抵押的情形，当事人已就房地分别抵押作出明确的意思表示，自无第一百八十二条第二款适用的余地。虽然房地分别抵押与第一百八十二条第一款的规定有违，但仅是违反了管理性规范，自无否定其效力之理。由此，本书作者主张，第一百八十二条第二款法定抵押权的规定仅适用于房地单独抵押的情形，对于房地分别抵押无适用空间。

第二，分别受偿说体现了当事人之间基于意思自由而为的担保安排，两抵押权之间的效力冲突自应依当事人的意志而解决。即使在物权法领域，亦有契约自由的适用空间。“在没有足够充分且正当理由的情况下，不得主张限制民事主体的自由。”[③] 就房地分别抵押而言，抵押人与甲抵押权人仅就建筑物设定抵押，自然体现了双方仅以建筑物的交换价值即足以担保债务履行的意思，否则双方会更进一步要求以建筑物占用范围内的建设用地使用权再设定抵押。抵押人与乙抵押权人仅就建设用地使用权设定抵押，也表明了双方仅以建设用地使用权的交换价值即足以担保债务履行的意思。当然，抵押权人愿意接受仅以建筑物或建设用地使用权作为抵押财产，其判断依据是其现有的交换价值，比如标的物未设定抵押，或虽设定抵押但其余值足以担保本债务的履行，这说明抵押权人在缔约时已有明确法律预期，即仅对建筑物所有权或建设用地使用权的变价款享有优先受偿

① 朱晓喆：《房、地分离抵押的法律效果——〈物权法〉第一百八十二条的法律教义学分析》，载《华东政法大学学报》2010 年第 1 期。

② 江平：《民法中的视为、推定与举证责任》，载《政法论坛》1987 年第 4 期。

③ 王轶：《民法价值判断问题的实体性论证规则——以中国民法学的学术实践为背景》，载《中国社会科学》2004 年第 6 期。

权。此时，如果强行地去推定抵押权人对未抵押财产亦享有拟制的抵押权，就会出现先登记的抵押权获得超出合同预期之外的利益，而后登记的抵押权人一无所获的结果，[①] 这既违背了当事人的本意，又置在原未设定抵押的财产之上设定抵押权的权利人的利益于不顾。本就该财产享有先顺位抵押权的权利人却因法律的拟制成了后顺位抵押权人，有违民法公平原则。这无疑不是良好的立法，也不是妥当的解释。

第三，分别受偿说与“房地一致原则”并不矛盾。论者认为，在“房地一致原则”之下，我国《物权法》第一百四十六、一百四十七条已确定了建筑物及其占用范围内的建设用地使用权一并转让、互换、出资、赠与的规则。转让等处分行为必须坚持房地一并处分，为什么唯独抵押行为无须坚持房地一并处分？难道抵押不属于处分行为吗？由此主张分别受偿说未将房地一致原则一以贯之，对物权法相关条文的理解自相矛盾。[②] 本书作者以为，正是由于转让等行为与抵押行为性质上的差异，才有了不同解释的前提。《物权法》第一百四十六、一百四十七条所列明的四种行为——转让、互换、出资、赠与均是移转所有权的行为，法律效果就是权利主体的变更；而《物权法》第一百八十二条所定抵押行为虽与转让等行为一样均属处分行为，但其产生的法律效果并非导致权利主体的变更，而是在抵押财产之上设定权利负担。如果在抵押权可得实现之前，主债务就得以清偿，抵押权即消灭，权利负担丧失，权利回复至其圆满状态，此时不会出现房地不一致问题。如果抵押权实现条件成就而应就抵押财产变价之时，即应适用《物权法》第一百四十六、一百四十七条的规定，对建筑物及其占用范围内的建设用地使用权一并进行变价，因为，在解释上，法院的强制变现亦属《物权法》第一百四十六、一百四十七条所规定的“转让”之列，[③] 此时也不会出现房地不一致的问题。如法院就建筑物、建设用地使用权分别变现，即违反《物权法》第一百四十六、一百四十七条的规定。如此，第一百四十六、一百四十七条与第一百八十二条在解释上即取得了一致。由此可见，分别受偿说并不违背房地一致原则，相反是房地一致原则在房地产抵押上的贯彻。所谓“房地一致原则”，只是建筑物所有权和建设用地使用权主体归属上的一致，“只要在实现抵押权时，土地使

---

① 参见王闯：《规则冲突与制度创新（中）——以物权法与担保法及其解释的比较为中心而展开》，载《人民法院报》2007年6月27日第6版。

② 参见朱晓喆：《房、地分离抵押的法律效果——〈物权法〉第一百八十二条的法律教义学分析》，载《华东政法大学学报》2010年第1期。

③ 在我国台湾地区学者间即认为，买卖系由于自由买卖或强制执行之拍卖、变卖，皆应无所限。参见朱柏松：《论房地异主时房屋所有人之土地使用权》，载《月旦法学杂志》2000年第1期（总第57期）；谢哲胜：《民法物权编修正草案（普遍地上权）综合评析》，载《台湾本土法学杂志》2008年第3期（总第104期）。

用权与建筑物所有权归属同一竞买人或者买受人，就与我国现行法律规定的一体化原则并不相悖。”① 如果真如论者所称房地一并抵押的观点，房地分别抵押几无可能。因为在《物权法》第一百四十六条、第一百四十七条之下，建筑物、建设用地使用权分别转让将直接导致交易的无效，若将此适用于抵押权的设立，是不是意味着，在《物权法》第一百八十二条之下，建筑物、建设用地使用权分别抵押亦将直接导致抵押交易的无效？而这会使得讨论问题的前提都不存在了，恐怕连论者自己都不能接受。

第四，分别受偿说更符合物权公示的逻辑。物权法之下的交易安全依相关登记规则而维系。在现行规则之下，合意而生的抵押权以登记为生效并对抗第三人的前提（仅就不动产而言），登记即成了抵押权人保全自己权利的重要工具。甲抵押权人仅以就建筑物抵押权和建设用地使用权抵押权之一办理了抵押权设立登记，在第一百八十二条第二款之下，他当然取得未办理登记的抵押财产之上的抵押权，就未达到保全要求的抵押财产也具有优先受偿效力，其自身当然就没有了再去办理相关抵押权设立登记的动力，从而陷登记制度之机能和作用于不彰，也使得抵押权作为物权的公示必要性在物权法之下无法做到一以贯之。同时，乙抵押权人在查询相关登记未见抵押负担之后，作出接受抵押财产的决策并积极践行登记手续以保全其抵押权，而在重复抵押说之下，他早就已经无法取得第一顺位抵押权。此时，物权公示规则还有何意义？

第五，分别受偿说较好地衡平了数抵押权人之间的利益。无论是立法时相关规则的设计，还是司法实践中对具体规则的解释，利益衡量自是其中重要的考量因素。分别受偿说之下，上述甲抵押权人仅就建筑物和建设用地使用权其中之一设定了抵押，就只能就此部分抵押财产具有优先受偿权，如依重复抵押说，甲抵押权人就其未设定抵押的财产也同样具有优先受偿权，过分惠顾甲抵押权人的利益，就其未设定抵押的财产，其是躺在权利之上的“睡眠者”，自不值得予以保护。相反，对于乙抵押权人而言，其就甲抵押权人未设定抵押的财产设定了抵押，其权利与甲抵押权人就其已设定抵押的财产的权利并无区别，在承认建筑物与建设用地使用权为各别的不动产客体的前提下，更是如此，两者自应得到同等保护。由此可见，重复抵押说所基于的解释论并未很好地衡平数抵押权人之间的利益。

至此，我们大抵可以得出房地分别抵押时的相关规则：抵押人以建筑物及其占用范围内的建设用地使用权分别为数抵押权人设定抵押的，并不因违反第一百八十二条第一款“一并抵押”的规定而无效，且第一百八十二条第二款“视为一

---

① 陈现杰：《土地使用权与地上建筑物分别抵押的效力问题》，载《人民法院报》2003年9月16日第7版。

并抵押”亦无适用余地。在践行相关抵押权设立登记手续之后，各抵押权人分别在建筑物或建设用地使用权之上取得抵押权。在抵押权实现时，应依《物权法》第一百四十六条或第一百四十七条的规定，一并强制变现建筑物及其占用范围内的建设用地使用权，各抵押权人就各别抵押财产所占比例对变价款享有优先受偿权。

《会议纪要》最终采纳了第一种观点，即重复抵押说：在房地分别抵押场合，应当依照《物权法》第一百九十九条之规定确定清偿顺序：登记在先的先清偿；同时登记的，按照债权比例清偿。同一天登记的，视为同时登记。

【附：起草过程中的争议】

《会议纪要（稿）》

9.【房地一并抵押的处置规则】抵押权是约定担保物权，当事人以建设用地使用权及其上的房屋分别设定抵押并完成相应的抵押权登记的，分别设立的两个抵押权均属合法有效，抵押权人只能就各自的抵押物主张优先受偿权。抵押合同仅约定以房屋设定抵押，当事人主张其抵押权的范围包括建设用地使用权的，人民法院不予支持；抵押合同仅约定以建设用地使用权设定抵押，当事人主张其抵押权范围包括建筑物的，人民法院亦不予支持。

当事人在抵押合同中约定以建设用地使用权及其上的房屋设定抵押，但因登记部门或者抵押人拒绝办理等原因，仅就建设用地使用权或者房屋办理了抵押登记，此时抵押权顺位、范围如何认定，应当视未登记财产上是否设定了其他抵押权而定：如果未登记的建设用地使用权或房屋上没有他人另行设定抵押权的，可以认定抵押权的效力及于未登记部分；如果未登记财产上已经有他人依法设定抵押权的，按照《物权法》第一百九十九条第二项关于“登记的抵押权优先于未登记的抵押权”的规定，他人已经登记的抵押权优先。

在抵押权的实现程序中，应坚持“一体处置、分别清偿”原则，不论是单独对建设用地使用权或其上的房屋设定抵押，还是二者一并设定抵押，均应对建设用地使用权和其上的房屋一并进行处置。同时，要对建设用地使用权及其上房屋分别评估、并以所得价款分别清偿。

《会议纪要（哈尔滨征求意见稿）》

64.【房地分离抵押】“房随地走、地随房走”是我国《物权法》及相关法律的基本规则。但实践中，建筑物和建设用地使用权分离抵押的情形也不鲜见，主要包括建筑物或者建设用地使用权仅一项财产设定抵押，以及建筑物或者建设用地使用权分别抵押给两个不同的债权人这两种情形。在仅以建筑物或者建设用地使用权设定抵押的情况下，根据《物权法》第一百八十二条的规定，未抵押的财产视为一并抵押。也就是说，仅以建筑物设定抵押的，抵押权的效力及于其占用范围内的建设用地使用权；仅以建设用地使用权设定抵押的，抵押权的效力也及于其上的建筑物。建筑物或者建设用地使用权分别抵押给两个不同的债权人的，两个抵押均合法有效，抵押权人分别就各自登记的抵押物享有抵押权。在实现抵押权时，要坚持“分别评估、分别受偿”原则，对建设用地使用权及建筑物分别评估，并以所得价款分别受偿。

《会议纪要（公开征求意见稿）》

61.【房地分离抵押】“房随地走、地随房走”是我国《物权法》及相关法律的基本规则。但实践中，建筑物和建设用地使用权分离抵押的情形也不鲜见，主要包括建筑物或者建设用地使用权仅一项财产设定抵押，以及建筑物或者建设用地使用权分别抵押给两个不同的债权人两种情形。不论何种情形，根据《物权法》第一百八十二条之规定，在当事人对抵押财产未作特别约定的情况下，应当认为房地一并抵押。也就是说，仅以建筑物设定抵押的，抵押权的效力及于其占用范围内的建设用地使用权；仅以建设用地使用权设定抵押的，抵押权的效力也及于其上的建筑物；建筑物或者建设用地使用权分别抵押给两个不同的债权人的，两个抵押权均属合法有效，其抵押范围均包括建设用地使用权和建筑物。在房地分别抵押场合，应当依照《物权法》第一百九十九条之规定确定清偿顺序：登记在先的先清偿；同时登记的，按照债权比例清偿。但《物权法》第一百八十二条允许当事人对担保财产作出特别约定，如抵押合同仅以建设用地使用权设定抵押，并且明确约定不包括其上建筑物的，应当认为抵押权仅及于建设用地使用权；反之亦然。

第三节　抵押权随主债权的转让而移转的性质与效力

【会议纪要条文】

62.【抵押权随主债权转让】抵押权是从属于主合同的从权利，根据“从随主”规则，债权转让的，除法律另有规定或者当事人另有约定外，担保该债权的抵押权一并转让。受让人向抵押人主张行使抵押权，抵押人以受让人不是抵押合同的当事人、未办理变更登记等为由提出抗辩的，人民法院不予支持。

【条文要义】

本条系结合《合同法》第八十一条，对《物权法》第一百九十二条的解释。

第一，抵押权是主债权的从权利，《物权法》第一百九十二条后段规定："债权转让的，担保该债权的抵押权一并转让，但法律另有规定或者当事人另有约定的除外。"这里有两个例外。其一，"法律另有规定"系指《物权法》第二百零四条规定的情形。该条指出："最高额抵押担保的债权确定前，部分债权转让的，最高额抵押权不得转让，但当事人另有约定的除外。"其二，"当事人另有约定"，是指债权转让的，担保该债权的抵押权并不一并转让的约定，结合《物权法》第一百九十二条前段"抵押权不得与债权分离而单独转让或者作为其他债权的担保"的规定，当事人不得约定抵押权与债权分离而单独转让或者作为其他债权的担保。

第二，抵押权随主债权的转让而移转，在性质上属于抵押权的法定移转，不以办理抵押权变更登记为前提。《城市房地产抵押管理办法》第三十七条第一款规定："抵押权可以随债权转让。抵押权转让时，应当签订抵押权转让合同，并办理抵押权变更登记。抵押权转让后，原抵押权人应当告知抵押人。"但该规定应属倡导性规定，鼓励当事人之间在抵押权转让之时办理抵押权变更登记，以明晰标的财产之上的权利归属，并通知抵押人，以使抵押人知悉抵押权人。即使认为该规定属于强制性规定，亦非属效力性强制性规定。

第三，抵押权随主债权的转让而移转的，受让人所取得的抵押权的顺位同于原抵押权人。即使其后办理了抵押权的变更登记，受让人的抵押权亦自原抵押权登记之日取得相应的优先顺位，而不应依变更登记的时点确定抵押权的顺位。

【深度阐释】

一、不动产抵押权附随主债权的转让而法定的移转

抵押权为债权的从权利，《合同法》第八十一条规定："债权人转让权利的，受让人取得与债权有关的从权利，但该从权利专属于债权人自身的除外。"《物权法》第一百九十二条规定："抵押权不得与债权分离而单独转让或者作为其他债权的担保。债权转让的，担保该债权的抵押权一并转让，但法律另有规定或者当事人另有约定的除外。"这里都确立了抵押权随同债权一并转让的法律规则。但《城市房地产抵押管理办法》第三十七条第一款规定："抵押权可以随债权转让。抵押权转让时，应当签订抵押权转让合同，并办理抵押权变更登记。抵押权转让

后，原抵押权人应当告知抵押人。”如此，实践操作中，受让人享有抵押权是否应以办理抵押权变更登记为前提条件？如受让人未办理抵押权变更登记手续，是否可就抵押财产优先受偿并对抗其他债权人？

《最高人民法院关于审理涉及金融资产管理公司收购、管理、处置国有银行不良贷款形成的资产的案件适用法律若干问题的规定》第九条规定：“金融资产管理公司受让有抵押担保的债权后，可以依法取得对债权的抵押权，原抵押权登记继续有效。”由此可见，就金融资产管理公司受让国有银行不良债权而言，是否办理抵押权变更登记对于金融资产管理公司刑事抵押权不发生影响。但是对于一般债权人，或者资产管理公司受让的非国有银行不良债权，是否能够适用该规则？

司法实践中大多认为，不动产抵押权附随主债权的转让而移转时，即使未办理抵押权变更登记，也依然有效，主债权人仍可就抵押财产变价款优先受偿。这一裁判观点首先起源于《最高人民法院关于审理涉及金融资产管理公司收购、管理、处置国有银行不良贷款形成的资产的案件适用法律若干问题的规定》第九条的上述规定。

资产管理公司将受让的不良债权再行转让时，原抵押权登记亦继续有效，受让人取得抵押权不以登记为前提条件。如在“浙江省发展资产经营有限公司与浙江金华科技园开发有限公司等债权转让合同纠纷再审案”① 中，最高人民法院认为：

我国法律采取从权利随主债权转移而自动转移的原则，专属于债权人自身的从权利除外。也即是说，担保权利的转移并不以通知担保人为生效条件。本案两次债权转让都已通知到债务人机电设备公司，受让人资产经营公司据此对机电设备公司享有主债权，并相应取得抵押合同项下对抵押人科技园公司的担保权利。……关于金融机构不良资产转让是否必须变更不动产抵押登记，受让人方能取得不动产抵押权的问题。本案所涉的不动产抵押办理了抵押登记，抵押权已依法成立，根据《最高人民法院关于审理涉及金融资产管理公司收购、管理、处置国有银行不良贷款形成的资产的案件适用法律若干问题的规定》第九条“金融资产管理公司受让有抵押担保的债权后，可以依法取得对债权的抵押权，原抵押权登记继续有效”的规定，资产经营公司受让有抵押担保的债权后，即依法取得抵押

---

① 最高人民法院（2014）民申字第 1725 号民事裁定书。依据《最高人民法院关于审理涉及金融资产管理公司收购、管理、处置国有银行不良贷款形成的资产的案件适用法律若干问题的规定》第九条认定第三人享有抵押权的案例，还有“中国工商银行股份有限公司长沙汇通支行与王昶信用卡纠纷上诉案”［湖南省长沙市中级人民法院（2016）湘 01 民终 5667 号民事判决书］、“中国农业银行股份有限公司郑州绿城支行与郑州农具厂金融借款合同纠纷上诉案”［河南省郑州市中级人民法院（2012）郑民三终字第 868 号民事判决书］。

权。《最高人民法院关于审理涉及金融资产管理公司收购、管理、处置国有银行不良贷款形成的资产的案件适用法律若干问题的规定》对抵押权转移的规定，与《物权法》第一百九十二条“债权转让的，担保该债权的抵押权一并转让，但法律另有规定或者当事人另有约定的除外”的规定是一致的。

非金融机构不良债权转让的，受让人仍然享有抵押权，不以重新办理抵押登记为前提条件。如在“张琳琳与陕县农村信用合作联社、陕县住房和城乡建设局侵犯抵押权赔偿责任纠纷再审案”[①] 中，河南省高级人民法院认为：

张琳琳与上海江汇信息科技有限公司签订债权转让协议，取得了上述 80 万元贷款本息的债权，双方虽未就抵押权的转移签订抵押转让合同，但根据《物权法》第一百九十二条：“债权转让的，担保该债权的抵押权一并转让”的规定，若主债权转让，作为从属债权的抵押权也随之转移。在《担保法》及《最高人民法院关于适用〈中华人民共和国担保法〉若干问题的解释》以及《物权法》中，均没有受让后的债权人必须重新办理抵押登记手续或抵押权人变更手续后才有权享有和行使抵押权的规定，而建设部发布的《城市房地产抵押管理办法》适用范围为在城市规划区国有土地范围内从事房地产抵押活动，二审判决依据《城市房地产抵押管理办法》第三十七条：“抵押权可以随债权转让。抵押权转让时，应当签订抵押权转让合同，并办理抵押权变更登记”的规定，认定张琳琳没有证据证明其取得了物资公司房屋抵押权利，适用法律有所不妥。

至此，不动产抵押权随同债权转让而发生法定移转，受让人行使其抵押权不以办理抵押权变更登记为前提条件，在司法实践中得以普遍确立。但是否办理抵押权变更登记对于受让人的权利救济路径发生实际影响。如已经办理抵押权变更登记，受让人自可在普通民事诉讼程序和实现担保物权案件特别程序之间进行选择。由于实现担保物权案件特别程序采行简速裁判，法院对抵押权仅作形式审查，未办理抵押权变更登记，可能会提高到法院在这一程序的审查难度，使之超越形式审查的范畴，进而影响到这一程序的采用。

二、不动产抵押权附随主债权的转让而移转时的变更登记

审判实践中认为，第三人能够在不办理抵押权变更登记的情况下，其取得主债权同时取得附随的抵押权。其中主要理由有：

第一，第三人取得抵押权是基于法律的明确规定，而非合同约定。《物权法》第一百九十二条是关于抵押权处分从属性的规定，抵押权作为从权利应随债权转让而转让，债权受让人取得的抵押权系基于法律的明确规定，并非基于新的抵押合同重新设定抵押权，这种法律规定的抵押权取得不因受让人未及时办理抵押权

① 河南省高级人民法院（2015）豫法立二民申字第 00323 号民事裁定书。

变更登记手续而消灭。如在“怀化市鹤城区城市建设投资有限公司与湖南绿兴源糖业有限公司等借款合同纠纷再审案”[①]中，最高人民法院认为：

本条（《物权法》第一百九十二条）系关于抵押权处分从属性的规定，抵押权作为从权利应随债权转让而转让。债权受让人取得的抵押权系基于法律的明确规定，并非基于新的抵押合同重新设定抵押权，故不因受让人未及时办理抵押权变更登记手续而消灭。本案中城建投公司受让农发行怀化分行对绿兴源公司享有的债权，依据法律规定有权受让与案涉债权相关的抵押权，一、二审法院据此判定抵押权继续有效，并无不当。

根据《合同法》第八十一条的规定，在主债权发生转移时，抵押权作为从权利一并发生转移，且抵押权的转让，是在抵押权已经有效成立的前提下发生的转移，转让的抵押权所担保的债权仍然是原先设立抵押时的债权，只是由于债权发生了转移而致使抵押权也随之发生转移而已，该债权转移并没有增加债务人的负担，只要双方没有就在债权发生转移时抵押权不得转让进行约定，在抵押权随主债权转移后，受让人即可依法取得主债权的抵押权，原抵押登记应当继续有效。如在“株洲高科集团有限公司与株洲太子奶生物科技有限责任公司、湖南太子奶集团生物科技发展有限公司别除权纠纷案”[②]中，法院认为：

本案抵押权的转让，是在抵押权已经有效成立的前提下发生的转移，转让的抵押权所担保的债权仍然是原先设立抵押时的债权，只是由于债权发生了转移而致使抵押权也随之发生转移而已，且该债权转移并没有增加债务人的负担。且双方并没有就在债权发生转移时抵押权不得转让进行约定。本案在抵押权随主债权转移后，受让人原告株洲高科集团即可依法取得主债权的抵押权，原抵押登记应当继续有效。

---

① 最高人民法院（2015）民申字第2040号。类似的裁判还有“四川发展资产管理有限公司与波鸿集团有限公司、四川绵阳波鸿机电有限公司、长春威斯汀汽车零部件制造有限公司、长春川吉房地产开发有限公司、四川波鸿实业有限公司、四川绵阳好圣汽车零部件制造有限公司、董平、熊薇借款合同纠纷案”［四川省高级人民法院（2016）川民初19号民事判决书］、“黄玉莲与林辉、黄月琴民间借贷纠纷上诉案”［福建省南平市中级人民法院（2016）闽07民终1258号民事裁定书］、“林宏格与大连益权商贸有限公司借款合同纠纷上诉案”［辽宁省大连市中级人民法院（2016）辽02民终6891号民事判决书］、“林毅豪、卢艳珍民间借贷纠纷上诉案”［广东省中山市中级人民法院（2016）粤20民终4113号民事判决书］、“南京子曰诗云光电科技有限公司与南京市浦口区人民政府桥林街道办事处财产损害赔偿纠纷案”［南京市浦口区人民法院（2016）0111民初7927号民事判决书］、“威海本家电气有限公司、威海市环翠区金蚂蚁民间资本管理有限公司债权人代位权纠纷上诉案”［威海市环翠区人民法院（2016）鲁1002民初960号民事判决书］、“威海国际金融大厦有限公司、威海市环翠区金蚂蚁民间资本管理有限公司债权人代位权纠纷上诉案”［山东省威海市中级人民法院（2016）鲁10民终1912号民事判决书］、“威海进兴纸业有限公司、威海市环翠区金蚂蚁民间资本管理有限公司债权人代位权纠纷上诉案”［山东省威海市中级人民法院（2016）鲁10民终1914号民事判决书］等等。

② 湖南省株洲市中级人民法院（2011）株中法民二初字第17号民事判决书。

在保险领域，依据《保险法》第六十条的规定，因第三者对保险标的的损害而造成保险事故的，保险人自向被保险人赔偿保险金之日起，在赔偿金额范围内代位行使被保险人对第三者请求赔偿的权利，保险人代位求偿权是债权请求权的法定转移，再根据《物权法》第一百九十二条规定的担保该债权的抵押权附随债权一并转让，可知被保险人的主债权因保险代位求偿权转让给保险人时，被保险人对第三者的抵押权等从权利一并转移给保险人，保险人可以对抵押人行使保险代位求偿权。如在"浙商财产保险股份有限公司浙江分公司与中机国能电力投资集团有限公司、杭州天汇建筑劳务有限公司等保险人代位求偿权纠纷上诉案"①中，法院认为：

被保险人的主债权因保险代位求偿权转让给保险人时，被保险人对第三者的抵押权等从权利一并转移给保险人，保险人可以对抵押人行使保险代位求偿权。天汇劳务公司逾期返还工商银行经开支行借款，相关担保人亦未履行担保义务，损害保险标的造成保险事故，浙商保险浙江分公司向被保险人工商银行经开支行赔付保险金后，依法取得保险人代位求偿权，工商银行经开支行相应的主债权及抵押权等从权利一并转移给浙商保险浙江分公司，浙商保险浙江分公司有权依据前述法律规定以及《权益转让书》的约定，向中机公司行使抵押权。

本案《权益转让书》虽在《最高额抵押合同》约定的债权确定期间届满前出具，但该《权益转让书》约定债权转让时间为浙商保险浙江分公司赔付保险金之后，《权益转让书》出具之日并非债权转让之日。本案浙商保险浙江分公司于2014年12月25日向工商银行经开支行赔付保险金，此时最高额抵押合同约定的债权确定期间已经届满，故该债权转让时即浙商保险浙江分公司取得代位求偿权时，最高额抵押担保的债权已经确定，工商银行经开支行转让部分债权并随之转让抵押权，并未违反物权法第二百零四条的强制性规定。《最高人民法院关于适用〈中华人民共和国担保法〉若干问题的解释》第七十二条规定，主债权被分割或者部分转让的，各债权人可以就其享有的债权份额行使抵押权。工商银行经开支行转让最高额抵押担保的部分债权，不影响各债权人依法行使抵押权。

第二，法律规定抵押权随主债权转让而转让，但并未规定抵押权在转让中必须重新办理抵押登记手续或办理抵押权人变更登记手续。债权转让，除专属于债权人自身的以外，与债权有关的从权利一并转让，法律规定抵押权不得与债权相分离而单独转让或作为其他债权的担保，并没有要求随债权所转让的抵押权必须重新办理抵押登记手续或办理抵押权人变更登记手续，债权转让时从权利抵押权的转让，是在抵押权已经有效成立的前提下发生的转移，并非重新设立一个新的抵押权，转让的抵押权所担保的债权仍然是原先设立抵押时的债权，只是由于债

① 浙江省杭州市中级人民法院（2016）浙01民终2312号民事判决书。

权发生了转移而致使抵押权也随之发生转移而已，债权受让人可以取得和行使原债权的抵押权。如在“怀化市鹤城区城市建设投资有限公司与湖南绿兴源糖业有限公司、丁兴耀借款合同纠纷上诉案”[①] 中，一审法院的以下认定得到了二审法院湖南省高级人民法院的支持：

债权转让，除专属于债权人自身的以外，与债权有关的从权利一并转让。法律规定了抵押权不得与债权相分离而单独转让或作为其他债权的担保，并没有要求随债权所转让的抵押权必须重新办理抵押登记手续或办理抵押权人变更登记手续。债权转让时从权利抵押权的转让，是在抵押权已经有效成立的前提下发生的转移，并非重新设立一个新的抵押权，转让的抵押权所担保的债权仍然是原先设立抵押时的债权，只是由于债权发生了转移而致使抵押权也随之发生转移而已，债权受让人可以取得和行使原债权的抵押权。故城建投对绿兴源向农发行怀化分行借款时提供的抵押物继续享有抵押权。

主债权转让时，作为其从属性债权的最高额抵押权也应随之转移，我国现行法律法规对于债权和抵押权转让后，抵押权人发生变化是否必须重新办理抵押登记或办理变更登记无强制性规定。如在“林宏格与大连益权商贸有限公司借款合同纠纷上诉案”[②] 中，二审法院认为：

本条（《物权法》第一百九十二条）系关于抵押权处分从属性的规定，抵押权作为从权利应随债权转让而转让。债权受让人取得的抵押权系基于法律的明确规定，并非基于新的抵押合同重新设定抵押权，故不因受让人未及时办理抵押权变更登记手续而消灭。且我国现行法律法规对于债权和抵押权转让后，抵押权人发生变化是否必须办理变更登记亦无强制性规定，因此案涉抵押权的转让无需重新办理抵押登记手续或抵押权人变更登记手续。

我国法没有规定第三人有重新登记的义务，只要债权转让结果通知了债务人，债权转让即生效，抵押权也同时发生转让效力，无需重新登记，因受让而取得抵押权的，第三人无须办理登记即可享有并行使抵押权。如在“梁军与闫勇、李庆敏等抵押权纠纷上诉案”[③] 中，法院认为：

首先应当明确的是本案涉及的法律问题属于债权转让问题而不是单一的债权消灭问题，金鑫信用社是因转让对李庆敏的房屋抵押权而得以实现债权，并不是李庆敏付清涉案借款本息而使金鑫信用社得以实现债权，房屋抵押权仍然存在。在我国抵押权不得单独转让，但可以随被担保债权的转让而转让。我国担保法没有规定新的抵押权人有重新登记的义务，只要债权转让结果通知了债务人，债权

① 湖南省高级人民法院（2014）湘高法民二终字第143号民事判决书。

② 辽宁省大连市中级人民法院（2016）辽02民终6891号民事判决书。

③ 安徽省亳州市中级人民法院（2012）亳民一终字第00060号民事判决书。

转让即生效，抵押权也同时发生转让效力，无需重新登记，因受让而取得抵押权的，新抵押权人无须办理登记即可享有并行使抵押权。

认定抵押权转让未生效所依据的是《城市房地产抵押管理办法》第三十七条第一款“抵押权可以随债权转让。抵押权转让时，应当签订抵押权转让合同，并办理抵押权变更登记。抵押权转让后，原抵押权人应当告知抵押人”的规定，该办法系建设部发布的部门规章，且为管理性强制性规定，不能以此确定转让抵押权的效力。如在“淅川县皇冠地毯集团有限公司与刘晓、淅川汽车配件厂债权转让合同纠纷再审案”① 中，法院认为：

检察机关抗诉认为，根据《城市房地产抵押管理办法》第三十七条规定，“抵押权可以随债权转让。抵押权转让时，应当签订抵押权转让合同，并办理抵押权变更登记，抵押权转让后原抵押权人应当告知抵押人”，长城公司郑州办事处将受让的债权及抵押权转让给南阳营运公司后，没有进行抵押权变更登记，南阳营运公司不享有原抵押权人的权利，刘晓也不应享有原抵押权人的权利。《城市房地产抵押管理办法》第三十七条作为管理性规定，并未规定未办理抵押权转让登记不发生抵押权移转的效果，《物权法》第一百九十二条规定，“抵押权不得与债权分离而单独转让或者作为其他债权的担保。债权转让的，担保该债权的抵押权一并转让，但法律另有规定或者当事人另有约定的除外”，抵押权应随债权一并转让，检察机关该抗诉理由不能成立。

第三，基于当事人的约定。根据《物权法》第一百九十二条规定，债权转让的，担保该债权的抵押权一并转让，并且当事人签订的抵押合同约定抵押担保期间自设定抵押之日起至担保范围内全部债务清偿完毕止，抵押担保的债务尚未清偿完毕，抵押人应对转让的债务在抵押担保范围内继续承担抵押担保责任。如在“高碑店市隆辉商贸有限公司与保定铁岩钢板桩有限公司、北京山水居房地产开发有限公司借款合同纠纷案”② 中，法院认为：

关于山水居公司是否应当对转让的债权承担抵押担保责任的问题。根据《物权法》第一百九十二条规定，抵押权不得与债权分离而单独转让或者作为其他债权的担保。债权转让的，担保该债权的抵押权一并转让，但法律另有规定或者当

① 河南省南阳市中级人民法院（2015）南民再终字第 00026 号民事判决书。相类似案例有“淅川县皇冠地毯集团有限公司因与刘晓、淅川汽车配件厂债权转让合同纠纷再审案”［河南省南阳市中级人民法院（2015）南民再终字第 00025 号民事判决书］；相类似处理的案件有“天津闽优建材贸易有限公司与天津瑞福兴钢铁贸易有限公司、沈敏斌企业借贷纠纷上诉案”［天津市第二中级人民法院（2015）二中民二终字第 951 号民事判决书］、“天津闽优建材贸易有限公司与天津瑞福兴钢铁贸易有限公司、沈敏斌企业借贷纠纷案”［天津市河西区人民法院（2015）西民三初字第 1662 号民事判决书、天津市第二中级人民法院（2015）二中民二终字第 950 号民事判决书］。

② 河北省保定市（地区）中级人民法院（2015）保民三初字第 14 号民事判决书。

事人另有约定的除外。本案中，当定州联社将其债权转让给隆辉公司时，担保该债权的抵押权也一并转让给隆辉公司。在定州联社与铁岩公司、山水居公司签订《抵押担保借款合同》第二条明确约定，抵押担保期间自设定抵押之日起至担保范围内全部债务清偿完毕止。在本案起诉时，抵押担保的债务尚未清偿完毕，故山水居公司应对转让的债务在抵押担保范围内继续承担抵押担保责任。

根据《合同法》第八十一条规定债权人转让权利的，受让人取得与债权有关的从权利，但该从权利专属于债权人自身的除外，以及《担保法解释》第七十二条规定主债权被分割或者部分转让的，各债权人可以就其享有的债权份额行使抵押权，并且当事人明确约定抵押权一并转让给第三人，第三人依据债权转让行为，取得债权人资格的同时，取得与债权有关的从权利，即使未办理变更抵押登记。如在“惠州市宏盛融资担保有限公司与严威林、陈彩萍、惠州市西湖中等职业学校、惠州市诺贝林投资有限公司、罗燕颖借款合同及追偿权纠纷上诉案”[①]中，法院认为：

根据《合同法》第八十一条规定，债权人转让权利的，受让人取得与债权有关的从权利，但该从权利专属于债权人自身的除外。《最高人民法院关于适用〈中华人民共和国担保法〉若干问题的解释》第七十二条同样规定，主债权被分割或者部分转让的，各债权人可以就其享有的债权份额行使抵押权。宏盛公司依据债权转让行为，取得债权人资格的同时，取得与债权有关的从权利。同时，《债权转让协议书》明确约定，中行惠州分行将对债权设定的担保权益，一并转让给宏盛公司，因此，虽然未办理变更抵押登记，宏盛公司对抵押房产仍享有抵押权，陈彩萍、西湖学校仍需承担连带清偿责任。

当事人对于从属于债权的抵押权的归属亦有明确约定，第三人虽因客观原因未就受让后的抵押权办理变更登记手续，但其作为债权及抵押权的受让人，其抵押权生效不以办理变更登记为条件，其依法依约均有权受让与债权相关的抵押权，故该抵押权继续有效。如在“闫阳与伍良明债权转让合同纠纷案”[②]中，法院认为：

对于从属于涉案债权的抵押权，《合同法》第八十一条规定：“债权人转让权利的，受让人取得与债权有关的从权利，但该从权利专属于债权人自身的除外。”《物权法》第一百九十二条规定：“抵押权不得与债权分离而单独转让或者作为其他债权的担保。债权转让的，担保该债权的抵押权一并转让，但法律另有规定或者当事人另有约定的除外。”抵押权的处分具有从属性，其作为从权利应随债权

---

① 广东省惠州市中级人民法院（2014）惠中法民二终字第154号民事判决书。类似裁判还有“济宁緡国城房地产开发有限公司与济宁泰华装饰工程有限责任公司金融不良债权追偿纠纷案”［山东省济宁市中级人民法院（2015）济商初字第70号民事判决书］。

② 天津市第一中级人民法院（2016）津01民初527号民事判决书。

转让而转让。本案中，三方对于从属于债权的抵押权的归属亦有明确约定。原、被告虽因客观原因未就受让后的抵押权办理变更登记手续，但原告作为债权及抵押权的受让人，其抵押权生效不以办理变更登记为条件，原告依法依约均有权受让与涉案债权相关的抵押权，故该抵押权继续有效。

第四，根据《物权法》第一百九十二条的规定，抵押权也一并转让，虽然此种情形的抵押权转让未办理变更登记，但也没有影响到第三人的利益，并不违反物权变动的公示公信原则，第三人可以行使附随主债权转让而获得的抵押权。如在"陈某与罗某某、梁某某等借款合同纠纷上诉案"① 中，法院认为：

因本案的原始债权人是浦发银行温某支行，而本案浦发银行温某支行已经将债权转让给了被上诉人陈某，根据《物权法》第一百九十二条的规定，抵押权也一并转让。虽然此种情形的抵押权转让未办理变更登记，但也没有影响到第三人的利益，并不违反物权变动的公示公信原则，即被上诉人陈某可以行使本案抵押权。

根据《物权法》第九条第一款的规定，不动产物权的设立、变更、转让和消灭，经依法登记，发生效力；未经登记，不发生效力，但法律另有规定的除外，该条规定确立了不动产物权变动的登记生效主义，但同时也明确存在法定的例外情形，而《物权法》第一百九十二条依据从权利系依附于主权利的特征，确立了债权转让抵押权一并转让的原则，便属于《物权法》第九条的法定例外情形。如在"李兵宇与江苏华辰机械工贸有限公司债权转让合同纠纷案"② 中，法院认为：

根据《物权法》第九条第一款的规定，不动产物权的设立、变更、转让和消灭，经依法登记，发生效力；未经登记，不发生效力，但法律另有规定的除外。该条规定确立了不动产物权变动的登记生效主义，但同时也明确存在法定的例外情形。《物权法》第一百九十二条规定，抵押权不得与债权分离而单独转让或者作为其他债权的担保。债权转让的，担保该债权的抵押权一并转让，但法律另有规定或者当事人另有约定的除外。该条依据从权利系依附于主权利的特征，确立了债权转让抵押权一并转让的原则，属于上述物权法第九条的法定例外情形。因此，本院认为，原告李兵宇主张对涉案抵押财产享有抵押权，主张对涉案抵押财产的拍卖、变卖所得价款享有优先受偿权，有事实基础和法律依据，依法应予以支持。

抵押权登记制度的目的系公示该财产已存在抵押权的事实，而不是公示债权人，抵押权的对世性意味着其并不因抵押权人的变动而变动，债权受让人虽没有变更登记也享有抵押权。如在"连云港华振投资有限公司与朱新兵、王桂红债权

---

① 浙江省台州市中级人民法院（2012）浙台商终字第565号民事判决书。

② 江苏省宿迁市中级人民法院（2015）宿中商初字第00004号民事判决书。

转让合同纠纷上诉案”[①] 中，法院认为：

现建行连云港分行与华振公司在债权协议中已约定相关的抵押权益一并转让，故振兴公司已享有涉案财产的抵押权。虽华振公司在受让抵押权后没有办理变更登记，但因抵押权登记制度的目的系公示该财产已存在抵押权的事实，而不是公示债权人，抵押权的对世性意味着其并不因抵押权人的变动而变动，故华振公司虽没有变更登记也享有抵押权，故本院对华振公司主张实现抵押权的诉讼请求依法予以支持。

审判实践中也有持反对意见的审判意见，但是该判决在经过二审时基本被二审法院予以否定。持反对意见的法院认为，第三人进行债权转让后并未办理抵押物的抵押权变更登记，抵押权未发生转让，第三人并非抵押权人，不享有对抵押物的优先受偿权。如在“天津闽优建材贸易有限公司与天津瑞福兴钢铁贸易有限公司、沈敏斌企业借贷纠纷上诉案”[②] 中，一审法院认为：

城市房地产抵押权转让时，应当签订抵押权转让合同，并办理抵押权变更登记。案外人哈尔滨银行天津分行与闽优公司进行债权转让后并未办理涉诉房屋的抵押权变更登记，抵押权未发生转让，闽优公司并非抵押权人，不享有对涉诉房屋的优先受偿权，故对于闽优公司提出的如瑞福兴公司不履行债务，由闽优公司对沈敏斌名下涉诉房屋享有优先受偿权的诉讼请求，原审法院不予支持。

第三人在受让债权的同时受让了抵押权，符合法律规定，但因受让人未将抵押权更名至其名下，不符合确认优先受偿权的形式要求。如在“林宏格与大连益权商贸有限公司借款合同纠纷上诉案”[③] 中，一审法院认为：

《物权法》第一百九十二条规定“抵押权不得与债权分离而单独转让或者作为其他债权的担保。债权转让的，担保该债权的抵押权一并转让，但法律另有规定或者当事人另有约定的除外”。原告在受让债权的同时受让了抵押权，符合法律规定，但因原告未将案涉抵押权更名至原告名下，故不符合确认优先受偿权的形式要求，对原告要求确认其具有优先受偿权对的诉讼请求，本院不予支持。

债权转让后受让人未到房管部门办理抵押变更登记，抵押权人仍然为登记抵押权人，抵押权变更登记属于抵押权重新设立，而抵押物在抵押登记后被法院依法查封，根据《物权法》第一百八十四条第五项的规定，不能办理抵押权的变更

---

① 江苏省连云港市中级人民法院（2014）连商终字第 0084 号民事判决书。

② 天津市第二中级人民法院（2015）二中民二终字第 951 号民事判决书。相类似处理的案件有“天津闽优建材贸易有限公司与天津瑞福兴钢铁贸易有限公司、沈敏斌企业借贷纠纷案”［天津市河西区人民法院（2015）西民三初字第 1662 号民事判决书］、“天津闽优建材贸易有限公司与天津瑞福兴钢铁贸易有限公司、沈敏斌企业借贷纠纷案”［天津市第二中级人民法院（2015）二中民二终字第 950 号民事判决书］。

③ 辽宁省大连市中级人民法院（2016）辽 02 民终 6891 号民事判决书。

登记，故受让人的抵押权未设立。如在“江西红轩食品有限公司、兴国连合电子科技钟表有限公司债权转让合同纠纷上诉案”[①] 中，一审法院认为：

根据法律规定债权转让抵押权一并转让，同时《物权法》第一百八十七条又规定以“建筑物和其他土地附着物”抵押的应当办理抵押登记，抵押权自登记时设立，债权转让后原告、被告、第三人未到房管部门办理抵押变更登记（即抵押权重新设立），抵押权人仍然为招商银行长征大道支行。根据《物权法》第一百八四十条第五款规定：“下列财产不得抵押：……（五）依法被查封、扣押、监管的财产”。一审法院认为抵押权变更登记属于抵押权重新设立，而本案所涉抵押物在抵押登记后被法院依法查封，《物权法》第一百八四十条第五款规定已经被法院查封的财产不得抵押，也就是说被法院查封的财产不能办理抵押权的重新设立即抵押变更登记，红轩食品公司的抵押权未能设立，故其丧失该抵押物拍卖、变卖所得价款的优先受偿权。

二审法院认为：

关于抵押物的查封是否会影响抵押权效力。因本案抵押权依法随主债权一并转移，无需办理变更登记手续，故债权转移后，抵押物即使被法院查封也不影响本案红轩食品公司已取得的抵押权的效力，且抵押物被查封也不是影响抵押权效力的法定条件。一审法院以抵押物被查封，抵押权未能重新设立为由，判决红轩食品公司不享有本案抵押权，属适用法律错误，应予纠正。

三、《物权法》第一百九十二条是否准用于质权的移转及其登记

就此存在争议。如在“富阳骥志贸易有限公司与浙江富轮橡胶化工集团有限公司民间借贷纠纷上诉案”[②] 中，一审法院认为：

根据物权法定原则，物权的公示方法也是法定的，物权公示方法法定包括物权设立公示方法法定和物权变动公示方法法定。如果没有依照公示方法来变动物权，就不能产生物权变动的效果，除非法律有特定规定，如《物权法》第一百九十二条规定，抵押权不得与债权分离而单独转让或者作为其他债权的担保。债权转让的，担保该债权的抵押权一并转让。本案中的股权质权属于《物权法》第二百二十六规定的以其他股权出质的情形，质权应当自工商行政管理部门办理登记时取得，物权法及其他法律就股权质权的取得未作其他特别规定。骥志公司、富轮公司、豪通公司、小贷公司仅签订了债权转让合同，并未办理股权质权的变更登记，不产生物权效力，小贷公司及骥志公司尚不能取得质权。骥志公司认为股权质权属于登记型权利质权，债权转让股权质权是否一并转让适用的规则应与抵

① 江西省赣州市（地区）中级人民法院（2016）赣07民终3504号民事判决书。

② 浙江省杭州市中级人民法院（2016）浙01民终6563号民事判决书。

押权一致，而原审法院认为，骥志公司的观点，无法律依据，因为区别于合同法“凡法律无明文禁止的规定即允许当事人自由约定”的适用规则，根据物权法定原则精神及物权法为强行法的特征，《物权法》适用“物权法无明确规定的事项，原则上应推定为禁止”的规则，故骥志公司方的意见不予采纳。本案中小贷公司明知富轮公司的股权被查封，无法办理股权质权的变更登记，仍同意受让债权，具有一定的过错，应承担不利后果。骥志公司受让大笔金额债权，受让债权时也要求受让质权，却未在工商行政管理部门审查质权人，亦具有一定过错，应承担不利后果。

二审法院则认为：

首先，《物权法》第一百七十二条明确了“担保合同是主债权债务的从合同”、基于担保合同设立的包括股权质权在内的担保物权则系主债权的从权利，依照《合同法》第八十一条之规定“债权人转让权利的，受让人取得与债权有关的从权利，但该从权利专属于债权人自身的除外”，受让人在取得主债权的同时依法应当取得与主债权相关且并非专属于债权人的从权利……；其次，……查封行为并不溯及限制设立在先的豪通公司质权，意即豪通公司对其自身权利的处分并不受影响，故豪通公司有权转让其所享有的主债权及相关的从权利；最后，……因现行物权法仅规定了股权质权的设立登记（第二百二十六条）而未明确其余，在此情形下究竟系类推适用《物权法》第九条亦或《物权法》第一百九十二条？显然，权利质权与抵押权同属于担保物权体系，权利质权的法律特征更接近于抵押权，而《物权法》第九条则系以所有权为中心而展开，故股权质权的转让应当类推适用抵押权特别规定之《物权法》第一百九十二条，即债权转让的、担保该债权的股权质权亦应当一并转让，该转让并不以变更登记为生效要件。据此，在现行法律规范未明确股权质权之转让须经变更登记方发生效力之情形下，原审法院的查封行为并不限制设立在先的质权人处分自身权利之自由，骥志公司在受让债权的同时亦应取得相应的质押担保从权利。

【附：起草过程中的争议】

《会议纪要（稿）》

11.【抵押权随主债权转让】抵押权是从属于主合同的从权利，根据“从随主”规则，债权转让的，除法律另有规定或者当事人另有约定外，担保该债权的抵押权一并转让。受让人向抵押人主张行使抵押权的，抵押人以受让人不是抵押合同的当事人、未办理变更登记等为由提出抗辩的，人民法院不予支持。

《会议纪要（哈尔滨征求意见稿）》

66.【抵押权随主债权转让】抵押权是从属于主合同的从权利，根据“从随主”规则，债权转让的，除法律另有规定或者当事人另有约定外，担保该债权的抵押权一并转让。受让人向抵押人主张行使抵押权，抵押人以受让人不是抵押合同的当事人、未办理变更登记等为由提出抗辩的，人民法院不予支持。

《会议纪要（公开征求意见稿）》

63.【抵押权随主债权转让】抵押权是从属于主合同的从权利，根据“从随主”规则，债权转让的，除法律另有规定或者当事人另有约定外，担保该债权的抵押权一并转让。受让人向抵押人主张行使抵押权，抵押人以受让人不是抵押合同的当事人、未办理变更登记等为由提出抗辩的，人民法院不予支持。

第三章　动产担保物权

第一节　流动质押的设立与监管人的责任

【会议纪要条文】

63.【流动质押的设立与监管人的责任】在流动质押中，经常由债权人、出质人与监管人订立三方监管协议，此时应当查明监管人究竟是受债权人的委托还是受出质人的委托监管质物，确定质物是否已经交付债权人，从而判断质权是否有效设立。如果监管人系受债权人的委托监管质物，则其是债权人的直接占有人，应当认定完成了质物交付，质权有效设立。监管人违反监管协议约定，违规向出质人放货、因保管不善导致质物毁损灭失，债权人请求监管人承担违约责任的，人民法院依法予以支持。

如果监管人系受出质人委托监管质物，表明质物并未交付债权人，应当认定质权未有效设立。尽管监管协议约定监管人系受债权人的委托监管质物，但有证据证明其并未履行监管职责，质物实际上仍由出质人管领控制的，也应当认定质物并未实际交付，质权未有效设立。此时，债权人可以基于质押合同的约定请求质押人承担违约责任，但其范围不得超过质权有效设立时质押人所应当承担的责任。监管人未履行监管职责的，债权人也可以请求监管人承担违约责任。

【条文要义】

本条系结合《物权法》关于浮动抵押权的规定，对《物权法》第二百一十二条的解释。

第一，流动质押是金融创新实践中出现的一类新的贸易融资品种，在我国《物权法》已经承认就存货可以设定浮动抵押的情形之下，自无禁止流动质押之理。在物权法定主义渐趋缓和的大背景之下，不宜以违反物权法定原则为由否定流动质押的效力。在流动质权已成为交易惯例的情形之下，可以认为其已依习惯法得以确立，在法学方法上，可以类推适用浮动抵押的相关规则。例如，流动质押的效力不及于已经出卖的动产，但自动及于质押人新取得的动产。

第二，流动质押仅仅只表明了标的财产的特殊性，其设立仍应符合质权设立的生效要件。就标的财产——存货而言，实践中因债权人（通常是银行等金融机构）储存条件的限制，多由第三方仓储企业存管，由此出现《物权法》上观念交付的相关规则的适用问题。《物权法》第二百一十二条规定："质权自出质人交付质押财产时设立。"在解释上，这里的"交付"并不仅限于现实交付，简易交付和指示交付亦无不可，但不得采取占有改定的方法。就指示交付而言，质权人就标的财产的占有在性质上属于间接占有，义务人对于标的财产是为质权人抑或出质人而占有，对于流动质权的设立具有实质上的影响。

第三，在第三方监管模式之下，如监管人系受质权人的委托监管质物，则构成质权人对质物的间接占有，应当认定完成了质物的交付，质权有效设立。如监管人系受出质人委托监管质物的，表明质物并未交付质权人，应当认定质权未有效设立。尽管监管协议约定监管人系受债权人的委托监管质物，但有证据证明其并未履行监管职责，质物实际上仍由出质人管领控制的，也应当认定质物并未实际交付，质权未有效设立。此时，债权人可以基于质押合同的约定请求质押人承担违约责任，但其范围不得超过质权有效设立时质押人所应当承担的责任。

第四，监管人违反监管协议约定，违规向出质人放货、因保管不善导致质物毁损灭失的，按照三方监管协议的约定承担违约责任。

【深度阐释】

信贷实践中，动态质押（实践中又称为流动质押、浮动质押、滚动质押）多采用第三人监管的模式，即由银行（质权人）委托物流企业原地监管质物，解决质物交付、占有中的运输、管理难题，尽管动态质押可以满足经营与融资的双重需求，但由于质物非由质权人直接占有，故存在虚假出质及质物被出质人等强行出货的风险。且由于法律并未明文规定动态质押，在具体制度上也未发展成熟，实践中无论是贷款方还是监管方都频频陷入诉讼中。

一、动态质押有效性的争议

动态质押的监管可分为三种类型：第一，物流企业场库内的质押监管，在出质企业动产仓储于物流企业的情况下，对其中拟出质部分，将物流企业的委托人由出质企业变更为银行（质权人）；第二，出质企业场库内的质押监管，在出质企业动产仓储于出质企业的情况下，对其中拟出质部分，由物流企业以象征性租金租赁出质企业场库监管；第三，第四方企业场库内的质押监管，在出质企业动产仓储于第四方企业的情况下，对其中拟出质部分，由物流企业以象征性租金租赁第四方企业场库监管。① 但由于质权人对质物的占有是委托第三人进行监管，而质物又处于不断变动中，故对动态质押的模式中质权能否有效设立存在争议。

有的法院以法无明文规定为由否定动态质押担保的效力，如在“中国光大银行股份有限公司上海彭浦支行与上海钢誉钢铁发展有限公司、上海联存仓储发展有限公司等金融借款合同纠纷案”② 中，上海市闸北区法院认为：

原告要求对被告钢誉公司质押的钢材享有并行使质权的主张，本院认为，涉案《质押合同（货押业务专用）》虽系原告与被告钢誉公司合意订立，但由于双方约定的动态质押的担保形式在我国法律没有相应的规定，因此原告应举证证明其在诉讼中实际占有的质物的具体范围，现因原告和仓储方、监管方均确认被告钢誉公司提供的质押钢材已经灭失，故对原告的该项诉讼请求本院不予支持。

从尊重当事人意思自治的角度，在“浙江安吉农村商业银行股份有限公司与元利瑞德资产监管有限公司委托合同纠纷上诉案”③ 中，湖州市中级人民法院认为：

关于浮动质押是否符合法律规定的问题，本院认为，质物特定化并非固定化，质物因胜宁电器公司生产经营需要发生浮动，只要库存电器价值符合《质物种类、价格、最低要求通知书》的要求，并不影响质物特定化的构成。虽然《物权法》并未规定浮动质押，但《最高额质押合同》《质押货物监管协议》系当事人的真实意思表示，且不违反法律法规的强制性规定，系有效合同，对当事人具有法律约束力。元利瑞德公司的第三个理由亦不成立。

在“联盛纸业（龙海）有限公司与中国光大银行股份有限公司漳州支行、漳州金鑫辉包装有限公司等买卖合同纠纷再审案”④ 中，龙海联盛公司即从质物是否特定化及交付的角度出发，认为动态质权依法不成立，其申请再审称：

本案中质物不断发生变动，质权人无法将质物特定化，质权依法亦不能成立。由于富亿公司与漳州光大银行签订的合同为三份普通质押合同，并非最高额质押合同，普通质押的质押物一旦特定化并移交占有后即不可随意变更，但上述三份质押合同的质权设定后，其质物被不断的使用并发生变化。因此质权人无法将质物特定化，质权依法不能成立……此外，由于在本案中监管机构系由质押人

① 参见陆晓燕：《动产“动态质押＋第三人监管”模式下权利冲突的解决路径》，载《人民司法》2016 年第 1 期。

② 上海市闸北区人民法院（2013）闸民二（商）初字第 147 号民事判决书。

③ 浙江省湖州市中级人民法院（2016）浙 05 民终 486 号民事判决书。

④ 最高人民法院（2015）民申字第 1490 号民事裁定书。

委托，监管费用由质押人支付，监管场地在金鑫辉仓库，质押人或金鑫辉公司亦继续使用该质物，在此情况下，即使质权能够成立，以上情形也可视为质权人将质物返还给出质人或第三人使用。根据《担保法解释》第八十七条规定“质权人将质物返还给出质人后，以其质权对抗第三人的，人民法院不予支持。”因此，本案中漳州光大银行要求主张质权，依法应不予支持。

对此，最高人民法院则认为，监管人是基于与质权人之间的委托关系而占有、监管质物，故质物已完成了交付，且质物虽有流动，但价值总量始终不低于最低价值，故质权有效设立，具体如下：

从漳州光大银行、富亿公司以及南储公司三方签订的《仓储监管协议》的内容来看，该协议首先明确约定了自《查询及出质通知书》到达南储公司之日起，质物移交给漳州光大银行；其次，南储公司应遵从漳州光大银行的书面指示以及该协议的约定处置质物，并对不遵守约定而造成的损失对漳州光大银行负责。另外，尽管协议约定由富亿公司支付仓储监管费用，但南储公司在监管期内承担的监管责任相对独立，不以仓储费用如期足额支付作为其承担监管责任的条件。以上事实说明，在协议签订生效之后，质物已不受富亿公司支配，而是由漳州光大银行委托南储公司占有、支配和监管。……漳州光大银行和富亿公司以通过约定质物的重量和单价的方式保证质物的价值总量，并通过南储公司的监管保证质物在流动的情况下，始终不低于约定价值。在这种情况下，质物应视为已满足特定化的要求。①

结合上述案例可知，动态质押的特点在于：第一，质权人通过受其委托的第三人间接占有和控制质物，从而实现质物的占有从出质人移转至质权人；第二，动态质押要求质物的价值不得低于最低线，即其最低价值是特定的，而质物可在质权存续期间予以更换与补足。虽然目前立法未规定动态质押是否有效，但当事人的约定并未违反法律法规的强制性规定，从尊重当事人意思自治及促进中小企业融资的角度出发，实践中法院对动态质押的效力持认可态度，只是就其设立条件及在质押过程中的法律责任存在争议。

为论证动态质押的有效性，有的判决中使用了类推适用的解释方法。如在“中国民生银行股份有限公司盘锦分行与中央储备粮锦州直属库等金融借款合同纠纷上诉案”② 中，最高人民法院认为：

案涉《最高额质押合同》约定的质押物是具有浮动性特征的不特定动产。以不特定动产担保债权实现的担保方式，属于非典型担保……浮动抵押具有以下主要特征：其一，担保标的物是抵押人现有的以及将来取得的不特定动产，抵押物

① 最高人民法院（2015）民申字第 1490 号民事裁定书。

② 最高人民法院（2017）最高法民终 891 号民事判决书。

在抵押期间处于浮动状态，这是浮动抵押区别于典型抵押的显著特征；其二，在实现抵押权的条件成就时以抵押人享有所有权的相应动产即时特定为抵押物，抵押权人只能对浮动抵押标的物确定时属于抵押人的动产享有优先受偿权；其三，抵押权自抵押合同生效时设立，这有别于典型抵押以登记作为抵押权设立的要件，浮动抵押未经登记只是不得对抗善意第三人；其四，抵押期间抵押人不丧失对设押财产的管领处分权能，其日常业务经营不因浮动抵押的设定而受影响。浮动抵押制度虽规定在物权法第十六章第一节关于抵押权的一般规定中，但依据《物权法》第二百二十二条关于"出质人与质权人可以协议设立最高额质权。最高额质权除适用本节有关规定外，参照本法第十六章第二节最高额抵押权的规定"的规定，以及第二百零七条关于"最高额抵押权除适用本节规定外，适用本章第一节一般抵押权的规定"的规定，最高额质权可以参照适用物权法关于浮动抵押的规定。依据上述规定，结合本案事实，本院认为，案涉《最高额质押合同》所约定的质押物为五峰科技公司1—21号仓库内该公司所有的不特定的8万吨粳稻，办理了动产抵押登记，监管人远成物流公司对1—21号仓库中的粳稻实行最低价值总量监管，五峰科技公司1—21号仓库的仓储经营业务不因质权的设定而受影响，故案涉《最高额质押合同》具有浮动抵押的特征，应参照适用物权法有关浮动抵押的规定认定其效力。

在动态质押中，质物的变动仅发生质权人的旧质权不断消灭，新质权不断产生的结果。动态质权设立方式并未改变质权的法定内容，不违反物权法定原则，质物变动不影响质权的有效设立与存续。如在"江西赣县农村商业银行股份有限公司与中国建设银行股份有限公司赣州赣县支行等第三人撤销之诉上诉案"① 中，最高人民法院认为：

出质人交付质押财产，质权人占有质押财产，是质权设立的法定条件。实践中，出质人既可以将质押财产交付给债权人本人，也可以按照债权人的指示，将质押财产交付给债权人指定的第三人。也就是说，依法设立质权，债权人既可直接占有质物，亦可通过第三人间接占有质物。债权人通过第三人间接占有质物的，其应当指示第三人实际接收并控制、监管质押财产。此种情况下，质权自受托人实际占有质物时设立。……菊隆高科公司、赣县农商银行与邮政物流公司三方……约定邮政物流公司代赣县农商银行占有质物，依约履行监管责任，并在质物变动时代赣县农商银行进行确认。上述协议签订后，邮政物流公司于2011年12月12日接收质物，开始履行监管职责。由此，赣县农商银行的质权自2011年12月12日邮政物流公司实际占有案涉质物时设立。

依照……《商品融资质押监管协议》的约定，菊隆高科公司在满足一定条件

① 最高人民法院（2017）最高法民终216号民事判决书。

的前提下可提取质物，亦可新交付质物。也就是说，赣县农商银行质权的客体处于可变动的状态。在此情形下，一方面，赣县农商银行就监管人依照商品融资质押监管协议的约定实际占有之甜叶菊干叶所享有的质权，随菊隆高科公司取回上述范围内的甜叶菊干叶而相应消灭；另一方面，由于赣县农商银行与菊隆高科公司在设立质权时已就后者依约追加新质物达成概括的合意，故在菊隆高科公司向赣县农商银行委托的监管人交付新质物，赣县农商银行对此亦表示认可的情形下，赣县农商银行就菊隆高科公司新交付的甜叶菊干叶享有质权。由此，质物变动过程中仅发生赣县农商银行的旧质权不断消灭，新质权不断产生的结果。赣县农商银行与菊隆高科公司约定的质权设立方式并未改变质权的法定内容，不违反物权法定原则，质物变动不影响质权的有效设立与存续。

为使实定法规则适用于复杂多变的商事纠纷，在裁判实践中借助于民法解释方法的运用形成妥适的裁判结论，值得赞同。就担保物权法上从属性和物权特定性的例外，《物权法》上分别规定了最高额抵押权（质权）制度和动产浮动抵押权制度，前者强调在抵押权或质权设立之时，其所担保的主债务不必确定的存在，破除了担保物权的从属性；后者则强调在抵押权设立之时抵押财产不确定，突破了物权特定性原则。在方法论上，《物权法》第二百二十二条关于最高额质权参照最高额抵押权的规定的规定，主要涉及最高额质权的确定问题，尚不及于担保财产不特定问题。虽然《物权法》第二百零七条关于最高额抵押权适用一般抵押权的规定使得最高额动产浮动抵押权成为新的融资工具，但借助于类推适用方法得出最高额动产浮动质权适法性的结论，尚须充分论证。

二、动态质押中质权的设立

与传统意义上的静态质押相比，动态质押的特点是在维持最低价值限额的基础上，允许质物出库，同时出质人应当补足、替换质物，即质物的品种、规格、质量、数量处于不断变化中。但另一方面，动态质押仍应满足动产质押的一般设立要件，因此，在动态质押的法律关系中应把握如下几点：

（一）质物应当特定化

质权作为物权，用于质押的动产须是特定化的物。具体到以存货为标的物的动态质押中，质物应当是特定化的种类物，即能与其它的种类物相区分，以期明确质物的权属。在“交通银行股份有限公司上海宝山支行与上海良耀金属材料有限公司金融借款合同纠纷上诉案”[①] 中，上海市第二中级人民法院认为：

质权应当成立于特定的质押财产之上。根据本案中《质押监管协议》的约定，钢材首次出质后可以滚动出质。即本案的质押系浮动质押，质权人应在提起

① 上海市第二中级人民法院〔2013〕沪二中民六（商）终字第241号民事判决书。

诉讼主张质权时确定具体质物。虽然交通银行宝山支行提供了质押物明细、库位图、库存明细报表等证据，但交通银行宝山支行亦承认库位图与现场存放的钢材有所差异。故上述证据不足以反映质押钢材的真实状态，即质物的范围仍难以确定。……本案所涉质押钢材在质押期间发生过变动，交通银行宝山支行、良耀公司及中外运公司并未依照《质押监管协议》约定对质物进行定期盘点确认，提起本案诉讼时交通银行宝山支行仍不能确定质押财产范围，且质物可能存在与他人钢材混同堆放且质物权属难以认定的情形。据此，交通银行宝山支行要求行使质权的诉讼请求，本院不予支持。

（二）质物应当转移占有

在动态质押中，质物移转占有的表现形式是出质人将质物移交监管人直接占有与控制，而质权人通过与监管人之间的基础合同关系间接占有质物。若质物未由被委托的监管人实际占有与控制，则质权未有效设立。如在“黑龙江省北大荒投资担保股份有限公司等与黑龙江省建三江农垦三江缘米业有限责任公司、邵士玲、徐延军担保合同纠纷上诉案”[①] 中，黑龙江省高级人民法院认为：

本案中，北大荒担保公司虽与三江缘公司建立了4560吨水稻的质押合同关系，但出质人三江缘公司并未将该水稻交付给质权人北大荒担保公司实际控制抑或由第三方监管，而是仍存放在三江缘公司仓库内由三江缘公司生产经营使用，最终导致三江缘公司将该水稻全部出卖。鉴于三江缘公司及四保证人未举示《交接清单》抑或《质押监管协议》等足以证明质物已经交付北大荒担保公司的其他证据。根据《物权法》第二百一十二条关于“质权自出质人交付质押财产时设立”的规定，一审判决认定案涉4560吨水稻的质权未设立并无不当。

监管人对质物具有监控义务，但其义务的核心是基于质权人的委托占有质物，故若其仅承担监控义务，则质权依然未设立。如在“甘肃博鑫信用担保有限公司等诉玉门市勤峰铁业有限公司质押合同纠纷上诉案”[②] 中，甘肃省高级人民法院认为：

交付即出质人将质押财产移交质权人占有的行为。动产质权以出质人移转质物的占有为设立和生效要件。本案中，博鑫公司虽与嘉峪关合作银行签订了《动产质押合同》《动产质押监管协议》及《质押清单》，且博鑫公司在勤峰铁业仓储区范围内设置监控设备并对质押生铁进行远程监控，但质押生铁仍存放于勤峰铁业的仓储区内，勤峰铁业并未将该生铁移转交由博鑫公司实际占有。二审庭审

① 黑龙江省高级人民法院（2016）黑民终200号民事判决书。类似的判决还有“南京将军红农产品有限公司与中国农业银行股份有限公司临沂河东支行、临商银行股份有限公司相公支行等仓储合同纠纷上诉案”［山东省临沂市中级人民法院（2014）临商终字第1426号民事判决书］。

② 甘肃省高级人民法院（2013）甘民二终字第163号民事判决书。

中，博鑫公司亦认可质押期间勤峰铁业对质押生铁仍继续支配使用，质押生铁处于不断变化状态。上述事实表明，博鑫公司对质押生铁并未实际控制和占有。依据物权法定的要求，交付作为动产质权的生效要件，属法律强行性规定，不允许当事人另有约定。如出质人代质权人占有质物的，质押权不生效。本案中博鑫公司与勤峰铁业约定并采取远程监控质物，但仍由勤峰铁业代其占有质押生铁的交付方式，非物权法意义上的动产质权交付方式，质押生铁未交付博鑫公司实际占有控制，该质权未设立及生效，博鑫公司对2500吨质押生铁不享有优先受偿权。

综上，在动态质押中，质权的设立应当满足质物特定化及移交质物的占有的条件。在动态质押这样的三方法律关系中，质权人通过被委托的监管人间接占有质物，因此监管人依约对质物的实际占有与控制是质权人享有质权的关键，亦是动态质押的风险所在。

动态质押交易中，出质人将质物存放于自有仓库，通过与监管人签订场地租赁协议的方式对质权人进行交付，此种交付方式是否达到到质权设立的要件，不无疑问。如在“交通银行股份有限公司无锡分行与江阴鑫源金属制品有限公司、傅钰等金融借款合同纠纷上诉案”① 中，江苏省高级人民法院二审认为：

依据无锡交行、鑫源公司、中远公司之间签订的《动产质押合同》《商品融资质押监管协议》《仓库租赁合同》，中远公司作为鑫源公司提供的质物的监管人，代理无锡交行占有质物，质物的存放地点为鑫源公司仓库。故从中远公司履行情况可知质物是否已交付占有。首先，在《仓库租赁合同》中，没有具体约定仓库的面积，应解释为鑫源公司所有能够存放质物的地点；年租金仅为1元，亦说明中远公司和鑫源公司缔约目的在于建立租赁法律关系，使中远公司能履行监管职责。其次，宏发公司与鑫源公司虽订有《租赁协议》，但该协议约定若鑫源公司所存材料出库，双方商定力资费，故鑫源公司仍可使用租赁给宏发公司的场地。如果鑫源公司将质物存放于宏发公司场地，亦不影响质物的权属认定和中远公司行使监管权。第三，从监管合同的履行情况看，鑫源公司、无锡交行和中远公司通过《江阴鑫源钢坯钢带库存日报表》，对于涉案质物进行了确认和有效的控制。原审法院实施财产保全时，中远公司有监管人员在场，保全后中远公司亦对涉案质物继续进行监管。最后，各方确认涉案质物从未发生移库，宏发公司不能证明对于局部租赁场地已经告知无锡交行，在这种情况下，无锡交行对于持续保持对质物的占有状态是善意的，也应当依法享有质权。

在动态质押中，经常由质权人、出质人与监管人签订三方监管协议，此时要根据实际的权利义务关系来确定监管人究竟是受质权人的委托还是受出质人的委托来监管质物。如果监管人系受质权人的委托监管质物，则其是质权人的间接占

① 江苏省高级人民法院（2014）苏商终字第0300号民事判决书。

有人，应当认定完成了质物交付，质权有效设立。监管人违反监管协议约定，违规向出质人放货、因保管不善导致质物毁损灭失的，质权人有权请求监管人承担违约责任。如果监管人系受出质人委托监管质物的，表明质物并未交付质权人，应当认定质权未有效设立。监管合同尽管约定由监管人监管质物，但质物实际上仍由出质人管领控制的，也应当认定质物并未实际交付，质权未有效设立。

三、动态质押中监管协议的性质

金融机构与监管人或出质人签订的监管协议中往往涉及仓储、保管、委托等多种法律关系，但权利义务类型又不限于其中任何一种，司法实践中对于动态质押中监管协议的定性在认识上并不一致。部分判决就如监管协议不予定性，直接依据监管协议的约定判定当事人之间的权利义务。如在“中国工商银行股份有限公司徐州鼓楼支行与中国外运江苏公司南京国际货运分公司及徐州金邦钢铁有限公司、王思奎、陈连云借款合同纠纷再审案”① 中，最高人民法院认为：

工商银行鼓楼支行、金邦公司、货运公司签订的《商品融资质押监管协议》约定：工商银行鼓楼支行为质权人，金邦公司为出质人，货运公司为工商银行鼓楼支行的代理人，代理工商银行鼓楼支行监管质物；监管期间为货运公司根据本协议代理工商银行鼓楼支行占有质物并对工商银行鼓楼支行承担质物监管责任的时间区段。关于提取质物，三方约定了较为详尽的规则，货运公司的主要义务是保证其占有、监管的质物价值始终不低于《质物种类、价格、最低要求通知书》要求的最低价值。当质物的实际价值等于质物的最低价值时，工商银行鼓楼支行签发的“提货通知书”为金邦公司办理提货及质物出仓、出库的唯一有效凭证。没有工商银行鼓楼支行签发的“提货通知书”，货运公司不得给金邦公司提货。

在理论和实践中，关于监管协议的性质存在多种主张。

第一种观点认为，从行业惯例来看，监管人通常并不实际占有和控制质物，其主要义务在于受质权人的委托监督实际仓储方的仓储保管工作；从合同条款看，监管协议通常约定，监管人受质权人之委托或作为其代理人履行监管职能，故其性质应为委托合同。

第二种观点认为，监管协议中如约定监管人对质物负有妥善保管的义务，监管期间，除不可抗力事件或合同特别约定外，质物毁损灭失或变质、短少、受污染的，监管人应承担赔偿责任，符合保管合同的特征。即使监管协议中出现“监管人作为质权人的代理人，代为监管质物”的表述，也不影响监管协议的性质。如在“中国工商银行股份有限公司息县支行与中国外运河南公司保管合同纠纷再

① 最高人民法院（2013）民申字第454号民事裁定书。

审案”[①]中，最高人民法院认为：

根据上述合同约定，外运公司承担的合同义务是占有并保管、监管质押物，监管期限届满时返还质押物，享有的权利则是收取保管费用，该种权利义务具有保管合同的法律特征。原审法院据此认定息县工行与外运公司之间形成保管法律关系，符合合同约定，并无不当。

河南省郑州市中级人民法院（2011）郑民四初字第39号民事裁定书中虽有“在双方所签《监管协议》中明确注明外运公司只是作为其代理人监管质押物”的表述，但该表述仅是对《监管协议》相关内容的陈述，并未对双方权利义务等实体性问题进行审理，因此该裁定不能作为双方既有法律关系的司法认定，不构成对本案判决的影响。综上，外运公司主张其与息县工行之间系代理法律关系而非保管法律关系的意见，不能成立。

第三种观点认为，保管合同是保管人保管寄存人交付的保管物，并返还该物的合同，而在监管协议中，监管人的义务不限于保管质物，还包括承担验明质物、监管质物等义务，与保管人在保管合同项下承担的义务有所区别，应为混合合同，可以称为监管合同。如在“中国民生银行股份有限公司大连分行与中储发展股份有限公司大连分公司、中储发展股份有限公司监管合同纠纷再审案”[②]中，最高人民法院认为：

《合同法》第三百六十五条规定，保管合同是保管人保管寄存人交付的保管物，并返还该物的合同。本案中，133—1号《动产质押监管合同》由质权人、出质人、保管人三方签订，中储大连分公司作为保管人，不仅承担保管质物的义务，还承担验明质物、监管质物等义务，与保管人在保管合同项下承担的义务有所区别。二审判决根据合同的性质，将本案案由确定为监管合同纠纷，并无不当。

有学者主张，基于无名合同的违约责任采无过错责任，而委托合同、保管合同、仓储合同等有名合同的违约责任均以当事人存在过错为构成要件，宜将监管协议定性为有名合同。至于属于哪一类有名合同，尚须结合合同的具体内容加以确定，不宜抽象判断，一概而论。当监管协议里同时约定了监管人负有质物监管义务和保管义务时，监管人的主给付义务自然不以保管义务为限。除保管义务外，监管人此时还负有对动态质押中质物的价值和数量变动情况进行监督报告、对质物进行特殊标识以及质物受侵害时在约定时间内及时通知银行等监督、管理方面的义务。尤其要强调的是，监管人需要承担质物权属审核义务，这是仓储合同中保管人不需要承担的职责。在此种情形之下，认定质物监管协议是质权人概括委托监管人处理与质物保管、监督相关的一切事务的委托合同，而非单纯的仓

---

① 最高人民法院（2014）民申字第1490号民事裁定书。

② 最高人民法院（2013）民申字第138号民事裁定书。

储合同，更为妥当，更符合当事人的合同目的。当然，如质物监管协议中约定监管人的合同义务仅为保管质物，无其他监督、管理方面的内容，则该合同自应属于仓储合同。[①] 这一观点符合意思表示的解释规则，实值赞同。

四、动态质押中监管人法律责任的一般规则

动态质押中监管人应依监管协议的约定履行监管义务，未尽监管义务者，在没有法定或约定的免责事由之下，应承担违约责任。在“中国工商银行股份有限公司铁岭分行与中国外运辽宁储运公司等金融借款合同纠纷再审案”[②] 中，最高人民法院认为：

铁岭工行作为金融企业，不具备占有、储存、监管玉米的硬件设施和专业知识，所以委托储运公司作为代理人代为清点、接收、占有、监管浩然公司提供的质物。储运公司接受铁岭工行委托后，应当全面诚实地履行自己的义务，并对接收、占有和保管质物的数量向铁岭工行负责。储运公司作为监管人，向铁岭工行出具《质物清单》，声明其已经收到浩然公司提供的质物，且质物已在储运公司占有、监管之下。铁岭工行基于对储运公司的合理信赖，有理由相信浩然公司已经实际出质，且质物已经在储运公司占有、监管之下。截止到一审诉讼时，质物已经严重短少，在储运公司不能举证证明质物短少是由于不可抗力造成的情况下，原判决判令其在质物损失的范围内向铁岭工行承担赔偿责任，符合合同约定，并无不妥。

应当注意的是，监管人未履行监管义务的赔偿范围如何确定？是以质物担保的主债权为限，还是相应质物的价值？在“中国工商银行股份有限公司息县支行与中国外运河南公司保管合同纠纷再审案”[③] 中，质权人是基于拥有质押物的质权及《质押物监管协议》向质押物监管人主张赔偿的，要求按照质押物约定的价值 2640 万元赔偿，本质上属于金源公司向息县工行提供的质物灭失的替代物，但并不等于质权人可以获得超过主债权 1800 万元本金及其利息的不当得利，多余的部分应当归还给出质人。在该案中，最高人民法院认为：

根据原审查明的事实，息县工行和金源公司于 2010 年 3 月 23 日向外运公司出具《质押物种类、价格、最低要求通知书（代出质通知书）》），明确载明质押物原煤 22000 吨，金额 2640 万元，同日外运公司向息县工行出具的《质押物清单（代出质通知书）》中亦明确载明：外运公司确认上述质押物已在外运公司的占有、保管、监管之下，并保证在其监管期间，质押物的最低价值始终不得低于人

① 参见王富博、李明卉：《质物监管纠纷中的法律争点及解决路径》，载《人民司法·应用》2019 年第 19 期。

② 最高人民法院（2015）民申字第 1968 号民事裁定书。

③ 最高人民法院（2014）民申字第 1490 号民事裁定书。

民币2640万元。同时，根据《监管协议》约定，质押物的数量随着市场单价的变动而变动，但质押物的最低价值不变，最低为2640万元。据此，外运公司在《监管协议》履行过程中一直认可质押物最低价值为2640万元。因此原审法院认定涉案质押物价值为2640万元，有事实和合同依据，并无不当。外运公司主张原审判决认定质押物价值缺乏证据证实，不能成立。本案中，息县工行的诉讼请求是基于《监管协议》的约定要求外运公司返还质押物原煤或者赔付相应价款，原审判决外运公司赔偿质押物损失2640万元本质上属于金源公司向息县工行提供的质押物灭失的替代物，息县工行可以此赔偿就其向金源公司享有的债权行使优先受偿权。债务因清偿而消灭，本案原审判决不会导致息县工行对金源公司享有的债权获得两次受偿。因此，外运公司申请再审所提息县工行应于金源公司破产终结后才能向外运公司主张权利的意见，不能成立。

五、动态质押监管人的义务核心：价值抑或数量

由于动态质押的质物可被替换，故质物的种类、规格、数量、质量都可能发生变化，实践中对监管人义务的核心存在争议。如在“广发银行股份有限公司佛山分行与佛山金诚信物流有限公司质权纠纷再审案”[①] 中，广发行主张金诚信公司监管责任的核心是货物数量与仓单价值的双重监管，故广发行有权就仓单项下单项货物的数量及价值减少向金诚信公司索赔；金诚信公司主张，其监管责任的核心是对仓单总价值进行监管，在广发行为能举证证明质物总价值减少的情况下，其无须承担赔偿责任。对此，广东省高级人民法院认为：

本案质押为浮动质押。质押作为企业融资的重要担保方式之一，经历了从固定质押到浮动质押的发展。在固定质押中，质押物事先约定，在质押权存续期间中不允许更换，直到借款方缴纳足够的保证金或者还清贷款，才可以赎回质押物。其典型特征是，质押物的范围被清晰、准确地界定出来，质押权人对作为质押权标的物的财产能有效控制，出质人与他人交易质押物，必须征得质押权人的同意；而在浮动质押中，质押物在不同阶段可以以不同的形式存在，并且可以相互置换，只要质押物的价值在一个合理的范围内浮动以控制风险即可，出质人保留了利用质押物从事生产和经营的自主经营权。对于贷款企业而言，浮动质押对企业的生产经营活动影响较小；对于银行等贷款方而言，浮动质押扩大了客户群体，促进了融资业务的发展。因此，浮动质押已经成为了一种常见的融资担保方式。

在“中国工商银行股份有限公司淄博分行与蓬达资产管理有限公司、中国太平洋财产保险股份有限公司枣庄中心支公司、中国大地财产保险股份有限公司烟

① 广东省高级人民法院（2015）粤高法审监民提字第108号民事判决书。

台中心支公司、淄博烨华贸易有限公司保管合同纠纷再审案”[①] 中，最高人民法院认为：

蓬达资产公司淄博分公司分别于2009年3月31日、4月7日、4月14日、4月22日向工行淄博分行出具四份监管报告，其中均载明烨华公司质物总量为35182.96吨，总价值为20147216元，质物的数量、价值均控制在《动产质押监管协议》和《动产质押质物的监管方案》的规定之中，按工行淄博分行动产质押贷款监管办法规定的贷款质押率50%计算，较工行淄博分行贷款额1000万元高出7万元。此外，烨华公司与蓬达资产公司淄博分公司于2009年5月23日签订《归还质物协议书》，约定烨华公司必须在5月28日之前将运走的质物（煤炭）运回监管地，并达到《动产质押合同》约定的2000万元总价值标准。可见，蓬达资产公司对于质物数量（价值）最低线为2000万元是明知且认可的。

而在“中海集团四川物流有限公司与中国工商银行股份有限公司合江支行、合江县百巨商贸有限公司合同纠纷上诉案”中，四川省高级人民法院指出，“就本案监管质物的价值而言，其本身即是由一定数量和一定种类、品质的货物共同构成的，不能截然分割开来”，[②] 同时，该法院亦指出，质物的价值受市场行情、保管条件、存放期限等多种因素影响，只有在质物价值的减损是因为监管人未尽监管义务造成的，监管人才应承担监管责任，具体如下：

本院同时注意到，中海物流公司确未参与案涉质物的价格确定，其自身也难以从操作层面准确判断质物价值的高低，且质物煤炭的价值（价格）高低也受市场行情、保管条件、存放期限等多种因素影响，故协议载明的“最低价值”，只是担保合同双方基于质物当时的数量、质量状态，按一定标准商议确定的，其实际变现价款可能会有差异。因此，一方面，作为理性的市场主体，在基于自身的商业判断作出自主选择，认可其他各方共同确认的监管质物价值并成立有效监管协议后，理应受到相应约束并承担责任后果，其不能以此为借口放弃监管义务；另一方面，如果无论何种情况下出现的质物实际价值降低，均要由中海物流公司承担责任，既不客观也有失公允。换言之，只要中海物流公司严格依约履行了监管义务，即便在合江工行实际实现担保物权时，质物的变现价款低于协议确定的最低价值1305万元，该公司也无需承担赔偿责任。

由上述案例可知，在动态质押的监管合同中，双方均约定监管人将质物控制在最低价值线上，而质物的数量、质量等是衡量价值的标准，故监管人的义务本质是维持质物价值处于最低价值线上，而非使质物数量保持不变。同时，监管人对质物价值的监管责任往往是通过对质物的数量、规格等标准的控制来履行，质

① 最高人民法院（2013）民申字第591号民事裁定书。
② 四川省高级人民法院（2016）川民终966号民事判决书。

言之，被监管质物的价值与数量等外在标准是内容与形式的关系。

六、动态质押中虚假出质的法律责任

在动态质押中，由于质物非由监管人直接占有，故存在监管人未尽监管责任或者与出质人串通而导致虚假出质的风险。根据法律与合同的约定，出质人、质权人和监管人在质权的设立上各自负有相应的义务，因此在虚假出质中，各方按其过错程度承担责任。如在“广发银行股份有限公司哈尔滨长江路支行与中国物流有限公司、哈尔滨商德实业有限公司等金融借款合同纠纷上诉案”① 中，从是否有过失的角度出发，二审法院认为对涉案质押钢材实际数量与监管下限27143.429吨差额部分质权不能设立给广发银行造成的损失，商德公司、广发银行、中国物流公司均存在过错，均应承担相应责任。

对于出质人的责任，根据《担保法》第六十三条及《担保法解释》第八十六条，出质人应当依法将质物交付出质人，若其未按约定交付质物时，应当按照其过错承担赔偿责任。本案出质人商德公司在虚假出质中责任如下：

对商德公司而言，根据《担保法》第六十三条的规定，商德公司应依法将涉案质押钢材交付广发银行。……根据上述约定，商德公司应交付广发银行、哈尔滨物流公司质押钢材27143.429吨，但其实际仅交付约6000吨。在商德公司明知质押钢材数量与合同约定数量严重不符，未进行实际测量的情况下，为取得广发银行贷款，虚开押品清单等资料，主观过错明显，对质押钢材实际数量与监管下限27143.429吨差额部分质权不能设立给广发银行造成的损失，应当承担相应责任。虽然商德公司是涉案质押钢材的出质人，但同时其也是债务人，理所应当对全部债务承担还款责任，故其作为《最高额动产质押合同》的当事人及《动产监管合同》的关联一方所应承担的违约责任与其作为债务人应承担责任完全竞合，在此不再赘述。

对于质权人的责任，根据《商业银行法》第三十六条和《物权法》第二百一十五条，作为质权人的商业银行应当对质物的权属及价值及质权的可行性进行严格审查，并负有妥善保管质押财产的义务；若未尽相应义务，对虚假出质或不足额出质等情形造成的己方损失也应承担相应责任：

对于广发银行而言，根据《物权法》第二百一十五条规定可知，质权人负有妥善保管质押财产的义务。根据《商业银行法》第三十六条规定可知，商业银行贷款借款人应当提供担保。商业银行应当对保证人的偿还能力、抵押物、质押物的权属和价值以及实现抵押权、质权的可行性进行严格审查。本案广发银行作为贷款人和质权人，具有审查保管质押财产的法定义务，应当对债务人商德公司交

① 最高人民法院（2016）最高法民终266号民事判决书。

付的质押财产数量进行严格测量。但广发银行未履行相应义务，而是将该义务通过《动产监管合同》全部委托哈尔滨物流公司履行。在广发银行明知商德公司将质押钢材交付哈尔滨物流公司时未进行实际测量的情况下，其既不组织三方实际测量，也不督促哈尔滨物流公司按照监管合同约定进行测量，仅仅依据商德公司的库存表即在《押品清单》上填写质押财产数量并加盖公章，该行为表明其不仅怠于履行其法定质物审查义务，在明知质押钢材可能不足的情况下随意放贷，而且对自己债权的实现疏于管理并听任债权不能实现的风险放大，存在明显过错，对造成的己方损失，也应承担相应责任。

对于监管人的责任，根据《合同法》第一百零七条，作为监管方的物流公司在未尽合同约定的监管义务，导致债权不能或不能完全实现时，应按其过错程度承担违约责任：

本案中，哈尔滨物流公司在接收质押财产时，未按合同约定进行测量即接收质押财产，存在明显过错。更有甚者，哈尔滨物流公司作为专业监管人，无视《动产监管合同》约定，在未经测量的情况下随意出具《押品清单》，造成质押财产实际数量与《押品清单》载明的数量严重不符，造成广发银行在质押物不足的情况下发放贷款，一定程度上助长了对金融秩序和经济秩序的扰乱。正因为此，其对质押钢材实际数量与监管下限27143.429吨差额部分质权不能设立给广发银行造成的损失，应承担赔偿责任。

金融机构对借款人的资信、保证人的偿还能力、抵押物或质物的权属和价值以及实现抵押权、质权的可行性承担的审查义务属于法定义务，不能通过协议全部转移给他人。在“招商银行股份有限公司上海宝山支行与招商局物流集团上海有限公司、上海宏飞实业有限公司、上海宝铁储运有限公司、焦玉明合同、侵权纠纷案审理法院再审案”[①] 中，最高人民法院认为：

根据《商业银行法》第三十五条、第三十六条规定，招行宝山支行在审贷过程中对质物的权属具有法定的审查义务。招行宝山支行认为，其对质物权属的审查以及质物的监管义务已经通过质物监管协议委托给了招商物流公司。但是，在招行宝山支行与招商物流公司签订质物监管协议之前，招行宝山支行就已经接受了宝铁公司出具的仓单附仓单明细，并办理了出质背书手续。而招行宝山支行在此过程中并没有对宏飞公司提供的仓单项下的质物是否存在尽到审查义务，没有能够发现仓单项下的钢材不存在的事实。在质物虚假的情况下，根据招行上海分行2004年4月26日批准的宏飞公司的承兑申请，招行宝山支行与宏飞公司签订银行承兑协议，并于同日将并不存在的质物交由招商物流公司办理质物移交手续并实施监管。因此，招行宝山支行对于因质物虚假造成的损失，存在一定过错，

① 最高人民法院（2009）民提字第40号民事判决书。

应承担相应的责任。

在虚假出质中，监管人未按约履行监管义务，其责任形式为违约责任，此无疑问，对其责任范围，在“大连俸旗投资管理有限公司与中国外运辽宁储运公司等借款合同纠纷上诉案”① 中，最高人民法院认为，虚假出质中债权未能实现的首要原因是债务人不清偿债务，而质权未能有效设立的首要原因为出质人的虚假出质和质权人未尽审查义务，故监管人的责任范围应是补充赔偿责任。具体如下：

辽宁储运公司承担责任的方式应为补充赔偿责任。在债权债务及担保法律关系中，债务人是终局性义务人，担保人在替代债务人清偿债权后可以向债务人追偿，属于从义务人，二者依法或依约定而产生，都是债权人的直接义务人。相对于债务人与担保人而言，担保物监管人仅是帮助债权人实现债权的辅助人，而不是债权实现的直接义务人，其责任虽具有一定的独立性，但除因自身原因造成监管担保物灭失外，其责任需依附于债务人与担保人的直接责任，如果直接责任因清偿而消灭，由于债权人因获得清偿而不存在损失，则其监管责任也相应消灭。所以其只可能是前述直接义务人后的辅助性补充性义务人。实践中，在以下两种情况中更应如此。一是债权产生在先并已陷入不能清偿风险。由于这种情况中债权不能清偿风险已在先产生，而担保物监管在后出现，债权并不是因信任担保权的保障及担保物监管人的监管而产生，债权不能实现的首要原因是债务人不能清偿债权，与担保物监管人的后续进入并不存在直接因果关系。二是债权人、担保人对质权不能设立存在过错且过错在先。由于这种情况中债权不能实现的首要原因除债务人不能清偿债权外，主要是债权人、担保人的在先过错导致质权没有设立，所以担保物监管人的后续进入对质权实质上已无法设立并不能产生根本性影响。上述两种情况中，担保物监管人的责任都只应是辅助性的补充性的。

综上，在关于动态质押虚假出质的裁判中，较有代表性的观点是出质人、质权人与监管人三方各自负有相应的义务，就虚假出质中应按各自过错程度承担责任。就监管人的责任而言，因其未按合同约定履行对质物的查验及报告义务，应承担违约责任；但质权人的质权不能实现的首要原因是出质人的虚假出质行为，监管人的不作为只是延续了虚假出质的状态，故监管人的责任范围为补充赔偿责任。

七、出质人强行出货时监管人的法律责任

因动态质押的标的物为存货，且广泛采用在出质企业仓库内进行质押监管的方式，可能存在出质人基于生产经营的需要擅自或强行出货的情形。对此，监管人是否尽到监管义务成为其是否应承担法律责任的关键。在“山东龙顺物流有限

① 最高人民法院（2016）最高法民终 650 号民事判决书。

公司、山东龙顺物流有限公司枣庄分公司金融借款合同纠纷上诉案”① 中，对于龙顺物流枣庄分公司是否尽到了妥善、谨慎保管质押财产的问题，一审法院认为：

龙顺物流枣庄分公司的监管人员擅离工作岗位，失察失职，导致监管煤炭在未履行合同规定程序的情况下，被长丰伟业公司转移，龙顺物流枣庄分公司没有尽到妥善、谨慎的保管义务，构成违约。同时，质押煤炭系存放于长丰伟业公司院内进行监管，且该监管场所内全部为长丰伟业公司提供质押的煤炭。根据龙顺物流枣庄分公司陈述，短少煤炭的数量约为3000多吨，长丰伟业公司擅自出货的数量大，必定有拉煤的货车进出监管场所，出货也应当持续一定时间。如果龙顺物流枣庄分公司的监管人员忠于职守，如此大规模的出货行为一定能够及时被发现、制止，也足以及时采取报警等紧急措施。龙顺物流枣庄分公司亦无法提供2014年2月的监管旬报，其在发现煤炭短少之后所履行的通知及采取相应报警、去函沟通的义务，已无法挽回损失，不能免除其应承担的违约责任。

而在“中信银行股份有限公司青岛分行与青岛中远物流有限公司、光明轮胎集团有限公司等金融借款合同纠纷再审案”② 中，监管人在出质人强制出货前依约向质权人提示风险并采取紧急措施，最高人民法院对此则认为：

本案二审法院基于《动产质押监管协议》的约定，认定受托方中远物流公司在光明集团公司强制出货之前，即已向中信青岛分行发出风险警示函，提示监管风险加大，建议将质物移库、增加锁具，其后亦依约多次提示风险并采取应急措施向110报案，当求助公权力尚且无法避免光明集团公司强行出货，中远物流公司不可能以暴力手段阻止不法行为，在代中信青岛分行履行监管质物过程中尽到了通知和阻止义务，受托方中远物流公司不存在过错，故无需在人民币12 784 926.05元范围内对一审被告郑本福不能清偿部分的欠款本息向中信青岛分行承担赔偿责任，有事实和法律依据，不存在不当加重金融机构监管责任的情形。

在上述两则出质人强行出货的案例中，监管人均采取了相应的通知和报警行为，但法院判决结果并不一致，其原因在于监管人对监管义务的履行情况不同。在前案中，因监管人的工作人员擅离职守而未能及时发现出货行为，且是在货物短少后才采取通知和报警行为；而在后案中，在出质人强行出货前即已履行通知义务，且在当时采取应急措施。监管人对出质人的强行出货行为已妥善尽到监管义务的，不承担违约责任。

---

① 山东省高级人民法院（2016）鲁民终1922号民事判决书。本案二审判决对一审判决予以维持。类似观点参见“蓬达资产管理有限公司与中国工商银行股份有限公司淄博分行等保管合同纠纷申请再审案”［最高人民法院（2013）民申字第591号民事裁定书］。

② 最高人民法院（2016）最高法民申978号民事裁定书。

【附：起草过程中的争议】

《会议纪要（稿）》

17.【监管人的责任】在流动质押中，经常由质权人、出质人与监管人签订三方或双方监管协议，此时要根据实际的权利义务关系来确定监管人究竟是受质权人的委托还是受出质人的委托来监管质物。如果监管人系受质权人的委托监管质物，则其是质权人的间接占有人，应当认定完成了质物交付，流动质押有效设立。监管人违反监管协议约定，违规向出质人放货、因保管不善导致质物毁损灭失的，质权人有权请求监管人承担违约责任。如监管人系受出质人委托监管质物的，表明质物并未交付质权人，或者质物仍受出质人支配，应当认定质权未有效设立。监管合同尽管约定由监管人监管质物，但质物实际上仍由出质人管领控制的，也应当认定质物并未实际交付，亦应认定质权未有效设立。

《会议纪要（哈尔滨征求意见稿）》

67.【流动质押的设立与监管人的责任】在流动质押中，经常由质权人、出质人与监管人签订三方监管协议，此时要根据实际的权利义务关系来确定监管人究竟是受质权人的委托还是受出质人的委托来监管质物。如果监管人系受质权人的委托监管质物，则其是质权人的间接占有人，应当认定完成了质物交付，质权有效设立。监管人违反监管协议约定，违规向出质人放货、因保管不善导致质物毁损灭失的，质权人有权请求监管人承担违约责任。

如果监管人系受出质人委托监管质物的，表明质物并未交付质权人，应当认定质权未有效设立。监管合同尽管约定由监管人监管质物，但质物实际上仍由出质人管领控制的，也应当认定质物并未实际交付，质权未有效设立。

《会议纪要（公开征求意见稿）》

64.【流动质押的设立与监管人的责任】在流动质押中，经常由质权人、出质人与监管人签订三方监管协议，此时要根据实际的权利义务关系来确定监管人究竟是受质权人的委托还是受出质人的委托来监管质物。如果监管人系受质权人的委托监管质物，则其是质权人的间接占有人，应当认定完成了质物交付，质权有效设立。监管人违反监管协议约定，违规向出质人放货、因保管不善导致质物毁损灭失的，质权人有权请求监管人承担违约责任。

如果监管人系受出质人委托监管质物的，表明质物并未交付质权人，应当认定质权未有效设立。监管合同尽管约定由监管人监管质物，但质物实际上仍由出质人管领控制的，也应当认定质物并未实际交付，质权未有效设立。

第二节　浮动抵押的效力

【会议纪要条文】

64.**【浮动抵押的效力】企业将其现有的以及将有的生产设备、原材料、半成品及产品等财产设定浮动抵押后，又将其中的生产设备等部分财产设定了动产抵押，并都办理了抵押登记的，根据《物权法》第199条的规定，登记在先的浮动抵押优先于登记在后的动产抵押。**

【条文要义】

本条系在《物权法》第一百九十九条之下，寻求动产浮动抵押权和动产固定抵押权竞存之时优先顺位的解释方案。

第一，企业将其生产设备、原材料、半成品及产品等财产设定动产浮动抵押后，又将其中的部分财产设定了动产固定抵押权的，两个抵押权均自各自的抵押合同生效之日起设立，并自各自登记之日起取得对抗第三人的效力。

第二，就同一财产上竞存的抵押权之间的优先顺位，《物权法》第一百九十九条已经确立相应的规则，动产浮动抵押权和动产固定抵押权竞存之时优先顺位的确定亦应适用该规定，动产浮动抵押权和动产固定抵押权竞存之时，先登记者优先；登记的优先于未登记的；均未登记的，按比例平等受偿。

【深度阐释】

一、动产浮动抵押权和动产固定抵押权的区别

浮动抵押，是指担保人以其现有的和嗣后取得的全部财产或部分财产为其债务提供担保，担保人仍得占有、使用并在正常经营活动中处分其担保物并免受担保权之追及，在债务人不履行到期债务或发生当事人约定的实现担保权的情形时，担保权人有权就实现担保权时的动产优先受偿的一种担保制度。浮动抵押与固定抵押相对而称，两者之间的区别主要体现为：

（一）财产的浮动性与浮动抵押的认定

浮动性财产的约定与登记影响着浮动抵押权是否设立的认定，审判实践中主

要有以下分歧：

第一，持否定观点的法院认为，不构成浮动抵押，而构成固定抵押。如在“九三集团（黑龙江农垦）金粮经贸有限公司与前郭县敖丰粮油有限责任公司、张伟合同纠纷再审案”① 中，最高人民法院根据《物权法》第一百八十一条的规定认为：

浮动抵押权是指企业、个体工商户、农村生产经营者以其全部动产，包括现在的和将来可以取得的全部动产为标的设定的抵押。构成动产需具备三个要件，一是以不特定的动产作为担保标的物；二是在实现抵押权时仅以抵押人当时拥有的相应动产特定为抵押物，抵押权人只能对确定时属于抵押人的财产享有优先受偿权；三是设立于抵押人当时所有的全部财产之上，但抵押人仍有权对设押财产在日常经营范围内行使所有权的占有、使用、收益、处分权能。按照张伟与敖丰公司之间的约定，抵押物详见抵押物清单，而抵押物清单载明了玉米入库的时间和数量，张伟（抵押权人）亦委派人员监管玉米的销售，可见抵押的玉米已经被特定化，不再是浮动抵押意义下的流动物，抵押物并不包括在签订抵押合同之前已经存放于敖丰公司仓库内的玉米，敖丰公司（抵押人）也不能自由处分已经列入抵押清单的玉米，故张伟与敖丰公司之间的抵押合同并不符合动产浮动抵押的构成要件，应当为一般动产抵押，自抵押合同成立时起，其抵押物即为已经被特定化的入库玉米。

同样对于抵押物为种类物，当事人签订的抵押财产监管协议及租赁仓库合同书的约定，用于抵押的种类物应维系在一定数量，只有超出的部分才可以继续出售，这种交易模式属于固定抵押而非浮动抵押。如在“金猴集团威海融金仓储有限公司与张信维、山东圣洋水产集团有限公司、山东圣洋龙源海洋生物科技有限公司、荣成市港湾胜利鱼粉厂、中国银行股份有限公司威海石岛支行等占有物返还纠纷上诉案”② 中，威海市中级人民法院认为：

根据金猴公司与胜利鱼粉厂签订的抵押财产监管协议及租赁仓库合同书的约定，用于抵押的鱼粉至少应当保障在三级品以上鱼粉数量不少于2365吨，只有超出的鱼粉可以继续出售。从上述约定看，双方的合同本意为将不低于2365吨的鱼粉当做固定抵押而非浮动抵押，且在合同签订后，双方对案涉鱼粉进行了抵押登记。在圣洋公司拉走案涉鱼粉时，库存鱼粉数量已经不足2365吨，故在未征得抵押权人即金猴公司同意的情况下，胜利鱼粉厂不得处分案涉鱼粉。圣洋公司虽主张其与胜利鱼粉厂存在债权债务关系，但在案涉鱼粉已经抵押的情况下，圣洋公司的抵顶行为显然侵犯了金猴公司的合法抵押权，据此圣洋公司亦无权对案涉鱼粉主张权利，其应当承担返还义务。

---

① 最高人民法院（2016）最高法民再275号民事判决书。

② 山东省威海市中级人民法院（2017）鲁10民终553号民事判决书。

因财产不具有浮动性，不宜认定为浮动抵押权。在“汝州市三源牧业有限公司与河南和佳置业有限公司等企业借贷纠纷再审案”[①] 中，最高人民法院即认为：

根据《物权法》第一百八十一条的规定，构成动产浮动抵押的其中两个要件是以不特定的动产作为担保标的物；设立于抵押人当时所有的财产之上，但抵押人仍有权对设押财产在日常经营范围内行使所有权的占有、使用、收益、处分权能。经查，《借款合同》第三条约定：汝源公司自愿将其全部资产作为抵押，不包含债务；若抵押期间汝源公司将抵押物再抵押、转让给第三方，视为欺诈。该约定所涉及的全部资产包括动产及不动产，且限制了汝源公司在抵押期间将抵押物再抵押、转让的权利，与动产浮动抵押的构成要件不符，无法判定双方形成了设定动产浮动抵押担保的合意。

第二，持肯定观点认为构成浮动抵押的主要有以下情形。

有法院认为，当事人约定以抵押人相关生产线的产成品提供担保，而且提供担保时并未对用于抵押的产成品进行具体界定，也未对抵押人的处分权能作出限制，抵押物具有浮动性，当事人之间是动产浮动抵押关系。如在“浙江圣大建设集团有限公司与浙江玻璃股份有限公司动产浮动抵押权纠纷案”[②] 中，绍兴市中级人民法院认为：

关于讼争担保的性质。虽然主债务人光宇公某在向被告出具的联系单中，要求被告开具提货单作为“货权质押”，但该“货权质押”并非被告与原告的直接约定，也非担保法上的专门术语，而且对于一般当事人而言，亦未必能够准确区分抵押担保与质押担保，故应当依据本案证据的整体情况以及担保设立过程进行综合判断。首先，根据原告提供的联系单、出库单，被告是通过交付出库单的方式，以其相关生产线玻璃为原告提供担保，表明讼争担保系物的担保。其次，从担保设立过程来看，讼争担保并不涉及担保物的占有转移，被告在庭审中亦认为其提供担保无需向原告交付玻璃，故讼争担保应为抵押担保，而非质押担保。再者，从出库单内容来看，双方是约定以被告相关生产线的玻璃提供担保，而且提供担保时并未对用于抵押的玻璃进行具体界定，也未对被告的处分权能作出限制，抵押物具有浮动性，符合《物权法》第一百八十一条规定的动产浮动抵押的特征。

最高额抵押担保与浮动抵押并不矛盾，设立担保后，抵押人仍开展生产经营，存货有进有出，担保物的价值是浮动的，故“浮动”是从担保物的角度而言的；同时，这些流动的货物为抵押人在一定时期内连续发生的债务提供担保，最高限额所框定的是担保责任的范围，故“最高额”是从担保责任的层面而言的。如在“浙江嘉善联合村镇银行股份有限公司与嘉善明伟植绒有限公司、嘉善创兴

① 最高人民法院（2017）最高法民申 1500 号民事裁定书。

② 浙江省绍兴市中级人民法院（2011）浙绍商初字第 70 号民事判决书。

木业有限公司等金融借款合同纠纷上诉案”[①] 中，嘉兴市中级人民法院认为：

对于鑫辉厂提供何种担保方式，应当根据鑫辉厂所签担保合同的约定以及登记记载的内容进行判断。鑫辉厂与嘉善银行签订了《最高额抵押合同》，抵押登记书上记载鑫辉厂以存货提供浮动抵押。庭审中，嘉善银行主张鑫辉厂提供的是最高额抵押担保，鑫辉厂则认为其提供的是动产浮动抵押。事实上，这两者并不矛盾。设立担保后，鑫辉厂仍开展生产经营，存货有进有出，担保物的价值是浮动的，故“浮动”是从担保物的角度而言的；同时，这些流动的货物为创兴公司在一定时期内连续发生的债务提供担保，最高限额所框定的是担保责任的范围，故“最高额”是从担保责任的层面而言的。但无论如何，在签约以及登记的过程中，鑫辉厂与嘉善银行之间并不存在以存货进行质押的合意。嘉善银行委派金钥匙公司监管的是货物的价值，对鑫辉厂经营流转中留存货物的数量、价值进行记录，而这些货物的占有并未转移，仍处于鑫辉厂的现实管控之下，由鑫辉厂使用和处分，故鑫辉厂也不存在转移动产占有、进行出质的行为。因此，鑫辉厂提供的担保是抵押，而非质押。

约定以担保人库存的种类物设定担保物权的，在性质上应认定为浮动抵押，而不宜认定为动产质押。如在“广发银行股份有限公司哈尔滨分行与黑龙江省银企投资担保有限责任公司、哈尔滨红樱桃金属材料有限公司借款合同纠纷再审案”[②] 中，再审法院认为：

关于银企公司与红樱桃公司所签《反抵押担保合同》的效力及性质问题。银企公司与红樱桃公司所签两份《反抵押担保合同》系双方当事人的真实意思表示且不违反国家法律和行政法规的禁止性规定，合法有效。合同明确约定红樱桃公司以其库存的钢材作为抵押物，该约定符合《物权法》第一百八十条第一款第四项的规定，担保的性质属浮动抵押担保。

第三种观点认为，当事人约定以抵押人所有资产设定抵押担保，因抵押财产不特定，认定抵押权不设定，不宜认定为浮动抵押。如在“黄燕与广州市大鸣投资发展有限公司、广州市黄金海岸水上乐园有限公司民间借贷纠纷上诉案”[③] 中，梧州市中级人民法院认为：

上诉人何湛雄、黄金海岸公司、大鸣公司上诉主张桂海公司提供的是浮动抵押，不需要特定化的说明，物的担保成立。本院认为，由于《借款合同》仅约定以桂海公司所有资产设定抵押担保，上诉人提出不需要特定化的说明物的担保成立没有依据，故一审法院认定桂海公司物的担保不能成立并无不当。

---

① 浙江省嘉兴市中级人民法院（2015）浙嘉商终字第380号民事判决书。

② 黑龙江省哈尔滨市中级人民法院（2014）哈民再终字第6号民事判决书。

③ 广西壮族自治区梧州市中级人民法院（2016）桂04民终35号民事判决书。

（二）抵押权优先受偿的抵押财产范围

就浮动抵押权优先受偿的财产范围，裁判实践中并不一致。

第一种观点认为，浮动抵押权优先受偿的财产范围应以登记的抵押财产范围为准。如在“邓培福与中山市科赛尔电器有限公司、伍庆汪民间借贷纠纷上诉案”[①] 中，中山市中级人民法院认为：

邓培福与科赛尔公司在浮动抵押合同中约定，双方应共同对抵押物进行清理，并制作抵押物清单作为本合同的附件，明确双方签订浮动抵押合同时抵押物的财产类别、数量、状况、价值。从双方于 2015 年 2 月 5 日办理的编号为 076020150205001 的抵押登记清单所载的抵押物名称来看，抵押物均是原材料、成品、半成品，并无科赛尔公司于 2015 年 2 月 16 日前被法院查封的机器设备等动产在内。从时间跨度上可以推定，该部分动产在涉案浮动抵押合同签订之前均已存在，但邓培福、科赛尔公司并未将该部分动产纳入抵押登记清单，故邓培福在签订合同时的抵押权利范围应以抵押登记清单为限，对该清单所列动产的折价、拍卖或变卖所得款项在本案债权范围内依法享有优先受偿权，对设定浮动抵押时科赛尔公司已存在而未纳入登记范围的其它动产的折价、拍卖或变卖所得价款无权主张优先受偿权。

浮动抵押权人对抵押人在抵押登记之后新增的动产当然享有抵押权，就该部分新增动产无须再向相关部门办理抵押登记，但抵押权人对实现抵押权时的该新增动产范围负有举证义务，故抵押权人应对抵押人的动产定时、及时清点以保障该部分相对并不确定的权利范围。本案中，邓培福与科赛尔公司在浮动抵押合同中明确约定科赛尔公司应每月向邓培福提供动产明细清单并配合邓培福进行清点、检查，但从现有情况来看，双方并未履行该项约定，邓培福二审调查期间亦确认从未与科赛尔公司进行过清点。鉴于科赛尔公司的全部动产现已被法院查封、拍卖，而邓培福自认不清楚该拍卖所得款项指向的动产中是否存在 2015 年 2 月 5 日后新增部分，故邓培福因为未及时履行清点义务，致抵押物的浮动范围在其实现抵押权时无法固定，应承担举证不能的不利后果，本院据此认定科赛尔公司在 2015 年 2 月 5 日后并无新增动产，故邓培福的浮动抵押权利范围限于 2015 年 2 月 5 日动产抵押登记清单所载。

有法院认为，根据《担保法解释》第六十一条“抵押物登记记载的内容与抵押合同约定的内容不一致的，以登记记载的内容为准”的规定，案涉抵押物在抵押合同约定的抵押物数量与抵押登记的数量不一致时，应以登记记载的内容为准，即抵押权人有权对已办理抵押登记抵押物的拍卖、变卖所得价款享有优先受偿权。如在“贵州银行股份有限公司遵义分行与贵州省仁怀市茅台镇酒都酒业有

① 广东省中山市中级人民法院（2016）粤 20 民终 637 号民事判决书。

限公司、贵州省仁怀市茅台镇金力来酒业有限公司金融借款合同纠纷案”[①] 中，贵州省高级人民法院认为：

本案所涉抵押物在抵押合同约定的抵押基酒数量与抵押登记的数量不一致时，应以登记记载的内容为准，即抵押权人有权对已办理抵押登记的2053吨基酒的拍卖、变卖所得价款享有优先受偿权。

第二种观点认为，浮动抵押权优先受偿的财产范围应以实现时的抵押财产为准。有法院认为，根据浮动抵押的特点，在《物权法》第一百九十六条规定的事由出现时抵押财产才特定，事由出现之前抵押财产的范围和价值都处在变动之中，因此，抵押权人应就抵押权实现时的抵押财产优先受偿。如在“广东省文教体育用品进出口公司与于立、广东庆狮汽车销售服务有限公司买卖合同纠纷上诉案”[②] 中，广州市中级人民法院认为：

文教公司与庆狮公司签订《浮动抵押合同》并办理了动产抵押登记，根据《物权法》第一百八十一条、第一百八十九条及第一百九十六条的规定，该浮动抵押已经生效，且文教公司有权就实现抵押权时的动产优先受偿。根据浮动抵押的特点，在上述第一百九十六条规定的事由出现时抵押财产才特定，事由出现之前抵押财产的范围和价值都处在变动之中，因此，庆狮公司主张《动产抵押登记证书》与《浮动抵押合同》约定的抵押物范围不一致，应当视为约定不明，缺乏法律依据，本院不予支持。

有法院认为，浮动抵押中，当合同约定实现抵押权的情形出现时浮动抵押的抵押财产确定，抵押成立时与抵押权实现时浮动抵押财产的范围存在不一致实属正常。如在“王志伟、李丽珍等与交通银行股份有限公司佛山分行、广东安的药业有限公司金融借款合同纠纷再审案”[③] 中，佛山市中级人民法院认为：

双方签订的针对现有的以及将有的药品和医疗器械的《最高额抵押担保合同》，其性质在合同中明确界定为浮动抵押，当合同约定实现抵押权的情形出现时浮动抵押的抵押财产确定。抵押成立时与抵押权实现时浮动抵押财产的范围存在不一致实属正常。据此，安的公司贷款提前到期日即2013年5月16日，案涉浮动抵押的抵押财产才予以确定。

在“中国信达资产管理股份有限公司浙江省分公司与温州月兔电器集团有限公司、中国银行股份有限公司温州市分行普通破产债权确认纠纷上诉案”[④] 中，二审法院认为：

根据物权中抵押权的公示原则，月兔公司和中行温州分行于2011年7月6日

---

① 贵州省高级人民法院（2016）黔民初62号民事判决书。

② 广东省广州市中级人民法院（2017）粤01民终3977号民事判决书。

③ 广东省佛山市中级人民法院（2016）粤06民再6号民事判决书。

④ 浙江省温州市中级人民法院（2014）浙温商终字第1735号民事判决书。

在温州市工商局经济技术开发区分局办理的《动产抵押登记书》载明抵押物概况为“库存材料压缩机等”，并在附页中详细列明“压缩机”等共十七个种类，原审法院认定“等”包括各种库存材料，突破了上述十七个种类的抵押登记范围，系不恰当的扩大解释，本院予以纠正。《动产抵押登记书》的“数量、质量、状况、所在地”一栏均注明“现有及将有的”，属于动产浮动抵押的表述方式，虽然每个种类物也列明具体详细的数量，但该数量与《动产抵押监管三方合作协议》附件2《查询及抵押物交付监管通知书》的数量一致，原审认为系对当时盘点物品的数量列举并无不当，本院予以确认。在空调行业中，铜、铝是空调主要零部件的主要成分，连接管、盘管、三通、四通等零部件是全铜的，清水铝箔则是铝的，铜铝连接管、蒸发器、冷凝器主要成分也是铜和铝，电缆线则包含连接线、插头线等，线路板则包含显示板、驱动板、主板等，一套塑料面板包含着上下面板、导风、格栅、过滤网、中框、底座等零部件，且《存货评估明细表》显示言信诚公司移交给月兔公司管理人的原材料、半成品的种类高达几百种，而原材料、半成品又处于流动、转化的不特定状态，故本院认为《动产抵押登记书》记载的铜材、铝材、塑料面板、玻璃面板、电缆线等种类应属于对抵押物的概括性描述。

实现浮动抵押权应当先转化为固定抵押。其抵押合同、抵押物清单及抵押登记文书中载明，抵押人提供的抵押物为现有的以及将有的库存原材料，从其文义看，设定抵押时，抵押物并不确定，其性质属于《物权法》第一百八十一条所规定的动产浮动抵押，要实现动产浮动抵押权，抵押权人应当在抵押权实现条件成就时，采取适当的措施固定抵押财产的范围。如在“广发银行股份有限公司杭州分行与浙江赐富化纤有限公司、袁柏仁等保证合同纠纷案”[①] 中，绍兴市中级人民法院认为：

根据原告提供的证据，原告债权当时确由星河公司、聚酯公司、浙江倍斯特化纤有限公司提供了存货抵押，并且办理了抵押物登记。但一方面，其抵押合同、抵押物清单及抵押登记文书中载明，抵押人提供的抵押物为“现有的以及将有的库存原材料PTA、MEG、涤丝、切片”，从其文义看，设定抵押时，抵押物并不确定，其性质属于《物权法》第一百八十一条所规定的动产浮动抵押。要实现动产浮动抵押权，抵押权人应当在抵押权实现条件成就时，采取适当的措施固定抵押财产的范围，但本案中原告并未提供其已可就某具体抵押物实现抵押权的相关证据。另一方面，纵横集团等六家公司的破产重整程序中，其管理人虽未以“债权确认函”等文书确认原告债权性质是否为优先债权，但在重整计划中已明确原告债权为普通债权，对此原告也未向人民法院提起破产债权性质确认的诉讼，故可视为其债权在破产程序已被确定为普通债权。

---

① 浙江省绍兴市中级人民法院（2012）浙绍商初字第50号民事判决书。类似的裁判文书还有浙江省绍兴市中级人民法院（2012）浙绍商初字第2号民事判决书。

第三种观点认为，浮动抵押权优先受偿的财产范围应以浮动抵押确定时的抵押财产为准。优先受偿的财产范围为浮动抵押确定时的财产范围。如在“蔡广军与陈荣军、王家国、安徽永发服饰有限公司、霍邱县永发米业有限责任公司、安徽劲宇食品有限公司、胡后俭民间借贷纠纷案”[①] 中，六安市中级人民法院认为：

关于蔡广军有无权利就永发服饰公司、劲宇食品公司的资产优先受偿，因两公司在承诺书中表示愿意以公司资产作为置换、抵押，蔡广军据此认为其享有浮动抵押权。根据《物权法》规定，生产设备、原材料、半成品、产品可以用于抵押，但动产浮动抵押是以不特定的动产作为担保标的物，因此只有因担保权的行使、债务人违约等确定事由发生而转换为特定担保，才以抵押人当时拥有的相应动产特定为抵押物，抵押权人只能对浮动抵押确定时属于抵押人财产享有优先受偿权。本案中，蔡广军并未提供能够直接反映截止判决前永发服饰公司、劲宇食品公司抵押物或质物客观状态的相关证据，故其主张的优先受偿权无实物标的，本院不予支持。

（三）动产浮动抵押权效力上的特殊性

动产浮动抵押权的效力大体与动产固定抵押权的效力相同，最大的差别在于浮动抵押权有一个效力休眠期。浮动抵押的休眠，也称浮动抵押的效力休眠，是指浮动抵押在抵押财产确定之前，抵押权人没有支配具体抵押财产的权利，或不产生禁止抵押人在正常经营范围内处分抵押财产的权利，除非在抵押合同中对某些财产或处分行为作相反的规定。《物权法》第一百八十九条第二款规定：“依照本法第一百八十一条规定抵押的，不得对抗正常经营活动中已支付合理价款并取得抵押财产的买受人。”浮动抵押权设立后，仍然具有优先受偿的效力。但本条基于浮动抵押的特殊性规定了例外，即浮动抵押权不得对抗正常经营活动中已支付合理价款并取得抵押财产的买受人。之所以这样规定，主要因为：浮动抵押是以现有的和将有的财产设定担保，抵押期间抵押人可以占有、使用、处分抵押财产，如果以全部或者部分动产抵押，又不让抵押人处分该财产，抵押人的经营活动就无法进行了。特别是浮动抵押的标的物通常是原材料、库存产成品，这些动产经常处于流动过程中，既然法律允许抵押期间处分抵押财产，浮动抵押又具有抵押期间财产不确定，抵押财产最终确定前处分抵押财产不受物上追及的特点，占有又是推定动产所有权的公示方法，那么对于浮动抵押财产的买受人就应当给予一定的保护。否则，所有动产的买受人为防止买受的货物被追及的风险，在交易前要么必须查阅登记资料，要么必须征得担保物权人的同意，这样将使动产交易活动变得极其滞重，不能适应现代商业的需要。[②]

① 安徽省六安市中级人民法院（2014）六民二初字第00547号民事判决书。

② 胡康生主编：《中华人民共和国物权法释义》，法律出版社2007年版，第414～415页。

就《物权法》第一百八十九条第二款的适用，在“李焱与四川省图成商贸有限公司、四川东连融资担保有限公司、四川省邛崃市人和酒厂、中国工商银行股份有限公司邛崃支行排除妨碍纠纷上诉案”[①] 中，二审法院认为：

人和酒厂虽与东连公司签订了《反担保（浮动抵押）合同》，但由于动产浮动抵押是不以特定的动产作为担保标的物，在浮动抵押期间，人和酒厂并不丧失对其财产的管理处分之权能，其日常业务经营并不因浮动抵押之设定而受到影响，人和酒厂仍有权对设押财产在日常经营范围内行使所有权的占有、使用、收益、处分四项权能，在经营中偿还债务也是被允许的。……只有因担保权的实行、债务人违约、约定事件、企业合并或企业破产等确定事由发生而转换为特定担保，抵押人当时拥有的全部动产才能特定为抵押物，因此，在全部动产特定为抵押物之前，其他担保物权应优先于浮动抵押权。本案中，东连公司主张 2013 年 8 月 21 日其承担担保责任代黄建忠清偿了 1022.5 万元借款债务后，依据《物权法》第一百八十一条的规定，从此时起即因代偿债务而对人和酒厂享有追偿权，浮动抵押物的范围由浮动变为固定，凡属于人和酒厂白酒、原酒产品均由浮动抵押状态转化为固定抵押，依法确定为抵押权人东连公司的固定抵押物。同时，取消了抵押人人和酒厂在正常经营活动中对担保物的自由处分权。对此，本院认为，在债务人违约的情况下，抵押权人为了维护自己的利益会行使介入权，以使浮动抵押结晶为固定抵押。抵押权人行使这种介入权的方式主要有两种，一种是抵押权人亲自介入而占有抵押物。在抵押权人介入后，占有抵押人的全部或部分主要财产，则抵押人不再具有进行正常经营的基础，构成浮动抵押的结晶。如果抵押权人虽然行使了介入权，但只是占有抵押人的部分财产且对抵押人的正常生产经营不造成影响的情况下则不构成结晶。而本案中，东连公司并无证据证明 2013 年 8 月 21 日后其对人和酒厂的财产行使了介入权，故东连公司关于对人和酒厂的浮动抵押物范围由浮动变为固定的主张因无事实依据，本院不予采纳。

买受人主张适用《物权法》第一百八十九条第二款的规定须同时满足以下条件：买受人与抵押人之间成立买卖合同关系，该买卖属于抵押人的正常经营活动，买受人支付了合理价款；买受人已取得该抵押物。如在“中国农业发展银行吉林市分行营业部与吉林市天程粮食购销有限公司、永吉县京顺粮食经销有限公司等金融借款合同纠纷上诉案”[②] 中，吉林省高级人民法院认为：

京顺公司的主张成立须同时满足以下条件：第一，京顺公司与天程公司之间成立买卖合同关系；第二，该买卖属于天程公司的正常经营活动；第三，京顺公司支付了合理价款；第四，京顺公司已取得该 6128.08 吨玉米。根据本案已查明

---

① 四川省成都市中级人民法院（2014）成民终字第 4019 号民事判决书。

② 吉林省高级人民法院（2014）吉民二终字第 42 号民事判决书。

事实，天程公司作为粮食购销企业，出卖玉米的行为属于正常经营活动；京顺公司已实际占有该6128.08吨玉米，因此，条件二、条件四已经成就。……京顺公司与天程公司之间的买卖合同成立……条件一已成就。……京顺公司并未举证证明其与天程公司签订《粮食购销合同》后，实际支付了相应合同价款，但举证证明了天程公司尚欠其部分借款和粮款，主张将天程公司所欠的借款和粮款认定为支付《粮食购销合同》的价款……原审法院根据《粮食购销合同》约定的玉米单价，通过债务抵销的方式，认定京顺公司对涉案6128.08吨玉米中的3247吨玉米支付了合理对价，适用法律正确，条件三亦部分成就。

即使买受人与抵押人将做为种类物的抵押物进行互换，也应当认定这种置换行为是一种支付对价的交易行为，买受人取得的抵押物不受抵押权人抵押权的追及。如在"湖北当阳农村商业银行股份有限公司与当阳市新亚麦面有限责任公司、中央储备粮宜昌直属库等借款合同纠纷上诉案"① 中，湖北省高级人民法院认为：

浮动抵押权是指企业、个体工商户、农村生产经营者以其全部动产，包括现在的和将来可以取得的全部动产为标的设定的抵押。动产浮动抵押是以不特定的动产作为担保标的物，因此只有因担保权的行使、债务人违约等确定事由发生而转换为特定担保，才以抵押人当时拥有的相应动产特定为抵押物，抵押权人只能对浮动抵押确定时属于抵押人财产享有优先受偿权。浮动抵押虽设立于抵押人的全部或部分财产之上，但抵押人仍有权对设押财产在日常经营范围内行使所有权的占有、使用、收益、处分权能。……根据本案查明的事实，2011年11月15日当阳粮库与新亚公司签订的《仓库租赁合同》《小麦移库交易备忘录》及《粮权确认书》，当阳粮库用存放于3号仓的小麦通过与新亚公司1号仓的小麦进行置换方式支付了对价，同日，新亚公司与当阳粮库均在《粮权确认书》上盖章确认了新亚公司1号仓小麦1998吨小麦粮权属粮库。据此，至2012年当阳农商行宣布贷款到期即抵押物确定之时，1号仓小麦的所有权已属于粮库，而非抵押人新亚公司，故该库小麦应不属于抵押财产范围。又因粮库通过用自己3号仓小麦与新亚公司1号仓小麦的置换行为是一种支付对价的交易行为，故本案中，虽然当阳农商行与新亚公司签订了浮动抵押合同，亦办理了抵押登记，但根据上述关于浮动抵押对抗效力的特别规定，当阳农商行对1号仓小麦仍不能享有优先受偿权。

二、动产浮动抵押权与动产固定抵押权之间的顺位关系

（一）动产固定抵押权登记在先，效力优先

在法院生效裁判案例中，有观点认为，固定抵押权登记的时间点早于浮动抵押权登记时间点时，固定抵押权人依据《物权法》第一百九十九条应优先于浮动

① 湖北省高级人民法院（2013）鄂民二终字第00041号民事判决书。

抵押权人受偿。如在“中国农业发展银行鹤岗分行与中国建设银行股份有限公司鹤岗分行借款合同纠纷上诉案”[①] 中，黑龙江省高级人民法院认为：

根据动产质押合同约定，天维公司以其 2 号库内的 5000 吨水稻为鹤岗建行 1000 万元贷款提供担保。虽然双方没有签订抵押合同，但动产质押合同中有关担保财产、被担保债权的种类和数额、担保范围、期限等约定亦符合《担保法》、《物权法》等有关抵押担保的法定要素，可以认定双方已达成以 5000 吨水稻提供担保的合意。之后，又在工商机关办理了抵押登记，因此可以认定双方以实际行为变更了之前关于质押的约定，形成事实上的抵押法律关系，抵押权已有效设立，并通过抵押登记取得对外公示的效力。该 5000 吨水稻既是鹤岗建行的抵押物，同时亦是天维公司向鹤岗农发行提供浮动抵押物中的一部分，鹤岗农发行 2012 年登记的抵押权因其所担保的主债权消灭而消灭，而该行于 2013 年 10 月登记的抵押权晚于鹤岗建行案涉抵押权的登记时间，原审判决根据《物权法》第一百九十九条的规定，认定鹤岗建行对该 5000 吨水稻取得第一顺位的受偿权并无不当。

（二）动产浮动抵押权登记在先，效力优先

就动产浮动抵押权登记在先、动产固定抵押权登记在后，动产浮动抵押权和动产固定抵押权之间的顺位关系，裁判实践中存在不同认识。

一种观点认为，动产浮动抵押权在设定之时，抵押财产尚处于抵押人正常的经营活动中而显流动状态，尚不得对抗正常经营活动中已支付合理对价并取得抵押财产的买受人，也不能优先于浮动抵押确定之前依法设立的其他担保物权。如在“平安银行股份有限公司青岛分行与青岛海能达燃料有限公司、王亚丽等金融借款合同纠纷案”[②] 中，青岛市中级人民法院认为：

被告海能达公司就其拥有的煤炭向原告提供浮动抵押担保，确立了担保范围，办理了抵押物登记，并质押于原告，由原告委托监管方进行监管，由于动产浮动抵押是以不特定的动产作为担保标的物，在抵押设定时，该浮动抵押财产尚在抵押人正常的经营活动中出于流动状态，只有在担保权实行、债务人违约等确定事由的发生，才将浮动不定的担保财产转化为固定担保财产，抵押权人对于浮动抵押确定时属于抵押人的设押财产，享有优先受偿权。但该抵押权不得对抗正常经营活动中已支付合理对价并取得抵押财产的买受人，也不能优先于浮动抵押确定之前依法设立的其他担保物权。

另一种观点认为，动产浮动抵押权早于动产固定抵押权办理动产抵押工商登记手续，则浮动抵押权应优先于固定抵押权受偿。如在“中国信达资产管理股份

① 黑龙江省高级人民法院（2015）黑高商终字第 20 号民事判决书。

② 山东省青岛市中级人民法院（2014）青金商初字第 473 号民事判决书。

有限公司浙江省分公司与温州月兔电器集团有限公司、中国银行股份有限公司温州市分行普通破产债权确认纠纷上诉案”[①] 中，温州市中级人民法院认为：

中行温州分行对月兔公司的债权额为16899919元，而抵押物中的成品“空调内机、空调外机”拍卖价为1078.11708万元，中行温州分行均已享有优先受偿权，其剩余的600多万元在主要价值为其抵押物的原材料、半成品拍卖款中享有优先受偿权并未影响信达公司的实体权利。上诉人信达公司的上诉缺乏事实和法律依据，本院不予支持。

这一裁判分歧也体现在《会议纪要》的起草过程之中，《会议纪要（稿）》和《会议纪要（哈尔滨征求意见稿）》就本条内容一直表述为两种意见。一种意见认为，企业将其现有的以及将有的生产设备、原材料、半成品及产品等财产设定浮动抵押后，又将其中的生产设备等部分财产设定了动产抵押，两个抵押都办理了登记的，根据《物权法》第一百九十九条的规定，登记在先的浮动抵押优先于登记在后的动产抵押受偿。另一种意见认为，根据《物权法》第一百九十六条之规定，浮动抵押只有在“抵押财产确定”事由出现时才确定，在此之前浮动抵押权不具有优先效力，故浮动抵押尽管设立在前，但效力却劣后于动产抵押。最终，《会议纪要》采纳了第一种观点。就同一财产上竞存的抵押权之间的优先顺位，《物权法》第一百九十九条已经确立相应的规则，动产浮动抵押权和动产固定抵押权竞存之时优先顺位的确定亦应适用该规定，动产浮动抵押权和动产固定抵押权竞存之时，先登记者优先；登记的优先于未登记的；均未登记的，按比例平等受偿。这一解释结论虽然增加了担保交易的确定性，但在我国《物权法》引入浮动抵押制度之时，规定了浮动抵押权的确定制度，在浮动抵押权确定之前，其效力并不及于特定的抵押财产，这一解释结论即值商榷。

【附：起草过程中的争议】

《会议纪要（稿）》

18.【浮动抵押的效力】企业将其现有的以及将有的生产设备、原材料、半成品及产品等财产设定浮动抵押后，又将其中的生产设备等部分财产设定了动产抵押，两个抵押都办理了登记的，根据物权法第一百九十九条的规定，登记在先的浮动抵押优先于登记在后的动产抵押受偿。

另一种观点：根据物权法第一百九十六条之规定，浮动抵押只有在“抵押财产确定”事由出现时才确定，在此之前浮动抵押权不具有优先效力，故浮动抵押尽管设立在前，但效力却劣后于动产抵押。

---

① 浙江省温州市中级人民法院（2014）浙温商终字第1735号民事判决书。

《会议纪要（哈尔滨征求意见稿）》

68.【浮动抵押的效力】企业将其现有的以及将有的生产设备、原材料、半成品及产品等财产设定浮动抵押后，又将其中的生产设备等部分财产设定了动产抵押，两个抵押都办理了登记的，根据《物权法》第一百九十九条的规定，登记在先的浮动抵押优先于登记在后的动产抵押受偿。

另一种观点：根据《物权法》第一百九十六条之规定，浮动抵押只有在“抵押财产确定”事由出现时才确定，在此之前浮动抵押权不具有优先效力，故浮动抵押尽管设立在前，但效力却劣后于动产抵押。

《会议纪要（公开征求意见稿）》

65.【浮动抵押的效力】企业将其现有的以及将有的生产设备、原材料、半成品及产品等财产设定浮动抵押后，又将其中的生产设备等部分财产设定了动产抵押，两个抵押都办理了登记的，根据《物权法》第一百九十九条的规定，登记在先的浮动抵押优先于登记在后的动产抵押受偿。

第三节　动产抵押权与质权竞存

【会议纪要条文】

65.【动产抵押权与质权竞存】同一动产上同时设立质权和抵押权的，应当参照适用《物权法》第199条的规定，根据是否完成公示以及公示先后情况来确定清偿顺序：质权有效设立、抵押权办理了抵押登记的，按照公示先后确定清偿顺序；顺序相同的，按照债权比例清偿；质权有效设立，抵押权未办理抵押登记的，质权优先于抵押权；质权未有效设立，抵押权未办理抵押登记的，因此时抵押权已经有效设立，故抵押权优先受偿。

根据《物权法》第178条规定的精神，担保法司法解释第79条第1款不再适用。

【条文要义】

本条系参照《物权法》第一百九十九条所确立的抵押权优先顺位规则，寻求动产抵押权和动产质权竞存时顺位关系的解释方案。

第一，就动产抵押权而言，《物权法》第一百九十九条所确立的优先顺位规则是：先登记者优先；均未登记的，按债权比例平等受偿。其基本法理在于，动产抵押权自登记之时起才具有对抗第三人的效力，先登记的动产抵押权即优先于后登记的动产抵押权和未登记的动产抵押权；未经登记的动产抵押权，不具有对抗同一标的财产上具有物权利益的人的效力，也就不能对抗已登记的动产抵押权，而不管已登记的动产抵押权设定先后，也不考虑已登记动产抵押权的债权人是否知道已经存在在先的未登记动产抵押权，在解释上，此属《物权法》第一百八十八条“未经登记，不得对抗善意第三人”的例外；就未登记的动产抵押权之间，彼此之间不发生对抗关系，顺位平等，各自所担保的债权就抵押物的变价款按比例受偿。一言以蔽之，《物权法》第一百九十九条是以动产抵押权取得对抗第三人效力的先后顺序作为判断竞存权利之间的优先顺位的。

第二，同一财产上竞存的动产抵押权和动产质权之间，亦应参照《物权法》第一百九十九条，以动产担保物权取得对抗第三人效力的先后顺序作为判断竞存权利之间的优先顺位。动产质权自出质人交付质押财产时设立，未交付则动产质权不设立。在解释上，动产质权自交付时才取得对抗第三人的效力。如此，确定动产抵押权和动产质权之间的顺位关系，尚须就两者取得对抗第三人效力的时间之间进行对比，亦即对比动产抵押权登记的时间和动产质物交付的时间。此时，也无须考虑担保权人在设定担保物权的善意或恶意。准此，动产抵押权登记在先，动产质权设立在后，则动产抵押权优先；动产质权设立在先，动产抵押权登记在后，则动产质权优先；动产抵押权未登记的，因其尚未取得对抗第三人的效力，即使动产质权设立在后，动产质权亦优先，此时，即使动产质权人知道尚有在先的未登记动产抵押权，亦无不然；顺序相同的，按照债权比例清偿；动产质权未有效设立，动产抵押权未办理抵押登记的，因此时动产抵押权已经有效设立，故动产抵押权优先受偿。

第三，《担保法解释》第七十九条第一款规定：“同一财产法定登记的抵押权与质权并存时，抵押权人优先于质权人受偿。”由于《担保法》就动产抵押权分别采取登记生效和登记对抗两种模式，动产抵押权也就有了“法定登记的抵押权”和“自愿登记的抵押权”之分。该款中“法定登记的抵押权”是指在企业动产上设定的抵押权，登记不仅是动产抵押权的生效要件，而且是动产抵押合同的生效要件。但是，《物权法》上就动产抵押权统一改采登记对抗主义，是否办理抵押登记全由当事人自行选择，已经不存在所谓“法定登记的抵押权”，《担保法解释》第七十九条第一款也就没有了适用前提。考虑到物权公示方法之间的价值中立性，《会议纪要》明确指出：“担保法司法解释第 79 条第 1 款不再适用。”该条第二款涉及动产抵押权、动产质权与留置权之间的关系，就此，《物权法》已经定有明文。

【深度阐释】

一、动产抵押权与动产质权竞存规则适用的前提

在我国法上，承认动产抵押权，不承认不动产质权，因此，在我国现行立法框架下发生的抵押权和质权竞存只可能是动产抵押权和动产质权的竞存。

就同一动产是否同时存有动产抵押与动产质权，需要注意“同一财产”这一前提，《担保法解释》第七十九条第一款规定：“同一财产法定登记的抵押权与质权并存时，抵押权人优先于质权人受偿。”该条文的核心主语在于“同一财产”，也即只有同一争讼标的上的抵押权和质权才会发生冲突，才需要确定优先顺位，否则在不同的财产上讨论各自抵押权、质权的优先性，会造成“关公战秦琼”的尴尬。如“中国工商银行股份有限公司响水支行与盐城晔丰热镀锌有限公司、顾祥花案外人撤销生效调解之诉案”[①] 中，盐城市中级人民法院认为：

2012 年 2 月 20 日，顾祥花与晔丰公司签订一份《动产抵押合同》，晔丰公司将其所有的价值 21360585 元的机械设备、锌等动产（附详细抵押物清单及抵押人所有权证明）抵押给顾祥花，其中抵押物锌的规格型号为双燕 0 某锌。2012 年 2 月 27 日，晔丰公司与顾祥花在响水工商局办理了抵押登记手续，响水工商局向顾祥花发放了《动产抵押登记证书》。2012 年 7 月 25 日，晔丰公司与响水工行签订一份《商品融资合同》和《商品融资质押监管协议》，约定晔丰公司向响水工行贷款 1000 万元，借期 9 个月，晔丰公司 1180 吨锌锭质押给响水工行，由中海华东物流有限公司进行监管。后响水工行为实现抵押权，顾祥花为实现质权，双方发生争议，诉讼过程中，响水工行认为顾祥花的抵押物实为其质押物，被申请人顾祥花认为其抵押物与响水工行的质押物并非同一物，法院审理认为，根据响水工行与晔丰公司签订的《商品融资合同》和《商品融资质押监管协议》，响水工行的质押物应为晔丰公司在库的锌锭，顾祥花的抵押物包括在厂区内的锌，与响水工行的质押物应不属于同一物。法院进一步论证，即使为同一物，因顾祥花的抵押在先，且已依法办理了抵押登记，当优先于质权人受偿，故前案调解书确认顾祥花对抵押物具有优先受偿权，并未侵害响水工行的质押权。

---

① 江苏省盐城市中级人民法院（2013）盐民撤初诉字第 0002 号民事裁定书。类似观点请参见“泰安市商业银行股份有限公司与泰安立达汽车销售服务有限公司、赵志超金融合同借款纠纷案”［山东省泰安市泰山区人民法院（2015）泰山执异字第 14 号民事裁定书］；“长沙县林邑小额贷款有限公司与曾振宇等小额借款合同纠纷案”［湖南省长沙县人民法院（2014）长县民初字第 02818 号民事判决书］。

二、同一动产先抵押后质押的处理

抵押人就其已合法设定抵押的动产是否可再设定质权？《物权法》未设明文，学说上多认为，在无害于抵押权的实现时，可以设定质权。[①] 如该动产价值很高，设定抵押权后，尚有较大剩余价值，于此剩余价值内设定质权，则无害于抵押权的实现。司法实践中对此也予以认可，如“陈翠茂与东莞市陆兴贷投资咨询有限公司、麦俊光、杨晓桦买卖合同纠纷案”[②] 中，东莞市第二人民法院认为：

涉案的车辆先后办理了抵押登记和动产质押，从《担保法解释》第七十九条“同一财产法定登记的抵押权与质权并存时，抵押权人优先于质权人受偿……”的规定可以看出，担保物上同时存在抵押权和质押权是允许的，涉案的车辆已经设立抵押不影响其再次设立质押的权利。

抵押人就动产设定抵押权而后又设定质权可分为两种情况：

第一，先设立的抵押权已行登记，而后设立质权。于此情形下，先设立的抵押权取得对抗效力，自然包括对抗质权，因此，先设立的抵押权优先于后设立的质权。如在“江西银行股份有限公司萍乡分行、中国农业银行股份有限公司萍乡安源支行等与江西赣西电煤储运有限公司、江西天宇燃料集团有限公司金融借款合同纠纷案”[③] 中，江西省高级人民法院认为：

依据《担保法》第五十四条第（二）项规定，抵押物已登记的先于未登记的受偿。依照《担保法解释》第七十九条第一款规定，同一财产法定登记的抵押权与质权并存时，抵押权人优先于质权人受偿。因此，同一财产抵押权与质权并存时，如果抵押权已登记的，抵押权人优先于质权人受偿……灯芯桥货场储煤场C区作为天宇集团公司向江西银行萍乡分行提供的质押物13万吨原煤，与赣西电煤公司向农行安源支行提供的抵押物该货场中的部分原煤之间，在同一财产上可能存在两个担保物权竞合。由于赣西电煤公司向农行安源支行提供的担保物已进行动产抵押登记，抵押权人农行安源支行依法应当优先于质权人江西银行萍乡分行受偿。

就《担保法解释》第七十九条第一款的适用，在“中国工商银行股份有限公司响水支行与盐城晔丰热镀锌有限责任公司等案外人撤销生效调解之诉上诉案”[④] 中，江苏省高级人民法院认为：

---

① 参见郑玉波：《民商法问题研究》(一)，1983年作者自版，第392页。

② 广东省东莞市第二人民法院（2015）东二法沙民二初字第180号民事判决书。类似观点参见“中国农业银行股份有限公司九江九龙支行与周全国、金青国第三人撤销之诉纠纷案”［江西省九江县人民法院（2015）九民二初字第98号民事判决书］。

③ 江西省高级人民法院（2016）赣执异字第7号民事裁定书。

④ 江苏省高级人民法院（2015）苏民撤终字第00007号民事裁定书。

需要说明的是，《担保法解释》第七十九条第一款关于同一财产法定登记的抵押权与质权并存时，抵押权人优先于质权人受偿的规定，只适用于登记生效的抵押，不适用本案，一审引用该条款属于适用法律有误，本院予以纠正。

对于一些特殊的情况，比如抵押权人先行登记后又撤销了抵押登记，应该如何处理？在“蔡宝庆与中国工商银行股份有限公司衡水朝阳支行等金融借款合同纠纷上诉案”[①] 中，衡水市中级人民法院认为：

衡水市公安局交通警察支队车辆管理所在案件审理过程中向二审法院院递交了证据，证据显示弓磊名下的冀T×××××号机动车抵押标记为未抵押。二审法院认为：本院认为，交通运输工具可以抵押，抵押权自抵押合同生效时设立，未经登记的，不得对抗善意第三人。本案中，工行朝阳支行与弓磊签订了抵押合同，抵押权自双方签订合同时设立，但该抵押在有关部门办理抵押登记后又被撤销登记，因此该抵押不能对抗善意第三人。工行朝阳支行对弓磊名下的机动车（牌照号：冀T×××××）不享有优先受偿权。

从上述案中可以看出，如果抵押权人撤销了此前的抵押登记，该撤销的效力具有溯及力，其具体效果适用抵押权未为登记时的规则，不得对抗善意第三人。

第二，先设立的动产抵押权未经登记，而后设立动产质权。先设立的动产抵押权“未经登记，不得对抗善意第三人”，尚未取得对抗第三人的效力，自不得对抗此后设立的动产质权，而后设立的动产质权因移转占有而取得对抗第三人的效力，可对抗抵押权人。此时，先设立的抵押权劣于后设立的质权。如“厉建锋与河南省广元建筑工程有限公司、第三人渤海银行股份有限公司长沙分行、第三人中联重科股份有限公司民间借贷纠纷案”[②] 中，濮阳市华龙区人民法院审理认为：

被告渤海银行辩称，涉案泵车是因为购买人陈世平通过工程机械按揭贷款购买的，在签订贷款合同的时候，这台车已经抵押给渤海银行，渤海银行抵押权在先，原告对该台泵车的质押权在后，渤海银行对该泵车享有优先受偿权。……因渤海银行与广元公司签订了抵押合同，但未办理法定登记，而质权的公示方法是交付，有一定的公信力，而未登记的抵押权无任何公示方法，即无任何公信力，质权的效力优先于未登记抵押权的效力，本案中原告对涉案泵车的质权优先于渤海银行对涉案泵车的抵押权，故第三人渤海银行的该项辩解意见不能成立，本院不予采纳。

---

① 河北省衡水市中级人民法院（2016）冀11民终字第1728号民事判决书。

② 河南省濮阳市华龙区人民法院（2015）华法民初字第3655号民事判决书。类似观点参见“刘向君与常亮、黄继锋民间借贷纠纷上诉案”[黑龙江省高级人民法院（2016）黑民申字第262号民事裁定书]、“刘志军与咸阳金泰投资担保有限公司等侵权纠纷上诉案”［陕西省咸阳市中级人民法院（2016）陕04民终字第689号民事判决书]。

三、同一动产先质押后抵押的处理

关于是否存在先质后押的情形，学界一直存在争议。第一种观点认为，若在同一动产上先设定质权后再设定抵押权，质权因占有标的物而生效力，而抵押权人于债务人不履行债务时也得占有抵押财产以行使抵押权，这样在抵押权人实行其占有时就与质权人的占有在效力上发生冲突，所以在同一动产上若允许设定质权后再设定抵押权于实行上有困难，因此不宜在同一动产上先质后押。① 第二种观点认为，动产抵押权无须移转占有，亦即其标的物的占有，仍留于抵押人之手，而抵押人对于抵押财产的占有，亦不以直接占有为限，即间接占有亦可。②因此，对于已出质的动产，其出质人正居于间接占有人地位，故不得以之再为他人设定抵押权。在此情形下，纵使动产抵押权已登记，但因登记的对抗力仅向后发生，不能影响成立在前的具有完全效力的质权。③ 第三种观点认为，若当事人同意于出质的财产上设定抵押权，且抵押权所担保的债权清偿期迟于质权人债权的清偿期，则并无不可，只是此时质权的效力应优先于抵押权。④ 本书作者认为，法律虽然对先质后押没有允许的积极规定，但也无禁止的消极规定。当事人先质后押的，自应承认。

关于先质后押时抵押权与质权之间的优先顺位，我国学界通说认为，由于质权的公示方法和抵押权的公示方法具有同等的效力，因此，在先质后押时，抵押权和质权之间的优先顺位应依设定在先原则处理，使质权优先于抵押权。但《担保法解释》第七十九条第一款规定："同一财产法定登记的抵押权与质权并存时，抵押权人优先于质权人受偿。"这一规则使得后设定的抵押权如登记即具有优先于先设定的质权的顺位。如"刘冬旺与郑春辉民间借贷纠纷上诉案"⑤ 中，三明市中级人民法院认为：

2015 年 12 月 22 日，刘冬旺经谢昌鸿介绍向郑春辉借款 82000 元，刘冬旺将闽 G×××××车辆质押给郑春辉。郑春辉与刘冬旺签订的《汽车质押协议书》约定质押期间，甲方授权乙方可正常使用该质押车辆，使得质押车辆保持正常上路行驶的状态。……刘冬旺与力蕴汽车咨询服务（上海）有限公司于 2015 年 12 月 10 日签订了抵押合同，因刘冬旺购买闽 G×××××的车辆的融资需求，其将闽 G×××××的车辆以 164700 元抵押给力蕴汽车咨询服务（上海）有限公司，且双方于 2015 年 12 月 23 日办理了抵押登记手续。……郑春辉对刘冬旺所质押的

① 参见郭明瑞：《担保法原理与实务》，中国方正出版社 1995 年版，第 74 页。
② 参见黄静嘉：《动产担保交易法》，台湾地区银行 1964 年版，第 24 页。
③ 参见王泽鉴：《民法学说与判例研究：重排合订本》，北京大学出版社 2015 年版，第 1480 页。
④ 参见郭明瑞：《担保法原理与实务》，中国方正出版社 1995 年版，第 74 页。
⑤ 福建省三明市中级人民法院（2016）闽 04 民终字第 1315 号民事判决书。

车辆进行拍卖、变卖所得价款在上述借款本金77900元及利息的范围内享有优先受偿的权利。但因该质押物被抵押给力蕴汽车咨询服务（上海）有限公司，且办理了抵押登记手续，故应在保障抵押权人力蕴汽车咨询服务（上海）有限公司优先受偿后，郑春辉才享有优先受偿权。

《担保法解释》是对《担保法》的适用所作的解释。在《担保法》之下，多数动产抵押权采取登记生效主义，如此解释尚属可行。但在《物权法》之下，动产抵押权采取登记对抗主义，不存在《担保法解释》第七十九条第一款所称的“法定登记的抵押权”，该款在《物权法》实施之后自无适用空间。依“先公示者优先”的基本法理，抵押权和质权之间的优先顺位应依公示的先后顺序加以确定。本案中，郑春辉的质权因成立于力蕴公司的抵押权之前，故其享有优先于力蕴公司的质物受偿权。

在“江西赣县农村商业银行股份有限公司与中国建设银行股份有限公司赣州赣县支行等第三人撤销之诉上诉案”[①] 中，最高人民法院认为：

关于同一动产上已登记抵押权与质权竞存时的顺位。……担保法区分应当办理抵押登记与自愿办理抵押登记的财产范围，赋予抵押登记以不同的法律效力。《担保法解释》在此基础上规定的法定登记的抵押权，系指根据《担保法》规定应当办理抵押登记的抵押权。《物权法》颁行前，以《担保法》规定应当办理抵押登记的动产设立抵押的，办理抵押登记是动产抵押权的生效要件，法定登记的抵押权自登记时设立。物权法颁行后，……登记作为动产抵押权人对抗善意第三人的要件不影响当事人设立动产抵押权的效力。由此，在一般动产上设立的抵押权已非担保法规定的应当办理登记的抵押权，亦已不是《担保法解释》第七十九条第一款规定的“法定登记的抵押权”。本案讼争的甜叶菊干叶系原材料，在其上设立的抵押权并非“法定登记的抵押权”。故此，本案中并不存在符合《担保法解释》第七十九条第一款规定的案件事实，不应直接适用该款规定。

根据《物权法》第一百八十八条的规定，动产抵押权未经登记，不得对抗善意第三人。动产抵押权登记后发生对抗效力，抵押权人可排除就同一动产享有担保物权的第三人对该动产优先受偿的权利要求。但在登记之前，抵押权人不得对已经取得具备对抗效力之担保物权的权利人主张优先受偿的权利。根据《物权法》第二百一十二条的规定，质权自出质人交付质押财产时设立。动产质权自出质人交付质物时发生对抗效力，质权人自取得占有时起可排除享有担保物权的第三人对该动产优先受偿的权利要求。由上，《物权法》虽未明确规定同一动产上依法成立的抵押权与质权竞存时的受偿顺序，但结合《物权法》关于动产抵押权与动产质权对抗效力产生时间的规定，应以动产抵押权和动产质权具备对抗效力

---

① 最高人民法院（2017）最高法民终216号民事判决书。

的时间先后顺序，决定同一动产上抵押权和质权竞存时的顺位。抵押登记在先则抵押权顺位在先，动产占有在先则质权顺位在先。

四、动产浮动抵押权与动产质权的竞存及其处理

动产浮动抵押权与动产固定抵押权相比，显著特征即为浮动性，浮动性是指抵押财产的不特定性和变动性，一方面，不特定性是指抵押权的标的并未确定和特定化为某一具体财产；另一方面，所谓变动性是指抵押财产的范围、价值等都处于变动的状态。[①] 涉及到动产浮动抵押权和动产质权之间的竞存问题时，情况又复杂了一些。如在“中国银行股份有限公司杭州市萧山支行与杭州龙发机械有限公司等金融借款合同纠纷案”[②] 中，萧山市法院认为：

本案争议的主要焦点为对涉案存货设立的浮动抵押与动态质押的效力谁优先的问题。第三人主张浮动抵押的效力优先。理由如下：首先，第三人对涉案存货设立的抵押权早于原告对涉案存货设立的质权；其次，第三人设立的抵押权已到工商部门办理了登记手续，具有公信力；第三，同一财产法定登记的抵押权与质权并存时，抵押权人优先于质权人受偿。原告认为动态质押的效力优先。理由如下：首先，浮动抵押登记时抵押物不明确；其次，浮动抵押的抵押物至今未特定化；第三，动态质押的质押物交由第三方监管。本院认为，在全部动产特定为抵押物之前，其他担保物权应优先于浮动抵押权，一旦浮动抵押财产特定为抵押物，其效力应当优先于在此之后设立的担保物权以及其他无担保债权。实现浮动抵押权必须对抵押标的物进行特定化，以确定抵押权效力所及的财产范围。本案中，龙发公司、宁野公司根据约定将质押财产交付言诚信公司监管时，质权成立。原告设立动态质押时，第三人虽已设立了浮动抵押，但至今尚未对抵押标的物进行特定化，故原告设立的动态质押的效力优先于第三人设立的浮动抵押。

就上述裁判结果观之，在发生动产浮动抵押权和质权的竞合时，如果浮动抵押财产尚未特定，那么动产质权优先，如果浮动抵押财产于动产质权成立前已经特定化，那么动产浮动抵押权优先于动产质权受偿。同一财产上的动产抵押权要想取得优先于动产质权的效力，必须明确二者确同属一项财产之上，如果动产浮动抵押财产还未特定化，就不能把未来确定的抵押权置于优先于动产质权的地位上。

《会议纪要》指出，企业将其现有的以及将有的生产设备、原材料、半成品及产品等财产设定浮动抵押后，又将其中的生产设备等部分财产设定了动产抵

---

① 参见王利明：《物权法研究（下卷）》，中国人民大学出版社 2016 年版，第 1276 页。

② 浙江省杭州市萧山区（市）人民法院（2014）杭萧商初字第 2421 号民事判决书。类似的裁判还有“恒丰银行青岛分行与青岛紫金能源发展有限公司等金融借款合同纠纷案”[山东省青岛市中级人民法院（2012）青民四商初字第 138 号民事判决书]。

押，并都办理了抵押登记的，根据《物权法》第一百九十九条的规定，登记在先的浮动抵押优先于登记在后的动产抵押。在此解释论之下，动产浮动抵押权与质权之间的优先顺位问题，直接适用本条，根据是否完成公示以及公示先后情况来确定清偿顺序：动产质权有效设立、动产浮动抵押权办理了抵押登记的，按照公示先后确定清偿顺序；顺序相同的，按照债权比例清偿；动产质权有效设立，动产浮动抵押权未办理抵押登记的，动产质权优先于动产浮动抵押权；动产质权未有效设立，动产浮动抵押权未办理抵押登记的，因此时动产浮动抵押权已经有效设立，故抵押权优先受偿。

【附：起草过程中的争议】

《会议纪要（稿）》

19.【动产抵押权与质权竞存】关于动产抵押的物权变动规则，《担保法》规定的是登记要件主义，动产抵押权属于法定登记的抵押权。据此，“担保法司法解释”第七十九条规定：“同一财产法定登记的抵押权与质权并存时，抵押权优先于质权人受偿。”但《物权法》改变了《担保法》的相关规定，规定动产抵押采登记对抗主义，因而动产抵押权并非“法定登记的抵押权”，当同一动产上同时设立质权和抵押权时，并无“担保法司法解释”第七十九条适用的余地。此时，可以类推适用《物权法》第一百九十九条之规定，根据是否完成公示以及公示先后情况来确定清偿顺序：质权和抵押权均完成公示的，按照公示先后确定清偿顺序；抵押权未办理抵押登记的，质权优先于抵押权。

《会议纪要（哈尔滨征求意见稿）》

69.【动产抵押权与质权竞存】同一动产上同时设立质权和抵押权的，应当类推适用《物权法》第一百九十九条之规定，根据是否完成公示以及公示先后情况来确定清偿顺序：质权和抵押权均完成公示的，按照公示先后确定清偿顺序；抵押权未办理抵押登记的，质权优先于抵押权。担保法司法解释第七十九条不再适用。

《会议纪要（公开征求意见稿）》

66.【动产抵押权与质权竞存】同一动产上同时设立质权和抵押权的，应当类推适用《物权法》第一百九十九条之规定，根据是否完成公示以及公示先后情况来确定清偿顺序：质权和抵押权均完成公示的，按照公示先后确定清偿顺序；抵押权未办理抵押登记的，质权优先于抵押权。担保法司法解释第七十九条不再适用。

第四章　非典型担保

第一节　担保关系的认定与法律适用

【会议纪要条文】

66.**【担保关系的认定】当事人订立的具有担保功能的合同，不存在法定无效情形的，应当认定有效。虽然合同约定的权利义务关系不属于物权法规定的典型担保类型，但是其担保功能应予肯定。**

【条文要义】

本条系结合《民法总则》《合同法》上的法律行为效力判断规则对非典型担保合同效力的解释。

第一，《物权法》规定的担保类型并不具有封闭性，当事人自可在这些典型担保类型之外创设新的非典型担保类型。只要不存在《民法总则》《合同法》上规定的法律行为无效事由，非典型担保合同均为有效。

第二，如当事人依非典型担保合同所设定的权利，不涉及物的担保，亦即不是在标的财产上取得优先受偿权，应依非典型担保合同的约定判断当事人之间的权利和义务。至于担保人是否享有《担保法》上就保证人规定的专属权利，诸如先诉抗辩权、保证期间经过免责抗辩权等，尚须参酌具体情形而为判断。

第三，如当事人之间在抵押权和质权之外就物上担保签订担保合同，该合同不因违反物权法定原则而无效，至于债权人是否可以取得物权，就标的财产的变价款优先受偿，尚须结合下一条予以判断。

【深度阐释】

一、非典型担保的类型化

我国金融担保可以分为人的担保和物的担保两种类型。其中，人的担保，是由债务人以外的第三人以其责任财产为主债务的清偿所提供的担保，在主债务不获清偿时，由担保人代为履行债务或承担赔偿责任，其担保的机理在于：通过扩大责任财产的范围，达到增加债权受偿机会的目的；[①] 而物的担保，是指债务人或第三人以其特定的财产为主债务的清偿所提供的担保，在主债务不获清偿时，由担保权人就该特定财产的变价款优先受偿，其担保的机理在于：通过将特定财产从担保人的责任财产独立出来，专门用于特定债务的履行保障，使得担保权人在担保权可得实现之时，可以行使对特定财产的变价权，同时，通过就变价款的优先受偿权，使得担保权人的债权取得强势保护。[②] 担保权人依人的担保所享有的权利，为债权请求权，保证是典型的人的担保；担保权人依物的担保所享有的权利，为担保物权，抵押、质押、留置属于物的担保。[③]

在我国物权法之下，物的担保方式受物权法定主义的约束，金融担保只能在法律规定的担保种类和内容中进行选择，创新较受限制；在契约自由原则之下，人的担保较为自由，当事人之间可以基于其自主的意思加以设定。如此，新类型担保的类型化区分就显得尤为重要。只要新类型担保属于人的担保，在没有充分理由的情况之下，就应当认可其效力；但如果新类型担保属于物的担保，则尚须结合公示等因素，判断其是否具有物权效力。在这一思路之下，金融信贷实践中出现的农户联户担保贷款，由符合一定条件的农户彼此之间提供担保，一旦出现违约，则各户均在约定的范围内承担连带责任，这种新类型担保属于人保方式的创新，其效力应当得到法律的尊重。但像出租车经营权担保贷款，当事人约定以出租车营运证作为担保，如债务人届期不能偿还贷款，由担保权人对出租车经营权进行处分，所得款项用于清偿所担保的债权，这种新类型担保属于物保方式的创新，[④] 其效力则需依据物权法定原则加以判断，如果属于物权法上的担保物权，

① 参见郭明瑞：《担保法》，法律出版社 2010 年版，第 2 页。

② 参见高圣平：《担保法论》，法律出版社 2009 年版，第 3 页。

③ 参见最高人民法院民二庭新类型担保调研小组：《关于新类型担保的调研：现象·问题·思考》，载最高人民法院民事审判第二庭：《商事审判指导》2012 年第 4 辑（总第 32 辑），人民法院出版社 2013 年版，第 104～105 页。

④ 就出租车经营权担保创新的分析，参见陈本寒：《新类型担保的法律定位》，载《清华法学》2014 年第 2 期。

则应承认其物权效力；如果不属于物权法上的担保物权，则不应承认其物权效力。

“在市场经济条件下，资金的获得是市场主体谋求自身发展的基本条件，而资金安全又是所有信用授予者提供资金的首要条件。因此，要使市场主体能够获得充分的资金，首先要解决的就是提高其融资能力，也就是增加其可用于担保的财产的范围。”① 就抵押财产的范围，《物权法》第一百八十条第一款第七项明确规定“法律、行政法规未禁止抵押的其他财产”都可以设定抵押，“使得抵押财产不再受法律规定的种类限制”，② 为金融担保创新留下了巨大的空间。虽然《物权法》就出质权利的范围并未采取这种立法方法，仍在第二百二十三条第七项规定，只有“法律、行政法规规定可以出质的其他财产权利”才可以出质，但同条第六项规定了“应收账款”可以出质，该词的高度涵盖性为相应的金融担保创新品种提供了一条路径，只要是能够解释为可向他人请求给付一定数额的金钱，就都可以认定为“应收账款”，都可以设定权利质权。金融信贷实践中的主要担保创新品种中的担保财产，如公路收费权、电费或水费的收费权、学费收入、医疗费收入、租金收益、旅游景区收费权、市政公用行业不动产收益、特许经营权、仓储用户的动产、票据池或应收账款池等同质的物或权利的结合等等，大都可以归入“应收账款”之列。

二、非典型担保的体系定位

目前，就物保方式的金融创新集中于以新类型财产权利作为担保财产，这些财产权利均为《物权法》及相关法律所未明确规定的标的。司法实践中能否承认其物权效力，相应的法理基础和法律依据又是什么？

以权利作为担保物权的客体，是物权以有体物为客体的一般规则的例外。就权利担保物权的体系地位，我国实定法上做了两种不同的安排，就建设用地使用权以及以非家庭承包方式取得的土地承包经营权作为担保财产时，其上所设定的是抵押权，至于《物权法》第一百八十条第一款第七项“法律、行政法规未禁止抵押的其他财产”中可能包括的“其他财产权利”，在解释上亦仅以不动产权利为限。就所有权和不动产权利之外的财产权利作为担保物时，其上所设定的是质权。由此而形成了权利抵押权和权利质权的分野，两者在公示方法上大相径庭，权利抵押权以登记作为公示方法，且登记为其生效要件；③ 权利质权以“移转权利凭证”或“权利证书的交付”为公示方法和设立要件，④ 更多地体现为一种观

① 高圣平：《担保物权编：经济发展的推进器》，载《法制日报》2007年3月25日，第16版。

② 邹海林、常敏：《论我国物权法上的担保物权制度》，载《清华法学》2007年第4期。

③ 详细论证，参见高圣平、严之：《海域使用权抵押权的体系定位与制度完善》，载《当代法学》2009年第4期。

④ 参见孙宪忠：《中国物权法总论》，法律出版社2014年版，第314页。

念上的占有，也就是权利质权人对入质权利的“准占有”，[①] 因为以事实管领力为内容的占有，只能在有体物上成立，权利之上至多只有所谓“准占有”。[②] 学说上以为，“质权为非用益型担保，质权人、出质人均无权就担保物为使用、收益，质权设立后，担保物即被沉淀，但抵押权为用益性担保，抵押人仍可就担保物为使用、收益。”[③] 上述担保创新品种即可沿此思路找到其合适的体系位阶。[④]

例如，在商铺租赁权担保创新模式中，由贷款银行与商铺所有者或管理者进行合作，由商铺所有者或管理者确认商铺租赁权的价值，并限制商户将商铺租赁权以任何形式进行转让、转租或重复质押，为商铺租赁权的担保提供登记或登记备案，如果商户到期不能归还贷款，则由商铺所有者或管理者处置该租赁权，所得价款用于优先清偿商户的贷款。[⑤] 此类担保在体系定位上就存在争议，有的地方将其界定为质押，有的界定为抵押。在我国权利担保物权二元化的架构之下，权利质权人“以自己所为的意思而行使财产权就视为对该财产权的准占有”，[⑥] 仅就商铺租赁权设定担保之后商户仍然行使该权利的角度，商铺租赁权担保应属于用益型担保，当属抵押权的范畴。但权利抵押权采登记生效主义模式，商铺租赁权担保登记尚无从办理，担保权的成立即成问题。再如出租车经营权担保创新方式中，出租车营运证是经特许所取得的权利，这是不是一种民事权利还值得研究。关键在于：出租车营运证是不是可以转让的权利？担保权实现时的受让人是不是有资格限制？如果以出租车营运证持有人对于各承运司机的应收账款（租赁费）设定质权是不是更具有安全性和创新价值？再如国内保理这种担保创新方式和我国物权法之下的应收账款质押和合同法之下的合同债权转让有什么区别？保理商是否有追索权对这种创新模式的效力认定是否存在影响？在中国人民银行征信中心办理保理登记是不是表明这种担保权的设立？这些问题无疑均需在对金融

---

① 参见蓝蓝、吕凯：《我国权利质权体系的反思与重构》，载《天津大学学报（社会科学版）》2010 年第 3 期。

② 参见谢在全：《民法物权论》，中国政法大学出版社 2011 年版，第 1135 页；史尚宽：《物权法论》，中国政法大学出版社 2000 年版，第 604 页；郑玉波：《民法物权》，黄宗乐修订，三民书局股份有限公司 2008 年版，第 439 页。

③ 高圣平、严之：《海域使用权抵押权的体系定位与制度完善》，载《当代法学》2009 年第 4 期。

④ 值得注意的是，我国权利质权制度中的股权质权、知识产权质权、应收账款质权等均以登记为其公示方法，而且，质权设定后，出质人仍得行使出质权利，已与传统法上的权利质权不再相容，而更接近于权利抵押。对此，本书作者拟专文讨论，此处不赘。

⑤ 参见江苏省苏州市中级人民法院课题组：《依法强化司法保障职能，积极服务小微企业新类型融资担保》，载《人民司法》2012 年第 1 期；最高人民法院民二庭新类型担保调研小组：《关于新类型担保的调研：现象 · 问题 · 思考》，载最高人民法院民事审判第二庭：《商事审判指导》2012 年第 4 辑（总第 32 辑），人民法院出版社 2013 年版，第 94～95 页。

⑥ ［日］田山辉明：《物权法》，陆庆胜译，法律出版社 2001 年版，第 151 页。

担保创新品种进行适当的体系定位之后才能解决。①

三、非典型担保的效力

对于金融创新中所产生的这些非典型物上担保的效力应当如何认定，目前通说认为非典型担保不具有创设物权的效力，即就所涉标的物而言，债权人不能取得优先于其他债权人的效力，但这并不影响非典型担保合同在债法上的效力。②因而，如果在债务人没有其他债权人的情形下，将因交易所产生的权利认定为物权还是债权在实体处理结果上并无差别。因为只要担保合同有效，债权人就物本身执行的法律效果并无不同，是否具备优先性在单一债权人下并无意义。而如果存在其他债权人，则会对债权人的权利实现产生实质影响。此时，非典型担保仅具债法效力，而无创设物权效力，并不因此取得标的物上的优先受偿权。从这个意义上说，虽然仅承认非典型担保在债法上的效力，不利于维护债权人的利益，但对于金融创新还是有所保护的。

典当即为非典型物的担保的一种形态。在我国实定法之下，典当是指典当行收取当物，发放当金，出具当票，当户支付当金利息和费用以赎回当物或者弃赎绝当的经营活动。③ 典当“以物质钱”“因物称信”的特色，使典当行一方面不在乎当户的信用状况，降低了征信成本；另一方面典当行在对典当物鉴价之后即可放款，手续简便迅速且无额度限制，在一定程度上弥补了融资渠道的不足。④ 典当交易在当事人、交易结构、权利实现等诸方面均不同于贷款担保交易，具有自己的特征。仅就低价值当物的绝当处理规则而言，当物绝当后，典当行可以直接取得当物的所有权，就其不足清偿的部分，不得向当户追偿；就其超过债权的部分，亦不负返还于当户的义务。⑤ 但这一规则明显与《物权法》禁止流质契约的

---

① 陈本寒教授的《新类型担保的法律定位》（载《清华法学》2014年第2期），以及最高人民法院民二庭新类型担保调研小组的《关于新类型担保的调研：现象·问题·思考》就各类创新品种展开了细致的分析。

② 参见曹士兵：《对非典型担保的司法态度》，载《人民法院报》2005年8月31日；刘贵祥：《物权法关于担保物权的创新及审判实务面临的问题（下）》，载《法律适用》2007年第9期。

③ 《典当管理办法》（商务部、公安部2005年第8号令）第3条规定：“本办法所称典当，是指当户将其动产、财产权利作为当物质押或者将其房地产作为当物抵押给典当行，交付一定比例费用，取得当金，并在约定期限内支付当金利息、偿还当金、赎回当物的行为。”

④ 参见汪琼枝、高圣平：《典当立法中若干争议问题探究》，载《武汉金融》2010年第6期。

⑤ 《典当管理办法》第四十三条第（二）项规定：“绝当物估价金额不足3万元的，典当行可以自行变卖或者折价处理，损溢自负。”

规定[①]之间存在冲突。在物权法定之下，典当行的权利多被界定为担保物权，该规则因违反物权法定之“类型固定”而无效，典当行因典当业务所产生的对当物的“支配”关系不再属于物权关系，[②]直接增加了典当行的交易风险和交易成本。那么，如何突破现有框架，使作为典当权在担保物权体系之中找到一席之地？在物权法定原则之下，如果将典当权界定为质权或抵押权，则其允许流押、流质的内容与《物权法》的规定不合；如果将典当权界定为不同于质权或抵押权的新类型担保物权，则其内容可以另行规定，从而流质契约的规定与《物权法》的规定并不抵触，但现行《典当管理办法》是商务部和公安部联合发布的行政规章，通说上认为不属于物权法定之“法”的范畴，[③]自无权限规定一种新类型的物权。国务院拟制定《典当行管理条例》，在这一行政法规中就典当权作出规定，但行政法规是否可以创设一种新类型物权，仍存争议。[④]

本书作者以为，结合我国目前的立法现状，某一新类型权利要通过法律确定为物权，必将经过漫长的立法程序。将物权法定主义之“法”扩大到包括行政法规、习惯法在内，有利于及时对新类型物权类型予以确认，不失为权宜之计。如此，国务院通过制定《典当行管理条例》，创设一种新的物权种类——典当权，即可解决实践中的许多问题。就这一新类型物权，行政法规中可以作出不同于《物权法》上担保物权规则的制度设计，如承认一定范围内的流质契约的有效性，既可以反映典当行业特点、节约交易成本，也可以因不属于《物权法》中的质权而不受流质契约的限制。在国务院出台《典当行管理条例》之前，最高人民法院自可在司法解释中作出相应规定，法院亦可在具体裁判中将典当权作为习惯法上所创设的一类新类型担保物权予以承认。

---

① 《物权法》第二百一十一条规定：“质权人在债务履行期届满前，不得与出质人约定债务人不履行到期债务时质押财产归债权人所有。”流质契约，是当事人双方在设立担保物权时约定，当债务人不履行债务时，由债权人取得担保物所有权的合同。债务人举债多处于急迫窘困境地，债权人可利用之迫使债务人以高价之物供作较小债权担保，图谋债务人清偿不能时不经任何程序而取得担保物的所有权，牟取非分利益。因此，流质契约因不利于双方当事人利益的实现与平衡，而受到罗马法以降多数国家立法例所禁止。

② 参见邹海林、常敏：《论我国物权法上的担保物权制度》，载《清华法学》2007年第4期。

③ 参见高圣平：《典当的性质与流质契约的效力》，载氏著：《物权担保新制度新问题理解与适用》，人民法院出版社2013年版，第297页。

④ 参与物权立法的专家认为，物权法定主义的“法”仅指全国人大及其常委会通过的法律，参见全国人大常委会法制工作委员会民法室编：《〈中华人民共和国物权法〉条文说明、立法理由及相关规定》，北京大学出版社2007年版，第6～7页。崔建远教授认为适当扩大物权法定主义的“法”的范围，将行政法规包含其中，具有现实意义，参见崔建远：《物权：规范与学说——以中国物权法的解释论为中心》，清华大学出版社2011年版，第26～27页；刘保玉教授认为宜采物权法定缓和说，许可行政法规、司法解释对新类型物权作出规定，参见刘保玉：《物权法学》，中国法制出版社2007年版，第63页。

【附：起草过程中的争议】

《会议纪要（稿）》

21.【担保关系的认定与法律适用】当事人约定的担保方式符合担保法、物权法有关保证、抵押、质押、留置、定金的规定，应当按照相应的法律规定认定担保的性质及当事人的权利义务。当事人之间通过合同设定的具有担保功能的权利义务关系，虽不属于担保法、物权法规定的法定担保方式，但并不存在合同法第五十二条规定的合同无效情形的，应当认定合同有效，并根据合同约定确定当事人之间的权利义务关系，但法律另有规定的除外。

《会议纪要（哈尔滨征求意见稿）》

70.【担保关系的认定】当事人之间通过合同设定的具有担保功能的权利义务关系，虽不属于《担保法》《物权法》规定的典型担保类型，但并不存在《合同法》第五十二条规定的合同无效情形的，应当认定合同有效。

《会议纪要（公开征求意见稿）》

67.【担保关系的认定】当事人之间通过合同设定的具有担保功能的权利义务关系，虽不属于《担保法》《物权法》规定的典型担保类型，但并不存在《合同法》第五十二条规定的合同无效情形的，应当认定合同有效。

第二节　担保物权的认定与法律适用

【会议纪要条文】

67.【约定担保物权的效力】债权人与担保人订立担保合同，约定以法律、行政法规未禁止抵押或者质押的财产设定以登记作为公示方法的担保，因无法定的登记机构而未能进行登记的，不具有物权效力。当事人请求按照担保合同的约定就该财产折价、变卖或者拍卖所得价款等方式清偿债务的，人民法院依法予以支持，但对其他权利人不具有对抗效力和优先性。

【条文要义】

本条系结合《物权法》的相关规定，对非典型物的担保是否具有物权效力的解释。

第一，非典型物的担保合同不因违反物权法定原则而无效，但在物权公示原则之下，如未采取适当的公示手段将标的财产之上的担保负担向不特定的第三人周知，即未满足赋予其物权效力所应具备的公示要求，此时，债权人就标的财产尚未取得物权。

第二，未以适当的公示方法就非典型担保权予以公示的，该非典型担保不具有物权效力。但债权人可以基于非典型担保合同的约定请求担保人承担责任，主要体现为债权人可以请求按照担保合同的约定就担保财产折价、变卖或者拍卖所得价款等方式清偿债务。就变价款，债权人并无优先受偿的权利。

【深度阐释】

一、物权法定原则及其缓和路径

（一）物权法定主义及其检讨

从权利的安全性着眼，物权除了应采取适当方法公开之外，法律更应将物权的种类和内容事先予以确定，因此，我国《物权法》第五条规定："物权的种类和内容，由法律规定。"此即所谓物权法定主义，或曰物权法定原则。"法定主义"，是指法律所规定的内容必须严格遵行的立法主义，就刑事法律而言，最重要的莫过于"罪刑法定主义"；在民事法律领域，最重要者莫过于"物权法定主义"。采取法定主义的原因，乃在于其规范内容与国家或社会的政策与安全息息相关，因此不容许国家或社会成员任意自由发挥。但法定主义在理论上并非绝对不可动摇，若坚决贯彻执行，其可能发生的流弊有：第一，从社会学的视角观察，社会生活永远在演进之中，"法律公布之时，即落伍之始"；第二，特定的法定主义，是依据当时的社会生活背景所作的考量，如果该社会生活背景条件过后已不再存在或已时过境迁，其法定主义势无存在的必要，否则便造成一个时代错误。

物权之创设，本有"自由主义"与"法定主义"之别。前者对于通常债的关系，允许当事人依占有或登记等公示方法，赋予其使用、收益权以物权效力，如普鲁士私法赋予当事人已登记的不动产租赁权以物权效力；后者由法律明定物权的种类和内容，不允许当事人任意创设。现代各国民法大多采取"法定主义"而排斥"自由主义"，"19 世纪的思想观念直接导致了财产权数量（种类）上的限制，其范围更是充满刚性，无论是大陆法系还是英美法系，均不例外。"① 在我国

① Andrea Fusaro，*The Numerus Clausus of Property Rights*，*in Elizebeth Cooke*，*Morden Studies in Property Law*，vl.（Property 2000），（Oxford：Hart Publishing，2001），p309～317

《物权法》公布之前，我国立法上虽未明确规定物权法定主义，但学说上一直承认，[①] 且梁慧星教授主持的《物权法草案建议稿》[②]、王利明教授主持的《中国物权法草案建议稿》[③]对之予以明确。但在目前经济条件下，“物权法定主义之存废遂备受争议。”[④]

在我国《物权法》立法讨论过程中，对物权法定主义曾有不同意见：一是肯定说。自罗马法采取物权法定主义以来，德国、德国、日本和我国台湾地区等民法对之加以继受，[⑤] 被定为“物权法构造重要基柱之一”。[⑥] 二是改革说。依改革的路径的不同又有习惯法包含说、习惯物权有限承认说以及物权法定缓和说等各种学说。习惯法包含说认为，习惯应解释为由物权法定主义所称的“法”所包含，法律业已承认了习惯法上的物权；习惯物权有限承认说认为物权法定主义所指称的“法”虽不包括习惯法在内，但如果依习惯产生的物权不妨碍物权体系的建立，不违反近代所有权的基本观念，不是物权法定主义所排斥的封建物权，以及有适当的公示方法的，可以突破物权法定主义的拘束，直接承认它是习惯法上的物权；物权法定缓和说认为新生的社会习惯上的物权，如果不违反物权法定主义的立法趣旨，且又有一定的公示方法的，可以从宽解释物权法定主义的内容，使其纳入现行物权法体系，承认其效力。[⑦] 三是否定说。依其否定路径不同有物权法定无视说和取消规定说等两种学说。物权法定无视说认为应根本无视物权法定主义的规定，而承认习惯物权的效力；[⑧] 取消规定说称物权法必须规定物权的基本种类和内容，但是法律物权（或“法定物权”）只是物权的一类，与民间物权是并存的；[⑨] 或者认为多元化的物权公示原则构成了对物权法定原则的致命的突

---

① 王利明：《物权法研究》，中国人民大学出版社 2002 年版，第 73 页；梁慧星主编：《中国物权法研究》，法律出版社 1998 年版，第 65 页；孙宪忠：《物权法》，社会科学文献出版社 2005 年版，第 63 页；等等。

② 载中国物权法研究课题组（课题负责人：梁慧星）：《中国物权法草案建议附理由》，社会科学文献出版社 2007 年版，第 92～93 页。

③ 载王利明主编：《中国物权法草案建议稿及说明》，中国法制出版社 2001 年版，第 156～157 页。

④ 谢在全：《民法物权论》（上册），中国政法大学出版社 2011 年版，第 36 页。

⑤ 参见崔建远：《我国物权法应选取的结构原则》，载《法制与社会发展》1995 年第 3 期。

⑥ 谢在全：《民法物权论》（上册），中国政法大学出版社 2011 年版，第 32 页。

⑦ 参见谢在全：《民法物权论》（上册），中国政法大学出版社 2011 年版，第 37 页；梁慧星：《物权法》，法律出版社 2003 年版，第 41～42 页；高富平：《物权法原论》（中），中国法制出版社 2001 年版，第 700 页；

⑧ 参见谢在全：《民法物权论》（上册），中国政法大学出版社 2011 年版，第 38 页。

⑨ 参见刘雪斌：《质疑物权法定原则》，载《求是学刊》2003 年第 11 期。

破点，可以取消之，代之以一个以物权公示原则为中心的物权法体系。[①]

在我国《物权法》各次草案中，一种意见认为，物权法调整物权人和广大的义务人之间的关系，物权的种类和内容不能像合同那样由双方当事人约定，因此，物权法定主义应当作为一个原则予以规定。但现实生活中有些权利是否属于物权尚难确定，随着实践的发展还会产生新的物权，因此，物权法的规定应当为以后的制度发展留下一定的空间。根据这一意见，我国《物权法（草案）》曾规定："物权的种类和内容，由法律规定；法律未作规定的，符合物权特征的权利，视为物权。"在全国人大常委会会审议物权法过程中，有的常委委员提出，物权法定主义是物权法的一项原则，但依照该条规定，哪些权利可以视为物权，如何认定"符合物权性质"均存争议，建议删去例外规定。全国人大法律委员会经研究认为：草案关于"法律未作规定的，符合物权性质的权利，视为物权"的规定，本意是随着实践的发展为物权的种类留下一定空间，实际上哪些权利"符合物权的性质"还需要通过立法解释予以明确。考虑到依照我国《立法法》的规定，法律解释与法律具有同等效力，而且从一些国家的实际情况看，新出现的物权种类并不多见。因此，最后的文本删去了上述规定。[②]

在现今社会经济条件下，是否仍坚守物权法定主义，颇值怀疑。第一，物权法定主义的一个基本前提就是物权与债权在立法上的明确划分以及物权的绝对性。[③] 民法上区分物权与债权，虽早在罗马法已开其端，但是到了19世纪萨维尼重建罗马法体系，才被赋予鲜明的哲学基础——人是自由的，物是不自由的。[④] 物权与债权的主要区别在于效力的排他性，但这种排他性是立法者特别许可的，体现了立法者更深层次的良苦用心。[⑤] 物权与债权之区分已随着"物权的债权化""债权的物权化"趋势而渐趋模糊。对现实生活中的权利，给予一个恰当而严密的归属是很困难的，除了典型的物权和债权之外，其他权利的性质处于物权与债权之间的强弱过渡中。担保物权是物权（所有权）价值化的型态之一，其与债权之间的区别尤为模糊，"物权价值化之结果，乃是以债权形态出现，尤其是债权与担保物权结合后，债权因而强化，并使担保物权同其命运，为债权所支配。物权本优先于债权，但债权挟其金融优势，与担保物权结合后，反可推翻用益物

① 参见巩寿兵：《物权法定原则否认论略》，载《山西省政法管理干部学院学报》2006年第6期。

② 参见胡康生：《中华人民共和国物权法释义》，法律出版社2007年版，第31页。

③ 参见杨玉熹：《论物权法定主义》，载《比较法杂志》2002年第1页。

④ 参见苏永钦：《民事财产法在新世纪面临的挑战》，载《法令月刊》2001年第3期。

⑤ 参见杨振山：《从劳动论到民法本体论和立法思想 中国民事与社会权利现状（法学家访谈丛书）》，昆仑出版社2001年版，第80页。

权，处此情势，债权已非昔日阿蒙，债权之优越地位，遂卓然确定。”① 同时，物权的公示方法为保护利害关系人的有效方法，公示方法如灵活运用，则大可降低利害关系人受害的可能，是为债权依一定的公示方法亦可转化为物权。② 如此，物权法定主义之主要立法理由大为动摇。第二，在当代市场经济社会中，社会生活变化多端，财产种类日益增多，交易数额巨大，交易方式亦层出不穷，会催生出新的物的支配方式，在这种多变的时代里，法律最主要的性质应当是保持弹性以适应社会生活的变迁。此与农业社会之情势大相径庭。物权法定主义的类型强制体法律失去了应有的灵活性，抑制了新型权利的出现。第三，现代社会之教育发达程度非往昔所能比，当事人之法律意识渐增，其创设物权便利交易之能力较高。总而言之，绝对的物权法定主义不足可采。

物权法定主义在确认物之归属、调整物之利用等方面发挥了无法替代的作用，确有其可取之处。但在物权法定主义下，如所规定的物权种类或内容确能符合社会需要，固为最理想的设计，但事实上不可能。大陆法系民法多于 19 世纪末或 20 世纪初制定，立法之时立法者的预见能力有限，未能就其所设计的物权种类及内容妥善地作有展望性的规划，且当时多处于近代商品经济或农业经济阶段，所设计的物权种类多系因应当时社会之所需，因此不能适应现代高速发展的市场经济。如农业社会多重视不动产，动产的价值较低，立法当时即未能考虑动产亦有设定抵押权的必要，即使允许其设立抵押权，对抵押人而言亦无多大助益。但在现今市场社会，动产之价值日增，举凡机器设备、医疗器材、船舶、航空器等，价值在不动产之上者不在少数，动产融资担保的必要性大为提高，于是为避免受物权法定主义之类型固定之限制，在各国特别法上专门规定各种动产抵押权以应急需。但应当看到的是，社会经济不断发展对新物权形态的需求并不能依立法有效地解决，以我国目前“牛步化”之缓慢立法现象而言，实有缓不济急之感。同时，我们注意到，某一物权制度之设虽合于当时的社会需要，但延至今日，已与社会严重脱节，我国台湾地区永佃权制度即其著例。在当时的农业社会，永佃权对于保护佃农免于被地主剥削，促使地尽其用，颇有实益，但今日社会，农业已非最重要的产业，农地地价低贱，佃农几乎不复存在，故永佃权在今日能发挥之功用已微乎其微。③ “物权法定主义过于僵化，难以适应现时社会经济之发展。”④ 学说或实务即对此展开探讨，在保留物权法定主义的前提下，提出了一系列的规定：第一，对于物权法中某些并非强行性法规的规定，直接以合同形式予以变

① 谢在全：《民法物权论》（上册），中国政法大学出版社 2011 年版，第 6 页。

② 例如，在日本法上，已登记的贷借权和临时登记的不动产物权请求权即被赋予了物权的效力。

③ 参见林志宏：《由信托继受立法论物权绝对性与债权相对性》，东吴大学法律系研究所 1999 年硕士论文，第 33 页。

④ 郑玉波：《民法物权》，三民书局股份有限公司 1989 年版，第 16 页。

更；第二，为了使新的物权种类能在物权法定主义下得以生存，将旧物权种类作扩大解释以适用于新生的物权形式；第三，对法律未规定事项之习惯，承认其法律效力，认为习惯作为法律渊源当与法律有同一效力；第四，承认社会中已形成习惯的物权形式的效力。①

我国《物权法》虽明文“物权的种类和内容，由法律规定”，但并不是采取绝对封闭的物权法定模式，而是采取了开放式的模式。② 例如，我国《物权法》明定用益物权可在动产之上设立，为以后动产融资租赁的权利架构留下了制度空间；再如，《物权法》第一百八十条第一款第七项明定法律、行政法规未禁止抵押的其他财产均可以设立抵押权，这就极大地扩充了抵押财产的范围，为信贷实践和司法实践承认新类型的抵押权留下了空间。此外，我国《物权法》关于占有改定的规定可能为非典型担保的发展留下了余地。

（二）物权法定原则的缓和路径之一：物权法定之“法”的解释

在我国民商立法普遍关注交易安全的情势下，物权法定主义对交易安全的独特维护功能实不可没。这就决定了我们的选择不能从严格的物权法定主义这一极滑向物权自由主义的另一极。为了兼顾自由与安全，在保留物权类型体系的稳定性前提下，维持必要的开放性，③“调和”成为我们惟一的着眼点。

对于物权法定主义的理解上的一个争议之处在于物权法定主义之“法”的界定。在立法学上，法有广义与狭义之分；在大陆法的传统理论上，物权法定所言之“法”，系指狭义上的法律（民法典及其他法律），行政法规、规章、决定、命令都不具有创设物权的效力，“盖因物权有关人之权利义务甚大，许以命令创设，殊未适宜”。④ 目前，我国学界对物权法定主义之“法”有以下几种理解，一是仅指法律，即全国人民代表大会及其常务委员会公布的法律，而不包括国务院制定的行政法规、国务院之各部委制定的行政规章及其他规范性文件；⑤ 二是指全国人民代表大会及其常务委员会公布的法律及国务院制定的行政法规；⑥ 三是除了法律和行政规定之外，还包括行政规⑦、国家政策等⑧；四是除了上述规范之外，

① 参见刘乃忠：《地役权对物权法定原则漏洞的补充》，载王利明主编：《物权法专题研究》，吉林人民出版社2002年版，第707～708页；张鹏：《役权的历史溯源与现代价值定位》，载梁慧星主编：《民商法论丛（第18卷）》，金桥文化出版（香港）有限公司2001年版，第489～490页。

② 参见王利明：《物权法研究》，中国人民大学出版社2016年版，第52页。

③ 参见杨振山：《社会主义市场经济与中国物权法的制度》，载《法学杂志》2001年第2期。

④ 郑玉波：《民法物权》，三民书局1998年版，第18页。

⑤ 参见崔建远：《我国物权法应选取的结构原则》，载《法制与社会发展》1995年第6期。

⑥ 参见王利明：《民商法研究》(3)，法律出版社2001年版，第170页。

⑦ 参见王果纯、屈茂辉：《现代物权法》，湖南师范大学出版社1993年版，第4页。

⑧ 参见马俊驹、余延满：《民法原论》，法律出版社2005年版，第271页。

还包括习惯（法）。[①]

本书作者认为，确立物权法定主义的根本宗旨，在于使物权创设尽可能规范化和统一化，以便公示，从而维护交易安全和社会经济秩序。如果对“法”作广义解释，物权法定主义的这一宗旨将很难实现。因此，行政规章、国家政策不能作为创设物权的法源。国务院制定的行政法规本不属于物权法定主义之“法”的范畴，但我国立法现状实不容许某一应确定为物权的权利尚需经过漫长的过程方能被规定为物权，明确行政法规为物权法定主义之“法”之一种，有利于及时对社会发展中新出现的物权类型予以确认，也能较好地维系物权体系的稳定性。综上，本书作者认为，物权法定主义之“法”包括法律和行政法规。尚需注意的是，这里的法律并不单指《物权法》。法律中，除《物权法》外，其他可能规定物权的法律，如《土地管理法》有关土地物权制度的规定；再如《矿产资源法》有关探矿权以及采矿权利的规定；再如《森林法》《水法》《渔业法》《民用航空法》《海商法》《环境保护法》等法律中也都包含一些物权制度。

物权法定主义之“法”是否包括习惯（法）？各国学者均有不同看法。我国台湾地区学界通说采否定之见解，但采肯定说者有增加之趋势。[②] 德国、日本学界则普遍采肯定说，并致力于承认非典型担保习惯法的性质以克服非典型担保在物权法定主义方面所遭遇的困境，从而认为非典型担保并未违反物权法定主义。[③] 依物权法定主义的本旨而言，让与担保等非典型担保因制度长久存在而固定化、类型化，其内容呈现出高度的确定性，使第三人有预测的可能，并已在社会上形成一种法的确信，应构成一种习惯法。因此，很难说具有习惯法性质的非典型担保违反物权法定主义所要求的法律秩序安定之本旨。[④] 正如德国民法学者赖札（Raiser）所言：“民法所以采物权法定主义，其目的非在于僵化物权，而旨在以类型之强制限制当事人的私法自治，避免当事人任意创设具有对世效力的新的法律关系，借以维持物权关系的明确与安定，但此并不排除于必要时，得依补充立法或法官造法之方式，创设新的物权，因法律必须与时俱进，始能适应社会之需要。”据此，可将非典型担保作为制定法外经由习惯法创设的新型物权取得合法地位的适例。我国有学者也认为，人类认识能力的有限和经济发展的迅速，立法

---

① 参见谢在全：《民法物权论》（上册），中国政法大学出版社 2011 年版，第 38 页。

② 否定说的主要理由是，法律条文已明言“民法或其他法律”，则习惯法很难包括在内；肯定说的主要理由是：（1）为避免物权法定主义过于僵化，致与社会脱节，倘习惯法有适宜公示之新物权产生，不妨予以承认。（2）中华幅员广大，历史悠久，各地习惯之物权，如不悖于公序良俗，应无加以摈弃之必要。参见谢在全：《民法物权论》，中国政法大学出版社 2011 年版，第 39 页。

③ 参见我妻荣：《新订担保物权法》，转引自王闯：《让与担保法律制度研究》，法律出版社 2000 年版，第 53 页。

④ 参见王闯：《让与担保法律制度研究》，法律出版社 2000 年版，第 53 页；杨汉东：《让与担保制度之研究》，中兴大学法律学研究所 1989 年硕士论文，第 35 页。

总是滞后于现实，表现在物权法上原则是物权种类的、效力的残缺遗漏。因此，承认习惯（在一定条件下）创设物权是必要的。① 在《民法总则》已将习惯作为民法法源的情形之下，这一观点无疑是缓和物权法定原则的重要路径之一。

（三）物权法定原则的缓和路径之二：物权法定之内容的解释

关于物权法定的内容，学者间观点不一，举其要者，有以下几种：

第一，物权法定主义仅指对物权类型的限制，禁止当事人创设法律上没有规定的物权类型，即所谓类型强制。在现代物权法理论中，主张物权法定主义仅指类型强制的学说已不多见，但也有人认为，“实际上类型即决定内容，类型强制应即包括类型固定，此一区分相当勉强。”②

第二，物权法定主义包括类型强制和类型固定（内容强制），除法律直接规定外，物权不得由当事人自由创设，亦即物权的种类（类型）和具体内容（权能），均依民法和其他法律所规定者为限，严禁当事人以约定任意创设。该种学说也是德国、日本和我国台湾地区的通说。③

第三，物权法定主义包括三方面的内容：一是由法律直接规定物权的种类，禁止当事人创设法律没有规定的物权；二是由法律直接规定物权的内容，禁止物权人超越法律规定行使物权；三是由法律直接规定各种物权设立及变动的方式，非依法律规定的方式不产生物权设立及变动的法律效果。④

第四，物权法定主义包括四方面：一是物权必须由法律设定，不得由当事人随意创设；二是物权的内容只能由法律规定，不能由当事人通过协议设定；三是物权的效力必须由法律规定，不能由当事人通过协议加以确定；四是物权的公示方法必须由法律规定，不得由当事人随意确定。⑤

第五，物权法定主义包括五方面的内容：一是物权的种类法定，当事人不得以协议的方式创设法律所不认可的新类型的物权；二是物权的内容法定，当事人

---

① 主张这一观点的学者很多，梁慧星：《中国物权法研究》，法律出版社 1998 年版，第 70 页；王利明：《物权法论》，中国政法大学出版社 1997 年版，第 94～95 页；陈华彬：《物权法原理》，国家行政学院出版社 1998 年版，第 76～77 页；孟劲国：《物权二元结构论——中国物权制度的理论重构》，人民法院出版社 2002 年版，第 95 页；周林彬：《物权法新论——一种法律经济分析的观点》，北京大学出版社 2002 年版，第 239 页；杨玉赢：《论物权法定主义》，载《比较法研究》2002 年第 1 期；钱明星：《论我国物权法的基本原则》，载《北京大学学报》（哲社版）1998 年第 1 期；申卫星、傅穹、李建华：《物权法》，吉林大学出版社 1999 年版，第 35 页。

② 苏永钦：《私法自治中的经济理性》，中国人民大学出版社 2004 年版，第 86 页。

③ 参见［德］鲍尔/施蒂尔纳：《德国物权法（上）》，张双根译，法律出版社 2004 年版，第 7 页；［日］田山辉明：《物权法》，陆庆胜译，法律出版社 2001 年版，第 5 页；王泽鉴：《民法物权》（第 1 册）《通则 · 所有权》，中国政法大学出版社 2001 年版，第 46 页。

④ 参见李开国：《民法基本问题研究》，法律出版社 1997 年版，第 267 页。

⑤ 参见马俊驹、陈本寒主编：《物权法》，复旦大学出版社 2007 版，第 16 页以下。

不得创设与法定物权内容不符的物权；三是物权的效力法定，即各类物权具有怎样的效力，均由法律所规定，当事人不得依协议扩张或限缩各类物权的法定效力；四是物权的公示方法法定，非依法定公示方法所为的物权变动，不为法律所承认或不能对抗第三人；五是物权的取得方式法定，违反法定方式或不符合法定条件的，不能取得物权。[①]

上述五种观点体现了学者们对物权法定内容的不同理解。本书作者认为，物权法定主义乃对形成自由的限制，法定的内容仅及于物权的种类和内容即可，无需扩及至物权效力、取得方式和公示方法。就物权效力而言，任何权利的效力均来源于法律规定，物权和债权的效力均是如此，就契约所生之债权而言，当事人固然得约定债权的内容，但无法通过约定改变债权的效力，在内部不得通过约定而改变债权效力的内容，使之具有支配性，在外部没有权力通过约定而改变债权效力的相对性，使之对第三人具有约束力。[②] 一项权利是因为被规定为物权而具有物权的效力，而不是因为被法定为具有物权的效力而成为物权。债权无论怎样"物权化"终究成不了物权。因此，一种权利无论法律是否规定物权性效力，只要规定其为物权便有物权效力。[③] 由此可见，物权效力的法定性质，与物权法定主义亦无关。就物权取得方式而言，任何权利均有其设立方式，亦即权利的取得方法，而任何权利的取得方法均以法律有明文规定为要件。物权的设定固然必须符合法定方式，债权的设定也必须依照法定方式（如合同权利依法须因合同而设定；不当得利之债权依法须因不当得利事实而发生）。就物权公示而言，物权的绝对性要求物权变动必须采用一定方法予以公示，至于公示方法是否仅得采取《物权法》所规定的登记和交付，不无疑问。此外，并非所有的物权均不得由当事人自己约定，有采取物权变动对抗主义下，登记仅产生对抗第三人的效力，因此是否登记取决于当事人的意愿。[④] 由此观之，将物权公示方法的法定性作为物权法定的内容便缺乏意义。因此，物权法定之"定"的内容仅为种类强制与种类固定，不能将其拓展到物权法的其他领域。

我国《物权法》第五条规定："物权的种类和内容，由法律规定。"由此可见，我国法上的物权法定的内容是物权的种类和内容。（1）物权种类非依法律规定不得创设。物权的种类仅限于我国《物权法》和其他法律中所界定的类型，包括所有权、土地承包经营权、建设用地使用权、宅基地使用权、地役权、抵押权、质权、留置权以及海域使用权、探矿权、采矿权、取水权、自然资源使用权、船舶

① 参见刘保玉：《物权法》，上海人民出版社 2003 年版，第 161～162 页。

② 参见尹田：《论物权法定原则的解释及其根据》，载《河南省政法管理干部学院学报》2002 年第 4 期。

③ 参见侯永平、董果天等：《物权法争点评析》，法律出版社 2007 年版，第 73 页。

④ 参见温世扬、廖焕国：《物权法通论》，人民法院出版社 2005 年版，第 76 页。

优先权、船舶抵押权、船舶留置权、民用航空器优先权、民用航空器抵押权等。如当事人之间依其约定自行创设法律所没有规定的新物权，即不产生物权效力。例如，某人在其遗嘱中指明其死后所遗房屋两间由其子继承，但某外甥享有终身居住权。该遗嘱中之“终身居住权”即因法律未置明文而不产生物权效力。（2）物权权利内容非依法律规定不得创设。物权种类由法律明定，每一类型物权的权利内容亦由法律明定，当事人不得依约定自行创设。尤应注意的是，《物权法》的规定不可任意地类推适用，否则，一旦将物权的规定类推适用于《物权法》未作规定的某项法律事实之上，很可能形同扩张、创设某项物权的权利内容，有违物权法定主义。

二、非典型担保的登记问题

按照目前登记制度发展的整体趋势，不动产登记已经统一，动产和权利担保登记即将统一。《物权法》第十条第二款中规定：“国家对不动产实行统一登记制度。”《优化营商环境条例》第四十七条第二款规定：“国家推动建立统一的动产和权利担保登记公示系统，逐步实现市场主体在一个平台上办理动产和权利担保登记。纳入统一登记公示系统的动产和权利范围另行规定。”由于两大登记系统所基于的登记法理存在重大差异，在新类型担保中登记的展开也境遇不同。

就新类型担保中涉及不动产（权利）的部分，担保登记的展开较受限制。在不动产登记的连续原则之下，不动产担保登记以其基础权利（标的财产）在不动产登记簿上先登记为前提，如担保财产未登记，其上的担保权利亦不能登记。如此，金融担保创新中的新类型不动产担保在登记环节即受限制。如就商铺租赁权担保，有的地方办理了抵押登记手续，自应认可商铺租赁权抵押权的效力。如在“广西中小企业信用担保有限公司与广西南宁源岳贸易有限公司、广西源丰钒钛科技开发有限公司等追偿权纠纷执行异议案”① 中，横县人民法院认为：

案外人韦可钦主张其于2012年1月1日取得南宁市五一西路6号翠湖新城×栋×层×××号商铺的租赁权有双方签订的《商铺出租协议书》在案佐证，并得到被执行人李乃标的认可，应予采信。2012年9月8日被执行人李乃标与申请执行人签订《最高额委托保证合同》，约定将位于南宁市五一西路6号翠湖新城×栋×层×××号商铺抵押给申请执行人，2012年10月1日办结抵押登记手续，该抵押权设立于租赁关系成立之后，根据《中华人民共和物权法》第一百九十条的规定，订立抵押合同前抵押财产已出租的，原租赁关系不受该抵押权的影响。

但大多数地方并不办理商铺租赁权抵押登记，实践中，当事人之间大多采取了变通的登记方法，如在出租人或物业管理人处办理了相应的登记手续，司法实

① 广西壮族自治区横县人民法院（2017）桂0127执异2号执行裁定书。

践中也予以认可。如在“海宁嘉丰担保有限公司与吴明楚、董相红追偿权纠纷案”① 中，海宁市人民法院认为：

被告董相红以其享有的海宁中国皮革城商铺租赁权为原告的债权提供权利质押反担保，本院认为上述商铺租赁权出质经过商铺所有权人备案登记，租赁权本身具有经济价值和可让与性，具有变价可能，可以作为出质的标的物。故本案中质权依法设立，原告有权以上述商铺租赁权拍卖、变卖后的价款优先受偿。

再如在“中信银行股份有限公司常熟支行与何理江、李荣华等金融借款合同纠纷案”② 中，常熟市人民法院认为：

被告何理江、李荣华以向第三人承租的营业用房的使用权及优先续租权向原告提供质押担保，已经在出租方办理质押登记手续，原告按照《权利质押合同》及本案三方订立的《协议书》约定请求对质押权利变现并以所得价款优先受偿的请求，符合双方合同约定，亦不违反强制性法律规定，相应请求本院予以支持。第三人常熟服装城提出应由第三人对质押权利进行处分的意见，符合三方协议约定，原告对此亦表示认可，应予采信。

《会议纪要》明显采取登记机构法定的方法，只有在法定的抵押登记机构登记，才能发生物权变动的效力。“债权人与担保人订立担保合同，约定以法律、行政法规未禁止抵押或者质押的财产设定以登记作为公示方法的担保，因无法定的登记机构而未能进行登记的，不具有物权效力。”

就新类型担保中涉及动产权利的部分，由于出质财产权利丰富多样，从登记机关和登记效力上，均难以统一，由此引发的问题是：是否需要规定统一的登记机关？如果不规定统一的登记机关，是否可以采取针对不同性质的财产权益，在不同登记机关分类登记的方式？此类登记是否产生物权的对抗效力？《优化营商环境条例》所表达的态度是实行统一的动产和权利担保登记制度，但同时规定“纳入统一登记公示系统的动产和权利范围另行规定”，基于行政管理职能的分工，动产和权利担保登记制度的统一比起不动产登记的统一更为困难。在目前分散登记的背景之下，我国《物权法》对权利抵押权、证券债权质权之外的权利质权均采登记（公示）生效主义，新类型担保在规则设计上应本着同一事件作同一处理的法原理，一体规定自登记之日起生效。在方法论上，虽然关于物权法上是否允许类推适用，学界素有不同意见，但本书作者认为，在类型强制上不允许类推适用，亦即当事人不得创设法律不承认的物权，但在类型固定方面可以类推适用，亦即就一个物权类型项下的权利义务关系、构成要件、法律效果、公示程序

① 浙江省海宁市人民法院（2015）嘉海商初字第492号民事判决书。

② 江苏省常熟市人民法院（2017）苏0581民初8134号民事判决书。类似的案例还有“江苏常熟农村商业银行股份有限公司招商支行与胡晓琴、林良明金融借款合同纠纷案”（江苏省常熟市人民法院（2017）苏0581民初7556号民事判决书）等等。

等没有法律规定时，可以类推适用。[①] 准此，新类型担保方式的公示方式和效力即可准用权利担保物权的规定，即未经登记，担保物权不设立。至于实践中以公路收费权、电费或水费的收费权、学费收入、医疗费收入、租金收益、旅游景区收费权、市政公用行业不动产收益、特许经营权、票据池或应收账款池等担保的，因这些权利在解释上可以归入应收账款，自可直接在应收账款登记系统中办理登记即可，无需准用。

就非典型担保中涉及动产的部分，仍然是在《物权法》之下寻求妥适的公示方法，登记和交付均为可采的路径。例如，动态质押或流动质押创新模式的认可仍然是在交付公示的规定之下寻找正当性，只不过利用了观念交付方法而已。

【附：起草过程中的争议】

《会议纪要（稿）》

22.【担保物权的认定】债权人与担保人订立担保合同，约定以法律、行政法规未禁止设定抵押或者质押的商铺租赁权、出租车经营权、理财产品、公用事业收费权等财产或者财产性权利作为担保财产设定担保，但因无明确的抵押登记机构而未能进行抵押登记的，不具有物权效力，但不应因此认定担保合同无效。当事人请求按照担保合同的约定就担保财产折价、变卖、拍卖所得价款等方式清偿债务的，应予支持。

《会议纪要（哈尔滨征求意见稿）》

71.【担保物权的认定】债权人与担保人订立担保合同，约定以法律、行政法规未禁止设定抵押或者质押的商铺租赁权等财产或者财产性权利设定担保，因无明确的抵押登记机构而未能进行抵押登记的，不具有物权效力。当事人请求按照担保合同的约定就担保财产折价、变卖或者拍卖所得价款等方式清偿债务的，人民法院应予支持。

《会议纪要（公开征求意见稿）》

68.【担保物权的认定】债权人与担保人订立担保合同，约定以法律、行政法规未禁止设定抵押或者质押的财产或者财产性权利设定担保，因无明确的抵押登记机构而未能进行抵押登记的，不具有物权效力。当事人请求按照担保合同的约定就担保财产折价、变卖或者拍卖所得价款等方式清偿债务的，人民法院应予支持。

---

① 参见高圣平：《物权法定主义及其当代命运》，载《社会科学研究》2008年第3期。

第三节　保兑仓交易的性质和效力

【会议纪要条文】

68.【保兑仓交易】保兑仓交易作为一种新类型融资担保方式，其基本交易模式是，以银行信用为载体、以银行承兑汇票为结算工具、由银行控制货权、卖方（或者仓储方）受托保管货物并以承兑汇票与保证金之间的差额作为担保。其基本的交易流程是：卖方、买方和银行订立三方合作协议，其中买方向银行缴存一定比例的承兑保证金，银行向买方签发以卖方为收款人的银行承兑汇票，买方将银行承兑汇票交付卖方作为货款，银行根据买方缴纳的保证金的一定比例向卖方签发提货单，卖方根据提货单向买方交付对应金额的货物，买方销售货物后，将货款再缴存为保证金。

在三方协议中，一般来说，银行的主要义务是及时签发承兑汇票并按约定方式将其交给卖方，卖方的主要义务是根据银行签发的提货单发货，并在买方未及时销售或者回赎货物时，就保证金与承兑汇票之间的差额部分承担责任。银行为保障自身利益，往往还会约定卖方要将货物交给由其指定的当事人监管，并设定质押，从而涉及监管协议以及流动质押等问题。实践中，当事人还可能在前述基本交易模式基础上另行作出其他约定，只要不违反法律、行政法规的效力性强制性规定，这些约定应当认定有效。

一方当事人因保兑仓交易纠纷提起诉讼的，人民法院应当以保兑仓交易合同作为审理案件的基本依据，但买卖双方没有真实买卖关系的除外。

69.【无真实贸易背景的保兑仓交易】保兑仓交易以买卖双方有真实买卖关系为前提。双方无真实买卖关系的，该交易属于名为保兑仓交易实为借款合同，保兑仓交易因构成虚伪意思表示而无效，被隐藏的借款合同是当事人的真实意思表示，如不存在其他合同无效情形，应当认定有效。保兑仓交易认定为借款合同关系的，不影响卖方和银行之间担保关系的效力，卖方仍应当承担担保责任。

70.【保兑仓交易的合并审理】当事人就保兑仓交易中的不同法律关系的相对方分别或者同时向同一人民法院起诉的，人民法院可以根据民事诉讼法司法解释第 221 条的规定，合并审理。当事人未起诉某一方当事人的，人民法院可以依职权追加未参加诉讼的当事人为第三人，以便查明相关事实，正确认定责任。

【条文要义】

上述条文系在《合同法》《担保法》的相关规定，寻求保兑仓交易纠纷的解释方案。

第一，保兑仓交易是一种新类型融资担保交易，经由实践的发展有逐渐典型化的趋势。应当注意的是，是否有仓储方的参与，是否货到仓库后转为仓单质押，均不影响保兑仓交易的定性。在厂商银模式中，一般来说，银行的主要义务是及时签发承兑汇票并按约定方式将其交给卖方，卖方的主要义务是根据银行签发的提货单发货，并在买方未及时销售或者回赎货物时，就保证金与承兑汇票之间的差额部分承担责任。在厂商仓银模式中，银行为保障自身利益，往往还会约定卖方要将货物交给由其指定的当事人监管，并设定质押，从而涉及监管协议以及流动质押等问题。实践中，当事人还可能在前述基本交易模式基础上另行作出其他约定，只要不违反法律、行政法规的效力性强制性规定，这些约定应当认定有效。

第二，保兑仓交易以买卖双方有真实买卖关系为前提。双方无真实买卖关系的，该交易属于名为保兑仓交易实为借款合同，保兑仓交易因构成虚伪意思表示而无效，被隐藏的借款合同是当事人的真实意思表示，如不存在其他合同无效情形，应当认定有效。保兑仓交易认定为借款合同关系的，不影响卖方和银行之间担保关系的效力，卖方仍应当承担担保责任。

第三，当事人就保兑仓交易中的不同法律关系的相对方分别或者同时向同一人民法院起诉的，人民法院可以根据《民事诉讼法解释》第二百二十一条的规定，合并审理。当事人未起诉某一方当事人的，人民法院可以依职权追加未参加诉讼的当事人为第三人，以便查明相关事实，正确认定责任。

第四，保兑仓交易中涉及刑事犯罪的，有下列情形之一的，应当分别审理：(1）主合同的债务人涉及刑事犯罪或者生效裁判认定其构成犯罪，债权人请求担保人承担民事责任的；(2）以法人、非法人组织或者他人名义订立合同的行为涉及刑事犯罪或者刑事裁判认定行为人构成犯罪，合同相对人请求该法人、非法人组织或者他人承受合同后果的；(3）法人或者非法人组织的法定代表人、负责人或者其他工作人员的职务行为涉及刑事犯罪或者刑事裁判认定其构成犯罪，受害人请求该法人或者非法人组织承担民事责任的。

【深度阐释】

一、保兑仓交易合同的性质和效力

（一）保兑仓交易的模式

保兑仓交易作为一种新类型融资担保方式，其基本交易模式是，以银行信用为载体、以银行承兑汇票为结算工具、由银行控制货权、卖方（或者仓储方）受托保管货物并以承兑汇票与保证金之间的差额作为担保。银行为保障自身利益，往往还会约定卖方要将货物交给由其指定的当事人监管，并设定质押，从而涉及监管协议以及流动质押等问题。在实践中，保兑仓交易呈现出多样化的特点，如中国建设银行推出的“保兑仓融资”产品，就是生产厂家（卖方）、经销商（买方）和建设银行三方合作，以银行信用为载体，由银行控制提货权，生产厂家受托保管货物并承担回购担保责任的一种金融服务。天津银行推出的“保兑仓业务”，是企业为补充生产经营中的流动资金需求，与卖方核心企业和银行签订《保兑仓三方合作协议》进行合作，银行为借款企业向卖方核心企业购买货物提供授信支持，并根据其提前还款或补存提货保证金的状况开具《提货通知书》通知卖方发货，卖方凭银行签发的《提货通知书》向借款企业发货，在借款企业未按时归还银行款项时，卖方承担回购或连带责任保证的业务。总体看来，保兑仓交易有所谓“厂商银模式”“厂商仓银模式”之分，后者有仓储方的参与。如在“天津王朝酒业销售有限公司与武汉市华元副食品有限公司汉口经营部追偿权纠纷上诉案”[①] 中，天津市高级人民法院认为：

本院认为，标准保兑仓模式通常是指以银行信用为载体，以银行承兑汇票为结算工具，由银行控制货权，仓储方（或卖方）受银行委托保管货物，对于买方到期无法偿还承兑汇票保证金以外的差额部分，由卖方负责回购质押的货物，银行向买卖双方提供银行承兑汇票的金融服务。标准的保兑仓一般包括卖方、买方、仓储方以及银行等四方主体。就本案而言，合同主体缺少仓储方，同时又出现了由买卖合同主体之外的第三方提供保证担保。因此，本案是以保兑仓为基本框架的金融担保模式。

这些融资产品具有以下共性：利用银行信誉促成贸易；有效保障卖方货款回笼，提高资金使用效率；为买方提供融资便利，解决全额购货的资金困难。

保兑仓交易的交易流程是：卖方、买方和银行订立三方合作协议，其中买方向银行缴存一定比例的承兑保证金，银行向买方签发以卖方为收款人的银行承兑

---

① 天津市高级人民法院（2014）津高民二终字第0061号民事判决书。

汇票，买方将银行承兑汇票交付卖方作为货款，银行根据买方缴纳的保证金的一定比例向卖方签发提货单，卖方根据提货单向买方交付对应金额的货物，买方销售货物后，将货款再缴存为保证金。此外，在“厂商仓银模式”下，交易流程还包括，仓储方、买方与银行签订监管协议和货物质押协议，由银行控制提货权。

（二）保兑仓交易合同的性质

保兑仓交易合同经银行实务的长期惯行，有日益典型化的趋势。《会议纪要》认为，在三方协议中，一般来说，银行的主要义务是及时签发承兑汇票并按约定方式将其交给卖方，卖方的主要义务是根据银行签发的提货单发货，并在买方未及时销售或者回赎货物时，就保证金与承兑汇票之间的差额部分承担责任。银行为保障自身利益，往往还会约定卖方要将货物交给由其指定的当事人监管，并设定质押，从而涉及监管协议以及流动质押等问题。实践中，当事人还可能在前述基本交易模式基础上另行作出其他约定，只要不违反法律、行政法规的效力性强制性规定，这些约定应当认定有效。如此看来，保兑仓交易合同具有混合合同的性质。

卖方在买方未及时销售或者回赎货物时，就保证金与承兑汇票之间的差额部分承担责任。就这一责任的性质，司法实践中的观点颇不一致。如在“江苏资产管理有限公司与无锡市雪丰钢铁有限公司、无锡市雪浪钢管国际贸易有限公司、无锡市振达特种钢管制造有限公司金融借款合同纠纷上诉案”① 中，一审法院认为：

关于合作协议的性质，从其内容看，合作协议系基于华夏银行与振达公司签订的最高额融资合同，由华夏银行为振达公司向雪丰公司购买货物而提供资金，雪丰公司以约定的方式对该融资承担责任。华夏银行与振达公司签订的最高额融资合同和该最高额融资合同项下的具体业务合同银行承兑协议中均约定以合作协议作为振达公司履行债务的担保，因此，应认定合作协议系以最高额融资合同和银行承兑协议为主合同的担保合同。因合作协议中约定的雪丰公司承担责任的方式系由雪丰公司按华夏银行退款通知书的金额将资金汇入华夏银行指定帐户，该约定符合《担保法》关于保证担保的规定，故其担保方式应为保证担保。合作协议又约定：如果雪丰公司未按时退款，华夏银行有权以自己的名义直接向雪丰公司追索上述款项；雪丰公司声明并保证其向华夏银行退款是无条件的，无须华夏银行先向振达公司索偿或对振达公司采取任何法律行动。该约定符合《担保法》关于连带责任保证的规定，故其保证方式为连带责任保证。合作协议还约定，雪丰公司收到退款通知书后10个工作日内，必须无条件按退款通知书的要求将差额款项汇入华夏银行指定的银行帐户。该约定应认定为系雪丰公司对履行保证责任

① 江苏省高级人民法院（2015）苏商终字第00037号民事判决书。

期限的承诺，即其放弃要求华夏银行先行使担保物权，因此虽振达公司为其对华夏银行的债务提供了应收款质押担保，但华夏银行仍有权在实现担保物权之前直接要求雪丰公司承担保证责任。因雪丰公司系履行保证担保义务，故其承担责任的范围不应超过振达公司应承担的主债务范围。

江苏省高级人民法院二审认为：

合作协议4.3条约定，在华夏银行承兑的汇票到期前10个工作日，如果保证金金额不足100%，则根据华夏银行累计出具的发货通知书计算的累计发货金额小于票面金额时，华夏银行向雪丰公司发出退款通知书，雪丰公司收到退款通知书后10个工作日内，必须无条件按退款通知书的要求将差额款项汇入华夏银行指定的银行帐户，华夏银行的通知自发出之日起视为送达雪丰公司；如果雪丰公司未按时退款，华夏银行有权以自己的名义直接向雪丰公司追索上述款项。雪丰公司认为，该条款系在约定的结算时间时，雪丰公司对于多收货款应予返还所作的承诺，不属于连带责任保证。对此，本院认为，最高额融资合同虽约定采取华夏银行与振达公司、雪丰公司签订合作协议的方式作为最高额融资合同项下债权能够得到清偿的担保，雪丰公司在签订合作协议时，也明知华夏银行与振达公司已签订最高额融资合同，但并不能据此认定合作协议系最高额融资合同的保证合同，当事人之间法律关系的性质应按合作协议的约定分析。从合作协议4.3条约定看，系华夏银行为振达公司向雪丰公司购买钢材以承兑汇票方式提供融资服务，为控制振达公司资金不能足额支付到期承兑汇票，以及华夏银行垫付票款后收回资金的风险，由华夏银行根据收回资金情况确定雪丰公司可以发货的时间及数量，如华夏银行通知发货的数量与承兑汇票金额有差额，则由雪丰公司退还该差额。该约定并不符合保证合同的法律特征，当事人之间就此约定并未形成保证合同法律关系，原审判决对此认定有误，本院予以纠正。但前述约定作为当事人之间就华夏银行控制资金风险而达成的协议，并不违反法律、行政法规的强制性规定，应为合法有效，对当事人具有相应的拘束力。雪丰公司在收取承兑汇票后，按照华夏银行发货通知书发货的金额小于收到的承兑汇票票面金额，华夏银行从振达公司处亦未得到足额清偿，华夏银行因此在承兑汇票到期10日前，要求雪丰公司退款，符合合作协议约定，雪丰公司认为其不负退款责任的上诉理由无事实依据，本院不予采信。

在保兑仓交易合同纠纷之中，当事人之间法律关系的性质应依合同的约定进行分析。一般而言，卖方与买方是买卖合同关系，银行与买方之间是基于银行承兑汇票的借款合同关系，银行与卖方之间是就保证金与承兑汇票之间的差额部分的清偿的保证合同关系。当然，当事人之间还可约定其他法律关系。无论《三方协议》为何种性质，各方当事人均应按照协议的约定履行各自的义务。如在“中国光大银行股份有限公司石家庄分行与山西煤炭运销集团阳泉有限公司、河北旭跃实业集团有限公司、石家庄井陉旭通煤炭发运有限公司等金融借款合同纠纷上诉案”[①] 中，河北省高级人民法院认为：

各方当事人对《三方协议》的真实性没有异议，那么无论《三方协议》为何种性质，各方当事人均应按照协议的约定履行各自的义务。《三方协议》约定：阳泉公司只能凭光大分行的《发货通知书》，并严格按照《发货通知书》的内容发货，若阳泉公司方未按《发货通知书》所规定的金额发货，阳泉公司和旭跃公司之间由此产生的纠纷与光大分行无关。《三方协议》还约定：银行授信产品到期前10个工作日，如果银行授信产品没有全额封闭敞口，阳泉公司应无条件退还未发货部分的款项。本案中，光大分行仅向阳泉公司出具了一份《发货通知书》，指令阳泉公司向旭跃公司提供价值4200万元的货物。因此，阳泉公司在《综合授信协议》到期后向光大分行退还剩余款项并支付利息。

（三）保兑仓交易中无真实买卖关系的效力认定

保兑仓交易的基本交易结构由买卖合同、借款合同和保证合同构成。在解释上，卖方就保证金与承兑汇票之间的差额部分的清偿所承担的保证责任，所对应的是银行与买方之间基于银行承兑汇票的借款合同关系。承兑汇票系以真实的买卖关系为基础，但基于票据的无因性，基础交易关系是否真实不影响票据关系。如此，不管买卖合同关系是否真实，均不影响借款合同和保证合同的效力。

司法实践中，在买卖双方并无真实买卖关系的情形之下，就保证合同的效力认定存在争议。一种观点认为，买卖双方并无真实的买卖关系，两者之间的买卖合同因构成虚伪意思表示而无效，被隐藏的借款合同是当事人的真实意思表示；该借款合同因逃避金融监管而无效，相应的保证合同也无效。如在“中信银行股份有限公司郑州分行与郴州化工集团有限公司、驻马店市马可波罗复肥有限公司保证合同纠纷上诉案”[②] 中，河南省高级人民法院认为：

基于保兑仓协议产生的借款关系（旧贷）是无效的，因保兑仓协议从形式上看是符合中国人民银行的管理规定和要求的，但在实际履行过程中，马可波罗公司作为协议中的购货方，在与郴化集团公司无真实交易关系的情况下，却向中信银行郑州分行申请开立银行承兑汇票；中信银行郑州分行在马可波罗公司与郴化集团公司多次均无真实交易关系，且保证金明显不足的情况下，违规开出过亿元的银行承兑汇票；郴化集团公司作为协议中的供货方，不但未履行供货义务，却在收到中信银行郑州分行为其开出的承兑汇票后，均直接背书给马可波罗公司，让马可波罗公司到银行申请贴现。因此，从承兑汇票的实际流转过程看，三方当事人签订保兑仓协议的目的很明确，就是为了不受国家对信贷规模的限制，逃避

① 河北省高级人民法院（2016）冀民终604号民事判决书。

② 河南省高级人民法院（2008）豫法民二终字第167号民事判决书。

金融监管，套取现金。而套取银行现金的行为实际上就是违法借贷的行为，基于此产生的借款关系应当认定为无效。因此，郴化集团公司对该借贷的担保也应认定为无效担保。

另一种观点认为，买卖双方并无真实的买卖关系，并不影响卖方担保责任的承担，如在“广发银行股份有限公司南京江宁支行与山东永盛橡胶集团有限公司合同纠纷上诉案”[①] 中，南京市中级人民法院认为：

广发银行江宁支行承兑了名人公司开出的收款人为永盛公司的商业汇票，已经履行了厂商银协议项下的主要义务，该汇票款项系定向提供给名人公司向永盛公司购买轮胎使用，虽然广发银行江宁支行没有采用约定的方式交付汇票，但事实上永盛公司收到了案涉八张汇票，引发纠纷的原因在于永盛公司拿到银行承兑汇票之后未将其作为向名人公司发货的预付款，而是将部分汇票背书后交给名人公司，名人公司由此得以将款项挪作他用并导致广发银行江宁支行未能收回款项，故广发银行江宁支行有权依据合同约定要求永盛公司承担余额退款责任。永盛公司主张八张汇票是名人公司向其支付厂商银协议之外的交易项下的货款，与厂商银协议的约定有违，也与其将汇票背书后交给名人公司的行为相矛盾，本院不予采信。永盛公司主张广发银行江宁支行对名人公司套取款项存在过错，应当分担损失，缺乏事实和法律依据，本院不予采纳。再次，厂商银协议明确约定永盛公司须承担的余额退款责任为当次支付金额减去名人公司提货金额，案涉八张汇票金额共计 5000 万元，该笔款项未实际用于购买轮胎，提货金额为 0，由于案涉合同履行期已经届满，广发银行江宁支行扣除名人公司交纳的 2500 万元保证金后，要求永盛公司承担剩余部分的余额退款责任并承担利息，有相应合同依据，一审法院予以支持，并无不当。

《会议纪要》认为，双方无真实买卖关系的，该交易属于名为保兑仓交易实为借款合同，保兑仓交易因构成虚伪意思表示而无效，被隐藏的借款合同是当事人的真实意思表示，如不存在其他合同无效情形，应当认定有效。保兑仓交易认定为借款合同关系的，不影响卖方和银行之间担保关系的效力，卖方仍应当承担担保责任。

二、保兑仓交易中银行的义务

（一）保兑仓交易中银行在签发承兑汇票时的审查责任

保兑仓交易中，如无相反约定，银行的主要义务是及时签发承兑汇票并按约定方式将其交给卖方。银行在签发承兑汇票时是否应对买卖双方是否具有真实的交易关系进行审查，以及如何进行审查，裁判实践中观点不一。

---

① 江苏省南京市中级人民法院（2018）苏 01 民终 2005 号民事裁定书。

一种观点认为，银行应按合同约定对汇票项下的真实贸易情况进行审核和对账。如在“兴业银行股份有限公司上海市北支行与武汉钢铁集团鄂城钢铁有限责任公司、上海准钢物资有限公司合同纠纷上诉案”① 中，最高人民法院认为：

二审中双方当事人争议的主要问题是案涉《合作协议书》的效力及付款责任承担问题。首先，从《合作协议书》的内容来看，本案三方当事人合作模式系以卖方鄂钢公司与买方准钢公司之间购销合同为基础，以开立兴业银行承兑汇票方式支付货款的保兑仓业务模式。在此种交易模式项下，买方通常为信誉良好，具备符合银行信贷要求的履约能力，与卖方已经建立一定年限以上的稳定合作关系的法人或其他组织。但就本案已知证据来看，经湖北省鄂州市中级人民法院(2017) 鄂07刑初6号刑事判决查明，准钢公司的法定代表人林隆琰在明知准钢公司严重资不抵债，无力偿还银行贷款的情况下，指使其公司工作人员提供虚假的企业财务报表、伪造的审计报告等资信材料，分别向中国民生银行股份有限公司上海分行申请2.1亿元，向兴业银行上海市北支行申请2.8亿元的授信额度，骗取银行资金归个人使用。准钢公司、林隆琰、吴罗旺及王海军均已构成票据诈骗罪。而根据鄂州公安局西山分局对兴业银行上海市北支行经办人王恩峰、张静阁等人所作询问笔录记载，该行工作人员未依规调查核实准钢公司提供的贷款申请资料及财务状况即签注核实无误，同意授信。其次，按照《合作协议书》约定的交易流程，银行承兑汇票签发后，由兴业银行将该汇票交给鄂钢公司。鄂钢公司收到后，向准钢公司开出等额商品金额证明书，并在兴业银行签发提货通知书后，同时签发提货凭证。但从合同履行情况看，兴业银行仅按汇票金额的30%签发了提货通知，且未按合同约定对汇票项下的真实贸易情况进行审核和对账。而据准钢公司业务经办人吴罗旺向公安机关供述，林隆琰、吴罗旺以贿赂手段买通鄂钢公司经办人王海军后以与上述刑事案件相同手段骗取鄂钢公司工作人员在《商品金额证明书》及回执单上加盖鄂钢公司印章，截留案涉汇票并伪造鄂钢公司印章进行虚假汇票背书贴现。上海市公安局物证鉴定中心鉴定书显示，被截留的案涉19份承兑汇票上鄂钢公司财务章与鄂钢公司样本同名印文不是同一枚盖印形成。鉴于上述事实可能影响到本案合同性质与基本事实的认定，原审在未区分案涉各方当事人的过错责任的情况下，判令鄂钢公司承担全部连带责任不当。

另一种观点认为，在保兑仓交易合同并未对银行的审核义务作出特别约定的情形之下，银行在签发银行承兑汇票时只需对买卖双方的基础法律关系进行必要的形式审查。如在“华夏银行股份有限公司上海分行与上海申桐贸易有限公司、中国兵工物资华东有限公司等金融借款合同纠纷上诉案”② 中，上海市高级人民

---

① 最高人民法院（2018）最高法民终413号民事裁定书。

② 上海市高级人民法院（2019）沪民终19号民事判决书。

法院认为：

关于华夏银行上海分行是否存在未尽审核义务、疏于对货物管控及事后怠于向兵工物资公司催讨退款等事由，并因此而减轻或免除申桐公司及保证人李璟、徐凯嬿的相应责任的问题，本院认为，《合作协议书》并未对华夏银行上海分行的审核义务作出特别约定，且华夏银行上海分行作为融资方在签发银行承兑汇票时已经对兵工物资公司与申桐公司之间的销售合同进行了审核，对基础法律关系进行了必要的形式审查。同时根据《合作协议书》的约定，华夏银行上海分行根据申桐公司的申请对兵工物资公司发出发货指令，但协议中并未约定华夏银行上海分行要对货物进行实际控制，更未约定华夏银行上海分行对货物负有清点和监管义务，且各方对3，000万元交货义务已履行完毕、未发货金额为7，000万元的事实都予以确认。另，华夏银行上海分行于本案诉讼前曾向兵工物资公司发出通知，要求兵工物资公司履行退款义务，之后又通过诉讼的方式再次要求兵工物资公司履行退款义务，并不存在怠于行使催讨退款的情形。

（二）保兑仓交易中银行交付承兑汇票的义务

保兑仓交易中，如无相反约定，银行应按约定方式将承兑汇票交给卖方。就未依约将承兑汇票交给卖方的法律后果，存在裁判分歧。如在“上海浦东发展银行股份有限公司武汉分行与武汉钢铁集团鄂城钢铁有限责任公司、武汉华力商贸有限公司等金融借款合同纠纷上诉案”[①] 中，湖北省高级人民法院认为：

在案涉《工商银三方合作协议书》所涉的保兑仓业务中，鄂钢公司收款与受银行指令放货间的差额退款义务，系银行向商方贷款后最为重要的风控手段。而交票及交提货单又是银行方通过管控资金流和货物流以保证该项风控措施得以实现的核心环节。浦发银行武汉分行未依约派专人交票交单，尤其还将此事项委托与该项交易有密切利害关系的商方人员完成，其本质上是放任风控保障措施失灵情况的出现。此外，浦发银行武汉分行具备比一般大众更为专业的审核印鉴能力，亦应对此承担更高的注意义务。即便因日常业务效率考量或核验能力与印章伪制技术之间差距，未能有效辨识印章真伪，在案涉11份《商品金额证明书》内容与约定格式明显不符，且缺失内容为其管控货物流的提货单金额这一重要信息的情况下，浦发银行武汉分行认可该证明书而未及时提出质疑存在重大过错。综上，浦发银行武汉分行不能证明其所持有的11份《商品金额证明书》系由鄂钢公司或其授权人员出具，其主张鄂钢公司承担本案差额退款义务缺乏事实依据。浦发银行武汉分行关于其举证证据构成优势证据，可推知鄂钢公司实际保有或放任他人使用同名印章的上诉理由不能成立，应予驳回。浦发银行武汉分行亦未证明尾号为229的汇票由其实际交付鄂钢公司，并取得对应《商品金额证明书》，故即

① 湖北省高级人民法院（2018）鄂民终1091号民事判决书。

便鄂钢公司确认实际收到该款，亦不能证明该汇票系《工商银三方合作协议书》项下货款。依《工商银三方合作协议书》，仅浦发银行武汉分行取得真实与之对应的《商品金额证明书》，方可主张退款义务，恰因浦发银行武汉分行未直接交票的行为导致浦发银行武汉分行与鄂钢公司对该汇票款项是否为《工商银三方合作协议书》项下业务产生不同认识，故浦发银行武汉分行亦无权主张该汇票款项的退款义务。

但多数裁判认为，只要银行按保兑仓交易合同的约定将承兑汇票交给卖方（如通过邮寄送达），均认定银行已经适当履行了该义务。

（三）保兑仓交易中银行的其他义务

保兑仓交易中，银行并无保障买卖交易关系中的交易安全的法定义务。如在“上海浦东发展银行股份有限公司深圳分行与深圳市鑫智强贸易有限公司、沈阳东方钢铁有限公司等金融借款合同纠纷上诉案”[①] 中，深圳市中级人民法院认为：

浦发深圳分行与鑫智强公司、东方公司签订的《合作协议书》约定，为确保鑫智强公司与东方公司之间贸易合同的顺利履行，浦发深圳分行愿意为鑫智强公司与东方公司之间的付款订货和货款结算提供授信融资支持。根据《合作协议书》，为保证鑫智强公司与东方公司之间的钢材买卖交易的顺利进行，浦发深圳分行提供授信融资支持即资金方面的支持，浦发深圳分行并无保障鑫智强公司在钢材买卖中的交易安全的法定义务。浦发深圳分行与鑫智强公司之间的金融借款合同、鑫智强公司与东方公司之间的钢材买卖合同，属于两个各自独立的法律关系。东方公司是鑫智强公司自行选择的钢材供应商，鑫智强公司在与东方公司进行钢材买卖时的交易风险，应由鑫智强公司自行控制及负担。《合作协议书》是浦发深圳分行与鑫智强公司、东方公司经过协商签订的，并不属于格式合同。而且，《合作协议书》记载的贸易合同付款方式有 4 种（第 1 种是银行承兑汇票，第 2 种是浦发深圳分行贷款给鑫智强公司，第 3 种是商业承兑汇票贴现，第 4 种是国内信用证），并且留有第 5 种空白栏目。鑫智强公司本可以选择或者要求采用更能保障其买卖合同交易安全的付款方式。鑫智强公司基于自身的商业考量，自愿选择第 1 种付款方式，相应的买卖合同交易风险应由鑫智强公司负担。鑫智强公司提出的浦发深圳分行应对鑫智强公司被东方公司诈骗货款承担过错责任的上诉理由没有事实依据和法律依据。

根据保兑仓交易合同的约定，买方是否全额存入保证金，并不影响卖方差额退款责任的承担，反而亦是其承担责任的条件。如在“兖矿东华物流有限公司与中信银行股份有限公司济宁分行合同纠纷上诉案”[②] 中，山东省高级人民法院

① 广东省深圳市中级人民法院（2016）粤 03 民终 20000 号民事判决书。

② 山东省高级人民法院（2018）鲁民终 575 号民事判决书。

认为：

关于中信银行扣收兖矿公司2966万元款项是否具有事实和法律依据的问题。本院认为：兖矿公司、中信银行与案外人滕州公司签订的《保兑仓业务合作协议》约定，在“滕州公司未按约定在提货到期日前存入全额保证金或偿付全额融资款项且中信银行在单笔融资下或本协议项下出具的《提货通知书》所载累计提货价值少于该笔融资或本协议所对应的兖矿公司实际收款金额的，兖矿公司承担差额退款责任”“中信银行有权直接扣收兖矿公司或滕州公司在中信银行所有营业机构开立的任何账户中的款项”。根据一审查明的事实，截至2014年10月29日，案外人滕州公司存入保证金4400万元，兖矿公司收到中信银行开具的汇票7400万元，向滕州公司实际发货4400万元，未提货物价值3000万元，符合上述《保兑仓业务合作协议》约定的差额退款条件，兖矿公司应当承担差额退款责任，故中信银行从兖矿公司账户中扣收2966万元符合《保兑仓业务合作协议》的约定。且根据《保兑仓业务合作协议》的约定，案外人滕州公司是否全额存入保证金，并不影响中信银行差额退款责任的承担，反而亦是其承担责任的条件。故上诉人兖矿公司关于案外人滕州公司未全额存入保证金，兖矿公司对于作为保证金处理的666万元不承担差额退款责任的上诉理由不成立，本院不予支持。中信银行扣收兖矿公司2966万元款项具有事实和合同依据。

三、保兑仓交易中卖方的义务

一般而言，保兑仓交易中卖方的主要义务是根据银行签发的提货单发货，并在买方未及时销售或者回赎货物时，就保证金与承兑汇票之间的差额部分承担责任。

保兑仓交易中，卖方应根据银行签发的提货单发货，擅自发货的，应对买方的债务承担连带清偿责任。如在“兴业银行股份有限公司石家庄分行与河北旭跃实业集团有限公司、山西煤炭运销集团阳泉有限公司等保兑仓合作合同纠纷案”①中，河北省高级人民法院认为：

协议签订后，第一笔保兑仓业务4600万元三方已经履行完毕，之后兴业银行石家庄分行与阳泉煤运公司对账，阳泉煤运公司向银行出具对账回执单，确认按照《保兑仓业务三方合作协议书》未发货金额6900万元，该保兑仓三方协议已经实际履行。保兑仓三方协议同时约定，以兴业银行石家庄分行向阳泉煤运公司出具的《提货通知书》作为其向旭跃公司发货的唯一有效凭证，并未就货物质押、提货问题作出其他约定。兴业银行石家庄分行履行承兑义务后，旭跃公司未将相应票款如期支付银行，应承担偿还欠款本息的责任。阳泉煤运公司在承兑汇票到

---

① 河北省高级人民法院〔2016〕冀民终219号民事判决书。

期前未按约定将汇票余款6900万元退还银行，并在未收到银行提货通知的情况下，擅自将货物交付旭跃公司，违反三方协议的约定，应对旭跃公司的债务承担连带清偿责任。原审对此认定并无不当。阳泉煤运公司关于兴业银行石家庄分行未取得货物质押权、提货权，保兑仓协议未实际履行的观点，以及旭跃公司主张应由阳泉煤运公司承担差额退款责任，其不应承担任何责任的观点，均无事实依据和合同依据，本院不予支持。

保兑仓交易中卖方承担担保责任不以买方提货为前提。如在“华夏银行股份有限公司邯郸分行与河北凯莱贸易有限公司、河北康沃贸易有限公司、天津铁厂等金融借款合同纠纷案”① 中，邯郸市人民法院认为：

关于天津铁厂辩称《未来提货权融资业务合作协议书》没有实际履行，只是走倒贷手续。本院认为，一是华夏银行邯郸分行确实实际开具了7500万元的银行承兑汇票并根据凯莱贸易公司的提货申请向天津铁厂发出了《发货通知书》，该发货通知书上亦显示规格、重量、金额等，天津铁厂在《收款确认函》、《发货通知书收到确认函》及《未来提货券融资保兑仓模式对账单（供货商）》上均已签收确认，至于天津铁厂与凯莱贸易公司之间是否实际提货，并不能否定华夏银行邯郸分行的实际履行了出票义务及天津铁厂收到汇票的事实；二是天津铁厂转给凯莱贸易公司的款项及凯莱贸易公司给其出具的收据均显示退货款，无法印证该转款系倒贷手续；综上，对天津铁厂辩称，本院不予采纳。

就保兑仓交易中卖方承担担保责任的范围，在“中信银行股份有限公司大连分行与张家口中地装备探矿工程机械有限公司、大连中聚能源有限公司等合同纠纷再审案”② 中，最高人民法院认为：

关于《保兑仓协议》约定的张家口公司承担保证责任的对象。本院认为，在保兑仓交易模式中，如张家口公司承担保证责任以中信银行出具提货单为条件，会造成当事人权利义务显失公平。张家口公司作为供货方接受7522、7525汇票收取货款后，相应的合同权利已经实现，同时，其还占有货物。其在权利已经完全实现的情况下不承担任何义务，显失公平。故张家口公司承担保证责任不以中信银行出具提货单为条件。

张家口公司主张，其并非应对银行承兑金额与乙方备付金额之间的差额承担保证责任，而是对银行出具的提货单累计金额与承兑金额之间的差额承担保证责任。本院认为，《保兑仓协议》约定张家口公司就提货单累计金额与承兑金额之间的差额承担保证责任，该差额是张家口公司承担保证责任的最大范围，但其实际承担保证责任的大小，必然受大连中聚缴付备付金数额的影响。大连中聚已经

① 河北省邯郸市中级人民法院（2017）冀04民初214号民事判决书。

② 最高人民法院（2015）民提字第16号民事判决书。

缴付备付金，但是未出具提货单部分的数额当然应予扣除，因为这部分并不构成中信银行的损失，扣除这一部分，是减轻张家口公司的保证责任。即在计算张家口公司实际应承担的保证责任时，应以承兑金额与银行出具提货单累计金额之间的差额再减去未出具提货单的备付金数额。张家口公司保证责任的对象并未发生变化，其承担的还是提货单累计金额与承兑金额之间的差额保证责任，只是因扣减未出具提货单的备付金额，导致其实际承担责任数额减少。

四、保兑仓交易中银行行使权利的顺序

裁判实践中，除非保兑仓交易合同中对银行行使权利的顺序有明确约定，一般认可银行行使权利时具有选择权，既可请求买方偿还承兑汇票垫款，也可请求卖方承担担保责任。如在“华夏银行股份有限公司上海分行与上海申桐贸易有限公司、中国兵工物资华东有限公司等金融借款合同纠纷上诉案”[①] 中，上海市高级人民法院认为：

关于兵工物资公司的退款责任是否先于申桐公司的还款责任的问题，本院认为，《合作协议书》系华夏银行上海分行以银行承兑汇票方式为申桐公司向兵工物资公司购买货物提供融资服务，为控制申桐公司不能足额支付到期银行承兑汇票及银行垫付票款后收回资金的风险而达成的一项三方协议。根据《合作协议书》5.3 条的约定，银行承兑汇票到期前10日，如满足退款条件，华夏银行上海分行向兵工物资公司发出《退款通知书》，兵工物资公司收到《退款通知书》10日内必须无条件退还差额款项。《合作协议书》5.5 条亦载明，如果兵工物资公司没有依本协议的约定按时、足额退款，华夏银行上海分行有权以自己的名义直接向兵工物资公司追索上述款项。申桐公司作为银行承兑汇票申请人/借款人应无条件向华夏银行上海分行补足保证金/清偿全部借款本息，申桐公司补足保证金/清偿全部借款本息后，有权向兵工物资公司追索其应当退还的差额款项。《合作协议书》并未就申桐公司的还款责任与兵工物资公司的退款责任的先后顺序作出约定，亦无法推断出两者履行顺序存在先后。华夏银行上海分行既有权基于《银行承兑协议》要求申桐公司归还垫款本息，亦有权基于《合作协议书》要求兵工物资公司退还差额款项。申桐公司主张兵工物资公司的退款责任先于申桐公司的还款责任，依据不足，本院不予支持。

同时，如无相反约定，银行行使权利时，既可请求处置卖方货物，也可请求卖方承担担保责任。如在“中国光大银行股份有限公司石家庄分行与山西煤炭运销集团阳泉有限公司、河北旭跃实业集团有限公司、石家庄井陉旭通煤炭发运有

---

① 上海市高级人民法院（2019）沪民终19号民事判决书。

限公司等金融借款合同纠纷上诉案”[①] 中，河北省高级人民法院认为：

阳泉公司主张，光大分行应当按照《三方协议》的约定，处置阳泉公司的相应货物，不能要求阳泉公司退还货款。本院认为，《三方协议》虽约定“若阳泉公司未将差额款项退还光大分行且旭跃公司未提供资金致使光大分行在本协议项下所提供的授信出现逾期，则阳泉公司应按日利率万分之五向丙方支付罚息，且光大分行有权依法处置相应货物”，但是结合《三方协议》的全部内容来看，该约定并不属于排他性约定，且阳泉公司当庭表示没有货物可供处置。因此，光大分行有权选择要求阳泉公司退还货款。

五、保兑仓交易中的担保主债权的认定

《最高额保证担保合同》及《保证担保声明书》指向的主合同为《综合授信额度合同》，而并非《合作协议书》。如在“平安银行股份有限公司济南分行与重庆红蜻蜓油脂有限责任公司、重庆粮食集团有限责任公司、山东四方嘉会实业集团有限公司、刘克谦、孟淑英担保合同纠纷上诉案”[②] 中，山东省高级人民法院认为：

对于涉案《合作协议书》《综合授信额度合同》《最高额保证担保合同》《汇票承兑合同》是否有法律效力，刘克谦、孟淑英的保证责任应否予以免除的问题。本院认为，第一，涉案《最高额保证担保合同》及《保证担保声明书》系刘克谦与孟淑英承担保证责任的依据，上述两文件中均载明授信用途为购买原材料，但是并未约定款项支付方式。涉案两份《汇票承兑合同》中亦未载明涉案银行承兑汇票交付方式。故虽然平安银行一审自认其工作人员将涉案银行承兑汇票直接交付给四方嘉会公司，亦未违反上述合同约定，不构成恶意串通，并未加重刘克谦、孟淑英的保证责任。第二，平安银行亦提交了红蜻蜓公司出具的《收到银行汇票款/项确认函》，并以此为依据向红蜻蜓公司主张权利，故刘克谦与孟淑英无证据证明平安银行主观上存在与四方嘉会公司合意变更款项用途，加重其保证责任的事实。即使事后查明，红蜻蜓公司并未收到涉案银行承兑汇票，亦未出具《收到银行汇票款/项确认函》，但是刘克谦及孟淑英亦无证据证明平安银行或其工作人员参与了伪造红蜻蜓公司印章并出具《收到银行汇票款/项确认函》的事实。故刘克谦、孟淑英主XX安银行与四方嘉会公司之间存在恶意串通的证据不足，本院对于其主张不予支持。另外，刘克谦签订的涉案《最高额保证担保合同》载明，该合同的保证范围为平银济分额保字20130415第002号《综合授信额度合同》项下四方嘉会公司应承担的债务。刘克谦与孟淑英签字确认的《保证担

① 河北省高级人民法院（2016）冀民终604号民事判决书。

② 山东省高级人民法院（2018）鲁民终500号民事判决书。

保声明书》亦载明，担保范围为授信合同项下债务人所应承担的全部债务，故《最高额保证担保合同》及《保证担保声明书》指向的主合同为《综合授信额度合同》，而并非《合作协议书》。刘克谦、孟淑英上诉主张其担保债务为《合作协议书》项下债务无事实依据，并且其亦无证据证明《合作协议书》存在无效的情形。退一步讲，即使《合作协议书》无效，亦不影响刘克谦、孟淑英所签订的《最高额保证担保合同》及《保证担保声明书》的效力。综上，涉案《合作协议书》《综合授信额度合同》《最高额保证担保合同》《汇票承兑合同》均为有效合同，刘克谦、孟淑英的保证责任不应予以免除。刘克谦、孟淑英应当在最高额本金6000万元及其产生的利息、复利、罚息及费用的范围内对四方嘉会公司欠付平安银行的银行承兑汇票垫付款承担保证责任。

六、保兑仓交易的司法救济

在保兑仓交易纠纷中，有的当事人仅以买卖合同纠纷发生争讼，就银行的具体授信情况则采取当事人一方举证或应当事人请求依职权调取证据的方法。如在“天津王朝酒业销售有限公司与武汉市华元副食品有限公司汉口经营部追偿权纠纷上诉案”[①] 中，天津市高级人民法院认为：

华元汉口经营部作为王朝酒业公司葡萄酒的购买方，为实现融资目的，与王朝酒业公司、中法合营王朝公司以及光大天津分行签订了《四方协议》，明确约定了涉讼融资事项的操作流程以及各方权利义务。该协议系各方真实意思表示，合法有效，各方应当严格履约。王朝酒业公司在协议中承诺当用于支付货款的银行承兑汇票到期时，在华元汉口经营部未能足额归还银行票据款项的情形下，无条件承担退货和回购责任，同时中法合营王朝公司亦为王朝酒业公司回购担保额度提供连带责任保证担保。在此协议项下，当承兑汇票到期后，应由华元汉口经营部支付承兑汇票记载金额与其已经预付的保证金之间的差额部分。对于王朝酒业公司而言，如华元汉口经营部缴付的保证金余额低于银行承兑汇票记载金额，则应将差额部分以现金方式支付给银行，以履行其约定的担保责任。正是基于《四方协议》的约定，光大天津分行出具了两张票面金额各400万元的银行承兑汇票，王朝酒业公司实际交付了相应价值的货物，华元汉口经营部也支付了相应的保证金。但是，在银行承兑汇票到期前，华元汉口经营部明确表示无法偿还保兑仓，并申请保兑仓退货。王朝酒业公司根据保兑仓退货申请，按照《四方协议》的约定向华元汉口经营部在光大天津分行开立的账户内划入了800万元，向光大天津分行履行了约定的担保义务。现当事人双方对于王朝酒业公司代付款项的实际数额均无异议，因此，王朝酒业公司有权向华元汉口经营部追偿代付款项。

---

① 天津市高级人民法院（2014）津高民二终字第0061号民事判决书。

在保兑仓交易纠纷中，有的当事人仅基于票据资金关系请求出票人（买方）承担偿还欠款本息、担保人（卖方）承担担保责任。如在“九江银行股份有限公司广州分行与广州市泰乾恒坤贸易有限公司、陈凯民、宁智琪、宁智强等借款合同纠纷再审案”[①] 中，广东省高级人民法院认为：

关于本案应否对《保兑仓三方合作协议书》进行审查的问题。案涉《综合授信合同》《银行承兑协议》《保证金协议》及《不可撤销的担保函》与《保兑仓三方合作协议书》各自约定的权利义务明确完整，之间相互独立，并非同一法律关系。《保兑仓三方合作协议书》与案涉《综合授信合同》《银行承兑协议》《保证金协议》及《不可撤销的担保函》亦无约定的从属关系。九江银行广州分行只是基于票据资金关系依据案涉《综合授信合同》、《银行承兑协议》、《保证金协议》及《不可撤销的担保函》要求出票人泰乾恒坤公司承担偿还欠款本息、担保人承担担保责任，《保兑仓三方合作协议书》约定的是其他法律关系中各方当事人的权利义务关系，不属于本案审理范围，泰乾恒坤公司亦就《保兑仓三方合作协议书》提起另案诉讼，故无需在本案中对《保兑仓三方合作协议书》进行审查，也不能在本案中进行审查。原审未对《保兑仓三方合作协议书》进行审查并无不当。

在“兖矿东华物流有限公司与中信银行股份有限公司济宁分行合同纠纷上诉案”[②] 中，山东省高级人民法院认为：

关于一审诉讼程序是否合法，即滕州公司是否为必须参加诉讼的当事人的问题。本院认为：一方面，从程序角度分析，所谓抗辩，是针对请求权提出的一种防御方法，是指当事人通过主张与对方主张事实所不同的事实或法律关系，以排斥对方所主张的事实的行为。针对兖矿公司关于中信银行扣款错误应返还款项的诉讼请求，中信银行提出其扣收兖矿公司 2966 万元款项系依据《保兑仓业务合作协议》的约定行使差额退款扣收权，该主张系抗辩权的行使而非反诉。该抗辩理由的成立，足以达到否定兖矿公司诉讼请求的效果，而不必也无需提出独立的诉讼请求，即通过反诉实现。且，本案中，中信银行并未基于《保兑仓业务合作协议》向兖矿公司、滕州公司主张还款责任，案外人滕州公司并非必须参加诉讼的当事人。另一方面，从事实角度分析，如前所述，根据一审查明的事实，中信银行行使差额退款扣收权的条件已经具备，案外人滕州公司是否参加诉讼对于查明案件事实并无直接影响。故，上诉人兖矿公司关于一审程序错误，本案应追加滕州公司参加诉讼的上诉理由不成立，本院不予支持。

在保兑仓交易纠纷中，有法院认为，《银行承兑合同》《保证金协议》《最高额保证合同》《供货合同》等合同，均属于保兑仓交易合同的组成部分，且相互关

① 广东省高级人民法院（2016）粤民申 4653 号民事裁定书。

② 山东省高级人民法院（2018）鲁民终 575 号民事判决书。

联，故应一并审理。如在“兴业银行股份有限公司济南分行与山东钢铁股份有限公司、山东钢铁股份有限公司济南分公司、上海连跃物资有限公司等保兑仓业务合作合同纠纷上诉案”① 中，山东省高级人民法院认为：

兴业银行与济钢公司、连跃公司签订的《保兑仓业务三方合作协议》，及其与本案其他担保人签订的《最高额保证合同》、《最高额抵押合同》，均系为了保障连跃公司在上述各合同约定的期间内与兴业银行发生的各类授信业务的履行而签订。本案各方当事人相互之间的权利义务关系，主要依据是兴业银行、连跃公司、济钢公司三方签订的《保兑仓业务三方合作协议》。根据该协议约定，连跃公司与济钢公司之间设立贸易合同关系，连跃公司以向兴业银行申请开立银行承兑汇票的融资方式，将收款人为济钢公司的银行承兑汇票，由兴业银行直接支付到济钢公司，连跃公司在银行承兑汇票到期前将票款足额支付到兴业银行，兴业银行根据连跃公司支付票款的数额和进度向济钢公司发出提货通知书，济钢公司依据兴业银行发出的提货通知书向连跃公司发货；如济钢公司未接到兴业银行的提货通知书就向连跃公司发货，应对连跃公司的债务承担连带还款责任。各方为执行《保兑仓业务三方合作协议》分别签订了《银行承兑合同》《保证金协议》《最高额保证合同》《最高额抵押合同》《供货合同》等合同，均属于《保兑仓业务三方合作协议》的附属组成部分，本案纠纷应一并审理。后因济钢公司更名为山钢股份公司，原济钢公司的资产、负债、权益、业务及其他权利与义务由山钢济南分公司承继。山钢股份公司、山钢济南分公司辩称其作为本案被告主体不适格，本案涉及两个法律关系，不应一并审理的抗辩与事实不符，原审法院不予支持。

就此，《会议纪要》规定，当事人就保兑仓交易中的不同法律关系的相对方分别或者同时向同一人民法院起诉的，人民法院可以根据《民事诉讼法解释》第二百二十一条的规定，合并审理。当事人未起诉某一方当事人的，人民法院可以依职权追加未参加诉讼的当事人为第三人，以便查明相关事实，正确认定责任。

七、保兑仓交易中的刑民交叉

保兑仓交易纠纷中，可能涉嫌诈骗、合同诈骗、票据诈骗，由此出现刑民交叉的处理问题，裁判实践中处理不一。

一种观点认为，保兑仓交易涉嫌骗取票据承兑的事实不影响涉案借款合同、保证合同效力，故本案的审理不应以该刑事案件的处理结果为依据。如在“中国民生银行股份有限公司南京分行与济钢集团有限公司、常熟市天铭物资有限公

① 山东省高级人民法院（2014）鲁商终字第403号民事判决书。

司、江苏中欣投资实业有限公司等金融借款合同纠纷再审案”[①]中，最高人民法院认为：

关于本案应否中止审理问题。《最高人民法院关于在审理经济纠纷案件中涉及经济犯罪嫌疑若干问题的规定》第一条规定：“同一公民、法人或其他经济组织因不同的法律事实，分别涉及经济纠纷和经济犯罪嫌疑的，经济纠纷案件和经济犯罪嫌疑案件应当分开审理。”案涉《最高额保证合同》系济钢集团公司与民生银行南京分行于2013年9月9日签订，该保证合同所担保的系常熟天铭公司与民生银行南京分行于2013年9月9日签订的编号为公授信字第ZH1300000176142号的《综合授信合同》项下常熟天铭公司的借款。本案所涉借款关系、担保关系与济钢集团公司提出的常熟天铭公司2012年涉嫌骗取票据承兑的事实并非同一法律事实，且常熟天铭公司2012年涉嫌骗取票据承兑的事实也不影响本案借款合同、最高额保证合同效力，故本案的审理不应以该刑事案件的处理结果为依据。济钢集团公司也未提供证据证明其与常熟天铭公司、民生银行南京分行在签订和履行2013年9月9日《综合授信合同》及其项下的《借款合同》《最高额保证合同》过程中涉嫌刑事犯罪。济钢集团公司关于本案因涉嫌刑事犯罪，应当中止审理的上诉理由，不能成立。对于济钢集团公司关于向山东省银山公安局调取常熟天铭公司涉嫌骗取票据承兑案侦办过程中发现的民生银行南京分行涉嫌违法犯罪证据的申请，本院不予准许。

另一种观点认为，保兑仓交易涉嫌骗取票据承兑的事实是否涉及其他主体的相关人员是民事案件处理必须考虑的因素。如在“华夏银行股份有限公司烟台分行与内蒙古伊利实业集团股份有限公司未来提货权融资业务合作合同纠纷上诉案”[②]中，山东省高级人民法院认为：

未来提货权融资业务合作协议书、最高额融资合同和银行承兑协议涉及三方主体，郭小虎是涉及该业务的主要人员。郭小虎伪造伊利公司印章进行诈骗，其实施诈骗行为时是否涉及其他主体的相关人员是民事案件处理必须考虑的因素。2008年12月25日，郭小虎因涉嫌诈骗烟台福尔米经贸有限公司450万元，被烟台市公安局芝罘分局立案并网上追逃；同年12月26日，郭小虎因涉嫌诈骗烟台福山商业银行汇票被烟台市公安局福山分局立案侦查；本案二审期间，伊利公司亦向公安机关报案，呼和浩特公安局经济技术开发区分局于2014年11月3日已决定对郭小虎涉嫌合同诈骗立案。因刑事案件正在侦查之中，二审法院依据《最高人民法院关于在审理经济纠纷案件中涉及经济犯罪嫌疑若干问题的规定》，驳回华夏银行的起诉并无不当。

---

① 最高人民法院（2017）最高法民终803号民事裁定书。

② 山东省高级人民法院（2017）鲁民再121号民事判决书。

《会议纪要》指出，在审理案件时，应当依照《最高人民法院关于在审理经济纠纷案件中涉及经济犯罪嫌疑若干问题的规定》《最高人民法院关于审理非法集资刑事案件具体应用法律若干问题的解释》《最高人民法院、最高人民检察院公安部关于办理非法集资刑事案件适用法律若干问题的意见》以及《民间借贷解释》等规定，处理好民刑交叉案件之间的程序关系。同一当事人因不同事实分别发生民商事纠纷和涉嫌刑事犯罪，民商事案件与刑事案件应当分别审理，主要有下列情形：(1) 主合同的债务人涉嫌刑事犯罪或者刑事裁判认定其构成犯罪，债权人请求担保人承担民事责任的；(2) 行为人以法人、非法人组织或者他人名义订立合同的行为涉嫌刑事犯罪或者刑事裁判认定其构成犯罪，合同相对人请求该法人、非法人组织或者他人承担民事责任的；(3) 法人或者非法人组织的法定代表人、负责人或者其他工作人员的职务行为涉嫌刑事犯罪或者刑事裁判认定其构成犯罪，受害人请求该法人或者非法人组织承担民事责任的；(4) 侵权行为人涉嫌刑事犯罪或者刑事裁判认定其构成犯罪，被保险人、受益人或者其他赔偿权利人请求保险人支付保险金的；(5) 受害人请求涉嫌刑事犯罪的行为人之外的其他主体承担民事责任的。审判实践中出现的问题是，在上述情形下，有的人民法院仍然以民商事案件涉嫌刑事犯罪为由不予受理，已经受理的，裁定驳回起诉。对此，应予纠正。

【附：起草过程中的争议】

《会议纪要（稿）》

23.【保兑仓交易的性质和效力】保兑仓交易是指以银行信用为载体，以银行承兑汇票为结算工具，由银行控制货权，卖方（或仓储方）受托保管货物并对承兑汇票保证金以外的金额以货物回购作为担保措施的一种新类型融资担保方式。其基本的交易流程是：卖方、买方和银行签订保兑仓三方合作协议，其中买方向银行缴存一定比例的承兑保证金，银行向买方签发以卖方为收款人的银行承兑汇票，买方将银行承兑汇票交付卖方作为货款，银行要根据买方缴纳的保证金的一定比例向卖方签发提货单，卖方根据提货单向买方发货，买方销售货物后，将货款再缴存为保证金，重复以上流程。在买方违约的情况下，卖方以货物调剂销售、差额退款等方式，就保证金与承兑汇票之间的差额部分承担连带责任。

认定保兑仓交易的性质与效力，首先要看买方和卖方之间有无真实的货物交易关系。如果没有真实的货物交易关系，则其性质属于名为保兑仓交易实为借款合同的隐藏行为，保兑仓交易因属于虚伪意思表示而无效，被隐藏的借款合同是当事人真实意思表示，如不存在其他合同无效情形的，一般应当认定合同有效。如果有真实的交易关系，则保兑仓交易合法有效，彼此之间的权利义务关系要根据具体合同来确定。其中，买方与卖方之间是买卖合同关系，买方与银行之间是借款合同关系，卖方与银行之间是担保关系。

24.【保兑仓交易的司法救济】债权人就保兑仓交易中的不同法律关系的相对方分别向同一法院起诉，可以根据最高人民法院关于适用〈民事诉讼法〉的解释第二百二十一条的规定，合并审理。债权人同时向同一法院起诉，请求债务人、担保人、仓储人承担相应责任的，应当一并审理，以正确区分各自的权利和义务，依法认定各自的责任顺位，避免重复受偿。

《会议纪要（哈尔滨征求意见稿）》

72.【保兑仓交易的性质和效力】保兑仓交易是指以银行信用为载体、以银行承兑汇票为结算工具、由银行控制货权、卖方（或者仓储方）受托保管货物并以承兑汇票与保证金之间的差额作为担保措施的一种新类型融资担保方式。其基本的交易流程是：卖方、买方和银行签订三方合作协议，其中买方向银行缴存一定比例的承兑保证金，银行向买方签发以卖方为收款人的银行承兑汇票，买方将银行承兑汇票交付卖方作为货款，银行根据买方缴纳的保证金的一定比例向卖方签发提货单，卖方根据提货单向买方发货，买方销售货物后，将货款再缴存为保证金。在买方违约的情况下，卖方就保证金与承兑汇票之间的差额部分承担连带责任。

保兑仓交易以买卖双方有真实的交易关系为前提，其中，买方与卖方之间是买卖合同关系，买方与银行之间是借款合同关系，卖方与银行之间是担保关系。如果买卖双方并无真实的货物买卖关系，则该交易属于名为保兑仓交易实为借款合同的行为，要看银行是否知情来判断合同效力。如果银行对双方并无真实买卖关系知情的，表明其并未受到欺诈，此时保兑仓交易、买卖双方之间的货物买卖关系均因构成虚伪意思表示而无效，被隐藏的借款合同是当事人的真实意思表示，如不存在其他合同无效情形的，应当认定合同有效。将保兑仓交易认定为借款合同关系，不影响卖方和银行之间担保关系的效力，卖方仍应承担担保责任。反之，如果银行对此不知情的，一般可以认定其因受到欺诈而享有撤销权，并视其是否行使撤销权而作不同处理。

73.【保兑仓交易的司法救济】债权人就保兑仓交易中的不同法律关系的相对方分别向同一法院起诉，可以根据民事诉讼法司法解释第二百二十一条的规定，合并审理。债权人同时向同一法院起诉，请求债务人、担保人、仓储人承担相应责任的，也可以一并审理。当事人未起诉某一方当事人的，人民法院可以依职权追加未参加诉讼的当事人为第三人，以便查明相关事实、正确认定责任。

《会议纪要（公开征求意见稿）》

69.【保兑仓交易的性质和效力】保兑仓交易是指以银行信用为载体、以银行承兑汇票为结算工具、由银行控制货权、卖方（或者仓储方）受托保管货物并以承兑汇票与保证金之间的差额作为担保措施的一种新类型融资担保方式。其基本的交易流程是：卖方、买方和银行签订三方合作协议，其中买方向银行缴存一定比例的承兑保证金，银行向买方签发以卖方为收款人的银行承兑汇票，买方将银行承兑汇票交付卖方作为货款，银行根据买方缴纳的保证金的一定比例向卖方签发提货单，卖方根据提货单向买方发货，买方销售货物后，将货款再缴存为保证金。在买方违约的情况下，卖方就保证金与承兑汇票之间的差额部分承担连带责任。

保兑仓交易以买卖双方有真实的交易关系为前提，其中，买方与卖方之间是买卖合同关系，买方与银行之间是借款合同关系，卖方与银行之间是担保关系。如果买卖双方并无真实的货物买卖关系，则该交易属于名为保兑仓交易实为借款合同的行为，要看银行是否知情来判断合同效力。如果银行对双方并无真实买卖关系知情的，表明其并未受到欺诈，此时保兑仓交易、买卖双方之间的货物买卖关系均因构成虚伪意思表示而无效，被隐藏的借款合同是当事人的真实意思表示，如不存在其他合同无效情形的，应当认定合同有效。将保兑仓交易认定为借款合同关系，不影响卖方和银行之间担保关系的效力，卖方仍应承担担保责任。反之，如果银行对此不知情的，一般可以认定其因受到欺诈而享有撤销权，并视其是否行使撤销权而作不同处理。

70.【保兑仓交易的司法救济】债权人就保兑仓交易中的不同法律关系的相对方分别向同一法院起诉，可以根据民事诉讼法司法解释第二百二十一条的规定，合并审理。债权人同时向同一法院起诉，请求债务人、担保人、仓储人承担相应责任的，也可以一并审理。当事人未起诉某一方当事人的，人民法院可以依职权追加未参加诉讼的当事人为第三人，以便查明相关事实、正确认定责任。

第四节 让与担保的司法态度

【会议纪要条文】

71.【让与担保】债务人或者第三人与债权人订立合同，约定将财产形式上转让至债权人名下，债务人到期清偿债务，债权人将该财产返还给债务人或第三人，债务人到期没有清偿债务，债权人可以对财产拍卖、变卖、折价偿还债权

的，人民法院应当认定合同有效。合同如果约定债务人到期没有清偿债务，财产归债权人所有的，人民法院应当认定该部分约定无效，但不影响合同其他部分的效力。

当事人根据上述合同约定，已经完成财产权利变动的公示方式转让至债权人名下，债务人到期没有清偿债务，债权人请求确认财产归其所有的，人民法院不予支持，但债权人请求参照法律关于担保物权的规定对财产拍卖、变卖、折价优先偿还其债权的，人民法院依法予以支持。债务人因到期没有清偿债务，请求对该财产拍卖、变卖、折价偿还所欠债权人合同项下债务的，人民法院亦应依法予以支持。

【条文要义】

本条系结合《物权法》第十五条等相关法条、《民法总则》《合同法》相关规定，对让与担保的效力的解释。

第一，债务人或者第三人通过将动产、不动产或者股权等财产转让至债权人名下的方式，为主合同的履行提供担保，属于学说上所称让与担保。让与担保合同是当事人之间的真实意思表示，如无其他令其无效的事由出现，应属有效；但其中约定在主债务届期未获清偿时由债权人取得标的财产所有权的，该条款因违反流质契约禁止的规定而无效，该条款的无效不影响让与担保合同的效力。

第二，在让与担保交易中，虽然所移转的所有权仅具担保作用，并不具有其他权能，但在物权法定主义缓和论之下，让与担保经长期的惯行以使相关领域的交易当事人形成了法的确信，已然成为习惯法上的物权。就让与担保权的公示、效力和实现，自可准用动产质权、不动产抵押权以及股权质权的相关规定。在物权公示原则之下，让与担保权仅得在满足公示要件的基础上，才具有物权效力。具体的公示方法为：作为担保财产的动产已经交付债权人，作为担保财产的登记动产、不动产、股权等已经进行变更登记。

第三，在债务人不履行到期债务或者出现当事人约定的其他实现让与担保权的情形时，债权人可以实现让与担保权。在担保权构造之下，债权人就标的财产仅取得优先受偿权，但让与担保权的实现有归属清算和处分清算两种。通常认为，在标的财产属于公开交易市场上交易的财产之时，归属清算有利于节约实现成本。但《会议纪要》仅承认处分清算，债权人主张享有动产、不动产所有权或者股权的，人民法院不予支持，这与《物权法》上禁止流质契约的规定有关。债权人与债务人在让与担保权实现条件成就之后，就动产、不动产或者股权达成折价或者回购协议的，属于让与担保权的协议实现，并不构成流质契约，自应有效。

第四，在处分清算之下，债权人实现让与担保权自可参照《物权法》的相关规定，可以和债务人约定就拍卖、变卖的价款优先受偿，也可以向人民法院提起诉讼，经由审判程序取得胜诉裁判之后，向执行法院申请执行，还可以申请启动《民事诉讼法》上“实现担保物权案件”特别程序，取得许可裁定之后，再向执行法院申请执行。债务人因到期没有清偿债务，请求对该财产拍卖、变卖、折价偿还所欠债权人合同项下债务的，人民法院亦应依法予以支持。

【深度阐释】

一、让与担保的学说争议

让与担保是指债务人或第三人为担保债务的履行，将担保物的所有权移转予担保权人，[①] 债务清偿后，担保物应返还予债务人或第三人；债务不获清偿时，担保权人得就该担保物优先受偿的一种担保形式。[②] 近世以来，基于融资的需要，所有权转变为观念性的利用权，[③] 亦即资本化，其和各种债权契约相结合而发挥其重要作用。[④] 此际，所有权的债权化（担保化）至为明显，让与担保之产生，亦属当然。就作为定限物权的抵押权和作为权利移转型担保的让与担保而言，债权人取得的权利在两者之间并无多大差异。就前者而言，虽在解释上担保权人并未取得标的物的所有权，但就标的物交换价值的支配使得担保权人成为标的物担保价值（货币价值、资本价值）的专有者，担保权人实际上即取得“资本所有权”；[⑤] 就后者而言，债权人虽然取得标的物的所有权，但标的物仍然由设定人占有、使用，债权人并不得为担保之外的处分，此际，债权人所取得的仍然也是“资本所有权”。准此，两者之间仅仅在于法律上的表现形式。

考诸担保权的发展轨迹可见，移转标的物所有权实为物上担保的原初形态，[⑥] 经由不移转标的物所有权仅移转占有的占有质（质押），演变至标的物的所有权

---

① 标的财产的类型不同，让与担保的外观表现也不同。动产让与担保、不动产让与担保中，移转的是标的财产的所有权，而在股权让与担保、应收账款让与担保等权利让与担保交易中，移转的是作为标的财产的股权或应收账款。因此，本处仅为论述上的便宜，以所有权移转作为统称。特此说明。

② 参见王利明：《物权法研究》，中国人民大学出版社 2013 年版，第 1270 页；王闯：《让与担保法律制度研究》，法律出版社 2000 年版，第 20 页；郭明瑞：《担保法》，法律出版社 2000 年版，第 254 页；黄宗乐：《现代物权法之原理及发展——以“台湾法”为例》，《辅仁法学》1986 年第 15 期，第 181 页。

③ 参见史尚宽：《民刑法论丛》，作者 1973 年自版，第 96 页。

④ 参见［日］我妻荣：《债权在近代法中的优越地位》，有斐閣 1997 年版，第 9 页。

⑤ 参见［日］我妻荣：《债权在近代法中的优越地位》，有斐閣 1997 年版，第 85 页。

⑥ 参见［英］巴里·尼古拉斯：《罗马法概论》，黄风译，法律出版社 2000 年版，第 159 页。

和占有均不移转的不占有质（抵押）。[①] 在近代法典化进程中，大多数国家均未将这种所有权担保方式作为典型担保物权。比较法上所见的让与担保，多是实践、判例、学说共同作用的产物。[②] 我国物权立法过程中，学术界就让与担保的成文化问题展开了激烈的讨论。虽然曾经有将让与担保为纳入担保物权法体系的动议，《民法（草案）》（2002 年 12 月）（以下简称《民法（草案）》）中甚至就让与担保专章作了规定（物权编第 26 章），但最终否定观点占据了主流，我国《物权法》亦未将让与担保法典化。不过，在该法通过后，让与担保的司法实践不断展开，学说争议不断。

学说上反对让与担保成文化的理由主要有以下几点：其一，让与担保属虚伪表示。让与担保设立之时，设定人将标的物的所有权移转于债权人仅仅只是形式，实质上双方并没有移转标的物所有权的意思，因此，让与担保属于当事人通谋而为虚伪移转所有权的意思表示。[③] 其二，让与担保系脱法行为。让与担保依占有改定而设定，在外部无公示方法可予以认识，掩盖了当事人间的财产关系，并造成设定人信用可靠的假象，[④] 有规避物权公示原则等物权法既定制度之嫌。[⑤] 同时，让与担保实际上是一种变相的流质（抵）契约，[⑥]有违实定法上禁止流质契约的规定。[⑦] 其三，让与担保的承认构成体系冲突。在担保物权定位于定限物权的情况下，插入一个“完全所有权”性质的让与担保制度，破坏了物权法体系的完整性，与物权的公示性、种类强制、特殊性、抽象性相矛盾，也使得该担保制

---

① 参见谢在全：《民法物权论》，中国政法大学出版社 2011 年版，第 1102 页。

② See Study Group on a European Civil Code，Research Group on EC Private Law（Acquis Group），*Principles，Definitions and Model Rules of European Private Law*：*Draft Common Frame of Reference*（*DCFR*），*Full Edition*，*Volume* 6. Munich：sellier. european law publishers GmbH，2009，pp. 5391～5392；United Nations Commission on International Trade Law，*UNCITRAL Legislative Guide on Secured Transactions*，United Nations，2010，pp. 51～52. 另参见徐同远：《担保物权论：体系构成与范畴变迁》，中国法制出版社 2012 年版，第 186 页；［日］内田贵：《民法Ⅲ债权总论・担保物权》，东京大学出版会 2015 年版，第 521 页。

③ 参见王利明：《抵押权若干问题的探讨》，载《法学》2000 年第 11 期；

④ 参见［德］赖纳・施罗德：《德国物权法的沿革与功能》，张双根译，载《法学家》2000 年第 2 期。

⑤ 参见薛启明：《中国法语境下的动产让与担保体系定位与功能反思》，载《法学论坛》2016 年第 2 期。

⑥ 我国《物权法》第 186 条、第 211 条分别规定了在抵押和质押关系中，担保权人在债务履行期届满前，不得与担保人约定债务人不履行到期债务时担保财产归债权人所有，学说上多分别称之为流抵（押）契约、流质契约。以下为论述方便，迳称流质契约。

⑦ 参见全国人民代表大会常务委员会法制工作委员会民法室：《物权法立法背景与观点全集》，法律出版社 2007 年版，第 649 页；王利明：《抵押权若干问题的探讨》，载《法学》2000 年第 11 期；孟祥沛：《论中国式按揭》，载《政治与法律》2013 年第 5 期。

度与其他担保物权制度在逻辑上难以协调。[①] 其四，既无比较法的先例，也无实践需求。在比较法上，让与担保制度是弥补民法典不承认非移转占有型动产担保物权（动产抵押）之法律续造，[②]“作为商业实践中产生出来的一种非典型的、灵活变通的特殊担保制度”，“没有一个国家将它规定在制定法的典型担保制度中”。[③] 同时，“让与担保是在特定历史条件下为了解决特定的问题而产生的一种法律制度，由于在我国并不存在这一特殊的社会问题，因此也无需创设或引进为解决这一问题而演化出来的制度。”[④]“从客观的立法需求来看，无论是动产还是不动产，实践中并没有产生对一般意义上的让与担保制度的立法需求。”[⑤] 总之，让与担保具有形式与目的相背离的特性，且缺乏有效的公示方法，易发生信用风险；所有权直接归属的实现方式，易发生道德风险，[⑥] 不宜在立法上加以承认。

本书作者认为，在丰富担保方式的大背景之下，在解释论上应承认满足特定条件下的让与担保具有物权效力，[⑦] 理由如下：

第一，让与担保当事人以真意进行所有权的让与行为，尽管当事人移转所有权的意思旨在实现担保的经济目的，但该意思确系真正的效果意思，并非欠缺效果意思的通谋虚伪表示。[⑧] 就后者而言，当事人之间故意为不符真意的表示而隐藏他项法律行为，其意思表示无效，当事人仅能主张隐藏的法律行为，并无援用虚假意思表示的余地。[⑨] 由此观之，两者迥然不同。在法制史上，让与担保中移

---

① 参见胡绪雨：《让与担保制度的存在与发展——兼译我国物权法是否应当确认让与担保制度》，载《法学杂志》2006 年第 4 期。

② 参见［德］鲍尔、施蒂尔纳：《德国物权法》（下册），申卫星、王洪亮译，法律出版社 2006 年版，第 583 页以下；［日］我妻荣：《新订担保物权法（民法讲义Ⅲ）》，岩波书店 1968 年版，第 571 页；Christian von Bar and Eric Clive（eds），*Principles，Definitions and Model Rules of European Private Law*，*Volume* 6. Munich：sellier. european law publishers GmbH，2009，p. 5395.

③ 王卫国、王坤：《让与担保在我国物权法中的地位》，载《现代法学》2004 年第 5 期。

④ 石水根、曹亚峰、胡志清：《关于让与担保在我国物权法中地位的思考》，载《法律适用》2006 年第 9 期。

⑤ 王卫国、王坤：《让与担保在我国物权法中的地位》，载《现代法学》2004 年 5 期。

⑥ 参见叶朋：《法国信托法近年来的修改及对我国的启示》，载《安徽大学学报（哲学社会科学版）》2014 年第 1 期。

⑦ 应当注意的是，本书作者此前并不赞成让与担保的成文化，参见高圣平：《美国动产担保交易法与我国动产担保物权立法》，载《法学家》2006 年第 5 期；《大陆法系动产担保制度之法外演进对我国物权立法的启示》，载《政治与法律》2006 年第 5 期；《民法典中担保物权的体系重构》，载《法学杂志》2015 年第 6 期。本文改变了此前的观点，特此叙明。

⑧ 参见谢在全：《民法物权论》，中国政法大学出版社 2011 年版，第 1105 页；［日］道垣内弘人：《担保物权法（第 3 版）》，有斐閣 2013 年版，第 300～301 页。

⑨ 我国《民法总则》就此定有明文。其第一百四十六条规定：“行为人与相对人以虚假的意思表示实施的民事法律行为无效。”（第一款）“以虚假的意思表示隐藏的民事法律行为的效力，依照有关法律规定处理。”（第二款）

转所有权的意思曾因被解读为双方通谋虚伪表示而无效，但此种解释不久便在德国遭到摒弃。德国根据罗马法的信托（fiduzia），借助于信托的法律行为，在学说上解决了让与担保有效性问题。①

第二，无论采取所有权构成说和担保权构成说（让与担保的法律构成问题，容后详述），让与担保均存在公示不足的问题。学说上试图以占有改定这一间接占有方法解决动产让与担保的公示问题，实务中也多以明认或登记作为公示方法的补充。从比较法来看，日本为了解决动产让与担保权无法进行登记的难题，2004年通过了《动产·债权让与特例法》，针对一般动产导入了"登记"这一新的公示制度。该法所称的"登记"，有别于不动产登记，并非是为了公示动产之上的所有权以及其他权利，而是为了公示动产让与这一物权变动。② 在我国实定法之下，登记已经成为抵押权的公示方法，让与担保的公示完全可以借助登记簿加以解决。不过，让与担保在公示方法上的难题，端赖于立法始竟其功。③ 就已经存在登记制度的财产而言，如登记动产、不动产、股权等，虽然不能登记让与担保权这一权利负担，但可以借由移转登记间接达到这一目的。在已办理移转登记的情形之下，潜在的交易相对人基于登记簿的查询已经明晰了标的权利的现状，债权人的权利得以保全。

比较法上，多数学说与判例均认为，禁止流质契约的规定属于普遍性的法律规则，当然适用于让与担保等非典型担保。④ 但是，课予债权人以清算义务即可避免流质契约广受诟病的问题。⑤ 担保权作为价值权，以支配标的物的交换价值为其实质特征，担保权之实行亦以清算标的物为其基本方法。典型担保权如此，如抵押权、质权就标的物变价款优先受偿即包含着清算的意义；让与担保等非典型担保亦应如此。与买卖合同等双务合同只强调主观等价并不存在清算制度不同，让与担保虽以移转所有权为其形式，但实质意思是担保，这决定了让与担保的实现应强调给付均衡，须受清算法理的支配，以免发生恃强凌弱的情事，从而维护契约正义。

第三，大陆法系物权体系的形式理性和法典的内在逻辑一致性确应坚持。有学者认为，让与担保的原理"是基于契约自由的方式，根据所有权的变动，以达

---

① 参见谢在全：《民法物权论》，中国政法大学出版社2011年版，第1105页。

② 但值得注意的是，其仅限于法人让与财产的情形。参见［日］内田贵：《民法Ⅰ总则·物权总则论》，东京大学出版会2015年版，第464～465页。

③ 参见王泽鉴：《"动产担保交易法"30年》，《民法学说与判例研究》（重排合订本），北京大学出版社2015年版，第1497页。

④ 参见［德］鲍尔、施蒂尔纳：《德国物权法》（下册），申卫星、王洪亮译，法律出版社2006年版，第614页。

⑤ 参见［日］柚木馨、高木多喜男：《担保物权法》（第三版），有斐閣1982年版，第549页。

到债权担保的经济目的”“让与担保本身并未创设新的物权类型，也未新设物权的内容，与物权法定原则并不冲突。所以，立法者无须为让与担保量身定制一套规则，完全可以根据现行法对其解释”，并进而认为，“让与担保有悖于物权法定原则的认识多半源于误解”。[1]但是，让与担保让与之“所有权”，为何“不超过担保目的的范围”。亦即，此时的“所有权”缘何与所有权的法定内容不一致？“用于担保的转移所有权的外部手段显然已经超越了它的目的……（传统物权的）经典的体系有其内在的逻辑自足性，构成了一个较为完美的统一体。在此基础之上，形成了包括物权法定在内的各种原则，具有较强的稳定性和连续性。而让与担保的产生却破坏了这种稳定性，对物权法定原则构成了冲击。”[2]实践中，动产让与担保的运用已非少数。例如，信托收据等手段在商业银行国际业务中的广泛运用，[3] 实际上采行的就是民法中让与担保的法理。[4] 面对让与担保纠纷，学说和实务的各种解释都尝试赋予债权人优先受偿权，或者使得这种交易具有担保的机能。在物权法定主义缓和论之下，让与担保经长期的惯行以使相关领域的交易当事人形成了法的确信，已然成为习惯法上的物权。

二、让与担保的法律构成

让与担保的特征在于手段（移转所有权）大于目的（担保债权的实现），[5] 如何调整其手段和目的之间的不平衡关系，将之溶入民法体系，实有考量其法律构成的必要。让与担保的不同法律构成也决定着其在当事人间的内部效力和对第三人的外部效力。让与担保的法律构成，向有重视其形式上的所有权移转之所有权构造说与重视其实质内涵之担保权构造说之争。[6] 就让与担保的演进过程，早期的学说和实务，多置重于移转所有权之形式，将其定性为所有权构造（信托让与担保）；晚近的发展则考虑到其经济实质，采取担保权构造，认为其所移转的并非所有权，而系担保权，着重通过清算义务的构建以实现当事人之间的利益平衡。

---

① 庄加园：《“买卖型担保”与流押条款的效力——〈民间借贷规定〉第 24 条的解读》，载《清华法学》2016 年第 3 期。

② 王卫国、王坤：《让与担保在我国物权法中的地位》，载《现代法学》2004 年第 5 期。

③ 如《中国银行国际结算业务基本规定》（1997 年 3 月 6 日）第六章“国际结算融资业务”第三节“信托收据”即规定：“信托收据实质上是客户将自己货物的所有权转让给银行的确认书，持有该收据即意味着银行对该货物享有所有权。客户仅为银行的受托人代银行处理该批货物（包括存仓、代购保险、销售等）。客户向我行申请叙办进口押汇时，需向我行出具一份信托收据，将货物的所有权转让给我行，我行凭此将货权凭证交予客户，并代客户付款。”

④ 参见薛启明：《中国法语境下的动产让与担保：体系定位与功能反思》，载《法学论坛》2016 年第 2 期。

⑤ 参见［日］近江幸治：《民法讲义Ⅲ担保物权》（第二版补订），成文堂 2014 年版，第 294 页。

⑥ 参见陈荣隆：《让与担保之研究——现制之检讨及立法之展望》，台湾地区辅仁大学法律学系 1999 年博士论文，第 65～66 页。

让与担保的所有权构造说认为，设定人为担保债务履行的目的将其所有的标的物以信托的方式让与债权人，但债权人不得为超过担保目的的处分，[①] 由此，让与担保的基本构造是“信托法律行为＋移转标的物所有权”。当事人设定动产让与担保系利用了担保物权之外的现有制度，并未创设法律没有规定的担保物权，[②] 担保权人所取得的是一般的所有权，只不过应受到内部信托行为的限制，在其违反内部约定对外进行处分时，仅发生债务不履行的违约责任，该处分行为仍然有效。[③] 以所有权之移转在内外部关系上的不同体现为基础，所有权构造说之下还有所谓相对的所有权构造说和绝对的所有权构造说之分。二者的区别在于由谁享有内部的所有权，但所谓的内部关系基本上是由当事人之间的合意所决定。[④] 所有权构造说目前仅具学术史的价值。[⑤]

让与担保的担保权构造说认为，债权人在债权额的限度内取得对标的物的价值进行支配的担保权（物权），但标的物所剩余的价值的物权仍归属于担保设定人。换言之，债权人仅是享有一种担保物权，而设定人所享有的则是标的物的所有权。[⑥] 担保权构造说又因学者立论的不同分为授权说、二阶段物权变动说、期待权说和抵押权说（担保权说）等。其中，授权说认为，让与担保权设定时所移转的并不是标的物的所有权，而是为达到担保目的所必须的权限（即担保性质的处分权），担保权人取得对担保物的优先受偿权，是基于设定人授予担保权人标的物上的处分权，当事人之间的所有权移转行为实为通谋虚伪意思表示。二阶段物权变动说（设定人保留权说）认为，让与担保权设定时，所有权并不完全归属于设定人或担保权人，观念上的标的物所有权移转予担保权人，但标的物所有权除去担保价值的剩余部分（即设定人保留权）应返还予设定人，担保权人实际上仅取得相当于担保权的部分。期待权说认为，让与担保权的设定，系设定人将标的物的所有权附解除条件让与担保权人，一旦债务人清偿债务，解除条件成就，标的物的所有权即回复至设定人。亦即担保权人所取得的仅为“得取得标的物所

---

① 让与担保的设定人向担保权人移转了超过经济目的的所有权，为防免担保权人超过经济目的行使所有权，当事人间通常约定担保权人行使所有权应受限制的条款。此与一般信托行为中委托人授予受托人超过经济目的的所有权，而仅许可受托人在经济目的范围内行使所有权相似。学说和实务中通称为信托的让与担保。参见谢在全：《民法物权论》，中国政法大学出版社 2011 年版，第 1101～1102 页。

② 参见谢在全：《民法物权论》，中国政法大学出版社 2011 年版，第 1107 页。

③ 参见陈荣隆：《让与担保之研究——现制之检讨及立法之展望》，台湾地区辅仁大学法律学系 1999 年博士论文，第 73 页。

④ 参见内田贵：《民法Ⅲ债权总则・担保物权》，东京大学出版会 2015 年版，第 522 页。

⑤ 参见向逢春：《让与担保制度研究》，法律出版社 2014 年版，第 15～16 页。关于所有权构造说的演进和发展，详见王闯：《让与担保法律制度研究》，法律出版社 2000 年版，第 152～163 页。

⑥ ［日］高木多喜男：《担保物权法》（第四版），有斐閣 2005 年版，第 333 页。

有权的地位”，即期待权，而设定人享有于债务将来得以清偿时回复标的物所有权的物权性期待权。抵押权说（担保权说）认为，让与担保权的设定，应被理解为单纯的担保权的设定，或是将其直接理解为抵押权的设定。①

本书作者赞同担保权构造说，理由如下：

第一，学说上以为，担保物权系以优先支配担保物的交换价值为内容，以确保债务清偿为目的，其最为重要的特性为价值权性，② 其他所谓从属性、不可分性和物上代位性等均植根于价值权性。学者间有观点认为，让与担保虽有担保目的，疑似担保物权，但在法的形式上采取所有权移转方式，并无物上变价可言，不属于价值权。③ 本书作者对此不敢苟同。在动产让与担保交易中，当事人之间移转标的物所有权仅仅只是手段，当事人之间的真实意思在于这一所有权的移转仅起担保作用，债权人仅独立占有全部担保价值，不得为担保目的之外的利用和处分，债权人所取得之所有权即受限制。当债务得以清偿之时，担保即为终止，标的物所有权必须回复于设定人之处；当债务不获清偿之时，债权人确定地取得标的物所有权，但基于衡平当事人利益的需要，课予债权人以清算义务，或变价清算，或归属清算，债权人所取得的所有权即受到实质上的限制。由此可见，让与担保权的价值权性尤为明显，准此，担保权构造说更具说服力。

第二，定限担保物权（权利限制性担保权）通说上系属所有权之上设定的权利负担，是对所有人行使其所有权的一种限制。基于所有权的整体性，所有权的权能（使用价值权能和交换价值权能）不可分离。担保物权仅仅只是所有权行使的一种方式，是所有人授权他人行使对自己之物的变价处分权利，④ 是从所有权中派生的一种权利，担保权人行使他人的所有权受到设立目的“担保债务清偿”的限制。⑤ 实际上，设定人只是将标的物的变价权能转让给了担保权人。⑥ 无论是定限担保物权，还是动产让与担保，担保权均只是所有权派生出的具有担保性质的独立权利，两者之间在实质内容上并无差异，不同的仅仅只是法律上的客观表现形式。采行担保权构造说，在担保物权体系内部取得了统一。

---

① 参见［日］近江幸治：《民法讲义Ⅲ担保物权》（第二版补订），成文堂 2014 年版，第 295 页；谢在全：《民法物权论》，中国政法大学出版社 2011 年版，第 1108 页；陈荣隆：《让与担保之研究——现制之检讨及立法之展望》，台湾地区辅仁大学法律学系 1999 年博士论文，第 73～76 页；王闯：《让与担保法律制度研究》，法律出版社 2000 年版，第 165～184 页。

② 参见郭明瑞：《担保法》，法律出版社 2000 年版，第 76 页。

③ 参见刘得宽：《担保物权之物权性与债权性》，载氏著：《民法诸问题与新展望》，作者 1979 年自版，第 340 页。

④ 参见孙宪忠：《德国当代物权法》，法律出版社 1997 年版，第 177 页。

⑤ 参见谢在全：《民法物权论》，中国政法大学出版社 2011 年版，第 1101 页。

⑥ 参见［德］鲍尔、施蒂尔纳：《德国物权法》（下册），申卫星、王洪亮译，法律出版社 2006 年版，第 582 页。

值得注意的是，学者间有观点认为，担保权构造说“事实上完全忽略了让与所有权之形式，已经名不副实”；“将所有权实质化为担保权，就混淆了担保权（定限物权）与所有权（完全物权）的区别”，“这种将上位概念（属概念）用于概括让与担保的性质的做法，是不妥当的。”[①] 本书作者对此不敢苟同，在担保权构造说之下，将仅起担保作用的所有权依其实质确定为一种别异于其他担保物权的“让与担保权”，以及在实现让与担保权之时，尊重债权人已经取得让与标的物的所有权这一形式，允许以归属清算的方式实现当事人间的利益平衡等内容，均表明担保权构造说并没有忽略“所有权让与”这一形式，并以此形成与其他担保物权的区分。让与担保权与抵押权、质权虽同属约定担保物权，但各有其彼此的区别的权利内容，属于相互并列的权利。相较于所有权构造说对所有权内容的改造，担保权构造说将仅起担保作用的所有权抽象为担保权，给物权体系带来的冲击更小，更有利于照顾到债权人、债务人以及第三人的利益。

第三，从设定人权利保护的角度出发，所有权构造说过分重视所有权移转的形式，而忽略了当事人间设定担保的目的，致使设定人在对外关系上毫无权利，地位过于薄弱。而且，在当事人内部关系上，债权人与债务人之间有关所有权移转的相关约定也仅具有债法上的拘束力，无法对抗第三人。因而，此说颇受诟病。[②]在担保权构造说之下，依据当事人之间的经济目的，将债权人取得的所有权构造为担保权，在实行时对债权人课以清算义务，避免担保权人取得超过其经济目的的额外利益，从而保护了设定人及其他债权人的利益。

总之，就让与担保交易而言，债权人在设定时取得标的物的所有权（实质上为担保权），在让与担保权可得实现之时，经过清算，债权人可就标的物优先受偿（处分清算型），或确定取得标的物的所有权（归属清算型）。在有完备的公示方法的前提之下，当事人的约定具有了物权效力，担保权构造说即取得支配性地位。实际上，让与担保的法律构成上不同学说的分歧，关键并不在于所有权是否发生移转，而在于设定人的清算请求权和返还请求权是否给予物权性的保护等，因此，只要具备完善的公示方法，两说之间并无本质的区别。

三、让与担保合同的效力

（一）关于让与担保合同效力的不同认识

由于我国物权相关法律法规并没有对让与担保作出明确规定，因此法院在判决时对让与担保合同的效力存在不同认识，主要有如下几种方式：

---

① 向逢春：《让与担保制度研究》，法律出版社 2014 年版，第 30～31 页。

② 参见［日］越智通：《譲渡担保の法的構成に関する若干の考察（二）》，《私法学研究》1986 年第 11 号，第 4 页。

第一，让与担保合同违反物权法定原则，也与禁止流质契约的规定相冲突，应认定为无效。“让与担保并非物权法规定的一种担保类型，当事人之间以转移所有权为民间借贷提供担保的，违反了物权法定原则，应当认定该行为无效。”①如在“王恩柱、陈胜英与滕德荣、宽甸金远房地产开发有限公司合同纠纷再审案”② 中，辽宁省高级人民法院认为：

从借款协议和《合作管理协议书》及《股权转让协议》的内在联系看，滕德荣与王恩柱、陈胜英签订《股权转让协议》的真实意思并非为了转让股权，双方签订《股权转让协议》和《合作管理协议书》的目的是为了保障借款得以清偿，双方约定在借款到期且得到清偿后再将股权归还债务人形式符合设立股权让与担保。让与担保是一种非典型担保，该约定与担保法中关于流质契约的规定相冲突，违反了法律的禁止性规定。同时让与担保亦是双方约定设定担保物权，《物权法》第五条规定物权的种类和内容，由法律规定。第一百七十二条规定设定担保物权，应当依照本法和其他法规的规定订立担保合同。从以上规定看，物权的种类和内容均由法律作出规定，不允许当事人自由创设和变更。滕德荣与王恩柱、陈胜英约定以股权让与形式为借款合同提供担保违反了物权法定原则。综合上述分析，从外在表现形式上，滕德荣与王恩柱、陈胜英签订的《股权转让协议》并非双方当事人真实意思表示，不能产生相应的法律效力。从双方当事人真实目的看，双方签订的《股权转让协议》和《合作管理协议书》属于设定股权让与担保，该约定违反了法律的禁止性规定和物权法定原则，故原审认定《股权转让协议》和《合作管理协议书》无效并无不当。

第二，让与担保合同系当事人的真实意思表示，并不违反法律的强制性规定，应认定为有效，但其中流质契约条款无效。如“尤圆圆、尤丹芳等诉尤剑松合同纠纷上诉案”③ 中，宁波市中级人民法院认为：

当事人之间为债权债务关系设定让与担保，系其真实意思表示，并不违反法律的强制性规定，在遵循“流质契约禁止”原则的前提下，其效力应予认定。尤剑松与尤园园、尤丹芳、尤歌涛在《抵押协议书》中约定了“在甲方全额每月按时支付本人所贷款项银行利息的前提下，二年时间内甲方有权保留上述房地产的所有权……如甲方在二年内支付利息时出现三次逾期，造成乙方金融黑名单的

① “高照坤诉德州豪门实业有限公司等民间借贷纠纷上诉案”［河北省衡水市中级人民法院（2017）冀11民终字第513号民事判决书］。

② 辽宁省高级人民法院（2016）辽民申1115号民事裁定书。类似观点参见“建德雅居房地产开发有限公司与宣建耀、濮素娟房屋买卖合同纠纷上诉案”［浙江省高级人民法院（2015）浙民提字第69号民事判决书］、“陕西方元建设工程有限公司诉杨凌地普房地产开发有限公司建设工程施工合同纠纷案”［陕西省高级人民法院（2008）陕民一终字第7号民事判决书］。

③ 浙江省宁波市中级人民法院（2012）浙甬商终字第14号民事判决书。

话，乙方有权处理上述房地产，乙方对房地产所处理后的一切利益甲方均不得享有”，尤剑松因此提出，尤园园、尤丹芳、尤歌涛未按照约定每月按时足额支付银行利息且主张赎回的时间已经超期，已丧失了对诉争房产的赎回权。该院认为，上述约定中关于尤园园、尤丹芳、尤歌涛违约即丧失赎回权的条款属于流质契约，违背担保的本质属性，应属无效；同时，由于担保的目的在于担保债务之清偿，如债权确能受偿，目的即已实现，故即使担保人的债务已过清偿期，也应允许担保人有请求赎回的权利。

虽现行法对让与担保没有作出明确规定，但在实务中大量存在，应当通过清算程序将让与担保与流质契约区分开来。如“姜思臣与张绪安民间借贷纠纷上诉案”[①] 中，武汉市中级人民法院认为：

张绪安和姜思臣签订的《武汉市存量房买卖合同》，根据姜思臣的一贯表现，同样应当认定为名为房屋买卖，实为借款担保。其性质为让与担保，此种将担保财产交由担保权人所有以消灭双方债权债务关系的约定，排除了担保物实现时对担保财产的清算程序，存在因市场变化而产生实质不公的可能性，违反了禁止流质契约的法律原则，出借人不能直接凭借买卖合同取得标的物的所有权。

本案中，法院认定当事人之间存在让与担保关系，但因其排除了实现担保物权时的清算程序，违反了流质契约的规定而无效。本案有力地反驳了“让与担保是一种变相的流质契约”的观点，表明让与担保只有在排除清算程序时才构成流质契约。

第三，让与担保合同系当事人的真实意思表示，并不违反法律的强制性规定，应认定为有效，约定了清算义务的让与担保条款，不构成流质契约。如在“深圳市奕之帆贸易有限公司、侯庆宾与深圳兆邦基集团有限公司、深圳市康诺富信息咨询有限公司、深圳市鲤鱼门投资发展有限公司等合同纠纷上诉案”[②] 中，最高人民法院二审认为：

在让与担保的设定中，标的物的所有权通常已经转移于债权人。为保护债务人的利益，防止出现债权人取得标的物评价额（即标的物价值）与债权额之间差额等类似于流质、流押的情形，让与担保权利的实现应对当事人课以清算义务。本案当事人在《股权担保协议》亦明确约定了清算条款，即经结算如奕之帆公司完全履行了偿还和支付义务，则奕之帆公司可要求归还30%股权；如未能履行偿还和支付义务或由兆邦基公司代偿，兆邦基公司可要求以奕之帆公司在鲤鱼门公司中所占的30%股权所对应的权益份额（即依股权比例可分得的房地产物业）来

---

① 湖北省武汉市中级人民法院（2017）鄂01民终字第2364号民事判决书。

② 最高人民法院（2018）最高法民终751号民事判决书。类似裁判还有“福建省稀有稀土（集团）有限公司与修水县巨通投资控股有限公司、江西巨通实业有限公司合同纠纷上诉案”［最高人民法院（2018）最高法民终119号民事判决书］。

抵偿，具体抵偿方式为评估所得的市场销售价格的90%。清算需就标的物评价额（即标的物价值）与债权额进行比较，通常涉及让与担保标的物评价额（即标的物价值）的确定，但也会涉及债权数额的确定。……本案中经当事人合意让与担保标的物价值已经确定，但因债务数额可能发生变化，当事人的清算义务主要体现在根据最终据实结算的债务数额，向让与担保义务人即奕之帆公司一方返还该债务数额与标的物价值之间的差额。案涉当事人不仅约定而且实际履行了清算义务，奕之帆公司等有关案涉让与担保未经清算的主张，本院不予支持。

（二）如无其他无效事由，让与担保合同应认定有效

本书作者认为，如无其他无效事由，各方当事人之间的让与担保合同合法有效。违反物权法定、法律或行政法规的强制性规定的理由无法成立。人民法院在认定当事人之间的让与担保合同效力时，应综合当事人之间达成的协议、目的等判定当事人之间的真意。

第一，让与担保合同不违反物权法定原则。让与担保本身并未创设新的物权类型，也未新设物权的内容，与物权法定原则并不冲突。[①] 物权法定原则至多约束物权效力，却不能对当事人之间自由达成股权让与担保协议产生效力阻碍。基于《物权法》第十五条的区分原则以及理论界和实务届对于对于非典型担保效力的共识，让与担保合同本身并无效力瑕疵。“在合同效力认定方面，人民法院应依契约自由原则，只要不存在合同法第五十二条规定之情形，便不宜轻易否定让与担保等非典型担保合同的效力，以此促进非典型担保的顺利发展，满足担保实践之需要。但在物权变动效力方面，人民法院应依物权法定和物权公示原则，不宜承认让与担保等非典型担保的物权效力，即让与担保仅为债权担保方式，不具有对抗第三人的效力。”[②] 更何况，所谓物权法定原则亦有缓和之理。[③]

第二，让与担保合同非通谋虚伪表示。值得注意的是，在《民法总则》施行后，有裁判认为，应基于《民法总则》第一百四十六条进行裁判。如在“李云香与徐忠相、卢振东等股权转让纠纷案”中，法院认为，“股权转让协议的双方当事人之间并无真实的转让股权之意，该虚假的意思表示系双方共同有意为之，故应认定股权转让协议系双方以虚假的意思表示实施的民事法律行为，依法应属无效……就以转让股权形式对相应借款进行担保的意思表示真实、一致；就股权设定的让与担保不违反法律、行政法规的禁止性规定。”[④] 理论上，也曾有观点认

① 庄加园：《“买卖型担保”与流押条款的效力——〈民间借贷规定〉第24条的解读》，载《清华法学》2016年第3期。

② 王闯：《关于让与担保的司法态度及实务问题之解决》，载《人民司法·案例》2014年第16期。

③ 可参见高圣平：《物权法定主义及其当代命运》，载《社会科学研究》2008年第3期。

④ 江苏省南京市中级人民法院（2018）苏01民终3411号民事裁定书。

为，让与担保设立之时，设定人将标的物的所有权移转于债权人仅仅只是形式，实质上双方并没有移转标的物所有权的意思，因此，让与担保属于当事人通谋而为虚伪移转所有权的意思表示。①

就此，本书作者认为，根据《民法总则》对于通谋虚伪表示表示的规定，可以将实务中让与担保的操作理解为名为所有权或股权转让实为让与担保，即所有权或股权转让为假，让与担保为真。即便如此，根据《民法总则》第一百四十六条第二款“以虚假的意思表示隐藏的民事法律行为的效力，依照有关法律规定处理”的规定，虚假意思表示（所有权或股权转让协议）无效，但隐藏行为（让与担保）不违反法律、行政法规强制性规定，仍然有效，当事人之间的让与担保合同并无效力瑕疵。此外，让与担保当事人以真意进行所有权或股权的让与行为，尽管当事人移转的意思旨在实现担保的经济目的，但该意思确系真正的效果意思，并非欠缺效果意思的通谋虚伪表示。在通谋虚伪表示中，当事人之间故意为不符真意的表示而隐藏他项法律行为，其意思表示无效，当事人仅能主张隐藏的法律行为，并无援用虚假意思表示的余地。换言之，“让与担保当事人恰恰希望其所表示的行为成立生效，藉此当事人才可据以转移标的物所有权来担保债权的实现，与通谋虚伪表示存在根本差异。”② 因而，并不能以让与担保属于虚伪意思表示而认定其无效。

因而，无论是结合当事人之间的协议安排综合认定让与担保，还是以通谋虚伪表示认定让与担保，让与担保合同本身均无效力瑕疵，在当事人之间产生效力。《物权法》等并未明文规定让与担保制度，但并不禁止当事人依据契约自由原则设定让与担保合同，由合同法规则对让与担保法律关系进行规制。在司法实践中，让与担保合同可能以买卖合同、股权转让合同等多种形式出现，在处理符合让与担保特征的该类合同时，应当尊重当事人的真实意思表示，考察当事人签订该类合同的真实意思是为履行其他合同设定担保，还是为了通过支付对价获得案涉标的物的所有权。同时，为避免让与担保债权人利用缔约优势地位获取暴利，破坏民法上的公平、等价有偿原则，当担保的债权不能实现时，让与担保债权人不能当然地获得标的物的所有权，其权益的实现方式是对标的物价值的受偿。③ 这一解释方案与《会议纪要》的总体思路相一致。纪要指出，当事人之间通过合同设定的具有担保功能的权利义务关系，虽不属于《担保法》《物权法》规定的典型担保类型，但并不存在《合同法》第五十二条规定的合同无效情形的，应当认定合同有效。

---

① 参见王利明：《抵押权若干问题的探讨》，载《法学》2000年第11期。

② 姚辉、李付雷：《“理性他者”的依归——让与担保实践争议探源与启示》，载《中国人民大学学报》2018年第5期。

③ 最高人民法院（2018）最高法民终751号民事判决书。

在司法裁判对让与担保合同持肯定态度之下，若债务人未清偿债务，对于其确认合同无效、返还标的物以及支付标的物转让款的诉讼请求均不应得到法院的支持，如在“李君与黑龙江凡奇房地产综合开发有限公司、黑龙江金誉达会计师事务所有限公司等股权转让纠纷上诉案”① 中，黑龙江省高级人民法院指出：

案涉股权转让行为属于让与担保，债务清偿后可原价格赎回，如需以担保的股权承担相应责任，应依法定程序确定的实际价值偿债，并非依据合同约定价值承担责任，故对凡奇开发公司、刘成刚不存在显失公平的情形。原审判决在不具备法定撤销条件的情况下撤销《股份转让合同》不当，在担保的主债权未受清偿的情况下撤销股权转让行为，导致变相解除了债务人提供的担保，亦属不当，本院予以纠正。

若债务人已经清偿债务，则债务人请求返还标的物、变更登记的请求应当得到支持，如在“江苏亿豪房地产发展有限公司与南京中医药大学、南京中豪房地产发展有限公司股权转让纠纷上诉案”② 中，江苏省高级人民法院指出：

中医药大学已经收回出借款项，中医药大学教职工已经拿到协议约定的商品房，中豪公司也已经替亿豪公司向中医药大学支付了45%股权的原出让价5500万元。根据2011年10月26日中医药大学向中豪公司出具的《公函》，中医药大学已明确承认上述2009年7月2日双方签订的关于“中医药大学将所持有的股份按原价转让给亿豪公司”的两项条件已经成就，并希望中豪公司尽快办理股份转让的工商变更手续。……综上，中医药大学已经通过与亿豪公司的合作，实现了协议书及两份补充协议的合同目的，且亿豪公司也已经按原价向中医药大学支付了股份转让款，中医药大学应当依约将持有的45%的股权变更登记至亿豪公司名下，且亿豪公司无需再向中医药大学支付股权转让款。

四、让与担保与流质条款

（一）流质条款无效是否及于让与担保合同

在让与担保纠纷中，“主张让与担保违反法律禁止流质的规定而无效的见解，因巨大的制度惯性而长期占据优势地位”。③ 但经过对司法实践的考察，司法实践鲜有因让与担保合同存在流质条款而径行认定让与担保合同无效，而是仅认定流

① 黑龙江省高级人民法院（2018）黑民终47号民事判决书。

② 江苏省高级人民法院（2014）苏商终字第0205号民事判决书。

③ 王闯：《关于让与担保的司法态度及实务问题之解决》，载《人民司法·案例》2014年第16期。

质条款无效。如在“张秀文与陈林生保证合同纠纷再审案”[①] 中，江苏省高级人民法院认为：

虽然协议内容系股权转让，但……双方订立协议的目的是张秀文将所持晨欣公司股权变更登记至陈林生名下，为张毅所欠陈林生债务提供担保，因此，二审判决认定协议属于股权让与担保合同，并无不当。……流质抵押、流质质押条款违反《担保法》第四十条的规定只会导致该条款本身无效，并不影响案涉股权让与担保合同的效力。因双方签订案涉股权让与担保合同并不具有《合同法》第五十二条所列情形，故二审判决认定合同合法有效，并无不当。

本书作者认为，基于《物权法》第一百八十六条、第二百一十一条的规定，即在债务履行期届满前，当事人不得约定债权人未受清偿时，担保财产的所有权转为债权人所有，裁判判定让与担保合同中的流质条款无效并无指摘之处。《合同法》第五十六条规定：“合同部分无效的，不影响其他部分效力的，其他部分仍然有效”。采部分无效的观点亦手段与目的相契合，即“禁止流质契约在性质上属于（效力性）强制性规定，自始无效，但担保物权设定本身的效力并不受影响，仅流质契约无效。”[②] 尽管如此，流质条款无效后让与担保仍然面临后续的担保物权实现问题，为保护让与人的利益，让与担保需经清算方可实现。

（二）为履行质押合同所进行的质物转让协议是否属于流质契约

为履行股权质押合同所进行的股权转让协议，属于股权质权的实现方式（以人质股权折价），不构成流质契约。如在“武汉市江岸区长发诚信小额贷款有限公司与李宁、湖北美盛置业有限公司股权转让合同纠纷再审案”[③] 中，最高人民法院认为：

从《股权转让协议》约定的内容看，该协议签订的背景是双方均可预见李宁无法按期偿还欠付长发公司的借款本息，因此双方在借款期限届满日之前提前进行结算，李宁用转让其所持有的美盛公司51%股权的方式提前清偿所欠长发公司的债务，该行为并不属于《物权法》第二百一十一条规定的禁止流质的情形。《公司法》并未将对公司资产和股权价值进行评估或拍卖作为股权转让的必经程序，也未对股权转让价格是否必须与其实际价值相匹配作出强制性规定。李宁作为美盛公司的股东和法定代表人，对该公司的经营情况及股权价值有清楚的认识。《股权转让协议》是双方当事人真实意思表示，并不存在显失公平的情形，

① 江苏省高级人民法院（2016）苏民申1430号民事裁定书。相同观点还可参见广东省高级人民法院（2017）粤民申8926号民事裁定书、云南省昆明市中级人民法院（2015）昆民五终字第86号民事判决书、江西省南昌市中级人民法院（2015）洪民二初字第587号民事判决书、江苏省盐城市中级人民法院（2015）盐商终字第00093号民事判决书。

② 高圣平：《论流质契约的相对禁止》，载《政法论丛》2018年第1期。

③ 最高人民法院（2016）最高法民申2720号民事裁定书。

且长发公司取得美盛公司股权后，也要承继美盛公司的全部债务，并不存在双方利益失衡的情形。

（三）约定在主债务届期未获清偿时由第三人按特定价格受让质押财产的性质认定

约定在主债务届期未获清偿时由第三人按特定价格受让质押财产的，是否属于流质契约，实践中存在争议。如在"武汉市江岸区长发诚信小额贷款有限公司与李宁、湖北美盛置业有限公司股权转让合同纠纷上诉案"[①] 中，湖北省高级人民法院二审认为：

依据《物权法》第二百一十九条第二款、第三款关于"债务人不履行到期债务或者发生当事人约定的实现质权的情形，质权人可以与出质人协议以质押财产折抵，也可以就拍卖、变卖质押财产所取得的价款优先受偿。质押财产折价或者变卖的，应当参照市场价格。"的规定，质押权人和质押人在参照市场价格的情况下可以协议以质押物折价取得质押物。本案中，多林公司与大连银行成都分行签订了《质押合同》，其后大连银行成都分行与多林公司、酿酒研究所三方签订了《质押物处置协议》，上述协议均系各方当事人真实意思表示。虽然《质押物处置协议》第一条约定大连银行成都分行可代表多林公司将质押货物转让给酿酒研究所，但该协议第二条约定质押物转让价格为最近一期《动产质押监管协议》所附的"质押物清单"所登载的价格（不含税）的50%。多林公司与大连银行成都分行可以约定以质押物折价取得质押物，也可以约定由酿酒研究所购买质押物，在不违反法律、行政法规的强制性规定下，属于各方当事人意思自治范畴，故不能当然认定《质押物处置协议》第一条违背了民法的公平、等价有偿原则，属于流质条款。

五、流质契约与买卖型担保

实践中大量出现这样一种融资方式：即双方先后签订一份借款合同与一份商品房买卖合同，两份合同标的额相当，或是只签订一份商品房买卖合同及相关补充协议。当欠款期满无法偿还时履行房屋买卖合同，或是先转移房屋所有权，偿还欠款后房屋买卖合同不再履行。表面上存在的是房屋买卖合同，但其真实意思表示为以买卖合同标的物房屋为借款提供担保，即名为商品房买卖，实为民间借贷。与此相关的法律规范为《民间借贷解释》第二十四条第一款，该款规定："当事人以签订买卖合同作为民间借贷合同的担保，借款到期后借款人不能还款，出借人请求履行买卖合同的，人民法院应当按照民间借贷法律关系审理，并向当事人释明变更诉讼请求。当事人拒绝变更的，人民法院裁定驳回起诉。"

---

① 湖北省高级人民法院（2016）鄂民终122号民事判决书。

（一）此类纠纷的法律性质认定

本书作者将实践中出现的此类纠纷大体上梳理为两种情形：

第一，附条件解除买卖合同型。即在借款的同时或还款期限届满前先转移房屋所有权，当债务履行完毕后，解除或不再履行买卖合同，房屋所有权归还债务人。有法官认为，“双方当事人签订商品房买卖合同、办理备案登记的行为，是以所有权转移为手段实现债权担保之目的，符合让与担保这一权利移转型担保的要件，构成让与担保。”①

第二，附条件履行买卖合同型。即买卖合同的履行以欠款无法偿还为要件，履行期届满后仍无法归还欠款则履行买卖合同。杨立新教授将此种类型称为“后让与担保”，让与担保与这种后让与担保情形的区别在于一个是先转移所有权，一个是后转移所有权。②

后让与担保是杨立新教授创设的概念，实践中也有法官在判决中使用这一概念。“黑龙江申腾房地产开发有限公司与贾炳艺李玉龙民间借贷纠纷上诉案”③中，黑龙江省高级人民法院在判决中写道：

案涉《商品房买卖合同》性质应为一种担保合同。虽然案涉房屋未进行抵押，债权人贾炳艺、李玉龙亦未占有该房屋，不具有“让与担保”概念中事先将担保标的物的所有权等权利转移于担保权人的特征，而是后转移所有权，但二者的区别亦仅在于所有权转移的先后次序，其他方面基本相同，故根据目前的相关理论研究，案涉《商品房买卖合同》担保的性质应认定为“后让与担保”，亦属于一种非典型担保。

该法院认定了后让与担保的有效性，认为虽然《担保法》和《物权法》中未明确规定该种担保形式，但其并不属于《合同法》规定的合同无效的情形，亦不违反《物权法》第十五条所确立的物权变动的原因与结果相区分原则，属于当事人之间的真实意思表示，依契约自由原则，应承认该种非典型担保合同的效力。但由于此种将担保财产直接交由担保权人所有以消灭双方的债权债务关系的约定，排除了担保物实现时对担保财产的清算程序，存在因市场变化而产生实质不公的可能性，从而违反了禁止流质契约的法律原则，该合同被认定为无效。

① 梁曙明、刘牧晗：《借贷关系中签订房屋买卖合同并备案登记属于让与担保》，载《人民司法·案例》2014 年第 16 期。

② 参见杨立新：《后让与担保——一个正在形成的习惯法担保物权》，载《中国法学》2013 年第 3 期。所谓后让与担保，是指债务人或者第三人为担保债权人的债权，与债权人签订不动产买卖合同，约定将不动产买卖合同的标的物作为担保标的物，但权利转让并不实际履行，于债务人不能清偿债务时，须将担保标的物的所有权转让给债权人，债权人据此享有的以担保标的物优先受偿的非典型担保物权。

③ 黑龙江省高级人民法院（2015）黑高商终字第 74 号民事判决书。

有学者不同意此观点，认为上述两种情形区分的意义不大，不动产让与担保在本质也就是不动产抵押。[①] 此外，也有法官回避了让与担保这一现行法律没有明确规定的概念，而使用“类似于让与担保的一种非典型的担保行为”[②] 来进行概括。实践中大部分名为买卖实为借贷的法律纠纷判决，都将这一类法律行为的性质界定为非典型担保行为，以适用相关法律法规对担保行为的规定。

无论如何概括该行为的性质，其与流质契约的区分都在于担保权人在实行时负有清算义务。不予以清算直接取得担保标的物的权利的，不发生法律上的效力。[③]“广西嘉美房地产开发有限责任公司与杨伟鹏民间借贷纠纷再审案”[④] 体现了这一点。该案中，最高人民法院认为：

签订《商品房买卖合同》的目的，则是为了担保债务的履行。鉴于双方未办理抵押登记，其约定也不符合《担保法》规定的担保方式，故双方签订《商品房买卖合同》并办理商品房备案登记的行为应认定为非典型的担保方式。即在嘉美公司不能按时归还340万元的情况下，杨伟鹏可以通过拍卖或者变卖案涉房屋的方式确保其能够实现债权……《物权法》第一百八十条规定，抵押权人在债务履行期限届满前，不得与抵押人约定债务人不履行到期债务时抵押财产归债权人所有。该规定主要是基于平衡双方当事人利益的考虑，防止居于优势地位的债权人牟取不当暴利，损害债务人特别是其他债权人的利益。尽管本案中双方当事人签订《商品房买卖合同》并办理商品房备案登记的行为并不导致抵押权的成立，但足以在双方当事人之间成立一种非典型的担保关系。既然属于担保，就应遵循物权法有关禁止流质的原则，也就是说在债权人实现担保债权时，对设定的担保财产，应当以拍卖或者变卖的方式受偿。

（二）此类非典型担保行为的效力

这一类名为买卖实为借贷的合同纠纷在审判中通常存在如下两个争议焦点：其一在于判断双方当事人之间的真实法律关系是买卖合同关系还是借贷担保关系。法官们绝大多数都认同“双方之间真实的法律关系不应受制于当事人之间签订合同的外观与名称，而应当根据当事人的真实意思表示和合同的实质内容来判定”[⑤] 这一观点。其二则是该种以转移房屋所有权形式进行担保的效力认定问题，

① 参见董学立：《也论后让与担保——与杨立新教授商榷》，载《中国法学》2014年第3期。

② 陈定良、王黎明：《以商品房买卖担保借贷合同的性质及效力》，载《人民司法·案例》2016年第11期。

③ 参见杨立新：《后让与担保——一个正在形成的习惯法担保物权》，载《中国法学》2013年第3期。

④ 最高人民法院（2013）民提字第135号民事判决书。

⑤ 陈定良、王黎明：《以商品房买卖担保借贷合同的性质及效力》，载《人民司法·案例》2016年第11期。

是否属于流质条款而无效。司法实践对这一问题的认识并不一致，并分为有效说与无效说两种对立观点，现分述如下：

有效说认为，以房屋买卖合同的形式设定抵押并不属于流质契约，并没有损害债务人的利益。如最高人民法院公报案例——“朱俊芳与山西嘉和泰房地产开发有限公司商品房买卖合同纠纷再审案”① 中，当事人朱俊芳与嘉和泰公司签订14份《商品房买卖合同》，约定朱俊芳向嘉和泰公司购买百桐园小区十号楼14套商铺。后双方又签订一份《借款协议》，约定嘉和泰公司向朱俊芳借款，并将上述百桐园小区十号楼商铺抵押。抵押的方式为签订商品房买卖合同，并办理备案手续，开具发票；借款到期，嘉和泰公司一次性还清借款，朱俊芳将抵押手续（合同、发票、收据）退回嘉和泰公司，如到期不能偿还，嘉和泰公司将以抵押物抵顶借款，双方互不支付对方任何款项。本案中，最高人民法院经审理认为：

禁止流押的立法目的是防止损害抵押人的利益，以免造成对抵押人实质上的不公平。本案《借款协议》中“如到期不能偿还，或已无力偿还，乙方（嘉和泰公司）将用以上抵押物来抵顶借款，双方互不再支付对方任何款项”的约定，并非法律上禁止的流押条款。首先，《借款协议》上述条款并非约定嘉和泰公司到期不能偿还借款，《借款协议》所称抵押物所有权转移为朱俊芳所有。在嘉和泰公司到期未偿还借款时，朱俊芳并不能直接按上述约定取得《借款协议》所称的“抵押物”所有权。朱俊芳要想取得《借款协议》所称的“抵押物”即十四套商铺所有权，只能通过履行案涉十四份《商品房买卖合同》实现。其次，案涉十四份《商品房买卖合同》和《借款协议》均为依法成立并生效的合同，双方当事人在《借款协议》中约定以签订商品房买卖合同的形式为《借款协议》提供担保，并为此在《借款协议》中为案涉十四份《商品房买卖合同》附设了解除条件，该约定并不违反法律、行政法规的强制性规定。实际上，双方当事人对于是履行十四份《商品房买卖合同》，还是履行《借款协议》具有选择性，即商品房买卖合同的解除条件成就，就履行《借款协议》；商品房买卖合同的解除条件未成就，就履行十四份《商品房买卖合同》。无论是履行十四份《商品房买卖合同》，还是履行《借款协议》，均符合双方当事人的意思表示，且从合同的选择履行的角度看，嘉和泰公司更具主动性。嘉和泰公司如果认为履行十四份《商品房买卖合同》对其不公平，损害了其利益，其完全可以依据《合同法》第五十四条第一款第（2）项的规定，请求人民法院撤销案涉十四份《商品房买卖合同》。

本案类型为附解除条件的买卖合同，最高人民法院认为双方以抵押物房产抵顶借款的约定并非法律所禁止的流质契约，因为债务人到期不能偿还借款时，抵

---

① 最高人民法院（2011）民提字第344号民事判决书，载《最高人民法院公报》2014年第12期。

押物的所有权并非直接转让给债权人，而是通过履行买卖合同的方式转让房产，不符合流质契约的构成要件。此外，通过买卖合同为借款提供担保，并不违反法律、行政法规的强制性规定。双方当事人对于履行买卖合同，还是履行借款协议具有选择性，两份文件均符合双方当事人的意思表示。债务人可以通过行使撤销权撤销买卖合同，来防止对自己不公平行为的发生。

此后，最高人民法院在“汤龙、刘新龙、马忠太、王洪刚诉新疆鄂尔多斯彦海房地产开发有限公司商品房买卖合同纠纷上诉案”①中继续坚持了这一观点。该案属于在履行期限届满前签订房屋买卖合同，约定借款期限提前到期，并将借款本息转为购房款，即杨立新教授主张的“后让与担保”。最高人民法院审理认为：

该《商品房买卖合同》并非为双方之间的借款合同履行提供担保，而是借款合同到期彦海公司难以清偿债务时，双方协商通过将彦海公司所有的商品房出售给汤龙等四位债权人的方式，实现双方权利义务平衡的一种交易安排……当事人的上述交易安排，并未违反法律、行政法规的强制性规定，亦不属于《物权法》第一百八十六条规定禁止的情形。尽管案涉购房款的支付源于当事人之间曾经存在的借款合同关系，但尊重当事人嗣后形成的变更法律关系性质的一致意思表示，是贯彻合同自由原则的题中应有之意。

无效说与上述观点截然相反，实践中大量此类纠纷被认定为流质契约而无效。如在“钱传水与孙丽丽房屋买卖合同纠纷上诉案”② 中，当事人双方签订了一份《借款购房协议》，约定孙丽丽向钱传水借款用于购买住房一套，如果孙丽丽未如期还清借款，自取得房产证和钥匙之日起，将房产证及钥匙交给钱传水，钱传水享有居住权。钱传水再给孙丽丽四年还款宽限期，如果孙丽丽在宽限期内仍未还清借款，孙丽丽的房屋所有权转让给钱传水，房价即为钱传水向孙丽丽所借的价款。合肥市中级人民法院审理认为：

应当认定双方之间购房关系是依附于借款合同的成立和履行，双方关于房屋买卖的约定在实质上就是流押契约，主要理由有三：第一，购房合同的是否生效和履行，取决于孙丽丽是否履行了借款合同的还款义务，也即如果孙丽丽履行了还款义务，则购房合同不生效、不履行，如果孙丽丽未能履行还款义务，则购房合同生效并履行，购房并不是双方的根本目的和最终的意思表示决定。二是在债务人未能履行还款义务的情况下，与明确约定所有权直接归债权人不同，双方约定了在孙丽丽未能履行还款义务情况下，双方之间的购房合同生效，但在法律上，购房合同生效就意味着钱传水可以通过继续履行请求权来实现其享有所有权

① 最高人民法院（2015）民一终字第180号民事判决书。

② 安徽省合肥市中级人民法院（2014）合民一终字第03637号民事判决书。

的法律后果，故两者之间的区别只是是否约定所有权转移所依据的基础合同是否生效问题，并没有本质的差异。即使在典型的流押契约中，实际上也暗含着抵押物的买卖合同等法律关系，不论是否另以买卖、互易、赠与、或互不主张权利等法律关系形式来代替。三是法律上禁止流押契约或流质契约的根本目的在于，债务人举债时大多处于经济窘困境地，以免其在实现抵押权时抵押物的价值与订立流押契约时价值的严重利益失衡，故法律上并不禁止在实现抵押权时双方当事人协商折价将抵押物抵付给债权人，因此，流押契约与通常房屋买卖合同的重要区别之一，就是在流押契约中排除了抵押物所有权转移时的重新作价程序。钱传水与孙丽丽双方之间关于借款还款方面的约定与房屋买卖的约定并不是同时订立并约定同时生效的，从而是并存的，且孙丽丽明确赋予了债权人钱传水主张权利时的可选择性，相反，在房屋买卖约定中，双方关于房屋价款构成并没有明确的约定，也只是约定了孙丽丽在将来未能履行还款义务情况下，双方之间的购房合同生效，此种约定恰恰是排除了对诉争房屋在约定生效时的重新作价程序，当属流押契约，这也是辨别流押契约的核心要素。如果对于钱传水与孙丽丽之间的此类情形不认定为流押契约，无疑将会导致流押契约法律制度的解体和价值的落空。

本案与上述有效说“朱俊芳与山西嘉和泰房地产开发有限公司商品房买卖合同纠纷再审案”的区别在于：上述案例是先后签订了两个合同，债务人有履行某一合同的选择权，在侵犯债务人利益的情形下，债务人可以显失公平为由撤销房屋买卖合同。而本案当事人之间仅签订了一份合同，约定了借款买房，逾期不还则以房抵债的内容。这种情形下债务人不存在选择权，债务人相对处于不利地位，法院将本案认定为流质契约而无效与上述肯定说并没有本质冲突。但实践中依然大量存在签订两个合同而被认定为流质契约的情形，例如“中国工商银行股份有限公司芜湖城建支行与芜湖金伟房地产开发有限公司、赵晓平确认合同无效纠纷上诉案”。[①] 该案中，双方在借款合同到期后签订了房屋买卖合同，芜湖市中级人民法院审理认为：

《商品房买卖合同》是为担保借款合同的履行而签订的买卖型担保合同，违反了“禁止流押”的规定。《物权法》第一百八十六条规定：“抵押权人在债务履行期届满前，不得与抵押人约定债务人不履行到期债务时抵押财产归债权人所有。”这是法律规定的“禁止流押”条款，该规定主要是基于平衡双方当事人利益的考虑，防止居于优势地位的债权人牟取不当暴利，损害债务人特别是其他债权人的利益。即其所保护的不仅是债务人的利益，还包括对于第三人利益的保护。本案所涉行为系属非典型担保……当事人请求履行商品房买卖合同的实质结果即是取得房屋的所有权。物权法“禁止流押”的原则应一并适用于这种非典型

① 安徽省芜湖市中级人民法院（2017）皖02民终字第929号民事判决书。

担保。赵晓平通过商品房买卖合同在债务到期之前就固定了担保物的价值，而由于预售备案登记的存在，金伟房地产公司不可能另行通过交易途径实现担保物的市场价值，且《借款合同》、《商品房买卖合同》中均无明确约定在赵晓平请求金伟房地产公司为房屋所有权的移转时进行清算的意思表示，或是有证据证明赵晓平与金伟房地产公司在签订《商品房买卖合同》时既已履行了清算义务，双方之行为事实上达到了流押契约的效果，有违法律规定，应属无效。

综上，以房屋买卖合同为借款设定担保这一非典型担保是一种新型的融资方式。无论是否将其认定为让与担保，均因没有办理相应的登记手续而无法取得物权效力。即使在《会议纪要》之下，《民间借贷解释》第二十四条仍有适用价值。

六、让与担保的物权效力

在让与担保协议有效的前提下，当事人间更为关注的是担保权人能否就让与担保的标的物优先受偿问题。对此，司法实践中存在着争议。

一种观点认为，担保权人可就标的物优先受偿。在“港丰集团有限公司与深圳市国融投资控股有限公司、长城融资担保有限公司等合同纠纷再审案”[①] 中，最高人民法院认为：

《股权及债权重组协议书》和《股权转让协议》有效，对各方均有拘束力。本案中，港丰集团公司一方未能及时偿还长城担保公司、国融公司的债权，港丰集团公司并未依据《股权及债权重组协议书》中约定的条件行使股权回购权，因此，其丧失了合同约定的股权回购权。……本案所涉合同的主要目的是长城担保公司、国融公司履行代为还款的义务，港丰集团公司履行担保义务，清算义务是债务人不履行债务，债权人行使担保权并处置担保物的过程中所负有的义务。在长城担保公司、国融公司已经代为港丰房地产公司偿还了深圳发展银行欠款，港丰集团公司亦已经将港丰房地产公司的股权变更登记在国融公司名下的情况下，双方的主要合同义务均已履行。即使长城担保公司、国融公司不履行清算义务，也不能据此认定《股权及债权重组协议书》和《股权转让协议》的合同目的不能实现。因港丰集团公司未能在双方约定股权回购期内向长城担保公司、国融公司还款，导致其不能继续行使股权回购权，则长城担保公司、国融公司有权依据上述协议的约定，通过处置港丰房地产公司的资产或股权的方式优先受偿，在此过程中产生的纠纷，双方当事人可以另寻途径解决。

另一种观点认为，担保权人不得主张优先受偿。如在“牡丹江市东安区江达

---

① 最高人民法院（2016）最高法民申 1689 号民事裁定书。相同观点还可参见福建省高级人民法院（2014）闽民终字第 360 号民事判决书、湖北省大冶市人民法院（2017）鄂 0281 民撤 2 号民事判决书、四川省泸州市江阳区人民法院（2017）川 0502 民初 4255 号民事判决书。

小额贷款股份有限公司与中国银行股份有限公司东宁支行、东宁县鑫澳经济贸易有限责任公司第三人撤销之诉再审案”[①] 中，最高人民法院认为：

根据《民间借贷解释》第二十四条规定，江达公司可以在债务人不履行债务时对买卖标的物申请拍卖而受偿债权，其对买卖标的物所享有的只是普通债权，并不是优先受偿权。

有裁判认为，即使办理了过户登记手续，债权人就标的物也无优先受偿权。如在“江苏悦达贸易股份有限公司与陈为民、盐城市嘉丰置业有限公司等企业借贷纠纷再审案”[②] 中，一审法院的如下认定得到了再审法院的支持：

悦达公司认为，股权转让系让与担保，悦达公司有权就股权价款优先受偿。对此，第一，结合各方当事人的陈述，本案中，股权转让的目的主要有两点，一是悦达公司通过形式上占有嘉丰公司的股权以避免嘉丰公司在经营过程中负担更多债务导致其降低或丧失对悦达公司债务的清偿能力；二是股权转让给悦达公司作为担保债权实现的方式，如若到期债务不能清偿，债权人可以将股权折价、变卖或拍卖的价款优先受偿。此种通过股权转让担保债权实现的方式，符合让与担保的特征。第二，协议有关卫兵将持有的嘉丰公司100%股权转让给悦达公司占有作为债务担保的约定，系当事人的真实意思表示，并未违反法律、行政法规的强制性规定，应为有效。第三，根据物权法定原则，当事人应当按照物权法和其他法律的规定设立担保物权，不得自由创设物权的种类和内容，因物权法明确规定物的担保方式为抵押、质押和留置等，故悦达公司主张就股权优先受偿缺乏法律依据，一审法院不予支持。

本书作者认为，让与担保中担保权人取得优先受偿权的基础在于，当事人之间设定的担保权能够借助于一定手段为第三人所知悉。在不涉及案外第三人时，当事人约定担保权人可就标的物的变价款受偿并无不可，即“如果在债务人没有其他债权人的情形下，将因交易所产生的权利认定为物权还是债权在实体处理结果上并无差别。因为只要担保合同有效，债权人就物本身执行的法律效果并无不同，是否具备优先性在单一债权人下并无意义。”[③] 在让与担保合同成立后，当事人间已经办理转让登记的，让与人在名义上已不享有标的物的所有权，让与人的后手交易债权人基于对登记簿的审查，其无理由相信让与人仍为所有权人，主观

---

① 福建省高级人民法院（2014）闽民终字第360号民事判决书。相同观点还可参见湖北省大冶市人民法院（2017）鄂0281民撤2号民事判决书、四川省泸州市江阳区人民法院（2017）川0502民初4255号民事判决书。

② 江苏省高级人民法院（2016）苏民再68号民事判决书。持相同观点的还有：江苏省南京市中级人民法院（2017）苏01民终8741号民事判决书、江苏省高级人民法院（2017）苏民终2205号民事判决书。

③ 高圣平：《担保物权司法解释起草中的重大争议问题》，载《中国法学》2016年第1期。

上难谓善意，即“让与担保成立后，标的物所有权已移转于担保权人，设定人已无处分权，尤其是标的物为不动产时，因登记上之所有人为担保权人，故事实上不可能发生由设定人处分，而由第三人取得所有权或其他物权之问题”；[①] 而让与人的一般债权人也不会就该标的物价值对实现其债权有期待，自然不可能对标的物有优先顺位。

因此，尽管让与担保非《物权法》所明定的担保物权，但是，其现有操作模式在客观上亦实现了优先受偿的效果，此种情形非让与担保所独有。例如，《融资租赁解释》第九条所允许的出租人自己抵押权，“主要针对出租人在其对租赁物的所有权无法定登记机关的情况下，通过委托承租人将租赁物抵押给自己的方式，将其所有权降低为抵押权，据此在抵押登记机关办理抵押登记，由此产生登记的物权效力。”[②] 二者的内在机理一致，均是通过一定的操作模式达到优先受偿的目的。故此，才有观点认为，“在当事人采取了相应的符合物权法规定的公示方法，主动采取防止意外风险的措施的情况下，法院当承认其既成事实，对其优先受偿权予以支持。如不动产让与担保，若办理了不动产过户登记手续，债权人可以凭借其对标的物形式上的所有权对抗第三人。”[③]

七、让与担保的实现：归属清算抑或变价清算

（一）让与担保实现方式的学理探讨

学说上，担保物权的实行方法有所谓私的实行和公的实行之分，其中前者无须经过强制执行程序，而后者则相反。[④] 让与担保的制度优势即在于私的实行，直接由让与担保权人确定地取得标的物的所有权，无须公权力机构的干预，以达到简速实现权利的目的。当然，让与担保权作为民事权利自可借助民事诉讼程序得以实现。在比较法上，《澳门商法典》明文规定让与担保中的流质条款无效，在让与担保权可得实现之时，债权人不能直接取得标的物的所有权，其可在合同约定的期限（如未约定，则债务人可指定不少于30日的期限）内出售标的物并以变价款优先受偿，无须拍卖、事先估价或其他司法或非司法措施；如未在上述期限实现权利，债权人仅能依司法途径就标的物进行变价。这里，未在约定或法定的期间内私的实行的，即应依公的实行方式实现权利。

让与担保广受批评的原因之一，是其实行时直接由债权人取得所有权，与禁

---

① 谢在全：《民法物权论》（下册），中国政法大学出版社2011年版，第1118页。

② 宋晓明、刘竹梅、原爽：《关于审理融资租赁合同纠纷案件适用法律问题的解释的理解与适用》，载《人民司法·应用》2014年第7期。

③ 刘贵祥：《〈物权法〉关于担保物权的创新及审判实务面临的问题（下）》，载《法律适用》2007年第9期。

④ 参见高圣平：《担保物权实行途径之研究》，载《法学》2008年第2期。

止流质契约的规定有违，对债务人及其他利害关系人保护不周，已如前述。就此，有学者提出不同意见认为，让与担保在缔结合同时即转移标的物的所有权，而流质契约是在主债务不能清偿时由债权人直接取得标的物的所有权，并进而认为让与担保与流质契约存在本质区别，让与担保并不与禁止流质契约的规定发生冲突。① 本书作者以为，让与担保以所有权的让与作为担保的形式，由债权人取得标的物的所有权，即已进入流质契约禁止的规制范畴。禁止流质契约的主要原因并不在于流质契约在具体情形下存在着暴利而使债务人受到损害，而在于流质契约典型地适用于盘剥、诓骗债务人的滥用场合，在合同订立时作为“危险的合同”尤应被否定。当事人约定的担保形式并不重要，起决定作用的乃是该担保形式是否使债务人面临着暴利盘剥的抽象威胁，② 由此，禁止流质契约的规定同样适用于让与担保。如此，在让与担保权可得实现时直接由担保权人取得标的物所有权，排除设定人的清算请求权的归属型（实际上是归属无清算型）实行方法应予否定。

比较法上，禁止流质契约原则的松动为我们提供了可资参照的例证。为避免流质契约侵害到债务人或其他债权人利益，法国对让与担保的实行方式作出了谨慎且灵活的处理。立法上否定了“直接取得担保物所有权”的传统方式，规定在债务人不能履行债务时，权利人并不能直接取得担保财产的完全所有权，而只能取得在债务额度内的自由处分权和变价权。③ 我国台湾地区“民法”第八百七十三条之一第一项明定流质契约仅于当事人间发生效力，该约定须经过登记才能成为抵押权内容，在抵押权可得实现之时，抵押权人并不当然取得抵押物的所有权，而仅取得抵押物所有权移转登记请求权。抵押权人实现其抵押权时仍然负有清算义务，就抵押物价值超过担保债务的部分未予返还的，抵押人可行使同时履行抗辩权，拒绝同意移转登记。④

如此看来，我国《物权法》上禁止流质契约的规定即应重新检讨。当事人约定在担保权可得实现之时，由担保权人不经法定公力救济程序而直接取得担保物所有权的，自应解释为当事人之间就担保权实行方法（私的实行）的约定，但为防止担保物价值远超担保债权额的过度担保，衡平当事人之间的利益，应强制性地课以担保权人以清算义务。如此，负有清算义务的流质契约作为广义的自力救

---

① 参见李媚：《流质契约解禁之反思——以罗马法为视角》，载《比较法研究》2013年第5期。

② Vgl. Gaul, Lex commissoria und Sicherungsilbereigung, AcP 168, 372、380. 转引自庄加园：《“买卖型担保”与流押条款的效力——〈民间借贷规定〉第24条的解读》，载《清华法学》2016年第3期。

③ 参见叶朋：《法国信托法近年来的修改及对我国的启示》，载《安徽大学学报（哲学社会科学版）》2014年第1期。

④ 参见谢在全：《民法物权论》，中国政法大学出版社2011年版，第785页。

济即具有了正当性，当事人约定无清算义务的流质契约，自应部分无效，担保权人虽可确定地取得标的物的所有权，但仍负有清算的法定义务。当事人约定无清算义务的流质型让与担保自应做相同解释。如此，通过清算义务加以修正的让与担保，实无必要将其解释为违反流质契约禁止义务。①

让与担保权的清算型实行方法尚有归属清算与处分清算之分。所谓归属清算，是指在让与担保权可得实现之时，担保权人确定地取得标的物的所有权，但须在标的物估价额与担保债权额之间进行清算；所谓处分清算，是指在让与担保权可得实现之时，担保权人须将标的物变价处分，并以其价款优先受偿。② 其中，归属清算型还可进一步区分为当然归属清算型和请求归属清算型，前者系指担保权人当然地、确定地取得标的物的所有权，无须先为一定的意思表示，而后者须担保权人请求以标的物充当清偿之后，该标的物才确定地归属于担保权人。③

让与担保权的实行方法究系归属清算还是处分清算，原则上应由当事人约定，未予约定或约定不明的，让与担保权人究以何种实行方法实现其权利，在学说上存在争议。在日本法上，对于动产让与担保，虽然进行归属清算或是处分清算皆可，但在当事人之间无特别约定时，以归属清算为原则。④ 我国已有学者认为，让与担保的社会作用之一即在于避免繁琐的标的物变价程序，在归属清算与处分清算之间应以归属清算为原则，⑤ 但亦有观点认为，处分清算更有利于明确当事人之间的关系，且合于让与担保权担保债务清偿的经济目的。⑥

（二）让与担保实现方式的实践做法

裁判实践中，就此的处理体现出以下趋势：

第一，尊重当事人之间的约定。法院应注意当事人在协议中是否约定了清算条款，无论该清算条款是归属清算型还是处分清算型。有的案例中显示，当事人之间约定的是处分清算型。如在“港丰集团有限公司与深圳市国融投资控股有限

---

① 参见［日］柚木馨、高木多喜男：《担保物权法》（第三版），有斐阁 1982 年，第 549 页。

② 参见［日］近江幸治：《民法讲义Ⅲ担保物权》（第二版补订），成文堂 2014 年版，第 300 页；谢在全：《民法物权论》，中国政法大学出版社 2011 年版，第 1109～1110 页；陈荣隆：《让与担保之研究——现制之检讨及立法之展望》，辅仁大学法律学系 1999 年博士论文，第 167～168 页。

③ 参见刘春堂：《动产让与担保之研究》，载氏著：《民商法论集（一）》，作者 1985 年自版，第 325 页；陈荣隆：《让与担保之研究——现制之检讨及立法之展望》，辅仁大学法律学系 1999 年博士论文，第 168 页。

④ 参见［日］近江幸治：《民法讲义Ⅲ担保物权》（第二版补订），成文堂 2014 年版，第 315 页。

⑤ 参见陈荣隆：《让与担保之实行》，《法令月刊》2000 年第 10 期，第 388 页。

⑥ 参见谢在全：《民法物权论》，中国政法大学出版社 1999 年版，第 921 页（谢老师在新版中已改采归属清算型）；刘春堂：《动产让与担保之研究》，载氏著：《民商法论集（一）》，作者 1985 年自版，第 324 页。

公司、长城融资担保有限公司等合同纠纷再审案”① 中，各方当事人在合同对于债务人不履行债务时，担保权人处置股权作出如下约定，“如长城担保公司和国融公司直接处置港丰房地产公司的股权，则在还清长城担保公司、国融公司债务及扣除合理的处置费用后将剩余款项无条件返还给港丰集团公司或其指定的第三人”。这一约定即属处分清算条款。最高人民法院认为：

长城担保公司、国融公司亦并非当然取得港丰房地产公司的股权，而是以处置港丰房地产公司资产或股权的方式优先清偿长城担保公司、国融公司享有的债权后，再将剩余款项返还给港丰集团公司。这表明长城担保公司、国融公司对担保物享有的是优先受偿权，而非所有权，并不因此产生流质的法律后果，因而并不违反目前我国物权法和担保法的相关规定。

有的案例中显示，当事人之间约定的是归属清算型。在“福建省稀有稀土（集团）有限公司与修水县巨通投资控股有限公司、江西巨通实业有限公司合同纠纷上诉案”② 中，最高人民法院二审认为：

修水巨通未能依约清偿债务，不享有解除协议、使目标股权回复至其名下的权利。需要指出的是，虽江西巨通48%股权已在2013年9月6日变更登记至稀土公司名下，但此时的变更登记仅具让与担保设定中的权利转移外观，无论依据《股权转让协议》的约定抑或让与担保制度的基本原理，稀土公司享有完整意义上的股权，尚待所担保债权的清偿状态以及让与担保的实现方式而确定。一般而言，让与担保有归属清算型和处分清算型两种实现方式，前者指让与担保权人将标的物予以公正估价，标的物估价如果超过担保债权数额的，超过部分的价额应交还给让与担保设定人，标的物所有权由让与担保权人取得；后者指让与担保权人将标的物予以拍卖、变卖，以卖得价金用以清偿债务，如有余额则返还给债务人，具体采取何种实现方式，可由当事人依意思表示一致选择。《股权转让协议》第2.2.2条、第2.3.3条、第3.1.1条、第3.2.2条约定，若修水巨通未依约清偿债务、解除条件未满足的，稀土公司有权选择实际受让全部或部分目标股权，并指定具备相应资质的资产评估机构对目标股权价值进行评估，从而确定股权转让价款，在比较股权转让价款和稀土公司代偿债务金额的基础上，双方本着多退少补的原则支付差额。上述约定表明，案涉让与担保的实现方式即为归属清算型。根据本案已查明事实，借款合同履行期间届满后，修水巨通无力偿还债务，稀土公司已代偿本金及利息总金额为918444444.43元。《股权转让协议》解除条件未满足，稀土公司在有权并已实际决定受让全部目标股权，并依约指定资产评估机构出具《评估报告》、对股权价值进行了评估的基础上，能够取得江西巨通

① 最高人民法院（2016）最高法民申1689号民事裁定书。
② 最高人民法院（2018）最高法民终119号民事判决书。

48%的股权。至于《评估报告》是否依据《股权转让协议》约定确定评估基准日、是否完整考虑江西巨通及其下属公司的价值、是否客观体现所涉矿产资源储量，属评估结果及因此而确定的股权转让价款是否公平合理的问题。

第二，当事人未约定清算条款，也无法解释将合同条款解释为清算条款时，法院仍应将让与担保推定为清算型让与担保，课予当事人清算义务。“对于在担保物权可得实现之前达成流质契约所可能给担保人带来的不利益，可以通过强制性地课予担保物权人以清算义务加以解决。”[①] 因为，若法院承认让与担保有效与合法，但却否定流质条款的效力，导致“立法一方面禁止流质契约，实务见解却承认让与担保契约有效，二者显然矛盾”，[②] 导致所有权之担保作用无法实现。因此，“即使合同未约定债务不能清偿时具体的清算办法，法院亦可基于让与担保的机理平衡双方当事人之利益。”[③] 如在“王惠莲与鲁鹏、鲁瑶、云南腾峰投资有限责任公司确认合同效力纠纷案”[④] 中，昆明市中级人民法院指出：

借款人不履行生效判决确定的金钱债务，出借人可以申请拍卖买卖合同标的物，以偿还债务。就拍卖所得的价款与应偿还借款本息之间的差额，借款人或者出借人有权主张返还或补偿。故本案债权人仅得就股权拍卖的对价享有优先受偿权，并无权直接处置该部分股权。

（三）让与担保的实现应兼顾担保物权本旨及当事人、第三人的合法权益

本书作者以为，让与担保权的实行方法，既要把握其担保物权本旨（担保权构造），又要兼顾当事人及第三人的合法权益，在尽量发挥让与担保的社会作用以彰显其特色的同时，避免让与担保权人取得额外的利益。学说上认为，担保物权以担保债务清偿为目的，是变价权、价值权，在担保物权可得实现之时，应对标的物进行变价，并就变价款优先受偿。[⑤] 准此，处分清算似更合于担保物权的变价法理。但让与担保权与其他定限担保物权不同，其实行方法所受限制并不如其他定限担保物权那么严格。让与担保权人在交易中有取得标的物所有权的期待，设定人亦有以标的物代物清偿的心理准备。让与担保的价值之一，即在于避免标的物变价的繁琐程序，[⑥] 在当事人就归属清算与处分清算未作约定或约定不

---

① 高圣平：《论流质契约的相对禁止》，载《政法论丛》2018 年第 1 期。

② 谢哲胜：《流质（押）契约自由与限制》，载《台湾本土法学杂志》2005 年总第 15 期。

③ 刘贵祥：《〈物权法〉关于担保物权的创新及审判实务面临的问题（下）》，载《法律适用》2007 年第 9 期。

④ 云南省昆明市中级人民法院（2015）昆民五终字第 86 号民事判决书。

⑤ 参见高圣平：《担保法论》，法律出版社 2009 年版，第 241 页。

⑥ 参见谢在全：《民法物权论》，中国政法大学出版社 2011 年版，第 1104 页；陈荣隆：《让与担保之研究——现制之检讨及立法之展望》，辅仁大学法律学系 1999 年博士论文，第 174 页。

明时，应以归属清算为原则。在比较法上，《法国民法典》规定以“归属清算”为原则，以“处分清算”为例外。即受托人是债权人时，债权人取得担保信托财产的自由处分权；受托人是债权人以外的第三人时，债权人取得信托财产的自由处分权，在有约定情形下，债权人可取得受托人出卖信托财产获得的价金（第2373—3条、第2488—3条）。①

至于当然归属清算型与请求归属清算型之间，如当事人之间未作约定或约定不明，在让与担保权可得实现之时，担保权人请求以标的物抵充债务，给予设定人清偿债务取回标的物的机会，对于担保权人并无不利，故应以请求归属清算型为原则。②

在担保法上，清算是担保权的实行方法；在动产让与担保交易中，清算是就标的物的价值与被担保债务余额之间进行评价，“多退少补”，其目的在于通过确定标的物的公正合理价格寻求当事人之间的利益平衡。如此，在让与担保权可得实现之时，标的物的鉴价就显得尤为重要，如任由让与担保权人主观认定，则易害及利害关系人的利益。为此，清算人应具有相应资质，其产生应体现当事人的共同意志。在我国，资产评估已渐成专门的行业，资产评估师亦为专门之职业，由让与担保权人与设定人事先或事后从注册资产评估师中合意选择清算人，有利于避免当事人之间的清算争议，也有利于保护设定人的其他债权人的利益。至于清算的标准，自有专业的评估标准可资利用。

《会议纪要》仅承认处分清算，债权人主张享有动产、不动产所有权或者股权的，人民法院不予支持，这与《物权法》上禁止流质契约的规定有关。债权人与债务人在让与担保权实现条件成就之后，就动产、不动产或者股权达成折价或者回购协议的，属于让与担保权的协议实现，并不构成流质契约，自应有效。在处分清算之下，债权人实现让与担保权自可参照《物权法》的相关规定，可以和债务人约定就拍卖、变卖的价款优先受偿，也可以向人民法院提起诉讼，经由审判程序取得胜诉裁判之后，向执行法院申请执行，还可以申请启动《民事诉讼法》上“实现担保物权案件”特别程序，取得许可裁定之后，再向执行法院申请执行。

---

① 参见叶朋：《法国信托法近年来的修改及对我国的启示》，载《安徽大学学报（哲学社会科学版）》2014年第1期。

② 参见陈荣隆：《让与担保之实行》，载《法令月刊》2000年第10期。

【附：起草过程中的争议】

《会议纪要（稿）》

25.【让与担保】债务人或者第三人通过将动产、不动产或者股权等财产转让至债权人名下的方式，为主合同项下的债务提供担保的，该合同有效。作为担保财产的动产已经交付债权人，或者不动产、股权等已经进行变更登记的，在债务人不履行到期债务或者出现约定的事由时，债权人有权参照动产质权或者不动产抵押权、股权质押的相关规定，请求就担保财产优先受偿。

《会议纪要（哈尔滨征求意见稿）》

74.【让与担保】债务人或者第三人通过将动产、不动产或者股权等财产转让至债权人名下的方式，为主合同项下的债务提供担保的，该合同有效。作为担保财产的动产已经实际交付债权人，或者不动产、股权等已经进行变更登记的，在债务人不履行到期债务或者出现约定的事由时，债权人有权参照动产质权或者不动产抵押权、股权质押实现的相关规定，请求就担保财产优先受偿。

《会议纪要（公开征求意见稿）》

71.【让与担保】债务人或者第三人通过将动产、不动产或者股权等财产转让至债权人名下的方式，为主合同项下的债务提供担保的，该合同有效。作为担保财产的动产已经实际交付债权人，或者不动产、股权等已经进行变更登记的，可以参照动产质权、不动产抵押权以及股权质押的相关规定确定当事人间的权利义务关系。

在债务人不履行到期债务或者出现约定的事由时，债权人主张享有动产、不动产所有权或者股权的，人民法院不予支持，但其与债务人事后就动产、不动产或者股权达成折价或者回购协议的除外。债务人请求人民法院参照《民事诉讼法》“实现担保物权案件”的相关规定，拍卖、变卖动产、不动产或者股权的，人民法院应予支持。

第五章　公司为他人提供担保的效果归属与责任承担

第一节　公司担保效力判断的规范基础

【会议纪要条文】

关于公司为他人提供担保的合同效力问题，审判实践中裁判尺度不统一，严重影响了司法公信力，有必要予以规范。对此，应当把握以下几点：

17.【违反《公司法》第16条构成越权代表】为防止法定代表人随意代表公司为他人提供担保给公司造成损失，损害中小股东利益，《公司法》第16条对法定代表人的代表权进行了限制。根据该条规定，担保行为不是法定代表人所能单独决定的事项，而必须以公司股东（大）会、董事会等公司机关的决议作为授权的基础和来源。法定代表人未经授权擅自为他人提供担保的，构成越权代表，人民法院应当根据《合同法》第50条关于法定代表人越权代表的规定，区分订立合同时债权人是否善意分别认定合同效力：债权人善意的，合同有效；反之，合同无效。

23.【债务加入准用担保规则】法定代表人以公司名义与债务人约定加入债务并通知债权人或者向债权人表示愿意加入债务，该约定的效力问题，参照本纪要关于公司为他人提供担保的有关规则处理。

【条文要义】

上述条文系对《中华人民共和国公司法》（以下简称《公司法》）第十六条和《合同法》第五十条在认定法定代表人越权订立担保合同的作用的解释。

第一，《合同法》第五十条规定："法人或者其他组织的法定代表人、负责人超越权限订立的合同，除相对人知道或者应当知道其超越权限的以外，该代表行为有效。”《担保法解释》第十一条规定：“法人或者其他组织的法定代表人、负责人超越权限订立的担保合同，除相对人知道或者应当知道其超越权限的以外，该代表行为有效。”由此，对于公司为他人提供担保的合同是否对公司发生法律效力的认定，因涉及担保合同相对人利益的保护，除了应考虑《公司法》第十六条规定外，还需结合《民法总则》《合同法》等相关法律规定综合判断。

第二，《公司法》第十六条构成对法定代表人代表权的法定限制，旨在防止法定代表人随意代表公司对外提供担保给公司造成损失，损害中小股东利益。《民法总则》第六十一条第三款关于“法人章程或者法人权力机构对法定代表人代表权的限制，不得对抗善意相对人”所及的仅为法定代表人代表权的约定限制，自不能作为法定代表人超越代表权的法定限制所为法律行为的效力的判断规则。《公司法》第十六条的规定表明，未经公司股东会或者股东大会、董事会等公司机关的决议，法定代表人并无代表公司为他人债务提供担保的权限。这意味着担保行为不是法定代表人所能单独决定的事项，而必须以公司股东会或者股东大会、董事会等公司机关的决议作为授权的基础和来源。

第三，效力性强制性规定与管理性强制性规定并不能包含所有的强制性规范，私法上的权限规范即为其涵摄范围之外。《公司法》第十六条在性质上即属权限规范，既不属于效力性强制性规定，也不属于管理性强制性规定，违反本条的法律后果并不直接导向担保合同的效力评价，就此，《合同法》第五十二条第五项并无首先适用的余地。法定代表人超越代表权的法定限制所订立的担保合同，法院应当根据《合同法》第五十条关于法定代表人越权代表的规定，区分订立合同时债权人是否善意分别认定合同效力：债权人善意的，合同有效；反之，合同无效。《公司法》第十六条的规定在认定相对人是否知道或者应当知道法定代表人超越代表权限时具有重大意义。

第四，债务加入，又名“并存的债务承担”，是指第三人加入债的关系之中，与原债务人一起向债权人承担同一债务的情形。[①] 在债务加入中，加入债之关系的第三人（新债务人）与原债务人为连带债务关系，债权人既可以要求原债务人承担债务，也可以要求新债务人承担债务，故而债务加入对债权人而言具有担保作用，史尚宽先生更是直接指出，加入债务的第三人是“以担保之目的”[②]。法定

---

① 参见崔建远主编：《合同法》，法律出版社 2016 年版，第 185 页。债务加入在现行法中并无规定，该概念为江苏省高级人民法院所首次明确提出，其在《关于适用〈中华人民共和国合同法〉若干问题的讨论纪要（一）》（苏高发审委〔2005〕16 号）第十七条规定：“债务加入是指第三人与债权人、债务人达成三方协议或第三人与债权人达成双方协议或第三人向债权人单方承诺由第三人履行债务人的债务，但同时不免除债务人履行义务的债务承担方式。”

② 史尚宽：《债法总论》，中国政法大学出版社 2002 年版，第 625 页。

代表人以公司名义与债务人约定加入债务并通知债权人或者向债权人表示愿意加入债务，该约定的效力问题，参照本纪要关于公司为他人提供担保的有关规则处理。

【深度阐释】

金融为现代经济发展的核心，实体经济的发展无不端赖于信用授受。① 作为市场经济中最重要的商事主体，② 公司为他人债务提供担保是信用授受过程中常见的增信措施。我国公司法 2005 年修订之前，对公司的担保行为与正常经营行为并未加以区分，③ “我国公司企业在过往的活动中极度忽视股东利益，任由法定代表人或者控股股东通过担保谋求一己私利而损害公司利益的行为泛滥，使得公司治理结构丧失制衡功能，特别是上市公司问题更加严重。”④ 在日益严重的公司“滥保”现象之下，不仅公司、中小股东及一般债权人的利益受到极大损害，不受限制的公司担保更是在福建、深圳、新疆等地形成了危及整个金融体系和区域金融安全的“担保圈”。⑤ 区域性担保风险的化解，仰赖于地方财政的“兜底”，但这一经验不合法理，也不可复制，公司“滥保”风险的根治尚需前置化的制度性措施。⑥ 鉴于实践中规制公司“滥保”行为的迫切需要，我国《公司法》于 2005 年修订时对公司为他人债务提供担保作出了明确限制：“公司向其他企业投资或者为他人提供担保，按照公司章程的规定由董事会或者股东会、股东大会决议；公司章程对投资或者担保的总额及单项投资或者担保的数额有限额规定的，不得超过规定的限额。”（第十六条第一款）“公司为公司股东或者实际控制人提供担保的，必须经股东会或者股东大会决议。”（第二款）“前款规定的股东或者受前款规定的实际控制人支配的股东，不得参加前款规定事项的表决。该项表决由出席会议的其他股东所持表决权的过半数通过。”（第三款）⑦ 但该条并未涉及违反之后的法律效果，属不完全法条，无法独立适用，现行法上哪些条文可与之

---

① 参见高圣平：《金融担保创新的法律规制研究》，法律出版社 2017 年版，第 1 页。

② 参见王保树：《〈公司法〉修改应追求适应性》，载《法学》2004 年第 7 期。

③ 参见曹士兵：《公司法修订前后关于公司担保规定的解读》，载《人民司法·应用》2008 年第 1 期。

④ 甘培忠：《公司法第十六条的法义情景解析》，载《法制日报》2008 年 2 月 17 日第 6 版。

⑤ 参见夏志琼：《担保链：危及区域金融安全》，载《经营与管理》2014 年第 2 期。

⑥ 参见中国人民银行淄博市中心支行课题组：《资源优势与条件约束下的次优选择：高青县区域担保圈风险处置案例》，载《金融发展研究》2014 年第 12 期。

⑦ 值得注意的是，本条并不适用于以担保为业的融资性担保公司，也不适用于公司为自己债务提供担保（在解释上仅限于物上担保）的情形。为使本书行文简洁，以下以“公司担保”指称“公司为他人债务提供担保”，且不涵盖融资性担保公司为他人债务提供担保的情形。

配合构成完全法条存在疑问。

“公司法本身承担着维护公司和股东利益的职能，如果过分强调对公司相对人利益的保护，难免导致法律功能及法律解释的错位。”[①] 正如魏德士所言，“任何完整的法律规范都是以实现特定的价值观为目的，并评价特定的法益和行为方式。在规范事实构成与法律效果的联系中总是存在着立法者的价值判断。”[②] 如此，在以《公司法》第十六条作为裁判基础时，应当先就该条的规范意旨进行探析。公司是以营利为目的的社团法人，但公司为他人债务提供担保时，无法从担保权人处取得相应对价，在债务人未履行债务时，还要以公司财产为债务人承担代偿责任，由此而决定，公司为他人债务提供担保本身并不具有经营性质或营利性质，在一定程度上背离了公司的设立本旨和存在目的。[③] 但在我国商业银行主要采行担保贷款的大背景之下，《公司法》并无意从权利能力或行为能力的角度否定公司的担保能力，转而基于担保可能危及公司资产安全的事实对公司担保作出特别限制。《公司法》第十六条的立法目的就在于，通过严格控制公司担保意思的形成，维护公司及其股东的利益。在公司担保纠纷中，公司及其股东、相对人、其他债权人等多方主体的利益交织在一起，在以现行法为基础对法定代表人越权担保效力问题进行解释时，如何均衡考虑各方利益，以免产生利益失衡的负面后果，是我们面临的一大难题。

一、最高人民法院裁判整理与分析

（一）最高人民法院的裁判分歧

司法实践就法定代表人越权代表的效力问题已积累数量可观的裁判案例。基于案例的典型性及节约讨论成本的需要，本书选取最高人民法院所审理的典型案例及《最高人民法院公报》刊载的公报案例为分析样本，梳理法院的不同裁判进路，并以此为基础展开本书作者的讨论。根据对法律规范及彼此间关系的不同认识，最高人民法院的裁判进路可分为以下几种：

关于公司为他人提供担保的合同效力问题，实践中裁判尺度不统一。总体而言，目前司法实践对于公司越权担保行为的效力存在以下几种解释裁判路径：

第一种解释路径是，《公司法》第十六条所规制的是公司内部程序，不能约束公司之外的债权人，担保合同不因未践行公司内部程序而无效。如在“周启滨与兰州金昌达商贸有限公司、甘肃鑫盛信用担保有限公司等借款合同纠纷再审

① 叶林：《公司法研究》，中国人民大学出版社 2008 年版，第 150 页。

② ［德］伯恩·魏德士：《法理学》，丁小春、吴越译，法律出版社 2003 年版，第 55 页。

③ 参见高圣平：《公司担保相关法律问题研究》，载《中国法学》2013 年第 2 期。

案”[①] 中，最高人民法院认为：

《公司法》第十六条规定：“公司向其他企业投资或者为他人提供担保，依照公司章程的规定，由董事会或者股东会、股东大会决议；公司章程对投资或者担保的总额及单项投资或者担保的数额有限额规定的，不得超过规定的限额。”该条款对公司为他人提供担保应当经过的公司内部程序作出了规定，规范的是担保人公司的内部行为，并非外部担保权人的行为。周启滨作为担保权人，对金昌达公司内部是否同意公司对外担保并不负有审查义务。

此种解释路径之下，有裁判进一步认为，《公司法》第十六条的实质是内部控制程序，不能以此约束交易相对人，应将其理解为管理性强制性规定。对违反该规定的，原则上不宜认定合同无效。如在“招商银行股份有限公司大连东港支行与大连振邦氟涂料股份有限公司、大连振邦集团有限公司借款合同纠纷再审案”[②] 中，最高人民法院认为：

法律及相关司法解释均已明确了将违反法律或行政法规中效力性强制性规范作为合同效力的认定标准之一。公司作为不同于自然人的法人主体，其合同行为在接受合同法规制的同时，当受作为公司特别规范的公司法的制约。《公司法》第一条开宗明义规定：“为了规范公司的组织和行为，保护公司、股东和债权人的合法权益，维护社会经济秩序，促进社会主义市场经济的发展，制定本法。”《公司法》第十六条第二款规定：“公司为公司股东或者实际控制人提供担保的，必须经股东会或者股东大会决议。”上述公司法规定已然明确了其立法本意在于限制公司主体行为，防止公司的实际控制人或者高级管理人员损害公司、小股东或其他债权人的利益，故其实质是内部控制程序，不能以此约束交易相对人。故此上述规定宜理解为管理性强制性规范。对违反该规范的，原则上不宜认定合同无效。

这一解释路径最终还是落脚到《公司法》第十六条的规范性质。

第二种解释路径是，以《合同法》第五十二条第五项和《合同法解释（二）》第十四条为规范依据，从《公司法》第十六条的规范性质出发，先认定该条（款）属于任意性规定还是强制性规定，是管理性强制性规定抑或效力性强制性规定，进而判断违反《公司法》第十六条的担保合同的效力。[③] 采行此种解释路径的裁判，目前大多认为《公司法》第十六条为非效力性强制性规定，违反并不使之无效，理由如下：

其一，法律并未明确规定违反《公司法》第十六条的后果为无效，故其应为

① 最高人民法院（2018）最高法民申 5722 号民事裁定书。

② 最高人民法院（2012）民提字第 156 号民事判决书。

③ 参见钱玉林：《寻找公司担保的裁判规范》，载《法学》2013 年第 3 期。

非效力性强制规定。如在“林志挺与王北城与淮安诚泰房地产开发有限公司民间借贷纠纷再审案”① 中，最高人民法院认为：

《公司法》第十六条第二款规定：“公司为公司股东或者实际控制人提供担保的，必须经股东会或者股东大会决议”，但该条款并未明确规定公司违反上述规定对外提供担保导致担保合同无效，应认定为管理性强制性规定为宜。根据《最高人民法院关于适用〈中华人民共和国合同法〉若干问题的解释（二）》第十四条关于“合同法第五十二条第（五）项规定的‘强制性规定’，是指效力性强制性规定”之规定，二审判决认定案涉担保合同合法有效并无不当。且就有限公司而言，当公司债权人与公司股东的利益发生冲突时，优先保护公司债权人的利益，亦符合公平公正的法律原则。

其二，《公司法》第十六条为内部控制性程序，不能约束第三人。如在“邵轶群、付军与安徽阜阳保利汉铭投资有限公司、张继华、安徽继华置业有限公司借款合同纠纷再审案”② 中，最高人民法院认为：

作为公司组织及公司行为当受《公司法》（以下简称公司法）调整，同时其以合同形式对外担保行为亦受合同法及担保法的制约。保利公司担保行为效力的认定，因其并未超出平等商事主体之间的合同行为的范畴，故应首先从《合同法》（以下简称合同法）相关规定出发展开评判。关于合同效力，合同法第五十二条规定“有下列情形之一的，合同无效。……（五）违反法律、行政法规的强制性规定”。关于前述法律中的“强制性”，《最高人民法院关于适用〈中华人民共和国合同法〉若干问题的解释（二）》（以下简称合同法解释二）第十四条则作出如下解释规定：“合同法第五十二条第（五）项规定的‘强制性规定’，是指效力性强制性规定。”因此，法律及相关司法解释均已明确了将违反法律或行政法规中效力性强制性规范作为合同效力的认定标准之一。公司作为不同于自然人的法人主体，其合同行为在接受合同法规制的同时，当受作为公司特别规范的公司法的制约。公司法第十六条规定的立法本意在于限制公司主体行为，防止公司的实际控制人或者高级管理人员损害公司、小股东或其他债权人的利益，故其实质是内部控制程序，不能以此约束交易相对人。故此上述规定宜理解为管理性强制性规范。对违反该规范的，原则上不宜认定合同无效。在法律、行政法规没有明确

---

① 最高人民法院（2015）民申字第2595号民事裁定书。类似的裁判还有“河北华晨光伏科技有限公司与王建立、豆强与李英进、穆腊梅等借款合同纠纷再审案”［最高人民法院（2016）最高法民申607号民事裁定书］。

② 最高人民法院（2018）最高法民申4686号民事裁定书。类似的裁判还有“韩雪松与贤成集团有限公司、西宁市国新投资控股有限公司、广州市裕成矿业投资集团有限公司与青海创新矿业开发有限公司、青海贤成矿业股份有限公司民间借贷纠纷再审案”［最高人民法院（2015）民申字第2539号民事裁定书］。

规定公司违反公司法第十六条对外提供担保无效的情形下，即使本案没有保利公司同意对外担保的股东会决议的证据佐证，也不能以此否认保利公司对外担保的效力。

其三，如果将《公司法》第十六条认定为效力性强制规定，将会有损交易安全与效率。如在“陈斌、陈浩钰等与陈斌、沈阳金盾防暴器材有限公司等民间借贷纠纷再审案”[①] 中，最高人民法院认为：

根据《合同法》及《最高人民法院关于适用〈中华人民共和国合同法〉若干问题的解释（二）》的相关规定，违反法律、行政法规中的效力性强制性规定的合同属于无效合同。《公司法》第十六条第二款规定：“公司为公司股东或者实际控制人提供担保的，必须经股东会或者股东大会决议”，其规定在于限制公司主体行为，防止公司的实际控制人或者高级管理人员损害公司、小股东或其他债权人的利益，其实质属于公司内部管理、控制程序方面之规范，即为管理性强制性规范，不能以此约束交易相对人，亦不应将其作为认定合同无效的依据，否则将危害交易安全，有违诚信及公平。本案中，陈斌系金盾公司的股东，金盾公司在《欠据》担保人处加盖公司印章和法定代表人陈浩钰私章的行为，属于公司为股东提供担保的情形，即便该行为未经股东会决议，亦不应被认定无效，金盾公司仍应按照《担保法》的规定承担保证责任。

其四，对于闭合性公司而言，违反《公司法》第十六条的越权担保行为并不会损害社会公共利益，故违反的法律后果并不为无效。如在“游斌琼与福建省万翔房地产开发有限公司、翁炎金等民间借贷纠纷再审案”[②] 中，最高人民法院认为：

《公司法》第十六条第二款规定并非效力性强制性规定，违反该规定不必然导致合同无效。有限责任公司通常股东人数少，管理层与股东并未实质性分离，股东对公司重大事项仍有一定影响力，且有限责任公司等闭合性公司并不涉及众多股民利益保护、证券市场秩序等公共利益问题，违反上述规定并不会导致公共利益受损。据此，万翔公司未经股东会决议为翁炎金的涉案债务提供的担保应认定有效。万翔公司的该项主张不能成立。

第三种解释路径是以《合同法》第五十条和《担保法解释》第十一条为规范基础，将《公司法》第十六条理解为对公司法定代表人代表权限的限制，结合具体个案事实判断相对人是否知道或应当知道法定代表人是否超越代表权限，进而

---

① 最高人民法院（2016）最高法民再 24 号民事判决书。类似的裁判还有“招商银行股份有限公司大连东港支行与大连振邦氟涂料股份有限公司、大连振邦集团有限公司借款合同纠纷再审案”［最高人民法院（2012）民提字第 156 号民事判决书］。

② 最高人民法院（2016）最高法民申 733 号民事裁定书。

判断违反《公司法》第十六条的担保合同的效力。[①] 如在“中铝佛山国际贸易有限公司与肇庆市鼎湖天标投资有限公司、海口金汇贸易有限公司等买卖合同纠纷再审案”[②] 中，最高人民法院认为：

关于担保效力和天标公司应承担的责任。根据《公司法》第十六条第二款“公司为公司股东或者实际控制人提供担保的，必须经股东会或者股东大会决议”之规定，天标公司为公司股东金汇公司提供担保必须经股东会或者股东大会决议。在出具《担保函》之前，天标公司曾因《抵押合同》向中铝公司提交了公司股东会决议。由此可知天标公司、中铝公司应该知道公司为股东提供担保应当经股东会决议。天标公司以《担保函》形式为公司股东金汇公司提供保证担保未经公司股东会决议，而中铝公司作为债权人亦未要求天标公司提供其股东会决议，故二审法院认为天标公司未经股东会决议为股东向中铝公司提供的保证无效，双方对保证无效均有过错，亦无不当。

上述案例为公司提供关联担保中，法院推定相对人知悉公司章程关于公司为股东、实际控制人提供担保的程序限制，故在相对人为非善意的情况下，相关公司担保行为无效。

在具体解释路径上，此类关联担保裁判多数都援引《合同法》第五十条，认为在公司未提供股东会决议的情形之下，相对人非为善意。如在“杨为海与孙健、喀什三冠房地产开发有限公司房屋买卖合同纠纷再审案”[③] 中，最高人民法院认为：

杨为海在与孙健签订《协议书》《房屋买卖合同》时，本应审查孙健以三冠公司名义为其个人提供担保是否符合《公司法》第十六条第二款规定，已经该公司股东会决议同意，但其未要求孙健出示三冠公司同意担保的股东会决议，也未提供证据证明其有理由相信该担保行为已经三冠公司股东会决议同意，故其自身存在明显过错，其属于《合同法》第五十条、《最高人民法院关于适用〈中华人民共和国担保法〉若干问题的解释》第十一条规定的应当知道孙健的行为属于超越权限的相对人，不属于善意相对人。因此，孙健的越权代表行为不符合《合同法》第五十条、《最高人民法院关于适用〈中华人民共和国担保法〉若干问题的

---

① 参见罗培新：《公司担保法律规则的价值冲突与司法考量》，载《中外法学》2012 年第 6 期；高圣平：《公司担保相关法律问题研究》，载《中国法学》2013 第 2 期；梁上上：《公司担保合同的相对人审查义务》，载《法学》2013 年第 3 期。

② 最高人民法院（2019）最高法民申 2228 号民事裁定书。

③ 最高人民法院（2019）最高法民申 535 号民事裁定书。类似的裁判还有“林梅灼与林俨儒、福建鑫海冶金有限公司等股权转让纠纷上诉案”［最高人民法院（2015）民二终字第 176 号民事判决书］、“骆驼集团股份有限公司与湖南水口山志辉冶化有限责任公司、广东东盈集团有限公司买卖合同纠纷再审案”［最高人民法院（2019）最高法民申 2439 号民事裁定书］。

解释》第十一条规定的有效情形，原审判决认定该行为对三冠公司不发生法律效力，并无不当。

对于非关联担保，在以《公司法》第十六条与《合同法》第五十条为规范基础的路径下，法院亦推定相对人对法律的限制规定已知悉，应当承担合理的审查义务，否则不能认定为善意。如在“河北敬业担保有限公司与永年县圣帝隆房地产有限公司、邯郸市兆亿贸易有限公司等追偿权纠纷申诉案”[①] 中，最高人民法院认为：

关于公司对外担保问题，《公司法》第十六条第一款规定：“公司向其他企业投资或者为他人提供担保，依照公司章程的规定，由董事会或者股东会、股东大会决议……”，该规定在公司对外担保事项上对法定代表人的代表权进行了法定限制，因此在判断公司法定代表人违反该规定越权签订担保合同是否对公司有效时，还应考察该行为是否构成《合同法》第五十条规定的表见代表，相对人是否尽到了合理的审查义务，是否为善意。

在有些裁判中，法院认为《公司法》第十六条的规定具有公示作用，相对人应当知晓并承担审查义务，否则具有过错。如在“吴文俊与泰州市天利投资发展有限公司、周文英民间借贷纠纷再审案”[②] 中，最高人民法院认为，具体如下：

《公司法》第十六条第二款明确规定，公司为公司股东或者实际控制人提供担保的，必须经股东会或者股东大会决议。法律规定具有公示作用，吴文俊应当知晓。因法律有明确规定，吴文俊应当知道天利公司为戴其进的债务提供担保须经天利公司股东会决议，而其并未要求戴其进出具天利公司的股东会决议，吴文俊显然负有过错，因而其不能被认定为善意第三人。二审法院认定担保合同对天利公司不产生拘束力并无不当。

第四种裁判路径认为，就公司提供非关联担保而言，公司章程是公司内部职权划分的依据，在公司未向债权人提供公司章程，且案涉保证合同约定担保人公司应提交内部机构同意提供担保的决议的情形之下，不能仅以未经公司内部决议为由否定担保合同的效力。如在“中国光大银行股份有限公司广州分行与山煤国际能源集团华南有限公司、广州大优煤炭销售有限公司等借款合同纠纷上诉案”[③] 中，最高人民法院认为：

第一款和第二款的规定明显不同，第二款使用了“必须”一词，第一款则规定了公司内部职权划分，其依据为公司章程。而山煤公司并未提交公司章程支持其主张。案涉保证合同提到保证人应提交内部机构同意提供保证担保的决议，可

---

① 最高人民法院（2016）最高法民申 2633 号民事裁定书。

② 最高人民法院（2014）民申字第 1876 号民事裁定书。

③ 最高人民法院（2017）最高法民终 4 号民事判决书。

见这是保证人山煤公司的义务。本案保证合同由山煤公司法定代表人签字，并加盖了山煤公司公章，且有关款项用以偿还山煤公司在光大银行广州分行商业承兑汇票贴现垫款。因此，山煤公司主张保证合同无效的理由不能成立，以主张无效为由要求免除其保证责任，也是不合理的。

（二）规范性质进路的反思

根据《合同法》第五十二条第五项及《合同法解释（二）》第十四条的规定，"法律、行政法规的强制性规定"可以分为管理性强制性规定和效力性强制性规定，仅仅只有违反其中效力性强制性规定才会导致合同无效的法律后果。从文义上看，《公司法》第十六条在规定公司担保行为时使用的是"不得""必须"这些带有明显强制色彩的词语，该条的规范性质应为强制性规定而非任意性规定。① 在效力性强制性规定与管理性强制性规定的二分格局下，若认为《公司法》第十六条为效力性强制性规定，则法定代表人越权担保的行为无效；反之则有效。最高人民法院的多数裁判结果即受此论证逻辑的影响。然而，无论是从方法论还是适用领域上来看，规范性质进路皆有其局限，并非解决法定代表人越权担保效力问题的妥适路径。

持效力性强制性规定说者认为，《公司法》第十六条拘束对象不仅包括公司及其内部人员——法定代表人、控制股东、董事和高级管理人员，而且涵盖相对人——担保债权人，在性质上属于效力性强制性规定，以此达到遏制公司无序、恶意担保行为发生的政策目标。② 持管理性强制性规定说者认为，《公司法》第十六条并没有规定违反该条将导致担保合同无效，如认定担保合同有效可能损害的仅仅只是公司及其股东的利益，而非国家利益或社会公共利益。因此，违反该规定的后果是使相应主体承担其他法律责任，而非担保合同无效。③ 规范性质进路在裁判实践中拥趸者众多，但有关强制性规范的识别及区分本身即存在问题，在方法论上仍有诸多需要检讨之处，具体如下：

首先，效力性强制性规定与管理性强制性规定并非非此即彼的关系，将强制性规定区分为管理性和效力性并不周延，不能涵盖所有的强制性规定。规范分类是对业已抽象化的规范进行的分类并赋予名称的过程，是一种从抽象到抽象的过程，由于缺乏现实世界的信息支撑，就可能存在缺少与现实世界的应对而不周延

① 参见周伦军：《公司担保的法律解释论》，载陈洁主编：《商法规范的解释与适用》，社会科学文献出版社 2013 年版，第 306 页；华德波：《论〈公司法〉第十六条的理解与适用——以公司担保债权人的审查义务为中心》，载《法律适用》2011 年第 3 期；詹巍、杨密密：《公司越权担保效力与实证分析》，载《金融法苑》2011 年第 4 期。

② 参见华德波：《论〈公司法〉第十六条的理解与适用——以公司担保债权人的审查义务为中心》，载《法律适用》2011 年第 3 期。

③ 参见赵德勇、宋刚：《关于公司对外担保的法律问题》，载《理论探索》2007 年第 2 期。

的情形。[①]《合同法解释（二）》对效力性强制性规定与管理性强制性规定的区分，大抵源于史尚宽先生的效力规定与取缔规定，[②]“强行法得为效力规定与取缔规定，前者着重违反行为之法律行为价值，以否认其法律效力为目的；后者着重违反行为之事实行为价值，以禁止其行为为目的。”[③]然而，史尚宽先生的效力规定与取缔规定的二分是在排除法律明文规定有其他效力的情形，如效力为可撤销者。[④]欲围绕《合同法》第五十二条第五项对强制性规定再作区分，一项前提工作是将对合同效力已作另一维度之评价的“能为规范”剔除出其适用范围，相应地，“效力性”和“管理性”的二分也就不构成对与任意性规定相对之强制性规定的封闭式分类。[⑤]私法上调整越权交易的规范，例如无权代理和无权代表的规范，就属于“另有其他效力规定的规范”，《合同法》第五十二条第五项对此无能为力。[⑥]《公司法》第十六条规定的是公司担保的法定权限，并不在效力性强制性规定与管理性强制性规定的涵摄领域内。

其次，从强制性规定类型化区分的制度变迁过程来看，《合同法解释二》第十四条将《合同法》第五十二条第五项的“强制性规定”限缩解释为“效力性强制性规定”，在一定程度上改变了《合同法》第五十二条第五项的“强制性规定”的制度刚性，使其具有了解释规则的属性。[⑦]但该解释颁行不久，最高人民法院的态度即发生改变。《最高人民法院关于当前形势下审理民商事合同纠纷案件若干问题的指导意见》指出：“违反效力性强制规定的，人民法院应当认定合同无效；违反管理性强制规定的，人民法院应当根据具体情形认定其效力。”这里的“具体情形”包括“法律法规的意旨”“相互冲突的权益，诸如权益的种类、交易安全以及其所规制的对象等”。据此，尚无法得出违反管理性强制性规定不影响合同效力的结论。及至《民法总则》施行，其第一百五十三条第一款规定：“违反法律、行政法规的强制性规定的民事法律行为无效，但是该强制性规定不导致该民事法律行为无效的除外。”立法者明确抛弃了司法实践中广为采用的“效力性

---

① 参见石一峰：《效力性强制性规定的类型化分析》，载《武汉大学学报（哲学社会科学版）》2018年第2期。

② 参见最高人民法院研究室：《最高人民法院关于合同法司法解释（二）理解与适用》，人民法院出版社1999年版，第109页。

③ 史尚宽：《民法总论》，中国政法大学出版社2000年版，第330页。

④ 参见史尚宽：《民法总论》，中国政法大学出版社2000年版，第330页。

⑤ 参见姚明斌：《效力性强制规范裁判之考察与检讨——以〈合同法解释二〉第十四条的实务进展为中心》，载《中外法学》2016年第5期。

⑥ 参见朱庆育：《〈合同法〉第52条第5项评注》，载《法学家》2016年第3期。

⑦ 参见韩世远：《合同内容的适法性与妥当性》，载韩世远：《民法的解释论与立法论》，法律出版社2015年版，第21～23页。

强制性规定”与“管理性强制性规定”二元化区分模式，[①] 转而选择了与德国和我国台湾地区类似的规范目的保留模式，授权法官考察强制性规定的规范目的，以判定违法合同是否应归于无效。如此看来，在《民法总则》施行之后，不仅《公司法》第十六条的规范性质应再作考量，而且规范性质进路更值商榷。

第三，效力性强制性规定与管理性强制性规定的区分本身就存在循环论证的逻辑错误：[②] 法条之所以为效力性强制性规定，是因为它能影响合同效力；合同效力之所以被否定，是因为它违反了效力性强制性规定。[③] 究其原因，在于这种二分格局陷入了“倒果为因”的思维形式中，即在寻得导致合同无效的强制性规定后才给出效力性强制性规定的结论，而非回答违反何种强制性规定以及基于何种理由导致合同无效。[④] 这实际上是在“以问答问”，并无实益。[⑤] 在（2016）最高法民申1692号裁定、（2016）最高法民申231号裁定、（2016）最高法民终271号判决等裁判文书中，法院直接先认定第十六条为非效力性强制性规定，再判断越权担保的合同效力，即是此类思维的体现。“规范分类对于效力性强制性规定识别而言，只能起到排除的作用，而无法从正面论证何谓效力性强制性规定。”[⑥] 此外，理论上，衡量法律行为是否有效的要素有主体适格、意思表示、行为内容是否符合法律和公序良俗。[⑦] 法律关于主体能力和处分权能、意思表示、法律行为的内容各有其相应的强制性效力评价规范，对于公司法定代表人违反第十六条的规定越权担保的行为效力，若再借助管理性强制性规定与效力性强制性规定的分析框架来评价这一越权行为的效力，则有叠床架屋之嫌。[⑧]

在（2012）民提字第156号判决中，最高人民法院先以第十六条为管理性强制性规定为由，认为“本案一、二审法院以案涉《股东会担保决议》的决议事项并未经过（提供担保的公司）股东会的同意，（提供担保的公司）也未就此事召开过股东大会为由，根据公司法第十六条规定，作出案涉不可撤销担保书及抵押

---

① 参见李适时主编：《民法总则释义》，法律出版社2017年版，第447页。亦有学者通过立法过程的考察，认为《民法总则》第一百五十三条第一款并未否定和更改司法解释的立场。参见李宇：《民法总则要义：规范释论与判解集注》，法律出版社2017年版，第636页。

② 黄忠：《违法合同的效力判定路径之辨识》，载《法学家》2010年第5期。

③ 参见高圣平：《公司担保相关法律问题研究》，载《中国法学》2013年第2期。

④ 参见朱庆育：《〈合同法〉第52条第5项评注》，载《法学家》2016年第3期。

⑤ 参见苏永钦：《违反强制或禁止规定的法律行为》，载苏永钦：《私法自治中的经济理性》，中国人民大学出版社2004年版，第43页。

⑥ 石一峰：《效力性强制性规定的类型化分析》，载《武汉大学学报（哲学社会科学版）》2018年第2期。

⑦ 参见［德］迪特尔·梅迪库斯：《德国民法总论》，邵建东译，法律出版社2000年版，第372～376页。

⑧ 参见周伦军：《公司担保的法律解释论》，载陈洁主编：《商法规范的解释与适用》，社会科学文献出版社2013年版，第307～308页。

合同无效的认定，属于适用法律错误”，继而认为“公司（法定代表人）超越权限订立抵押合同及不可撤销担保书，是否构成表见代表，（相对人）是否善意，亦是本案担保主体责任认定的关键。”本案同时从两个方面确定担保合同的效力，“非止画蛇添足之嫌，更有自相矛盾之虞”。① 从该案可以看出，法定代表人越权所签订的担保合同是否有效与公司应否承担法定代表人越权担保的责任并非同一问题，即使违反第十六条不影响合同效力也不必然得出公司应承担担保责任的结论。事实上，法定代表人越权代表与合同违反效力性强制性规定指向的是不同的问题域，对《公司法》第十六条的规范性质进行识别曲解了法定代表人越权担保效力问题的本质。

实际上，代表规范与代理规范同属法律行为的效果归属规范，即为将公司人员的行为所产生的法律后果归属于公司的规定。② 以代理为例，其实质意义在于使代理人处于被代理人的位置为他进行法律行为，把它视为与被代理人自己所为法律行为后果相同。③ 我国实行代理与代表的双轨制，但两者之间并无实质差别，皆为效果归属规范。④ 质言之，《合同法》第四十八条、四十九条、五十条所称“该代理行为有效”“该代表行为有效”指的是行为的法律效果由代理人或法人承受，而不是代理人或代表人所为的法律行为有效；在解释上，不应将狭义无权代理解释为效力待定的合同，待定的只是代理行为的效果归属。⑤ 准此，法定代表人越权行为的核心首先不在于行为的有效或无效，而是该行为是否对公司产生效力。⑥ 至于公司最终是否应承担法律责任，应从两方面考察：如果该越权担保的行为效力归属于公司，若担保合同有效，则公司承担担保责任，反之则公司承担赔偿责任；如果该越权担保的行为效力不归属于公司，则无论担保合同是否有效，公司均不承担法律责任。

---

① 李宇：《民法总则要义：规范释论与判解集注》，法律出版社2017年版，第654页。

② ［德］迪特尔·梅迪库斯：《德国民法总论》，邵建东译，法律出版社2001年版，第671页；王泽鉴：《民法总则》，北京大学出版社2014年版，第421页。

③ ［德］卡尔·拉伦茨：《德国民法通论》（下），王晓晔等译，法律出版社2013年版，第815页。

④ 参见朱庆育：《〈民法总则〉代理规则的新发展》，载卢建平主编：《京师法律评论》（第十一卷），中国法制出版社2018年版，第117～118页。该文继续指出：“《德国民法典》26条规定董事会是社团法人的‘gesetzlicher Vertreter’，有权以社团名义对外实施‘Vertretung’，汉语法学家经常把这两个词分别译成“法定代表人”和“代表（行为）”，即使是新近出版的台译《德国民法典》也还是如此。但实际上，‘Vertreter’和‘Vertretung’这两个词与第3章‘法律行为’第5节‘代理及代理权’（Vertretung und Vollmacht）中的用语没有任何区别，汉语对译是‘代理人’和‘代理（行为）’。”

⑤ 参见王利明主编：《民法总则详解》（下册），中国法制出版社2017年版，第717页。

⑥ 参见高圣平：《公司担保中相对人的审查义务——基于最高人民法院裁判分歧的分析和展开》，载《政法论坛》2017年第5期。

在（2014）民申字第628号裁定、（2015）民申字第1558号裁定、（2015）最高法民申字第2538号裁定、（2016）最高法民申1692号裁定中，法院将涉案争议焦点表述为担保合同是否有效，但当事人的诉称及裁判说理皆是围绕公司是否应承担担保责任而展开。在《合同法》第五十二条第五项和《合同法解释（二）》第十四条之下，判断某项强制性规范是效力性强制性规定还是管理性强制性规定，其所指向问题是合同是否因违反效力性强制性规定而归于无效。具体而言，此处的无效属于法律行为效力瑕疵中无效，而非指法律后果不由公司承受。因此，就法定代表人越权担保的效力问题，规范性质进路实为错置找法路径。

综上，效力性强制性规定与管理性强制性规定的区分本身在合理性上即存疑义，私法上的越权交易更是不能囊括在此二分格局之下。从实际情况看，效力性强制性规定与管理性强制性规定的二分格局本是法律解释的结果而非推理的前提，对于法官其实并不具有规范上的约束力。① 更重要的是，法定代表人越权担保的效力问题核心首先在于该行为后果是否应由公司承担，至于规范性质所指向的合同效力问题则属于第二层次的问题。在实施效果上，效力性强制性规定与管理性强制性规定的区分必然陷入两难困境：如认定《公司法》第十六条是效力性强制性规定，对善意相对人的保护即为不足，如相对人在接受公司提供担保之时，已经审查公司章程和公司担保决议，但章程和/或决议存在无效情事，且非为相对人所应知道，仍令担保合同无效，对于相对人过于严苛；如认定《公司法》第十六条是管理性强制性规定，则对恶意相对人保护过度，如相对人明知法定代表人未经公司决议即签订担保合同，仍令担保合同有效，有违法律特别规制公司担保行为的立法目的。② 因此，就公司法定代表人越权担保的效力问题，与其囿于在方法论和法适用上都存在缺陷的规范性质进路，不若另寻解释路径。

二、法定权限限制下的解释论

（一）《公司法》第十六条：代表权限的约定限制抑或法定限制

就法定代表人的代表权限，存在约定限制与法定限制的区分。所谓代表权的约定限制，是指法人章程、董事会决议、股东会或股东大会决议对代表权所作特别限制。③ 章程对代表权的限制，主要表现为经营范围的限制；除此之外，章程还可以规定，一些特别重要的交易事项须由董事会、股东会或股东大会决议。④ 所谓法定限制，为构建分权制衡、权责明确的法人治理机构，团体法一般将法人

---

① 参见朱庆育：《〈合同法〉第52条第5项评注》，载《法学家》2016年第3期。

② 参见李宇：《民法总则要义：规范释论与判解集注》，法律出版社2017年版，第650页。

③ 参见周伦军：《公司对外提供担保的合同效力判断规则》，载《法律适用》2014年第8期。

④ 参见朱广新：《法定代表人的越权代表行为》，载《中外法学》2012年第3期。

事务的决定和执行的权力在组织内部进行划分，并对法定代表人的权限进行限制。① 代表权的约定限制与法定限制的区分实益在于是否具有外部效力。随着“越权原则”和“推定通知理论”的废弃，公司章程不具有对世效力，第三人也不负有审查义务。② 从交易安全考虑，公司不能否认法定代表人超越约定限制权限的行为，除非公司能证明交易相对人明知或应当知道代表人缺乏代表权。③《民法总则》第六十一条第三款即为此例。在法定权限限制下，任何人不得以不知道法律规定为由免除注意义务。④ 申言之，法律一经公布并生效，就理所当然地对任何人产生效力，任何人不得以其自身不知法律而提出免责抗辩。⑤

按照法定限制强制性的程度，我国《公司法》对代表权的法定限制分为三个层次，即完全排除法定代表人的代表权、通过其他公司机关决议限制法定代表人的代表权、授权章程规定限制法定代表人的代表权。具体来说，《公司法》第十五条后句、第一百十五条和第一百四十二条第四款就属于第一类法定限制。按照上述规定，法定代表人不得代表公司对个人合伙企业、普通合伙企业投资，也不得代表公司向董事、监事、高级管理人员提供借款，更不得接受本公司的股票作为质押权的标的。法定代表人对外以公司名义订立相关合同的，合同自始无效，相对人也不得相信法定代表人具有上述代表权限、不得主张自己为善意。第二类法定限制的典型是《公司法》第十六条第二款、第三十七条第一款第八项、第一百二十一条、第一百三十三条、第一百六十一条。这些规定的共同特色在于，《公司法》并不完全排斥上述交易，而是要求公司法定代表人在从事上述规定的民事行为时，必须获得其他公司机关的同意。仅在其他公司机关同意的情况下，公司法定代表人具有实施特定交易的代表权。也就是说，公司法定代表人以公司名义为公司股东或者实际控制人提供担保的、发行公司债券的、发行公司新股，必须经股东会或者股东大会决议。同样的，上市公司法定代表人发行可转换为股票的公司债券的或在一年内购买、出售重大资产或者担保金额超过公司资产总额30%的，应由股东大会作出决议。如果股东会或股东大会没有就上述事项作出决议，相对人不得主张自己善意地信赖法定代表人具有相应的代表权限。第三类法定限制的典型是《公司法》第十六条第一款、第一百零四条、第一百四十八条第一款第三项和第四项。针对特定类型的交易行为，《公司法》既不完全排除公司

① 参见沈德咏主编：《〈中华人民共和国民法总则〉条文理解与适用》，人民法院出版社 2017 年版，第 473 页。

② 参见崔建远、刘玲伶：《论公司对外担保的法律效力》，载《西南政法大学学报》2014 年第 8 期。

③ 参见施天涛：《公司法论》，法律出版社 2014 年版，第 373 页。

④ 参见周伦军：《公司对外提供担保的合同效力判断规则》，载《法律适用》2014 年第 8 期。

⑤ 参见周伦军：《公司对外提供担保的合同效力判断规则》，载《法律适用》2014 年第 8 期。

代表人的代表权，也不强制性地要求公司代表人取得股东会或股东大会的同意，而是给予公司一定的自主决定权限，允许公司通过章程就上述代表权的行使设置程序性前提。比如，法定代表人为公司股东或者实际控制人之外的其他人提供担保的，应当经董事会或股东会、股东大会决议，但是，具体由董事会还是股东会、股东大会决议，由公司章程规定。章程没有具体规定的，应当由股东会或股东大会决议。在取得章程规定的相关机关的同意之前，法定代表人没有相应的代表权限，相对人不得信赖法定代表人具有相应的代表权限。严格来说，第二类和第三类法定限制并无本质上的区别，只是第三类法定限制在一定范围内允许公司自主选择代表权限制的具体方式。

有观点认为，《公司法》第十六条仅具有内部效力，即其立法目的在于规范公司内部的意思决定程序，故调整对象为公司内部的法律关系，而非公司与第三人之间的外部法律关系。① 在（2015）民一终字第72号判决中，最高人民法院认为应严格区分公司的对内关系与对外关系，而《公司法》第十六条为公司对内的程序性规定，不应约束公司之外的第三人。这一观点混淆了代表权的法定限制与约定限制的区别。

《公司法》第十六条是《公司法》2005年修订的产物。在《公司法》2005年修订前后，证监会、国务院国有资产监督管理委员会发布了《关于规范上市公司与关联方资金往来及上市公司对外担保若干问题的通知》②（证监发〔2003〕56号），证监会、银监会发布《关于规范上市公司对外担保行为的通知》（证监发〔2005〕120号），旨在强化对上市公司担保的监管、保护公司合法权益。尤其是在《公司法》修订后一个月内发布的证监发〔2005〕120号通知，将上市公司担保行为分为应由股东大会审批的担保和应由董事会审批的担保两类，并对两类担保设置了严格的限定。不仅如此，直接参与立法的专家指出："对外投资和为他人提供担保，是公司的重大经营行为和民事活动，有较大的风险；如果决策不当，将会给公司、公司的股东和债权人造成损失。"《公司法》第十六条的目的在于"引导公司对这类重大行为作出科学的决策、保证公司行为的恰当性、避免风险"。③ 结合《公司法》修订前后的公司治理环境，《公司法》第十六条绝不仅仅是从内部管理、控制程序方面规范公司担保行为，而是强调公司利益的保护。如果将《公司法》第十六条理解为效力不对外的"公司内部管理、控制程序方面之规范"，在"越权原则"和"推定通知理论"被废弃的背景下，公司法定代表人的越权担保行为仍然对公司具有拘束力，公司权益仍然无法得到保障，监管部门规

---

① 参见钱玉林：《公司法第十六条的规范意义》，载《法学研究》2011年第6期。

② 该文件已于2017年12月7日被《中国证监会关于修改、废止〈证券公司次级债管理规定〉等十三部规范性文件的决定》修改。

③ 安建主编：《公司法释义》，法律出版社2005年版，第37页。

范公司担保行为、保护公司合法权益的初衷就会落空。[①] 换言之，就公司一般交易行为而言，相对人得基于法定代表人的身份当然相信法定代表人具有相应权限，但就公司担保和投资这两类具有高度损害公司利益的重大交易行为而言，《公司法》设置了特别规定，相对人自然不能相信法定代表人当然地享有代表权限，因为法定代表人只有在公司机关依据章程就担保作出决议的前提下才具有相应的权限（特别授权）。《公司法》第十六条针对公司投资和担保这两类特殊的交易行为，剥夺了法定代表人就公司担保的概括权限，将担保行为作为章程的内容，授权章程对公司担保行为进行类型化的规制，要求公司担保必须符合章程规定。从这个意义上来看，《公司法》第十六条针对不同的债务人就担保设置了不同限制。公司为公司股东或者实际控制人提供担保的，在没有经过股东会或股东会决议且获得授权之前，法定代表人就上述担保交易没有代表权；公司为其他主体提供担保的，法定代表人在实施上述交易前必须取得董事会或股东会、股东大会的决议，但是，该担保行为具体由董事会还是股东会、股东大会决议，取决于章程的具体规定。

在《公司法》第十六条就公司担保设置了代表权法定限制的背景下，公司担保的代表权限制已经不再是单纯的约定限制，相对人不能“盲目”相信法定代表人具有订立担保合同的代表权。正如（2017）最高法民再209号判决中所言：“在公司为他人提供担保这一可能影响股东利益的场合，立法规定了公司机关决议前置程序以限制法定代表人的代表权限。在公司内部，为他人提供担保的事项并非法定代表人所能单独决定，其决定权限交由公司章程自治：或由公司股东决定，或是委诸商业判断原则由董事会集体讨论决定；在为公司股东或实际控制人提供担保的场合，则必须交由公司其他股东决定。”

（二）《民法总则》第六十一条第三款与《合同法》第五十条之间的适用关系

现行法上，直接涉及法定代表人代表权限制的对外效力的有两条，即《合同法》第五十条和《民法总则》第六十一条第三款，其中前者是旧法，后者是新法。就两者之间的关系，一般认为，两者之间的实质内容相同、立法精神一致，《民法总则》第六十一条第三款是《合同法》第五十条的逻辑前提；《合同法》第五十条是《民法总则》第六十一条第三款的逻辑结果。[②] 但应看到，《民法总则》第六十一条第三款仅涉及代表权的约定限制，而《合同法》第五十条同时涵盖代表权

① 参见周伦军：《公司担保的法律解释论》，载陈洁主编：《商法规范的解释与适用》，社会科学文献出版社 2013 年版，第 309～313 页。

② 参见石宏主编：《民法总则条文说明、立法理由及相关规定》，北京大学出版社 2017 年版，第 131 页。

的约定限制和法定限制。除此之外，《民法总则》第六十一条第三款仅涉及相对人对于“代表权未受限制”的信赖保护，未涉及相对人对于“代表行为未超越限制”的信赖保护。[①] 由此可见，《民法总则》第六十一条第三款并不能完全取代《合同法》第五十条。

《民法总则》第六十一条第二款规定：“法定代表人以法人名义从事的民事活动，其法律后果由法人承受。”但法定代表人的“代表权限必须受到限制”，[②] 在第六十一条体系内部，法定代表人的代表权限应根据法律或法人章程进行判断，法定代表人只有在法律或法人章程规定的权限范围内才有代表权。[③] 至于《民法总则》第六十一条第三款，其立法理由在于：“法人限制法定代表人的代表权限，系法人内部治理问题，第三人于外部往往难以知悉，如果认定该限制对法人外部的善意第三人有对抗效力，显然有损交易安全。”[④] 但此项规定亦只是关于法定代表人代表权约定限制的规定，其正当性在于，代表权约定限制具有内部性，不易为公司以外的相对人所知，为了维护交易安全、促进交易便捷，减少相对人在每次交易时查询代表权限制的成本，法律允许相对人信赖公司表现于外的代表权权限配置，并基于这一代表权配置状况与法定代表人订立合同。就公司法定代表人违反代表权的法定限制，未经董事会、股东（大）会决议擅自对外订立担保合同的，法人是否应当承担担保责任，该条并没有回答。在《合同法》第五十条中，法定代表人超越的权限并未仅限于公司章程、决议等约定限制权限，如《公司法》第十六条的强制性规定所生的法定限制亦包含在内，因此，《民法总则》第六十一条第三款所未涵摄的情形可由《合同法》第五十条进行调整。

在《合同法》第五十条之下，相对人是否知道或者应当知道法定代表人越权代表是判断该行为效果归属的关键。结合《公司法》第十六条，相对人应就代表人是否超越权限进行审查。“法律规定此条款的目的，除约束公司之内部人之外还在于将债权人‘指引’向公司决议，从而为其对决议的审查提供依据。”[⑤] 如在（2014）民申字第1876号裁定、（2015）民申字第3236号裁定中，最高人民法院即认为，基于法律的公示作用，与公司进行担保交易的第三方应当承担审查义务。通说以为，基于平衡公司利益和相对人利益的考量，相对人在公司担保中应

---

① 参见杨代雄：《公司为他人担保的效力》，载《吉林大学社会科学学报》2018年第1期。

② 杨立新：《中国民法总则研究》（上卷），中国人民大学出版社2017年版，第404页。

③ 参见沈德咏主编：《〈中华人民共和国民法总则〉条文理解与适用》，人民法院出版社2017年版，第477页；张新宝：《〈中华人民共和国民法总则〉释义》，中国人民大学出版社2017年版，第117页。

④ 石宏主编：《民法总则条文说明、立法理由及相关规定》，北京大学出版社2017年版，第132页；杜万华主编：《民法总则实务指南》，中国法制出版社2017年版，第237页。

⑤ 李建伟：《公司非关联性商事担保的规范适用分析》，载《当代法学》2013年第3期。

当负有审查义务且以形式审查为其标准。[①] 在（2016）最高法民申 4565 号裁定中，就判断法定代表人越权签订担保合同是否对公司有效，法院以相对人是否尽到了“合理的审慎义务”作为考察要素即值赞同。有观点认为，证明“相对人为恶意”无非是证明存在法定代表人超越权限的疑点，但若要求相对人举证证明当时不存在疑点却过于严苛，因此应当推定相对人是善意的，由法人对相对人的恶意承担举证责任，同时相对人对存在代表权的表象承担证明责任。[②] 本书作者对此不敢苟同，在形式审查义务下，相对人欲证明自己为善意只需证明自己已对公司章程、决议等文件进行形式审查即可，而非要求其排除法定代表人越权的所有疑点，故此证明责任分配对相对人而言尚属合理。在法定权限限制的解释基调下，当事人的证明责任与约定限制下有所不同：在代表权的法定限制下，交易相对人的善意需要自己举证证明，而在约定限制，交易相对人的善意是被依法推定的。[③] 在（2016）最高法民申 2032 号裁定中，最高人民法院认为，公司法并未规定公司担保必须经股东会或董事会决定，即使公司章程有此规定也不影响担保行为的对外效力，故除非公司能证明相对人明知或应知法定代表人无权担保，则应当推定相对人为合同法中的善意相对人。此种观点属于代表权约定限制下证明责任的分配思路，忽视了第十六条对代表权限制的法定性，并非裁判公司担保效力问题的妥适路径。

（三）《会议纪要》的解释结论

《会议纪要》指出：“法定代表人未经授权擅自为他人提供担保的，构成越权代表，人民法院应当根据《合同法》第 50 条关于法定代表人越权代表的规定，区分订立合同时债权人是否善意分别认定合同效力：债权人善意的，合同有效；反之，合同无效。”此处将《合同法》第五十条解释为效力判断规则，将越权担保的效力系于相对人的善意或者恶意，值得进一步研究。在解释上，《合同法》第五十条属于效果归属规则，不是效力判断规则。虽然就《合同法》第五十条“该代表行为有效”存在解释歧见，但《民法典合同编（草案）》（二次审议稿）第二百九十六条规定：“法人的法定代表人或者非法组织的负责人超越权限订立的合同，除相对人知道或者应当知道其超越权限外，该合同对法人或者非法人组织发生效力。”这里，已经明确其规范属性——仅为效果归属规则。在《民法典》公布实施之后，如果上引条文得以保留，《会议纪要》本条的解释结论即应修正。

---

① 关于相对人审查义务的范围和标准，详细请参见高圣平：《公司担保中相对人的审查义务——基于最高人民法院裁判分歧的分析和展开》，载《政法论坛》2017 年第 5 期。

② 参见杨代雄：《公司为他人担保的效力》，载《吉林大学社会科学学报》2018 年第 1 期。

③ 参见周伦军：《公司担保的法律解释论》，载陈洁主编：《商法规范的解释与适用》，社会科学文献出版社 2013 年版，第 312 页。

三、债务加入的法律适用

债务加入，又名并存的债务承担，是指第三人加入债的关系之中，与原债务人一起向债权人承担同一债务的情形。[①] 在债务加入中，加入债之关系的第三人（新债务人）与原债务人为连带债务关系，债权人既可以要求原债务人承担债务，也可以要求新债务人承担债务，故而债务加入对债权人而言具有担保作用，史尚宽先生更是直接指出，加入债务的第三人是“以担保之目的”。[②] 所谓保证，是指保证人和债权人约定，当债务人不履行债务时，保证人按照约定履行债务或者承担责任的行为。保证方式又可区分为一般保证与连带责任保证，依据《担保法》第十七条及第十八条的规定，一般保证的形式是指当事人在保证合同中约定，债务人不能履行债务时，由保证人承担保证责任，而特殊保证的形式则是指当事人在保证合同中约定保证人与债务人对债务承担连带责任。司法实践中，债务加入与保证（尤其是连带保证），往往会陷入雌雄莫辨的境地，妥善区分两者及明确区分两者的实际意义，对裁判的顺利展开及实践中交易的进行具有重要指导作用。

在保证方式中，连带责任保证与债务加入的“面貌”最为相似，至于法律效果，两者之间在一般意义上也并无差别，均是第三人对原债务人的债务承担连带责任，例如在“茂名市长隆石油化工有限公司深圳分公司与长江南京航道工程局合同纠纷再审案”[③] 中，江苏省高级人民法院再审认为：

一般情况下，债务加入与连带保证在处理结果上并无实质差别，只是当两者出现效力之争时，不同的定性将影响不同的法律后果。而本案虽然二审判决改变了一审债务加入的看法而认定备忘录系保证担保，并最终驳回长隆深圳分公司的诉请，但一、二审法院在认定南京航道工程局依据备忘录应承担对长隆深圳分公司的付款责任这一问题上是一致的，实质性的分歧在于付款条件成就与否。由于本案并不存在影响保证担保效力、已过保证期间的法律障碍，故备忘录系债务加入还是保证担保的认定意义并不大。但既然双方就此问题产生争议，且两级法院也作出不同认定，故本院也无须回避该问题。本院认为，保证系法定概念，有一般保证和连带责任保证之分。根据《担保法》第十九条规定，当事人对保证方式

---

① 参见崔建远主编：《合同法》，法律出版社2016年版，第185页。债务加入在现行法中并无规定，该概念为江苏省高级人民法院所首次明确提出，其在《关于适用〈中华人民共和国合同法〉若干问题的讨论纪要（一）》（苏高发审委〔2005〕16号）第十七条规定：“债务加入是指第三人与债权人、债务人达成三方协议或第三人与债权人达成双方协议或第三人向债权人单方承诺由第三人履行债务人的债务，但同时不免除债务人履行义务的债务承担方式。”

② 史尚宽：《债法总论》，中国政法大学出版社2002年版，第625页。

③ 江苏省高级人民法院（2017）苏民再350号民事判决书。

没有约定或者约定不明确的，按照连带责任保证承担保证责任。而债务加入系学理概念，一般指第三人与债权人、债务人达成三方协议或第三人与债权人达成双方协议或第三人向债权人单方承诺由第三人履行债务人的债务，但同时不免除债务人履行义务的债务承担方式。在第三人与债权人对责任形式未作明确约定的情况下，债权人可要求第三人与债务人承担连带责任。因此，债务加入与连带责任保证在法律效果上确实无本质区别。

不过，债务加入与保证毕竟归属于民法中不同的制度类型，前者为债务承担的形式，而后者则是担保交易的类型之一，在具体的情景中，债务加入与保证的区分有如下实际作用：

一是保证合同的效力会受到诸如主合同效力以及保证人资格的影响。举例而言，不同于属于同一法律关系的债务加入，保证合同具有消灭上的从属性，当主合同无效时，保证合同也随之无效，即使依据《担保法解释》第七条，保证人所承担的也是有限制的赔偿责任。典型如在“云南旺立达矿业有限公司与李俊生、昌吉市益安煤矿企业借贷纠纷上诉案”① 中，第三人与债权人约定由第三人对债务人的债务“承担连带还款责任”，第三人即主张该约定为保证合同，由于主合同无效，保证合同也无效，而原审法院则认为：

《借款合同》约定：“益安煤矿的委托经办人李俊生和益安煤矿的其他股东均对益安煤矿的上述借款承担连带还款责任”，该约定表明李俊生自愿对益安煤矿的借款承担连带还款责任，并且李俊生已代益安煤矿于2013年4月15日向中翔集团偿还了200万元借款。本案诉争的借款是益安煤矿以其煤矿名义向中翔集团所借，原债务有效存在，李俊生既不是本案以《借款合同》的借款人身份签订《借款合同》，也不是以保证人的身份承诺承担保证责任，而是加入到原债务人益安煤矿与债权人中翔集团之间的债务关系中，其与原债务人益安煤矿共同承担对债权人的债务的行为，符合债务加入的特征，李俊生与益安煤矿成为共同债务人，应共同承担还款责任。故，李俊生应与益安煤矿共同向旺立达公司偿付借款本金及相关利息。李俊生对于本案借款本金应在其承诺的范围内承担连带担保责任，但不能超过益安煤矿不能清偿部分的三分之一的辩驳理由不能成立，该院不予支持。旺立达公司要求李俊生承担共同还款责任的理由成立，该院予以支持。《借款合同》中并未对如发生纠纷律师代理费应如何负担进行约定，故旺立达公司要求益安煤矿、李俊生承担其律师代理费的诉讼请求不能成立，该院不予支持。

不过，虽然现行法对债务加入并无资格限制，但司法实践中却认为，连带责任保证人承担保证责任后可向债务人追偿，而债务加入中新债务人对原债务人并无内部追偿权，举轻以明重，债务加入也应受到保证人资格中的限制。例如在

① 最高人民法院（2014）民二终字第138号民事判决书。

“南京市房屋拆迁有限公司与江苏苏兴建设工程有限公司南京分公司、江苏苏兴建设工程有限公司等借款合同纠纷再审案”[①] 中，江苏省高级人民法院二审即认为债务加入的资格应类推保证的规则：

关于分公司对外加入债务的效力问题，根据《担保法》第十条“企业法人的分支机构、职能部门不得为保证人。企业法人的分支机构有法人书面授权的，可以在授权范围内提供保证”的规定，企业法人的分支机构不得为保证人，除非有法人授权；《最高人民法院关于适用〈中华人民共和国担保法〉若干问题的解释》第十七条中进一步规定：“企业法人的分支机构未经法人书面授权提供保证的，保证合同无效。”举轻以明重，企业法人的分支机构对外加入债务，责任重于保证责任，更应经过法人授权，否则应当认定为无效。故苏兴南京分公司作为企业法人分支机构，未经苏兴公司授权亦无权对外作出债务加入的意思表示。拆迁公司以顾兴余在催款函件上签字构成苏兴南京分公司债务加入的主张不能得到支持，苏兴南京分公司、苏兴公司不应对淮安宏业公司的欠款承担还款责任。

二是若认定为保证关系，则债权人的权利将受到保证期间的限制，而债务加入仅受到诉讼时效的约束。《担保法》第二十五条及第二十六条规定，保证人与债权人未约定保证期间的，保证期间为主债务履行期届满之日起 6 个月，连带保证中的保证人须在保证期间内要求保证人承担保证责任，而在一般保证的保证期间内，债权人还须对债务人提起诉讼或者申请仲裁，否则保证期间经过。因此，若在主债务履行期届满之日 6 个月内，债权人未以合适的方式主张权利时，认定案涉法律关系为保证关系，即意味着第三人可因保证期间经过而免于承担责任，而若将第三人视为加入债务的新债务人，则只要诉讼时效期间未经过，其仍需要承担连带清偿责任。例如在“荣成市鑫宁建筑工程有限公司、荣成市宏祥驾驶员培训有限公司保证合同纠纷上诉案”[②] 中，第三人出具的《担保证明》并不属于担保法意义上的保证，其实际意思表示是债务加入，该案不应适用保证期间的规定，第三人仍应对债权人承担连带责任。对此，二审法院不予认可，并认为第三人免除责任，具体如下：

如前所述，宏祥培训公司出具《担保证明》的行为应认定为保证担保……案涉《担保证明》亦未载明保证期间，根据《担保法》第二十六条规定“连带责任保证的保证人与债权人未约定保证期间的，债权人有权自主债务履行期届满之日起六个月内要求保证人承担保证责任。在合同约定的保证期间和前款规定的保证期间，债权人未要求保证人承担保证责任的，保证人免除保证责任”。鑫宁建筑公司要求宏祥织造公司赔偿损失的主债务经由一审法院及本院生效判决确认，宏

---

① 江苏省高级人民法院（2018）苏民申 3475 号民事裁定书。

② 山东省威海市中级人民法院（2018）鲁 10 民终 2533 号民事判决书。

祥织造公司应于一审判决生效之日起十日内履行债务，宏祥织造公司于2017年3月30日收到二审判决，一审判决依法生效，因此，宏祥织造公司的主债务履行期限应于2017年4月8日届满。因案涉《担保证明》未载明保证期间，宏祥培训公司承担保证责任的期间应自2017年4月9日起六个月，鑫宁建筑公司应在此期间要求宏祥培训公司承担保证责任。鑫宁建筑公司于2016年5月18日到荣成市市场监督管理局查询宏祥织造公司的工商登记档案，复印了被上诉人宏祥培训公司出具的《担保证明》，并在一审庭审中作为证据提交法庭，据此可以认定鑫宁建筑公司于2016年5月18日即已知晓宏祥培训公司为宏祥织造公司由外资转内资的债务承担担保责任，但至鑫宁建筑公司于2018年2月22日提起本案一审诉讼要求宏祥培训公司承担民事责任时，已超过法律规定的保证期间，鑫宁建筑公司未在保证期间内要求宏祥培训公司承担保证责任，宏祥培训公司依法免除保证责任。一审法院对此认定正确，本院予以维持。

三是在保证关系中，保证人承担保证责任后对债务人有追偿权，但在债务加入关系中，第三人对原债务人的追偿权尚存争议。尽管学界的观点是，由于债务加入中的第三人与债务人居于连带债务关系，则第三人清偿债务后，有权要求原债务人偿付其应当承担的份额。[①] 但在司法实践中，部分法院仍明确将第三人对原债务人是否有追偿权视为债务加入与保证区分的实益，“从事后的救济途径看，承担人在承担责任后对债权人有清偿或者其他免责行为时，对于原债务人有无求偿权及求偿的范围，应依据承担人与原债务人之间内部法律关系确定，保证人在承担保证责任后享有对主债务人的追偿权。而债务加入人承担债务后，在没有约定的情况下，不享有对债务人的追偿权。”[②]

综上，“一般情况下，债务加入与连带责任保证在处理结果上并无实质差别”，[③] 只有在两者出现效力、保证期间及求偿权的争议时，不同的定性将导向不同的裁判结果，两者的区分也才有意义。至于一般保证，其与债务加入的意思表示分隔也最为明显，即第三人对债务的清偿具有顺序性。与债务加入相比，认定第三人承诺为一般保证，除上述三大区别外，其直接效果将是第三人对债权人享有先诉抗辩权。《会议纪要》基于债务加入与保证的相似性，明确规定法定代表人以公司名义与债务人约定加入债务并通知债权人或者向债权人表示愿意加入债务，该约定的效力问题，参照本纪要关于公司为他人提供担保的有关规则处理。

① 参见韩世远：《合同法总论》，法律出版社2018年版，第636页。

② “荣成市鑫宁建筑工程有限公司、荣成市宏祥驾驶员培训有限公司保证合同纠纷上诉案”，山东省威海市中级人民法院（2018）鲁10民终2533号民事判决书。

③ “茂名市长隆石油化工有限公司深圳分公司与长江南京航道工程局合同纠纷再审案”，江苏省高级人民法院（2017）苏民再350号民事判决书。

【附：起草过程中的争议】

《会议纪要（稿）》

在审理公司担保纠纷案件时，应当特别关注是否存在控制股东、实际控制人、法定代表人滥用其控制和支配地位，以公司财产为其自身或其实际控制下的其他公司提供担保等损害公司、其他股东利益的情形，准确认定法定代表人、公司代理人的代表和代理权限，依法确定担保行为的效果归属。在案件审理中，应当注意如下几个问题：

19.【公司决议是代表（理）权限的基础】《公司法》第十六条关于公司机关决议前置的法定限制，意味着担保行为并非是法定代表人所能单独决定的事项。公司法定代表人、其他代理人对外提供担保，必须以公司股东（大）会、董事会等公司机关决议作为授权的基础和来源。案件审理中，应当根据《中华人民共和国民法通则》、《民法总则》和《合同法》关于代表、代理制度的相关规定，审查担保行为是否经过公司机关决议批准，并在此基础上确定担保合同的效果是否依法应当由公司承受。担保人是以为他人提供担保为主营业务的公司或者是开展独立保函业务的商业银行、保险公司的，人民法院在审查、确定行为人的代表、代理权限时，无需审查担保行为是否经过决议授权的相关事实。公司为股东、实际控制人、法定代表人提供担保的，应当严格依法审查行为人的代表（理）权限。

《会议纪要（哈尔滨征求意见稿）》

人民法院在审理公司担保纠纷案件时，应当特别关注是否存在控制股东、实际控制人、法定代表人滥用其控制和支配地位，以公司财产为其自身或者其实际控制下的其他公司提供担保等损害公司、其他股东利益的情形，准确认定法定代表人或者代理人的代表或者代理权限，依法确定担保行为的效力和效果归属。

20.【公司决议是代表（理）权限的基础】《公司法》第十六条关于公司机关决议程序的规定，意味着担保行为不是法定代表人所能单独决定的事项。公司法定代表人或者代理人对外提供担保，必须以公司股东大会、股东会、董事会等公司机关决议作为授权的基础和来源。在案件审理过程中，应当根据《中华人民共和国民法通则》《民法总则》和《合同法》关于代表或者代理的相关规定，审查担保行为是否履行了公司决议程序，并在此基础上确定担保合同的效力及其效果归属。公司为股东、实际控制人、法定代表人等关联人提供担保的，应当严格依法审查行为人的代表或者代理权限。担保人是以为他人提供担保为主营业务的公司或者是开展独立保函业务的商业银行、保险公司的，人民法院在审查确定行为人是否具有代表或者代理权限时，无需审查担保行为是否经过决议授权的相关事实。

《会议纪要（公开征求意见稿）》

18.【违反公司法第十六条构成越权代表】《公司法》第十六条为防止法定代表人随意代表公司对外提供担保给公司造成损失，损害中小股东利益，对法定代表人的代表权进行了限制。这意味着担保行为不是法定代表人所能单独决定的事项，而必须以公司股东会或者股东大会、董事会等公司机关的决议作为授权的基础和来源。从体系解释的角度而言，法定代表人未经授权，自然构成无权代表，应适用《合同法》第五十条关于法定代表人越权代表的规定来认定担保合同的效力。

第二节　相对人的形式审查义务

【会议纪要条文】

18.【善意的认定】前条所称的善意，是指债权人不知道或者不应当知道法定代表人超越权限订立担保合同。《公司法》第16条对关联担保和非关联担保的决议机关作出了区别规定，相应地，在善意的判断标准上也应当有所区别。一种情形是，为公司股东或者实际控制人提供关联担保，《公司法》第16条明确规定必须由股东（大）会决议，未经股东（大）会决议，构成越权代表。在此情况下，债权人主张担保合同有效，应当提供证据证明其在订立合同时对股东（大）会决议进行了审查，决议的表决程序符合《公司法》第16条的规定，即在排除被担保股东表决权的情况下，该项表决由出席会议的其他股东所持表决权的过半数通过，签字人员也符合公司章程的规定。另一种情形是，公司为公司股东或者实际控制人以外的人提供非关联担保，根据《公司法》第16条的规定，此时由公司章程规定是由董事会决议还是股东（大）会决议。无论章程是否对决议机关作出规定，也无论章程规定决议机关为董事会还是股东（大）会，根据《民法总则》第61条第3款关于“法人章程或者法人权力机构对法定代表人代表权的限制，不得对抗善意相对人”的规定，只要债权人能够证明其在订立担保合同时对董事会决议或者股东（大）会决议进行了审查，同意决议的人数及签字人员符合公司章程的规定，就应当认定其构成善意，但公司能够证明债权人明知公司章程对决议机关有明确规定的除外。

债权人对公司机关决议内容的审查一般限于形式审查，只要求尽到必要的注

意义务即可，标准不宜太过严苛。公司以机关决议系法定代表人伪造或者变造、决议程序违法、签章（名）不实、担保金额超过法定限额等事由抗辩债权人非善意的，人民法院一般不予支持。但是，公司有证据证明债权人明知决议系伪造或者变造的除外。

【条文要义】

本条系结合《公司法》第十六条、《民法总则》第六十一条、《合同法》第五十条，对相对人在接受公司提供担保时的审查义务的范围和标准的解释。

第一，《合同法》第五十条规定："法人或者其他组织的法定代表人、负责人超越权限订立的合同，除相对人知道或者应当知道其超越权限的以外，该代表行为有效。"因此，相对人在接受公司提供担保时负有审查法定代表人的代表权限的义务。在相对人不知道或者不应当知道法定代表人越权签订担保合同的情形之下，法定代表人越权与相对人签订担保合同，对公司仍发生法律效力，公司以法定代表人越权为由提出的抗辩不能得到支持。

第二，《公司法》第十六条对关联担保和非关联担保的决议机关作了区别规定，因此，相对人在接受公司提供担保时的审查义务的范围，亦因关联担保和非关联担保而存在区分。

第三，公司为其股东、实际控制人等与公司有关联关系的主体提供担保时，《公司法》第十六条第二款明确规定须由股东（大）会决议，相对人在订立担保合同时应对股东（大）会决议进行审查，审查范围包括：(1) 同意担保的股东所持表决权，在排除被担保股东表决权情况下，是否超过二分之一；(2) 签字人员符合公司章程的规定。即使公司章程中对表决权的比例有例外安排，如规定公司为其股东、实际控制人等提供担保的应经其他股东所持表决权的三分之二以上通过，也仅须审查同意担保的其他股东所持表决权是否超过二分之一。相对人能够证明其已善尽审查义务的，担保合同对公司发生效力。

第四，公司为不具有关联关系的其他主体提供担保时，《公司法》第十六条规定，根据公司章程规定由董事会或股东（大）会决议。相对人在订立担保合同时应对董事会决议或者股东（大）会决议进行了审查，这一审查范围不因公司章程存在例外规定而改变，但公司能够证明债权人明知公司章程对决议机关有明确规定的除外。亦即，无论章程是否对决议机关作出规定，也无论章程规定决议机关为董事会还是股东（大）会，根据《民法总则》第六十一条第三款关于"法人章程或者法人权力机构对法定代表人代表权的限制，不得对抗善意相对人"的规定，只要债权人能够证明其在订立担保合同时对董事会决议或者股东（大）会决议进行了审查，同意决议的人数及签字人员符合公司章程的规定，就应当认定其构成善意，担保合同对公司发生效力。

第五，相对人对公司担保决议内容的审查标准一般限于形式审查，只要求尽到必要的注意义务即可，标准不宜太过严苛。公司以机关决议系法定代表人伪造或者变造、决议程序违法、签章（名）不实、担保金额超过法定限额等事由抗辩债权人非善意的，人民法院一般不予支持。但是，公司有证据证明债权人明知决议系伪造或者变造的除外。

【深度阐释】

一、公司担保中相对人是否存在审查义务

《合同法》第五十条规定："法人或者其他组织的法定代表人、负责人超越权限订立的合同，除相对人知道或者应当知道其超越权限的以外，该代表行为有效。"① "相对人知道或者应当知道其超越权限" 在公司法定代表人超越权限订立担保合同如何适用，即生疑问。相对人在接受公司为他人债务提供担保时，除审查满足正常交易要求的材料外，是否有义务审查缔约人的代表权限?② 亦即担保权人是否有义务审查公司章程，并进而依公司章程的规定审查公司内部同意担保的决议?

实践中，对于相对人是否有义务审查公司章程以探知其中有关内部担保决策机构及相应表决规则，并进而根据该内容对公司内部同意担保的决议进行审查存在分歧，即存在否定说与肯定说两种观点。

持否定说者认为，法律并未明确规定相对人对于公司担保负有审查义务，故公司担保行为是否经过相关决议机制属于公司对内的程序性规定，处于对外关系中的相对人不负审查义务。如在"加金杰与何易恒、张竞仪与襄阳骏盛置业有限

---

① 《担保法解释》第十一条规定："法人或者其他组织的法定代表人、负责人超越权限订立的担保合同，除相对人知道或者应当知道其超越权限的以外，该代表行为有效。"这一规定与《合同法》第五十条如出一辙。

② 本处仅讨论法定代表人超越代表权限问题，不涉及缔约人为委托代理人时的代理权限问题。在解释上，代理人缔约时，亦应有法定代表人的授权，如此，又回到法定代表人是否有权委托代理人订立担保合同的问题。亦即，委托代理人的代理权限以法定代表人的代表权限为其前提。值得注意的是，在"游斌琼与福建省万翔房地产开发有限公司、翁炎金等民间借贷纠纷案"［（2016）最高法民申字 733 号民事判决书］中，代表公司签署担保合同的是公司的董事长，而非法定代表人，从而将问题转换为无权代理问题，依《合同法》第四十八条、四十九条认定是否构成表见代理。

公司、湖北裕景担保有限公司股权转让纠纷再审案”[①] 中，最高人民法院认为：

该规定［《公司法》第十六条］属于公司对内的程序性规定，其并未规定公司以外的第三人对此负有审查义务，公司对外提供担保是否经股东会或者股东大会决议，并不影响其对外签订的合同效力。应严格区分公司的对内关系与对外关系，否则会损害交易安全。与公司交易的第三人应当不受公司内部程序性规定的约束。《公司法》第十六条的规定，意在防止公司的实际控制人或者高级管理人员损害公司、小股东或者其他债权人的利益，公司是否召开股东会以及股东会的决议，是公司的内部控制程序，不能约束与公司交易的第三人。第三人无义务审查是否已经召开股东会，亦无义务对于股东会决议进行审查。该规定不属于效力性强制性规定，不能据此主张担保无效。

持肯定说者认为，《公司法》第十六条的规定具有公示作用，任何第三人均应知悉，若未尽审查义务，则对担保合同的无效存在过错，即不能认定为善意相对人。如在“丁浩与张大清、张世彬等民间借贷纠纷再审案”[②] 中，最高人民法院认为：

《公司法》第十六条明确规定公司为其股东提供担保，须经股东会或股东大会决议，法律规定具有公示作用，任何第三人均应知悉，丁浩作为债权人仅凭保证合同中“已按有关规定和程序取得本合同担保所需要的授权”的单方陈述，就签订保证合同，未尽相应审查义务，属于存在过失，二审法院认为丁浩未尽到应尽的注意义务，对担保合同无效具有过错，应承担相应责任，具有事实依据并无不当。

《公司法》第十六条第二款规定，公司为公司股东或实际控制人提供担保的，必须经股东会或股东会大会决议。相对人在签订担保合同之时，自应要求提供担保人公司同意为借款担保的股东会决议，并谨慎审查。如在“徐有赞与许萍、扬州瘦西湖酒店有限公司等民间借贷纠纷再审案”[③] 中，最高人民法院认为：

本案300万元借款的实际使用人为泽苑公司，泽苑公司的法定代表人高某某亦是中泽公司的实际控制人，中泽公司又是本案《保证合同》订立时瘦西湖酒店的股东，由此，原审判决认定本案借款主体及担保主体均发生在关联主体之间，有事实依据。根据《公司法》第十六条第二款规定，公司为公司股东或实际控制人提供担保的，必须经股东会或股东会大会决议。本案中，徐有赞在签订《借款

---

① 最高人民法院（2016）最高法民申1007号民事裁定书。类似观点可参见“加金杰与何易恒、张竞仪与襄阳骏盛置业有限公司、湖北裕景担保有限公司股权转让纠纷再审案”［最高人民法院（2016）最高法民再194号民事判决书］、“周亚与青海贤成矿业股份有限公司、西宁市国新投资控股有限公司等民间借贷纠纷上诉案”［最高人民法院（2014）民一终字第270号民事判决书］。

② 最高人民法院（2015）民申字第3236号民事裁定书。

③ 最高人民法院（2018）最高法民申4048号民事裁定书。

合同》及《保证合同》时，未要求许萍提供瘦西湖酒店同意为借款担保的股东会决议，未尽到谨慎审查义务，原审判决认定徐有赞不属于善意相对人，案涉担保对瘦西湖酒店不生效，适用法律并无不当。

对相对人的审查义务持否定说的裁判认为，应区分公司行为的对内效力与对外效力，以保护交易安全。此与《民法总则》第六十一条第三款的规范意旨相合，但《公司法》第十六条是对法定代表人对外担保的法定限制，[①] 与公司章程对法定代表人其他代表权的约定限制不同，不能做同一解释，因此《民法总则》第六十一条第三款在此并无适用空间。[②] 相对人在接受公司提供担保时，基于《合同法》第五十条的规定，应当关注法定代表人的代表权限，审查诸如公司章程、内部的担保决议等文件，这并非基于公司章程对外效力，而是源于法律规定的注意义务。[③] 因此，在公司担保中相对人应当负有审查义务。

对这一问题，学界也未达成共识，存在着否定说和肯定说两种截然相反的观点。

否定说认为，相对人无审查义务。公司章程对担保权限和程序的设定只是内部规范，即使公司章程在公司登记机关备案或通过其他途径予以公开，也仅属于公司内部治理规范性文件，不具有对世效力。[④] 随着对“推定通知理论”和“越权原则”的废弃，公司章程的公开本身不构成第三人知道的证据，不得以公司章程对抗第三人，[⑤] 要求相对人审查公司章程，既不符合实际，也有违公平，更增加了交易成本，并进而降低了担保权人交易的积极性，不利于活跃交易和促进经济发展。[⑥]《公司法》有关公司担保的规定旨在约束董事、经理以及股东、实际控制人，而不是约束债权人，并不能为相对人的审查义务提供法律基础。该规定是为了规范公司内部的意思形成，使之符合团体法律行为的逻辑。如将这些程序性规定解释为相对人承担审查义务的法律基础，不仅超越了可能的文义，而且违背

---

① 参见高圣平：《担保物权司法解释起草中的重大争议问题》，载《中国法学》2016 年第 1 期。

② 参见高圣平：《公司担保中相对人的审查义务——基于最高人民法院裁判分歧的分析和展开》，载《政法论坛》2017 年第 5 期。

③ 参见周伦军：《公司担保的法律解释论》，载最高人民法院民事审判第二庭：《商事审判指导》2012 年第 4 辑（总第 32 辑），人民法院出版社 2013 年版，第 63～67 页。

④ 参见陈冲、丁冬：《公司对外担保效力问题研究——基于司法裁判的分析与反思》，载《金融法苑》（2011 年总第 83 辑），中国金融出版社 2011 年版，第 144 页。

⑤ 参见崔建远、刘玲玲：《论公司对外担保的法律效力》，载《西南政法大学学报》2008 年第 4 期。

⑥ 参见崔建远、刘玲玲：《论公司对外担保的法律效力》，载《西南政法大学学报》2008 年第 4 期；詹巍、杨密密：《公司越权担保效力之理论与实证分析》，载《金融法苑》（2011 年总第 83 辑），中国金融出版社 2011 年版，第 172、174、178 页；张迪忠：《有限责任公司对外担保的效力认定》，载《法律适用》2009 年第 10 期。

了立法目的，会不适当地扩大公司法规范的效力范围。[①]

肯定说认为，相对人负有审查义务。相对人有义务向提供担保的公司索取公司章程规定的担保决策机构同意担保的决议并进行审查。[②] 在某些特殊场合，公司内部行为具有“溢出效应”，可以对第三人产生一定的法律效果。[③]《公司法》一经公布，推定当事人知道公司法的具体内容，[④] 基于其第十六条的明确规定，接受公司提供担保时获得董事会或股东（大）会同意已经成为一项商事交易规则，理性商人从事交易应基于风险控制的需要，从注意义务出发履行基本的形式审查义务。[⑤] 而形式审查仅要求相对人对公司章程与股东（大）会决议或董事会决议进行表面审查，并不要求对公司的表决程序等进行审查，不会导致当事人间权利义务的失衡。[⑥]

此外，学界还有观点认为应区分不同情形来确定相对人是否负有审查义务。其一，区分上市公司与封闭公司。上市公司有严格的信息披露制度，其对外提供担保的内部决策程序要求严格，相关资料可从公司住所和公众平台便捷获得，相对人有审查义务，但就封闭公司而言，重大事项并不公开，也没有在公众平台上公示的程序，不宜以公司章程上的记载推定担保权人知道公司担保的限制。[⑦] 其二，区分一般担保和关联担保。《公司法》第十六条第一款为一般担保中关于公司内部的决策程序限制，不构成对公司外部关系上代表权的法律限制，对交易相对人不具约束力；第十六条第二、三款是为关联担保中关于公司内部的决策程序控制，应当认定构成对公司代表权的法律限制，可以通过向交易相对人分配合理

---

① 参见钱玉林：《公司担保中债权人“善意”的认定》，载《扬州大学学报（人文社会科学版）》2013 年第 9 期。

② 参见曹士兵：《公司法修订前后关于公司担保规定的解读》，载《人民司法》2008 年第 1 期；华德波：《论〈公司法〉第十六条的理解与适用》，载《法律适用》2011 年第 3 期；罗培新：《公司担保法律规则的价值冲突与司法考量》，载《中外法学》2012 年第 6 期；高圣平：《公司担保相关法律问题研究》，载《中国法学》2013 年第 2 期；李建伟：〈公司非关联性商事担保的规范适用分析〉，载《当代法学》2013 年第 3 期；冉克平：《论公司对外担保合同的效力——兼评〈公司法〉第 149 条第三款》，载《北方法学》2014 年第 2 期；周伦军：《公司对外提供担保的合同效力判断标准》，载《法律适用》2014 年第 8 期。

③ 参见梁上上：《公司担保合同的相对人审查义务》，载《法学》2013 年第 3 期。

④ 参见高圣平：《公司担保相关法律问题研究》，载《中国法学》2013 年第 2 期。

⑤ 参见梁上上：《公司担保合同的相对人审查义务》，载《法学》2013 年第 3 期。

⑥ 参见梁上上：《公司担保合同的相对人审查义务》，载《法学》2013 年第 3 期。

⑦ 参见最高人民法院公司法司法解释小组：《最高人民法院关于适用〈中华人民共和国公司法〉若干问题的规定（三）研讨会综述》，载最高人民法院民事审判第二庭：《民商事审判指导》2008 年第 4 辑（总第 16 辑），人民法院出版社 2009 年版，第 15 页；朱珍华：《公司对内担保的债权人审查义务》，载《中南民族大学学报（人文社会科学）》2014 年第 6 期。

适当的审查义务，规范关联担保。[①] 其三，区分自然人和金融机构。自然人之间的法律关系的形成更多的是基于亲友之间的信任关系，其审查义务标准应当设定得较低。而金融机构具有一整套审贷流程，理应施加更高的注意义务。[②]

就反对相对人负有审查义务的立场而言，（2014）民一终字第 270 号判决、（2015）民一终字第 72 号判决和（2016）民申字 1006 号裁定的核心观点在于：《公司法》第十六条“是公司的内部控制程序，不能约束与公司交易的第三人”，这一观点也得到了持否定说学者的支持。但这一观点混淆了代表权的法定限制与约定限制、章程的公开效力与法律的公开效力的区别，不仅直接导致了《公司法》第十六条“具文化”的后果，也将“悬空”监管部门为此所付出的努力。[③]《公司法》在其“总则”中将公司担保的决策程序加以规定，虽然从组织法的角度属于公司意思的形成机制，但实际上已经剥夺了法定代表人未经公司内部决议签订担保合同的代表权，构成对法定代表人代表权的法定限制。其正当性在于，公司为他人债务提供担保本身并不是公司正常的经营活动（担保公司例外），法定代表人具有代表公司从事经营活动的概括授权，无须公司章程的特别授权。公司为他人债务提供担保使公司产生或有负债，但公司并不能从该担保交易中获取经济收益，[④] 准此，公司担保并不具有经营性质或营利性质，已经背离了公司的设立本旨和存在目的。[⑤] 也正是基于此，《公司法》在不否定公司担保能力的前提之下，对法定代表人代表权作出法律限制，强制性地将公司担保的决策权分配给股东在公司章程中作出安排。[⑥]“此种管制立场，应当是为了回应 2005 年之前公司高管滥用担保、损害股东利益的行为。”[⑦]

在《民法总则》和《公司法》之下，法定代表人自其产生之日起，即与特定

---

① 参见刘贵祥：《公司担保与合同效力》，载《法律适用》2012 年第 7 期；沈晖：《背离公司担保决议规制的法效果——分析路径的困境与出路》，载《南京大学法律评论》2011 年秋季卷，第 215 页。

② 参见朱珍华：《公司对内担保的债权人审查义务》，载《中南民族大学学报（人文社会科学）》2014 年第 6 期。

③ 参见周伦军：《公司担保的法律解释论》，载最高人民法院民事审判第二庭：《商事审判指导》2012 年第 4 辑（总第 32 辑），人民法院出版社 2013 年版，第 63～67 页。

④ 就单笔担保交易而言，这一判断应属中的，但亦可能出现“合理地期待将给公司带来利益的”情形。此际，如基于善意及合理之营业判断，认为从担保行为所可得之利益足以使因提供担保所产生的责任正当化，则此项担保即应对公司发生效力。[参见周伦军：《公司担保的法律解释论》，载最高人民法院民事审判第二庭：《商事审判指导》2012 年第 4 辑（总第 32 辑），人民法院出版社 2013 年版，第 32 页。] 但这一弹性的“合理之营业判断”标准尚需在裁判实践中得以认定，实则增加了担保交易的不确定性。

⑤ 参见高圣平：《担保物权司法解释起草中的重大争议问题》，载《中国法学》2016 年第 1 期。

⑥ 参见高圣平：《担保物权司法解释起草中的重大争议问题》，载《中国法学》2016 年第 1 期。

⑦ 罗培新：《公司担保法律规则的价值冲突与司法考量》，载《中外法学》2012 年第 6 期。

身份相结合，享有原则上当然代表公司与第三人进行法律行为的权利。“在法人的外部关系上，代表权原则上是一种概括的、不受限制的权限。”① 但《民法总则》第六十一条第一款同时应被解释为：法定代表人的代表权限应根据法律或法人章程进行判断，法定代表人只有在法律或法人章程规定的权限范围内才有代表权。② 其中，法律对法定代表人的代表权的限制属于法定限制；法人章程对法定代表人的代表权的限制为约定限制。③ 就法定代表人代表权的约定限制，《民法总则》第六十一条第三款规定：“法人章程或者法人权力机构对法定代表人代表权的限制，不得对抗善意相对人。”本款的立法理由在于：“法人限制法定代表人的代表权限，系法人内部治理问题，第三人于外部往往难以知悉，如果认定该限制对法人外部的善意第三人有对抗效力，显然有损交易安全。”④ 这一规则符合废弃“推定通知理论”和“越权原则”的比较法趋势，⑤ 前述持否定说的观点和裁判大体也遵循了这一法理。该条并未涉及法定代表人超越法定限制从事民事活动的效果归属，但这并非法律漏洞。“当法律有强制性规定时，任何人均不得以不知道法律有规定或宣称对法律有不同理解而免于适用该法律”，准此，对超越法定限制的行为，法人原则上不承受该行为的效果，除非相对人能够证明自己的善意。⑥

对法定代表人代表公司对外提供担保的法定限制自然不同于公司章程对法定代表人其他代表权的约定限制，两者之间不能做同一解释。⑦《公司法》第十六条构成对法定代表人代表权的法定限制，自无《民法总则》第六十一条第三款适用空间。虽然《公司法》第十六条规范目标的达致，是经由公司章程对公司为他人债务提供担保的决策机构、决议程序等的规定以及相应决策机构的决议，貌似“法人章程或者法人权力机构对法定代表人代表权的限制”，但公司章程和公司内部决议的限制是《公司法》第十六条对法定代表人代表权的法定限制的贯彻。在第十六条之下，相对人知道或者应当知道法律上已经剥夺了法定代表人代表法人

① 朱广新：《法定代表人的越权代表行为》，载《中外法学》2012年第3期。

② 参见沈德咏主编：《〈中华人民共和国民法总则〉条文理解与适用》，人民法院出版社2017年版，第477页；张新宝：《〈中华人民共和国民法总则〉释义》，中国人民大学出版社2017年版，第117页。

③ 参见沈德咏主编：《〈中华人民共和国民法总则〉条文理解与适用》，人民法院出版社2017年版，第477页。

④ 石宏主编：《民法总则条文说明、立法理由及相关规定》，北京大学出版社2017年版，第132页；杜万华主编：《民法总则实务指南》，中国法制出版社2017年版，第237页。

⑤ 关于现代各国抛弃推定通知理论及越权原则立法趋势的介绍，参见崔建远、刘玲玲：《论公司对外担保的法律效力》，载《西南政法大学学报》2008年第4期；罗培新：《公司担保法律规则的价值冲突与司法考量》，载《中外法学》2012年第6期。

⑥ 参见沈德咏主编：《〈中华人民共和国民法总则〉条文理解与适用》，人民法院出版社2017年版，第477～478页。

⑦ 参见高圣平：《担保物权司法解释起草中的重大争议问题》，载《中国法学》2016年第1期。

为他人债务提供担保的权限，而非“于外部往往难以知悉”。即使不查阅公司章程，相对人也知道公司为他人债务提供担保，非为法定代表人所能擅自代表。[①]“法律规定此条款的目的，除约束公司之内部人之外，还在于将债权人‘指引’向公司决议，从而为其对决议的审查提供依据。”[②] 相对人根据第十六条应进一步地探知公司章程和公司内部决议的具体规定，以控制交易风险。“一旦公司担保程序由公司内部要求提升为公司法规定时，其效力层级及范围就发生了变化。”[③]也就是说，否定说只适用于对外担保之外的其他交易行为，公司通过章程、股东（大）会决议对其他交易行为代表权限的内部限制，对相对人没有效力。基于《公司法》第十六条强行法的规范性质，相对人在一定程度上受到了对外担保代表权法定限制的影响。

值得一提的是，（2015）民一终字第72号判决和（2016）民申字1006号裁定认为，相对人如受公司内部控制程序的约束，会影响或损害交易安全。这一判断与《民法总则》第六十一条第三款“保护善意相对人的信赖利益，保护交易安全”的规范意旨[④]相合。但正如前述，《民法总则》第六十一条第三款仅适用于对法定代表人代表权约定限制的情形，在《公司法》第十六条构成对法定代表人代表权的法定限制的前提之下，这一论证思路即值质疑。[⑤] 因为，《公司法》第十六条旨在保护公司和股东的利益，[⑥] 它从公司内部意思形成的角度对法定代表人对外担保的代表权施加了一定限制，避免法定代表人随意对外担保给公司和股东造

① 参见高圣平：《担保物权司法解释起草中的重大争议问题》，载《中国法学》2016年第1期。

② 李建伟：《公司非关联性商事担保的规范适用分析》，载《当代法学》2013年第3期。

③ 罗培新：《公司担保法律规则的价值冲突与司法考量》，载《中外法学》2012年第6期。

④ 参见石宏主编：《民法总则条文说明、立法理由及相关规定》，北京大学出版社2017年版，第133页；沈德咏主编：《〈中华人民共和国民法总则〉条文理解与适用》，人民法院出版社2017年版，第476页；王利明主编：《民法总则详解》，中国法制出版社2017年版，第261页；张新宝：《〈中华人民共和国民法总则〉释义》，中国人民大学出版社2017年版，第118页。

⑤ 《德国商法典》第五十条第一款规定：“对经理权的范围施加的限制，对于第三人不生效力。”但是，这一规定仅仅适用于对经理权的约定限制，对经理权的法定限制不受影响。Joost，in：Großkomm. HGB，5A，§ 50，Rn. 1，27，De Gruyter，2008. 类似的，《德国股份法》第82条第1款规定：“董事会的代表权不得被限制。”这一规定也仅适用于对代表权的约定限制，对代表权的法定限制在对外关系上直接对外第三人发生效力。代表权法定限制隐含的价值判断在于，可以期待第三人去了解股份公司内部权限的法定划分。MüKoAktG/Spindler，4. Aufl. 2014，AktG § 82 Rn. 12，27；Spindler/Stilz/Fleischer，3. Aufl. 2015，AktG § 82 Rn. 8.

⑥ 参见张春生主编：《〈中华人民共和国公司法〉释义》，中国长安出版社2005年版，第83页；全国人大常委会法制工作委员会编：《〈中华人民共和国公司法〉释义》，法律出版社2013年版，第40页。

成损失。[①] 不过，公司法定代表人违反这一代表权法定限制，未经董事会、股东（大）会决议擅自对外订立担保合同的，担保合同效力如何，该条并没有回答。因此，这种因越权代表所生担保合同的效力，只能依据《合同法》第五十条来认定。《民法总则》第六十一条第三款的正当性在于，代表权约定限制具有内部性，不易为公司以外的相对人所知，为了维护交易安全、促进交易便捷、减少相对人在每次交易时查询代表权限制的成本，法律允许相对人信赖公司表现于外的代表权权限配置，并基于这一代表权配置状况与法定代表人订立合同。然而，在《公司法》第十六条就公司担保设置了代表权法定限制的背景下，公司担保的代表权限制已经不再是单纯的约定限制和内部限制，相对人不能“盲目”相信法定代表人具有订立担保合同的代表权。如果依据《合同法》第五十条为了保护交易安全以相对人具有善意为由承认担保合同有效，那么，相对人至少应当不知道或不应当知道法定代表人没有订立担保合同的代表权，进而，相对人应当不知道或不应当知道董事会、股东（大）会决议没有就对外担保进行决议，即相对人对法定代表人具有相应代表权的合理信赖在于，相对人相信董事会、股东（大）会通过决议同意法定代表人对外订立担保合同。因此，相对人是否已经就董事会、股东（大）会形成了相应决议进行核实，对认定相对人是否具有善意具有重要意义。这就是公司担保中相对人审查义务的来源。

本书作者同时认为，不宜区分不同情形分别判断相对人是否存在审查义务。《公司法》第十六条位列“总则”，一体适用于所有公司对外提供担保的情形，并没有区分提供或接受担保的主体而作不同的规定。在平等竞争的市场环境下，同样的商事行为应适用同样的法律规则，如此才能贯彻法律的平等保护原则。[②] 提供或接受担保的主体不同，只是在认定相对人是否善尽审查义务、判断相对人是否知道或应当知道法定代表人超越代表权限时，才具有类型化的意义，并不存在据此限缩解释从而在特定主体的担保交易中排除相对人审查义务的正当性。“应当知道”意味着，不管相对人是自然人还是金融机构，均应当主动地获取最低限度的信息，既可以是上市公司的公开信息，也可以是合同相对人应当采取适当的措施而可以知道的信息；[③] 既可以是一般担保的信息，也可以是关联担保的信息。

---

① 德国学者将这种代表权的法定限制称之为需要其他法人机关协作的限制。MüKoAktG/Spindler，4. Aufl. 2014，AktG § 82 Rn. 20；Spindler/Stilz/Fleischer，3. Aufl. 2015，AktG § 82 Rn. 10. 董事违反了上述代表权的限制，没有获得其他法人机关同意而实施上述法律行为的，适用《德国民法典》第177条以下的狭义无权代理规则。MüKoAktG/Spindler，4. Aufl. 2014，AktG § 82 Rn. 25；Spindler/Stilz/Fleischer，3. Aufl. 2015，AktG § 82 Rn. 11.

② 参见华德波：《论〈公司法〉第十六条的理解与适用》，载《法律适用》2011年第3期。

③ 参见梁上上：《公司担保合同的相对人审查义务》，载《法学》2013年第3期。持相同观点的还有高圣平：《公司担保相关法律问题研究》，载《中国法学》2013年第2期。

准此，无论提供或接受担保的主体如何，相对人均有条件与义务对法定代表人的代表权限进行审查。

综上，《合同法》第五十条中的“知道或者应当知道”扮演着“引致功能”，将《公司法》第十六条引入《合同法》第五十条之中。① 相对人在接受公司提供担保时，基于《合同法》第五十条的规定，关注法定代表人的代表权限，就公司章程、公司担保决议等内部文件进行审查，这不是公司章程对外效力的体现，而是基于法律规定的注意义务。② 公司担保违反《公司法》第十六条的，相对人是否尽到审查义务，对相对人是否具有善意、能否适用《合同法》第五十条的表见代表规则具有重要意义。（2016）最高法民申2633号裁定就体现这一立场，“关于公司对外担保问题，《公司法》第十六条第一款……在公司对外担保事项上对法定代表人的代表权进行了法定限制，因此在判断公司法定代表人违反该规定越权签订担保合同是否对公司有效时，还应考察该行为是否构成《合同法》第五十条规定的表见代表，相对人是否尽到了合理的审查义务，是否为善意。”因此，法定代表人违反《公司法》第十六条第二款订立担保合同且不能提供股东会同意证明的，相对人理应知道该行为不是为公司经营活动所从事的职务行为，应当知道该合同超越了代表权限，从而不属于《合同法》第五十条保护的善意相对人。③ 至于《民法总则》第六十一条第三款与《合同法》第五十条之间的关系，两者之间实质内容相同，立法精神一致，只不过规范视角不一样，前者是从组织法、对内管理的角度，后者是从行为法、对外从事民事法律行为的角度。可以说，《民法总则》第六十一条第三款是《合同法》第五十条的逻辑前提，《合同法》第五十条是《民法总则》第六十一条第三款的应然逻辑结果。④

《会议纪要》表明，在《合同法》第五十条之下，法定代表人越权与债权人签订担保合同，债权人系善意的，担保合同对公司仍发生法律效力，公司以法定代表人越权为由提出的抗辩不能得到支持。这里所称的善意，是指债权人不知道或者不应当知道法定代表人越权签订担保合同。如此，债权人在接受公司提供担保之时，就负有审查义务。

相对人是否负有审查义务是判断其是否为值得法律保护的善意相对人的关键，具体到诉讼中，则体现在举证责任分配上的不同：若相对人不负审查义务，

---

① 参见梁上上：《公司担保合同的相对人审查义务》，载《法学》2013年第3期。

② 参见周伦军：《公司对外提供担保的合同效力判断标准》，载《法律适用》2014年第8期。

③ 参见“宁波绣丰彩印实业有限公司、浙江杭州湾汽配机电市场经营服务有限公司、慈溪道新投资咨询有限公司、慈溪道新汽配贸易有限公司、慈溪市一得工贸有限公司、孙跃生合同纠纷民事判决书”[（2012）民提字第208号民事判决书]。

④ 参见石宏主编：《民法总则条文说明、立法理由及相关规定》，北京大学出版社2017年版，第133页。

则其善意为法律所推定，担保人公司承担相对人为恶意的举证责任。如在“中建材集团进出口公司与北京大地恒通经贸有限公司等进出口代理合同纠纷上诉案”①中，北京市高级人民法院认为：

被上诉人中建材公司应为善意第三人。有限责任公司的公司章程不具有对世效力，有限责任公司的公司章程作为公司内部决议的书面载体，它的公开行为不构成第三人应当知道的证据。强加给第三人对公司章程的审查义务不具有可操作性和合理性，第三人对公司章程不负有审查义务。第三人的善意是由法律所推定的，第三人无须举证自己善意；如果公司主张第三人恶意，应对此负举证责任。因此，不能仅凭公司章程的记载和备案就认定第三人应当知道公司的法定代表人超越权限，进而断定第三人恶意。故在上诉人银大公司不能举证证明中建材公司存在恶意的情形下，应当认定中建材公司为善意第三人，中建材公司已经尽到合理的审查义务。

在认定相对人负有审查义务的前提之下，就相对人善意的举证责任分配，在裁判实践中存在分歧。

一种观点认为，债权人是否知道或者应当知道法定代表人存在超越权限以公司名义签订担保合同，由担保人公司举证。如在“赖敏勇与赣州康富食品实业有限公司、郭祠宏借款合同纠纷再审案”② 中，最高人民法院认为：

关于康富公司应否承担保证责任问题。《公司法》第二百一十六条第三项规定，公司实际控制人，是指虽不是公司的股东，但通过投资关系、协议或者其他安排，能够实际支配公司行为的人。康富公司并未提交证据证明郭祠宏通过投资关系、协议或者其他安排能够实际支配康富公司行为，其以签订落款日期为2013年3月18日的《借款协议》时郭祠宏担任康富公司法定代表人为由，主张郭祠宏在该期间系康富公司实际控制人，无事实和法律依据。故其关于郭祠宏未经股东会或者股东大会决议，以康富公司名义为其个人借款提供担保因违反《公司法》第十六条第二款“公司为公司股东或者实际控制人提供担保的，必须经股东会或者股东大会决议”的规定而无效的主张，不能成立。康富公司也未提供证据证明赖敏勇知道或者应当知道郭祠宏存在超越权限以康富公司名义签订案涉合同的情形。

另一种观点认为，债权人是否知道或者应当知道法定代表人存在超越权限以公司名义签订担保合同，由债权人举证。如在“李复与海南中度旅游产业开发有限公司、海南中度实业发展有限公司等企业借贷纠纷上诉案”③ 中，最高人民法

---

① 《最高人民法院公报》2011年第2期。

② 最高人民法院（2018）最高法民申2686号民事裁定书。

③ 最高人民法院（2016）最高法民终271号民事判决书。类似裁判还有“陈友忠与福建诺奇股份有限公司、丁辉股权转让纠纷再审案”［最高人民法院（2018）最高法民申2114号民事裁定书］。

院认为：

《公司法》第十六条第二款关于“公司为公司股东或者实际控制人提供担保的，必须经股东会或者股东大会决议”的规定，不属于效力性的强制性规定。根据《担保法解释》第十一条关于“法人或者其他组织的法定代表人、负责人超越权限订立的担保合同，除相对人知道或者应当知道其超越权限的以外，该代表行为有效”的规定，徐泽宪作为中度旅游公司的原法定代表人以保证人的身份在《借贷协议》上签字盖章，而中度旅游公司又未能举证证明徐泽宪超越权限订立担保合同且李复作为相对人知道或者应当知道徐泽宪超越权限，因此，徐泽宪以中度旅游公司法定代表人的身份对第五笔借款作出的担保行为，对中度旅游公司发生法律效力。

《会议纪要》显示，就债权人善意的判断，在《公司法》第十六条第一款的情形下，只要债权人能够证明其在订立担保合同时对董事会决议或者股东（大）会决议进行了审查，同意决议的人数及签字人员符合公司章程的规定，就应当认定其构成善意，但公司能够证明债权人明知公司章程对决议机关有明确规定的除外。在《公司法》第十六条第二款规定的情形下，债权人主张担保合同有效，应当提供证据证明其在订立合同时对股东（大）会决议进行了审查，决议的表决程序符合《公司法》第十六条的规定，即在排除被担保股东表决权的情况下，该项表决由出席会议的其他股东所持表决权的过半数通过，签字人员也符合公司章程的规定。

二、公司担保中相对人审查义务的范围

确定了相对人在接受公司提供的担保之时负有审查义务之后，接下来尚需讨论的是，相对人此际应审查什么？审查到什么程度？实际上，前述否定相对人审查义务的学者所持理由中大都有增加交易成本、降低交易效率之忧。担保交易本身就是一项复杂交易，自应付出一定的交易成本，也当然会影响到交易效率。赋予相对人以审查义务给交易成本、交易效率的影响，在一定程度上取决于审查义务的范围和标准，如将审查义务的范围确定为必要的文件材料，将审查标准确定为形式审查，这一影响尚在可以接受的范围之内。

（一）形式审查标准之下的审查范围

在形式审查标准下，相对人无须审查公司担保决议的形成是否存在程序上的瑕疵，如董事会或股东（大）会会议的通知、召集和表决程序是否符合公司章程、公司法的规定；无须审查公司担保决议中的股东、董事签章是否真实。

《公司法》第十六条对关联担保和非关联担保的决议机关作了区别规定，因此，相对人在接受公司提供担保时的审查义务的范围，亦因关联担保和非关联担保而存在区分。公司为其股东、实际控制人等与公司有关联关系的主体提供担保

时，《公司法》第十六条第二款明确规定须由股东（大）会决议。相对人在订立担保合同时应对股东（大）会决议进行审查，审查范围包括同意担保的股东所持表决权，在排除被担保股东表决权情况下，是否超过二分之一。此外，还包括签字人员也符合公司章程的规定。即使公司章程中对表决权的比例有例外安排，如规定公司为其股东、实际控制人等提供担保的应经其他股东所持表决权的三分之二以上通过，也仅须审查同意担保的其他股东所持表决权是否超过二分之一。相对人能够证明其已善尽审查义务的，担保合同有效。

公司为不具有关联关系的其他主体提供担保时，《公司法》第十六条规定，由公司章程规定是董事会决议还是股东（大）会决议。相对人在订立担保合同时应对董事会决议或者股东（大）会决议进行了审查，同意决议的人数及签字人员也符合公司章程的规定。这一审查范围不因公司章程存在例外规定而改变，但公司能够证明债权人明知公司章程对决议机关有明确规定的除外。亦即，不管公司章程中确定的决议机构是董事会还是股东（大）会，抑或对决议机关未作规定，公司章程的这些规定依《民法总则》第六十一条第三款的规定，不得对抗善意相对人。只要债权人能够证明其在订立担保合同时对董事会决议或者股东（大）会决议进行了审查，同意决议的人数及签字人员符合公司章程的规定，就应当认定其构成善意，该担保合同有效，但公司能够证明债权人明知公司章程对决议机关有明确规定的除外。

裁判实践中，在接受公司提供担保之时，无须审查公司担保决议中的董事签章是否真实。如在“中国光大银行深圳分行与创智信息科技股份有限公司、深圳智信投资有限公司、湖南创智集团有限公司借款保证合同纠纷上诉案”① 中，最高人民法院认为：

对于该份董事会决议，光大银行仅负有形式审查的义务，即只要审查董事会决议的形式要件是否符合法律规定，银行即尽到了合理的注意义务。董事会决议记载的是出席会议的董事依职权作出的特定意思表示，其形式要件只需出席会议的董事签名即可。该份董事会决议上有丁亮等7位董事签名，符合董事会决议形式要件的要求，并加盖了创智股份的印章。决议上的签名是否为董事亲笔所签，则属于实质性审查的范畴，光大银行对此并无法定义务。创智股份公开披露本案担保未经董事会决议及深圳证券交易所出具谴责报告的时间都在担保合同签订之后，不能证明光大银行在签订担保合同时明知该董事会决议存在瑕疵。在创智股份没有证据证明光大银行存在恶意的情况下，应当认定光大银行对该份董事会决议已履行了合理审查的义务。

在接受公司提供担保之时，无须审查公司担保决议中的公司印章是否真实。

---

① 最高人民法院（2007）民二终字第184号民事判决书。

如在“广东南粤银行股份有限公司重庆沙坪坝支行与雷士照明（中国）有限公司、重庆恩纬西实业发展有限公司等借款合同纠纷上诉案”① 中，最高人民法院认为：

雷士照明公司对订立该保证合同并不否认，但认为其《股东会决议》中的股东印章系伪造，南粤银行沙坪坝支行应当知晓却未尽到审查及注意义务，故保证合同不能对雷士照明公司产生效力。《公司法》第十六条规定……。雷士照明公司与南粤银行沙坪坝支行签订保证合同时，提供了雷士照明公司同意为恩纬西实业公司提供担保的股东会决议，南粤银行沙坪坝支行对股东会决议上加盖的雷士照明公司的股东印章的真实性没有进一步审查的义务。雷士照明公司虽举示其股东会决议上加盖的股东香港雷士照明公司印章，与雷士照明公司章程和雷士照明公司工商备案中的股东香港雷士照明公司印章制式不一，但仅凭此，不能认定南粤银行沙坪坝支行明知雷士照明公司股东会决议上加盖的香港雷士照明公司印章为虚假。股东会决议以及吴长江是否超越权限均为雷士照明公司的公司内部行为，并无证据表明南粤银行沙坪坝支行与之恶意串通，故不能因此而否定雷士照明公司对外提供担保之效力。

（二）债权人对股东（大）会决议的审查

债权人应审查股东会决议上同意担保的股东所持表决权之和是否过半数。如在“中国信达资产管理股份有限公司山西省分公司与太原市神龙亚飞贸易有限公司、山西神迪汽车销售有限公司金融借款合同纠纷再审案”② 中，最高人民法院认为：

神迪公司认为农行河西支行接受神迪公司提供担保时未对股东会决议的合法性进行审查，该股东会决议缺少神迪公司股东山西神龙亚飞汽车连锁店有限公司的签章，违反公司法规定担保合同无效。但是《公司法》第十六条对公司提供担保作出限制，主要是为了保护中小股东的利益，同时也为了让相对人在交易时主动审查担保人的真实意思表示从而降低交易风险。就本案来看，该股东会决议有神龙亚飞公司的签章和神龙亚飞公司法定代表人崔希斌与股东崔巍的签字，因崔希斌同时担任神龙亚飞公司、神迪公司和山西神龙亚飞汽车连锁店有限公司的法定代表人，因此其在股东会决议上签字的行为可以推知神迪公司已经知晓为神龙亚飞公司提供担保事宜。且除神龙亚飞公司外，持有29%股权的股东崔巍也已经签字同意，不存在损害小股东利益的问题。

① 最高人民法院（2018）最高法民申206号民事裁定书。

② 最高人民法院（2018）最高法民申617号民事裁定书。类似裁判还有“平顶山市市郊农村信用合作联社与许昌金鹏置业有限公司、河南省龙鼎实业有限公司等追偿权纠纷上诉案”［河南省高级人民法院（2018）豫民终1838号民事判决书］。

股东会决议上同意担保的股东所持表决权未过半数的，不宜认定担保合同对担保人公司发生效力。如在“西安投资控股有限公司与陕西新鑫矿业有限公司、陕西明泰工程建设有限公司等追偿权纠纷再审案”① 中，法院认为：

明泰工程公司作为新鑫公司的股东，依据《公司法》第十六条第二款规定，新鑫公司提供担保必须经股东会决议同意。西安投资公司签订资产委托处置协议和补充协议时要求新鑫公司提供相关法律文件，新鑫公司也按要求提供了委托书、股东名册、股东会决议等文件，因此西安投资公司对明泰工程公司为新鑫公司股东系明知，其应当依照前述法律规定，在接受新鑫公司提供担保时，尽到审慎注意义务，审核新鑫公司提供担保是否经过合法有效股东会决议同意。新鑫公司两次股东会决议显示，作为该公司持股51%的股东新疆新鑫并未在股东会决议上签章，不能视为新鑫公司提供担保取得股东会决议同意，西安投资公司收到了股东会决议，应视为其对此亦为明知，在此情况下其仍与新鑫公司签订保证合同，未尽审慎注意义务，其作为接受担保一方，不属于善意交易相对人，资产委托处置协议和补充协议关于新鑫公司附条件担保部分的约定无效。

最高人民法院新近的司法态度显示，就《公司法》第十六条第二款规定的情形，为公司股东、实际控制人等与公司有关联关系的主体提供担保，须由股东会或者股东大会决议，未经股东会或者股东大会决议，构成越权代表。因此，债权人主张担保合同有效，应提供证据证明其在订立合同时对股东会或者股东大会决议进行了审查，决议所记载的内容符合《公司法》第十六条的规定，即在排除被担保股东表决权情况下，二分之一以上股东表决同意，签字人员也符合公司章程的规定。债权人能够提供上述证明的，应认定构成善意。

三、公司担保中相对人审查义务的标准

就相对人的审查义务，司法裁判总体上倾向于形式审查标准，因为“赋予相对人实质审查过于苛刻”，② 但对于形式审查义务应具体把握到何种程度却并不一致。在“招商银行股份有限公司大连东港支行与大连振邦氟涂料股份有限公司、大连振邦集团有限公司借款合同纠纷再审案”③ 中，一审法院与再审法院对于审查义务的标准即进行了不同的论述。一审法院认为：④

1. 招行东港支行虽然获取了《股东会担保决议》，但按照《公司法》第十六条第二款规定：“公司为公司股东或者实际控制人提供担保的，必须经股东会或

---

① 陕西省高级人民法院（2019）陕民申785号民事裁定书。

② “高远控股有限公司等与邹蕴玉等民间借贷纠纷上诉案”［最高人民法院（2014）民一终字第109号民事判决书］。

③ 最高人民法院（2012）民提字第156号民事判决书

④ 大连市中级人民法院（2009）大民三初字第36号民事判决书。

者股东大会决议。”招行东港支行对《股东会担保决议》中存在的一些明显瑕疵却未尽到合理的形式审查义务，例如，其中一枚名称为“辽宁科技创业投资责任公司”的印章，按公司法规定不可能存在“责任公司”这种名称，招行东港支行对此瑕疵依法应能审查出来，结果却未审查出来，庭审中，招行东港支行对此也承认存在疏忽。2. 振邦股份公司的股东之一大连科技风险投资基金有限公司，在2003年就已经将名称由“大连科技风险投资有限公司”变更为现名称“大连科技风险投资基金有限公司”，而《股东会担保决议》形成于2006年，故其上所盖的名为“大连科技风险投资有限公司”的印章系作废旧印章，对此招行东港支行应进行审查，但实际其并未尽到审查义务。3. 根据《公司法》第十六条第三款规定“前款规定的股东或者受前款规定的实际控制人支配的股东，不得参加前款规定事项的表决”，振邦集团公司作为振邦股份公司的股东，本不应参加此担保事项的表决，但《股东会担保决议》上却盖有振邦集团公司的印章，对此因公司法有明确规定招行东港支行亦应进行审查，结果招行东港支行同样未尽审查义务。综上，对于上述明显瑕疵招行东港支行经审查应能很容易审查出，但其却未尽到应有的审查义务，故可以确定招行东港支行知道或应当知道周建良系超越权限订立抵押合同及不可撤销担保书。

与此相对，再审法院则认为：①

《股东会担保决议》中存在的相关瑕疵必须经过鉴定机关的鉴定方能识别，必须经过查询公司工商登记才能知晓、必须谙熟公司法相关规范才能避免因担保公司内部管理不善导致的风险，如若将此全部归属于担保债权人的审查义务范围，未免过于严苛，亦有违合同法、担保法等保护交易安全的立法初衷。担保债权人基于对担保人法定代表人身份、公司法人印章真实性的信赖，基于担保人提供的股东会担保决议盖有担保人公司真实印章的事实，完全有理由相信该《股东会担保决议》的真实性，无需也不可能进一步鉴别担保人提供的《股东会担保决议》的真伪。因此，招行东港支行在接受作为非上市公司的振邦股份公司为其股东提供担保过程中，已尽到合理的审查义务，主观上构成善意。本案周建良的行为构成表见代表，振邦股份公司对案涉保证合同应承担担保责任。

在该案中，一审法院的认定虽名曰“形式审查”，但其中仅有“辽宁科技创业投资责任公司”的名称不符合法律规定，尚属形式审查之外，“大连科技风险投资有限公司”虽已变更，但相对人查询公司工商登记才能得知，已经超出形式审查的范畴；不应参与表决的股东在《股东会担保决议》上盖了章，但这个章属于无害也无益的章，只需在计算公司担保决议的股权比例之时将之剔除即可。至于“天津环渤海创业投资管理有限公司”和“中绿实业有限公司”的印章，一审

① 辽宁省高级人民法院（2010）辽民二终字第15号民事判决书。

法院经司法鉴定认定并非真实，显然已经不是相对人形式审查义务所能涵盖。最高人民法院在再审判决正确地指出：“《股东会担保决议》中存在的相关瑕疵必须经过鉴定机关的鉴定方能识别，必须经过查询公司工商登记才能知晓……才能避免因担保公司内部管理不善导致的风险，如若将此全部归属于担保债权人的审查义务范围，未免过于严苛，亦有违合同法、担保法等保护交易安全的立法初衷。”[①] 但相对人的形式审查义务绝不仅仅只是“担保人法定代表人身份、公司法人印章真实性”，仅依“股东会担保决议盖有担保人公司真实印章的事实”尚无法得出相对人“不知道或不应当知道法定代表人超越代表权限”的结论。形式审查标准要求是本案中相对人应将“辽宁科技创业投资责任公司”以及股东振邦集团公司所代表的股份除去，剩下的各签章股东所代表的股份是否超过有表决权的股东所持股权的半数（或公司章程规定的其他比例），以此得出相对人是否善尽形式审查义务的结论。仅审查“担保人法定代表人身份、公司法人印章真实性”是与公司签订一般经营合同的最低要求，并不足以适用于公司担保交易，如此把握无异于排除《合同法》第五十条但书条款的适用余地。[②]

学说上，相对人审查义务的标准有实质审查与形式审查之分。实质审查强调相对人对公司提交的公司章程和公司担保决议的真实性、合法性、有效性要进行审查。比如，公司担保决策机构是否真实召开了会议，会议程序是否有瑕疵，决议上的股东或者董事的签名是否真实，有无存在伪造的情况。[③] 但相对人作为公司之外的人，很难全程到场监控公司担保决议的起草过程中的争议，也不可能参与公司内部整个决策过程。[④] 要求相对人进行实质审查对相对人要求过于严苛，因为，此举不仅超出了相对人的固有审查能力，不能为《合同法》第五十条“应当知道”的文义所能涵盖，而且不适当地增加了公司担保易的交易成本，损及交易效率，[⑤] 容易滋生担保人随意以相对人未尽审查义务而否定担保合同效力的道德风险。因此，通说认为相对人仅负形式审查义务，即相对人仅对公司章程、公司担保决议的形式要件进行审查，即审查相关材料是否齐全，是否符合法定形式，对于材料的真实性、有效性不作审查。[⑥] 正如（2007）民二终字第 184 号判

---

① “招商银行股份有限公司大连东港支行与大连振邦氟涂料股份有限公司、大连振邦集团有限公司借款合同纠纷再审案”［最高人民法院（2012）民提字第 156 号民事判决书］。

② 参见高圣平：《公司担保中相对人的审查义务——基于最高人民法院裁判分歧的分析和展开》，载《政法论坛》2017 年第 5 期。

③ 参见梁上上：《公司担保合同的相对人审查义务》，载《法学》2013 年第 3 期。

④ 参见“上海创宏建筑材料有限公司与上海农村商业银行股份有限公司吴淞支行、上海宝艺钢铁物资有限公司、吴海东借款合同纠纷上诉案”［上海市第二中级人民法院（2008）沪二中民三（商）终字第 182 号民事判决书］。

⑤ 参见华德波：《论〈公司法〉第十六条的理解与适用》，载《法律适用》2011 年第 3 期。

⑥ 参见梁上上：《公司担保合同的相对人审查义务》，载《法学》2013 年第 3 期。

决中所称："只要审查董事会决议的形式要件是否符合法律规定，银行即尽到了合理的注意义务。""决议上的签名是否为董事亲笔所签，则属于实质性审查的范畴，光大银行对此并无法定义务。"这一点也适用于《股东会决议》，从而，"《股东会决议》上的股东签名字迹是否为其本人所写，抵押权人并无实质审查义务。"①

在形式审查标准之下，相对人无须审查公司担保决议的形成是否存在程序上的瑕疵，如形成公司担保决议的董事会或股东（大）会会议的通知程序、召集程序和表决程序是否符合《公司法》和公司章程的规定；无须审查公司担保决议中的股东、董事签章是否真实。至于关联担保的判断，可以通过公司章程对股东资格、实际控制人资格进行形式上的确认。名为隐名股东提供担保的问题，实为实质审查的内容。

值得注意的是，有学者虽然主张相对人仅负形式审查义务，但同时认为，"形式审查不是不审查，更不能只审查担保决议中的公司章程或法定代表人个人名章之真伪，而要审查公司章程和相关的公司担保决议的真实性与合法性。审查的对象不仅包括决议内容的合法性、决议条款的逻辑性与真实性、决议的表决情况（如赞同、否决、弃权），还包括股东或者董事签名的真实性等方面。"② 这实际上将相对人的审查义务导向实质审查。但本书作者认为，对公司担保决议的形式要件的审查，不限于审查公司是否提交了股东或董事签署的公司担保决议，因为这无异于不审查。相对人应进一步与公司章程比对决议上签章的股东的一致性（但并不审查签章的真实性），计算签章股东所持表决权是否达到《公司法》或公司章程所定最低比例（董事会作出决议时无此要求）。③ "这不仅涉及文义审查，还需要借助于简单的逻辑审查即可明了。"④ 因此，"作为形式审查的基本要求，银行债权人仅对公司章程、股东会或董事会决议的真实性与合法性进行合理审慎的审查即可，但要尽到具有普通伦理观念和智商的理性银行从业人员在同等或近似情况下应当具备的审慎、注意和技能。"⑤

《会议纪要》指出，债权人对公司担保决议内容的审查一般限于形式审查，只要求尽到必要的注意义务，标准不宜太过严苛。公司以机关决议系法定代表人

---

① "上海明力德实业有限公司与中国光大银行股份有限公司上海分行其他借款合同纠纷申请再审民事裁定书"[最高人民法院（2013）民申字第1785号民事裁定书]。

② 刘俊海：《新公司法的制度创新：立法争点与解释难点》，法律出版社2006年版，第107页。

③ 在公司章程未作例外约定的情形之下，直接适用《公司法》的规定。例如，《公司法》第一百零三条第二款规定："股东大会作出决议，必须经出席会议的股东所持表决权过半数通过。但是，股东大会作出修改公司章程、增加或者减少注册资本的决议，以及公司合并、分立、解散或者变更公司形式的决议，必须经出席会议的股东所持表决权的三分之二以上通过。"

④ 李建伟：《公司非关联性商事担保的规范适用分析》，载《当代法学》2013年第3期。

⑤ 徐海燕：《公司法定代表人越权签署的担保合同的效力》，载《法学》2007年第9期。

伪造或变造、决议形式程序违法、签章（名）不实、担保金额超过法定限额等事由抗辩的，人民法院不应支持。当然，公司能够证明债权人明知上述情形的，债权人显非善意。

【附：起草过程中的争议】

《会议纪要（稿）》

23.【相对人的形式审查义务】行为人未经公司决议对外提供担保，相对人能够证明其在订立担保合同时已经对公司章程、决议等与担保相关的文件进行了审查，文件所记载的内容符合公司法第十六条、第一百零四条、第一百二十一条等法律规定的，应当认定构成表见代表或表见代理，由公司承担相应的责任。对公司提出的决议形成的其他程序违法、决议签章不实、担保金额实际超过法定担保限额等抗辩理由，人民法院不予支持。但在案件审理中，如果存在同意担保的决议由公司无权决议机构作出、担保决议未经法定或章程规定的多数通过、参与决议的股东或董事违反了公司法第十六条第三款或者第一百二十四条关于回避表决的规定、参与决议的人员不符合公司章程、营业执照的记载，且没有相应的授权文件等能够证明相对人具有重大过失的情形，应当认定不构成表见代表（理）。

24.【伪造、变造决议等情形下的信赖保护】根据《民法总则》第八十五条的规定，公司以相关董事会、股东会、股东大会决议系行为人伪造、变造，相关决议在担保合同签订后被人民法院或者仲裁机构的生效法律文书撤销，或者被确认为不成立、无效等为由，主张担保合同对公司不生效力的，人民法院不予支持，但公司能够证明相对人在订立担保合同时明知决议具有不成立、无效事由的除外。

《会议纪要（哈尔滨征求意见稿）》

24.【相对人的形式审查义务】在案件审理中，相对人能够证明其已经对公司章程、决议等与担保相关的文件进行了审查，文件所记载的内容符合《公司法》第十六条、第一百零四条、第一百二十一条等法律规定的，应当认定构成表见代表或者表见代理，由公司承担相应的责任。对公司提出的诸如决议程序违法、决议签章不实等抗辩，人民法院不予支持。但如果公司能够证明相对人具有过失，如同意担保的决议是由公司无权决议机构所作出、决议未经法定或者章程规定的多数通过、参与决议的股东或者董事违反了《公司法》第十六条第三款或者第一百二十四条关于回避表决的规定、参与决议的人员不符合公司章程、营业执照的记载等情形的，应当认定不构成表见代表或者表见代理。

25.【伪造、变造决议情况下的信赖保护】根据《民法总则》第八十五条的规定，公司以相关股东大会、股东会、董事会决议是行为人伪造或者变造，相关决议在担保合同签订后被人民法院或者仲裁机构的生效法律文书撤销，或者被确认为不成立、无效等为由，主张担保合同对公司不生效力的，人民法院不予支持，但公司能够证明相对人在订立担保合同时明知决议具有不成立、无效事由的除外。

《会议纪要（公开征求意见稿）》

19.【表见代表情况下不影响担保合同对公司发生效力】根据《民法总则》第六十一条及《合同法》第五十条的规定，在债权人系善意，法定代表人的行为构成表见代表的情况下，法定代表人越权与债权人签订担保合同，对公司仍发生法律效力，公司以法定代表人越权为由提出的抗辩不能得到支持。这里所称的善意，是指债权人不知道或者不应当知道法定代表人越权签订担保合同。《公司法》第十六条对关联担保和非关联担保的决议机关作了区别规定，因此对善意的判断亦应有所区别。一种情形是，为公司股东、实际控制人等与公司有关联关系的主体提供担保，《公司法》第十六条明确规定须由股东会或者股东大会决议，未经股东会或者股东大会决议，构成越权代表。因此，债权人主张担保合同对公司发生效力，应提供证据证明其在订立合同时对股东会或者股东大会决议进行了审查，决议所记载的内容符合《公司法》第十六条的规定，即在排除被担保股东表决权情况下，二分之一以上股东表决同意。债权人能够提供上述证明的，应认定构成善意。另一种情形是，公司为不具有关联关系的其他主体提供担保，《公司法》第十六条规定，由公司章程规定是董事会决议还是股东会或者股东大会决议。无论章程是否对决议机关作了规定，也无论章程规定决议机关为董事会还是股东会或者股东大会，由于《民法总则》第六十一条规定，公司章程及公司机关对法定代表人代表权的限制，不得对抗善意相对人，因此，只要债权人能够证明其在签订担保合同时对董事会决议或股东会、股东大会决议的二者之一进行了审查，且决议记载内容符合《公司法》第十六条的规定，即可认定债权人善意。但是，公司能够证明债权人明知公司章程对决议机关有明确规定的除外。

上述两种情况对机关决议内容的审查一般限于形式审查，只要求尽到必要的注意义务，标准不宜太过严苛。公司以机关决议系法定代表人伪造或变造、决议形式程序违法、签章（名）不实、担保金额超过法定限额等事由抗辩的，人民法院不应支持。当然，公司能够证明债权人明知上述情形的，债权人显非善意。

第三节　公司意思的认定与推定

【会议纪要条文】

19.【无须机关决议的例外情况】存在下列情形的，即便债权人知道或者应当知道没有公司机关决议，也应当认定担保合同符合公司的真实意思表示，合同有效：

（1）公司是以为他人提供担保为主营业务的担保公司，或者是开展保函业务的银行或者非银行金融机构；

（2）公司为其直接或者间接控制的公司开展经营活动向债权人提供担保；

（3）公司与主债务人之间存在相互担保等商业合作关系；

（4）担保合同系由单独或者共同持有公司三分之二以上有表决权的股东签字同意。

22.【上市公司为他人提供担保】债权人根据上市公司公开披露的关于担保事项已经董事会或者股东大会决议通过的信息订立的担保合同，人民法院应当认定有效。

【条文要义】

上述条文系结合《民法总则》第六十一条、第六十二条、《公司法》第十六条，对公司为他人债务提供担保的意思的解释。

第一，《公司法》第十六条的规定表明，公司为他人债务提供担保的行为不是法定代表人所能单独决定的事项，而必须以公司股东会或者股东大会、董事会等公司机关的决议作为授权的基础和来源。如此，《民法总则》第六十一条第二款关于“法定代表人以法人名义从事的民事活动，其法律后果由法人承受”的规定的适用即受限制。在《公司法》第十六条剥夺了法定代表人未经公司决议即代表公司与相对人签订担保合同的权限的情形之下，法定代表人的意思就不能直接推定为公司的意思，公司机关决议是成了判断公司担保意思的主要依据。只不过，对有权作出公司担保决议的机关，应结合《民法总则》第六十一条第三款的规定作出解释。为公司股东、实际控制人等与公司有关联关系的主体提供担保的，决议机关应为股东会或者股东大会；公司为不具有关联关系的其他主体提供担保，决议机关可以是董事会，也可以是股东会或者股东大会，即使公司章程对决议机关作了规定，亦无不然，除非公司能够证明债权人明知公司章程对决议机关有明确规定。

第二，实践中还存在着即使没有公司机关决议也可推定为公司意思的情形。例如，公司是以为他人提供担保为主营业务的担保公司，或者是开展独立保函业务的银行和非银行金融机构，为他人提供担保本属这些公司的正常经营范围，与将担保作为公司非正常经营活动的《公司法》第十六条的规范目的不合，自不应适用《公司法》第十六条而剥夺法定代表人的代表权限。此时，法定代表人代表公司与相对人签订的担保合同，并不因没有公司机关决议而受到影响。

第三，公司与主债务人之间存在着相互担保等商业合作关系，亦属即使没有公司机关决议也可推定为公司意思的情形。《公司法》第十六条旨在防止法定代表人随意代表公司对外提供担保给公司造成损失，损害中小股东利益。就单个担保合同而言，公司为他人提供担保确实会危及公司资产的安全，与公司设立的本旨不合，但如提供担保的公司在其他担保交易中也委托该“他人”为自己的债务提供担保的，亦应认为公司为该“他人”提供担保符合公司的利益。此时，法定代表人以公司的名义所签订的担保合同，即使没有公司机关决议，亦应推定为公司的真实意思。

第四，担保合同系由单独或者共同持有公司三分之二以上有表决权的股东签字同意的，股东（大）会决议已经徒具形式。即使没有公司机关决议，也可推定为公司的意思。在解释上，即使公司章程中规定决议机关是董事会，由股东（大）会作出决议亦无不可，因为股东之间是借助公司章程把本属自己的权利授权董事会概括行使，在股东权利具体行使之时，自可取消该授权而改由自己行使。因此，即使公司章程中规定决议机关是董事会，由持有公司三分之二以上有表决权的股东单独或共同实施的，亦可认为已经事实上形成了有效的股东（大）会决议，以替代董事会决议，推定为公司的意思。值得注意的是，本项规定排除关联担保的情形。

第五，按照《证券法》第六十七条的规定，“公司订立重要合同，可能对公司的资产、负债、权益和经营成果产生重要影响”的，上市公司应当立即将有关该重大事件的情况向国务院证券监督管理机构和证券交易所报送临时报告，并予公告，说明事件的起因、目前的状态和可能产生的法律后果。《上市公司信息披露管理办法》第三十条进一步明确，上市公司“对外提供重大担保”的，上市公司应当立即披露，说明事件的起因、目前的状态和可能产生的影响。债权人根据上市公司公开披露的关于担保事项已经董事会或者股东大会决议通过的信息订立的担保合同，即使债权人并未持有董事会或者股东大会决议，人民法院也应当认定有效。

【深度阐释】

一、公司意思的认定

在法人实在说下，法定代表人是法人的意思表达机关，一般而言，法定代表人以法人的名义表达出来的意思，即为法人的意思。《民法总则》第六十一条就此规定："依照法律或者法人章程的规定，代表法人从事民事活动的负责人，为法人的法定代表人。"（第一款）"法定代表人以法人名义从事的民事活动，其法律后果由法人承受。"（第二款）"法人章程或者法人权力机构对法定代表人代表权的限制，不得对抗善意相对人。"（第三款）由此可见，并非法定代表人以法人的名义表达出来的意思，均为法人的意思。法定代表人以法人的名义表达出来的意思，只有在法律或者法人章程规定的代表权范围内，才构成法人的意思。法定代表人超越代表权以法人名义表达出来的意思，在相对人善意的情形之下，推定为法人的意思。

《公司法》第十六条的规定表明，法定代表人没有以公司名义为他人债务提供担保的代表权限，此属法定代表人代表权的法定限制，在解释上自不同于公司章程或者公司权力机构对法定代表人代表权的限制。在《公司法》第十六条之下，公司为他人债务提供担保的行为不是法定代表人所能单独决定的事项，而必须以公司股东会或者股东大会、董事会等公司机关的决议作为其代表权的基础和来源。在《公司法》第十六条剥夺了法定代表人未经公司决议即代表公司与相对人签订担保合同的权限的情形之下，法定代表人的意思就不能直接推定为公司的意思，公司机关决议是成了判断公司担保意思的主要依据。

对有权作出公司担保决议的机关，应结合《民法总则》第六十一条第三款的规定作出解释。《公司法》第十六条第一款和第二款分别对非关联担保和关联担保的决议机关作了规定。其中，第一款中规定："公司向其他企业投资或者为他人提供担保，依照公司章程的规定，由董事会或者股东会、股东大会决议。"由此可见，公司为不具有关联关系的其他主体提供担保，决议机关可以是董事会，也可以是股东会或者股东大会。在《会议纪要》看来，如公司章程对决议机关作了规定，在董事会和股东（大）会之间做了选择，依《民法总则》第六十一条第三款，这一选择也不能对抗善意第三人。只要经过董事会或者股东（大）会作出决议，法定代表人代表公司与相对人签订的担保合同，即推定为公司的意思。此一推定可依反证加以推翻，亦即公司能够证明相对人明知公司章程对决议机关有明确规定的，非章定决议机构所作出的决议不得作为推定公司意思的基础。值得注意的是，即使公司章程规定的决议机关为董事会，且相对人明知公司章程如此规定，法定代表人在与相对人签订担保合同之时所持的是股东（大）会决议的，亦应认定为公司的担保意思。此际，是否为他人债务提供担保，本属股东（大）会的当然职权，股东（大）会借由公司章程把本属自己的权利授权董事会概括行使，在股东权利具体行使之时，自可取消该授权而改由自己行使。

公司章程中就公司为他人提供担保的事项未做规定之时，在公司提供非关联担保时，董事会决议即可表明法定代表人具有代表权。如在“招商银行股份有限公司鄂尔多斯分行与内蒙古怡和能源集团有限公司、鄂尔多斯市联创煤炭有限责任公司等金融借款合同纠纷上诉案”[①] 中，内蒙古自治区高级人民法院认为：

怡和公司章程中并未就向其他企业投资或者为他人提供担保的表决方式，且联创公司亦非怡和公司的股东或者实际控制人，故怡和公司通过董事会决议的方式向联创公司提供担保的方式合法有效，招商银行鄂尔多斯分行已经尽到合理审查义务，该担保行为应当有效。

《公司法》第十六条第二款规定：“公司为公司股东或者实际控制人提供担保的，必须经股东会或者股东大会决议。”由此可见，为公司股东、实际控制人等与公司有关联关系的主体提供担保的，决议机关仅为股东会或者股东大会，董事会决议不能作为法定代表人代表权的基础和来源。

二、公司意思的推定

实践中还存在着即使没有公司机关决议也可推定为公司意思的情形。《会议纪要》提及以下四种情形：

（一）公司担保为其正常经营范围

公司是以为他人提供担保为主营业务的担保公司，或者是开展独立保函业务的银行和非银行金融机构，为他人提供担保本属这些公司的正常经营范围，与将担保作为公司非正常经营活动的《公司法》第十六条的规范目的不合，自不应适用《公司法》第十六条而剥夺法定代表人的代表权限。此时，法定代表人代表公司与相对人签订的担保合同，并不因没有公司机关决议而受到影响。

（二）法定代表人的行为符合公司利益

公司与主债务人之间存在着相互担保等商业合作关系，亦属即使没有公司机关决议也可推定为公司意思的情形。《公司法》第十六条旨在防止法定代表人随意代表公司对外提供担保给公司造成损失，损害中小股东利益。就单个担保合同而言，公司为他人提供担保确实会危及公司资产的安全，与公司设立的本旨不合，但如提供担保的公司在其他担保交易中也委托该“他人”为自己的债务提供

---

① 内蒙古自治区高级人民法院（2019）内民终 84 号民事判决书。

担保的，亦应认为公司为该“他人”提供担保符合公司的利益。此时，法定代表人以公司的名义所签订的担保合同，即使没有公司机关决议，亦应推定为公司的真实意思。

法定代表人虽未经公司股东会决议越权签订担保合同，但债权人有理由相信法定代表人的行为符合公司利益、系公司的真实意思表示，担保合同对公司发生效力。如在“徐晓英与海南中度旅游产业开发有限公司、海南中度实业发展有限公司、徐泽宪、等民间借贷纠纷上诉案”① 中，最高人民法院认为：

关于中度旅游公司为本案提供担保是否符合其利益的问题。首先，徐晓英与徐泽宪等人签订的《借款协议》中对借款用途约定为，借款人从出借人处所借款项将专项用于投资中度旅游公司国有建设用地使用权出让合同的项目。而根据本案二审中中度旅游公司提交的该份出让合同及其附件，该合同项下土地上的建设项目为长江商学院三亚校区、三亚温泉谷度假村及休闲养生中心项目。其次，根据案涉中融信托、中度实业公司、达简合伙、莱韵公司、中度旅游公司签订的《监管协议》约定，中度旅游公司系为开发位于上述长江商学院三亚分院、三亚温泉谷度假村及休闲养生中心项目之目的设立的一家有限责任公司。再次，本院二审中，中度旅游公司亦认可上述项目全部登记在其名下由其进行开发建设，且承认案涉借款的一部分应当用于上述项目的后续开发。由此，原审判决认定中度旅游公司作为用款人对本案借款提供担保符合其利益，有事实依据。……

本案中，徐泽宪在案涉借款明细及还款承诺函中加盖中度旅游公司公章，并承诺中度旅游公司为本案提供连带保证责任，虽因未经中度旅游公司股东会决议而属于越权签订担保合同的行为，但根据本案事实，徐晓英有理由相信徐泽宪上述行为系中度旅游公司的真实意思表示。因此，本案担保合同对中度旅游公司发生法律效力。原审判决基于徐晓英在本案中属于善意相对人，以及结合本案借款实际系因中度旅游公司房地产开发项目资金需要而发生，该公司作为用款人对本案借款提供担保亦符合其利益的事实，认定中度旅游公司应当为本案借款承担连带保证责任，有事实依据和法律依据，并无不当。

（三）公司控投股东实际控制人同意担保的情形

公司为其直接或者间接控制的公司开展经营活动向债权人提供担保，符合公司利益，此时，法定代表人以公司的名义所签订的担保合同，即使没有公司机关决议，亦应推定为公司的真实意思。如在“中国工商银行股份有限公司鹰潭分行与中新房南方集团有限公司、鹰潭市太平洋奥特莱斯商贸有限公司、鹰潭市华森房地产开发有限公司等委托贷款合同纠纷上诉案”② 中，最高人民法院认为：

① 最高人民法院（2017）最高法民终 865 号民事判决书。

② 最高人民法院（2017）最高法民终 369 号民事判决书。

关于中新房南方公司出具的案涉《担保函》的效力应如何认定。中新房南方公司上诉主张，其对奥特莱斯公司出具的两份《一般委托贷款借款合同》的担保函仅盖有中新房南方公司公章，未附有中新房南方公司董事会相关决议，从形式及效力均违反法律规定，应为无效。本院认为，《中华人民共和国公司法》第十六条第一款规定，“公司向其他企业投资或者为他人提供担保，依照公司章程的规定，由董事会或者股东会、股东大会决议”，该法律规定的立法目的是保护公司、股东和债权人的利益，防止法定代表人等公司工作人员超越权限擅自为他人提供担保，该法规定的决议前置程序旨在确保公司为他人提供担保系公司的真实意思表示。本案中，中新房华夏实业有限公司、奥特莱斯公司、胡文辉均系鹰潭华森公司股东，根据奥特莱斯公司、中新房华夏实业有限公司、鹰潭华森公司签订的《代持股合作补充协议书》，中新房华夏实业有限公司与奥特莱斯公司和胡文辉合作的主要条件，是为鹰潭华森公司的项目开发提供融资支持，帮助奥特莱斯公司偿还工商银行的5.2亿元贷款。中新房南方公司作为中新房华夏实业有限公司的控股股东，以自身名义为奥特莱斯公司提供担保，符合中新房华夏实业有限公司履行《代持股合作补充协议书》项下的义务，其担保行为亦不损害中新房南方公司的自身利益，应认定为中新房南方公司的真实意思表示。因此，中新房南方公司虽未提供其公司董事会决议，但根据本案相关证据可以认定案涉《担保函》的出具系其真实意思表示，中新房南方公司关于案涉《担保函》无效的上诉理由，明显违反诚信原则，本院不予支持。

有判决认为，公司为他人提供担保亦属公司经营事项，在行为人绝对控制担保人公司的情形之下，行为人同意担保的意思即可推定为担保人公司的意思。如在“泉州台商投资区永亨小额贷款有限公司与和昌（福建）房地产开发有限公司、何利民、潘伟民、陈志育借款合同纠纷再审案”[①] 中，最高人民法院认为：

在公司为他人提供担保这一可能影响股东利益的场合，立法规定了公司机关决议前置程序以限制法定代表人的权限，这一制度安排的规范趣旨在于确保相关担保行为符合公司的意思，不损害公司、股东的利益。而在本案中，虽然和昌公司的章程规定为他人提供担保须经董事会决议，但考虑到案涉借款、担保行为发生之时，和昌公司的董事均由潘伟民委派这一事实，可以认定和昌公司股东实际赋予了潘伟民就公司经营中的所有事项作出决定的权力。故和昌公司关于案涉担保行为未经董事会决议、系潘伟民越权私刻公章实施的申请理由，事实依据并不充分，本院不予支持。且本案事实表明，潘伟民在实际接手和昌公司之后，已经

---

① 最高人民法院（2018）最高法民申313号民事裁定书。类似的案例还有“浙江城建建设集团有限公司与西安研苑置业有限公司、西安冠城置业有限公司合同纠纷再审案”[最高人民法院（2018）最高法民申2115号民事裁定书]。

筹措资金将案涉项目建设至14层，在和昌公司不能举证证明案涉借款并未实际发生，以及借款金额不实等案件基本事实的情况下，原审法院依据现有证据认定借款金额，并无不当。

（四）全体股东和大部分股东同意担保的情形

虽然公司未提供公司担保决议，但全体股东均同意提供担保的情形之下，担保合同是公司的真实意思表示。如在“以岭医药科技有限公司与河北华安生物医药股份有限公司、井力敏、南秀茹新增资本认购纠纷再审案”[①] 中，最高人民法院认为：

华安公司虽未就为股东提供担保事宜形成股东会决议，但井力敏、南秀茹系公司全部股东及实际控制人，二人的决定即为全体股东决议。因此，华安公司为井力敏、南秀茹提供担保并最终承担保证责任，不违反《公司法》第十六条的规定。

虽然公司未提供公司担保决议，但其他股东均同意提供担保的情形之下，担保合同是公司的真实意思表示。如在“新余市嘉利工贸有限公司与贵州丰鑫源矿业有限公司、衡阳泽丰园工贸发展有限公司等债权转让合同纠纷再审案”[②] 中，最高人民法院认为：

2011年10月22日签订1500万元借款协议时，丰鑫源公司的股东为泽丰园公司及自然人贺均，两者的持股比例分别为73%和27%，至同年11月3日签订500万元借款协议时，泽丰园公司因向丰鑫源公司增资持有97.24%的股权，贺均的持股比例变为2.76%。2013年6月23日，贺均将其所持股份全部转让给自然人罗猛，退出丰鑫源公司。由此可见，丰鑫源公司为丰泽园公司、何寿生、何平向赖波的借款债务提供担保，构成为公司股东、实际控制人提供担保。根据《公司法》第十六条第二款及第三款规定，丰鑫源公司的担保是否是其真实意思表示取决于提供担保时公司的另一股东贺均是否同意。由于在本案诉讼发生时，贺均已经退出丰鑫源公司，而丰鑫源公司在本案中始终未能提供证据证明贺均在担保行为发生时表达了拒绝同意的意思表示，故原审判决认定丰鑫源公司的担保有效并无不当，丰鑫源公司关于公司提供担保时未经过股东会决议、违反《公司法》第十六条的强制性规范，应认定为无效的申请理由，并无相应的事实依据，本院不予支持。

绝对控股股东同意为他人债务提供担保的情形之下，公司担保决议徒具形式。此时，即使未经公司担保决策机构决议，也足以认定公司他人债务提供担保的意思。如在“山东寿光农村商业银行股份有限公司与山东巨力机械有限公司、

① 最高人民法院（2018）最高法民申5504号民事裁定书。

② 最高人民法院（2018）最高法民申1918号民事裁定书。

寿光市花视界农业科技博览园有限公司、戴威农业科技发展股份有限公司等金融借款合同纠纷再审案”① 中，最高人民法院认为：

本案再审审查主要涉及未经公司决议程序对外提供的担保是否有效，而这涉及《公司法》第十六条的理解适用问题。关于该条的规范性质以及违反后的法律效果，司法实践中存在不同认识，原审判决认定巨力公司的法定代表人项阳代表公司作出的担保行为有效并无明显不当。退一步说，即使公司对外提供担保须经股东会决议程序，鉴于项阳持有巨力公司98.85%的股权，这一事实足以表明其对外提供担保是公司真实意思的表示，巨力公司以未经股东会决议程序为由主张担保无效不符合诚实信用原则。

虽然没有股东会决议，但同意担保的股东所持表决权已经达到法定比例的，担保合同仍然对公司发生效力。如在“温斌斌与朱继中、河南义腾新能源科技有限公司等合同纠纷上诉案”② 中，最高人民法院认为：

本案中，根据义腾公司工商注册登记信息记载，2015 年 4 月 10 日温斌斌、朱继中与义腾公司签订《债务偿还合同》约定义腾公司为朱继中提供担保时，义腾公司的股东为温斌斌、朱继中与中亿金通公司，持股比例分别为 27.5%、67.5%、5%。根据义腾公司章程第十八条规定，公司对外融资、担保事项应由超过三分之二以上表决权的股东表决通过。因朱继中作为被担保人，不能参与股东会对义腾公司提供担保事项的表决，故应由其他股东即温斌斌、中亿金通公司所持表决权的三分之二以上通过。温斌斌作为债权人，同时是持有义腾公司 27.5%股权的股东，其在《债务偿还合同》上签字的行为表明，其同意义腾公司为朱继中提供担保。故义腾公司为朱继中提供担保并不违反《公司法》第十六条以及义腾公司章程的规定。义腾公司上诉所提因该事项未经股东会决议，故《债务偿还合同》及其补充协议中关于义腾公司承担连带保证责任的约定无效的主张，缺乏事实和法律依据，本院不予支持。

《会议纪要》指出，担保合同系由单独或者共同持有公司三分之二以上有表决权的股东签字同意的，股东（大）会决议已经徒具形式。即使没有公司机关决议，也可推定为公司的意思。在解释上，即使公司章程中规定决议机关是董事会，由股东（大）会作出决议亦无不可，因为股东之间是借助公司章程把本属自己的权利授权董事会概括行使，在股东权利具体行使之时，自可取消该授权而改由自己行使。因此，即使公司章程中规定决议机关是董事会，由持有公司三分之二以上有表决权的股东单独或共同实施的，亦可认为已经事实上形成了有效的股东（大）会决议，以替代董事会决议，推定为公司的意思。

---

① 最高人民法院（2019）最高法民申 3066 号民事裁定书。

② 最高人民法院（2018）最高法民终 202 号民事判决书。

【附：起草过程中的争议】

《会议纪要（稿）》

20.【公司意思的认定】公司机关决议是判断担保行为是否为公司经公司同意的直接证据，原则上，未经决议授权的担保行为即应认定为无权代表（理）行为。但在案件审理中，对公司章程规定对外担保须经董事会决议，同意担保的决议实际上是由公司股东（大）会作出的，或者公司章程没有规定公司对外担保的决议机构，公司董事会决议同意或者追认为他人提供担保的，也应当认定担保行为符合公司的真实意思，构成有权代表（理）。

21.【符合公司利益即可推定公司同意担保】根据现阶段公司治理的现状，对商业实践中担保人与主债务人之间存在着相互担保等商业合作关系、担保人为其直接或间接控制的公司开展经营活动向债权人提供担保、为他人（不包括股东或实际控制人）提供担保的行为是由持有公司50%以上表决权的股东单独或共同实施等足以认定担保行为本身符合公司利益的情形，即便债权人不能提供担保行为经过公司决议的相关证据，也应当认定担保行为符合公司的真实意思。

22.【公司印章、法定代表人签字等事实不能作为认定公司意思的依据】行为人超越权限以公司名义为他人提供担保，相对人仅以担保合同上加盖了公司印章或者有公司法定代表人、授权代理人签名、盖章为由，主张其有理由相信行为人有签订该担保合同的代表、代理权限的，人民法院不予支持；公司主张担保合同对其不发生效力的，人民法院应予支持。

《会议纪要（哈尔滨征求意见稿）》

21.【公司意思的认定】公司机关决议是判断担保行为是否经公司同意的直接证据，原则上，只要是未经决议授权的担保行为，就可以认定属于无权代表或者无权代理行为。但在案件审理中，公司章程规定对外担保须经董事会决议而同意担保的决议实际上是由公司股东大会或者股东会作出的，或者公司章程没有规定公司对外担保的决议机构，公司董事会决议同意或者追认为他人提供担保的，也应当认定担保行为符合公司的真实意思，构成有权代表或者有权代理。

22.【公司意思的推定】根据现阶段公司治理的现状，对商业实践中担保人与主债务人之间存在着相互担保等商业合作关系、担保人为其直接或者间接控制的公司开展经营活动向债权人提供担保、为他人提供担保的行为是由持有公司50%以上有表决权的股东单独或者共同实施等足以认定担保行为本身符合公司利益的情形，即便债权人不能提供担保行为经过公司决议的相关证据，也应当认定担保行为符合公司的真实意思。

23.【不属于公司意思的情形】行为人超越权限以公司名义为他人提供担保，相对人仅以担保合同上加盖了公司印章或者有公司法定代表人、代理人的签字或者盖章为由，主张其有理由相信行为人有签订该担保合同的代表或者代理权限的，人民法院不予支持。

《会议纪要（公开征求意见稿）》

20.【公司担保意思的推定】实践中存在下列情形的，即便没有公司机关决议，也应当认定担保合同符合公司的真实意思表示，从而认定担保合同有效：(1) 公司是以为他人提供担保为主营业务的担保公司，或者是开展独立保函业务的银行和非银行金融机构；(2) 公司与主债务人之间存在着相互担保等商业合作关系；(3) 公司为其直接或间接控制的公司开展经营活动向债权人提供担保；(4) 为他人（不包括股东或实际控制人）提供担保的行为，由持有公司50%以上表决权的股东单独或共同实施。

第四节　越权代表的法律后果

【会议纪要条文】

20.【越权担保的民事责任】依据前述3条规定，担保合同有效，债权人请求公司承担担保责任的，人民法院依法予以支持；担保合同无效，债权人请求公司承担担保责任的，人民法院不予支持，但可以按照担保法及有关司法解释关于担保无效的规定处理。公司举证证明债权人明知法定代表人超越权限或者机关决议系伪造或者变造，债权人请求公司承担合同无效后的民事责任的，人民法院不予支持。

21.【权利救济】法定代表人的越权担保行为给公司造成损失，公司请求法定代表人承担赔偿责任的，人民法院依法予以支持。公司没有提起诉讼，股东依据《公司法》第151条的规定请求法定代表人承担赔偿责任的，人民法院依法予以支持。

【条文要义】

上述条文系结合《公司法》第十六条、《民法总则》第六十一条、第一百七十一条、《合同法》第五十条，对相对人在接受公司提供担保时未尽审查义务的法律后果的解释。

第一，在公司为他人提供担保这一可能影响股东利益的场合，《公司法》第十六条规定了公司机关决议前置程序以限制法定代表人的代表权限，其规范意旨在于确保该担保行为符合公司的意思，不损害公司、股东的利益。对法定代表人超越法律、章程规定实施的越权担保行为，只有在相对人善意的情况下，该担保合同才有效。根据《合同法》第五十条，法定代表人越权签署的担保合同是否有效，取决于相对人是否知道或应当知道法定代表人超越代表权限。由此，相对人在接受公司提供担保之时应对法定代表人的代表权限进行形式审查，这是相对人基于法律规定所应负的注意义务。

第二，当相对人为善意，不知道或不应知道法定代表人超越代表权限时，担保合同即为有效，公司自应依担保合同的约定承担担保责任。公司因此而遭受的损失，应依《公司法》的相关规定，由法定代表人赔偿。当相对人为恶意，知道或应知道法定代表人超越代表权限时，担保合同无效，债权人请求公司承担担保责任的，人民法院不予支持，但可以按照担保法及有关司法解释关于担保无效的规定处理。公司举证证明债权人明知法定代表人超越权限或者机关决议系伪造或者变造，债权人请求公司承担合同无效后的民事责任的，人民法院不予支持。

第三，法定代表人的越权担保行为给公司造成损失，公司请求法定代表人承担赔偿责任的，人民法院依法予以支持。公司没有提起诉讼，股东依据《公司法》第一百五十一条的规定请求法定代表人承担赔偿责任的，人民法院依法予以支持。

【深度阐释】

一、公司担保中相对人未尽审查义务的效果归属

在法人实在说之下，法定代表人并非法人的代理人，而是法人的代表人，其从事的行为就是法人的行为。[①] 准此，法定代表人执行法人的对外事务之时所为的法律行为，就是法人自身的行为，[②] 法定代表人的代表身份使其拥有了概括代表权的外观，并使相对人产生相应的信赖。《民法总则》第六十一条第二款因此规定："法定代表人以法人名义从事的民事活动，其法律后果由法人承受。"这是否意味着法定代表人以公司的名义签订的担保合同均对公司发生效力，而不管相

① 参见谢鸿飞：《论民法典法人性质的定位》，载《中外法学》2015年第6期。

② 参见石宏主编：《民法总则条文说明、立法理由及相关规定》，北京大学出版社2017年版，第133页；沈德咏主编：《〈中华人民共和国民法总则〉条文理解与适用》，人民法院出版社2017年版，第469页。

对人是否知道法定代表人超越代表权限？正如前所述，在存在法定或约定限制的情形之下，法定代表人的代表权限实质是有限的，仅依代表关系的存在并不能直接导出法定代表人具有概括代表权的结论。准此，《民法总则》第六十一条第二款的适用应以第一款为前提，即法定代表人只有在法律或法人章程规定的权限范围内以法人名义从事的民事活动，其法律后果由法人承受，[①] 法定代表人超越法律或法人章程规定的权限以法人名义从事的民事活动，构成越权代表。[②]

就越权代表的效果归属，裁判实践中的观点并不一致。有裁判认为，在《合同法》第五十条之下，债权人是否对公司担保决议尽到审慎注意和形式审查义务，其法律后果是，担保合同的效果是否归属于公司，而不是担保合同是否有效。如在“陈友忠与福建诺奇股份有限公司、丁辉股权转让纠纷再审案”[③] 中，最高人民法院认为：

因越权代表行为是否有效的法律后果，是效果是否归属于诺奇公司，并非《合同法》第五十二条的规范范围。申请人陈友忠关于诺奇公司应当对无效担保造成的损失承担相应赔偿责任的申请理由，对法律的理解并不正确，本院不予支持。在案涉担保合同的效果不归属于诺奇公司的情况下，对案涉保证的保证期间的讨论即无必要，故本院对申请人陈友忠关于案涉保证合同并未超过保证期间的申请理由，不再予以理涉。

在《合同法》第五十条之下，债权人已对担保人公司提供担保经过股东会决议尽到审慎注意和形式审查义务，担保合同的效果归属于公司。如在“强静延与曹务波、山东瀚霖生物技术有限公司股权转让纠纷再审案”[④] 中，最高人民法院认为：

强静延已对瀚霖公司提供担保经过股东会决议尽到审慎注意和形式审查义务。案涉《增资协议书》载明：“瀚霖公司已通过股东会决议，原股东同意本次增资；各方已履行内部程序确保其具有签订本协议的全部权利；各方授权代表已获得本方正式授权。”《补充协议书》载明：“甲方（瀚霖公司）通过股东会决议同意本次增资扩股事项。”因两份协议书约定内容包括增资数额、增资用途、回购条件、回购价格以及瀚霖公司提供担保等一揽子事项，两份协议书均由瀚霖公司盖章及其法定代表人签名。对于债权人强静延而言，增资扩股、股权回购、公司担保本身属于链条型的整体投资模式，基于《增资协议书》及《补充协议书》的上

---

① 参见沈德咏主编：《〈中华人民共和国民法总则〉条文理解与适用》，人民法院出版社 2017 年版，第 477 页。

② 参见沈德咏主编：《〈中华人民共和国民法总则〉条文理解与适用》，人民法院出版社 2017 年版，第 477 页。

③ 最高人民法院（2018）最高法民申 2114 号民事裁定书。

④ 最高人民法院（2016）最高法民再 128 号民事裁定书。

述表述，强静延有理由相信瀚霖公司已对包括提供担保在内的增资扩股一揽子事项通过股东会决议，曹务波已取得瀚霖公司授权代表公司对外签订担保条款，且瀚霖公司在本案审理中亦没有提交其他相反证据证明该公司未对担保事项通过股东会决议，故应当认定强静延对担保事项经过股东会决议已尽到审慎注意和形式审查义务，因而案涉《补充协议书》所约定担保条款对瀚霖公司已发生法律效力。

在《合同法》第五十条之下，债权人未对担保人公司提供担保经过股东会决议尽到审慎注意和形式审查义务，担保合同的效果不归属于公司。如在“浙商煤炭贸易有限公司与山东中通科技发展有限公司、李保坤保证合同纠纷上诉案”①中，最高人民法院认为：

《担保法解释》第十一条规定：“法人或者其他组织的法定代表人、负责人超越权限订立的担保合同，除相对人知道或者应当知道其超越权限的以外，该代表行为有效。”依照该条款，只有合同相对人是善意，即“不知道或不应当知道”行为人无权设定担保的情况下，该代表行为才有效，担保行为对公司发生法律效力。根据上述刑事判决认定的事实，王贵团作为浙商公司总经理，对于涉案《担保函》及《关于〈担保函〉的补充约定》中中通公司印章系伪造、提供担保并非中通公司真实意思表示的事实是十分清楚的。而且《担保函》《关于〈担保函〉的补充约定》《合同展期协议》等主要涉案材料均是按照王贵团的意志所形成，王贵团在其中起主导作用，其行为目的难谓善意。因此，在浙商公司总经理王贵团明知李保坤无权代表中通公司提供担保，甚至王贵团主导设计中通公司提供担保的情况下，浙商公司不属于法定代表人越权担保中的善意相对人，李保坤的越权担保行为对中通公司而言不发生法律效力。

在相对人为善意时，即属于“知道或者应当知道其超越权限”的情形以外，该代表行为的效力应归属于公司，此点自无疑义。但在相对人知道或者应当知道代表人超越代表权限时，《合同法》第五十条仅仅消极地将此情形排除在有效代表之外，并未积极指明其到底是何种效力。② 若将《合同法》第五十条中的“除……以外”理解为一种“例外规则”，由于例外与原则在形式逻辑上构成矛盾关系，在相对人为善意的情形下越权代表行为有效，则不难推出在相对人为恶意的情形下无效。③ 但实际上，《合同法》第五十条不能依反对解释得出该代表行为无效的结论，因为“只有法律要件和法律效果构成必要条件和充要条件的假言命题的法条，才可以采取否定法律要件进而否定法律效果的解释方式”，④ 而《合同

① 最高人民法院（2017）最高法民终 892 号民事判决书。

② 参见朱广新：《合同法总则》，中国人民大学出版社 2012 年版，第 309 页。

③ 参见朱广新：《法定代表人的越权代表行为》，载《中外法学》2012 年第 3 期。

④ 杨艳霞、胡晓红：《“反对解释”有效性的逻辑考察》，载《甘肃政法学院学报》2006 年第 2 期。

法》第五十条的法律效果并未明确，更难以言及与法律要件互相构成充要条件。对于相对人为恶意的越权代表行为的效力，形成了所谓的“开放的漏洞”，即“就特定类型事件，法律欠缺——依其目的本应包含之——适用规则”，应通过类推适用或者诉诸法律原则的方法予以填补。①

在类推适用的过程中，制度间的相似性判断是其中最为关键的步骤。② 从调整对象上看，代表制度和代理制度都是对民事活动的相对人以另一方的名义为一定行为，而行为的法律效果由名义被代用人承担的制度。③ 从行为人的视角，法定代表人在本质上只不过是一种需要登记的意定代理人。④ 在体系上，《合同法》将越权代表紧随无权代理、表见代理予以规定，显然是明显意识到越权代表与无权代理制度之间的相关性。⑤ 在法律对越权代表未作特别规定的情况下，在性质相适宜的范围内，可以类推适用越权代理的相关规则。“法定代表人代表制度是代理在商事企业法人领域的特别规定，在无明确规定时，可以适用代理的一般规定。”⑥ 在比较法上，德国学界即认为，《德国股份法》第 78 条第 1 款中董事会代理行为的效果按照《德国民法典》第 164 条以下的代理法规则确定。⑦

就相对人为恶意时的越权代表效果规则，亦有观点反对类推无权代理制度。《民法总则》第六十一条位于“法人”章的“一般规定”中，而“代理”则从民事行为中析出而独立成章，说明《民法总则》已就“代表”与“代理”作出相应的体系划分，将法定代表人的越权行为类推甚至等同于“表见代理”或“无权代理”不具有体系上的正当性。⑧ 本书作者认为，上述观点的核心在于对法定代表人与法人的关系的认识持代表说，而又认为代表说是与代理说截然不同的制度设计：在代理说中，法定代表人作为法人的代理人而存在；而在代表说下，法定代表人与法人具有人格同一性，代表人的行为即为法人自身的行为。⑨ 代表说与代

---

① 参见［德］卡尔·拉伦茨：《法学方法论》，陈爱娥译，商务印书馆 2003 年版，第 246～285 页。

② 参见王利明：《法律解释学导论——以民法为视角》，法律出版社 2017 年版，第 601 页。

③ 参见李俊：《论代理规则对代表行为的类推适用——对〈合同法〉第五十条有关规定之思考》，载《西南民族大学学报（人文社科版）》2006 年第 4 期，第 100 页。

④ 参见殷秋实：《法定代表人的内涵界定与制度定位》，载《法学》2017 年第 2 期。

⑤ 参见朱广新：《法定代表人的越权代表行为》，载《中外法学》2012 年第 3 期。

⑥ 最高人民法院（2012）民提字第 208 号民事判决书。

⑦ Hölters/Weber，2. Aufl. 2014，AktG § 78 Rn. 14；Hüffer，12. Aufl. 2016，AktG § 78 Rn. 9；Henssler/Strohn/Dauner－Lieb，3. Aufl. 2016，AktG § 78 Rn. 3. Vgl. auch Roth/Altmeppen/Altmeppen，8. Aufl. 2015，GmbHG § 35 Rn. 31；Henssler/Strohn/Oetker，3. Aufl. 2016，GmbHG § 35 Rn. 49；MüKoGmbHG/Stephan/Tieves，2. Aufl. 2016，GmbHG § 35 Rn. 7.

⑧ 参见吴越：《法定代表人越权担保行为效力再审——以民法总则第六十一条第三款为分析基点》，载《政法论坛》2017 年第 5 期。

⑨ 参见梁慧星：《民法总论》，法律出版社 2018 年版，第 130 页。

理说的对立，其根本原因在于对法人本质学说的不同见解。在法人拟制说下，法人的本质为法律拟制的主体，不存在独立的意思能力与行为能力，其法律行为需要由代理人为之；在法人实在说下，法人系社会生活中独立的实体，具有独立的意思能力与行为能力，法人机关的行为即为其自身行为。① 我国现行法采纳法人实在说，承认法定代表人为法人的机关，而非代理人。② 但法人的权利义务终究要由个人来完成，这些个人行为在与法人活动目的有关并符合法人的特定程序时，在法律上归属于法人，称为法人行为，而不能被当作个人行为。③ 归根结底，"法人就其宗旨而言被视为归属载体"，这一法人本质之争并无实益。④ 无论是代表说还是代理说，都是法律技术的产物，即对法人何以承担法定代表人行为法律效果的解释，"刻意将代表从代理中割离，法律构成上，并非事物本质所必然。"⑤ 质言之，代表说与代理说的区别仅在于使法定代表人的行为归于法人的理论射程远近不同而已，在法定代表人和代理人的关系在实践后果和价值判断上并无显著不同，更多是理论解释上的不同。⑥《民法总则》将职务代理与代表分开规定，也只是就法人采实在说的结果，⑦ 并不能证成两者本质上的差别。

在法人实在说下，法定代表人的人格具有双重性，他一方面是法人的代表人，而另一方面又是一般意义上的自然人。⑧ 法定代表人的行为同时也是自然人的行为，这种自然人的现实行为，在一定场合，被认为是法人的行为。⑨ 因此，法定代表人权限必须受到限制，若其超出章程或权力机构决议等范围限制从事民事行为，并不是代表法人在从事民事活动。⑩ 因此，法定代表人的越权行为也是法人行为的论点也难以成立。同时，本书作者必须再次重申代理规范与代表规范的本质为法律行为效果归属规范的观点，是在符合特定条件下可使代理人（代表人）的行为的法律效果归于被代理人（法人）。若以为在相对人为恶意的情况下，

---

① 参见［德］托马斯·莱赛尔：《德国民法中的法人制度》，载《中外法学》2001年第1期。

② 参见王利明：《民法总则研究》，中国人民大学出版社2018年版，第292页。不过，也有学者认为，现行法上的法人制度是实在说与拟制说的混合体。实在说并不能很好地解释所有法人规则，法人设立登记、法人人格否认、法人组织法上内部结构与权力配置的强制性规定等，恰恰在拟制说下更为融贯。参见谢鸿飞：《论民法典法人性质的定位——法律历史社会学与法教义学分析》，载《中外法学》2015年第5期。

③ 参见龙卫球：《民法总论》，中国法制出版社2002年版，第318页。

④ ［德］迪特尔·梅迪库斯：《德国民法总论》，邵建东译，法律出版社2000年版，第823页。

⑤ 陈自强：《代理权与经理权之间——民商合一与民商分立》，北京大学出版社2008年版，第13页。

⑥ 参见王利明主编：《民法总则详解》（下册），中国法制出版社2017年版，第763页。

⑦ 参见王利明主编：《民法总则详解》（下册），中国法制出版社2017年版，第763页。

⑧ 参见李永军：《民法总论》，法律出版社2009年版，第317页。

⑨ ［日］我妻荣：《新订民法总则》，于敏译，中国法制出版社2008年版，第149页。

⑩ 参见杨立新：《中国民法总则研究》（上卷），中国人民大学出版社2017年版，第404页。

越权行为的法律后果也由法人承受，只是法人可以不按照效果意思赋予其法律效力的话，则是误解了《合同法》第五十条为归属规范的本质。另有观点认为，“知道或者应当知道”所表征的“恶意”，仅仅是指对客观事实的认知，而并不具有伦理或道德上的否定评价，故并非所有“知道或者应当知道”的情形均须作否定评价。在公司担保中，如严格奉行恶意无效的规则，既不利于相对方的保护，也不利于商业活动的展开，如坚持将善意与否的判断链接至“知道或者应当知道”，则将不当地扩大越权担保行为无效的范围。[①] 因此，对于“知道或者应当知道”的情形，其主张区分不同情形适配其效力模式，具体如下：其一，对于事后可获授权的情形其效力应为效力待定，若法人追认或者默认则合同有效。其二，推定已获授权，如相对人过去在与公司的合同交易中也未获得公司的授权，公司也从未提出异议已形成商业习惯时，越权担保应为有效。在法定代表人为控股股东，授权仅具有形式意义，越权担保应为有效。在一人公司中股东为自然人时，即使相对人不为善意，越权担保行为也为有效。其三，在法定代表人与他人恶意串通，损害公司利益或担保权人利益的情形下，代表人越权担保行为应为无效。[②]

本书作者对此持有异议。首先，该观点对法定代表人越权担保的类型列举并非周延，例如在相对人知道且应当知道的情形中，若相对人并未恶意串通，在排除公司为一人公司、推定已获授权以及授权仅具有形式意义的情形后，对于法定代表人的越权担保行为被公司拒绝追认的效力如何并未回应。其次，习惯是指在某区域范围内基于长期的生产、生活实践而为社会公众所知悉并普遍遵守的生活及交易习惯。[③] 申言之，商业习惯应当具有公众认可性，能被相关交易领域的商人共同承认并自觉遵守，[④] 若仅是在当事人间长期未获授权而公司未提出异议的情形所形成的“商业习惯”并不具有法源意义，并不能排除法定限制下相对人的审查义务。对于授权仅具形式意义的情形，这本身就是需要相对人对法定代表人的权限进行审查后才能得知的事实，并无必要使之成为独立的效力类型。至于一人公司中股东为自然人的情形时，公司法定代表人、董事会、股东会成“三位一体”的态势，并不存在法定代表人未经董事会或股东会决议而越权对外担保的情

① 参见吴越：《法定代表人越权担保行为效力再审——以民法总则第六十一条第三款为分析基点》，载《政法论坛》2017年第5期。

② 参见吴越：《法定代表人越权担保行为效力再审——以民法总则第六十一条第三款为分析基点》，载《政法论坛》2017年第5期。

③ 参见王利明：《民法总则研究》，中国人民大学出版社2012年版，第68页。

④ 参见周林彬、王佩佩：《商事惯例初论——以立法构建为视角》，载王保树主编：《中国商法年刊（2007）》，北京大学出版社2008年版，第22页。

形，至于相对人是否知道或应当知道更无讨论的必要。[①] 最后，恶意串通属于合同法律效果上的评价，若将越权担保无效的情形限缩至法定代表人与相对人恶意串通的情形，则又混淆了归属规范与效果规范的区别。更为重要的是，即使相对人仅是知道或者应当知道法定代表人超越权限，并无恶意串通的情况，法定代表人的越权担保也对公司利益产生了损害，若仅否定道德上不正当的恶意串通行为，有违《公司法》第十六条保护公司利益的本旨，存在价值判断上过度向相对人利益倾斜之弊。

从利益衡量上来看，亦有观点认为，法律不宜保护恶意之人，故若相对人知道或者应当知道代表人超越权限的，该代表行为不对法人发生效力。[②] 然而，在使法律行为归于无效的后果过于强烈时，若能通过一方权利的行使、程序的履践或双方的协商为一定的补正行为，则可以在对当事人意思自治介入较为轻微的条件下达到管制目的，即使法律行为仅处于“暂时不生效力”状态，也就是效力待定。这一解释结论将公司是否受越权担保行为的约束留由公司选择，而不是一概否定其效力，契合了合同自由的市场法则；在公司选择不受越权担保行为约束、对越权担保行为不予追认的情况下，“由行为人承担责任”的效果归属规则能够实现“对恶意之人不予保护”的规范目标。[③] 因此，无论是从利益衡量的角度出发，还是基于越权代表制度与无权代理制度间的相似性，在相对人知道或应当知道法定代表人越权的情形中，其法律效果应类推无权代理，即越权担保行为是否有效应由公司选择，若公司对该行为进行追认，则越权担保行为的效果归属于公司，反之则效果不归属于公司。

至于担保合同的本身的法律效力问题，属于《民法总则》和《合同法》效力判断规则的检验范畴。在相对人为善意或者相对人虽为恶意但越权担保行为经公司追认后，该越权担保行为的法律后果由公司承受，故若担保合同有效，则公司应承担担保责任，而若担保合同无效，则公司应按照《担保法解释》第七条[④]的规定承担赔偿责任。在（2016）最高法民再258号判决中，法院因相对人未尽形式审查义务而否认其为善意相对人，但又因公司未在章程中规定对外担保的决议机构而认定其存在过错，最终判决担保条款虽然无效，公司仍应按照《担保法解

① 实际上，不设董事会或者股东会的一人公司或小公司在公司所有权和经营权上未分离，公司经营权也由公司所有者行使，而公司为他人担保的决策权正属于公司所有者的权利。故对于不设董事会或者股东会的一人公司、小公司而言，修订后的公司法关于公司担保能力的规定无适用的必要。参见曹士兵：《公司法修订前后关于公司担保规定的解读》，载《人民司法·应用》2008年第1期。

② 参见崔建远：《合同法总论》（上卷），中国人民大学出版社2011年版，第433页。

③ 参见高圣平：《担保物权司法解释起草中的重大争议问题》，载《中国法学》2016年第2期。

④ 《担保法解释》第七条规定：“主合同有效而担保合同无效，债权人无过错的，担保人与债务人对主合同债权人的经济损失，承担连带赔偿责任；债权人、担保人有过错的，担保人承担民事责任的部分，不应超过债务人不能清偿部分的二分之一。”

释》第七条的规定承担赔偿责任。本书作者认为此项判决结果有待商榷：第一，公司担保的决议机构属于公司章程的相对必要记载事项，即可以记载也可以不记载的事项，[①] 公司并无必须对之进行记载的法定义务，难以言及法律上的过错。第二，在相对人为恶意且公司不对越权担保行为予以追认时，无论该担保行为是否有效，公司均不是相应法律责任的归属主体，自然无需再承担赔偿责任。

《会议纪要》没有采纳上述观点。在《会议纪要》看来，越权代表所签订的担保合同是否有效，取决于债权人在接受担保之时是否属于善意：属于善意的，担保合同有效；不属于善意的，担保合同无效。如此，解释论上就简单了，担保合同有效之时，债权人自可请求公司承担担保责任；担保合同无效之时，债权人不得请求公司承担担保责任，但可以按照《担保法》及有关司法解释关于担保无效的规定处理。此际，自无准用《民法总则》第一百七十一条的空间。公司举证证明债权人明知法定代表人超越权限或者机关决议系伪造或者变造，债权人请求公司承担合同无效后的民事责任的，人民法院不予支持。

二、提供担保的公司对越权担保合同的追认

法定代表人代表权限的缺失可因担保人公司的追认而得以补救。如在“中国农业银行股份有限公司福州分行与福建超大集团有限公司、福建浩伦农业科技集团有限公司等金融借款合同纠纷上诉案”[②] 中，最高人民法院认为：

该条（《公司法》第十六条第一款）规定，就公司为他人担保设置了决议前置程序，其规范目的在于避免公司法定代表人滥用代表人的地位，以公司资产为他人提供担保损害公司股东的利益。本案二审中，农行福州分行提交了由超大集团股东签名并加盖了超大集团公章的《股东会决议》，该决议明确表述同意超大集团为浩伦集团的案涉债务提供连带责任保证担保。对该份《股东会决议》的真实性与证明效力，超大集团质证后表示无异议。故超大集团与农行福州分行、浩伦集团签订的《保证合同》不违反法律规定。

公司法定代表人超越代表权限与债权人订立担保合同，公司对该行为的追认也可以在诉讼中不提出异议而默示认可。在“邓兴华与付昭成、贵州好思嘉家具制造有限公司、贵州鑫盛源能源投资（集团）有限公司等民间借贷及保证合同纠纷再审案”[③] 中，最高人民法院认为：

本案诉争发生后，鑫盛源公司对其法定代表人付昭成在《担保合同》上签名捺印并加盖鑫盛源公司印章的事实没有提出异议，且一审判令鑫盛源公司对借款

① 参见李东方：《公司法学》，中国政法大学出版社 2012 年版，第 67～69 页；李建伟：《公司法学》，中国人民大学出版社 2014 年版，第 107～108 页。

② 最高人民法院（2019）最高法民申 2439 号民事裁定书。

③ 最高人民法院（2018）最高法民申 2995 号民事裁定书。

本息承担连带清偿责任后，鑫盛源公司没有上诉，故应视为鑫盛源公司自认其应当承担相应的担保责任……鑫盛源公司自认承担担保责任，是对其自身权利的处分。

在《民法总则》和《合同法》之下，无权代理所为法律行为的效果是否归属于本人，取决于本人的追认，未经追认，对本人"不发生效力"。无权代理规则解决的是代理人所为法律行为的法律后果是否归属于本人，《合同法》第四十八条、第四十九条、第五十条、《民法总则》第一百七十一条、一百七十二条主要是效果归属规则。因此，无权代理规则的类推适用解决的是越权担保行为的效果归属，并不直接涉及担保合同的效力问题。法定代表人超越代表权限订立担保合同，相对人已尽审查义务，不知道或不应当知道其超越代表权限的，该担保合同即对公司发生效力，其法律后果归属于公司，但担保合同是否有效尚需接受《民法总则》和《合同法》上效力判断规则的检验，担保合同因此有效时，公司承担担保责任；担保合同因之无效时，公司承担赔偿责任。法定代表人超越代表权限订立担保合同，相对人未尽审查义务，知道或应当知道其超越代表权限的，担保合同是否对公司发生效力取决于公司的追认，越权担保并不直接涉及国家利益和社会公共利益，赋予公司以追认权，符合意思自治的基本法理。如未经公司追认，该担保合同即对公司不发生效力，其法律后果不能归属于公司。此时，越权担保的法律后果类推适用无权代理规则，由法定代表人承担个人责任，[①]"而不是由法人承担缔约过失责任，这不仅是文义解释的当然结论，更是民法学体系基本逻辑的要求。"[②] 准此，对越权担保行为，不应从有效或无效的角度，而应从该行为对公司是否有拘束力的角度考察。将法定代表人超越权限订立的合同视为无效合同，既不利于民商事交易秩序的维护，同时也违背了当事人双方的主观意志。[③]这一解释结论不仅能为公司提供一种追认担保合同的选择权，在公司不予追认的情况下也能实现对恶意之人不予保护的规范效果，能够实现将《公司法》第十六条、一百二十二条的规定与《合同法》第四十八条、五十条、《民法总则》第六十一条、一百七十一条、一百七十二条关于表见代理、表见代表的规定做体系性的结合与解释，应当是一个较为合适的解释方向。[④]

---

① 参见杜万华主编：《民法总则实务指南》，中国法制出版社 2017 年版，第 237 页。

② 沈德咏主编：《〈中华人民共和国民法总则〉条文理解与适用》，人民法院出版社 2017 年版，第 476 页。

③ 参见张学文：《董事越权代表公司法律问题研究》，载《中国法学》2000 年第 3 期。

④ 参见周伦军：《公司担保的法律解释论》，载最高人民法院民事审判第二庭：《商事审判指导》2012 年第 4 辑（总第 32 辑），人民法院出版社 2013 年版，第 73 页。

三、法定代表人越权担保的效果不归属于公司时的责任分担

裁判实践中，就此有以下几种解释结论：

第一种观点认为，公司法定代表人越权订立的担保合同不归属于公司时，公司不承担担保责任。如在“邓兴华与付昭成、贵州好思嘉家具制造有限公司、贵州鑫盛源能源投资（集团）有限公司等民间借贷及保证合同纠纷再审案”[①]中，最高人民法院认为：

以付昭成为法定代表人的好思嘉公司则提出了抗辩，认为《担保合同》上所加盖的好思嘉公司印章不是其公司印章，且未经过公司股东会决议，故不应承担连带偿还责任。二审根据债权人邓兴华在《担保合同》签订的同日向债务人付昭成出具的不合常理的《承诺书》，认定邓兴华明知或应当知晓付昭成在《担保合同》上加盖好思嘉公司印章时，未征得好思嘉公司股东会或股东大会决议同意，该认定并无不当。……邓兴华明知或应当知晓付昭成未经股东会或者股东大会决议即以公司为其自身债务提供担保，不应再主张付昭成的行为可得构成表见代理。……好思嘉公司抗辩担保未经过公司股东会决议而不应承担担保责任，邓兴华确又对此明知或应当知晓，故二审改判好思嘉公司不承担担保责任正确。

有判决指出，公司法定代表人越权订立担保合同时，未经公司追认，担保合同对公司不发生效力，公司无须承担担保责任。如在“陈锦玉与河南天聚置业有限公司、河南省新世家置业有限公司等企业借贷纠纷再审案”[②]中，最高人民法院认为：

马珂作为出借人、高峰作为借款人、高勇、天聚公司、新世家公司作为担保人，针对此前已经发生的借款签订了案涉借款担保协议。此时，百瑞公司持有天聚公司45%的股权，新世家公司持有天聚公司55%的股权，借款人高峰系天聚公司的实际控制人，出借人马珂作为天聚公司监事，对此应当知情。天聚公司为其实际控制人高峰的借款提供担保，未按照法律规定经股东会或者股东大会决议，故天聚公司相关人员在案涉借款担保协议、债权转让协议书、还款计划等担保人处的签字、盖章行为系超越权限订立担保合同。出借人马珂、债权受让人陈锦玉在签订相关协议时，对案涉担保是否已经天聚公司股东会或者股东大会决议未尽审查义务，存在重大过失，故案涉借款担保协议、债权转让协议书、还款计划中的担保条款不能依据《合同法》第五十条的规定，对天聚公司发生效力。参照《合同法》第四十八条第一款“行为人没有代理权、超越代理权或者代理权终止后以被代理人名义订立的合同，未经被代理人追认，对被代理人不发生效力，由

① 最高人民法院（2018）最高法民申2995号民事裁定书。

② 最高人民法院（2019）最高法民申1862号民事裁定书。

行为人承担责任”之规定，因天聚公司对案涉担保不予追认，故案涉协议中的担保条款对天聚公司不发生效力。二审法院认定天聚公司对案涉债权不承担担保责任并无不当。

有判决进一步认为，公司法定代表人越权订立的担保合同不归属于公司时，公司既不承担担保责任，也不承担赔偿责任。如在“李晓光与李俊报、上海新大陆体育中心有限公司民间借贷纠纷再审案”[①] 中，最高人民法院认为：

李晓光提出依据《担保法解释》第四条的规定，新大陆体育中心应承担连带赔偿责任。本院认为《担保法解释》第四条的适用前提为债权人不知道该公司的董事、经理违反公司法的有关规定，以公司资产为本公司的股东或者其他个人债务提供担保，但本案中李晓光明知李俊报系新大陆体育中心的法定代表人、股东，其知道或应当知道《公司法》以及公司章程的有关规定，故其依据《担保法解释》第四条的规定要求新大陆体育中心承担连带赔偿责任无法律依据。……李晓光主张依据《担保法解释》第七条的规定，新大陆体育中心应对其担保债务承担50％赔偿责任。本案中，公司章程明确规定了公司董事、高级管理人员不得“未经股东会同意，将公司资金借贷给他人或者以公司财产为他人提供担保”。李俊报作为公司的法定代表人违反公司章程的规定进行担保属于超越权限，且李俊报的行为也未经公司追认，所以，李俊报出具《担保承诺书》的行为对公司不发生效力。故，李晓光再审主张依据《担保法司法解释》第七条的规定“对其担保债务承担50％赔偿责任”的请求不能成立。综上，新大陆体育中心不应承担担保责任。

第二种观点认为，在认定案涉担保合同对公司不发生效力，公司无需承担担保责任的前提之下，基于债权人与公司对于案涉担保的效力瑕疵均有过错，判令公司对债权人的损失承担二分之一的赔偿责任。如在“韩翠芬、王欣与大连胜利广场发展有限公司、大连胜利商业管理有限公司商品房买卖合同纠纷再审案”[②] 中，最高人民法院认为：

韩翠芬、王欣及其代理人王某某明知胜利广场系胜利商业股东，在与蔡某某签订补充协议约定由胜利商业为其股东胜利广场提供担保时，未向胜利商业核实蔡某某的代理权限，未要求蔡某某出示胜利商业的授权手续及股东会同意担保的决议等文件，主观上存在着过错。胜利商业对担保协议不予认可，拒绝承担担保责任，于法有据。从另一方面看，蔡某某未能提供胜利商业授权其代为签订担保合同的证据，故其以胜利商业名义与韩翠芬、王欣签订协议的行为属于无权代理。胜利商业对此拒绝追认，因此案涉担保协议对胜利商业不生效，胜利商业无

---

① 最高人民法院（2019）最高法民申2313号民事裁定书。

② 最高人民法院（2019）最高法民申1277号民事裁定书。

需承担担保责任。但鉴于韩翠芬、王欣与胜利商业对案涉担保的效力瑕疵均有过错，一、二审判决酌定胜利商业对胜利广场不能清偿部分的二分之一承担赔偿责任，并无不当。

第三种观点认为，此时担保合同无效，公司无须承担担保责任。在“中国工商银行股份有限公司大连星海支行与大连科技学院、大连华通凯路实业有限公司等金融借款担保合同纠纷再审案”[①] 中，最高人民法院认为：

高智以华通凯路公司的名义与工行星海支行签订保证合同的行为不构成职务行为，亦不构成表见代表或表见代理，案涉《保证合同》应认定为无效合同，华通凯路公司对科技学院的借款债务不应承担连带保证责任。同时，华通凯路公司对保证合同无效不存在过错，而债权人工行星海支行对此存在过错，故华通凯路公司也不应对《保证合同》的无效向工行星海支行承担赔偿责任。

第四种观点认为，公司法定代表人越权订立担保合同时，有足够的权利外观，担保合同对公司发生效力。但担保合同因违反《公司法》第十六条第二款而应认定为无效。如在“刘兵头与甘肃苏鑫投资担保有限公司、章桂星等民间借贷纠纷案”中，江苏省高级人民法院的如下认定[②]得到了最高人民法院的支持：[③]

在案证据和事实表明，苏鑫公司为股东章桂星提供担保未经股东会决议，故应当认定苏鑫公司担保无效。刘兵头明知章桂星为苏鑫公司股东，在未看到相关股东会决议文件时，对苏鑫公司提供担保行为未提出异议，存在过错。苏鑫公司加盖公章对外提供担保，但未履行股东会决议程序，也存在过错，据此，苏鑫公司应为章桂星不能清偿部分的二分之一承担赔偿责任。

第五种观点认为，既认定担保合同无效，又承认担保合同对公司不发生效力，同时认为公司对于法定代表人并不具有选任或管理上的失职，应由法定代表人就其无权代表行为承担相应的责任。如在“湖南立信融资担保有限公司与戴志坚、湘阴县恒博房地产开发有限公司、彭建军股权转让纠纷案”中，湖南省高级人民法院的如下认定[④]得到了最高人民法院的支持：[⑤]

彭建军作为恒博公司当时的法定代表人超越公司法和公司章程的权限订立担保合同，系无权代表行为。相对人戴志坚是否知道或者应当知道法定代表人越权，是认定该行为是否属于表见代表、合同是否有效的关键。从本案事实看，案涉协议使恒博公司可能承担巨额债务而不能获得任何对价，不属于公司正常的经营活动，《公司法》第十六条对关联担保这种无对价的特殊交易做了限制性规定，

① 最高人民法院（2018）最高法民终 36 号民事裁定书。

② 江苏省高级人民法院（2014）苏商终字第 00448 号民事判决书。

③ 最高人民法院（2016）最高法民申 3160 号民事裁定书。

④ 湖南省高级人民法院（2017）湘民终 356 号民事判决书。

⑤ 最高人民法院（2018）最高法民申 2537 号民事裁定书。

必须经股东会同意，故该行为具有明显地超越代表权的外观。戴志坚作为恒博公司股东和专职律师，知晓恒博公司由几名股东组成和公司章程规定对法定代表人权力的限制，签订案涉协议时，在没有股东会决议的情形下，理应知道彭建军的行为不是为恒博公司经营活动所从事的职务行为，而是违反公司法强制性规定的行为。综合考虑本案的交易过程和事实，戴志坚知道彭建军的签约超越代表权限，不属于《合同法》第五十条保护的善意相对人。彭建军的代表行为无效，案涉协议担保条款不能对恒博公司产生效力。

关于案涉担保条款无效的责任承担问题。《合同法》第四十八条规定……法定代表人代表制度是代理在商事企业法人领域的特别规定，可适用该规定。在案涉协议对恒博公司没有约束力的情况下，应由彭建军就其无权代表行为承担相应的责任。另根据《担保法解释》第四条规定……在本案中恒博公司的章程已约定股东有遵守公司法规定的义务，债权人戴志坚明知彭建军系违反公司法规定让公司担保，彭建军作为当时恒博公司的实际控制人和法定代表人，有代表公司和管理使用公章的权利，恒博公司对于彭建军利用对公司的控制权在案涉协议上加盖公章的行为并不具有选任或管理上的失职，其责任应由彭建军承担。立信公司提出其是本案实际债权人，不是恒博公司股东，一审法院以戴志坚的股东之责来认定立信公司有过错不当。本院认为，签订案涉股权转让协议的当事人是彭建军、戴志坚和恒博公司，立信公司是基于与戴志坚有隐名持股的委托关系而成为诉讼主体，基于委托人与受托人之间的代理关系，受托人的责任应由委托人承担。同时，根据《合同法》第四百零三条第三款中规定："委托人行使受托人对第三人的权利的，第三人可以向委托人主张其对受托人的抗辩"，恒博公司基于对受托人戴志坚有过错的抗辩可以向立信公司主张，故一审法院认定立信公司有过错并无不当。立信公司要求恒博公司依据案涉协议承担责任的诉请于法无据，本院不予支持。恒博公司关于其无过错不应承担赔偿责任的上诉理由成立，本院予以支持。一审法院认定恒博公司有过错，对彭建军不能支付的股权转让款的一半承担赔偿责任的处理不当，本院予以纠正。

第六种观点认为，认定担保合同无效，对于担保合同的无效，债权人未审慎审查相关材料存在过错，担保人公司对印章监管不力亦有过错，担保人公司承担民事责任的部分，为主债务人不能清偿部分的二分之一。如在"德清县中小企业金融服务中心有限公司与天马轴承集团股份有限公司、浙江步森服饰股份有限公司等民间借贷纠纷上诉案"① 中，浙江省高级人民法院认为：

因步森公司和天马公司的实际控制人均系徐茂栋，故步森公司为天马公司借款提供担保的行为属公司为其实际控制人实际控制下的另一关联公司提供担保的

① 浙江省高级人民法院（2019）浙民终298号民事判决书。

行为，应当经股东大会决议。鉴于步森公司作为上市公司涉及众多投资者利益，其前述担保行为未经股东大会决议，违反了中国证券监督管理委员会规定，亦损害了众多投资者利益，属损害社会公共利益行为；且德清金融服务公司作为专业机构对具有公示性的前述法律规定应予知悉，其要求本案其他保证人提交股东会决议的行为亦显示其知晓公司为股东或者实际控制人提供担保所应履行的程序，原审判决认定步森公司提供担保的行为无效，具有事实和法律依据。《担保法解释》第七条规定……因德清金融服务公司明知步森公司作为上市公司为关联公司提供担保需要履行相关手续，但未审慎审查相关材料存在过错；步森公司对印章监管不力亦有过错，原审判决酌情确定步森公司承担民事责任的部分，为天马公司不能清偿部分的二分之一，属依法定裁量权作出的认定，并无明显不当。

本书作者认为，就法律效果不归属于公司的担保合同如何处理，亦应类推适用无权代理规则。在《民法总则》之下，无权代理未经追认时，该代理行为也不是归于无效，而仅是对本人不发生效力，但在代理人与相对人之间发生法律效果。[①] 这一规则与《合同法》第四十八条第一款的规则基本相同，但细化了《合同法》第四十八条第一款中“由行为人承担责任”。其中，《民法总则》第一百七十一条第三款规定：“行为人实施的行为未被追认的，善意相对人有权请求行为人履行债务或者就其受到的损害请求行为人赔偿，但是赔偿的范围不得超过被代理人追认时相对人所能获得的利益。”因此，无权代理人的代理行为未被本人追认的，善意相对人对无权代理人享有选择权，既可以要求无权代理人履行合同中的义务，也可以要求无权代理人承担损害赔偿责任。应当说明的是，善意相对人要求无权代理人履行义务，并不意味着无权代理人取代本人成为了合同相对人，而是依据《民法总则》第一百七十一条第三款，在善意相对人与无权代理人之间产生了一项法定之债，该法定之债的内容与无权代理人订立合同的内容相同，无权代理人应当通过履行，使善意相对人的法律地位恢复到有权代理下善意相对人的法律地位。[②] 此外，《民法总则》第一百七十一条第四款规定：“相对人知道或者应当知道行为人无权代理的，相对人和行为人按照各自的过错承担责任。”这里改变了《合同法》不区分相对人是否善意统一规定“由行为人承担责任”的态度。[③] 在无权代理人无过错而相对人有过错时，基于第四款可导致相对人无权向无权代理人主张责任；在两者均有过错时，两者依照过错相抵的规则分担不利后

① 参见杜万华主编：《民法总则实务指南》，中国法制出版社2017年版，第654～655页。

② MüKoBGB/Schubert，7. Aufl. 2015，BGB § 179 Rn. 36；BeckOK BGB/Schäfer，42. Ed.，2017，BGB § 179 Rn. 20.

③ 参见王利明主编：《民法总则详解》，中国法制出版社2017年版，第773页。

果。[①] 第四款的规定颇具中国特色，比较法上鲜见先例。[②] 其正当性可能在于：在价值判断上，较之善意相对人，对恶意相对人的保护程度应当较弱。“在无权代理人对无权代理的发生有过错的前提下，无权代理的发生毕竟是因为无权代理人的原因，如果由相对人承担全部信赖损失，未免在利益衡量上有失公允。”[③]

相对人未尽审查义务、知道或应当知道法定代表人超越代表权限的，法定代表人和相对人在主观上均非为善意，应无疑问。准此，相对人仅享有催告权，而不享有撤销权。同时，以相对人善意为基础的《民法总则》第一百七十一条第三款不能被类推适用于未经追认的越权代表情形，以相对人恶意为适用前提的同条第四款即为类推适用之时所应置重的。在《民法总则》第一百七十一条第四款之下，本人并未追认无权代理行为，自不必承受相应法律行为的后果，亦无损害赔偿责任可言，相应损失应在代理人和相对人之间基于过错进行分担。越权代表准用这一规则之时亦应做相同解释。《担保法解释》第七条即无适用余地。[④] 有观点认为：“如果公司作为担保人，董事会违反章程作出决议，公司存在监管上的过错，而且债权人知道或者应当知道该事实。易言之，公司董事、经理与债权人均处于明知状态，因此应当分担损失……在担保合同无效时公司承担的应该是缔约过失责任。”[⑤] 这一观点值得商榷。在公司拒绝追认的情形之下，公司并不能成为《担保法解释》第七条所谓的“担保人”，不应承担担保合同无效的法律后果。否则，公司将实际上无法免除民事责任。虽然公司的损失最终可由法定代表人来承担，但是这样一种制度安排，是在充分保障债权人的基础上作出的，牺牲了公司股东的利益，同时也违背了《公司法》第十六条限制公司担保的立法初衷。[⑥] 此时，应直接类推适用《民法总则》第一百七十一条第四款，由法定代表人和相对人按其过错分担相对人所受损失。

《会议纪要》没有采纳上述观点。在《会议纪要》看来，越权代表所签订的担保合同是否有效，取决于债权人在接受担保之时是否属于善意：属于善意的，担保合同有效；不属于善意的，担保合同无效。如此，解释论上就简单了，担保合同有效之时，债权人自可请求公司承担担保责任；担保合同无效之时，债权人不

---

① 参见纪海龙：《〈合同法〉第四十八条（无权代理规则）评注》，载《法学家》2017年第4期。

② 参见陈甦主编：《民法总则评注》，法律出版社2017年版，第1221页。

③ 王利明主编：《民法总则详解》，中国法制出版社2017年版，第775页。

④ 裁判实践中，法院在此类判决中所持理由大体都是：越权担保时，债权人知道或应当知道公司法定代表人的代表权瑕疵，担保合同因代表行为无效而无效。此时，债权人必定具有过错。同时，公司存在管理不善、对法定代表人行为监督不力的过错。根据《担保法解释》第七条规定，在主合同有效而担保合同无效的情形下，因债权人、公司均有过错，则公司承担不超过二分之一的赔偿责任。

⑤ 冉克平：《论公司对外担保合同的效力——兼评〈公司法〉第149条第三款》，载《北方法学》2014年第2期。

⑥ 参见钱玉林：《股东大会决议瑕疵研究》，法律出版社2005年版，第242页。

得请求公司承担担保责任，但可以按照《担保法》及有关司法解释关于担保无效的规定处理。此际，自无准用《民法总则》第一百七十一条的空间。法定代表人的越权担保行为给公司造成损失，公司请求法定代表人承担赔偿责任的，人民法院依法予以支持。公司没有提起诉讼，股东依据《公司法》第一百五十一条的规定请求法定代表人承担赔偿责任的，人民法院依法予以支持。

【附：起草过程中的争议】

《会议纪要（稿）》

25.【无权代表（理）的法律后果】行为人越权提供担保未经公司追认且不构成表见代表、表见代理，相对人主张由行为人承担相应责任的，应当根据《民法总则》第一百七十一条的规定，确定行为人的责任。相对人在订立担保合同时明知该担保行为未经公司决议的，或者能够认定相对人和行为人利用担保合同向公司转嫁商业风险的，可以由相对人自行承担相应的损失。相对人不能举证证明与其订立担保合同的行为人的，应当判决驳回其诉讼请求。

《会议纪要（哈尔滨征求意见稿）》

26.【无权代表（理）的法律后果】行为人越权提供担保未经公司追认且不构成表见代表或者表见代理，相对人主张由行为人承担相应责任的，应当根据《民法总则》第一百七十一条的规定，确定行为人的责任。相对人不能举证证明与其订立担保合同的行为人的，应当判决驳回其诉讼请求。

《会议纪要（公开征求意见稿）》

21.【越权代表的法律后果】法定代表人越权提供担保未经公司追认且不构成表见代表，债权人主张由法定代表人承担相应责任的，应当参照《民法总则》第一百七十一条的规定，确定法定代表人的责任。债权人在订立担保合同时知道或者应当知道法定代表人越权代表的，债权人和法定代表人按照各自的过错承担责任。

上述情况下，公司是否承担民事责任，有两种意见。

第一种意见：公司承担选任、监督法定代表人的过错责任，其承担民事责任的部分，不应超过债务人不能清偿部分的1/3。但是，债权人与法定代表人恶意串通、债权人知道或者应当知道法定代表人越权、债权人与法定代表人此前签订担保合同时曾经审查过法定代表人有无代表权而本次没有审查的，公司不承担民事责任。

第二种意见：参照《民法总则》第一百七十一条的规定，公司不承担民事责任。

第六章　案外人救济案件中的权利冲突及其处理

第一节　房屋消费者的物权期待权

【会议纪要条文】

125. 【案外人系商品房消费者】实践中，商品房消费者向房地产开发企业购买商品房，往往没有及时办理房地产过户手续。房地产开发企业因欠债而被强制执行，人民法院在对尚登记在房地产开发企业名下但已出卖给消费者的商品房采取执行措施时，商品房消费者往往会提出执行异议，以排除强制执行。对此，《最高人民法院关于人民法院办理执行异议和复议案件若干问题的规定》第29条规定，符合下列情形的，应当支持商品房消费者的诉讼请求：一是在人民法院查封之前已签订合法有效的书面买卖合同；二是所购商品房系用于居住且买受人名下无其他用于居住的房屋；三是已支付的价款超过合同约定总价款的百分之五十。人民法院在审理执行异议之诉案件时，可参照适用此条款。

问题是，对于其中“所购商品房系用于居住且买受人名下无其他用于居住的房屋”如何理解，审判实践中掌握的标准不一。“买受人名下无其他用于居住的房屋”，可以理解为在案涉房屋同一设区的市或者县级市范围内商品房消费者名下没有用于居住的房屋。商品房消费者名下虽然已有1套房屋，但购买的房屋在面积上仍然属于满足基本居住需要的，可以理解为符合该规定的精神。

对于其中“已支付的价款超过合同约定总价款的百分之五十”如何理解，审判实践中掌握的标准也不一致。如果商品房消费者支付的价款接近于百分之五十，且已按照合同约定将剩余价款支付给申请执行人或者按照人民法院的要求交付执行的，可以理解为符合该规定的精神。

126. 【商品房消费者的权利与抵押权的关系】根据《最高人民法院关于建设

工程价款优先受偿权问题的批复》第 1 条、第 2 条的规定，交付全部或者大部分款项的商品房消费者的权利优先于抵押权人的抵押权，故抵押权人申请执行登记在房地产开发企业名下但已销售给消费者的商品房，消费者提出执行异议的，人民法院依法予以支持。但应当特别注意的是，此情况是针对实践中存在的商品房预售不规范现象为保护消费者生存权而作出的例外规定，必须严格把握条件，避免扩大范围，以免动摇抵押权具有优先性的基本原则。因此，这里的商品房消费者应当仅限于符合本纪要第 125 条规定的商品房消费者。买受人不是本纪要第 125 条规定的商品房消费者，而是一般的房屋买卖合同的买受人，不适用上述处理规则。

【条文要义】

上述条文系结合《最高人民法院关于人民法院办理执行异议和复议案件若干问题的规定》（以下简称《执行异议和复议规定》）第二十九条、《最高人民法院关于建设工程价款优先受偿问题的批复》（以下简称《工程款优先受偿批复》）等，对消费者物权期待权与其他权利相冲突时的解释方案。

第一，商品房消费者向房地产开发企业购买商品房但没有及时办理房地产过户手续，房地产开发企业因欠债而被强制执行，人民法院在对尚登记在房地产开发企业名下但已出卖给消费者的商品房采取执行措施时，商品房消费者可以提出执行异议之诉，以排除强制执行。参照《执行异议和复议规定》第二十九条的规定，符合下列情形的，人民法院应当支持商品房消费者的诉讼请求：一是在人民法院查封之前已签订合法有效的书面买卖合同；二是所购商品房系用于居住且买受人名下无其他用于居住的房屋；三是已支付的价款超过合同约定总价款的百分之五十。

第二，在参照适用《执行异议和复议规定》第二十九条的规定时，“所购商品房系用于居住且买受人名下无其他用于居住的房屋”中“买受人名下无其他用于居住的房屋”，可以理解为在案涉房屋同一设区的市或者县级市范围内商品房消费者名下没有用于居住的房屋。商品房消费者名下虽然已有 1 套房屋，但购买的房屋在面积上仍然属于满足基本居住需要的，可以理解为符合该规定的精神。

第三，在参照适用《执行异议和复议规定》第二十九条的规定时，“已支付的价款超过合同约定总价款的百分之五十”既包括消费者利用自有资金已经支付的部分，也包括消费者通过贷款已经支付的部分，且不宜做绝对化的理解。如果商品房消费者支付的价款接近于百分之五十，且已按照合同约定将剩余价款支付给申请执行人或者按照人民法院的要求交付执行的，可以理解为符合该规定的精神。

第四，根据《工程款优先受偿批复》的规定，交付全部或者大部分款项的商品房消费者的权利优先于抵押权人的抵押权，故抵押权人申请执行登记在房地产开发企业名下但已销售给消费者的商品房，消费者提出执行异议的，人民法院依法予以支持。但应当特别注意的是，此情况是针对实践中存在的商品房预售不规范现象为保护消费者生存权而作出的例外规定，必须严格把握条件，避免扩大范围，以免动摇抵押权具有优先性的基本原则。因此，这里的商品房消费者应当仅限于符合本纪要第125条规定的商品房消费者。买受人不是本纪要第125条规定的商品房消费者，而是一般的房屋买卖合同的买受人，不适用上述处理规则。

【深度阐释】

一、法规范之间的关系

《工程款优先受偿批复》在明确承包人就建设工程价款享有的优先受偿权优于抵押权和其他债权的前提之下，规定消费者就所购买的商品房的期待权，优先于承包人就该商品房享有的工程价款优先受偿权，只不过以“消费者交付购买商品房的全部或者大部分款项”为前提条件。这一规则体现了特定的政策目标，但语焉不详的文字，给司法实践的展开增加了不少困难。诸如，房屋消费者的物权期待权是否优先于不动产抵押权？何为“消费者”？何为“大部分款项”？是否以交付为前提？

《最高人民法院关于人民法院民事执行中查封、扣押、冻结财产的规定》（以下简称《查封、扣押、冻结财产规定》）第十七条指出，未办理过户登记的买受人的权利，在满足以下三个条件的前提之下，对抗法院的查封、扣押、冻结行为：在法院查封前已经支付全部价款；在法院查封前已经实际占有房屋；对未办理过户登记手续没有过错。

《执行异议和复议规定》在《查封、扣押、冻结财产规定》的基础上做了进一步的区分规定。其中，第二十八条在《查封、扣押、冻结财产规定》的基础上增加了一个要件，即“在人民法院查封之前已签订合法有效的书面买卖合同”，将“买受人对未办理过户登记手续没有过错”明确为“非因买受人自身原因未办理过户登记”，并不再要求支付全部价款，可以是“已按照合同约定支付部分价款且将剩余价款按照人民法院的要求交付执行”。

《执行异议和复议规定》第二十九条规定了另外一种情形，即买受人购买房地产开发企业的商品房之时。在未办理过户登记前房屋被查封的，买受人主张其期待权优先应满足以下条件：在法院查封之前已签订合法有效的书面买卖合同；所购商品房系用于居住且买受人名下无其他用于居住的房屋；已支付的价款超过合同约定总价款的百分之五十。这里并不要求买受人合法占有该商品房。

值得注意的是，在审执分离的背景之下，《执行异议和复议规定》仅为执行程序上的救济程序，旨在解决程序上的问题，对于当事人实体权利义务的分配是否适用，存在疑问。就此，最高人民法院认为，在我国现行民事法律的程序设计中，执行异议是执行异议之诉的前置程序，二者相互衔接。前者属于强制执行过程中的救济程序，后者属于民事诉讼的实体审理程序。《执行异议和复议规定》适用于执行异议和复议程序，基于执行阶段效率优先、兼顾公平的价值考量，该规定确立了以形式审查为主，实质审查为辅的原则。虽然执行异议之诉和执行异议程序性质上的差异决定了审查标准本应有不同，但鉴于二者均具有审查案外人对执行标的是否享有足以排除强制执行的民事权益的功能，故《执行异议和复议规定》中属于实质审查的条款，可以作为执行异议之诉案件审理的参照。《执行异议和复议规定》第二十八条、第二十九条均规定了在金钱债权执行中，不动产买受人对登记在被执行人名下的房屋提出异议时如何进行审查的规则，该两条即属于实质审查条款，可以作为本案执行异议之诉审理的参照。[①]如此，探讨这些司法解释之间的关系，就有了意义。

（一）《查封、扣押、冻结财产规定》与《执行异议和复议规定》之间的适用关系

如以上所述，《查封、扣押、冻结财产规定》与《执行异议和复议规定》存在较大的差异。在《查封、扣押、冻结财产规定》与《执行异议和复议规定》的适用关系问题上，不少法院并未严格区分二者的效力层次问题，只要买受人不符合《查封、扣押、冻结财产规定》及《执行异议和复议规定》其中的一项，即认定买受人不享有排除执行的权利。[②] 本书作者认为，《查封、扣押、冻结财产规定》与《执行异议和复议规定》在性质上均属于最高人民法院公布的司法解释，《执行异议和复议规定》是对规范办理执行异议案件和复议案件的特别规定，是对《查封、扣押、冻结财产规定》的延伸和完善。依据“特别规定优于一般规定”“新的规定优于旧的规定”的一般法适用规则，在买受人排除执行的条件上，应优先适用《执行异议和复议规定》。自《执行异议和复议规定》生效之日起，即适用于尚

---

① “王秋祥与广西恒冠建设集团有限公司、北海尚源居房地产开发有限公司案外人执行异议之诉再审案”［最高人民法院（2018）最高法民再447号民事判决书］。

② 参见“沈阳盛方房地产开发有限公司与辽阳县季鑫贸易有限公司、辽宁华昇印刷物资经销有限公司案外人执行异议之诉再审案”［最高人民法院（2016）最高法民申2755号民事裁定书］。

未审查终结的执行异议和复议案件，不再适用《查封、扣押、冻结规定》。[①]

（二）《执行异议和复议规定》第二十七条与第二十八、二十九、三十条之间的适用关系

《执行异议和复议规定》第二十七条规定："申请执行人对执行标的依法享有对抗案外人的担保物权等优先受偿权，人民法院对案外人提出的排除执行异议不予支持，但法律、司法解释另有规定的除外。"第二十八、二十九、三十条是否构成第二十七条中的"法律、司法解释另有规定"，在裁判实践中存在不同认识。

第一种观点认为，《执行异议和复议规定》第二十七条中的"法律、司法解释另有规定"涵盖第二十八、二十九、三十条规定的情形。考察《执行异议和复议规定》第二十七条但书采用的"但法律、司法解释另有规定的除外"的文字表述，按照一般通常理解，其指向的是所有的法律和司法解释，应当包括《执行异议和复议规定》本身在内的所有法律、司法解释对优先受偿权的执行另有特别规定的情形。[②] 如在"马虎令与安留军、一审被告阳云外楼房地产开发有限公司案外人执行异议之诉再审案"[③] 中，最高人民法院认为：

《执行异议规定》第二十七条……是关于案外人排除执行的实体权利与申请执行人优先受偿权产生冲突时如何处理的规定，其适用的一般原则是享有担保物权的申请执行人依法享有对抗案外人普通债权的优先受偿权，在此情况下对案外人提出的排除执行异议不予支持。但上述司法解释第二十八条、第二十九条分别针对不动产和用于居住的商品房规定了除外情形。……符合上述规定条件的买受人的物权期待权可以排除享有担保物权等优先权的申请执行人的强制执行。……第二十八条是对无过错不动产买受人物权期待权的保护，第二十九条是对房屋消费者物权期待权的保护。从适用对象可以看出，第二十八条对所有类型被执行人均可适用，而第二十九条为专门针对房地产开发企业的被执行人规定的特别条

① "王曙明与彭桃群、湖南东汉房地产开发有限公司执行异议之诉上诉案"［湖南省常德市中级人民法院（2016）湘07民终1866号民事判决书］、"安仁县星城建筑有限公司与彭建美、郴州宏诚房地产开发有限公司申请执行人执行异议纠纷上诉案"［湖南省高级人民法院（2016）湘民终651号民事判决书］、"范四川与陈光荣、东方市鸿富实业开发有限公司案外人执行异议之诉纠纷上诉案"［海南省第二中级人民法院（2017）琼97民终203号民事判决书］。

② 参见"张德凤与广汉珠江村镇银行股份有限公司、四川省广汉市新丰工业供销有限公司案外人执行异议之诉上诉案"［四川省高级人民法院（2017）川民终1034号民事判决书］。

③ 最高人民法院（2018）最高法民申4090号民事裁定书。类似的裁判还有"吴璋琦与兰州银行股份有限公司天水路支行、嘉峪关市金城房地产开发有限公司案外人执行异议之诉上诉案"［最高人民法院（2019）最高法民终223号民事判决书］、"李佰富与重庆市渝中区兴农投小额贷款有限公司、陈兴会等案外人执行异议之诉纠纷再审案"［最高人民法院（2019）最高法民申784号民事裁定书］、"肖家红与重庆市渝中区兴农投小额贷款有限公司、陈兴会等案外人执行异议之诉纠纷再审案"［最高人民法院（2019）最高法民申686号民事裁定书］。

款，即安留军提出的“一手房买卖”规定。本案因同时存在“登记在被执行人名下的不动产”与“登记在被执行的房地产开发企业名下的商品房”两种情形，导致《执行异议规定》第二十八条与第二十九条的适用产生竞合。此种情况下当事人可以择一适用，而并非适用其中一条就自然排斥另一条。

第二种观点认为，结合《执行异议和复议规定》第二十八、二十九条以及《工程款优先受偿批复》的规定，各权利之间的顺位应为：消费者买受人的物权期待权 、建设工程价款优先受偿权、抵押权 、一般不动产买受人的物权期待权。因此，《执行异议和复议规定》第二十七条中的“法律、司法解释另有规定”不包括第二十八条规定的情形。能够优于抵押权的，只有消费者买受人的物权期待权，而非一般不动产买受人的物权期待权。[①] 如在“衡阳农村商业银行股份有限公司与李跃、衡阳市华湘房地产综合开发有限公司申请执行人执行异议之诉再审案”[②] 中，最高人民法院认为：

根据《执行异议和复议规定》第二十七条规定，申请执行人对执行标的依法享有对抗案外人的担保物权等优先受偿权，人民法院对案外人提出的排除执行异议不予支持，但法律、司法解释另有规定的除外。《执行异议和复议规定》第二十八条规定了在金钱债权执行中，买受人对登记在被执行人名下的不动产提出异议，获得人民法院支持所要满足的四个要件，但该条规定仅能对抗对被执行人享有普通债权的债权人。本案中，衡阳农商行作为申请执行人对案涉房产享有担保物权，即便本案情形符合《执行异议和复议规定》第二十八条的规定，李跃也不得请求排除担保物权人申请的执行。鉴于李跃对案涉房屋不享有足以排除执行的民事权益，原审判决准许对案涉房屋继续执行，并无不当。

（三）《执行异议和复议规定》第二十八条与第二十九条之间的适用关系

第一种观点认为，第二十八条是买受人对登记在被执行人名下的不动产提出的异议，而第二十九条则针对的是买受人对登记在被执行的房地产开发企业名下的商品房提出的异议，第二十九条的规定是第二十八条规定的特殊情形。如在“史雪莹与中国华融资产管理股份有限公司云南省分公司、昆明明丰房地产开发有限公司案外人执行异议之诉再审案”[③] 中，最高人民法院认为：

第二十八条与第二十九条相同之处为申请执行的债权都是金钱债权，均要求在人民法院查封之前已签订合法有效的书面买卖合同。不同之处在于，第二十八

---

① 参见王毓莹：《房屋买受人提起执行异议之诉如何处理》，载最高人民法院民事审判第一庭编：《民事审判指导与参考》（总第75辑），人民法院出版社2018年版，第199页。

② 最高人民法院（2018）最高法民申5078号民事裁定书。

③ 最高人民法院（2017）最高法民终278号民事判决书。

条是买受人对登记在被执行人名下的不动产提出的异议，而第二十九条则针对的是买受人对登记在被执行的房地产开发企业名下的商品房提出的异议。应当说，第二十九条的规定是第二十八条规定的特殊情形，即专指房地产开发企业商品房出售的情形。而根据本案查明的事实，案涉房屋系房地产经营者明丰公司所开发的商品房，史雪莹系向房地产开发企业明丰公司认购商品房，讼争的被执行的房屋即是登记于房地产开发企业名下的商品房，故本案依据史雪莹诉讼主张的权利基础，应适用第二十九条之规定。

第二种观点认为，《执行异议和复议规定》第二十八条与第二十九条虽然适用于不同的情形，但两者并非非此即彼的关系。如果被执行人为房地产开发企业，且被执行的不动产为登记于其名下的商品房，同时符合了第二十八条“登记在被执行人名下的不动产”与第二十九条“登记在被执行的房地产开发企业名下的商品房”两种情形，应当视为法条竞合。只要买受人满足《执行异议和复议规定》第二十八条或第二十九条的条件之一，即可排除执行。如在“青岛海宜林投资控股有限公司与李宝先、青岛中海盛明置业投资有限公司等借款合同纠纷再审案”[①] 中，最高人民法院认为：

第二十八条适用于金钱债权执行中，买受人对登记在被执行人名下的不动产提出异议的情形，而第二十九条则适用于金钱债权执行中，买受人对登记在被执行的房地产开发企业名下的商品房提出异议的情形。上述两条文虽然适用于不同的情形，但是如果被执行人为房地产开发企业，且被执行的不动产为登记于其名下的商品房，同时符合了“登记在被执行人名下的不动产”与“登记在被执行的房地产开发企业名下的商品房”两种情形，则异议复议规定第二十八条与第二十九条适用上产生竞合。本案系李宝先以个人名义购房，所购房屋用于办公，与《执行异议和复议规定》第二十九条第二项规定的“用于居住”的情形不符。因此，一、二审判决适用异议复议规定第二十八条等相关条款的内容，结合本案案情，认定案外人李宝先的权利能够排除人民法院的强制执行，适用法律正确。

裁判实践中，有法院同时以《执行异议和复议规定》第二十八条和第二十九条为分析基础，有的甚至辅之以《工程款优先受偿批复》,[②] 也有法院认为同时适用《执行异议和复议规定》第二十八条和第二十九条不当。[③]

---

① 最高人民法院（2016）最高法民申 3284 号民事裁定书。

② “中诚信托有限责任公司与戴爱维、重庆典雅房地产开发集团有限公司等申请执行人执行异议之诉上诉案”[最高人民法院（2019）最高法民终 160 号民事判决书]。

③ “许莹与张辅志、朝阳宏达企业集团房地产开发有限公司申请执行人执行异议之诉上诉案”[辽宁省高级人民法院（2018）辽民终 319 号民事判决书]。

（四）《工程款优先受偿批复》与《执行异议和复议规定》第二十八条、第二十九条之间的适用关系

《工程款优先受偿批复》构成《执行异议和复议规定》第二十七条的但书规定范畴，对此应无疑义。在承包人就建设工程价款（属于金钱债权）对登记在被执行人名下的商品房进行强制执行之时，即出现了买受人的物权期待权与承包人建设工程价款优先受偿权之间的冲突。就此，《工程款优先受偿批复》第二条规定："消费者交付购买商品房的全部或者大部分款项后，承包人就该商品房享有的工程价款优先受偿权不得对抗买受人。"《执行异议和复议规定》第二十八条和第二十九条的规定与之间存在差异。

裁判实践中，有观点认为，《工程款优先受偿批复》第二条的规定实质上已经融入《执行异议和复议规定》第二十九条的规定之中，买受人的物权期待权如欲排除承包人就建设工程价款（属于金钱债权）的强制执行，应满足《执行异议和复议规定》第二十九条规定的条件。如在"王秋祥与广西恒冠建设集团有限公司、北海尚源居房地产开发有限公司案外人执行异议之诉再审案"[①] 中，最高人民法院认为：

《执行异议和复议规定》第二十九条的规定……基于对消费者生存权这一价值的维护，赋予消费者买受房屋的物权期待权以排除执行的效力，即便申请执行人对该房屋享有建设工程价款优先受偿权、担保物权等权利，法律也应更优先保护消费者的物权期待权。《执行异议和复议规定》第二十八条亦规定了在金钱债权执行中，买受人对登记在被执行人名下的不动产提出异议，获得人民法院支持所要满足的四个要件，但该条规定仅能对抗对被执行人享有普通债权的债权人。从法律逻辑上看，房屋买受人若要排除普通债权的执行，既可以选择适用《执行异议和复议规定》第二十八条，也可以选择适用第二十九条，但房屋买受人若要排除建设工程价款优先受偿权、担保物权等权利的强制执行，则必须符合《执行异议和复议规定》第二十九条的规定。

《建设工程优先受偿权批复》第二条规定，消费者交付购买商品房的全部或者大部分款项后，承包人就该商品房享有的工程价款优先受偿权不得对抗买受人。虽然该条亦规定了购买房屋的消费者对抗享有工程价款优先受偿权的承包人的条件，但该条规定实质已经融入2015年施行的《执行异议和复议规定》第二十九条规定的条款内容之中，且第二十九条又进一步细化规定了三个要件。在新的司法解释针对买受人对登记在被执行的房地产开发企业名下的商品房提出异议明确予以规定后，二审判决仅适用《建设工程优先受偿权批复》进行裁判，属于适用法律不当。

---

① 最高人民法院（2018）最高法民再447号民事判决书。

还有观点认为，买受人的物权期待权如欲排除承包人就建设工程价款（属于金钱债权）的强制执行，满足《执行异议和复议规定》第二十八条或第二十九条规定的条件之一即可。如在“孙鹏与北京首钢建设集团有限公司、鞍山市宏昊房产开发有限公司案外人执行异议之诉再审案”① 中，再审申请人指出，《执行异议和复议规定》第二十九条由《工程款优先受偿批复》第二条演变而来，系对消费者物权期待权要件进一步细化，限定为名下无其他用于居住的房屋的买受人。若要阻却享有建设工程价款优先受偿权的金钱债权的执行，应当参照适用《执行异议和复议规定》第二十九条的规定。《执行异议和复议规定》第二十八条由《查封、扣押、冻结财产规定》第十七条演变而来，属于一般不动产买受人物权期待权的保护条件。对此，最高人民法院认为：

关于本案应当适用《执行异议和复议规定》第二十八条还是第二十九条的问题。《执行异议和复议规定》第二十八条适用于金钱债权执行中，买受人对登记在被执行人名下的不动产提出异议的情形；第二十九条适用于金钱债权执行中，买受人对登记在被执行的房地产开发企业名下的商品房提出异议的情形。第二十八条与第二十九条在适用情形上存在交叉，只要符合其中一条的规定，买受人即享有足以排除强制执行的民事权益。上述两条款及《执行异议和复议规定》没有规定买受人阻却享有建设工程价款优先受偿权的金钱债权执行时，应适用《执行异议和复议规定》第二十九条规定情形，排除第二十八条的适用。原审法院适用第二十八条审理本案，并不存在适用法律错误的情形。

根据司法解释起草者的说明，《执行异议和复议规定》第二十九条就是从《工程款优先受偿批复》中推导出来的。② 因此，在实践中，当承包人建设工程价款优先受偿权与房屋买受人的权利冲突时，法院一般均会结合《执行异议和复议规定》第二十九条的要件进行判断。

《会议纪要》第 126 条明确指出，根据《工程款优先受偿批复》第 1 条、第 2 条的规定，交付全部或者大部分款项的商品房消费者的权利优先于抵押权人的抵押权，故抵押权人申请执行登记在房地产开发企业名下但已销售给消费者的商品房，消费者提出执行异议的，人民法院依法予以支持。但应当特别注意的是，此情况是针对实践中存在的商品房预售不规范现象为保护消费者生存权而作出的例外规定，必须严格把握条件，避免扩大范围，以免动摇抵押权具有优先性的基本原则。因此，这里的商品房消费者应当仅限于符合本纪要第 125 条规定的商品房消费者。买受人不是本纪要第 125 条规定的商品房消费者，而是一般的房屋买卖

---

① 最高人民法院（2018）最高法民申 5804 号民事裁定书。

② 江必新、刘贵祥主编：《最高人民法院关于人民法院办理执行异议和复议案件若干问题规定理解与适用》，人民法院出版社 2015 年版，第 431 页。

合同的买受人，不适用上述处理规则。

二、建设工程价款优先受偿权、抵押权与房屋消费者物权期待权的竞存

《工程款优先受偿批复》第二条规定："消费者交付购买商品房的全部或者大部分款项后，承包人就该商品房享有的工程价款优先受偿权不得对抗买受人。"《执行异议和复议规定》第二十九条规定："金钱债权执行中，买受人对登记在被执行的房地产开发企业名下的商品房提出异议，符合下列情形且其权利能够排除执行的，人民法院应予支持：（一）在人民法院查封之前已签订合法有效的书面买卖合同；（二）所购商品房系用于居住且买受人名下无其他用于居住的房屋；（三）已支付的价款超过合同约定总价款的百分之五十。"《会议纪要》据此指出，在确定房屋消费者物权期待权是否应予优先保护时，可以参照适用《执行异议和复议规定》第二十九条。实践中，要从消费者保护这一根本目的出发，在准确认定购房者是否为消费者的基础上，再结合个案情况作出具体认定。

由此可见，房屋消费者的物权期待权的效力要优先于建设工程价款优先受偿权、不动产抵押权，应当满足以下条件：

（一）查封前已经签订合法有效的书面买卖合同

房屋消费者的物权期待权须是基于真实有效的商品房买卖关系，且书面买卖合同签订于人民法院查封之前。在"宋宇与北京盛和发房地产开发有限公司等商品房预售合同纠纷再审案"[①] 中，最高人民法院再审认为：[②]

案涉商品房买卖关系是否真实存在是本案争议的关键所在。本案商品房买卖关系明显与同类的正常交易不符。虽然盛和发公司与宋宇在诉讼中均主张双方之间存在真实有效的商品房买卖关系，但对签订购房合同、支付购房款等重要事实，宋宇多次陈述不一、前后矛盾。在存在上述众多疑点的情况下，认定宋宇与盛和发公司之间存在真实商品房买卖关系，依据明显不足。

"书面买卖合同"在商品房交易中，大多体现为《商品房买卖合同》《商品房预售合同》等基于示范文本签订的合同。就交易实践中广泛存在的"商品房认购书""商品房订购协议""商品房预订协议"，大多被认定为预约，是为订立《商品房买卖合同》而签订，不是《商品房买卖合同》本身。如果买受人所签订的合同不属于商品房买卖合同，而仅具预约性质，就不符合本要件。如在"王秀芳与黄卿安、三亚天意实业发展有限公司案外人执行异议之诉再审案"[③] 中，最高人民

---

① 最高人民法院（2011）民提字第331号民事判决书，载《最高人民法院公报》2011年第3期。

② 最高人民法院（2018）最高法民申1972号民事裁定书。

③ 最高人民法院（2017）最高法民申571号民事裁定书。

法院认为：

首先，从权利取得形式看，王秀芳与天意公司之间并不存在正式的商品房买卖合同关系。《认购商品房协议书》明确约定，订立本协议书后还需签署商品房买卖合同，这表明《认购商品房协议书》是双方当事人为将来订立商品房买卖合同所达成的一种合意，其目的是缔约双方将来参照该意向书订立商品房买卖合同。此外，从内容上看，《认购商品房协议书》欠缺交付使用条件、日期以及办理产权登记有关事宜等《商品房销售管理办法》第十六条明确规定的商品房买卖合同应当具备的主要条款。因此，《认购商品房协议书》仅能体现出双方预约的意思表示，即将来通过订立商品房买卖合同以最终明确有关商品房买卖的具体内容，结合《商品房买卖解释》第五条规定，本院认定王秀芳与天意公司订立的协议书属于商品房预约合同，不属于商品房买卖合同。

“商品房认购书”“商品房订购协议”“商品房预订协议”等如具备商品房买卖合同的主要内容，则应约定为商品房买卖合同。就此，《商品房买卖解释》第五条规定：“商品房的认购、订购、预订等协议具备《商品房销售管理办法》第十六条规定的商品房买卖合同的主要内容，并且出卖人已经按照约定收受购房款的，该协议应当认定为商品房买卖合同。”如在“史雪莹与中国华融资产管理股份有限公司云南省分公司、昆明明丰房地产开发有限公司案外人执行异议之诉再审案”[①] 中，最高人民法院认为：

《“滇池泊屋”房产认购协议》明确了当事人的名称、商品房基本状况，明确了具体的位置、房号、价款、交付方式，且史雪莹已经按照认购协议的约定交付全部款项，明丰公司亦向史雪莹出具了收到滇池泊屋4栋1单元0501号房795368元的收款发票。该认购协议已经具备商品房买卖合同的基本要素，应当认定双方存在商品房买卖合同关系。再次，《“滇池泊屋”房产认购协议》系双方当事人真实意思表示，且未违反法律、行政法规的强制性规定，应认定为有效。

本要件强调双方存在合法有效的书面买卖合同。裁判实践中，就出卖人未取得商品房预售许可证对于商品房预售合同效力的影响，存在不同的认识。一种观点认为，如果商品房买卖合同因出卖人未取得商品房预售许可证而被认定为无效，也不符合本要件。[②] 如在“王秀芳与黄卿安、三亚天意实业发展有限公司案外人执行异议之诉再审案”[③] 中，最高人民法院认为：

从合同法律效力看，即使双方之间订立正式的商品房买卖合同，该合同效力亦为无效。依据一审查明的事实，因天意公司违规加盖楼层，“太阳岛公寓”项

---

① 最高人民法院（2017）最高法民终278号民事判决书。

② 就出卖人未取得商品房预售许可证对商品房买卖合同效力的影响，学说和裁判又有了新的发展。参见王轶：《论商品房预售许可证明对合同效力的影响》，载《比较法研究》2018年第6期。

③ 最高人民法院（2017）最高法民申571号民事裁定书。

目并未取得商品房预售许可证。天意公司在二审中提交意见确认，涉案房产尚未经过房屋测量和竣工验收。可见，“太阳岛公寓”项目不符合《商品房销售管理办法》规定的商品房现售条件，只能纳入商品房预售范畴。《商品房买卖解释》第二条规定：“出卖人未取得商品房预售许可证明，与买受人订立的商品房预售合同，应当认定无效，但是在起诉前取得商品房预售许可证明的，可以认定有效。”本案中，即便王秀芳与天意公司就商品房买卖合同所欠缺的内容补充达成了一致，使得商品房预约合同转化为商品房买卖合同，但由于天意公司未取得商品房预售许可证明，商品房预售合同应认定为无效。因此，王秀芳与天意公司之间未形成书面有效的商品房买卖合同，其对天意公司不产生优先于黄卿安对天意公司的债权，故其无权请求人民法院在（2015）三亚执字第57号案中停止对涉案房屋的强制执行。

另一种观点认为，商品房买卖合同的效力并不因出卖人未取得商品房预售许可证而受到影响。如在“韩晓平与北京中鑫智融投资基金管理有限公司、葛军、山西鑫四海投资集团有限公司案外人执行异议之诉再审案”[①] 中，最高人民法院认为：

双方签订的《房屋认购协议》已对房屋买卖关系中的权利义务作出具体约定，结合《房屋认购协议》签订以及后续履行情况，以及庭审情况，韩晓平与鑫四海房地产公司之间已就成立房屋买卖关系达成一致意思表示。这些证据足以证明《房屋认购协议》的签订时间明显早于2017年4月房屋被预查封之时……鑫四海房地产公司是否取得预售许可证不影响《房屋认购协议》的效力。

实践中，以买卖合同担保民间借贷履行的方式中的房屋买受人，不属于《工程款优先受偿批复》中意在保护的房屋消费者，不能对抗建设工程价款优先受偿权。如在“叶金康与中信信托有限责任公司等案外人执行异议之诉案”[②] 中，江苏省高级人民法院明确指出：

无论是《查封、扣押、冻结财产规定》或《工程款优先受偿批复》的相关规定，其适用的前提均是案外人需与被执行人建立房屋买卖关系，其必须具备房屋购买人的身份。而本案中，如前所述，叶金康与红枫房产公司之间属于民间借贷关系而非房屋买卖关系，因此，叶金康不具备买房人的身份，只能依据借贷关系向红枫房产公司主张债权，而不享有物权期待权，亦不享有排除强制执行的实体权利。

（二）所购商品房系用于居住且买受人名下无其他用于居住的房屋

购房人需具有消费者的身份，即为生活消费而购买房屋，购房人所购买的房

① 最高人民法院（2019）最高法民申2781号民事裁定书。
② 江苏省高级人民法院（2014）苏民初字第00016号民事判决书。

屋是用于居住。如购房人购买商铺，则其不得对抗工程价款优先受偿权，因为"《批复》的目的为保护相对弱势的消费者的生存利益，商铺的购房者不属于《批复》所指的消费者"，[①]《工程款优先受偿批复》"意在保护自住商品房买受人的权利。"[②]如在"彭某某与张某乙建设工程施工合同纠纷申请再审案"中，法院认为：[③]

建设工程承包人的优先受偿权不得对抗消费者作为商品房买受人依法享有的权利，包括消费者在交付全部购房款后享有的商品房交付请求权和在商品房所有权转移后享有的房屋所有权。就本案而言……原一、二审在案证据已表明本案建设工程是用于经营的，而彭某某作为买受人显然不是出于生活消费需要而购买，因此彭某某依法不属于《消费者权益保护法》规定的"消费者"的范围。故彭某某无权以《最高人民法院关于建设工程价款优先受偿权问题的批复》第二条的规定作为对张某乙行使优先受偿权的抗辩。

值得注意的是，以房抵债中的房屋受让人因其受让房屋非基于生活目的，故其不属于《工程款优先受偿批复》所要保护的消费者，裁判中大多明确了这一点。如在"沈良与衢州市健立石油制品有限公司破产债权确认纠纷案"[④]中，法院指出：

《工程款优先受偿批复》第二条将交付购买商品房的全部或者大部分款项的购房户认定为消费者，保护的是购房者的居住权和生存权。消费者是为生活消费需要购买、使用商品或者接受服务的社会成员，本案中原告即使在案外人顾小峰抵押权登记前形成房屋买卖合同，但这种以房抵债显然并非"为生活消费需要购买房屋"，不符合上述"消费者"的定义，故不能适用法释〔2002〕16号享有购房款优先受偿权。本院认为原告的证据不足以证明其主张，本院不予支持。

若买受人超出一般生活所需，购买多套房屋，而又未能进一步举证证明购买多套房屋确系生活需要，则其主张其系消费者的依据不足，如在"戴爱维因与中

---

① "许光亮等与天台县建安房地产开发有限公司纠纷案"［浙江省天台县人民法院（2014）台天商初字第2575号民事判决书］。

② "随州烟草公司与东城建设公司合作开发房地产合同纠纷再审案"［最高人民法院（2009）民提字第78号民事判决书］。

③ 浙江省湖州市中级人民法院（2013）浙湖民申字第37号民事裁定书。类似观点请参见"王会杰与常春再审审查与审判监督案"［最高人民法院（2017）最高法民申1109号民事裁定书］。相同观点还可参见"天津津铁路华运输服务有限责任公司与河北信投集团资产管理有限公司再审审查与审判监督案"［最高人民法院（2017）最高法民申1660号民事裁定书］。

④ 浙江省衢州市衢江区人民法院（2015）衢巡商初字第134号民事判决书。类似观点请参见"赵见朝与霍山县岳安置业有限公司等民间借贷纠纷案"［安徽省六安市中级人民法院（2015）六执异字第00006号执行裁定书］、"中国信达资产管理股份有限公司吉林省分公司与邹大君等执行人执行异议之诉上诉案"［吉林省高级人民法院（2017）吉民终字第344号民事判决书］。

诚信托有限责任公司等申请执行人执行异议之诉上诉案”[①] 中，法院认为：

适用该批复的主体应是“消费者”，依照《消费者权益保护法》第二条规定，消费者应当是为生活消费需要购买、使用商品或接受服务的人，而本案中系以其他债权抵付购房款的方式一次性购买三套房屋，超出一般生活所需，而戴爱维未能进一步举证证明购买三套房屋确系生活需要，故戴爱维主张其系消费者的依据不足，对其相关上诉请求不予支持。

当然，也有裁判指出，“无其他用于居住的房屋”，不应机械限于套数的理解。如原有住房不能满足现有家庭成员的居住要求，再购买房屋是为了对居住环境进行必要的改善，其仍属于满足生存权的合理消费范畴。如在“广西恒冠建设集团有限公司与王贤安申请执行人执行异议之诉再审审查与审判监督案”[②] 中，法院指出：

对于《执行异议和复议规定》第二十九条第二项规定的“买受人名下无其他用于居住的房屋”，不应机械限于套数的理解。如原有住房不能满足现有家庭成员的居住要求，再购买房屋是为了对居住环境进行必要的改善，其仍属于满足生存权的合理消费范畴之内。本案根据已查明的事实，可以认定王贤安购买案涉商品房是用于居住的改善型消费之需，并非用于商业性投资。恒冠公司认为王贤安购买案涉商品房属于商业投资，王贤安对该商品房享有的民事权益不能优先于恒冠公司享有的建设工程价款优先受偿权，无事实和法律依据，不能成立。

“无其他用于居住的房屋”应指买受人在被执行房屋所在地长期居住，而在同一地点其名下无其他能够用于居住的房屋。如在“安仁县星城建筑有限公司与彭建美、郴州宏诚房地产开发有限公司申请执行人执行异议纠纷上诉案”[③] 中，湖南省高级人民法院认为：

首先第二十九条是关于房屋消费者物权期待权的保护条件，即在执行程序中基于对消费者生存权这一更高价值的维护，赋予消费者对买受房屋的物权期待权以排除执行的权力，故相较第二十八条的规定比较宽泛。其次，这里的“无其他用于居住的房屋”应指买受人在被执行房屋所在地长期居住，而在同一地点其名下无其他能够用于居住的房屋。本案中，彭建美夫妇及其父母在涉案房屋长期实际居住，仅有证据证明彭建美在广东佛山拥有一套住房，而无证据证明彭建美在涉案房屋所在的资兴市还有其他住房。故根据第二十九条的规定，彭建美也拥有排除执行的权利。

在“王秋祥与广西恒冠建设集团有限公司、北海尚源居房地产开发有限公司

---

① 最高人民法院（2019）最高法民终 160 号民事判决书。

② 最高人民法院（2018）最高法民申 1972 号民事裁定书。

③ 湖南省高级人民法院（2016）湘民终 651 号民事判决书。

案外人执行异议之诉再审案"[1] 中，最高人民法院认为：

根据查明的事实，王秋祥除购买的北海市"尚源大厦"2单元2501号、2503号、2504号、2505号的4套房屋外，其名下另有2套房屋，即位于北海市公园路39号京都花园4号楼B单元0801号和北海市湖海路××银××公寓××单元××号的2套房屋。虽然对于《执行异议和复议规定》第二十九条第二项规定中的"买受人名下无其他用于居住的房屋"，不应机械限于套数的理解。如原有住房不能满足现有家庭成员的居住要求，再购买房屋是为了对居住环境进行必要的改善，其仍属于满足生存权的合理消费范畴。但王秋祥名下已有多套房屋，且其在再审庭审中自诉，"尚源大厦"其中2套用于居住，另外2套用于出租。故难以认定王秋祥购买本案的2501号房屋以及关联案件的房屋系基于对居住环境进行必要的改善，而非进行商业性投资。王秋祥在再审中还称其已将原登记在名下的两套房屋出售，即使王秋祥的该陈述属实，亦是二审判决作出之后新发生的事实，并不符合"买受人名下无其他用于居住的房屋"的情形。

"无其他用于居住的房屋"的举证责任应由买受人负担，但在现有住房登记信息查询条件下，不宜苛求买受人就所有的不动产登记系统进行查询。买受人提交了其户籍所在地的房屋登记信息，应视为其初步完成了举证责任，在没有相反证据推翻的情况下，可认定买受人名下无其他用于居住的房屋。如在"中诚信托有限责任公司与徐瑞雪、重庆典雅房地产开发集团有限公司等申请执行人执行异议之诉上诉案"[2] 中，最高人民法院二审认为：

徐瑞雪举示了重庆市不动产登记中心出具的《重庆市个人住房登记信息查询证明》，亦证明了自己名下除购买的用于居住的案涉商品房外无其他用于居住的房屋。……中诚信托公司辩称徐瑞雪所举示的重庆市不动产登记中心出具的《重庆市个人住房登记信息查询证明》，不足以证明徐瑞雪名下无其他用于居住的房屋。本院认为，该证明虽为重庆市不动产登记中心出具，但内容显示查询的是重庆市不动产登记系统，对各区县均能登录查询的同一系统却只能分别到不同区县查询，极大地增加了申请人的不便。考虑到重庆市有30余个区县，如苛求徐瑞雪查询重庆全市的房屋信息，则有失公允。故在现有住房登记信息查询条件下，徐瑞雪提交了其户籍所在地巴南区的房屋登记信息，应视为其初步完成了举证责任，在没有相反证据推翻的情况下，可认定徐瑞雪名下无其他用于居住的房屋。中诚信托公司还辩称徐瑞雪应举证证明其配偶、未成年子女名下无其他用于居住的房屋，徐瑞雪称其未婚无子女，而购房时徐瑞雪刚逾法定婚龄，且相关司法解释仅要求"买受人"名下无其他用于居住的房屋，并未要求买受人配偶及未成年

---

① 最高人民法院（2018）最高法民再443号民事判决书。

② 最高人民法院（2019）最高法民终157号民事判决书。

子女名下无房，故本院对中诚信托公司此点主张亦不予支持。

结合裁判实践的发展，《会议纪要》第125条中明确指出，“买受人名下无其他用于居住的房屋”，可以理解为在案涉房屋同一设区的市或者县级市范围内商品房消费者名下没有用于居住的房屋。商品房消费者名下虽然已有1套房屋，但购买的房屋在面积上仍然属于满足基本居住需要的，可以理解为符合该规定的精神。

（三）已支付的价款超过合同约定总价款的百分之五十

根据收款发票等证据可证明案外人已交付的价款超过合同约定总价款的百分之五十，符合本要件。如在“史雪莹与中国华融资产管理股份有限公司云南省分公司、昆明明丰房地产开发有限公司案外人执行异议之诉再审案”[①] 中，最高人民法院认为：

本案中，根据认购协议的约定及明丰公司给史雪莹出具的收款发票等证据，案涉房屋的价格为795368元，史雪莹已全额缴付。华融资产云南分公司虽对史雪莹是否交付全部款项以及对案涉房屋的房价有异议，但未提供相关证据证明，且即使按照华融资产云南分公司主张的《滇池泊屋小区商品房准售房源及房价公示》信息上公示的案涉房屋价格为937398元，史雪莹所付价款亦已超过50%。

买受人未实际交付购房款的，或仅交付不足50%的购房款的，不得对抗承包人的建设工程价款优先受偿权。买受人交付全部或者大部分房款，由于房屋形成烂尾楼或因客观原因毁损灭失，此时开发商对买受人房款的返还应优先于支付承包人的建设工程价款。《最高人民法院针对山东省高级人民法院就处置济南彩石山庄房屋买卖合同纠纷案请示的答复》（〔2014〕执他字第23、24号）中指出：“基于《批复》保护处于弱势地位的房屋买受人的精神，对于《批复》第二条‘承包人的工程价款优先受偿权不得对抗买受人’的规定，应当理解为既不得对抗买受人在房屋建成情况下的房屋交付请求权，也不得对抗买受人在房屋未建成等情况下的购房款返还请求权。”如在“江苏亿泰旅业发展集团有限公司等与姚建商品房预售合同纠纷上诉案”[②] 中，法院认为：

《工程款优先受偿批复》明确规定了房屋买受人的权利优先于建筑工程承包人的优先受偿权与抵押权人的抵押权，体现了优先保护处于相对弱势地位的房屋

---

① 最高人民法院（2017）最高法民终278号民事判决书。

② 江苏省宿迁市中级人民法院（2016）苏13民终字第3573号民事判决书。类似观点请参见“刘瑞林与尹鹏等债权转让合同纠纷上诉案”［湖北省荆州市中级人民法院（2016）鄂10民终字第1138号民事判决书］、“江苏亿泰旅业发展集团有限公司等与姚建商品房预售合同纠纷上诉案”［江苏省宿迁市中级人民法院（2016）苏13民终字第3573号民事判决书］、“董某某等与惠州市名人实业发展有限公司商品房预售合同纠纷案”［广东省惠州市惠城区人民法院（2014）惠阳法民一初字第874号民事判决书］。

买受人的精神。第二条规定应当理解为既不得对抗买受人在房屋建成情况下的房屋交付请求权，也不得对抗买受人在房屋未建成等情况下的购房款返还请求权。本案中，因亿泰公司不同意与姚建继续履行合同，姚建要求亿泰公司向其返还购房款，对于姚建请求对购房款享有优先受偿权的主张，本院予以支持。

结合裁判实践的发展，《会议纪要》第125条中明确指出，如果商品房消费者支付的价款接近于百分之五十，且已按照合同约定将剩余价款支付给申请执行人或者按照人民法院的要求交付执行的，可以理解为符合该规定的精神。

【附：起草过程中的争议】

《会议纪要（稿）》

13.【房屋消费者优先权】房屋消费者优先权是以消费为目的的购房者在支付了一定款项后对房屋享有的权利，具有优先于抵押权甚至建设工程价款优先权的效力。在确定购房者是否享有房屋消费者优先权时，要从缔约时间是否在查封之前、房屋性质是否为一手房、购买目的是否用于居住、买受人名下是否还有其他用于居住的房屋、已经支付的价款是否超过50%等方面进行综合认定。实践中，要从消费者保护这一根本目的出发，在准确认定购房者是否为消费者的基础上，再结合个案情况作出具体认定。

《会议纪要（公开征求意见稿）》

118.【案外人系房屋消费者的处理】人民法院审理案外人系房屋消费者执行异议之诉案件，参照适用《执行异议复议规定》第二十九条第（二）项规定的“买受人名下无其他用于居住的房屋”时，可以理解为买受人名下在设区的市和县级行政区（不包括设区的市的“区”）无其他用于居住的房屋。买受人名下有1套面积不大的房屋，后来又买了1套涉案房屋，符合上述规定第（一）项和第（三）项条件，如果查明买受人家人较多，确为适当改善居住条件，也应支持买受人阻却执行的请求。既然是参照，当然可以根据案件的具体情况从利益平衡角度进行审理。《执行异议复议规定》第二十九条的法律依据是《最高人民法院关于建设工程价款优先受偿权问题的批复》（法释〔2002〕16号）。根据该批复，“交付全部或者大部分购房款的消费者对该房屋享有的权利”优于“对该房屋享有的建设工程价款优先受偿权”，后者又优于“对该房屋享有的抵押权”。因此，审理这类案件，符合《执行异议复议规定》第二十九条规定的三个条件的，房屋消费者提起阻却执行的请求，应予支持。

第二节 一般不动产买受人的物权期待权

【会议纪要条文】

127.【案外人系商品房消费者之外的一般买受人】金钱债权执行中，商品房消费者之外的一般买受人对登记在被执行人名下的不动产提出异议，请求排除执行的，《最高人民法院关于人民法院办理执行异议和复议案件若干问题的规定》第28条规定，符合下列情形的依法予以支持：一是在人民法院查封之前已签订合法有效的书面买卖合同；二是在人民法院查封之前已合法占有该不动产；三是已支付全部价款，或者已按照合同约定支付部分价款且将剩余价款按照人民法院的要求交付执行；四是非因买受人自身原因未办理过户登记。人民法院在审理执行异议之诉案件时，可参照适用此条款。

实践中，对于该规定的前3个条件，理解并无分歧。对于其中的第4个条件，理解不一致。一般而言，买受人只要有向房屋登记机构递交过户登记材料，或向出卖人提出了办理过户登记的请求等积极行为的，可以认为符合该条件。买受人无上述积极行为，其未办理过户登记有合理的客观理由的，亦可认定符合该条件。

【条文要义】

本条系结合《执行异议和复议规定》第二十八条等，对消费者之外的一般买受人物权期待权与其他权利相冲突时的解释方案。

第一，金钱债权执行中，商品房消费者之外的一般买受人对登记在被执行人名下的不动产提出执行异议之诉案件时，可以参照适用《执行异议和复议规定》第二十八条的规定，符合下列情形的依法予以支持：一是在人民法院查封之前已签订合法有效的书面买卖合同；二是在人民法院查封之前已合法占有该不动产；三是已支付全部价款，或者已按照合同约定支付部分价款且将剩余价款按照人民法院的要求交付执行；四是非因买受人自身原因未办理过户登记。

第二，一般而言，买受人只要有向房屋登记机构递交过户登记材料，或向出卖人提出了办理过户登记的请求等积极行为的，可以认为符合该条件。买受人无上述积极行为，其未办理过户登记有合理的客观理由的，亦可认定符合该条件。

【深度阐释】

一、不构成房屋消费者的一般买受人的物权期待权的法律适用

不构成房屋消费者的一般买受人的物权期待权，是否具有排除就执行标的金钱之债的执行，应适用《执行异议和复议规定》第二十八条的规定。《执行异议和复议规定》第二十七条规定："申请执行人对执行标的依法享有对抗案外人的担保物权等优先受偿权，人民法院对案外人提出的排除执行异议不予支持，但法律、司法解释另有规定的除外。"第二十八条规定："金钱债权执行中，买受人对登记在被执行人名下的不动产提出异议，符合下列情形且其权利能够排除执行的，人民法院应予支持：（一）在人民法院查封之前已签订合法有效的书面买卖合同；（二）在人民法院查封之前已合法占有该不动产；（三）已支付全部价款，或者已按照合同约定支付部分价款且将剩余价款按照人民法院的要求交付执行；（四）非因买受人自身原因未办理过户登记。"值得注意的是，即使符合《执行异议和复议规定》第二十八条规定的要件，不构成房屋消费者的一般买受人的物权期待权，也仅得对抗不动产抵押权，一般不能优于建设工程价款优先受偿权、房屋消费者的物权期待权而受偿。对此，《会议纪要》第126条作了明确规定。

裁判中既有观点认为，买受人购买案涉房屋并非用于居住用途时，应适用《执行异议和复议规定》第二十八条的规定进行审查。如在"郭菊梅与王娜、陕西瑞麟置业有限公司案外人执行异议之诉再审案"[①]中，最高人民法院认为：

案涉《商品房买卖合同》中均明确载明商品房的用途为商业，郭菊梅购买案涉房屋并非用于居住用途，本案应当适用《执行异议和复议规定》第二十八条的规定进行审查。郭菊梅未提交证据证明其在法院查封之前已合法占有案涉房屋，原审判决适用《执行异议和复议案件规定》第二十八条的规定，认定郭菊梅对案涉房屋不享有足以排除强制执行的民事权益并无不当，郭菊梅的该项主张不成立。

适用《执行异议和复议规定》第二十八条的四个构成要件中，"在人民法院查封之前已签订合法有效的书面买卖合同""已支付全部价款，或者已按照合同约定支付部分价款且将剩余价款按照人民法院的要求交付执行"等两个要件，与《执行异议和复议规定》第二十九条基本相同，此处不赘。以下主要梳理"在人民法院查封之前已合法占有该不动产""非因买受人自身原因未办理过户登记"等两个要件。

---

① 最高人民法院（2019）最高法民申728号民事裁定书。

二、“查封前已合法占有不动产”的解释与适用

“在人民法院查封之前已合法占有该不动产”是适用《执行异议和复议规定》第二十八条的要件。未在法院查封之前合法占有案涉房屋的，不能适用《执行异议和复议规定》第二十八条排除对案涉房屋的强制执行。如在“邹智华与王娜、陕西瑞麟置业有限公司案外人执行异议之诉再审案”[①] 中，最高人民法院认为：

邹智华未提交证据证明其在法院查封之前已合法占有案涉房屋，原审判决适用《执行异议和复议规定》第二十八条的规定，认定邹智华对案涉房屋不享有足以排除强制执行的民事权益并无不当，邹智华的该项主张不成立。

（一）合法占有的具体认定

对不动产的占有在裁判实践中较难举证证明，一般通过出卖人与买受人之间办理的正式房屋交接手续予以确定，最为常见的形式为《房屋交接书》《收楼确认书》等。在没有正式房屋交接手续的情况之下，也可通过实际居住，或者钥匙交接、水电费、物业费收据等系列证据相互印证案涉房屋已被实际占有的事实。

有裁判认为，买受人提交的领取钥匙签收表、水暖费票据和物业维修基金票据等能够证明案外人在查封前已合法占有案涉房屋。如在“时学云与李宏萍、长春信息技术职业学院、长春圣海至尊房地产开发有限公司案外人执行异议之诉再审案”[②] 中，最高人民法院认为：

本案中，时学云提交的认购协议书、领取钥匙签收表、水暖费票据和物业维修基金票据等证据，相互印证，能够证明时学云在法院查封案涉房屋前即已占有案涉房屋。《建筑法》第六十一条关于“未经验收或者验收不合格的，不得交付使用”的规定，系对建设工程交付的管理性规定，当事人违反该规定虽应承担相应责任，但不能据此推翻时学云已对案涉房屋实际占有的事实，该规定亦不能阻却时学云基于房屋购买合同而占有案涉房屋的合法性。

虽然在一般情形下，购房人的占有是直接占有，但其对房屋的占有还可以是通过物业公司等主体的间接占有，如在“王睿与中粮世通供应链物流（中国）有限公司等外人执行异议之诉案”,[③] 法院认为：

本案中，王睿与驰盛公司于2011年7月5日就涉案房产签订了《商品房买卖合同》，2014年11月19日涉案房产被查封，即在人民法院查封之前王睿与驰盛公司已签订合法有效的书面买卖合同。合同签订后，王睿依约向支付了全部房

---

① 最高人民法院（2019）最高法民申727号民事裁定书。类似的案例还有“岳荣胜与王娜、陕西瑞麟置业有限公司、陕西瑞林实业集团有限公司案外人执行异议之诉再审案”［最高人民法院（2019）最高法民申425号民事裁定书］。

② 最高人民法院（2017）最高法民申5084号民事裁定书。

③ 山东省烟台市中级人民法院（2016）鲁06民初字第44号民事判决书。

款。且就涉案房产王睿与烟台明路物业管理有限公司签订了《御金台商铺托管协议》，约定将涉案房产委托烟台明路物业管理有限公司管理使用，该合同能够证实王睿已实际占有涉案房产并依法行使使用的权利。

（二）不动产是否已经竣工验收对于“合法占有”认定的影响

就案涉不动产是否已经竣工验收，对于构成“已合法占有不动产”的影响，实践中的观点并不一致。如在“姜小来、姜来夫与上海天奥电梯销售有限公司、上海上风科盛投资有限公司案外人执行异议之诉再审案”[①] 中，上海市高级人民法院二审认为：

关于天奥公司是否已经实际占有系争房屋。根据查明的事实，系争房屋尚未竣工验收，并不具备交付使用的条件与功能，故天奥公司与上风公司签署的房屋交接书对天奥公司已实际占有系争房屋的主张不具有证明效力。

最高人民法院再审认为：

原审以系争房屋尚未竣工验收并不具备交付使用的条件与功能为由否定天奥公司对诉争房产的占有则依据不足。首先，房屋是否具备交付使用的条件和功能，在不违背法律强制性规定的情况下，应依当事人的约定来判断。本案是现房销售，双方当事人对房屋状态都清楚，双方交接时对此没有异议。也没有任何证据表明本案房屋的交付存在法律强制性禁止规定的情形。其次，涉案房屋相关工程的状态亦不影响交付使用。案涉工程共有三项：一是国权路 29 号、31 号、33 号大楼的建设工程；二是沪杨建（2010）FA31011020102370 号《建设工程规划许可证》所载明的 4＃连廊及 5＃连接体建设工程；三是上风公司与港海公司签订《建设工程施工合同》中所包括的 29 号、31 号、33 号大楼的改造。第一项工程已经竣工验收，上风公司也获得了三幢大楼的产权证。第二项工程是新建设的 4＃连廊及 5＃连接体，不含诉争的国权路 29 号大楼，工程竣工与否不影响诉争房屋交付使用条件与功能的判断。第三项的改造工程虽未竣工，因主体工程已竣工验收并获得产权证书早已具备交付条件，且从一审勘验情况看，国权路 29 号大楼现场留有部分建筑材料及设备，4 层、5 层为统间，并未对主体工程改造，因而亦不会因此而影响交付使用。天奥公司已经办理了 29 号大楼 25 套房屋中 16 套房屋的过户登记手续，更足以证明改造工程不影响交付使用。

但在“陈立军与赤峰添柱建筑工程有限公司、赤峰钢材城贸易有限公司案外人执行异议之诉再审案”[②] 中，最高人民法院认为：

至本案二审时，涉案商厅尚未履行竣工验收程序，不具备交付条件，因此陈立军提交的证据不能证明其在人民法院查封之前已合法占有涉案商厅。故陈立军

① 最高人民法院（2017）最高法民再 36 号民事判决书。

② 最高人民法院（2019）最高法民申 1644 号民事裁定书。

提交的证据不符合《执行异议和复议规定》第二十八条规定的足以排除对涉案商厅强制执行的条件。

三、“非因买受人自身原因未办理过户手续”的解释与适用

“非因买受人自身原因未办理过户登记”是适用《执行异议和复议规定》第二十八条的要件。实践中，能够归责于买受人的原因，可以分为对他人权利障碍的忽略、对政策限制的忽略及消极不行使登记权利三个层面。买受人本来可以提起诉讼行使物权登记请求权并通过法院强制执行来完成物权变更却没有完成，不应视为买受人过错。[①] 如在“梅朝阳与武汉平鑫祥和商贸有限公司、武汉阜申物流有限责任公司、陈建平等案外人执行异议之诉再审案”[②] 中，最高人民法院认为：

案外人梅朝阳与被执行人五环公司之间未签订合法有效的书面买卖合同，且未向五环公司支付价款，亦非合法地占有案涉房屋，案涉房屋未办理过户登记也有其自身的原因，故本案并不符合《执行异议和复议规定》第二十八条所规定的情形，申请人对案涉房屋并不享有可期待法律保护的能够排除执行的合法权益。

（一）因抵押登记的存在导致无法办理过户手续

实践中，因案涉房屋存在抵押登记，无法办理过户登记的情形较为普遍。买受人购买设有抵押登记的房屋系基于其相信在抵押权消灭后能够办理过户登记手续，因此，若仅以买受人在购买房屋时明知或应当知道存在抵押权为由，就认定不符合“非因买受人自身原因未办理过户手续”要件，正当性不足。如在“陈善红与陈玉萍、华融湘江银行股份有限公司郴州分行、郴州市晓园房地产开发有限责任公司案外人执行异议之诉再审案”[③] 中，最高人民法院认为：

案涉房屋未能办理物权变更登记并非陈善红自身原因所致。根据相关法律规定，已设定抵押的物品并非禁止流通，买受人在购买已设定抵押的物品时，仅需考虑抵押权实现时可能面临的风险，其购买抵押物的行为本身并不构成过错。从本案事实看，导致案涉房屋物权未发生变更登记的原因是其已抵押给华融湘江郴州分行，而非陈善红自身原因所致。虽然陈善红在2012年6月20日向华融湘江郴州分行出具《证明及承诺》，表明其知道案涉在建工程已抵押给该行，但不能就此认定系陈善红方面的原因导致物权变动未发生。

---

① 参见江必新、刘贵祥主编：《最高人民法院关于人民法院办理执行异议和复议案件若干问题规定理解与适用》，人民法院出版社2015年版，第424～425页。

② 最高人民法院（2018）最高法民申3852号民事裁定书。

③ 最高人民法院（2017）最高法民申3536号民事裁定书。类似的裁判还有“中国东方资产管理股份有限公司重庆市分公司与郭悦宁、北京中坤锦绣房地产开发有限公司、北京中坤投资集团有限公司等申请执行人执行异议之诉纠纷上诉案”［最高人民法院（2017）最高法民终698号民事判决书］。

但是，不论买受人在签订合同时是否实际注意到了该讼争房屋已被抵押的事实，因解抵押后买受人未及时要求办理过户登记，导致讼争房产被再次抵押，以致不能办理过户登记的情形，不符合“买受人非因自身原因未办理诉争房产的过户登记”这一要件。如在“傅建涛与重庆农村商业银行股份有限公司綦江支行、重庆古华畜产股份有限公司等案外人执行异议之诉再审案”① 中，最高人民法院认为：

作为购买诉争房产的傅建涛，无论在签订合同时是否实际注意到了该诉争房屋已被抵押的事实，在该抵押登记仍然存在的情况下，傅建涛客观上均不能实现将该诉争房产变更到自己名下的法律效果。在渝台担保公司的抵押权消灭后，傅建涛亦没有提供有效证据证明其及时要求华上置业公司履行过户登记手续。后该诉争房产又被农商行綦江支行设定新的抵押权登记。综合上述事实，傅建涛提起案外人执行异议之诉，其所依据的事实与理由不符合《执行异议和复议规定》第二十八条第四项规定的情形，即买受人非因自身原因未办理诉争房产的过户登记。

不过，这一观点并不具有普遍性。实践中，当一般买受人以《商品房预售合同》为依据，针对抵押权人对案涉房产强制执行提出异议时，只要买卖合同于抵押之前有效成立，那么即可认定买受人的主观善意。② 如在“杨清华与兴业银行股份有限公司天津分行、天津广聚源纸业集团有限公司等案外人执行异议之诉上诉案”③ 中，天津市高级人民法院一审认为：

关于杨清华享有的实体权利能否足以排除强制执行。杨清华与君合公司就涉案房屋成立合法有效的买卖合同关系，在杨清华已经将房款付清的情况下，其依法享有将涉案房屋的所有权变更登记至其名下的请求权。但判断该权利是否能够足以排除强制执行，应将该请求权与兴业银行天津分行对于涉案房屋享有的权利进行优先性比较，以判断杨清华享有的请求权是否优先于兴业银行天津分行对于涉案房屋享有的权利。本案中，君合公司为绿诺公司的贷款提供抵押担保并办理了抵押登记，兴业银行天津分行对涉案房屋依法享有抵押权，在绿诺公司未履行债务时，其依法就该财产享有优先受偿的权利，该权利属于担保物权，是针对财产的交换价值而设定的一种物权。因此，基于物权优先于债权的原则，杨清华在本案中享有的请求权属于债权的范畴，其不能对抗兴业银行天津分行对于涉案房屋享有的担保物权。

---

① 最高人民法院（2017）最高法民申 4723 号民事裁定书。

② 参见任容庆：《物权期待权与抵押权冲突的裁判争点分析》，载《中国房地产》2019 年第 5 期。

③ 最高人民法院（2018）最高法民终 189 号民事判决书。

最高人民法院二审认为：

不动产作为基本生活资料对社会主体具有重要意义，加之我国不动产登记制度不够完善，在执行程序中应对符合规定条件的不动产买受人予以特殊保护，以平衡执行申请人与特定不动产买受人之间的权益，实现实质公平并维护社会稳定。本案中，杨清华支付了涉案房屋全部款项，并在人民法院查封之前占有涉案房屋。涉案房屋在竣工并交付杨清华之后很短时间内即被人民法院查封，导致无法再办理过户登记，未办理过户登记不属于杨清华的过错。本案符合该条的构成要件。杨清华主张排除案涉强制执行的上诉理由成立，应予以支持。由于《查封、扣押、冻结财产规定》第十七条并未为抵押权设置例外，兴业银行天津分行关于杨清华不能对抗其基于抵押权对涉案房屋申请执行的主张不能成立，本院不予支持。

当买受人购买现房时，基于现房客观上具备在购买时即可交付的现实性，以及不动产抵押登记具有公示效力，抵押之后再处分的，不动产买受人应视为明知不动产存在过户障碍而予以购买的情况，其如果不能自行涤除权利负担的，属于因买受人自身原因不能办理过户的情形。在此情况下，即使其符合第二十八条在查封前合同就已经有效成立与合法占有的条件，也不能对抗享有抵押权的申请执行人。[①] 亦有观点认为，当买受人购买现房时，在满足买卖合同有效成立与合法占有均应在抵押、查封两个时间点之前的情形之下，亦可产生对抗抵押权人强制执行的效力。[②] 如在“马文礼与中国长城资产管理股份有限公司、郭秀芳、钱光辉案外人执行异议之诉再审案”[③] 中，最高人民法院认为：

郭秀芳于2011年3月办理包括案涉房产在内的房屋所有权证，而其持有的银郊红花乡双庄村的土地使用权证［证号银郊国用（2001）第0389号］于2011年4月12日至2012年4月13日抵押于永宁县农村信用合作联社，于2012年4月23日至2013年5月30日抵押于永宁县农村信用合作联社，又在2013年6月26日抵押于黄河银行，使得案涉房屋过户至马文礼存在障碍，非因马文礼自身过错导致未办理过户登记。据此，马文礼的情形符合《执行异议和复议规定》第二十八条之规定。

（二）因出卖人不予积极配合导致无法办理过户手续

基于买卖合同所生的移转标的物所有权的义务，是出卖人的主给付义务。在我国就不动产移转登记采行双方申请主义的前提之下，办理移转登记是出卖人的

① 参见龙骞：《执行异议中不动产物权期待权探究》，载《山东审判》2017年第6期。

② 参见任容庆：《物权期待权与抵押权冲突的裁判争点分析》，载《中国房地产》2019年第5期。

③ 最高人民法院（2019）最高法民申1136号民事裁定书。

主给付义务，买受人仅仅只是负有受领给付的不真正义务。如出卖人请求买受人配合办理移转登记，但买受人不积极受领，不配合办理登记，可以认定为“因买受人自身原因未办理过户手续”；如出卖人没有向买受人请求配合办理移转登记，或者买受人请求出卖人办理移转登记但出卖人不予配合的，则可以认定为“非因买受人自身原因未办理过户手续”。如在“许郭明与霍山县安园经济技术开发有限公司等案外人执行异议之诉上诉案”[①] 中，安徽省高级人民法院认为：

案涉房屋未能及时办理房屋过户登记的原因，主要是郑先明夫妇远在深圳，两人虽办理授权委托公证，委托黄书鸣办理过户，但因郑先明夫妇未能将购房原始发票交与许郭明，导致办证迟延。安园公司称二手房过户登记不需要原始购房发票，经查，合肥市房产局印制的《二手房买卖办证流程》载明，房屋买卖转移登记需提供销售不动产发票办证联。根据该流程，合肥市的二手房买卖过户登记需要提供购房原始发票，安园公司该辩称与事实不符。在售房人答应寄送发票的情况下，购房人予以等待并不违背常理。而且按照授权范围，有权查询房屋原始档案的是郑先明的受托人黄书鸣，许郭明无权查询。……本案中，许郭明与郑先明签有《房屋买卖合同书》，在原审法院查封之前已经实际占有案涉房屋，并已付清全部购房款，房屋未能办理过户登记的原因是郑先明未能积极予以配合造成，许郭明并不存在过错。

（三）因其他原因导致无法办理过户手续

案涉房屋因未能消防验收而导致无法办理过户登记，非因买受人自身原因。如在“沈阳市于洪区北陵街道包道村村民委员会与李斌、辽宁东川房地产开发有限公司申请执行人执行异议之诉再审案”[②] 中，最高人民法院认为：

未办理过户登记是否因李斌自身原因造成。包道村村委会主张案涉房产因未发生真实的交易，故而至今未办理房屋所有权证。包道村村委会又提交《辽宁省房屋建筑工程竣工验收备案书》（复印件），欲证明工程已验收备案，与东川公司所称未进行竣工验收不符。但是，原审已经查明认定案涉房产未能消防验收，是未能办理产权证照的主要原因。并且，组织通过消防验收，达到办理证照的现实基础，为住户办理产权证照，属东川公司义务范畴，并非因李斌自身原因未办理过户登记，故原审未支持包道村村委会该主张，并无不当。

结合裁判实践的发展，《会议纪要》第127条中明确指出，一般而言，买受人只要有向房屋登记机构递交过户登记材料，或向出卖人提出了办理过户登记的请求等积极行为的，可以认为符合该条件。买受人无上述积极行为，其未办理过户登记有合理的客观理由的，亦可认定符合该条件。

---

① 安徽省高级人民法院（2015）皖民四终字第00398号民事判决书。

② 最高人民法院（2019）最高法民申2261号民事裁定书。

四、债权人依以物抵债协议是否享有物权期待权

第一种观点认为，以物抵债协议以消灭金钱债务为目的，物的交付仅为以物抵债的实际履行方式，与基于商品房买卖合同而产生的物权期待权具有基础性区别，基于以物抵债而拟受让不动产的受让人，在完成不动产法定登记之前，该以物抵债协议并不足以形成优先于一般债权的利益，不能据此产生针对交易不动产的物权期待权。如在“魏琳与青岛海宜林投资控股有限公司、青岛中海盛明置业投资有限公司案外人执行异议之诉再审案”① 中，最高人民法院认为：

案外人执行异议之诉的目的是通过诉讼阻却、排除人民法院对执行标的的强制执行。案涉房屋买卖合同的订立系基于魏学传与中海盛明置业之间的工程款抵账行为，案涉合同性质实质上是以物抵债协议，该协议的目的在于消灭魏学传对中海盛明置业的债权而非单纯的房屋买卖。本案双方当事人之间的以物抵债协议，不能体现双方买卖房屋的真实意思表示，只是债务人履行债务的变通方式，不必然地引起房屋权属的变动。且讼争房屋并未完成权属登记的变更手续，债权人只有债权请求权，而非物权。本案中魏学传寻求救济途径不当，以物抵债协议约定的交付房产，是以消灭金钱债务为目的的债的履行方式，在完成房屋变更登记之前，以房抵债协议并不形成优于其他债权的利益，且破坏了债权平等受偿的原则，损害了其他与中海盛明置业之间存有债权债务关系的当事人的合法权利救济途径，故不能认定依据以房抵债协议而产生的物权期待权及物权本身，该合同的订立并不能阻却有其他合法权利的第三人基于生效法律文书申请强制执行。

第二种观点认为，以物抵债协议中用以抵顶房款的债权属于案涉房产项目的工程款，系当事人之间的真实意思表示，买受人的物权期待权可以排除强制执行。如在“陈善红与陈玉萍、华融湘江银行股份有限公司郴州分行、郴州市晓园房地产开发有限责任公司案外人执行异议之诉再审案”② 中，最高人民法院认为：

本案中，陈善红并非作为一般购房人与晓园公司订立《楼宇认购书》，根据原审查明的事实，其用以抵顶房款的债权属于案涉房产项目的工程款，依法具备优先性。即使不考虑其原先享有的债权属性，从以下几点分析符合《执行异议和复议规定》第二十八条的规定，陈善红对于案涉房产享有的权益亦足以排除他人

---

① 最高人民法院（2017）最高法民终 354 号民事判决书。类似案例还有“葫芦岛市中业房地产开发有限公司与孙宝刚、葫芦岛恒远混凝土搅拌有限公司案外人执行异议之诉再审案”［最高人民法院（2016）最高法民申 3620 号民事裁定书］。

② 最高人民法院（2017）最高法民申 3536 号民事裁定书。类似的案例还有“蒋云山与冯长华、河南德升置业有限公司案外人执行异议之诉再审案”［最高人民法院（2018）最高法民申 5923 号民事裁定书］、“北京长富投资基金（有限合伙）与宋国勋、黑龙江省中然房地产开发有限公司申请执行人执行异议之诉上诉案”［最高人民法院（2019）最高法民终 617 号民事判决书］。

申请的强制执行。

【附：起草过程中的争议】

《会议纪要（稿）》

14.【无过错不动产买受人的特别保护】无过错的不动产买受人，是指已经支付了全部价款或者已对全部价款的支付作出安排，且已合法占有不动产的买受人。因房屋尚未办理过户登记手续，买受人仅享有债权，不享有物权。但未办理过户登记手续的责任不在买受人，有必要对其给予特别保护。此种特别保护主要表现在能够排除金钱之债的执行上，但一般不能优于建设工程价款优先受偿权、房屋消费者优先权受偿。

《会议纪要（公开征求意见稿）》

117.【案外人系无过错不动产买受人的处理】《执行异议和复议规定》第二十八条第（4）项规定的“买受人自身原因”，主要是指不动产已经办理了抵押登记、因购房政策限制不能办理过户登记和买受人故意不办理过户登记三种情形。人民法院审理案外人系无过错不动产买受人执行异议之诉案件时，对买受人提出的阻却执行的诉讼请求，符合《执行异议和复议规定》第二十八条规定的四个条件的，参照上述规定，应予支持。

第七章　其他争议问题

在《会议纪要》的起草过程中，就最终公布的文本中没有涉及的一些问题也进行了讨论，并形成了相应的规则条文。这些问题也是目前民商事审判实践中的争议问题，基于某种原因最终没有体现在纪要文本之中。其中，有的是因为即将通过的民法典中已经有了确定性的规定，还有一些是争议较大，不便以纪要的形式作出政策选择。本书将这些问题一并予以讨论，留待相关司法解释起草之时再作定论。

第一节　金融机构分支机构提供的保证

《会议纪要（稿）》

7.【金融机构分支机构提供的保证】《最高人民法院关于审理经济合同纠纷案件有关保证的若干问题的规定》第17条区分一般的法人分支机构和金融部门的分支机构，规定一般的法人分支机构未经法人同意为他人提供保证的合同无效，而金融部门的分支机构提供保证的，如无其他导致保证合同无效因素的，保证合同有效。但其后颁布施行的担保法及其司法解释均未再作前述区分，而是对法人的分支机构提供保证的情形进行了统一规定。根据新法优于旧法的法律适用规则，应当适用担保法及其司法解释的相关规定。据此，金融机构的分支机构未经法人书面授权为他人提供保证的，保证合同无效。相对人以金融机构的分支机构有别于一般的企业法人为由提出抗辩的，人民法院不予支持。法人的书面授权原则上须是个别授权，但通过营业执照等证据证明金融机构的分支机构已经获得法人允许其从事担保业务的概括授权的除外。

一、法人分支机构的担保能力

法人的分支机构，是指法人为拓展民事活动的空间，在其主要办事机构之外的其他区域所设立的履行部分职能的机构。《民法总则》第七十四条规定："法人可以依法设立分支机构。法律、行政法规规定分支机构应当登记的，依照其规定。”（第一款）“分支机构以自己的名义从事民事活动，产生的民事责任由法人承担；也可以先以该分支机构管理的财产承担，不足以承担的，由法人承担。”（第二款）。这里第二款的后句，主要是针对像金融机构分支机构这样的机构，本身即管理了足以清偿债务的财产，实践中并不需要追加其法人作为共同被告。这样做不仅不损害债权人一方的利益，对于债权人和法人而言均更为便利。实际上，分支机构管理的财产本就是法人财产的一部分，以分支机构管理的财产承担民事责任，其实就是以法人的财产承担民事责任，且分支机构管理的财产不足以承担的，民事责任还是由法人承担，因此，并未违背“法人的分支机构以自己的名义从事民事活动，产生的民事责任应当由法人承担”的处理原则。[①]

根据《民法总则》第七十四条的规定，法人的分支机构不具有民事权利能力，[②] 也就不具有担保能力。由于法人的分支机构没有独立的财产，也不能独立地承担民事责任，《担保法》第十条中规定法人的分支机构不得为保证人，但为满足市场中分支机构独立开展营业活动的需求，《担保法》第十条第二款中例外性地规定了“企业法人的分支机构有法人书面授权的，可以在授权范围内提供保证。”

就分支机构未经法人书面授权或者超出授权范围所订立的保证合同的效力，《担保法》第二十九条中规定“该合同无效或者超出授权范围的部分无效”，《担保法司法解释》第17条第一款中也明确“企业法人的分支机构未经法人书面授权提供保证的，保证合同无效。”

二、金融机构分支机构的担保能力

实践中，较具争议的是金融机构的分支机构在没有法人书面授权的前提下是否具备保证人资格。《商业银行法》规定：“商业银行根据业务需要可以在中华人民共和国境内外设立分支机构。设立分支机构必须经国务院银行业监督管理机构审查批准。在中华人民共和国境内的分支机构，不按行政区划设立。”（第十九条第一款）“经批准设立的商业银行分支机构，由国务院银行业监督管理机构颁发经营许可证，并凭该许可证向工商行政管理部门办理登记，领取营业执照。”（第二十一条）“商业银行分支机构不具有法人资格，在总行授权范围内依法开展业务，其民事责任由总行承担。”（第二十二条第二款）其他金融法律、法规中亦有类似规定。

《保证规定》第17条第二款规定：“金融部门的分支机构提供保证的，如无其

① 参见石宏主编：《民法总则条文说明、立法理由及相关规定》，北京大学出版社2017年版，第170页。

② 参见王利明主编：《民法总则详解》（上册），中国法制出版社2017年版，第311页。

他导致保证合同无效的因素，保证人应当承担保证责任。”由此，有关金融部门的分支机构是否具备保证人资格的裁判分歧，来源于对《担保法》第二十九条、《担保法解释》第十七条第一款及《保证规定》第十七条第二款之间关系的不同认识。

一种观点认为，金融机构的分支机构有别于企业法人的分支机构，而《担保法》第二十九条、《担保法解释》第十七条第一款所调整的对象是企业法人，金融机构的分支机构对外提供保证时仍应适用《保证规定》第十七条第二款的规定。例如，在“江苏银行股份有限公司徐州彭城支行、济南铁路煤炭运贸集团有限公司买卖合同纠纷再审案”① 中，最高人民法院认为：

至于《担保书》是否有效问题，《担保法》及其司法解释虽然规定企业法人的分支机构未经法人书面授权提供保证的，保证合同无效，但该条规定针对的主体是“企业法人”的分支机构，有别于金融机构的分支机构。现行有效的《保证规定》第17条第二款规定：“金融部门的分支机构提供保证的，如无其他导致保证合同无效的因素，保证人应当承担保证责任。”据此，金融部门的分支机构提供保证的，并不当然导致保证合同无效，原审认定《担保书》有效并无不当。

另一种观点则认为，在判断保证人资格时，金融部门的分支机构与企业法人的分支机构不应存在差别，而《担保法解释》是在《保证规定》之后生效，依据新法优于旧法的适用原则，此处所适用的应是《担保法解释》第十七条第一款。例如，在“辛海辰、河南新密农村商业银行股份有限公司米村支行民间借贷纠纷再审案”② 中，最高人民法院认为：

本案中，《借款协议》《借条》签订时，农商行米村支行系新密农村信用联社依法设立的非法人分支机构，营业执照显示其经营范围是依据金融许可证核准的范围开展业务。新密农村信用联社在工商行政管理部门备案的金融许可证载明，许可该机构经营中国银行业监督管理委员会依照有关法律、行政法规和其他规定批准的业务，经营范围以批准文件所列的为准。而中国银行业监督管理委员会河南监管局（豫银监复〔2018〕359号批复）显示核准新密农村信用联社的业务范围并不包含对外提供担保业务。一、二审法院据此认定农商行米村支行不是适格保证人，其为陈永寿个人债务提供的担保无效，并无不当。虽然1994年发布的《保证规定》第17条第二款规定“金融部门的分支机构提供保证的，如无其他导致保证合同无效的因素，保证人应当承担保证责任”，但2000年开始施行的《担保法解释》第十七条第一款规定“企业法人的分支机构未经法人书面授权提供保

---

① 最高人民法院（2018）最高法民申5993号民事裁定书。类似观点可参见“大连高金投资有限公司、中国工商银行股份有限公司大连星海支行企业借贷纠纷、金融借款合同纠纷上诉案”［最高人民法院（2017）最高法民终647号民事判决书］。

② 最高人民法院（2018）最高法民申3306号民事判决书。

证的，保证合同无效”，再次明确金融企业法人的分支机构提供保证的，应当经法人书面授权。故在无证据证明农商行米村支行系依据书面授权对外提供担保的情况下，辛海辰主张农商行米村支行作为新密农村信用联社的分支机构可以对外提供担保，缺乏法律依据。

本书作者认为，《担保法》第十条之所以规定企业法人的分支机构不得为保证人，是由于法人的分支机构不能独立承担民事责任，此点上企业法人的分支机构与金融部门的分支机构并无差别，《商业银行法》第二十二条第二款亦明确商业银行分支机构不具有法人资格，在总行授权范围内依法开展业务。因此，金融部门的分支机构在保证资格的认定上应与企业法人的分支机构同等对待。至于《保证规定》第十七条第二款，依据新法优于旧法的适用规则，该条款在《担保法司法解释》第十七条第一款施行后即相应被废止。

三、金融机构对其分支机构提供担保的授权

依据《担保法》第十条的规定，法人的分支机构在得到法人书面授权后，该分支机构在授权范围内具有保证资格。就法人授权的形式，《担保法》第十条在文义上所明确的是须以书面为载体，但实践中有法人的分支机构还主张，法人对分支机构保证资格的授权不能是概括授权，应当是针对具体保证合同的特别授权。

在“中国建设银行股份有限公司林口支行与牡丹江市东安区江达小额贷款股份有限公司、黑龙江省恒辉陶瓷有限公司借款合同纠纷再审案”[①] 中，最高人民法院则认为：

关于林口建行是否具备从事担保业务的经营范围和经营资格的问题。1. 林口建行的营业执照载明：其经营范围为“经营中国银行业监督管理委员会依照有关法律、行政法规和其他规定批准的业务，经营范围以批准文件为准”；林口建行的金融许可证载明：“许可该机构经营中国银行业监督管理委员会依照有关法律、行政法规和其他规定批准的业务，经营范围以批准文件所列为准”；林口建行向工商机关提交并存档的《中国建设银行股份有限公司章程》第十四条显示，经国务院银行业监督管理机构和国家外汇管理机构批准，并经公司登记机关核准，中国建设银行的经营范围包括从事担保等业务。上述公开、公示的证照、章程并未将担保业务排除在林口建行的经营范围之外，故二审判决认定林口建行具备从事担保业务的经营范围和经营资格有事实依据。二审判决据此认定中国建设银行股份有限公司对林口建行的经营范围授权系概括授权，不适用《担保法》第十条有关“企业法人的分支机构、职能部门不得为保证人。企业法人的分支机构有法人

① 最高人民法院（2015）民申字第 262 号民事裁定书。

书面授权的，可以在授权范围内提供保证”的规定并无不当。

本书作者赞同最高人民法院的上述观点。法人的书面授权原则上须是个别授权，但金融机构的分支机构通过营业执照等证据证明已经获得法人允许其从事担保业务的概括授权的，亦未尝不可。金融机构分支机构的业务范围已经包括开具保函等担保业务，如仍要求该分支机构在每次开具保函或签订保证合同都要取得法人的个别授权，一则导致个别授权徒具形式，二则损及交易效率。

第二节 建设工程价款优先受偿权的性质与效力

《会议纪要（稿）》

12.【建设工程价款优先受偿权】合同法第二百八十六条规定的建设工程价款优先受偿权，是一种无须公示的法定权利。建设工程价款优先受偿权优先于抵押权，建设工程转让不影响建设工程优先受偿权的行使，承包人仍可向受让人主张建设工程价款优先受偿权。

一、建设工程价款优先受偿权的性质

《合同法》第二百八十六条规定：“发包人未按照约定支付价款的，承包人可以催告发包人在合理期限内支付价款。发包人逾期不支付的，除按照建设工程的性质不宜折价、拍卖的以外，承包人可以与发包人协议将该工程折价，也可以申请人民法院将该工程依法拍卖。建设工程的价款就该工程折价或者拍卖的价款优先受偿。”本条旨在“确实解决拖欠建设工程款的问题，保障承包人价款债权的实现”。[①]

学说上就《合同法》第二百八十六条所定权利的性质虽有“不动产留置权说”“法定抵押权说”“优先权说”等不同观点，[②] 但均认为其为依法律规定直接产生的就建设工程具有优先受偿性质的权利。《工程款优先受偿批复》（法释〔2002〕16号）最终脱逸出学界定性上的分歧，以“建设工程价款优先受偿权”指称《合同法》第二百八十六条所定权利。

建设工程价款优先受偿权是法定担保物权，具备法律规定的条件或原因即可当然发生，[③] 自无须满足基于法律行为所生物权变动的公示要件。

---

① 胡康生主编：《合同法释义》，法律出版社2012年版，第479页。

② 参见高圣平：《担保法论》，法律出版社2009年版，第246页。

③ 胡康生主编：《合同法释义》，法律出版社2012年版，第479页。

二、建设工程价款优先受偿权与抵押权的竞存

建设工程价款优先受偿权和抵押权竞存时，《工程款优先受偿批复》指出，“建筑工程的承包人的优先受偿权优于抵押权和其他债权”。这主要是因为：

第一，从法律政策上考虑，建设工程价款优先受偿权所担保的债权中有相当部分是建筑工人的劳动工资、报酬，关系到建筑工人的生存权，应予优先确保；[①] 建设的过程是管理人员、技术人员、施工工人凝结劳动力的过程，劳动使工程增值，劳动报酬自应优先受偿。[②] 如抵押权优先，承包人可能会因无法收回投入而破产，其中得不到工资的建筑工人会冲击社会稳定，影响社会和谐。

第二，从法律体系来看，《海商法》《民用航空法》分别规定的船舶优先权、航空器优先权，分别具有优先于船舶抵押权、民用航空器抵押权的效力，《物权法》规定的留置权亦具有优先于抵押权的效力。这些法定物权优先于约定物权，均不考虑权利产生的先后顺序。建设工程价款优先受偿权这种法定物权亦应具有优先于抵押权的效力。

第三，从法律的社会作用上讲，一方面因承包人的勘察、设计、施工行为的实施，建设工程才得以产生并获得增值，抵押权的设立也才成为可能，因而抵押权人得益于承包人；另一方面，若使抵押权优先于建设工程价款优先受偿权，则无疑将产生损害建设工程优先权人（承包人）利益，影响工程建设这一特定交易的安全，不利于建筑行业发展的不良社会效果。

总之，建设工程价款优先受偿权是法律为保护承包人的利益而特别赋予的权利，具有保护劳动者利益和鼓励建筑、创造社会财富的政策目的。[③]

裁判实践中对于建设工程价款优先受偿权与抵押权竞存时的处理基本统一，认定建筑工程的承包人的优先受偿权具有优先性。如在“南通四建集团有限公司与铜陵正明五松置业有限公司等建设工程施工合同纠纷上诉案”[④] 中，安徽省高级人民法院指出：

根据《工程款优先受偿批复》第一条“人民法院在审理房地产纠纷案件和办理执行案件中，应当依照《中华人民共和国合同法》第二百八十六条的规定，认定建筑工程的承包人的优先受偿权优于抵押权和其他债权”的规定，铜陵正明公

① 参见梁慧星：《合同法第二百八十六条的权利性质及其适用》，载《山西大学学报（哲学社会科学版）》2001 年第 3 期。

② 参见张耀东、杨媛：《论建设工程价款优先权与房屋抵押权的顺位》，载《建筑法律专辑》2002 年第 2 期。

③ 参见梁慧星：《合同法第二百八十六条的权利性质及其适用》，载《山西大学学报（哲学社会科学版）》2001 年第 3 期。

④ 安徽省高级人民法院（2016）皖民终字第 909 号民事判决书。

司关于“本案建设工程优先受偿权不应优先于银行抵押权”的抗辩观点不能成立。

关于建设工程价款优先受偿权与抵押权的关系在诉讼形态方面的表现，广东省高级人民法院民二庭《关于民商事审判实践中有关疑难法律问题的解答意见》第七条指出：“建筑承包人主张工程款与银行主张抵押债权分属不同的法律关系，银行的抵押权和建筑承包人的工程款债权是可以并存的，两种权利不存在此消彼长的问题，银行的抵押权只要符合法律规定，就是合法有效的，应受法律保护。两者的冲突仅在于受偿时优先受偿权优于抵押权，这是执行中的顺序问题。如果建筑承包人在审理银行借款抵押权案件中就抵押物主张工程款优先权，那么建筑承包人就不是无独立请求权第三人，而是有独立请求权的第三人，建筑承包人主张工程款与银行主张抵押债权是两个独立之诉，建筑承包人的诉讼标的是以现金支付的工程款或者工程变现款，银行主张抵押债权的诉讼标的是借款债权或者抵押财产（建筑工程）或变现款，这两种诉讼不符合《民事诉讼法》关于诉的合并的规定，《民事诉讼法》允许的是在一定条件下对同种类诉讼标的的几个独立之诉进行合并审理。若为查明案情需要，可以在审理银行借款抵押权案件中追加建筑承包人，但其诉讼地位是为查明案情而追加的无独立请求权第三人。建筑承包人对抵押物主张工程款，只能另案起诉。抵押债权与工程款债权的受偿次序，应到执行阶段才得以体现。同理，银行借款抵押权案件不需以工程款案件审理结果为依据，因此，法院不应以等待建筑工程款纠纷案件审理结果为由中止借款抵押权案件的诉讼。”

《商品房买卖解释》第七条第一款规定：“拆迁人与被拆迁人按照所有权调换形式订立拆迁补偿安置协议，明确约定拆迁人以位置、用途特定的房屋对被拆迁人予以补偿安置，如果拆迁人将该补偿安置房屋另行出卖给第三人，被拆迁人请求优先取得补偿安置房屋的，应予支持。”有裁判指出，动迁安置户在原有房屋被拆迁后，实际领受了安置房，对取得的安置房已经全额付出了对价，可以参照适用《工程款优先受偿批复》的规定，即使该安置房上存在抵押权，动迁户对房屋的权利也优先于抵押权人。[①]

由于建设工程价款优先受偿权有着优先于抵押权的顺位，建设工程价款优先受偿权的范围、成立与否直接影响后顺位抵押权人的利益，因此实践中有抵押权人提起第三人撤销之诉，请求撤销建设工程价款优先受偿权的生效裁判，对于抵押权人是否属于《民事诉讼法》第五十六条中的第三人，裁判实践存在分歧。

一种观点认为，抵押权人与确认建设工程价款优先受偿权的生效裁判、案件无利害关系，不属于《民事诉讼法》第五十六条中的第三人，不能提起第三人撤销之诉。如在“中城建第六工程局集团第二工程有限公司、沈泽文与中城建第六

---

① 上海市第二中级人民法院（2016）沪02民终7920号民事判决书。

工程局集团第二工程有限公司、安徽兴光置业有限责任公司第三人撤销之诉申请再审案”[①] 中，最高人民法院认为：

提起第三人撤销之诉的主体必须是原案诉讼中有独立请求权的第三人或者无独立请求权的第三人。……张宝升不是涉案的碧水庄园三期工程的发包方，也不是承包方或实际施工人，且0018号案件的处理结果并不涉及张宝升与恒增公司的民间借贷法律关系，亦未处分张宝升在民间借贷法律关系中的任何权益，因此张宝升对0018号案件的涉案工程没有独立的物上请求权，张宝升不是0018号案件有独立请求权的第三人。……无独立请求权的第三人一般限于三种情形：一是当事人的民事权利受到损害或者行使民事权利受到障碍，以及在原案判决中负有返还或者赔偿等义务；二是当事人具有法律所特别保护的优先权利，即法定优先权；三是当事人有证据证明原案存在虚假诉讼情形，对其利益造成损害。

首先，在天津仲裁委员会〔2014〕津仲调解字第293号和第294号仲裁案件中，张宝升与恒增公司之间是民间借贷法律关系，在0018号案件中恒增公司与环宇公司是建设工程施工合同法律关系，二者并无法律上的牵连。建设工程合同之诉中当事人行使权利、履行义务并未直接或者间接影响民间借贷之诉中当事人行使权利、履行义务。建设工程合同之诉的审理结果对张宝升与恒增公司的民间借贷之诉的审理结果并无法律上的影响，既未损害张宝升在民间借贷法律关系中的民事权益，亦未判决张宝升承担返还或者赔偿等任何义务，故张宝升与0018号案件并无法律上的利害关系。

其次，依据《工程款优先受偿批复》第一条“认定建筑工程的承包人的优先受偿权优于抵押权和其他债权”的规定，张宝升对涉案工程享有抵押权，不属于应当适用《民事诉讼法》第五十六条规定的第三人撤销之诉保护的民事权益。

第三，张宝升认为恒增公司与环宇公司涉嫌恶意串通，以恶意提高建设工程价款的方式逃避对张宝升的合法债务，但是张宝升并未提供证据证明自己的主张，因此张宝升的该项上诉理由亦不能成立。

另一种观点认为，抵押权人属于《民事诉讼法》第五十六条中的第三人，可以提起第三人撤销之诉。如在“贵阳农村商业银行股份有限公司小河支行与泸州市永泰建筑工程有限公司第三人撤销之诉案”中，最高人民法院认为：[②]

第三人撤销之诉中的“第三人”既包括有独立请求权的第三人，也包括无独立请求权的第三人。无独立请求权的第三人仅是与案件处理结果有法律上的利害关系，法律并未要求其与当事人双方争议的法律关系有牵连。第三人撤销之诉的前提是该第三人因不能归责于本人的事由未参加诉讼，没有被列为生效判决、裁定、调

① 最高人民法院（2017）最高法民终13号民事裁定书。

② 最高人民法院（2017）最高法民终38号民事裁定书。

解书当事人。由于该第三人不是生效判决、裁定、调解书的当事人，不负有返还或者赔偿义务，自属当然。本案中，小河农商行主张其应为57号案件中无独立请求权的第三人，一审裁定仅以小河农商行对该案双方争议的诉讼标的没有独立请求权，并且不负有返还或者赔偿义务，小河农商行的抵押权与永泰公司的建设工程优先受偿权在法律关系上无牵连为由，裁定驳回小河农商行的起诉，法律依据不足。

三、建设工程款转让对建设工程价款优先受偿权的影响

建设工程价款优先受偿权是否随工程款债权一并转让，在实践中存在两种观点。

第一种观点认为，承包人转让工程款债权，建设工程价款优先受偿权即消灭，换言之，受让人不能享有建设工程价款优先受偿权。建设工程价款优先受偿权目的在于保护农民工利益，具有人身属性，因此，承包人将建设工程价款债权转让的，建设工程价款的优先受偿权消灭。如2010年深圳市中级人民法院《关于建设工程合同若干问题的指导意见》第三十一条规定："承包人将其对发包人的工程款债权转让给第三人的，建设工程价款优先受偿权不能随之转让。"2018年河北省高级人民法院《建设工程施工合同案件审理指南》第三十七条指出："建设工程价款优先受偿权与建设工程价款请求权具有人身依附性，承包人将建设工程价款债权转让，建设工程价款的优先受偿权消灭。"

第二种观点认为，建设工程价款优先受偿权随工程款债权的转让而转让，根据《合同法》第八十一条规定，除专属于债权人自身的从权利外，受让人可取得与受让债权有关的从权利。建设工程价款优先受偿权依附于工程款债权，承包人将建设工程价款债权转让的，建设工程价款优先受偿权随之转让。2008年江苏省高级人民法院《关于审理建设工程施工合同纠纷案件若干问题的意见》第二十条规定："承包人将建设工程价款转让的，建设工程价款的优先受偿权随之转让。"2011年广东省高级人民法院《关于审理建设工程施工合同纠纷案件若干问题的指导意见》第十五条规定："承包人将建设工程施工合同约定的工程款债权依法转让，债权受让方主张其对建设工程享有优先受偿权的，可予支持。承包人在转让工程款债权前与发包人约定排除优先受偿权的，该约定对承包人以外的实际施工人不具有约束力。"2018年江苏省高级人民法院《关于审理建设工程施工合同纠纷案件若干问题的解答》第二十条指出："建设工程价款优先受偿权依附于工程款债权，承包人将建设工程价款债权转让的，建设工程价款优先受偿权随之转让。受让人是否实际享有建设工程价款优先受偿权，仍应进行实体审查。"

最高人民法院公报案例"中建三局建发工程有限公司与陕西西岳山庄有限公司、第三人中建三局第三建设工程有限公司建设工程施工合同纠纷上诉案"① 中，

---

① 最高人民法院（2007）民一终字第10号民事判决书，载《最高人民法院公报》2007年第12期。

最高人民法院指出：

建设工程款具有优先受偿性质。建发公司基于受让债权取得此项权利。鉴于该项建设工程目前尚未全部竣工，《施工合同》因西岳山庄拖欠工程款等原因而迟延履行，建发公司优先受偿权的行使期限应从2005年10月10日解除合同时起算。此前建发公司已提起诉讼，故不应认定其优先受偿权的行使期限已超过6个月。对于西岳山庄关于建发公司已超过行使优先受偿权期限的主张，本院不予支持。综上，三公司向建发公司转让债权合法有效，建发公司具有诉讼主体资格。

对此问题，2019年《建设工程解释（二）》并未规定，但是起草者认为，“优先受偿权是一种类似于担保物权的优先性、从属性权利，主债权转让的，从权利自然转让，且该主债权未见有人身属性。”①

建设工程转让不影响建设工程优先受偿权的行使，承包人仍可向受让人主张建设工程价款优先受偿权。

第三节　最高债权额的认定

《会议纪要（稿）》

5.【最高债权额的认定】最高额抵押、最高额保证中的最高债权额，是指包括主债权、利息、违约金、损害赔偿金、保管担保财产和实现担保物权的费用在内的全部债权。当事人另有约定的，从其约定。

《会议纪要（哈尔滨征求意见稿）》

61.【最高债权额的认定】最高额抵押、最高额保证中的最高债权额，是指包括主债权、利息、违约金、损害赔偿金、保管担保财产、实现债权费用等在内的全部债权。

《会议纪要（公开征求意见稿）》

58.【最高债权额的认定】最高额抵押、最高额保证中的最高债权额，是指包括主债权、利息、违约金、损害赔偿金、保管担保财产、实现债权费用等在内的全部债权。

一、最高额保证所担保的最高债权额

最高额保证，是指保证人与债权人约定，就债权人与主债务人之间在一定期

---

① 肖峰、严慧勇、徐宽宝：《关于审理建设工程施工合同纠纷案件适用法律问题的解释（二）解读与探索》，载《法律适用》2019年第7期。

间内连续发生的债务，预定最高限额，由保证人承担保证责任的合同。《担保法》第十四条规定："保证人与债权人可以就单个主合同分别订立保证合同，也可以协议在最高债权额限度内就一定期间连续发生的借款合同或者某项商品交易合同订立一个保证合同。"《担保法》将最高额保证的适用范围限定为"连续发生的借款合同或者某项商品交易合同"，而这一范围未免过于狭窄，无法涵盖现实生活中的情况，如连续发生的工资、住院费等就不能适用最高额保证。为充分发挥最高额保证节约交易成本的作用，最高额保证的适用范围应明定为"连续发生的债权"。

《担保法解释》第二十三条规定："最高额保证合同的不特定债权确定后，保证人应当对在最高债权额限度内就一定期间连续发生的债权余额承担保证责任。"该条即为对最高额保证中最高债权额的规定，对该条的理解，应注意把握如下几个方面：

第一，"最高债权额"是指最高额保证中的债权发生期间终止时，通过决算所确定债权人实际享有的债权余额的最高限额，而非指债权累计发生额，即"最高额保证所担保的债务为一定期间内连续发生的债务，不是多笔债务的简单累加，而是债务整体"。[①] 如在"上海浦东发展银行股份有限公司沈阳分行与黑龙江农垦北大荒商贸集团有限责任公司、昌图生化科技有限公司等金融借款合同纠纷再审案"[②] 中，最高人民法院认为：

北大荒公司作为最高额保证的保证人，应在约定的最高限额即5500万元范围内，对上述债权余额7500万元及相应利息承担保证责任。而本案通过债务人生化公司于2015年6月11日的付款行为清偿了其中银行承兑汇票协议书中的两笔合计5000万元及相应利息的债务，对此，浦发沈阳分行和北大荒公司不持异议。但对保证人北大荒公司而言，由于是对整个债权余额进行担保，而不分债务履行的先后顺序，故只要是发生在最高额保证期间内，不超过最高限额的债务的余额，最高额保证人均应承担保证责任。因此，北大荒公司担保的债权余额在7500万元范围内因债务人偿还了部分债务，故应相应减少，即债权余额应相应减少为2500万元及其相应的利息。本院认为，在存在最高额担保的情形下，债务得到部分清偿并不必然导致最高额担保人的担保责任相应减少，故北大荒公司仍应当在约定的5500万元担保责任范围内对上述债权余额2500万元及相应利息承担保证责任。

第二，"债权余额"是指在一定期间内连续发生的债权与已清偿债务的余额，

---

① "上海浦东发展银行股份有限公司运城分行与山西澳迩药业有限公司等借款担保合同纠纷上诉案"［山西省高级人民法院（2016）晋民终493号民事判决书］。

② 最高人民法院（2016）最高法民申3256号民事裁定书。类似观点请参见"中国工商银行泉州市鲤城支行诉泉州市东升福利制衣厂、泉州鲤城佳音微波通讯器件厂借款、保证合同纠纷案"［福建省泉州市中级人民法院（2005）泉民再终字第3号民事判决书］。

而非指该期间内已经到期的债权余额。如在“风神轮胎股份有限公司与中信银行股份有限公司天津分行、河北宝硕股份有限公司借款担保合同纠纷上诉案”① 中，最高人民法院认为：

风神公司上诉称，《最高额保证合同》的决算期为2005年5月16日至2006年5月16日，而中信银行主张的该笔贷款到期时已超过了2006年5月16日，即《最高额保证合同》的最后决算期，不应归为该《最高额保证合同》项下。此问题涉及对《担保法解释》第二十三条的理解。该条规定：“最高额保证合同的不特定债权确定后，保证人应当对在最高债权额限度内就一定期间连续发生的债权余额承担保证责任。”其规定了最高额保证范围为发生的债权余额，该余额为最高额保证期间已经发生的债权和偿还债务的差额，并非指最高额保证期间已到期的债权余额。从此意义上讲，本案讼争的2170万元贷款系发生于最高额保证期间，虽然其到期日超过最高额保证期间，仍应属最高额保证人应当承担保证责任的范围。

第三，最高债权限额不仅指原本债权，除当事人另有约定外，应包括原本债权与附属债权在内。如在“山东省淄博市博山农村信用社与范世三等借款合同纠纷案”② 中，法院认为：

根据《担保法解释》第二十三条的规定，最高额保证合同的不特定债权确定后，保证人应当对在最高债权额限度内就一定期间连续发生的债权余额承担保证责任。根据该条规定，在最高额保证中，保证人的责任范围就是“最高债权额限度内的债权余额”，而贷款本金、利息、贷款人实现债权的费用均属于“债权余额”的范畴。因此，在最高额保证中，除当事人另有约定外，保证人的保证范围包括主债权及贷款本金、利息、贷款人实现债权的费用。

就当事人约定最高债权额是指最高本金债权额的，裁判实践中存在两种不同的观点。一种观点认为，该约定突破了法律规定，不符合最高额保证合同的本质要求，约定的最高本金债权额应视为最高债权额。如在“中国建设银行股份有限公司温州瓯江支行与温州市衣美针服饰有限公司、温州佳信进出口有限公司等借款担保合同纠纷案上诉案”③ 中，法院认为：

最高额保证合同是指保证人在最高债权额限度内就一定期间内连续发生的不特定债权提供保证的担保合同。最高额保证中的“最高额”应指保证人所担保债权的最高限度额，是最高额保证合同必须明确的内容，决定着保证人承担保证责

---

① 最高人民法院（2007）民二终字第36号民事判决书，载《最高人民法院公报》2008年第2期。

② 山东省淄博市博山区人民法院（2008）博民初字第386号民事判决书，载《人民法院案例选》2008年第4辑。

③ 浙江省温州市中级人民法院（2014）浙温商终字第960号民事判决书。

任的最大限度，超出此限度则保证人不再承担保证责任。未约定最高额的，最高额保证合同无效。建行瓯江支行提供的格式最高额保证合同文本仅对所担保主合同项下本金余额设定最高额，未就全部债权余额设定最高限额，突破了法律规定，不符合最高额保证合同的本质要求，该约定的最高本金余额应视为最高债权限额。

另一种观点认为，在当事人无特别约定本金最高限额的情况下，径自按照本金最高限额说认定担保范围。如在“交通银行股份有限公司××州××行与浙江××包装有限公司、吉××建材有限公司等金融借款合同纠纷上诉案”[①]中，法院主张：

最高额保证合同中的“最高限额”有本金最高限额与债权最高限额之分。依本金最高限额，则最高限额仅指本金部分，但最高额保证效力及于利息、违约金、实现债权费用部分，此时，最高限额与保证范围并不相同；依债权最高限额，则最高限额包括本金、利息、违约金、实现债权费用的总计金额，此时，最高限额与保证范围是同一的。……本院之前对该类案件的判决，一般采用的是本金最高限额，即最高限额仅指本金部分，而利息、罚息、违约金、实现债权费用等附随利益虽在担保范围内，但不在最高限额内，判决主文一般表述为：担保人对本金（在最高限额内）及利息、违约金、实现债权费某某担连带保证责任。《担保法解释》第二十三条规定：最高额保证合同的不特定债权确定后，保证人应在对在最高债权额限度内就一定期间连续发生的债权余额承担保证责任。所谓不特定债权确定，应当指本金。因为到决算期，只有本金才能确定，而利息、违约金、实现债权费用是无法确定的，故该条所称债权可以理解为本金，此类案件应当按本金最高限额作出判决。

二、最高额抵押权所担保的最高债权额

最高额抵押权是一种特殊的抵押权形式，《物权法》第二百零三条第一款对最高额抵押权进行了界定：“为担保债务的履行，债务人或者第三人对一定期间内将要连续发生的债权提供担保财产的，债务人不履行到期债务或者发生当事人约定的实现抵押权的情形，抵押权人有权在最高债权额限度内就该担保财产优先受偿。”由此可见，最高额抵押是为一定范围内的债权所提供的担保。该“一定范围”受到“最高债权额限度”“一定期间”“连续发生”等三方面的限制。与一般抵押权相比，最高额抵押权的特点是：第一，最高额抵押权的从属性较为缓和；第二，最高额抵押权的特定性表现在抵押财产和抵押担保债权特定上；第三，最高额抵押权须预先设定最高债权限额；第四，最高额抵押权的实现以对债

① 浙江省台州市中级人民法院（2010）浙台商终字第84号民事判决书。

权进行决算为必要。

在最高额抵押合同中，当事人须约定最高债权限额，否则最高额抵押权未有效设立，其意义在于限定债权的最大范围，满足物权公示的需要。《担保法解释》第八十三条第二款即规定："抵押权人实现最高额抵押权时，如果实际发生的债权余额高于最高限额的，以最高限额为限，超过部分不具有优先受偿的效力；如果实际发生的债权余额低于最高限额的，以实际发生的债权余额为限对抵押财产优先受偿。"但就"最高债权额"是"债权最高额"还是"本金最高额"，司法实践中的理解并不一致。

一种观点认为，《物权法》第二百零三条所称的"最高债权额限度"是指最高额抵押权所担保的主债权的最高额，包括原本债权和附属债权。最高额抵押权人享有的优先受偿权应限于最高额抵押合同约定的债权最高限额，其余部分不得向抵押人主张。如在"海口明光大酒店有限公司、海口农村商业银行股份有限公司龙昆支行金融借款合同纠纷上诉案"① 中，最高人民法院认为：

最高额抵押是指抵押人与抵押权人协议，在最高债权额限度内，以抵押物对一定期间内连续发生的债权作担保。根据物权法第二百零三条和担保法第五十九条的规定，最高额抵押权本质在于其所担保的债权为不特定债权，且具有最高限额。最高额抵押所担保债权的范围，可包括主债权及其利息、违约金、损害赔偿金等，但总计不得超过已登记的预定最高限额，超过部分，抵押权人不能行使抵押权。担保法解释第八十三条第二款亦明确规定，抵押权人实现最高额抵押权时，如果实际发生的债权余额高于最高限额的，以最高限额为限，超过部分不具有优先受偿的效力。

本案中，海口农商银行和明光酒店公司、明光管理公司对最高债权额的理解存有分歧。海口农商银行上诉主张，此债权即《贷款合同》约定的贷款本金 1.9 亿元，由本金产生的利息、复利、违约金等其他费用与本金相加即便超过最高额抵押登记的限额，海口农商银行仍享有优先受偿权。明光酒店公司、明光管理公司则认为，此债权包括本金、利息、违约金、损害赔偿金等费用，所有费用总和不得超过已登记的预定最高限额。对此，本院认为，从海口农商银行在海口市国土资源局办理的最高额抵押登记及在中国人民银行征信中心办理的质押登记看，最高债权限额均为 1.9 亿元。《最高额抵押合同》第 4.1 条虽约定抵押担保的范围包括主合同项下全部借款本金、利息、复利、罚息、违约金、赔偿金、实现抵押权的费用和所有其他应付的费用，但该担保范围内本金、利息、复利、罚息、违约金等合计已超过了登记的最高限额 19000 万元。若依此，将使抵押权所担保的债权突破最高债权额，事实上成为无限额。这与抵押人签订《最高额抵押合同》

① 最高人民法院（2017）最高法民终 230 号民事判决书。

的合同预期不符，亦与物权法、担保法的立法本意相悖。

《吉林省高级人民法院民事审判第二庭关于商事审判若干疑难问题的解答(一)》就“问题二十九：最高额抵押中‘最高额’如何理解?”，指出：“对最高额抵押中最高额如何理解，实务中存有两种观点：一为债权最高限额说，一为本金最高限额说。债权最高限额说认为，抵押登记的最高额为本金、利息、违约金等所有费用总和之限额，即所有债权总额在最高额内的，方享有优先受偿权；而本金最高限额说认为，抵押登记的最高额仅指本金之限额，即但凡本金在最高额内的，则由本金产生的利息、违约金等其他费用与本金相加即便超过抵押登记的最高额，债权人仍就本金、利息、违约金等其他费用享有优先受偿权。债权最高限额说为理论界之通说、域外立法的统一模式，因此，人民法院应当采取债权最高限额说进行裁判。”

另一种观点认为，“最高债权额限度是指债权最高限额”并不构成物权法定的内容，应允许当事人约定该限额是“本金最高额”。如当事人已经在最高额抵押合同中作了如是约定，只要最高额抵押权确定时本金余额未超过约定的限额，最高额抵押权人即有权就包括本金在内的全部债权范围内就抵押物的变价款优先受偿。如在“中国长城资产管理公司北京办事处与沈阳东油（集团）股份有限公司、沈阳中油天宝（集团）物资装备有限公司等金融不良债权追偿纠纷上诉案”[①]中，最高人民法院主张：

本案最高额抵押合同约定的最高限额为本金5亿元，本案实际发生的本金数额也是5亿元，未超过担保的最高本金限额，而且该最高额抵押合同还约定担保的范围为最高额综合授信合同及其项下的每一笔具体业务所产生的贷款及垫款等债权的本金、利息（含复息、罚息）、印花税等全部余额之总和，因此，长城公司北京办事处因受让本案债权而依法取得本案的抵押权后，在5亿元本金债权及基于该本金所发生的利息、罚息、复利债权范围内对上述抵押物享有优先受偿的权利。

本书作者认为，最高额担保所担保的非为特定的债务，而系一定范围内的不特定债务。由此而决定，在最高额担保合同订立之初尚须确定担保人的最高风险——“最高债权额”，以使担保人作出理性判断。“最高债权额”系指担保人所担保的主债权的数额，并不限于原本债权。最高额担保所担保的债权范围，可以包括原本债权及利息、违约金、损害赔偿金、保管担保财产、实现债权的费用等附属债权，但总计不得超过约定的最高债权限额。如当事人之间在最高额担保合同中约定，最高债权额仅指本金最高额的，因附属债权不计入最高债权额之内，则担保人所担保的债权将无限制，成为无最高债权限额，与最高额担保制度的本旨

① 最高人民法院（2016）最高法民终727号民事判决书。

不合。为寻求债权人与担保人之间的利益平衡，并使第三人免受因信赖登记而免受不测之损害（最高额抵押权的情形），应将所约定的担保范围中的附属债权亦计算在内。附属债权连同原本债权合并计算，超过约定的最高债权限额的部分，担保人不承担担保责任。

值得注意的是，最高额担保权的实现以对债权进行决算为必要，确定（决算）之后新发生的原本债权不属于最高额担保权担保的范围，但附属债权并不以最高额担保权确定之时所发生者为限，其于最高额担保权确定之后所发生的，只要在最高债权限额之内，亦属最高额担保权担保的范围。如在"交通银行股份有限公司佛山南海支行与岳阳友协置业有限公司、佛山市友协国际贸易有限公司等借款合同纠纷再审案"①中，最高人民法院认为：

关于查封之后因主债权产生的利息、罚息是否属于最高额抵押担保范围问题。根据物权法第二百零六条第四项，抵押财产被查封、扣押的，抵押权人的债权确定。根据担保法解释第八十一条，最高额抵押权所担保的债权范围，不包括抵押物因财产保全或者执行程序被查封后或者债务人、抵押人破产后发生的债权。岳阳友协据此主张本案抵押物被查封后产生的债权，尤其是发回重审后增加的3000余万元逾期利息、罚息均在抵押权确定后发生的，不能在抵押物的价值内优先受偿，本案判决岳阳友协对佛山友协2006年8月7日以后的债权仍承担担保责任属于适用法律错误。本院认为，上述规定旨在确定主债权范围，并未将主债权确定后至实际清偿期间产生的利息等排除在抵押担保范围之外，主债权确定后产生的利息等均系基于主债权产生，应属抵押担保范围，本案判决岳阳友协对于本案主债权及利息承担担保责任，适用法律并无不当，岳阳友协该项理由不能成立。

第四节　权属不明财产、被查封财产抵押的效力

《会议纪要（稿）》

10.【权属不明财产、被查封财产抵押】根据区分原则，以权属争议不明的财产或者被查封的财产抵押的，不影响抵押合同的效力。因不能办理抵押登记给债权人造成损失的，债权人可以依据抵押合同请求抵押人承担违约责任。

《会议纪要（哈尔滨征求意见稿）》

65.【权属不明财产、被查封财产抵押】根据区分原则，以权属争议不明的财

① 最高人民法院（2016）最高法民终727号民事判决书。

产、被查封的财产或者海关监管期内的财产等设定抵押的，不影响抵押合同的效力。因不能实现抵押权给债权人造成损失的，债权人可以依据抵押合同的约定请求抵押人承担违约责任。

《会议纪要（公开征求意见稿）》

62.【权属不明财产、被查封财产抵押】根据区分原则，以权属争议不明的财产、被查封的财产或者海关监管期内的财产等设定抵押的，不影响抵押合同的效力。因不能实现抵押权给债权人造成损失的，债权人可以依据抵押合同的约定请求抵押人承担违约责任。

一、以所有权、使用权不明或者有争议的财产抵押的裁判实践

《物权法》第一百八十四条第四项规定，“所有权、使用权不明或者有争议的财产”不得抵押。以此类财产设定抵押的，裁判实践中大多按照抵押合同无效处理。例如，在“广东鉴江经济开发试验区鉴江房地产开发有限公司金融行政管理再审案”[①] 中，最高人民法院认为：

抵押许可证载明广东鉴江房地产开发有限公司用化州市橘城东路东侧大桥坡××区的111182平方米土地进行抵押登记，但经查实位于化州市橘城东路东侧大桥坡村××区的111182平方米的土地没有《国有土地使用证》、土地红线图、建设用地许可证，该地四至也不明确，抵押土地权属不明。……办理抵押登记应为县级以上人民政府土地行政主管部门，化州县国土局广东鉴江经济开发试验区分局无权办理抵押登记，且化州市国土资源局证明化州市国土局鉴江经济开发试验区分局没有权进行土地使用权抵押登记，化州市国土局鉴江经济开发试验区分局办理抵押登记是违反有关规定的。

裁判实践中，有观点认为，抵押财产权属不明，抵押合同应属无效，抵押人对于抵押合同的无效也存在过错，对抵押合同无效给债权人造成的经济损失承担赔偿责任，但不应超过债务人不能清偿部分的二分之一。如在“重庆市江津区绿丰农业融资担保有限公司与吴亚、重庆寄庭酒店有限公司、刘莉、李家福追偿权纠纷上诉案”[②] 中，一审法院的以下认定得到了二审法院的支持：

《重庆市江津区绿丰农业融资担保有限公司反担保合同》约定李家福提供2台机械设备、渝ax奥迪牌轿车用作抵押，因提供抵押财产权属不明，抵押合同应属无效。《担保法解释》第七条的规定……绿丰公司作为专业担保公司，对抵押财产未尽到谨慎审查义务存在过错，李家福以提供权属不明财产作抵押反担保也存

① 广东省高级人民法院（2013）粤高法民二申字第698号民事裁定书。

② 重庆市第五中级人民法院（2018）渝05民终5686号民事判决书。

在过错，故李家福应对抵押合同无效给绿丰公司造成的经济损失承担赔偿责任，但不应超过债务人不能清偿部分的二分之一。

《物权法》第一百八十四条第四项规定，“所有权、使用权不明或者有争议的财产”不得设立抵押权。学说和实务的发展表明，此规范在性质上不属于效力性强制性规定，更多的是旨在提醒抵押权人在接受动产作为抵押财产之时，应善尽谨慎的注意义务，防免权利受损。根据区分原则，以权属争议不明的财产等设定抵押的，不影响抵押合同的效力。因不能实现抵押权给债权人造成损失的，债权人可以依据抵押合同的约定请求抵押人承担违约责任。

二、以被查封、扣押、监管的财产抵押的裁判实践

《物权法》第一百八十四条第五项规定，“依法被查封、扣押、监管的财产”不得抵押。以被查封、扣押的财产设定抵押的，裁判实践中较为一致的观点是认为，抵押合同违反强制性规定，应当确认无效，抵押权人对该抵押财产不享有优先受偿权。如在“徽商银行股份有限公司淮北分行与济南石化集团股份有限公司、济南裕兴化工总厂借款合同纠纷上诉案”[①]中，安徽省高级人民法院认为：

淮商借字20040304020112701001号抵押合同于2004年3月5日在山东省工商行政管理局办理抵押登记前，该抵押合同项下抵押财产已被山东省济南市历城区法院依法查封，依照《担保法》第三十七条第一款第（五）项的规定，依法被查封的财产不得抵押。故淮商借字20040304020112701001号抵押合同因违反法律强制性规定，应当确认无效，徽商银行淮北分行对上述抵押财产不享有优先受偿权。

但法院查封时因误写导致查封落空，不能据此否定嗣后以该财产设定的抵押合同的效力及登记时权利外观无瑕疵事实。如在“中国银行股份有限公司辽宁省分行与大连银行股份有限公司、大连融泰房地产开发有限公司等信用证垫款合同纠纷再审案”[②]中，最高人民法院认为：

依据大连中院（1996）大经初字第874号协助执行通知书，甘井子法院于1998年3月24日作出的（1997）甘执字第806号民事裁定书，以及送达大连经济技术开发区土地办公室的协助执行通知书的记载，两级法院查封的均是星山公司31#小区的土地。……即使大连中院和甘井子法院查封时本意确实在于查封星山公司的30#小区的土地，但因误写导致查封落空，亦不能以此为由否认星山公司

① 安徽省高级人民法院（2009）皖民二终字第0023号民事判决书。相似的裁判还有“金湖县金石农村小额贷款股份有限公司与江苏省农垦农业发展股份有限公司宝应湖分公司、江苏省农垦农业发展股份有限公司复兴圩分公司等小额借款合同纠纷案”［江苏省淮安市中级人民法院（2014）淮中商撤初字第0001号民事判决书］等。

② 最高人民法院（2012）民提字第69号民事判决书。

与中行辽宁分行签订抵押协议及办理相关抵押登记时所涉房产上面并无被法院查封的事实。因此，原审法院以星山公司用以抵押的房产系法院查封财产为由，认定星山公司与中行辽宁分行签订的《国际结算融资业务抵押协议》无效于法无据，本院依法予以纠正。即使星山公司在与中行辽宁分行签订抵押协议时可能知道法院意欲查封其30＃小区，但大连银行并无充分证据证明中行辽宁分行对此明知，因此，大连银行关于中行辽宁分行与星山公司恶意串通损害其利益，抵押协议无效的答辩理由，本院不予采信。

新近的裁判显示，《物权法》禁止被查封、扣押的财产设定抵押，并不影响抵押合同的效力。如在“内蒙古天房伟业房地产开发有限公司与济南现代房地产开发有限公司、山东外海置业投资有限公司等借款合同纠纷上诉案”① 中，山东省高级人民法院认为：

《物权法》第一百八十四条系对于禁止抵押物的范围界定，并未对设定抵押的原因行为的效力予以规定。对于设定抵押的原因行为的效力认定，仍应当按照《民法总则》及《合同法》的相关法律规定处理。但是考量涉案《担保合同》中抵押合同关系是否有效的前提在于抵押合同关系已经成立。

就海关监管的财产设定抵押，裁判实践中看法不一。

第一种观点认为，抵押合同应违反强制性规定而无效。如在“沈甲与湖州天柏绒斯羊绒制品有限公司、朱某某等民间借贷纠纷上诉案”② 中，法院认为：

由于本案中设定抵押的机器设备在设定抵押时直至目前还在海关监管期限内，根据《海关法》第三十七条……之规定，海关监管的货物，设置抵押时，事先应征得海关许可。《物权法》第一百八十四条规定……本案《抵押物清单》中的机器设备属于海关监管财产，根据该条款第五项之规定，依法不得抵押。据此，尽管湖州天柏绒斯某某、湖州百姓公某向某某美出具了书面承诺书，将相关的机器设备作抵押，沈甲对此也予认可，抵押行为是双方真实意思表示，抵押合同成立，但由于抵押行为违反法律法规的禁止性规定，根据《合同法》第五十二条之规定，抵押合同归于无效。无效的合同自始没有法律约束力，故沈甲主张对设定抵押的机器设备具有优先受偿权的主张不能成立。

第二种观点认为，就海关监管的财产设定抵押，抵押合同未生效。如在“黄剑锋与浙江中力节能玻璃制造有限公司抵押合同纠纷上诉案”③ 中，一审法院认为：

关于抵押合同效力问题。中力公司认为案涉的抵押设备，签订抵押合同时处

① 山东省高级人民法院（2019）鲁民终703号民事判决书。

② 浙江省湖州市中级人民法院（2011）浙湖商终字第85号民事判决书。

③ 浙江省杭州市中级人民法院（2014）浙杭商终字第2307号民事判决书。

于海关监管期内，不得抵押，故抵押合同无效。该院认为，在不考虑物权法所确立的债权行为和物权行为的区分原则，《物权法》第一百八十四条关于监管财产不得抵押的规定属于效力性强制规范或管理性强制规范，《物权法》和《海关法》关于监管财产不得抵押的规定（《海关法》关于海关监管财产不得抵押的规定属于管理性强制规范）在适用上的一般法和特别法的关系的情况下，本案抵押合同签订时违反物权法强制性规范，属于无效合同。但无效民事行为亦可进行补正或因无效事由消失而归于有效。《合同法解释（一）》第三条规定“人民法院确认合同效力时，对合同法实施以前成立的合同，适用当时的法律合同无效而适用合同法合同有效的，则适用合同法。”可见，即使是无效的合同也可因新的情况发生而归于有效。本案抵押合同因抵押物机器设备海关监管期的经过，无效事由消失而归于有效。

三、区分原则与《物权法》第一百八十四条

《物权法》第一百八十四条规定：“下列财产不得抵押：（一）土地所有权；（二）耕地、宅基地、自留地、自留山等集体所有的土地使用权，但法律规定可以抵押的除外；（三）学校、幼儿园、医院等以公益为目的的事业单位、社会团体的教育设施、医疗卫生设施和其他社会公益设施；（四）所有权、使用权不明或者有争议的财产；（五）依法被查封、扣押、监管的财产；（六）法律、行政法规规定不得抵押的其他财产。”这里，禁止抵押的财产可以分为两类：其一，禁止市场流通的财产，如第一项至第三项。基于特定的政策目的，禁止这些财产进入市场流通，自不得充任担保财产；其二，处分权受到限制的财产，如第四项至第五项。《物权法》第一百八十四条规定，仅有债务人或第三人有权处分的财产才能抵押，“所有权、使用权不明或者有争议的财产”“依法被查封、扣押、监管的财产”表明债务人或第三人就标的财产无权处分，在第一百八十四条之下自是不得充任担保财产。就两类不同的财产设定抵押权时，解释论上应作区分。

就禁止市场流通的财产设定抵押，只有令抵押合同无效，才能合于本条的规范目的。“抵押担保的关键是抵押财产的范围，哪些可以作为抵押财产。作为抵押财产必须是能够转让的财产，因为只有这样才能实现担保的目的。”[①] 抵押权以追求标的物的交换价值为目的，其中心效力在于对标的物价值的优先支配力。依此效力，抵押权人有权以抵押财产折价或以拍卖、变卖的价款优先受偿。由此而决定了抵押财产必须是具有独立交换价值且法律允许转让的财产，否则，抵押权的效力将无从实现。法律不允许转让的财产，主要是禁止流通的财产，如淫秽录

---

① 顾昂然：《关于〈中华人民共和国担保法（草案）〉的说明》，载孙礼海主编：《担保法释义》，法律出版社1995年版，第125页。

像、录音带、淫秽书刊、毒品、枪支武器等。禁止流通的财产不能依民法方法转让所有权，因此，其上不能设定抵押权。《担保法解释》第五条规定："以法律、法规禁止流通的财产或者不可转让的财产设定担保的，担保合同无效。以法律、法规限制流通的财产设定担保的，在实现债权时，人民法院应当按照有关法律、法规的规定对该财产进行处理。"这一规则与《民法总则》第一百五十三条第一款的规定并不冲突，仍有适用价值。该款指出："违反法律、行政法规的强制性规定的民事法律行为无效，但是该强制性规定不导致该民事法律行为无效的除外。"

就处分权受到限制的财产设定抵押，应根据无权处分的相关规则寻求妥适的解释结论。《物权法》第十五条规定："当事人之间订立有关设立、变更、转让和消灭不动产物权的合同，除法律另有规定或者合同另有约定外，自合同成立时生效；未办理物权登记的，不影响合同效力。"这里确定了物权变动的原因与结果相区分的原则，将是否登记不作为合同效力的判断因素，是否登记仅仅只是物权变动是否发生效力的依据。解释论的发展进一步扩张了本条的适用。（1）交付也不影响动产质权合同的效力判断，仅仅只是影响动产质权是否设定；（2）对于标的物无权处分，也不影响买卖合同的效力，也仅仅只是影响到买受人是否取得标的物所有权。《买卖合同解释》对此定有明文。该解释第三条规定："当事人一方以出卖人在缔约时对标的物没有所有权或者处分权为由主张合同无效的，人民法院不予支持。"（第一款）"出卖人因未取得所有权或者处分权致使标的物所有权不能转移，买受人要求出卖人承担违约责任或者要求解除合同并主张损害赔偿的，人民法院应予支持。"（第二款）《会议纪要》进一步扩充了《物权法》第十五条的适用范围，当事人之间就抵押人无权处分或者处分权受到限制的财产签订抵押合同，不因处分权上的瑕疵而无效。抵押权人是否可就标的物的变价款优先受偿，应参酌具体情形具体处理。

"所有权、使用权不明或者有争议的财产"属于权属不清晰的财产，抵押人是否有处分权尚待确定；"依法被查封、扣押、监管的财产"属于权属明晰但抵押人的处分权受到限制的财产，也不能设定抵押。所谓处分权，是指权利主体依法对物进行处置，从而决定物的命运的权利，包括事实上的处分权（对物的实物形态的处分权，将导致物的形体的变更或消灭）和法律上的处分权（对物的价值形态的处分权，即变更、限制或者消灭对物的权利，如转让物的所有权，设定他物权等）。查封是指法院或有权机关依法将财产贴上封条，就地封存，不允许任何人转让和处理的强制措施。扣押是指法院或有权机关将财物就地扣留，或者易地扣留，财物所有人在扣留期间不得动用或处分的强制措施；监管是指海关依照《海关法》的有关规定，对自进境起到办结海关手续的进口货物，自向海关申报起到出境止的出口货物过境、转运、通运货物，以及暂时进口货物、保税货物和其他尚未办结海关手续的进出境货物进行监督、管理，对违反《海关法》和其他有关法律法规规定的进出境货物、物品予以扣留的强制措施。

以抵押人不享有处分权的财产设定抵押权，虽然抵押合同有效，但该财产的交换价值是否能够实现，尚不确定。例如，债务人在其价值2亿的建筑物之上为甲银行设定抵押权，担保2000万元的贷款的清偿，后未清偿，甲银行申请人民法院查封了该建筑物。若债务人并无其他方便执行的财产，乙小贷公司拟基于该建筑物的第二抵押权顺位向债务人发放贷款，但因该建筑物被查封而无法办理抵押权设立登记。此际，乙小贷公司可以与债务人签订抵押合同，在发放贷款后，债务人以乙小贷公司发放的贷款清偿在先的甲银行的贷款，注销其抵押登记和查封登记，其后自可办理抵押登记。此际，乙小贷公司的抵押合同有效、抵押权亦设定。在抵押权可得实现之时，乙小贷公司自可就标的财产优先受偿。但若债务人未依约定以乙小贷公司发放的贷款清偿在先的甲银行的贷款，抵押登记和查封登记无法注销，虽然乙小贷公司的抵押合同有效，但其抵押权因未登记而不设定，自不得就标的财产进行变价并优先受偿。因不能实现抵押权给债权人造成损失的，债权人可以依据抵押合同的约定请求抵押人承担违约责任。

第五节　抵押权与租赁权竞存

《会议纪要（稿）》

15.【抵押权与租赁权竞存】不动产抵押权设定后抵押财产被出租的，租赁关系妨害抵押权实现，抵押权人请求解除租赁关系的，人民法院应予支持。租赁关系不妨害抵押权实现的，抵押权实现时，承租人享有优先购买权；承租人不购买的，还可以根据“买卖不破租赁”规则请求受让人继续履行租赁合同。判断是否妨害抵押权实现，主要看租赁权的存在是否造成了流拍、是否影响了拍卖价格。

另一种观点：不动产抵押权设定后抵押财产被出租，抵押权人请求解除租赁关系的，人民法院应予支持。

租赁权，是指承租人依租赁合同的约定对租赁物为使用、收益的权利。租赁权属债权，但法律为稳定社会关系、维护承租人利益，赋予其类似于物权的效力，即所谓“买卖不破租赁”。《合同法》第二百二十九条即规定：“租赁物在租赁期间发生所有权变动的，不影响租赁合同的效力”，即其著例。抵押权和租赁权同属存在于物上的权利，抵押权为物权，租赁权有物权化的效力（对抗效力）。两者在性质上相容，抵押权所追求的是抵押财产的交换价值，并不转移抵押财产的占有，而租赁权追求者乃标的物的使用价值，且移转标的物的占有。如此，两者就有可能并存于同一标的物之上。在抵押权人实现抵押权，就标的物进行变价之时，必将影响到承租人继续租用该标的物，从而引起抵押权与租赁权的冲突。在发生不动产抵押权与租赁权的冲突时，区别租赁权和抵押权的成立先后，适用不同的规则，《会议纪要（稿）》所拟解决的是租赁权成立在后的情形。

一、先抵后租的处理规则及其适用

不动产抵押权的设定不以转移标的物的占有为条件，也就不影响抵押财产的使用价值，抵押人可以自行行使对抵押财产的使用权，也可委由他人行使对抵押财产的使用权。如此，抵押人出租抵押财产，即属当然之理。《担保法》就先抵后租时的处理规则未作规定，《担保法解释》第六十六条指出："抵押人将已抵押的财产出租的，抵押权实现后，租赁合同对受让人不具有约束力。抵押人将已抵押的财产出租时，如果抵押人未书面告知承租人该财产已抵押的，抵押人对出租抵押物造成承租人的损失承担赔偿责任；如果抵押人已书面告知承租人该财产已抵押的，抵押权实现造成承租人的损失，由承租人自己承担。"《物权法》第一百九十条后句规定："抵押权设立后抵押财产出租的，该租赁关系不得对抗已登记的抵押权。"两相比较，《物权法》第一百九十条后句与《担保法解释》第六十六条前句的规定相一致，体现了风险分配的基本法理。承租人承租不动产之时，自应借由不动产登记簿探知该不动产的权利归属和限制，此为其审慎注意义务的当然内容。在不动产上已经设定抵押权的情形之下，承租人对于抵押权的实现可能给其对不动产的利用带来的不利影响，理应审慎评估，承租人未尽审慎注意义务，应风险自负。值得注意的是，《担保法解释》第六十六条后句所涉及的，仅仅只是抵押人与承租人的内部关系（标的物的瑕疵对于租赁合同的影响），与抵押权人无涉。

在《物权法》第一百九十条后句之下，所谓"租赁关系不得对抗已登记的抵押权"，应包括两方面含义：一方面，承租人无权以租赁关系的存在为由阻碍抵押权人行使抵押权；另一方面，抵押权实现后，租赁合同对受让人不具有约束力，即不适用"买卖不破租赁"规则。如在"山东由尼机械电力设备有限公司与德州圣洁路桥工程材料有限公司侵权责任纠纷再审案"① 中，最高人民法院认为：

尽管案涉房屋抵押时其占用的土地使用权并未设定抵押权，但是按照《物权法》第一百八十二条第二款的规定，该房屋所占用的土地使用权也于该房屋设定抵押权同时即一并设立了法律规定的抵押权。在案涉土地租赁关系晚于房屋抵押权设立的情况下，则该土地使用权租赁关系亦晚于该"视为一并抵押"的土地使用权抵押权关系，故根据《物权法》第一百九十条的规定，案涉在后成立的土地

① 最高人民法院（2014）民申字第1170号民事裁定书。

租赁关系不得对抗在先已视为“一并抵押”的土地使用权抵押权关系。

从经济生活的风险防范角度来看，我国房地产实践中所确立的房地一体原则早已存在，故在案涉房屋已经设立抵押权的情况下，在实现抵押权处分该房屋时，依据《城市房地产管理法》第三十一条的规定，该房屋所占用的土地使用权也应一并予以处分，此规定对于经济生活的参与者来说都是应该知悉的。对于租赁案涉抵押房屋所占用土地使用权的由尼机械公司来说，其对于该房屋上是否已经设立抵押权具有审慎调查义务，并且此种调查义务由其来承担，相较于抵押权人通过禁止该房屋所占用的土地使用权的对外租赁来说，交易成本更低，即此种禁止租赁会造成该房屋的使用利益得不到发挥，这不利于物的利用。在承租人由尼机械公司未对所租赁标的物之上的房屋是否已经设定抵押权进行调查的情况下，其应承担所租赁标的物被一体处分给其造成的不利法律后果，故其租赁土地使用权的合同关系不得对抗在先成立的房屋抵押权。因此，在本案由尼机械公司所主张的土地租赁权系案涉抵押房屋所占用土地使用权的情况下，由尼机械公司要求保护其继续租赁土地的权利，理据不足。

租赁合同签订在抵押权设定后，无论租赁合同是否合法有效，承租权是否合法存在，均不能产生阻却因抵押权的行使所启动的法院执行的法律效果。如在“中信银行股份有限公司大连甘井子支行与大连国滨企业发展总公司、大连舒心门业有限公司案外人执行异议之诉再审案”① 中，最高人民法院认为：

本案中信银行的抵押权设定在先，舒心门业所持租赁合同签订在后，因此无论该租赁合同是否合法有效，舒心门业的承租权是否合法存在，都不能产生阻却人民法院对案涉土地使用权及房屋予以执行的法律效果。舒心门业以其享有合法承租权为由，要求停止人民法院对抵押物执行的申请再审理由不能成立。

即使另案判决承租人与被执行人签订的租赁合同有效，承租人的租赁权也不能对抗申请执行人设定在先的抵押权，并不具有阻止本案强制执行涉案不动产的效力。

其次，另案判决租赁合同有效不具有阻止本案强制执行案涉不动产的效力。佛山市中级人民法院（2017）粤06民终4053号的民事判决书虽判决凌康水与梁志昭、梁志成、山南联合社、亚泰公司等于2014年1月26日签订的协议合法有效，但如前所述，因租赁标的物抵押在先而凌康水承租在后，其承租权并不能对抗在先设定的抵押权，故另案判决租赁合同有效并不具有阻止本案强制执行案涉不动产的效力，申诉人凌康水主张根据该判决应当带租拍卖案涉不动产，理由不能成立。《担保法解释》第六十六条第二款规定：“抵押人将已抵押的财产出租时，如果抵押人未书面告知承租人该财产已抵押的，抵押人对出租抵押物造成承

① 最高人民法院（2015）民申字第16号民事裁定书。

租人的损失承担赔偿责任；如果抵押人已书面告知承租人该财产已抵押的，抵押权实现造成承租人的损失，由承租人自己承担”。凌康水因本案强制执行致使其无法继续承租案涉不动产所产生的损失，可依上述判决确认的合同效力依法另循途径解决。

在抵押权未登记的情况下，即使抵押合同先于租赁合同，也不能对抗租赁关系。根据《物权法》第一百九十条，学者们作出了以下理解：“尚未登记的抵押权，按照《物权法》第一百八十八条和第一百八十九条第一款的规定，租赁关系能够对抗。”①

《上海市高级人民法院关于在执行程序中审查和处理房屋租赁权有关问题的解答（试行）》（沪高法〔2015〕75号）指出，案外人主张对房屋所享有的租赁权发生在担保物权或者其他优先受偿权设立之后、执行法院查封之前的，执行法院可以根据不同情形分别作出处理：（1）经审查认为，签订租赁协议和占有房屋均发生在执行法院查封之前但签订租赁协议或者占有房屋发生在担保物权或者其他优先受偿权设立之后的，执行法院应当裁定案外人异议成立，中止对房屋不负担租赁权予以变现，依据《拍卖规定》第三十一条第二款的规定对房屋予以变现。（2）经审查认为，案外人对房屋所主张的租赁权依法不能成立，或者签订租赁协议或者占有房屋发生在执行法院查封之后的，执行法院应当裁定驳回案外人异议。

对于上述第（1）项裁定，享有担保物权或者其他优先受偿权的申请执行人之外的其他申请执行人表示不服，认为案外人对房屋所主张的租赁权不能成立，或者签订租赁协议或者占有房屋发生在执行法院查封之后的，可以自收到裁定之日起15日内向执行法院提起执行异议之诉，请求对房屋不负担租赁权予以变现。对于上述第（2）项裁定，案外人表示不服的，可以自收到裁定之日起15日内向执行法院提起执行异议之诉，请求依据《拍卖规定》第三十一条第二款的规定对房屋予以变现。

二、先抵后租时抵押权的行使对于租赁合同的影响

《物权法》第一百九十条后句只是规定租赁关系不得对抗已登记的抵押权，并未规定先抵后租时抵押权的行使对于租赁合同的影响。《最高人民法院关于抵押人未经抵押权人同意擅自出租抵押物，抵押权人能否通过诉讼程序请求解除租赁合同的答复》（〔2011〕民二他字第18号）指出：“根据《〈担保法〉司法解释》规定的精神，抵押人未经抵押权人同意将抵押物出租的，原则上抵押权人不能通过另行提起诉讼的方式请求解除抵押人与第三人订立的租赁合同，抵押权的实现

① 崔建远：《物权法》，中国人民大学出版社2014年版，第468页。

应当在执行程序中解决。对于在执行程序中抵押人作为被执行人擅自出租经法院查封抵押物的行为，最高人民法院执行局已经另案答复你院。执行法院有权以裁定形式直接予以处理。第三人依据租赁合同占有查封物的，人民法院可以在执行程序中解除其占有，但不应当在裁定中直接宣布租赁合同无效或解除租赁合同，而仅应当指出租赁合同不能对抗申请执行人。”

就此，《会议纪要（稿）》起草过程中，结合司法实践，形成了两种不同的观点。

一种观点认为，视租赁关系的存在是否妨害抵押权实现，采取不同的司法态度。租赁关系妨害抵押权实现的，抵押权人请求解除租赁关系的，人民法院应予支持。租赁关系不妨害抵押权实现的，抵押权实现时，承租人享有优先购买权；承租人不购买的，还可以根据“买卖不破租赁”规则请求受让人继续履行租赁合同。至于是否妨害抵押权实现的判断，主要看租赁权的存在是否造成了流拍、是否影响了拍卖价格。这一解释方案与既有司法解释的文义相合。《拍卖、变卖财产规定》第三十一条第二款规定，“拍卖财产上原有的租赁权及其他用益物权，不因拍卖而消灭，但该权利继续存在于拍卖财产上，对在先的担保物权或者其他优先受偿权的实现有影响的，人民法院应当依法将其除去后进行拍卖。”《上海市高级人民法院关于在执行程序中审查和处理房屋租赁权有关问题的解答（试行）》（沪高法〔2015〕75号）指出，依据《拍卖、变卖财产规定》第三十一条第二款的规定对房屋予以变现的，执行法院可以根据不同情形分别作出处理：（1）经委托评估认为，对在先的担保物权或者其他优先受偿权的实现没有影响的，应当在房屋负担租赁权的状态下对其予以变现，在变现的过程中发现对在先的担保物权或者其他优先受偿权的实现有影响的，执行法院应当依法裁定将租赁权除去后予以变现。依法裁定将租赁权除去后予以变现的，应当重新确定保留价并重新委托变现。（2）经委托评估认为，对在先的担保物权或者其他优先受偿权的实现有影响的，执行法院应当直接依法裁定将租赁权除去后予以变现。申请执行人和案外人对执行法院是否应当除去租赁权对房屋予以变现的裁定有异议的，可以依据《民事诉讼法》第二百二十五条的规定提出执行行为异议。

在“信德佳（厦门）实业有限公司与厦门金达昌科技有限公司等案外人执行异议之诉纠纷再审案”① 中，最高人民法院认为：

该租赁关系成立于抵押权后。根据上述规定，抵押权人在实现抵押权时，抵押物上设立的租赁关系对买受人不具有约束力。执行过程中，案涉房产的评估价为13318.99万元，第一顺序抵押权人的债权额为12063.87万元，第二顺序抵押权人的债权额为4500万元，执行标的价值尚不足以清偿抵押权，租赁权的存在影

① 最高人民法院（2016）最高法民申3536号民事裁定书。

响抵押权实现，执行标的最终以 8524.15 万元成交的结果也印证了这一事实。因此，案涉房产的租赁关系对抵押权实现存有影响，抵押权实现时，该租赁关系对买受人金达昌公司不具有约束力。

另一种观点认为，不动产抵押权设定后抵押财产被出租，抵押权人请求解除租赁关系的，人民法院应予支持。裁判实践中，多数法院只要在判决书中认定租赁权无对抗效力，就判决租赁合同不应继续生效，承租人应交还租赁物。如在“上海涵大金属材料有限公司与嘉兴市凯港化工储运有限公司租赁合同纠纷上诉案”① 中，法院认为：

在杭州湾公司将涉案标的物出租给涵大公司之前，杭州湾公司已与福州招商银行签订了最高额抵押合同，设立了抵押权，并办理了抵押登记。因此，涵大公司与杭州湾公司之间的租赁关系不得对抗福州招商银行享有的抵押权……涵大公司要求凯港公司继续履行涵大公司与杭州湾公司签订的房地产租赁合同的主张不能成立。

三、先租后抵时的处理规则及其适用

对于已出租的财产再被抵押的情形，一般认为，以时间先后来判断租赁权与抵押权的顺位先后，此时租赁权效力优于抵押权，法律依据在于《担保法》第四十八条规定：“抵押人将已出租的财产抵押的，应当书面告知承租人，原租赁合同继续有效。”《担保法解释》第六十五条规定：“抵押人将已出租的财产抵押的，抵押权实现后，租赁合同在有效期内对抵押物的受让人继续有效。”《物权法》对这一精神予以重申，第一百九十条前句规定：“订立抵押合同前抵押财产已出租的，原租赁关系不受该抵押权的影响。”司法实践中出现租赁物抵押情形的，法院会援引上述规定判令承租人有权在租赁期内阻止移交租赁物（抵押物）或者带租约拍卖。值得注意的是，租赁权在先设立，其对抗不动产抵押权的效力，不因是否办理租赁备案登记而受到影响。如“兴业银行股份有限公司天津分行与天津恒松国际贸易有限公司等借款合同纠纷案”② 中，法院审理认为：

异议人刘玲在法院对诉争房屋查封前已经与金亿隆公司签署《房屋租赁合同》且已占有使用，双方虽未到房管部门进行备案登记，但该条件并非房屋租赁合同的生效要件，故本院对兴业银行天津分行的该项抗辩不予支持。但是兴业银

---

① 浙江省嘉兴市中级人民法院（2016）浙 04 民终字第 251 号民事判决书。类似观点请参见“招商银行股份有限公司温州分行与王纯亮等金融借款合同纠纷案”［浙江省温州市鹿城区人民法院（2016）浙 0302 执异字第 32 号民事执行裁定书］、“江苏紫金农村商业银行股份有限公司城南支行与江苏省沃野农业生态科技园有限公司等借款合同纠纷案”［江苏省南京市雨花台区人民法院（2015）雨执异字第 9 号民事执行裁定书］。

② 天津市第二中级人民法院（2015）二中执异字第 0051 号民事执行裁定书。

行天津分行对诉争房屋的抵押权业经生效的法律文书确认，刘玲对诉争房屋享有的承租权不能影响兴业银行天津分行抵押权的行使，人民法院在执行诉争房屋之时应考虑异议人刘玲对诉争房屋享有承租权的事实……异议人刘玲有权在租赁期内，阻止向受让人移交其占有的被执行人天津金亿隆投资发展有限公司名下坐落天津市和平区河北路×××号房屋。

在先设立的租赁权具有对抗不动产抵押权的效力。由此出现的一个问题是，抵押权人设定抵押权时的注意义务如何判断。在“伊犁锦城房地产开发有限公司与中国农业银行股份有限公司伊犁分行、伊犁永成农业装备制造集团有限公司等金融借款合同纠纷再审案”[①] 中，最高人民法院认为：

根据生效判决认定的事实，在锦城公司以……房屋向农行伊犁分行提供抵押之前，该公司已将前述案涉房屋出售给案外人周俊玉等人。锦城公司与周俊玉等人签订了房屋买卖合同，虽未办理过户登记，但周俊玉等人已经支付价款并实际占有房屋。农行伊犁分行自认锦城公司向其提交的抵押物清单载明前述案涉房屋处于出租状态。在房屋被他人占有使用的情形下，作为专业金融机构，农行伊犁分行应当对房屋的出租情况进行充分的现场调查，以查明出租人是否是锦城公司，抵押物是否存在真实的权利人，从而避免错误接受已出售房屋作为抵押物。

值得探讨的是，在不动产统一登记制度之下，债权人在接受不动产作为抵押权时，其注意义务应当如何判定。在《物权法》之下，不动产登记簿是判断物权归属和内容的依据，债权人的注意义务也就主要限于查询不动产登记簿。即使债权人知道抵押物已经出租，也仅仅只是发生其抵押权劣后于承租人权利的后果，并不影响抵押权的设立。即使抵押权已经出售，但抵押权仍然基于善意取得规则而设立。从本案查明的事实来看，农行伊犁分行仅仅只是知道抵押物清单载明的案涉房屋处于出租状态，就已经出租的财产，法律上并不限制再设定抵押权。同时，依《民通意见》第一百一十三条的规定排除《物权法》第一百零六条善意取得规则的适用，正当性不足。不过，案涉房屋的买卖发生于《物权法》实施之前，不动产登记事件操作不规范的情形不在少数，在司法政策上将债权人的注意义务作适当扩大，亦不无道理。

实践中，对于续租问题，法院多认为，续租合同是对原合同的实质性变更，与原合同不具有同一性，后续租赁权不得对抗成立在先的抵押权。如在“刘波与朱军等占有物返还纠纷案”[②] 中，法院认为：

朱文臣与沈彦君签订的《楼房租赁补充合同》对《楼房租赁合同》房屋租赁期限进行了变更，是对合同内容的实质性变更，故不是一份合同，而是房屋抵押

① 最高人民法院（2019）最高法民申 2834 号民事裁定书。

② 吉林省白城市洮北区人民法院（2016）吉 0802 民初字第 745 号民事判决书。

登记后重新签订的租赁合同。因此涉案楼房虽然在抵押登记前出租，但租期在房屋抵押期间已终止。2014 年 1 月 18 日签订的《楼房租赁补充合同》系在房屋抵押登记之后，故《楼房租赁补充合同》对买受人即本案原告没有约束力，承租人朱文臣应将房屋腾还。

此外，“若抵押权人事先了解并向租赁当事人表示认可续租，就表明抵押权人不仅知悉被租赁排斥的风险，还自愿承受该风险，出于意思自治的考虑，续租仍在抵押权之前。”①

在发生租赁权承继的特殊情形下，如何判断租赁权与抵押权之间的先后顺序，不无疑问。在“温州市贯荣鞋业有限公司与中国建设银行股份有限公司温州瓯海支行、温州市正运实业有限公司案外人执行异议之诉上诉案”② 中，浙江省高级人民法院认为：

赛登鞋厂与贯荣公司虽然是两个不同法律主体，但赛登鞋厂与贯荣公司在生产经营范围以及实际控制人（出资人）上具有延续性，赛登鞋厂注销后至第一份《房屋租赁协议书》约定的租赁期限到期之前，葛秀兰或贯荣公司一直按照第一份《房屋租赁协议书》约定向正运公司支付租金，且贯荣公司登记设立时的住所地即为正运公司 B 幢 1 楼，根据《合同法》第八十八条的规定，一审认定贯荣公司在 2010 年 3 月 30 日登记成立时即在事实上按照第一份《房屋租赁协议书》履行相关义务，并对涉案房屋享有租赁权，并无不当。不过，既然贯荣公司享有的合同权利来源于第一份《房屋租赁协议书》，其权利主张自然不能超出第一份《房屋租赁协议书》约定的范围，且贯荣公司与正运公司已经于 2012 年 3 月 2 日签订第二份《房屋租赁协议书》，其在 2012 年 3 月 2 日后并非基于第一份《房屋租赁协议书》而享有合同权利。因此，贯荣公司得以对抗抵押权的租赁关系是应以第一份《房屋租赁协议书》约定内容为准，而不能以贯荣公司与正运公司在抵押权设定后签订的第二份《房屋租赁协议书》约定内容为准，该租赁关系存续于 2010 年 3 月 30 日至 2012 年 3 月 2 日之间，而不能延续至 2020 年 3 月 31 日。贯荣公司要求排除的执行行为发生在 2016 年 8 月 4 日之后，此时，贯荣公司就案涉房屋已不享有足以排除执行的租赁权。

四、虚假租赁的规制路径

某些情况下，抵押人为阻止抵押权人执行抵押财产，虚构抵押财产上的租赁关系企图对抗抵押权的实现，导致虚假租赁频繁发生，对此法院均认为虚假的租

---

① 常鹏翱：《先抵押后租赁的法律规制——以〈物权法〉第一百九十条第 2 句为基点的分析》，载《清华法学》2015 年第 2 期。

② 浙江省高级人民法院（2018）浙民终 125 号民事判决书。

赁关系不得对抗抵押权。

在司法实践中，人民法院为应对虚假租赁等纷繁复杂的交易现象，在租赁物抵押的情形下，并不仅仅依据租赁合同先于抵押权设立即判决租赁权具有对抗力，人民法院还会考虑占有这一实质要件。《执行异议和复议规定》第三十一条规定："承租人请求在租赁期内阻止向受让人移交占有被执行的不动产，在人民法院查封之前已签订合法有效的书面租赁合同并占有使用该不动产的，人民法院应予支持。承租人与被执行人恶意串通，以明显不合理的低价承租被执行的不动产或者伪造交付租金证据的，对其提出的阻止移交占有的请求，人民法院不予支持。"在这一规定中，所谓"已签订合法有效的书面租赁合同并占有使用该不动产"，其是将租赁合同在先与占有使用两个条件并而称之，也就是说即使租赁合同在先，如果承租人并未实际占有使用租赁物（抵押物），人民法院仍然可以认定租赁权不具有对抗力。《浙江省高级人民法院关于执行非住宅房屋时案外人主张租赁权的若干问题解答》确立了执行异议程序中对案外人租赁权的审查标准，将租赁合同的真实性、租赁合同签订的时间节点以及案外人是否占有涉案房屋作为判断案外人租赁权是否成立并予以保护的三个要件，其中把承租人的实际占有作为其对抗力的重要判断依据。依据上述规则，法院的裁判结果大致分为两种情形。

一类是依据租赁合同在先且已实际占有，肯定租赁权的对抗力，如在"上海浦东发展银行股份有限公司温州分行与温州陆虎皮革实业有限公司、成都迪威视讯科技有限公司、倪长兴金融借款合同纠纷案"① 中，法院审理认为：

案外人与被执行人陆虎皮革公司于2008年11月3日签订了《借款及办公场所租赁合同》，该合同有关房屋租赁部分合法有效，这些事实在本院对涉案房产及土地使用权查封前已经被本院生效的民事判决书判决确认，且案外人已合法占有使用涉案房产。案外人对涉案房产享有的承租权应受法律保护，本院对涉案房产及土地使用权拍卖后，买受人应受《借款及办公场所租赁合同》有关房屋租赁部分的约束。

另一类是认定租赁合同早于抵押权设立，但承租人并未实际占有，故不能对抗抵押权，甚至以占有与否来协助判断虚假租赁的问题，在"金华银行股份有限公司杭州分行与浙江博风集团有限公司等金融借款合同纠纷案"② 中，法院认为：

判断租赁合同成立、履行的主要标准，承租人是否已实际占有、使用租赁物。本案中，申请执行人金华银行杭州分行因借款于案涉房屋及土地设定抵押权

---

① 浙江省温州市鹿城区人民法院（2015）温鹿执异字第173号民事执行裁定书。类似观点请参见"中国信达资产管理股份有限公司浙江省分公司与宁波东特贸易有限公司、宁波永嵩贸易有限公司等金融借款合同纠纷案"［浙江省宁波市北仑区人民法院（2015）甬仑执异字第9号民事执行裁定书］。

② 浙江省杭州市西湖区人民法院（2015）杭西执异字第44号执行裁定书。

的登记时间是2012年6月25日。案外人瑞森公司主张其与好美家公司之间于2012年4月25日就案涉房屋中的二层及一层东边房屋签订租赁合同。但该租赁合同中所约定的租赁物及案涉房屋于2013年11月20日方才完成竣工验收，且瑞森公司陈述其于2014年3月进场装修。案外人瑞森公司占有、使用租赁物晚于设定抵押权的登记时间。故即使案外人瑞森公司所主张之租赁权成立，也成立于申请执行人金华银行杭州分行的已登记的抵押权之后，依法不得与之对抗。

即使承租人由于租赁物竣工验收耽误而致使实际占有时间晚于抵押时间，亦有法院租赁权的对抗力，如在“台州市财哒金属有限公司等与招商银行股份有限公司招行小贷中心等外人执行异议之诉纠纷案”[①] 中，法院甚至认为租赁权的设立以占有为准：

租赁合同是出租人将租赁物交付承租人使用、收益，承租人支付租金的双务实践合同，租赁权设立的时间应以占有时间为准。原告财哒公司应举证证明其已在案涉房屋设定抵押或者被法院查封前合法占有之，否则原告的租赁权不能对抗抵押权或法院强制执行。原告财哒公司在2012年12月13日成立时的工商登记住所地为台州经济开发区滨海工业园区海丰路98号，即案涉房屋所在地，可以证明原告在法院2013年7月9日查封前已合法占有案涉房屋。但原告提供的证据不足以证明其在案涉房屋办理抵押登记（2012年10月10日、11日）前已合法占有之，故原告的租赁权不能对抗被告农行海门支行的抵押权。

《上海市高级人民法院关于在执行程序中审查和处理房屋租赁权有关问题的解答（试行）》（沪高法〔2015〕75号）指出，经执行审查、执行异议之诉等确认被执行人与案外人通过虚构租赁关系对抗执行的，执行法院应当依据《民事诉讼法》第一百一十三条的规定对相关责任人予以罚款、拘留。构成拒不执行判决裁定罪、非法处置查封扣押财产罪等犯罪行为的，依法移送追究刑事责任。申请执行人因被执行人与案外人虚构租赁关系，通过执行异议、执行异议之诉妨害执行而受到损害的，还可以依据《民事诉讼法解释》第三百一十五条的规定提起诉讼要求被执行人、案外人予以赔偿。

五、不动产抵押权实现时承租人权利的保护

《物权法》第一百九十条中规定：“订立抵押合同前抵押财产已出租的，原租赁关系不受该抵押权的影响。”由此可见。租赁关系成立在先，承租人的租赁权应予保护，承租人可在司法拍卖中行使优先购买权。

租赁关系成立在抵押权设立以后，承租人是否享有优先购买权，实践中存在不同的观点。一种观点认为，基于实现抵押权的买卖，在一定条件下可以击破租

① 浙江省台州市路桥区人民法院（2015）台路执异初字第5号民事判决书。

赁，即买受人不受原租赁合同约束。这一规则的适用条件是：有效的抵押权；抵押权已登记；抵押权生效先于租赁合同的生效。法院强制执行过程中处理被执行人房产应当保护承租人的优先购买权，但在买受人受到限定时例外。如在“中国工商银行股份有限公司宁波镇海支行与宁波市镇海木材公司等借款抵押合同纠纷执行复议案”① 中，法院经审查认为：

申请复议人认为财产变卖行为侵犯其优先购买权而无效，该变卖效力未确认前，法院不能执行，因本案的变卖是法院执行过程中的变卖，申请复议人的该理由不能成立。申请复议人提出现买受人已承接了镇海木材公司与其签订的租赁合同，缺乏足够的证据。镇海木材公司将其所有的本案执行标的物抵押给镇海工行后又出租给利民招待所，抵押权实现后，租赁合同对受让人镇海拆迁办不具有约束力。镇海木材公司如未将已抵押的情况告知承租人利民招待所，抵押权实现造成承租人损失的，由抵押人承担赔偿责任。

另一种观点认为，承租人虽依然有优先购买权，但不能对抗不动产抵押权，承租人不能因其优先购买权受损要求重新拍卖。如在“招商银行股份有限公司南京分行与常州市润丰新材料科技有限公司、江苏双欣环保材料有限公司等金融借款合同纠纷执行复议案”② 中，江苏省高级人民法院认为：

对租赁权的审查标准应当包含以下三个要件：租赁合同真实；租赁合同签订于被执行房屋设定抵押或被法院查封前；案外人已依据租赁合同占有租赁房屋。……常州中院在已知其实际承租情况下，否定其租赁权，进而否定其优先购买权，符合上述法律和司法解释的规定，亦符合《拍卖公告》第五条“优先购买权申报方式：优先购买权人参加竞买的，应于每轮拍卖竞价开始前两日向拍卖法院提交有效证明，经法院确认后才能以优先购买权人身份参与竞买”的要求。

尽管常州中院执行人员拍卖前未尽必要调查、通知职责，存在明显不当，但本次拍卖是经申请执行人、被执行人润丰公司共同协商确定，且被执行人润丰公司已通过网络司法拍卖平台公告获知了有关案涉房地产拍卖信息。被执行人润丰公司对于拍卖公告中有关拍品信息、拍卖时间、竞买人资格、优先购买权申报、确定以及放弃后果等均已明知或应当知道。……三复议申请人知道或应当知道常州法院已通过网络司法拍卖平台公告了有关案涉房地产的上述拍卖信息。三复议申请人虽认为其是承租人，享有同等条件下的优先购买权，符合拍卖公告第八条中的竞买人资格，但并未依照该拍卖公告第五条规定要求向常州中院申报，并由常州中院审查、核实、确定其优先购买权人身份，应视为其已放弃了对案涉拍卖

---

① 浙江省宁波市中级人民法院（2007）甬执他字第109号执行裁定书。胡红生、李佳：《基于实现抵押权的买卖对租赁权与优先购买权的影响》，载《人民司法·案例》2009年第2期。

② 江苏省高级人民法院（2017）苏执复29号执行裁定书。

标的物享有的优先购买权。

承租人只承租被执行人部分房屋，法院整体拍卖时，有关承租人的优先购买权应如何保护的问题，《最高人民法院关于承租部分房屋的承租人在出租人整体出卖房屋时是否享有优先购买权的复函》（〔2004〕民一他字第29号）指出："目前处理此类案件，可以从以下两个方面综合考虑：第一，从房屋使用功能上看，如果承租人承租的部分房屋与房屋的其他部分是可分的、使用功能可相对独立的，则承租人的优先购买权应仅及于其承租的部分房屋；如果承租人的部分房屋与房屋的其他部分是不可分的、使用功能整体性较明显的，则其对出租人所卖全部房屋享有优先购买权。第二，从承租人承租的部分房屋占全部房屋的比例看，承租人承租的部分房屋占出租人出卖的全部房屋一半以上的，则其对出租人出卖的全部房屋享有优先购买权；反之则不宜认定其对全部房屋享有优先购买权。"

抵押权人已就抵押财产申请强制执行之后，租赁权人如何寻求程序上的救济，实践中的把握并不一致。

一种观点认为，因执行后未对承租人的实体权利产生影响，承租人依然提起执行异议的，法院不予支持。如在"孙永祯与淄博市临淄鲁恒建材有限公司、山东新成力达石油催化剂制造股份有限公司等金融借款合同纠纷执行复议案"[①] 中，山东省高级人民法院认为：

本案中孙永祯与浩霖集团之间的租赁合同是否真实、有效，系对当事人之间实体法律关系的审查范畴，人民法院在执行程序中无权进行审查认定。在孙永祯已经提交了其与浩霖集团的租赁合同及相关付款凭证，且浩霖集团亦认可存在该租赁合同的情况下，申请执行人鲁恒公司若认为该租赁合同系伪造的，应当通过诉讼途径解决。

另一种观点认为，案外人主张在先租赁权以对抗不动产抵押权的执行的，执行法院应适用案外人异议程序予以审查。如在"李建俊、赵文萍与郑旭合、临汾市尚霖投资有限公司、王荣华借款合同纠纷执行申诉案"[②] 中，最高人民法院认为：

在该案的执行过程中，案外人赵永明向临汾中院提出对涉案房屋享有20年租赁权，且20年租金已一次性支付给房产所有权人郑旭合的异议。案外人于案件执行过程中对涉案房产主张租赁权，本质是阻却房产的交付，属案外人针对执行标的提出的异议，执行法院应对此进行立案审查，并作出裁定；当事人如对审查结果不服可提起案外人异议之诉，通过异议之诉程序解决涉案房产租赁权相关争议。临汾中院未针对赵永明提出的20年"以债抵租"合同作为案外人异议立案审

---

① 山东省高级人民法院（2014）鲁执复议字第107号执行裁定书。

② 最高人民法院（2017）最高法执监335号执行裁定书。

查，而直接认定租赁关系成立并可对抗抵押权，属程序违法，应予纠正。同时，执行法院由此拟“带租拍卖”的行为亦会对涉案房产的评估拍卖价格产生较大影响，不利于李建俊、赵文萍债权的顺利实现。故，李建俊、赵文萍主张执行法院应对赵永明提出的20年租赁合同问题，作为案外人异议，适用《民事诉讼法》第二百二十七条的规定进行审查的申诉理由成立，应予支持。

江苏省高级人民法院民事审判第一庭《执行异议之诉案件审理指南》指出，根据“买卖不破租赁”的原则，承租人租赁的标的物被人民法院执行拍卖时，并不必然导致租赁权消灭，因此，承租人并不当然有权提起执行异议之诉。如果法院在执行过程中并不否定承租人享有的租赁权，承租人只是对执行法院要求其腾退房屋的执行行为有异议的，属于《民事诉讼法》第二百二十五条规定的执行行为异议，应当通过执行复议程序解决，承租人提起执行异议之诉的，应当不予受理；已经受理的，应当裁定驳回起诉。但如果执行法院否定承租人租赁权的成立或存续的，因涉及实体权利的争议，承租人主张其享有足以阻却执行的租赁权的，在执行异议被驳回后，可以提起执行异议之诉。在该执行异议之诉案件的审理中，对承租人租赁权的认定应当区分不同情形进行处理：

关于租赁与查封的问题。承租人在人民法院采取查封等保全或执行措施之前已经与被执行人签订了合法有效的房屋租赁合同，且已按约支付租金，并实际占有使用租赁物的，应当认定为“先租赁后查封”。此时，承租人享有的租赁权适用“买卖不破租赁 ”的原则，执行法院在对该租赁物采取拍卖等执行措施时，如果影响到承租人租赁权的行使，对承租人要求停止执行的诉讼请求应当予以支持。承租人在人民法院采取查封等保全或执行措施之后，与被执行人签订房屋租赁合同的，应当认定为“查封后租赁”。根据《查封、扣押、冻结财产规定》第二十六条第一款规定，被执行人就已经查封、扣押、冻结的财产所作的移转、设定权利负担或者其他有碍执行的行为，不得对抗申请执行。因此，承租人在法院采取诉讼保全或执行措施之后取得租赁权的，不得以其租赁权对抗申请执行人，其主张停止执行的，不予支持。

关于租赁与抵押的问题。承租人在债权人设立抵押权之前已经与被执行人签订了合法有效的房屋租赁合同，且已按约支付租金，并实际占有使用租赁物的，应当认定为“先租赁后抵押”。根据《物权法》第一百九十条规定，订立抵押合同前抵押财产已出租的，原租赁关系不受该抵押权的影响，执行法院根据抵押权人的申请，在对该租赁物采取拍卖等执行措施时，如果影响到承租人租赁权的行使，对承租人要求停止执行的诉讼请求应当予以支持。承租人在债权人设立抵押权之后，与被执行人签订房屋租赁合同的，应当认定为“先抵押后租赁”。抵押权设立后抵押财产出租的，承租人不得以其租赁权对抗申请执行人（即抵押权人），其要求停止执行的，不予支持。

第六节　动产质权的设立

《会议纪要（稿）》

16.【动产质权的设立】动产质押从出质人将质押交付债权人占有时设立。交付可以是现实交付，也可以是简易交付、指示交付，但不能是占有改定。质权人可以直接占有质物，也可以委托他人间接占有质物，但不能由出质人自行占有。

一、交付的方式与动产质权的设立

《物权法》第二百零八条第一款规定："为担保债务的履行，债务人或者第三人将其动产出质给债权人占有的，债务人不履行到期债务或者发生当事人约定的实现质权的情形，债权人有权就该动产优先受偿。"第二百一十二条规定："质权自出质人交付质押财产时设立。"交付有多种形式，如现实交付、简易交付、指示交付、占有改定等。出质人移转质押财产的占有，并不以现实交付为必要，以其他方式交付亦无不可。如质押财产已由质权人占有的，则出质人无须现实交付，质权自签订之日起即设定；出质人并不直接占有质押财产，而仅间接占有质押财产时，也可以将返还请求权让与质权人的方法，以代替现实交付。但出质人不得以占有改定代替质权人对质押财产的占有。出质人不得以占有改定的方式交付的原因是若允许出质人以占有改定的方式代替交付，一则无法公示质权，危及交易安全；二则质权人无法行使对质押财产的留置权利，使质权实际上丧失留置的效力。

二、动产质权因现实交付和拟制交付而设立

《物权法》第二百一十二条规定："质权自出质人交付质押财产时设立。"据此，若出质人未将质物交付给债权人，则质权未有效设立。如在"许勤与朱佳返还原物纠纷上诉案"[①] 中，出质人与债权人约定以汽车设定质押，但仅交付钥匙，质权即未设立，法院认为：

动产质押是指债务人或第三人将其动产移交债权人占有，将该动产作为债权的担保。质押合同自质物移交于债权人占有时生效，质权自出质人交付质押财产时设立。本案中，案外人巢洵波出具借条载明以诉争车辆作押并将诉争车辆钥匙交付给朱佳，但是车辆并未实际交付给朱佳，车辆钥匙仅是车辆的从物，朱佳占有钥匙并不表示对车辆的占有，诉争车辆仍由巢洵波、许勤占有，故双方之间的

---

① 甘肃省嘉峪关市人民法院（2013）嘉民二初字第48号民事判决书。

质押合同尚未生效，朱佳尚未取得诉争车辆的质权。2013年8月16日，朱佳未经巢洵波、许勤同意以保养车辆为名擅自占有诉争车辆，该行为侵害了许勤对诉争车辆的所有权，应承担相应的不利后果，故本院对许勤要求返还诉争车辆的诉讼主张予以支持。

拟制交付是指出质人将标的物的权利凭证（如仓单、提单）交给质权人，以代替现实交付的一种特殊交付方式。拟制交付如欲达到代替现实交付的效果，强调权利凭证的唯一性。这里的权利凭证多指物权凭证，持有该凭证即表明持有人对该凭证所指明的动产的权利人。在解释上，只要达到类似效果，亦无不可。如将机动车的所有钥匙或将存放动产的房屋的所有钥匙交付于权利人，亦能达到控制相应动产的效果。尽管向质权人交付美术馆一把钥匙符合双方对入质美术藏品交付的约定，但该钥匙并非是美术馆唯一的钥匙，无法达到控制美术馆藏品的效果，不属于有效交付。在“祝培武与烟台胶东美术馆、吕健质押合同纠纷再审案”① 中，最高人民法院认为：

所谓交付，即移转占有。质权作为享有优先受偿的担保物权，因可能涉及其他债权人的利益，故其设立须以转移占有作为公示方法。本案双方当事人签订《质押合同》约定，祝培武租赁吕健的房产即藏品原存放地点保管质物，美术馆向祝培武交付一把钥匙。祝培武据此认为，双方已经完成质物的交付，其对质物实际控制与占有。然而，美术馆仅向祝培武交付一把钥匙，且该钥匙并非美术馆唯一的钥匙，美术馆亦持有其他钥匙，说明质物并未脱离出质人的占有与控制。如一审法院认定，案涉财产质押期间，在祝培武不知情的情况下，质物因另案被其他法院查封，表明祝培武对质物没有完全控制与占有，质物亦未脱离出质人的直接控制。动产质权设立之目的在于保障债权人可以依据质权优先受偿，确保其权益的实现。如果质物仍留在出质人手中，或者并未脱离出质人的直接占有与控制，就不能有效地防止出质人擅自处分质物，与质权设立之目的相悖。因此，本案质物的交付方式，既不符合动产质权的公示方法，亦不符合质权制度设立之目的，不构成有效的交付。

三、动产质权因指示交付而设立

出质人除可以直接占有的财产出质外，也可以间接占有的财产设定质押，即通过将返还请求权让与质权人的方式移转占有。但依指示交付设定动产质权，是否以通知直接占有人为前提，我国实定法上并无统一的规定。就此，《担保法解释》第八十八条规定：“出质人以间接占有的财产出质的，质押合同自书面通知送达占有人时视为移交。占有人收到出质通知后，仍接受出质人的指示处分出质

① 最高人民法院（2015）民申字第1212号民事裁定书。

财产的，该行为无效。”但《物权法》第二十六条规定：“动产物权设立和转让前，第三人依法占有该动产的，负有交付义务的人可以通过转让请求第三人返还原物的权利代替交付。”《物权法解释（一）》第十八条第二款中规定：“当事人以物权法第二十五条规定的方式交付动产的，转让人与受让人之间有关转让返还原物请求权的协议生效时为动产交付之时。”

司法实践中，就以指示交付设立动产质权是否以书面通知直接占有人为前提，存在不同认识。

一种司法态度持肯定说。如在“重庆商业投资集团有限公司与青岛佳施化工有限公司、重庆商投石化有限公司等借款合同纠纷上诉案”[①] 中，对出质人以间接占有的财产出质的情形，最高人民法院认为：

本案中，佳施公司以其间接占有的财产出质，质押合同自书面通知送达占有人丽星公司、丽东公司时视为移交。丽星公司、丽东公司作为《质押物转移占有及保管合同》的当事人，在签订该合同时已明确知晓佳施公司为商投石化公司借款给商投集团公司提供动产质押担保的事实，因此，案涉动产质押权已设立。《质押物转移占有及保管合同》约定，佳施公司为履行与商投集团公司签订的质押合同约定的义务，需将质押物转移交付给商投集团公司占有。又约定，佳施公司将质押物的货权凭证交付给商投集团公司之日起，商投集团公司实际占有质押物。该合同实际上约定了两种交付方式，即指示交付及货权凭证的交付。在两种交付方式并存的情况下，即使货权凭证没有交付，也应认定指示交付完成，质权已经依法设立。一审法院以商投集团公司未提交货权凭证原件为由，认定案涉质权未设立，系适用法律错误，本院予以纠正。因商投石化公司不履行到期债务，故商投集团公司有权就质押物优先受偿。

另一种司法态度持否定说。如在“中国建设银行股份有限公司广州荔湾支行与广东蓝粤能源发展有限公司、惠来粤东电力燃料有限公司等信用证开证纠纷再审案”[②] 中，最高人民法院认为：

原二审判决根据《海商法》第七十一条的规定，认为“提单的交付仅意味着提货请求权的转移，在未将提货请求权转移的事实通知实际占有人时，并不构成提单项下货物的交付”。但是，根据《物权法》第二十六条的规定，指示交付并不以通知实际占有动产的第三人作为完成交付的必要条件。即便是提单仅具有债权凭证属性，参照《合同法》第八十条第一款关于“债权人转让权利的，应当通知债务人，未经通知，该转让对债务人不发生效力”的规定，提单交付之时，即可

---

① 最高人民法院（2018）最高法民终 264 号民事判决书。本案经再审，上述认定被维持。最高人民法院（2018）高法民申 5198 号民事裁定书。

② 最高人民法院（2015）民提字第 126 号民事判决书，载《最高人民法院公报》2016 年第 5 期。

发生债权请求权转让的效力，进而完成提单项下货物的指示交付。只是未经通知，其债权请求权的转让对提单项下货物实际占有人不能发生对抗效力而已，不能由此得出“不构成提单项下货物交付”的结论。何况，本案所涉提单系可以转让的指示提单，只有提单持有人凭单享有请求权是货物实际占有人即承运人所应预知的，亦无需通知。

这里，值得讨论的是，提单等权利凭证的交付是拟制交付还是观念交付。学说上认为，拟制交付是现实交付的一种特殊形态，不同于观念交付。一般而言，就物权凭证而言，其交付构成拟制交付，交付行为的完成即视为已为现实交付；就债权凭证而言，其交付构成指示交付，仅为返还请求权的让与。在体系解释上，返还请求权让与的生效不以通知债务人——动产质物的直接占有人为前提，但未通知动产质物直接占有人的，返还请求权的让与对直接占有人不生效力。

四、未交付标的物的动产质权的效力

动产质押合同签订后，没有交付质物的，动产质权即未设定，但是否可以将其解释为（不具有对抗第三人效力的）动产抵押权？在“中国建设银行股份有限公司周口分行与河南金石联科工程技术有限公司、河南省志元食品有限公司等担保合同纠纷再审案”[①] 中，最高人民法院认为：

关于本案动产担保物权是否存在的问题，本院认为，一审被告河南志元公司与建行周口分行之间的借款合同不存在动产担保物权。一方面，河南志元公司与建行周口分行虽然签订有动产质押合同，但由于其未按约定交付质押财产，因此根据《物权法》第二百一十二条的规定，质权未能设立。另一方面，至于动产抵押权是否存在的问题，人民法院在判断时应当按照物权法定原则，尊重物权行为的独立性，并以探求当事人真实意思为解释方式，而不能仅仅依据合同履行的外观状态以及文义表象以自己的意思任意解释。从本案河南志元公司与建行周口分行签订的动产质押合同来看，第一，按照物权法定原则，当事人仅有在名为设立质权，但实际上却有明确具体且与抵押权内容一致的合意之时才可以认为双方设立了动产抵押权，抵押权在客体、标的、成立要件、实现方式等众多方面与质权均存在差别，不宜仅凭借是否转移占有设立担保的动产这一区别而径直认定通过动产质押合同设立了抵押权；第二，物权行为具有独立性，设立物权需要有明确的物权合意，本案在双方当事人欠缺设立动产抵押权的物权合意的情况下，不宜忽略物权行为的独立性而径直认定设立了抵押权；第三，从案涉动产质押合同的内容出发，以探求当事人真实意思的解释方式对合同内容进行解释，无法得出双方当事人存在一致的设立抵押权的意思表示的结论。第四，若按照原审法院的解

---

① 最高人民法院（2018）最高法民申5669号民事裁定书。

释思路，所有未出质的动产质押合同都将会被视为设立动产抵押权的合同，将会对民法物债二分体系、意思自治原则与社会经济关系造成巨大的冲击。综上，原审法院仅凭借所谓的标的物是否转移占这一点区别即认为案涉动产质押合同设立了动产担保物权的做法不妥，本院予以纠正。既然本案不存在动产担保物权，申请人金石联科公司所谓的“人保物保并存，物保优先于人保”的再审申请理由也因此而不能成立。

在方法论上，目前裁判实践倾向于认为，就采取公示生效的担保物权而言，未完成公示手续的，担保物权未设定，但担保合同不因此而无效。进而，以违约责任为解释基础，结合担保合同的履行情况判断各当事人的责任。如因担保人的原因导致公示手续未完成、担保物权未设定的，担保人在担保财产的范围内承担补充性的赔偿责任。可参见本书未登记不动产抵押权的法律后果部分。

第七节　动产抵押权与所有权保留竞存

《会议纪要（稿）》

20.【动产抵押权与所有权保留竞存】出卖人在同一动产上设定抵押权并完成登记后再进行保留所有权的买卖，出卖人未通知抵押权人或未告知买受人标的物已经设定抵押的事实，对抵押权人或者买受人撤销买卖合同的诉讼请求，人民法院应予支持。出卖人在同一动产上进行保留所有权买卖后再设定抵押权的，无论抵押权是否已经登记，买受人主张动产抵押无效的，人民法院均应予以支持。

一、所有权保留及其性质

所有权保留，是伴随着信用经济的兴起而产生和发展的一项非典型担保制度。在此制度之下，买受人依买卖合同先占有、使用标的物，但在双方当事人约定的特定条件（通常是价款的一部或全部清偿）成就之前，出卖人仍然保留标的物所有权，待条件成就后，再将所有权转移给买受人。[①] 在这里，出卖人以其保留的所有权而获得充分的保护，买受人在价金没有（足额）支付的情况下获得对物的用益，其实质是出卖人以其保留的所有权为其价金债权或其他权利的实现提供担保，从而以制度设计的内在合理性为契机，一经运用，即发挥了巨大的信用供给功能，[②] 为现代大陆法系和英美法系国家所明文规定。

---

① 参见王泽鉴：《附条件买卖买受人的期待权》，载氏著：《民法学说与判例研究》（第1册），中国政法大学出版社2003年版，第159页。

② 参见王轶：《论所有权保留的法律构成》，载《当代法学》2010年第2期。

我国《合同法》第一百三十四条明文规定："当事人可以在买卖合同中约定买受人未履行支付价款或者其他义务的，标的物的所有权属于出卖人。"所有权保留买卖交易在我国法上得以确立。从这一规定中，大抵可以看出我国所有权保留买卖交易的基本内容：

第一，虽然我国《合同法》上并没有将所有权保留的客体限定为动产，但依《买卖合同解释》的规定，[①] 所有权保留买卖不能以不动产为标的物。其主要理由在于：我国法上不动产物权变动模式已经比较好地衡平了出卖人和买受人的利益，在价款未足额清偿之前，不办理移转所有权的登记，出卖人仍享有所有权，买受人可以借助于预告登记来保护自己取得所有权的期待利益；同时，出卖人也可以在移转不动产所有权于买受人之时在其上设定抵押权，完全可以达到所有权保留的效果。[②]

第二，出卖人应依约定将标的物的占有移转予买受人，但在买受人未依约定履行支付价款或其他义务时，可以拒绝向买受人移转标的物的所有权，并可基于所有权向买受人主张取回标的物。[③] 出卖人行使取回权是基于所有权人的地位而重新恢复其对标的物的占有，在性质上属于物上请求权。出卖人取回标的物的目的在于保全价金债权，而不在于对标的物的使用、收益。

第三，在买受人清偿全部价款或其他义务之前，买受人享有占有标的物的权利，并为有权占有。买受人可自由使用标的物，并从中获益。但是，双方对标的物的使用、收益有特别约定的，买受人应当依其约定。此时，出卖人不得请求返回占有物。只有在买受人未依约定履行支付价款或其他义务时，其占有即变为无权占有。

关于出卖人保留之所有权的性质，学界主要从所有权的移转与债的担保两个视角而展开分析。

从所有权移转的角度观察，有以下两种观点：第一，附停止条件移转说，主张出卖人的保留所有权是一种附停止条件的所有权移转，标的物虽已先移转予买受人占有、使用，但其所有权是否移转或消灭，则取决于当事人所约定之条件成

---

① 第三十四条规定："买卖合同当事人主张合同法第一百三十四条关于标的物所有权保留的规定适用于不动产的，人民法院不予支持。"

② 参见最高人民法院民事审判第二庭：《最高人民法院关于买卖合同司法解释理解与适用》，人民法院出版社 2012 年版，第 526 页。

③ 《买卖合同解释》第三十五条进一步指出："当事人约定所有权保留，在标的物所有权转移前，买受人有下列情形之一，对出卖人造成损害，出卖人主张取回标的物的，人民法院应予支持：（一）未按约定支付价款的；（二）未按约定完成特定条件的；（三）将标的物出卖、出质或者作出其他不当处分的。取回的标的物价值显著减少，出卖人要求买受人赔偿损失的，人民法院应予支持。"

就与否。[①] 第二，部分所有权移转说，主张出卖人将标的物交付给买受人的同时，所有权的一部也随之移转于买受人，于是形成出卖人与买受人共有一物的所有权形态，这种部分性的所有权是随着各期价金的给付而逐渐移转于买受人的。[②]

从债的担保角度观察，有以下几种观点：第一，特殊质押关系说，主张出卖人所保留的所有权在性质上与质权相同，买受人因标的物的交付而取得所有权，出卖人所取得的是不占有标的物，附有流质契约的质权，并借此以担保未获清偿之价金债权。[③] 第二，担保物权说，主张出卖人以延迟移转标的物的所有权为手段，担保其全部价金的清偿，此时出卖人手中的所有权，就成为其实现其价金请求权这一债权的担保物权。[④] 所有权保留实质上是担保权的保留，而担保权则是设定在标的物上以担保价款或义务履行的权益。出卖人保留标的物的所有权，就是在其出卖的标的物上设定担保权。[⑤] 第三，担保性财产托管说，认为所有权保留实质上是一种担保性财产托管的适用方式。出卖人此时只享有一定条件下请求买受人返还标的物的权利，标的物所有权的其他权能完全由买受人行使。[⑥]

上述分析在一定程度上和限度内均具合理性。其中，从所有权移转角度的分析侧重于所有权保留买卖中的物权变动，以“附停止条件移转说”为通说，“部分所有权移转说”因与所有权的整体性有违而成少数说；从债的担保角度的考察侧重于所有权保留买卖的经济目的和实质，以“担保物权说”为通说，它从所有权保留制度的目的出发，在承认出卖人享有所有权的基础上，认为所有权保留是担保价金债权清偿的担保手段，并以标的物本身作为担保物，当买受人违约时，出卖人可以凭借所保留的所有权行使取回权，并可再出卖，从再出卖的价金中优先受偿，以实现担保目的。与典型担保相比，所有权保留不是在他人之物上为债权人的权利实现所提供的担保，而是在自己之物上为自己权利的实现所提供的担保。因此，与典型担保的定限物权之构成不同的是，所有权保留是权利本身移转之构成。[⑦]

二、所有权保留与动产抵押权的竞存及其处理

《会议纪要（稿）》试图依所有权保留交易和动产抵押交易成立的先后，区分两种不同情形提供裁判思路。其一，出卖人在同一动产上设定抵押权并完成登记

① 王泽鉴：《附条件买卖买受人的期待权》，载氏著：《民法学说与判例研究》（第1册），中国政法大学出版社2003年版，第133页。

② 参见刘得宽：《民法诸问题与新展望》，中国政法大学出版社2002年版，第6～7页。

③ 参见王泽鉴：《附条件买卖买受人的期待权》，载氏著：《民法学说与判例研究》（第1册），中国政法大学出版社2003年版，第159页。

④ 参见孙宪忠：《德国当代物权法》，法律出版社1997年版，第345页。

⑤ 参见余能斌、侯向磊：《保留所有权买卖比较研究》，载《法学研究》2000年第5期。

⑥ 参见尹田：《法国物权法》，法律出版社1998年版，第332页。

⑦ 参见［日］近江幸治：《担保物权法》，祝娅等译，法律出版社2000年版，第7页。

后再进行保留所有权的买卖，出卖人未通知抵押权人或未告知买受人标的物已经设定抵押的事实，对抵押权人或者买受人撤销买卖合同的诉讼请求，人民法院应予支持。其二，出卖人在同一动产上进行保留所有权买卖后再设定抵押权的，无论抵押权是否已经登记，买受人主张动产抵押无效的，人民法院均应予以支持。

基于所有权保留交易的经济实质，《民法典合同编（草案）》（二次审议稿）拟增加规定“出卖人对标的物保留的所有权，未经登记，不得对抗善意第三人”（第四百三十一条第二款）。这一规则旨在统一动产融资交易的规则，使其与动产抵押交易、融资租赁交易等的公示方法相统一，借由统一的动产融资公示制度，明晰标的物上的权利负担，增加交易的确定性。对于同一动产上竞存的权利，不管该权利是所有权，还是定限物权，均依登记的先后确定批次之间的顺位，登记的优先于未登记的，均未登记的，按照债权比例受偿。就此，《民法典物权编（草案）》（二次审议稿）第二百零五条规定：“同一财产向两个以上债权人抵押的，拍卖、变卖抵押财产所得的价款依照下列规定清偿：（一）抵押权已登记的，按照登记的时间先后确定清偿顺序；（二）抵押权已登记的先于未登记的受偿；（三）抵押权未登记的，按照债权比例清偿。”（第一款）“其他可以登记的担保物权，清偿顺序参照适用前款规定。”（第二款）在解释上，这里的“其他可以登记的担保物权”自应包括出卖人在所有权保留交易中保留的所有权以及出租人在融资租赁交易中保有的所有权。基于此，《会议纪要》删去了《会议纪要（稿）》中的本条。

所有权保留交易中保留的所有权和动产抵押权之间的竞存，并不限于这两种情形。例如出卖人就标的物进行保留所有权买卖后，买受人又就同一标的物为他人设定抵押权。就此而言，出卖人在所有权保留交易中保留的所有权，不得对抗同一标的物善意取得动产抵押权的已登记权利人。如“江苏通力机电集团有限公司与安徽怀宁农村商业银行股份有限公司凉亭支行、安庆天之一服饰有限公司等上诉案”[①] 中，安徽省高级人民法院认为：

在所有权保留买卖情形中，买受人占有、使用标的物，但对标的物不享有所有权，该标的物的部分权利状态与占有所显示的外观状态不一致，在无登记公示或外观标识的情况下，第三人很难辨别。怀宁农商行凉亭支行基于天之一公司对案涉电脑横机占有产生的公信力，在对销售合同、发票等占有依据、交易履行等材料合理审查的基础上，以天之一公司所有的 73 台电脑横机为朱大余的借款提供抵押担保，依法办理了动产抵押登记，并按照借款合同约定发放借款。怀宁农商行凉亭支行符合《物权法》第一百零六条善意取得动产物权要件。通力公司对案涉 26 台电脑横机享有所有权的约定，不能对抗善意第三人，其权利主张受制于第三人善意取得动产物权的情形。

---

① 安徽省高级人民法院（2017）皖民终 386 号民事判决书。

后 记

为全面贯彻党的十九大和十九届二中、三中全会以及中央经济工作会议、中央政法工作会议、全国金融工作会议精神，研究当前形势下如何进一步加强人民法院民商事审判工作，着力提升民商事审判工作能力和水平，为我国经济高质量发展提供更加有力的司法服务和保障，最高人民法院于2019年7月3日至4日在黑龙江省哈尔滨市召开了全国法院民商事审判工作会议。2019年8月6日最高人民法院民事审判第二庭将会议讨论修改后《全国法院民商事审判工作会议纪要(征求意见稿)》向全社会公开征求意见的征求意见稿。2019年9月11日最高人民法院审判委员会民事行政专业委员会第319次会议原则通过《全国法院民商事审判工作会议纪要》。该会议纪要的出台，对统一裁判思路，规范法官自由裁量权，增强民商事审判的公开性、透明度以及可预期性，提高司法公信力具有重要意义。

本书的写作伴随着该会议纪要的起草、讨论和通过的全过程。在该会议纪要的历次讨论会上，我就其中担保部分的条文提出了自己的看法。为保证自己的观点言之有据，我对法院（尤其是最高人民法院、高级人民法院）的裁判进行了整理，梳理了其中的争议观点，并就自己的观点从学理上作了解释论意义上的论证。本书中同时保留了起草讨论中曾经涉及但未反映在纪要文本中的争议问题。值得注意的是，纪要文本中关于担保纠纷案件的审理并不仅限于第四部分，在其他部分中也大量存在。本书择其要者，将第二部分“关于公司纠纷案件的审理”中的关于公司为他人提供担保和第十一部分“关于案外人救济案件的审理”中的商品房消费者和一般买受人的物权期待权也一并纳入分析对象。

《全国法院民商事审判工作会议纪要》“关于担保纠纷案件的审理”部分充分尊重交易实践，就金融担保创新中所及的当事人权益作了较好的平衡，就近些年裁判实践中所揭示的重大解释分歧作了统一。在纪要本部分的起草讨论中，坚持“新的规定优于旧的规定”的法律适用规则，严格把握担保的从属性及其例外，按照物权变动的原因和结果相区分的原则准确认定担保合同效力，按照物权法定、公示公信原则准确认定非典型担保和未登记的不动产抵押合同的效力。这些规定对于充分发挥担保对缓解融资难融资贵问题的积极作用，都具有积极的意义。

本书也是作者对担保法前沿问题的最新研究著述，故纳入“担保法前沿问题与判解研究”系列中，作为该系列第四卷。与前三卷反映作者参与物权立法和民法典编纂中的前瞻性思考不同的是，本书结合大量典型案例，着重对最高人民法院在《全国法院民商事审判工作会议纪要》中提出的担保纠纷审理最新司法政策精神进行深度阐释，为法官、律师和其他法律实务工作者准确理解和适用《纪要》担保部分的条文提供有益的参考。

本书也是中国人民大学科学研究基金（中央高校基本科研业务费专项资金资助）研究品牌计划基础研究项目“中国民法典担保法立法研究”（17XNI001）的阶段性研究成果。在本书编写过程中，我指导的博士生范佳慧、曹明哲、何颖来、罗帅、叶冬影、李子乐等协助我收集整理案例，特此致谢！

《全国法院民商事审判工作会议纪要》刚刚公布，本书的理解不一定准确，请大家不吝指正。

高圣平

2019 年 11 月 19 日

于中国人民大学法学院教授工作室